4월혁명과 한국민주주의

4월혁명과 한국민주주의

초판 1쇄 발행 2010년 11월 25일
엮은이   정근식 · 이호룡 편
펴낸이   윤관백
펴낸곳   선인

제 작   김지학
편 집   이경남 · 김민희 · 하초롱 · 소성순 · 주명규
표 지   김현진
영 업   이주하

등록   제5-77호(1998.11.4)
주소   서울시 마포구 마포동 324-1 곳마루빌딩 1층
전화   02)718-6252 / 6257
팩스   02)718-6253
E-mail   sunin72@chol.com

정가 · 37,000원
ISBN   978-89-5933-400-1
       978-89-5933-401-8   94300

· 잘못된 책은 바꾸어 드립니다.

민주화운동기념사업회 4월혁명 50주년 기념 연구총서 1

4월혁명과 한국민주주의

한국민주주의연구소
정근식 · 이호룡 편

선인

발간사

   50년 전 무너진 이 땅의 민주주의를 지키기 위해 싸웠던 수많은 젊은이가 있었습니다. 그 해의 4월, 180여 위의 희생자와 6천여 명의 부상자라는 크나큰 희생을 치른 끝에 한국사회는 부정과 부조리에 물든 이승만 권위주의체제를 무너뜨리고 민주주의를 시대적 가치로 각인시킬 수 있었습니다.

   부정선거에 대한 학생들의 항의시위로 시작되어 시민혁명으로 발전한 4월혁명은 형식과 제도로서의 민주주의를 만들어냈을 뿐 아니라, 진정으로 국민을 주인으로 나서게 하는 민주화운동의 시원이자 거대한 분수령이라는 의의를 지니고 있습니다. 4월혁명은 국내적으로는 모든 지역에서 전개된 전국적 수준의 혁명이었으며, 국제적으로도 아시아는 물론 세계의 민주화운동에 있어 선도적인 모범을 보인 혁명입니다.

이 극적인 사건은 한국적 상황에서뿐만 아니라 국제적 상황에서도 참으로 유일무이한 독특한 사건입니다. 우리는 현대역사에서 4월혁명과 비교 가능한 권력과 사건 사이의 상호작용 형태를 알지 못합니다.

4월혁명 50주년을 맞아 열렸던 국제학술대회에서 고트프리드 킨더만 뮌헨대 명예교수가 했던 이 말은, 4월혁명의 특징과 함께 세계사에서 지니는 위상을 잘 보여주고 있습니다.

반세기의 시간 동안 질곡의 역사를 헤쳐오면서, 4월혁명은 대부분의 사람들에게 '미완의 혁명'으로 인식되고 있습니다. 하지만 '현재진행형'인 4월혁명의 의미는 50년이라는 시간의 흐름 속에서 기억이 흐려지는 과정을 겪고 있기도 합니다.

때문에 민주화운동기념사업회는 4월혁명 50주년을 맞이하여 4월혁명의 정신을 재조명하고 계승함으로써 민주화운동의 역사성을 규명하고 민주주의의 성숙을 함께 고민하고 모색하기 위해 일련의 작업들을 진행해왔습니다. 4월혁명 관련 사료를 집대성한 사료총집을 만드는 작업이 그 한 축이라면, 지역별로 진행된 4월혁명의 구체적 역사를 복원하고, 오늘의 시각에서 4월혁명을 재조명하는 다양한 연구들을 수행하는 것이 다른 한 축이었습니다. 모두 6권으로 발행되는 4월혁명 50주년 연구총서는 이 같은 연구 결과들을 모은 것입니다.

우선 다양한 연구자들과 함께 반세기가 지난 현시점에서 4월혁명을 재조명하는 종합적인 연구서 『4월혁명과 한국민주주의』를 발간하였습니다. 둘째, 제주를 포함한 전국 10개 지역에서 "지역에서의 4월혁명과 한국민주주의의 지역적 과제"라는 주제하에 학술토론회를 개최하여 4월혁명이 각 지역에서 어떻게 전개되었는지, 민주주의와 관련해서 각 지역이 안고 있는 문제점이 무엇인지를 고찰하고, 그 결과물을 바탕으로 『지역에서의 4월혁명』을 발간하였습니다. 셋째, 한국여성문학학회·여성사학회·한국여성철학회, 한국사회경제학회, 한국역사연구회, 한국정치연구회, 현대매체연구회, 비판사회학회 등 여러 진보적 학술단체들과 함께 4월혁명 50주년을 기념하는 학술토론회를 공동으로 개최하고, 그 결과물을 4권의 책으로 발간하였습니다.

어려운 과제를 맡아 훌륭한 연구를 수행해 주신 많은 연구자들, 각 지역에서 4월 정신을 되살려 민주주의 발전을 위해 애쓰고 계신 벗들에게 감사의 인사를 전합니다. 민주주의와 정의를 향한 1960년 4월의 웅장한 기념비 위에, 5월과 6월의 찬연한 역사를 새겨온 모든 분들께도 진심으로 감사드립니다.

4월혁명 50주년의 의미를 다시 한 번 깊이 성찰하면서 이 연구 성과들이 민주화운동의 역사와 의미에 대한 연구를 더욱 풍부하게 하고, 한국 민주주의의 지속적인 발전에 이바지하는 단단한 주춧돌이 되기를 기대합니다.

2010년 11월
민주화운동기념사업회 이사장 함세웅

책머리에

한국에서 민주주의를 확립하려는 청년 학생들의 열정과 헌신은 오랜 역사를 가지고 있다. 그 중요한 출발로서의 4월혁명은 올해로 50주년을 맞았다. 4월혁명의 주역들은 이제 할아버지 할머니 세대가 되었고, 그로부터 또 한 세대가 지난 6월항쟁의 주역들은 아버지 어머니 세대가 되었다.

4월혁명은 식민지 체제를 경험한 세계에서 가장 빠른 시기에 터져 나온 시민혁명이자 아시아 민주주의의 가능성을 증명한 기념비적 사건이었다. 대한민국의 헌법 전문에서 밝히고 있듯이 4월혁명은 한국 현대사를 민주주의의 승리의 역사로 만들어간 출발점이자 정의가 살아있음을 깨우쳐 주는 이정표이다. 4월혁명은 1970년대 권위주의적 독재체제하에서 새롭게 자라나는 학생들에게는 민주주의의 가치를 각인시키고, 직접 혁명에 참여했던 4·19세대들에게는 끊임없이 민주주의적 가치에 충실할 것을 요구했던 사상적 죽비라고 할 수 있다.

4월혁명의 이런 역사적 이정표의 기능은 1980년 이후 크게 약화되어 그 자리를 '5월 광주'에 내주었다. 하지만 오늘날 우리가 한국사회를 반세기만에 산업화와 동시에 민주화를 달성한 보기 드문 국가로 자랑스럽게 말할 수 있는 것은 1960년부터 형성된 정의를 향한 열정과 헌신의 전통 덕분이라고 할 수 있다.

세계화와 함께 다가온 극단적 생존경쟁의 에토스는 한국현대사를 관통하고 있는 역동적 사회운동의 전통을 위협하고 있는 것처럼 보인다. 가난했지만 희망과 꿈이 살아있던 과거의 청년 학생들과는 달리, 오늘날의 청년 학생들은 비록 풍요의 시대에 성장했지만, 오히려 미래에 대한 끝없는 불안감에 시달리고 있다. 역사와 정의를 외쳤던 위대한 사건들에 대한 각종 기념 행위들이 새로운 세대들의 무감각에 부딪혀 공허한 메아리로 돌아올 때, 이런 희망은 때때로 회의를 넘어서 절망이 되기도 하지만, 현재의 지평에서 과거를 기념하고 학문적으로 다시 성찰한다는 것은 미래에 대한 희망을 가지고 있다는 증거이다. 비록 두 세대를 지나면서 그것이 가졌던 역사 창출력은 많이 약화되었으나, 한국 민주화운동의 전통에서 4월혁명은 5·18민중항쟁, 6월민주항쟁과 함께 세 개의 커다란 봉우리로 남아 있다.

민주화운동기념사업회는 4월혁명 50주년을 맞이하여 이를 기념하는 여러 가지 행사를 개최하였고, 또 4월혁명에 관한 각종 자료들을 정리하여 출간하는 작업을 진행하였다. 사료관에서는 자료들을 망라하여 자료집을, 연구소는 4월혁명을 학술적으로 조명하는 작업을 담당하기로 하였다. 이에 따라 연구소는 지역의 연구자들 그리고 여러 진보적 학술단체들과 함께 4월혁명을 기념하는 학술토론회를 개최하고, 그 결과물을 단행본으로 간행하는 한편, 4월혁명을 전문적으로 연구해온 학자들과 함께 종합적인 연구서를 기획하여 출판하기로 하였다.

민주화운동기념사업회 연구소는 2008년에 이미 『한국민주화운동사』 1(돌베개)에서 4월혁명을 통사적으로 일단 정리한 바 있다. 따라서 4월혁명 50주년 기념사업에서는 4월혁명을 주제 중심으로 접근하기로 하였다. 이에 따라 4월혁명에 관한 지금까지의 연구성과를 종합적으로 검토하고, 현재까지 연구가 미진한 주제들을 예비적으로 선정하였다. 우선 지금까지의 4월혁명 연구가 중앙에 초점을 맞추어 이루어져 온 것에 주목하여 각 지역에서 4월혁명이 구체적으로 어떻게 전개되었는지 살펴보고자 했다. 대구 2·28시위와 마산시위에 대한 연구가 이루어지기는 했지만 충분하지 않으며, 4월혁명이 지역에서 시작되어 서울로 수렴되어 폭발한 것이라면 지역에서 시작된 부정선거에 대한 항의시위에 대한 보다 적극적인 평가가 필요하다고 보았기 때문이다. 둘째, 이승만 하야 이후 전개된 시위와 각 부문에서 이루어진 4월혁명의 발전과정에 대한 입체적 분석을 시도하였다. 셋째, 4월혁명이 한국사회 각 부문에 미친 실제적 영향은 무엇이었는지를 규명하고자 했다. 마지막으로 4월혁명이 현재 어떻게 계승되고 있는지 그 함의를 규명해보고자 했다. 아울러 현재의 시각에서 4월혁명을 재조명하는 데 있어서 연구자들의 입장이나 관점을 통일시키기보다는 쟁점을 좀더 뚜렷하게 부각시켜 연구지평을 넓히는 데 주력하기로 편집방침을 세웠다.

이런 취지에서 이를 담당할만한 연구자들을 공모와 위촉 방식으로 선정하였다. 연구진은 2009년 5월에 구성하였고, 11월에 중간발표회를 거친 뒤, 2010년 4월 최종발표회를 개최하였다. 여기에서 제기된 새로운 문제점들을 수정·보완한 뒤, 다시 편자들이 검토하였다. 이 책은 이렇게 진행된 연구사업의 결과이다.

본 연구는 4부로 구성되어 있다. 제1부는 "4월혁명의 지역적 기원과 전개"라는 주제하에 대구, 대전, 마산, 서울 등지에서 4월혁명이 어떻게 시작되었는지를 살펴보았다. 제2부는 "4월혁명의 발전"이라는 주제하에 이승만 대통령의 하야 이후 전개된 학생운동의 동향, 노동운동 진영의 투쟁과제, 경제발전을 둘러싼 논쟁, 4월혁명 과정에서의 미국의 역할 등을 분석하였다. 제3부는 "4월혁명과 정치·사회변화"라는 주제하에 4월혁명 이후의 부정축재 처리문제, 경찰·군부·민주당·언론계의 변화, 한국문학과 영화에 나타난 4월혁명 등을 다루었다. 제4부는 "4월혁명의 계승과 제도화"라는 주제하에 역사주기론적 시각에서 4월혁명과 6·3항쟁을 비교분석하고, 4월혁명 기억이 어떻게 제도화 되고 그 사회적 결과는 무엇이었는지를 분석하였다.

이 연구를 통해 지역에서의 항의시위가 서울로 수렴되는 과정, 서울에서의 3·1절시위가 지역에서의 시위를 거쳐 4월혁명으로 나아가는 과정을 좀더 뚜렷하게 이해할 수 있을 것이다. 또한 이승만 대통령 하야 이후 학생들의 동향에 대한 엄밀한 분석을 통해 당시 학생운동 진영이 생활계몽운동과 통일운동으로 양분된 것이 아니라 상호 밀접한 관련을 지니고 있었음을 밝혀냈다. 셋째, 4월혁명 이후 폭발적으로 전개된 노동운동계의 투쟁과제를 분석함으로써 당시 노동운동 진영이 어떠한 이념을 가지고 있었는지를 밝혔다. 넷째, 4월혁명 이후 부정선거를 주도하였던 경찰과 군부의 과거사 청산과정과 부정축재 문제 처리과정을 추적함으로써 4월혁명이 한국사회에 어떠한 변화를 몰고왔는지 그 실상을 밝혀냈다. 다섯째, 4월혁명을 전후한 시기의 민주당에 대한 철저한 분석을 통해 민주당의 분열이 결국 5·16쿠데타 성공의 한 요인이었음을 밝혀냈다. 여섯째, 4월혁명기 언론계와 문학 및 영화계를 분석함으로써 4월혁명이 언론계와 문학, 영화계에 상당한 영향을 미쳤지만, 역기능도 하였음을 밝혀냈다. 마지막으로 4월혁명과 6·3항쟁을 역사주기론적 관점에서 비교분석함으로써 한국현대사가 10년을 주기로 변화하였음을 실증적으로 밝혀냈으며, 4월혁명 기억의 제도화과정을 분석함으로써 앞으로 4월혁명을 어떻게 기억하고 계승해야 되는지에 대한 하나의 시사점을 제공하였다. 이런 성과에도 불구하고, 4월혁명의 성격과 시기구분에 관한 문제는 여전히 미진한 채 남아있다.

이 책을 간행하기까지 많은 분들이 협조와 수고를 아끼지 않았다. 우선 필자로 김태일(제1부 제1장), 허종(제1부 제2장), 이은진(제1부 제3장), 오유석(제1부 제4장), 오제연(제2부 제1장), 김영수(제2부 제2장), 조석곤(제2부 제3장), 정일준(제2부 제4장), 노영기(제3부 제1장), 박진희(제3부 제2장), 박태균(제3부 제3장), 박용규(제3부 제4장), 임헌영(제3부 제5장), 김선아(제3부 제6장), 조대엽(제4부 제1장), 홍성태(제4부 제2장) 등이 수고를 아끼지 않았다. 이들 논문에 대하여 채장수, 허은, 차철욱, 홍석률, 연정은, 박준성, 이혜영, 임대식, 정진아, 이용성, 고명철, 오영숙, 신진욱, 이창언 등이 토론을 맡아 많은 조언을 해주었다. 쉽지 않은 과정이었음에도 불구하고 이 책 간행에 참여해주신 연구자들과 토론자, 이 책의 출판을 맡아준 도서출판 선인에 감사의 마음을 전한다.

이 책의 발간과 함께 민주화운동기념사업회 출범 10년만에 연구소가 한국민주주의연구소라는 어엿한 이름을 갖게 되었다는 점을 독자들에게 알릴 수 있게 되어 더욱 기쁘다.

2010년 11월 한국민주주의연구소
정근식과 이호룡 씀

차례

제1부 4월혁명의 지역적 기원과 전개

제2부 4월혁명의 발전

제1장 4월혁명 직후 학생운동의

제3부 4월혁명과 정치 · 사회변화

제4부 4월혁명의 계승과 제도화

제1부

제1장 대구의 2·28과 4·19혁명

김태일

1. 머리말

1960년 2월 28일, 한국에서 세 번째 큰 도시인 경상북도 대구에서 고등학생들이 이승만 정권에 저항하는 시위를 했다. 시위의 주체는 이 지역 8개 국공립 고등학교에 재학 중인 남녀 학생들이었다. 학생들은, 자신들을 민주당 유세장에 가지 못하도록 일요일에 등교를 시킨 자유당의 처사에 대해 불만을 가지고 있었다. 시위는 오후에 시작하여 저녁까지 한나절 동안 진행되었다. 규모, 지속시간, 치열성에 있어서 이 시위는 특별한 것이 없었다.

그런데 왜 이 사건이 주목을 받는 것일까? 그것은 이 일이 가지고 있는 역사적 의미 때문이다. '2·28'이라고 부르는 이 사건은 우리나라 정부가 수립된 후 부당한 권력에 저항한 최초의 민주 시위였고, 4·19혁명의 출발을 알리는 저항운동이었다는 점 때문이다. 2·28에서 시작된 이승만 정권에 저항하는 시위는 전국적으로 확산되어 3·15를 거쳐 4·19에서 절정을 이루었던 것이다.[1]

---

[1] 이 글은 기본적으로 2·28대구민주운동기념사업회가 40주년 기념사업을 계기로 만든 자료와 주요 논문들을 바탕으로 썼다. 2·28민주의거40주년특별기념사업회가 출간한 세 권의 책―『2·28민주운동사』(1) 사론편, (2) 자료편, (3) 기념사업

문제는 어떻게 이 시점에서, 그리고 대구라는 지역에서 4·19혁명의 시작을 알리는 2·28이 일어나게 되었는가라는 것이다. 이 질문에 대답하려면 다음과 같은 몇 가지 변수들을 생각해 보아야 할 것 같다. 첫째는 환경적 변수다. 냉전과 분단 같은 '구조적 변수'와, 이승만 정권의 권위주의화와 같은 '국면적 변수', 그리고 자유당 정권의 일요등교 조치와 같은 '사건적 변수'가 이 일이 일어나는 데 작용한 것 같다. 둘째는 주체적 변수다. 대구라는 도시의 형성, 근대 교육의 보급, 매스 미디어의 영향 등이 이 일의 등장을 설명하려면 반드시 고려해야 할 변수라고 하겠다.

제2차 세계대전 후 한반도에 냉전이 구조화되면서 분단국가가 만들어졌다. 미소 강대국에 의한 영토의 분단은 대한민국과 조선민주주의인민공화국의 수립이라는 정치적 분단으로 이어졌고, 급기야 전쟁이 일어나 분단은 민족의 분단으로 심화되었다. 그리고 분단이 가져온 대립과 긴장은 적대적 상호의존 작용 과정에서 권위주의 정치권력을 낳게 되었다. 이승만 정권은 자신의 권력을 자의적으로 행사하는 데 분단을 이용하였다. 이승만 권위주의 정권은 장기집권을 위해 부정선거와 폭력을 자행하였다. 대구의 고등학생들에게 일요일 등교를 시킨 것도 그러한 조치의 하나였다.

한편 이러한 냉전―분단―권위주의 정치권력으로 이어지는 고리에 저항해서 분연히 일어난 세력은 평화―통일―민주주의라는 가치를 지향하는 사회적 집단이었다. 그러면 왜 대구에서 이러한 세력들이 일찍이 등장하였느냐는 것을 설명해야 할 것이다. 그것이 2·28의 배경이기 때문이다.

첫째, 도시의 형성이다. 대구는 우리나라에서 오랜 역사를 가진 도

회 관련문헌―이 있고, 『2·28민주운동사』 (1) 사론편에 실린 몇 편의 논문이 있다. 김태일, 윤순갑, 오창균, 김일수 등의 글을 말한다.

시의 하나이다. 대구는 특히 해방과 전쟁을 겪으면서 급팽창한 도시였다. 해방과 함께 귀환동포와 군인들이 대구 지역에 대거 들어왔고, 한국전쟁 때는 피난민들로 도시가 갑자기 커지게 되었다. 농촌 생활이 어려워서 이주한 사람들까지 포함해서 대구라는 도시의 팽창은 빠르게 진행되었다. 이런 상황은 대구라는 도시에 사는 사람들의 생활을 어렵게 했다. 도시가 갖추어야 할 기반 시설은 늘 미흡했고 일자리도 부족했다. 따라서 밀집된 공간에서 여러 가지 불편함을 감수하면서 살아야 하는 사람들은 그렇지 않은 사람들보다 불만이 많았다. 이런 것들이 정치적으로는 '여촌 야도'라는 구도를 만들었다. 농촌은 여당인 자유당을 지지하고, 도시는 야당인 민주당을 지지하는 경향을 말한다.

둘째는 근대 교육의 보급이다. 정부 수립 후 보급된 근대 교육은 대개 미국의 교육 제도와 이념을 따랐다. 이에 따라 많은 학교들이 세워졌으며, 이 통로를 통해서 자유민주주의라는 가치가 우리 사회에 퍼졌다. 학생들이 이승만 정권을 비판하는 준거도 이것을 통하여 배웠다. 기본권, 자유, 권리, 민주주의와 같은 새로운 가치들이 우선 교육 과정의 일환으로 가르치고 내면화되었다. 대구에 고등학교들이 많이 생긴 것도, 또 고등학생들이 자유와 민주라는 정치의식을 가지게 된 것도 다 근대교육의 힘이라고 하겠다.

셋째는 매스 미디어의 보급이다. 대중 매체를 통해서 전해지는 다량의 정보와 사건의 공론화는 매스 미디어를 통해서 이루어졌다. 신문과 방송은 사실 전달의 매체인 동시에 시민의식의 확산 매체였다. 이를 통해서 어떤 사회적 문제는 빠른 속도로 전파되고 공감대를 형성하였다. 대구의 학생들이 획득하고 배운 사회와 역사에 대한 의식은 당시 큰 영향력을 미치고 있던 신문을 통해서였다. 이를테면 대구의 『매일신문』은 이승만 정권에 대해 대단히 비판적 논조를 가지고 있었으며, 이것은 학생들의 행동에 적지 않은 영향을 미쳤다.

그런데 이런 변수들은 사실 대구라는 도시만의 특성은 아니다. 당시 우리나라의 거의 대부분의 도시가 가지고 있던 특성이라고 하겠다. 그렇다면 2·28의 등장을 설명하는 데는 이러한 일반적 특징에 덧붙여 뭔가 더 필요한 것이 분명하다.

대구라는 도시가 유난히 이승만에 대해 비판적 경향을 가지고 있었고 강한 야당 성향을 보인 이유가 뭘까? 예를 들면 1956년 정부통령 선거에서 대통령 후보는 자유당 이승만과 진보당 조봉암이 겨루었는데, 전국적 득표율로는 이승만 70%, 조봉암 30%로 이승만이 승리했다. 그런데 대구에서는 이 비율이 완전히 전도되어 이승만 27.7%, 조봉암 72.3%의 비율로 조봉암이 압승을 했다. 이에 불만을 가진 이승만은 대구를 '모스크바'라고 했다는 얘기도 있다. 이런 분위기야 말로 '정부 수립 이후 최초의 민주 시위이며 4·19혁명의 출발점이었던' 2·28이 대구에서 일어난 까닭을 설명해준다.

이런 분위기를 설명하는 데는 앞에서 말한 변수들 외에 한 가지 주목할 만한 것이 있다. 그것은 6·25전쟁 당시 대구가 북한의 점령을 받지 않았다는 사실이다. 낙동강 전선을 유지하면서 대구는 끝까지 북한군의 미점령 지역으로 버티었다. 이것이 대구의 정치성향과 지형을 형성하는 데 중요한 영향을 주었다는 것이다. 무슨 얘기냐 하면, 북한군의 점령 지역에서는 점령 정책을 실시하는 과정에서 진보 세력들이 공식적으로 떠올랐다가 유엔군의 북진과 함께 모두 무력화되었다. 그런데 대구는 미점령 지역이었으므로 진보세력의 역량이 손상되지 않고 지역에 고스란히 보존될 수 있었다는 것이다. 미점령 지역의 역량 보존설이라고 하겠다. 진보적 역량이 보존되어 있었기 때문에 그것이 지역사회를 야당 성향으로 만들었다는 설명이다. 고등학생들에게 영향을 미친 것도 이러한 분위기였고, 4·19혁명 기간에 전국에서 가장 빨리 교원노조가 결성되고 통일운동을 비롯한 혁신운동이 활발하게 진행된 것이 그것을 보여주는 증거가 아니냐는 것이다.

대구의 야당 성향을 설명하는 다른 하나의 가설 역시 전쟁 당시 대구가 미점령 지역이었다는 사실에 기초하고 있는데, 설명 개념은 '역량 보존설'과는 다른 '보은설'이다. 보은설이란 낙동강 전선을 끝까지 지켜준 조병옥에 대한 고마움이 대구 사람들의 마음에 있었고, 그것이 1960년 대통령 선거 운동 과정에서 조병옥과 대결하고 있던 이승만과 자유당에 대한 반대로 나타났다는 것이다.

이러한 변수들을 유념하면서 1960년 대구에서 진행된 2·28과 4·19혁명의 전개 과정을 살펴보려고 한다. 여기에서 다루는 시간의 범위는 2월 28일 시위로부터 4·19혁명이 진행된 4월 하순까지로 삼는다. 이 과정을 정리한 다음 2·28의 역사적 의의를 규명할 계획이다.

2. 2·28의 전개 과정

1) 자유당 경북도당의 강제 조치

1960년 3월 15일 정부통령 선거를 앞두고 대구에서 자유당과 민주당의 유세 대결이 벌어졌다. 자유당은 2월 27일, 민주당은 하루 뒤인 2월 28일에 유세가 있을 예정이었다.

민주당은 부통령 후보 장면이 대구 수성천변에서 선거 유세를 한다고 알렸다. 대구 시민들의 민주당에 대한 지지는 뜨거웠다. 자유당 독재정치에 대한 반발이었다. 정부통령 선거 열기가 한창 달아오르던 때 민주당 대통령 후보 조병옥이 미국의 한 육군병원에서 병으로 세상을 떠나자, 조병옥에 대한 연민은 야당 부통령 후보 장면에 대한 지지로 이어지고 있었다. '여촌 야도'라는 일반적인 구도 외에도 대구의 야당 지지율은 남달랐다. 앞에서도 말한 바와 같이 대구는 이승만 정권 시기에 특별한 야당 도시였다. 이승만은 1956년 대통령 선거에서 자신의 경쟁자인 조봉암에게 압도적 지지를 몰아준 대구에 대한 섭섭한 마음을 가지고 있었다.

이런 분위기 속에서 2월 28일 장면의 유세 계획이 대구시내에 알려지자 시민들의 가슴은 기대감으로 가득 찼고, 자유당은 긴장했다. 자유당은 어떻게 하든지 여당 지지세력을 끌어 모으는 한편, 야당 지지 열기는 식히는 것을 급선무로 하였다. 그 당시 지지도는 유세장의 청중 숫자로 가늠되고 있었기 때문에 여당 유세의 참여자 수는 늘리고 야당 유세의 참여자 수는 줄이기 위해 자유당 경북도당은 온갖 궁리를 다 했다.

1960년 2월 10일, 자유당 경북도당은 대구시 지역 각 기관장, 단체장과 초중고 학교장을 모아 놓고 유세에 대한 다음과 같은 두 가지 대응책을 지시했다. (1) 2월 27일에 있을 자유당의 유세에 한 가구당 1명 이상씩 참가하도록 하라. 각 기관과 업소는 오후 12시까지 업무를 끝내고 직원들은 오후 1시부터 있을 유세에 참가하도록 하라. (2) 2월 28일에는 민주당의 유세가 있을 예정이다. 오후 2시에 시작하는 유세에 시민들이 참석할 수 없도록 동, 직장 단위로 행사를 열어라. 그리고 고등학생들은 학교에 나오게 하여 유세장에 나갈 수 없도록 하라.(심재택, 1983, 26쪽)

자유당 경북도당은, 자유당 유세에는 시민들이 억지로 참가하도록 동원하였고, 민주당 유세에는 시민들이 참가하지 못하도록 방해를 했다. 그러한 조치의 일환으로 고등학생들에게 2월 28일 일요일 등교 지시를 내렸던 것이다.

그 후 2월 16일 자유당 경북도당은 오후 2시 상공회의소 3층에서 기관장 회의를 개최하고, 여기에 다시 각급 학교장들을 참석시켰다. 회의의 내용은 역시 자유당 유세에는 시민들을 동원하고 민주당의 유세에는 시민들의 참여를 방해하라는 것이었다. 기관장 회의가 끝난 후 경상북도 학무과장은 대구여중에서 대구시 고등학교 교장들을 별도로 소집하여 '토요일 자유당 유세장 학생 동원, 일요일 민주당 유세장 학생 금족 조치'를 논의했다. 그러나 일부 교장들이 반발했다. "어느 쪽에는 학생들을 동원하고, 어느 쪽에는 학생들의 발을 묶어두고…… 그럴 수 없다"는 것이었다. 일부 교장들의 이견 때문에 자유당 경북도당과 경상북도는 자신들의 계획을 관철시키지 못했다. 이에 자유당 경북도당은 2월 26일 다시 기관장 회의를 소집하고, 각 학교장들에게 16일의 지시사항을 재차 강조하였다.(오창균, 2000, 92쪽)

2월 27일, 자유당 경북도당의 지시에 따라 각급 행정조직은 시민들을 3인조, 9인조로 짝을 짓도록 해서 유세장에 동원했으며, 대구 인근의 농촌 주민들까지 화물자동차나 소, 말 달구지에 태워서 유세장에 실어 날랐다. 자유당은 유세장에 참석한 청중의 숫자를 턱없이 늘려 발표하면서, 대통령 후보 이승만을 '민족의 태양'이라 칭송하고, 이기붕을 더없는 그의 보필자라고 추켜세웠다.

반면에 그 다음날 열린 야당 민주당 유세장에는 청중이 모이지 못하도록 온갖 술책을 썼다. 학생들은 일요일인데도 등교를 시키고, 사업장은 일요 특근을 시키고, 군인들은 외출을 못하도록 영내에서 배구나 씨름대회를 열도록 지시했다.(이정훈, 2000, 31~33쪽)

2) 2월 25일, 일요등교 지시 학생들에게 전달

이러한 자유당의 강제 조치가 학생들에게 가장 먼저 전달된 곳은 경북고였다. 2월 25일 종례 시간에 "2월 28일 일요일에는 어떤 사정이 있더라도 오후 1시까지 학교에 나와야 한다"는 지시가 학생들에게 전달되었다. 일요일에 등교하는 것은 학기말 시험을 보기 위해서였다. 학기말 시험은 3월 3일에 시작할 예정이었지만, 예정된 시간표가 중학생 입시 관계로 일부 변경되어 일요일이지만 28일에 시험을 실시하겠다는 것이었다. 학기말 시험 일정을 갑자기 변경하고, 일요일임에도 불구하고 등교하라는 지시에 학생들은 의문을 가지기 시작했다.(오창균, 2000, 92쪽)

학생들의 불만은 학생 자치기구를 통해 공론화되었다. 학생들은 담임교사에게 문제를 제기했다. 한 학생이 "그날이 일요일이며 민주당 강연회가 있는데, 시험과 그 강연회가 아무 관계가 없는가?" 하고 추궁하자, 담임교사는 학교사정에 의한 것임을 거듭 강조할 뿐이었다. 이에 학급 자치회장은 즉시 학급회의를 열고 저녁 늦게까지 이 문제를 논의했으나, 상급생 및 다른 반 학생들과 함께 행동해야 한다는 의견이 있어 다시 굳게 뭉쳐 투쟁하자는 뜻을 모으고, 학생들은 각자 집으로 돌아갔다.(경북중고등학교 동창회 60년사 편찬회 편, 1976, 400~401쪽)

당시 상황을 홍종흠은 이렇게 증언하고 있다.

선생들의 지시에 학생들은 분노하기 시작했다. 즉각 동요를 일으킨 학급은 1학년 1반. 그 자리에서 담임선생에게 신랄한 질문공세를 폈다. 담임은 '학교 사정에 의한 것'임을 거듭 강조했지만, 학생들은 모든 사정을 잘 알고 있었다. "이 부당한 지시가 취소되지 않는 한 우리는 여기서 철야 농성하겠다"고 강경히 주장하는 학생들에게 선생은 성난 목소리로 "모두 퇴학할 각오가 됐느냐"고 물었다. 학생들은 비장한 태도로 "퇴학당할 각오가 돼 있습니다"고 입을 모아 힘차게 말했다. 교사 한 모퉁이에 자리 잡은 이 교실에는 교사와 학생 사이에 형언 못할 분위기가 감돌았다.(홍종흠, 1984, 313~324쪽)

3) 2월 26일, 학생 자치기구를 통한 공론화

2월 26일 아침 등교한 대부분의 학생들은 일요 등교 지시에 대해 불평하기 시작했다. 학생들은 이 문제에 대해 열띤 논쟁을 하였다. "일요일에 등교할 이유가 뭐냐?", "무엇 때문에 우리들이 정치적 이용물이 되어야 하느냐?"는 등의 불만으로 학교 전체가 들끓었다. 학생들은 학생위원회 소집을 요구했다. 학생들의 여론이 아주 험악했기 때문에 학생위원회[2] 대의원들은 긴급회의를 열고 이 문제에 대한 대처방안을 모색키로 했다.

3학년인 학생위원회 위원장이 대학 진학을 위한 입시준비로 부재중이었기 때문에 2학년으로서 부위원장을 맡고 있던 이대우가 위원장 자격으로 지도교사에게 "4293년 2월 28일 일요 등교에 관한 건"이라는 문건을 제출하고, 학생위원회 운영위원회 소집 허가를 요청했다. 지도교사는 말없이 안건을 학생과장에게 넘겼고, 학생과장은 씁쓰레 웃으며 다시 교감에게 넘겼다. 교감은 "경북중학교 시험 관계로 일요일에 부득이 시험을 보게 되었다. 따라서 대의원 소집은 허락할 수 없다"고 했다. 그러자 학생들은 "시험 시간을 따져 봅시다"라고 계속 문제를 제기했다. 한참 동안 망설이던 끝에 교감은 회의 소집을 허락했다. 이렇게 하여 점심시간에 급히 학생위원회 운영위원회가 열렸다. 오후까지 회의를 한 학생위원회 운영위원회는 다음과 같은 사항을 결의하였다.

(1) 일단 3월 3일로 결정 발표된 시험 일자를 변경한다는 것은 관례상 부

---

[2] 학생위원회는 공식적으로 경북고등학교 학도호국단 학생위원회이다. 당시 학생 조직은 학도호국단이라는 동원체제로 편제되어 있었다. 그러나 그 운영은 학생들의 자치가 어느 정도 허용되었던 것 같다. 이러한 군사적 동원체제는 4월혁명 후 없어졌다가 박정희 시대에 군사(교련)교육이 교과과정에 생기면서 다시 살아났다. 박정희 시대에 학도호국단 제도는 학생자치를 완전히 말살하는 비민주적 통제, 동원 조직이 되었다.

당하다.

(2) 수업준비기간 단축으로 응시에 지장 있다.

(3) 하필이면 학생의 휴양의 자유를 박탈하여 일요일에 실시코자 하는가.

(4) 민주당의 강연회건 어디 강연회건 정치관계 때문에 피해입고 싶지 않다.

(5) 어떤 정당의 강연회를 듣건 학생 자신의 자유가 아니냐는 이유로 학교 당국의 시험기일 단축 발표에 불응한다.(이대우, 2000, 44쪽 ; 남욱, 2000, 191~196쪽)[3]

하지만 이들의 주장은 받아들여지지 않았다. 결국 대의원들은 "그러면 시험을 치르지 않는 대신 월요일 수업을 일요일로 당기되, 월요일은 휴일로 해야 한다"는 절충안을 내놓았다. 이러한 학생위원회 제안에 대해 학교 측은 긍정적인 반응을 보였다. 대의원들은 즉각 학급에 이를 통고하였고, 학생 여론도 대체로 동의하는 분위기였다.

4) 2월 27일, 시위 준비

학생위원회의 절충안은 결국 학교 당국에 의해 받아들여지지 않았다. 2월 27일 조회 시간에 담임교사는 "내일 오후 1시 등교는 불변이다. 그리고 시험도 치른다"라고 했다. 학교는 다시 시끄러워졌다. 학생위원회 부위원장인 이대우는 대의원들을 소집하여 교장실로 돌입했다. 그리고 일요일 등교의 부당함에 대해 항의했다. 이에 당황한 학교 측은 시험을 그만두고 영화감상을 하자는 내용의 수정안을 재삼 제안했으나, 학생들은 흥분하여 자리를 박차고 나왔다.(남욱, 2000, 193쪽)

대의원들은 각 학급에 돌아가 그간의 일을 보고하였는데, 이를 들

---

[3] 이대우는 교감이 한참 망설이다가 운영위원회의 개최를 허락했다고 진술하고 있고, 남욱은 교감의 불허에도 불구하고 이날 오후 학생들끼리 운영위원회를 열었다고 기록하고 있다. 여기에서는 이 일을 직접 추진한 이대우의 진술이 더 사실에 가깝다고 보았다.

은 학생들의 분노는 컸다. 심지어 어떤 학급에서는 얼마 전에 있었던 내무부장관의 대구 방문 당시를 거론하였다. 그때는 학생을 강제동원해 환영했으면서, 장면 부통령이 지역을 찾는다니까 오히려 단속하려 드는 행정기관과 학교의 행태를 비판하고 나선 것이다. 또 불의에 맞서 싸우는 것이 정의라고 배웠는데 불합리한 현실을 방관할 수 없다는 주장이 이어졌다. 그러자 담임교사는 "교육자로서의 양심이 나를 용납하지 않는다. 그러나 이미 대세는 기울었다. 우리들 소수는 어쩔 수 없이 대세를 따를 수밖에 없다. 부디 내일 하루만은 무사히 넘기도록 하자"고 호소했다.

이날 27일은 자유당의 정치 강연회가 예정되어 있었다. 공무원과 학생들을 동원하기 위해 도 당국은 각 학교에 단축수업 실시를 지시했다. 경북고도 이에 호응해 정오쯤 학생들을 귀가시켰다. 그러나 교문을 나서는 상당수 학생들이 가슴 속에는 "무엇인가 해야 한다"는 무언의 다짐이 싹트고 있었다.(오창균, 2000, 94쪽)

이대우는 "교장실을 뛰쳐나와 곧 데모에 대한 결의를 하려 했으나, 비밀이 누설될까 두려워 각 대의원들을 통해서 제각기 자기 반으로 돌아가 내일(28일) 한 사람도 빠짐없이 등교할 것을 호소하였다"고 진술하고 있다. 다음은 당시의 분위기를 정리한 이대우의 기록이다.

나는 우리 반으로 돌아와 데모 단행의 비밀은 가슴 깊이 간직한 채, "어쨌든 한 사람도 빠짐없이 등교하면, 영화관람을 가든지 뭘 하든지 뭐가 있어도 있을 것이니 내일 모두 학교에 나오십시오"하고 알렸다. 학우들은 모두 투덜거렸으며, "치앗뿌라. 학교 안 오면 되지"하며 함성을 질렀고, 개중에는 무턱대고 집으로 돌아가는 학생도 있었다. 제각기 대의원들이 자기 반에 돌아갔을 땐 학우들은 모두 일어서서 항의성 실내 시위를 하고 있었으며, 모두가 눈물을 흘리며 담임선생님에게 호소했다.

어떤 선생님은 "아이구 이 사람들아, 제발 참아 주게. 우리 식구가 열

식군데 밥통 떨어지면 곤란해"하는 분도 있었고, 2학년 3반의 경우 이호영 담임선생님은 학생들과 진지한 토론을 하다가 마침내는 눈물을 흘리면서 말했다. "사표 낼 각오를 했다. 군들이 정당하다고 결정한 방법으로 군들의 행동을 실행해 주기 바란다." 그 말씀은 어린 우리들에게 무한한 감동과 감명을 주었다. 모두가 따라 울었다...온통 학교는 통곡의 바다였다. 불덩이처럼 달아오른 학생들의 여론은 오히려 대의원들의 소극적인 태도에 심한 불만을 토로하고 있었다.(이대우, 2000, 45~46쪽)

이날 오후 이대우는 데모 결행의 결심을 완전히 굳히고 몇몇 학우들에게 계획을 이야기했다. 모두들 고개를 끄덕이고 굳은 표정을 지었으나, 한편에선 "데모는 그만두고 등교거부나 하자", "데모까지 하다가 나중에 닥쳐올 사태를 어떻게 감당하나" 등 이의를 제기하기도 했다. 그러나 오후 5시까지 1학년 대의원들을 자기 집에 소집한다고 통고했다. 데모 결행을 전달한 경북고생들에게 바톤식 연락을 부탁하고, 자신도 학우들의 집을 찾아다니며 연락을 서둘렀다. 광인처럼 거리를 마구 뛰어다녔다. 벌써 시간은 오후 5시, 일몰이 가까워 오고 있었다. 숨이 턱에 닿게 집으로 뛰어왔으나 약속했던 대의원들이 오질 않았다. 그는 크게 실망했다. 다시 연락에 착수했다. 가슴이 마구 뛰고 금방이라도 누군가가 목덜미를 잡을 것 같은 공포가 엄습했다. "목숨을 걸고 비밀을 지켜다오"라는 한 마디만을 남기며 집을 뛰어다녔다. 이렇게 해서 50여 명의 벗들에게 연락을 마쳤다.(홍종흠, 1984, 313~324쪽)

이대우는 연락을 마치고 밤 9시경 하청일을 찾아가 다음 날 사용할 결의문을 작성해줄 것을 부탁했다. 그리고 집으로 돌아갔는데, 이대우의 집에는 대구고의 운영위원장과 부고의 부위원장이 와 있었고,[4] 이후 삼십 명이 넘는 학우들이 모였다. 일곱 명은 통금시간이 지났음

---

[4] 대구고와 사대부고는 아무런 말이 없다가 27일 종례시간에 일요등교 지시를 학생들에게 통보했다.

에도 귀가하지 않고 끝까지 남아 모의했다. 이들은 집결장소를 반월
당으로 정했다. 경북고 학생들은 뛰어가면서 대구상고와 사대부고 학
생들을 합세케 하고, 대구고 학생들은 바로 직선으로 달려와 반월당
에 집결하기로 했다. 그리하여 최소한 당시 야당지인 대구매일신문사
앞까지는 진출해야만 자신들의 의사를 전달할 수 있다고 생각했다.
구호는 타골의 시를 생각했다. "횃불을 밝혀라. 동방의 빛들아!" 이것
을 주구호로 하고, "학원의 자유를 달라", "학원을 정치도구화 하지 말
라" 등을 부차적 구호로 하기로 정했다. 결의문은 각 학교가 각각 별
도의 결의문을 작성, 발표하기로 했다. 이대우는 하청일이 써온 결의
문을 수정, 정서했다.

이대우와 함께 밤을 보낸 학생들은 마지막으로 "애국가"를 불렀다.
이들은 둘러앉아 "이것이 마지막 향연이다. 우리가 살아남아도 학교
는 계속할 수 없을 것이고 차라리 강원도에 가서 화전민이나 되자"라
는 등의 말로 서로를 위로하며 마음을 달래기 위해 "유정천리"라는 노
래를 부르기도 했다.

5) 2월 28일, 8개 고등학교의 시위[5]

경북고 학생들의 시위[6]

2월 28일 경북고 학생들은 12시쯤부터 하나 둘씩 학교에 나타나기
시작했다. 12시 30분이 되자 반수 이상의 학생들이 등교했지만, 모두
교실 밖에서 무리를 지어 앞으로 일어날 사태에 대해 수군거리고 있

---

[5] 8개 고등학교 학생들의 시위 전개 과정은 오창균(2000)의 글을 인용하여 작성하
였다.

[6] 경북고 학생들의 시위는 오창균의 글 외에도 이대우(2000), 홍종흠(1984)에 상세
히 기술되어있다.

었다. 이대우 학생위원회 부위원장은 일단 운영위원회를 소집해서 결의문을 정식으로 채택한 다음 데모를 시작할 작정이었다. 그러나 그를 발견한 여러 학생들은 앞 다투어 당일의 계획을 따지듯이 물어댔고, 교정은 점차 흥분에 싸이고 있었다.

12시 50분쯤 대부분의 학생들이 등교했고, 800여 명에 이르는 전교생이 조회단 앞으로 모여들기 시작했다. 움직임을 알아차린 교사들이 교무실에서 나와 "곧 극장으로 출발할 터이니 1, 2학년은 간격 30m로 떨어져 서라"고 소리치면서 학생들을 분산시키려고 애써봤지만, 기세가 오른 학생들은 오히려 간격을 좁히면서 반항의 몸짓을 보여주었다. 일부 학생은 흥분에 못 이겨 단상 앞으로 뛰어나가 빨리 시위를 하자고 목소리를 높였다. 그런데 이때 결정적으로 자극을 준 것이 대구고 학생부위원장의 방문 소식이었다. 대구고 학생들이 이미 교문을 나섰다는 소식을 접한 경북고 학생들은 운영위원회를 미처 소집하기도 전에 폭발 단계에 이르고 말았다.

12시 55분이 되자 학생부위원장 이대우와 학생위원 안효영이 갑자기 두루마리 결의문[7]을 움켜쥐고 단상에 뛰어 올랐다. 이 때 교사들이 제지하려고 노력했지만, "조회단을 둘러싸라"는 함성과 함께 전교생은 조회단을 완전히 포위했다.

결의문을 읽어 내려가는 부위원장의 음성은 떨렸고, 흥분이 고조된 800여 명의 학생들은 함성을 지르고 박수를 쳤다. 학생들의 고함소리와 교사들의 제지로 결의문 낭독은 3분의 1가량을 건너뛴 채 진행되었다. 그 때 누군가가 "우리의 뜻을 사회에 알리자", "반월당으로 가자"라고 외쳤다. 오후 1시 5분, 전교생은 우렁찬 함성을 지르면서 교문을 향해 달려갔다. 교직원들이 필사적으로 제지했으나 사태는 이미 돌이킬 수 없는 상황에 이르렀고, 대부분의 학생들은 별 다른 충돌 없이

---

[7] 결의문은 제일 뒷부분 [참고자료 1]에 첨부했다.

교문 밖으로 진출하게 되었다.(경북중고등학교동창회 60년사편찬회 편, 1976, 404쪽 ; 오창균, 2000, 96쪽) 학생들은 "일요등교의 저의가 무엇이냐", "학원을 정치도구화하지 말라", "학원에 자유를 달라" 등의 구호를 쉼 없이 외쳤다.

시위대열은 대구상고 앞에 잠시 멈춰 합세를 요구했다. 이때 상고생들은 강당에 모여 있었고, 일부 학생들이 교내로 들어가려 했으나 교사들의 저지로 밀려나게 되었다. 다시 전열을 가다듬은 학생들은 사대부고에 이르렀다. "부고 학생들은 정의의 대열에 뛰어들라"고 외쳐보았으나 역시 반응이 없었으며, 담벼락에서 내려다보는 몇몇 학생만 박수를 보내고 있었다. 시위대는 "우리만이라도 가자"며 앞으로 나아갔다. 시위대열은 삼덕교회 정문 앞을 지나 반월당 네거리에서 잠시 멈추었다.

반월당에서 정체하고 있을 무렵 갑자기 한 학생이 "도청으로 가자" "도 학무담당자들에게 우리들의 뜻을 시위하자"고 외치자, 시위대는 중앙로 쪽으로 달리기 시작했다. 다행히 중앙파출소 앞을 지날 때에도 경찰과의 충돌은 없었다. 오히려 어느 경찰관은 관제데모로 생각했는지 시위대 진행에 방해되는 차량의 운행을 잠시 정지시켜 주기까지 했다.

당시 반독재투쟁의 선두에 섰던 매일신문사 앞에서는 약 3분간 머무르며, "횃불을 밝혀라 동방의 빛들아", "학원을 정치도구화하지 말라", "학원 내에 미치는 정치세력 배제하자" 등의 구호를 외치는 등 자신들의 주장을 언론기관에 호소했다. 학원의 정치도구화 반대를 절규하듯이 부르짖는 백여 미터의 시위행렬은 중앙통 연변에서 시민들의 환호와 지지를 받으면서 사기가 더욱 고조되었다.

구호를 외치는 시위행렬은 1시 40분경 경북도청에 진입하였다. 도청 광장에 몰려든 교복차림의 1, 2학년생들은 "우리는 정당하다", "정의는 살아있다", "일요등교의 폐습을 시정하라"는 등의 함성을 질렀다.

도청 내부는 학생들의 고함소리에 깜짝 놀라 웅성대기 시작했고, 곧 백여 명의 경찰관이 도청 정문을 닫은 채 학생들을 포위했다. 이를 눈치 챈 학생들이 경찰과 충돌하면서, 치고 때리는 식의 상호 폭력대결이 벌어졌다. 어린 학생들의 저돌적인 공격에 당황한 경찰이 약간의 틈을 보이자, 이들은 정문을 밀치고 빠져 나갔으며, 그 과정에서 30여 명이 붙잡혔다.

도청에서 벗어난 나머지 학생들은 그 길로 자유당 경북도당사 앞으로 달려갔다. 당사 밖을 내다보는 당원들을 향해 시위 군중은 비난을 퍼부었다. 당국은 마침내 수백 명의 경찰 병력을 투입하였다. 무자비한 곤봉세례와 억센 주먹이 난무하는 유혈극 속에 50여 명이 체포되자, 학생들은 구 법원 방향과 시청 방향, 두 갈래로 갈라지기 시작했다. 동문시장 골몰을 지나 청구대학 옆길까지 나온 학생이 90명, 시청 쪽으로 쫓겨 간 학생이 150명가량 되었다.

그러나 법원 쪽으로 몰려온 학생들이 다시 뭉쳐 다음에 취할 행동을 의논하는 도중에 경찰차가 가운데로 뛰어들면서 학생들은 뿔뿔이 흩어지기 시작했다. 그 때 검은 제복의 순경 한 사람이 권총을 빼내어 치켜들었다. 나중에서야 그것이 위협인줄 알았지만, 당시 학생과 시민들은 엄청난 공포를 느꼈다고 한다. 어쨌든 그 때문에 90명의 학생 시위대는 제각기 골목으로 사라졌고, 법원 쪽에 있던 시위대도 모두 흩어지게 되었다.

한편 반대쪽으로 갔던 150여 명은 다시 시청 광장에 집결하였다. "학생 시위의 자유를 달라", "학원 내 민주화를 기도하라"는 구호를 외치던 시위대는 시청에서 다시 강력한 경찰 병력과 충돌하고, 거기서 다시 고서점가와 동인파출소 및 대구일보사 쪽의 세 갈래로 갈라지고 말았다. 고서점가로 쫓겨난 30여 명은 30미터도 전진하지 못하고 추적해 오는 경찰대에 강제 제지를 당하였다. 여기서 다시 10여 명의 학생들이 체포되고 나머지 학생들이 경찰 포위를 피해 달아남에 따라 이들은 저절로 해산되었다. 동인파출소 쪽으로 밀려간 30여 명은 줄기차게 따라오는 경찰 백차에 쫓겨 자꾸만 앞으로 밀려갔다. 동인파출소에서 다시 왼쪽 커브로 쫓긴 시위대는 동인로터리까지 갔다. 거기까지 쫓겨간 시위대는 강력한 경찰 병력을 이기지 못해 제각기 사방으로 분산되었다. 이리하여 연 500미터를 쫓겨 간 시위대는 거기서 완전히 해산 당했다.

그러나 대구일보사 방향에 집결한 90명의 학생들은 당당하고 질서 있게 경북도지사 관사로 행진하기 시작하였다. 시위대는 "도지사 나오시오. 우리들의 요구를 들으시오"라고 외치면서 늠름하고 씩씩하게 지사 관사를 에워쌌다. "불합리를 시정하라", "정도를 약속하라"면서 도지사의 출현을 요구하는 학생 시위대 앞에 마침내 지사와 경찰국장이 나타났다. 거기서 흥분을 못이긴 한 학생이 지사의 옷소매에 매달려 따지자, 이에 지사와 경찰국장은 재빨리 관용차를 타고 사라져 벼렸다.

경북고 시위대는 서서히 대구지구 16헌병대쪽으로 이동하기 시작하였다. 시위대가 헌병대 앞에 이르렀을 때 남대구서에서 달려온 10명의 경찰과 부딪혔다. 이 때 선두에서 진두지휘하던 학생이 경찰에 체포되었다. 그때부터 데모대는 무너지기 시작했으며, 수 명이 더 경찰에 연행되었다. 남은 70여 명이 군데군데 모여 또 다른 집결지를 모색했으나, 더 이상 시위는 감행하지 못했다. 이렇게 학원의 정치도구화를 반대하는 경북고 학생들의 시위는 1시간 50분 만에 해산하게 되었다.

대구고 학생들의 시위[8]

대구고의 경우 2월 26일까지도 일요등교 지시가 없었다. 실제로 26일 대구고 학생위원장이었던 손진홍은 수업을 마치고 귀가하던 길에 경북고 학생 이대우를 만나서 일요등교에 관한 얘기를 처음 들었다. 당시 손진홍은 "그런 법이 어디 있는가?"라며, 무슨 일이 있어도 기어코 싸워야한다고 분개했다.

2월 27일 그동안 침묵을 지키고 있던 대구고에서도 이튿날(일요일) 교내 운동시합(뒤에 토끼사냥으로 바뀌었음)을 빌미로 일요등교를 발표했다. 그때 정·부통령 입후보자 정견발표회가 수성천변에서 열린다는 것을 알리는 가두방송과 벽보가 시내 전역을 온통 선거분위기로 몰아가던 때라, 학생들은 그 저의를 의심하면서 담임선생을 향해 이유를 따져 물었다. 선생들은 그저 답답한 표정을 지을 뿐 시원스런 답변을 해주지 못했다. 학생들은 일요등교 지시의 목적이 민주당 정견발표 행사를 방해하려는 데 있다는 것을 뻔히 짐작하면서도 자꾸 물어댔다. "내일 학교에 나오지 않으면 단단히 처벌한다"는 은근한 협박이 그에 대한 대답이었다. 학생 대의원들이 교장선생에게도 행사연기를 호소했지만, "대세는 이미 기울었다. 영웅도 시대를 따라야 한다"며 일축할 뿐이었다. 정당정치의 원칙과 유권자들이 선거기간에 취해야 할 태도 등 공민수업을 통해 배운 내용을 들어 부당성을 지적해도 소용없었다.

2월 28일 아침 대구고 학생 대표들은 경북고, 사대부고 대표들과 합

---

8) 오창균, 2000, 98~101쪽을 참고. 대구고 학생들의 시위에 대해서는 오창균의 글 외에 대구고에서 발간한 『대고 20년사』, 『대고 30년사』를 참고할 것. 특히 『달구(達丘)』 창간호(대구고등학교, 1960)에 실린 손진홍의 「부정에 항거하는 젊음들」과 편집실이 쓴 「2·28의 의미는」은 눈길을 끈다. 여기에 실린 글 가운데 2·28의 전개과정에서 경북고 측의 진술과 대구고 측의 진술이 어긋나는 부분에 대한 언급이 있다. 이에 대해서는 오창균이 객관적 입장을 견지한 것으로 보인다.(허승, 2000, 156~157쪽 참조)

의한 대로 시위를 결행하기로 하고, 자신들이 쓴 결의문을 가지고 붓글씨에 재능 있는 동료 박대근의 집을 찾아가 정서해줄 것을 부탁했다. 그 동료의 승낙을 받고 이들이 학교에 도착했을 때는 벌써 제법 많은 수의 학생들이 여기저기 모여서 수군거리고 있었다. 이미 시위를 한다는 소식을 전해들은 학생들은 모두들 만족한 표정이었다.

하지만 모든 일이 순조롭게 진행된 것만은 아니었다. 우선 결의문을 정서하기로 한 동료로부터 뜻하지 않은 소식이 전해졌다. 은밀하게 작업하던 중 부친에게 발각되어 결의문을 빼앗겼고, 교사인 부친이 이를 불태워버렸다는 것이었다. 안타까운 소식을 접한 학생 대표들은 처음에는 무척 당황했으나 곧 평정을 되찾고 결의문 없이 행동에 나서기로 했다.

또 다른 문제는 전개상황을 매시간 마다 알려주기로 한 경북고에서 도무지 연락이 없다는 것이었다. 결국 윤풍홍이 경북고 부위원장을 찾아갔으나 만나지 못했고, 그 대신 윤종명으로부터 사정이 별로 신통치 않다는 답변만 듣고 돌아왔다. 이를 전해들은 대구고 학생 대표들은 염려스러운 가운데, 한편으로는 배신감까지 느껴져 크게 흥분했다. 도대체 어찌된 영문인지를 확인하기 위해 부위원장 두 사람이 또다시 다녀왔으나, 역시 경북고 대표들을 만나지 못했고 학교 분위기도 조용하다는 보고였다. 사정이 이렇게 되자 대구고 학생 대표들은 경북고와 보조를 맞춰 행동을 개시하는 것이 어려울지도 모른다는 생각을 하게 되었다.

이윽고 시간은 낮 12시가 되었으나 학교에서는 토끼사냥 갈 준비를 하지 않고, 학생들을 귀가시키지도 않은 채 마냥 붙들어 놓고만 있었다. 상황이 다급해지자 이번에는 손진홍 학생위원장이 경북고로 갔다. 그 때 경북고 운동장에는 학생들이 모여들고 있었다. 손진홍을 만난 학생 대표들은 경북고의 참여는 도저히 불가능할 것 같다는 비관적인 자세를 보였다. 대대장 학생이 반대한다는 것이 그 이유였다. 손 진홍은 흥분된 어조로 "우리는 벌써 교문을 나섰다"고 외치며, 서두를 것을 종용했다.

손진홍은 학교로 돌아가기 위해 버스를 기다리던 중 경북고 학생들이 학교 밖으로 진출했다는 소식을 들었다. 그는 동료 학생의 자전거를 올라타고 정신없이 학교를 향해 달렸다. 숨은 헐떡거리고 다리는 후들후들 떨렸다. 교문을 들어서자마자 자전거를 내동댕이친 그는 "가자!", "가자!", "우리도 민주 대열에 합류하자"하고 외치며 교문을 뛰어들었다. 교장선생으로부터 토끼사냥에 대한 훈시를 듣고 있던 학생들은 기다렸다는 듯이 일제히 뛰쳐나갔으나, 교사들의 제지로 백여 명만 교문 밖 진출에 성공하였다.

길거리로 나선 1차 선발대 학생들은 중앙통 쪽으로 마구 뛰었다. 경북여고 앞에 이르자 구호를 외치면서 반월당을 거쳐 중앙파출소 방향으로 나아갔다. "우리에게 인류애를 달라!", "학생을 정치도구화 하지 말라!"는 함성이 사방에 울려 퍼졌다. 그러나 때마침 경북고 데모대가 중앙파출소 앞을 지나간 후 비상령이 내려 바리케이트를 치고 있던 중이라, 이를 뚫지 못하고 경찰 방망이 세례에 쫓겨 학교로 되돌아갈 수밖에 없었다.

1차 선발대가 교문을 나간 뒤 학교 안에 남은 부위원장 장주효는 조회단에 뛰어올라 경북고 학생들이 채택한 결의문을 읽다가 교사들의 제지를 받고 교무실로 끌려갔다. 그러던 중 1차 선발대가 교문을 들어서자, 이들과 남은 학생들은 합류해 대열을 갖추고 다시 교문을 나섰다. 교사들도 어이가 없는지 그냥 우두커니 지켜볼 뿐이었다.

큰길로 나온 학생들은 질서 있게 행진했다. 학생들은 제각기 "야!" 하는 고함을 지르며 힘찬 자기 다짐을 하고 있었다. 대열의 좌·우측에는 주로 듬직한 체격의 학생들이 서서 외부의 제지를 막기로 했다.

이들은 남문시장 네거리에 이르러 경찰과 마주쳤다. 경찰차는 사이렌을 울리며 달려들고 소방차도 경적을 울려 공포분위기를 조성했다. 어디선가 정 · 사복 경관들이 나타나 학생들을 연행하기 시작했다. 학생들은 방망이에 얻어맞고 구둣발에 채이면서도 "횃불을 밝혀라! 동방의 빛들아"를 외치며 도청 방향으로의 진출을 시도했다. 연도의 시민들은 박수를 치며 격려하거나 도망치는 학생들을 숨겨주었다. 이처럼 격렬한 대치 속에서도 40~50명의 학생은 경찰의 저지망을 뚫고 대구 역전에 다시 모여 "우리에게 자유를 달라"고 외치다 결국 경찰에 의해 강제해산 당했다.

경북대학교 사범대학 부속고등학교 학생들의 시위[9]

사대부고 학생들은 2월 28일의 거사가 있기 전에 이미 노가바(노래가사 바꿔 부르기)사건으로 교내 · 외를 떠들썩하게 한 적이 있었다. 2월 16일 1학년 학생이었던 오석수, 유효길, 이영길 등은 당시 유행하던 "유정천리"라는 노래의 가사 대신에 그 전날 서거한 조병옥 박사를 애도하는 내용을 담은 가사로 바꿔 칠판에 적었다.「가련다 떠나련다 해공(海公)선생 뒤를 따라 / 장면박사 홀로 두고 박사는 떠나가네 / 가도 가도 가망 없는 당선길은 몇 구비냐 / 자유당에 꽃이 피네 민주당에 비가 오네 / 세상을 원망하랴 자유당을 원망하랴 / 춘삼월 십 오일 조기선거 웬말이냐 / 천리 타국 땅에서 객사죽음 웬말이냐 / 시름 없는 신문 들고 백성들은 울고 있네」라는 노래가사는 삽시간에 학교 안에 퍼지고, 다시 대구시내로 번져나갔다. 급기야 그 내용이『동아일

보』에 가사와 함께 소개되자, 전국적으로 알려져 어린 초등학생이나 시골의 농민들까지 애창하게 되었다. 1956년 제3대 대통령선거 때 해공 신익희 선생의 갑작스런 서거로 널리 불렸던 "비내리는 호남선"이라는 유행가만큼 확산되었다.

노가바 사건으로 남대구경찰서 형사들이 학교에 찾아와 추궁하자, 이에 못 이긴 학교 당국은 세 명의 학생을 표면상 무기근신 시켜놓고 계속 등교하도록 했다. 이 사건은 자유당 정권을 못마땅해 하던 사대부고 학생들의 가슴에 미움을 더하게 만들었고, 결국 2·28의 행동으로 이어졌다.

경북사대부고에는 2월 27일 제 9회 졸업식이 끝난 후 종회 시간에 일요등교 지시가 내려졌다. 담임선생들은 2월 28일(일) 12시 30분까지 이유 불문코 전원 등교해서 청소를 한 후에 재미있는 게임을 한다고 전달을 한 것이다. 그 표면적인 이유는 청소와 게임이었으나, 그 진짜 이유는 수성천변에 있을 야당 유세장에 학생들이 가는 것을 막고자 하는 자유당 독재정권의 음흉한 술책이었음을 학생들은 이미 눈치 채고 있었다. 따라서 대부분 학생들은 학교 당국에 대해서는 별다른 항의를 하지 않은 채, 언짢은 생각으로 하교했다.

이날 오후 대구고 학생위원회 위원장 손진홍이 부고의 학생 대표 최용호를 찾아와, 당국의 부당한 일요등교 지시에 대한 대응책을 논의했다. 이들은 함께 수성천변에 열리고 있던 자유당 유세장에 들렀다가, 저녁 무렵 경북고 학생위원회 부위원장 이대우의 집에 합류하여 일요등교 반대시위를 위한 3개교 연합전선을 구축하였다.

28일 새벽 최용호는 문태길, 김영대 등 학생회 간부들을 찾아 나섰다. 타교에 비해 공감대 형성과 여론수렴 시간이 부족했기에, 간부들은 일찍 학교에 나가 긴급회의를 열어 행동계획을 논의키로 했다. 또한 행동으로 옮기기 전에 거사계획을 사전에 AP, AFP, UPI 등 해외의 유명

통신사에 알려, 국제적 관심을 불러일으키자는 논의도 했다. 11시경 과학실에 이들을 포함, 박재철, 김관희, 홍관, 배순, 손원익을 비롯한 대의원들이 모여 긴급 학도호국단 간부회의를 열었다. 참석자들은 즉각 일요일에 등교시킨 행정 당국의 저의를 따지는 것에 대해 장시간 논의한 끝에 시위를 하면서 도지사를 직접 항의 방문키로 의견을 모았다.

이때 교무주임선생은 "젓가락 하나로 태평양 물을 휘저으면 무슨 소용이 있겠느냐. 너희들이 커서 실력을 길러 깨끗하고 바른 사회를 만들도록 해라. 지금은 공부해야 할 때이지, 데모를 해서는 안된다"라면서 대의원들을 달랬으나, 간부들은 데모를 강행키로 결의했다. 하지만 이를 눈치 챈 선생들이 교문을 잠그고 학부형들과 합세하여 지키는 바람에 좀처럼 교문을 빠져나갈 수 없게 되자, 오후 3시경부터 본관 2층에서 단식 농성투쟁에 돌입했다.

2학년 3반 교실에서 2학년 전원 240명과 1학년 일부 학생들이 시멘트 바닥에 주저앉아 시국을 개탄하고, 일요등교의 부당성을 조목조목 따지면서 행동 방향을 논의하였다. 그리고 ① 정치와 교육을 분리하라, ② 학생을 정치도구화 하지 말라, ③ 앞으로 이와 같은 학생의 권리를 박탈하는 일은 결코 하지 않을 것을 약속하라, ④ 지금까지 검거된 학생들을 즉시 돌려보내라 등 4개 항의 결의문을 채택했다.

어둠이 짙어감에 따라 학생들을 데리려오는 학부형들이 쇄도하고, 기자들의 플래시가 농성장 안팎에서 터지기 시작하였다. 시위를 강행하려는 학생들과 이를 막으려는 학부형들 사이에 실랑이가 벌어지고, 실내는 아수라장이 되어 험악한 상황이 벌어졌다. 극도의 흥분에 달한 학생들은 비좁은 농성장을 빠져 나와 운동장에 집결했다. 농성 4시간이 지난 밤 7시에 200여 명의 부고생들은 부모와 선생들의 간곡한 만류를 뿌리치고 담장을 넘어 스크럼을 짜고 데모에 돌입했다. 이들은 삼덕로터리와 대학병원을 지나 경상북도지사 관사와 자유당 도당

청사에서 시위를 하다가 급거 출동한 경찰 백차와 정면충돌하였다. 이로인해 수 명의 학생이 부상을 입고, 또 연행되었다.

　남은 학생들은 다시 규합하여 중앙통에 있던 대구매일신문사를 찾아가 결의문을 전달했는데, 이때 많은 학생들이 파출소로 끌려갔다. 연행되지 않은 학생들은 대부분이 남의 집에 들어가 시민들의 보호를 받았으며, 새벽에 집으로 돌아갔다. 경찰에 끌려갔던 학생들은 조사를 받은 뒤 밤 11시경에 귀가했으며, 주동 학생 몇 명은 담임선생 집에서 보호를 받았다.

경북여고 · 대구여고 학생들의 시위[10)]

　여학교에도 일요등교 지시가 내려졌다. 경북여고 학생들은 별 이유 없이 일요일 낮 12시까지 등교하게 되었으며, 대구여고는 졸업생 송별회와 무용 발표회 참석을 이유로 일요등교를 지시하였다. 28일 경북여고에서는 장학사의 특별연수 강의가 있었다. 일요일인데도 불구하고 학교에 나온 전교생이 강의를 들으려고 강당에 모였는데, 분위기가 얼마나 산만했던지 제대로 진행이 되지 않은 채 끝났다. 이때쯤 신구자 학생대표가 앞으로 나가 일요등교의 부당성을 일일이 지적하며 모두 거리로 나설 것을 호소했다. 학생들은 기다렸다는 듯이 "가자, 수성천변으로!", "경고생들도 나섰단다" 등의 함성을 지르며 일어섰다.

　당시 타 학교의 시위 소식에 놀란 학교 당국은 전체 교사들을 동원해 정문을 지키며, 만일 발생할지도 모르는 학생들의 단체행동에 대비하고 있었다. 그러나 약 700명의 전교생이 갑자기 정문을 향해 뛰어나오자 교사들도 어쩔 도리가 없었다. 거의 분산 상태로 교문을 빠져나온 두 학교의 여학생들은 다시 합류하여 "일요수업을 폐지하라"고

---

10) 오창균, 2000, 103쪽 ; 김상숙, 2000, 162~163쪽 등을 참고.

외치며 덕산동을 거쳐 수성교로 행진하던 중 경찰의 제지를 받아 30여 명은 연행되고 나머지는 해산되었다.

대구공고 학생들의 시위[11]

2월 27일 오전 대구공고의 담임교사들은 자세한 설명 없이 일요등교를 지시했다. 학생들은 영문도 모른 채 어리둥절해 하며 불평을 늘어놓았다. 그저 "3월 2일로 예정된 졸업식 예행연습 때문 일거야", "본관 건물에 있는 미군부대가 이전하기 때문에 교내 청소를 하려는 것이겠지", "민주당 연설회 때문인가?" 등등 여러 가지 짐작이 난무하는 가운데 학생들은 귀가했다.

이튿날 점심시간이 지나면서 아무런 이유 없이 등교한 학생들은 동요하기 시작했으며, 교무실 옆 도서실에서는 학생위원회 위원장 주재로 운영위원회가 열렸다. 긴급히 개최된 운영위원회에서는 학생 자율을 탄압하는 교장은 물러나라는 내용의 성명을 냈다. 또 일요등교 지시로 국 · 공립 중 · 고등학생들이 정치도구로 이용되었다는 소문이 퍼지면서 격분한 200여 명의 학생들이 운동장에 모였다.

교내 곳곳에서 학생들이 집회를 지켜보고 있는 가운데, 위원장을 선두로 한 대열이 신암초등학교 정문 쪽으로 나서며 "집으로 돌아가자", "학생 탄압을 중지하라", "교장은 퇴진하라" 등의 구호를 외쳤다. 교사들이 이를 말리자 일부 학생들은 경북대 정문 쪽으로, 일부는 신도극장 쪽으로 계속 행진했으나, 신암교를 건너는 순간 경찰에 의해 강력한 제지를 받게 되었다. 출동한 경찰이 사정없이 방망이를 휘두르는 것을 본 학생들은 뿔뿔이 흩어져 도망쳤다.

---

11) 오창균, 2000, 103쪽 ; 이재창, 2000, 164쪽 등을 참고.

대구농고 학생들의 시위[12]

대구농고에서도 지시에 따라 여러 차례 교직원회의를 열고, 28일 일요일에 학생들을 등교시켜 졸업식 예행연습과 음악지도를 하기로 결정했다. 학생들의 반발을 우려하면서 일요등교 지시를 했으나, 28일 학교에 나온 학생은 얼마 되지 않았다.

물론 대구농고 학생들도 시위를 계획했다. 그러나 교장선생의 간곡한 만류로 실행에 옮기지는 못했다. 학생들의 신변안전을 걱정하는 교장선생의 심정을 학생 대표들이 받아들인 결과였다. 하지만 전체 학생들이 참여하는 시위는 무산되었으나, 불의를 규탄하는 정의감은 살아있어 많은 학생들이 타 학교의 행진에 동참하거나 수성천변에서 열린 민주당 강연회에 참석하였다.

대구상고 학생들의 시위[13]

2월 27일 대구상고에도 일요등교 지시가 있었다. 일요일이지만 졸업식 예행연습을 해야 한다는 것이 이유였다. 다음날 등교한 학생들은 강당에서 예행연습을 하다가 밖으로부터 경북고 시위대의 함성을 듣게 되었다. 모두들 일요등교로 마음속에 불만이 가득했으므로 강당에서 소란이 일어났다. 일부 학생들은 이어나서 창문 쪽으로 가거나 밖으로 나가려고 했다. 대부분의 교사들은 모른 채 방관했지만, 몇몇은 야단을 치면서 문을 닫아 걸어버렸다. 결국 졸업식 예행연습은 어수선하게 끝나고 뿔뿔이 헤어져 야당후보 연설을 듣기 위해 수성천변으로 가거나 시위대에 합세했다. 연설회장으로 간 학생들은 학교에서 강하게 받은 협박 때문에 모자를 벗고 주위를 살피면서 연설을 들었다.

2월 28일 대구 시내를 한바탕 휩쓸었던 학생 시위의 흥분은 좀처럼 가라앉지 않고 이튿날에도 이어졌다. 이번에는 하루 전에 침묵했던 대구상고에서 학생들의 집단시위가 시작되었다. 대구상고 학생들은 "28일 시위에 참가한 경북고와 대구고생들이 경찰에 잡혀있으니 석방을 호소하러 가자"는 명분을 내걸었다. 오전 9시쯤 학생 대표들은 시위를 하기로 합의한 후, 첫 시간 수업이 끝나자 모두 운동장으로 뛰어나왔다. 이들은 동쪽과 남쪽 담을 넘어 삼덕로터리 부근에서 집합하기로 했다. 그러난 막상 행동으로 옮겼을 때는 20여 명이 담을 넘었을 뿐 나머지 학생들은 교사와 경관들에 의해 제지당하는 바람에 뜻을 이루지 못했다. 이 과정에서 남쪽 담장 약 십 미터가 무너지는 피해가 발생하기도 했다.

한편 남대구경찰서에서는 시위 신고를 접하자, 즉시 전직원을 비상소집하여 출동시켰다. 학교 밖 진출에 실패한 후 교실에 수용된 학생들은 "경찰은 물러가라"고 고함치며 이들을 비난했다. 또 뜻을 이루지 못한 학생위원들은 회의를 소집하여 7명의 대표를 뽑고, "경찰에서 경북고와 대구고의 학생들을 석방시키지 않는 한 시위를 하겠다"고 선언했다. 결국 7명의 학생 대표들은 경찰과 동행해 구속된 학생이 없다는 것을 확인하고는 학교로 돌아갔다. 이틀에 걸쳐 학원의 자유와 민주주의를 부르짖었던 대구지역 고등학생들의 시위는 일단 이렇게 끝났다.

[참조] 각 학교별 일요등교 사유

대구여중―체육대회 / 영화상영 및 사은회
대구여고―졸업생 송별회 / 무용발표회
경북고―보건, 음악, 미술 등 실기시험, 영화관람

경상중 – 졸업식 연습
대구상고 – 졸업생 송별회와 원서 제출[14]
경북여고 – 별 이유 없이 12시까지 등교[15]
제일여중 – 임시수업
대구고 – 토끼사냥[16]
대구공고 – 학교 자체행사[17]
대구농고 – 졸업식 예행연습과 음악지도[18]
초등학교 – 보충수업, 기타

3. 2·28 이후 4·19혁명 시기 대구의 민주운동

2·28이후 대구의 동향

2·28이후 대구지역에서는 시위와 관련한 특별 동향이 없었다. 3월 5일 서울 학생 시위 후 그 여파가 대구에 미치지 않도록 대책을 강구하는 기관장 회의가 열렸다는 보고가 있을 뿐이었다.

경상북도는 6일(일요일) 오전 10시부터 도청 상황실에서 대구시내 남녀 공립 중고등학교장 회의를 소집하고, 2·28에 이은 3월 5일 서울의 고등학생 데모 사건을 계기로 강력한 학생 단속 방법과 유사시에 대비한 상호연락 체계에 대해 협의했다. 경북지사를 위시하여 대구시장, 대구시 문사국장, 경찰국장 그 밖에 경찰 관계 책임자들이 배석한

---

[14] 김수행은 '졸업식 예행연습'이었던 것으로 기억하고 있음.(김수행, 2000, 160~161쪽)
[15] 김상숙은 '특별연수강의'로 기억하고 있음.(김상숙, 2000, 162쪽)
[16] 허승에 의하면, 처음에는 운동시합이라 하였지만 뒤에 토끼사냥으로 바뀌었음.(허승, 2000, 156~157쪽)
[17] 이재창은 졸업식 예행연습, 교내청소라고 추측함.(이재창, 2000, 164쪽)
[18] 권정복, 2000, 165쪽.

이 학교장 회의에서는 '3월 5일 서울 학생 데모사건이 다시 2·28과 같은 시위를 지방에 파급할 경우에 대비한 사전 방지책'이 협의되었다. 특히 3월 5일 서울 학생 데모는 '학원의 자유'를 내건 대구의 2·28과는 달리 '공명선거'를 구호로 내걸었는데, 구호 자체부터 정치성을 가지고 있다는 점이 논의의 초점이 되었다. 또 2·28을 계기로 학생들을 정치에 이용하려는 움직임이 있고, 일부 타지방 학생들이 대구에 들어와서 학생들을 만나고 있다는 문제에 대해 정보를 교환하였다.(『대구일보』 1960년 3월 6일자)

다른 지역에서 시위 소식이 들려오자 물론 대구지역에서도 저항의 움직임이 조금씩 일어나고 있었다. 3월 10일에는 대구시내 태평로 1가에 있는 외자청 대구사무소 앞길에 있는 벽돌담에 "한국은 패망한다. 백만 학도 일어나자. 강제선거 하지 말고……"라는 내용의 삐라가 붙었다. 이날 오후에는 시내 부안동에도 같은 내용의 삐라가 붙었다는 보고가 있었다.(『동아일보』 1960년 3월 11일자)

3월 14일 오후 6시경, 포항에서는 포항고 학생 약 200명이 수도산에 집결하여 덕산동을 거쳐 중앙로타리에 이르기까지 약 30분간에 걸쳐 "학원의 자유를 달라"는 구호를 외치면서 시위를 하였는데, 시위대는 곧 출동한 경찰에 의해 해산되고 가담 학생 40여 명이 경찰에 연행되었다.(『동아일보』 1960년 3월 15일자)

자유당에 대한 분노가 달아오르는 시민들과 이를 억누르려는 정부 사이의 긴장이 대구지역에서도 점차 고조되고 있었다. 『동아일보』 1960년 3월 17일자는 다음과 같이 보도하고 있다.

민주당의 3·15정부통령 선거 무효 선언에 자극되어 울분에 싸인 대구 시민들은 16일 마산 데모 소식에 접하자 극도로 흥분되었다. 시민들은 "이것이 선거냐", "마산이 일어났는데 대구 시민들이 가만히 있을 수 있느냐"고 외치면서 격분하고 있으며, 어떤 청년들은 민주당 도당 사무소로 찾아와서 "내가 선봉에 나설 터이니 다 같이 목숨을 걸고 데모에 나서자"라고 말하면서 눈물까지 흘렸다. 그러나 이러한 일촉즉발의 분위기에 대처하여 경찰의 경계가 너무나 삼엄하여 데모는 일어나지는 못할 것 같다. 대구 주변 경찰서에서 대폭 증파된 무장 경찰관들은 시내 골목골목을 엄중하게 경비하고 있고, 반공청년단원은 물론 도청과 시청의 공무원들도 일반 행정 사무를 중지하고 거리의 요소요소에서 데모가 일어나는 것을 방지하고 있으며, 심지어 소방대원들까지 밤거리에 총동원되어 있다. 특히 사찰 형사들은 각 고등학교에서 영향력을 미칠 수 있는 유력한 학생들은 미행까지 하고 있다. 민주당이 선거무효 선언을 하고 마산데모사건이 일어난 이후 대구는 시민의 울분이 무장 경찰관에 의하여 억압되는 공포의 도시가 되고 말았다.

4월 19일, 수천 명의 봉기

'시민의 울분'과 '무장 경찰의 억압' 사이의 균형은 오래 가지 않았다. 4월 19일 시민의 울분이 분출했다. 서울 등지에서 벌어진 학생 시위에 이어 4월 19일 오후 3시 경북대 학생 3천여 명은 대구시내 주요 간선도로에서 "부정선거를 규탄한다"는 구호 아래 약 3시간 30분 동안 평화적으로 시위를 하였다. 이날 밤 7시경 경비계엄령이 선포되었음에도 불구하고, 청구대 학생 1천여 명은 비를 맞으면서 약 3시간 동안 시위를 하였다. 저녁 9시 40분경 시위대가 도청에 들어가려는 찰라 돌연 경찰은 일부 학생을 연행하기 시작하였다. 격분한 학생들과 경찰이 충돌하여 대구극장 인근에서 경찰은 최루탄 1발을 발사하였다. 그러자 시위대는 청구대로 돌아가 농성 태세에 들어갔는데, 연행된 청구대 학생 6명은 이날 밤 10시 30분경 석방되었다. 이를 좀 더 상세히 설명하면 다음과 같다.(『대구일보』 1960년 4월 20일자)

4월 19일 오후 2시경 경북대 안에서 현수막을 펼쳐들고 학교 구내를 한 바퀴 돌면서 수업을 마친 3천여 명의 학생들을 모은 시위대는 애국가를 부른 후 학교를 나섰다. "협잡선거 물리치고 공명선거 다시하자", "동포여 안심하라 학도는 살아있다", "국민은 싫어한다. 3인조 9인조를" 등의 구호를 외치며 열 사람씩 스크럼을 싼 시위대는 신암파출소 앞에서 경찰대의 제1차 제지를 받았으나 돌파하고 질서정연하게 행진을 계속했다. 3시 20분 트럭 1대와 경찰 50여 명의 제2차 제지를 무너뜨리고 대구역전에 이르렀다. 이 때 시위대는 한 때 방향을 어디로 돌리느냐에 대해 잠시 머뭇거렸으나, 경찰 경비책임자와 학생회 운영위원회 간부들 간의 협상을 팽개치고, 방향을 중앙통으로 돌렸다. 오후 3시 55분경 남문시장 입구에 이르렀다. 이 사이에 학생회 운영위원회 간부와 경찰 경비책임자 사이에 회담이 계속되었으나, 모든 회담을 밀어내면서 행진하는 시위대를 억제할 수 없었다. 시위대는 학생회 운영위원회와 경찰 간부들의 만류를 뿌리치고 오후 4시 17분 도청 정문 앞에 이르렀다.

　이때 경비 경찰들은 굳게 문을 잠그고 도청에 들어가는 것을 제지하려 하였으나, 경찰대와 잠긴 문을 밀어젖힌 군중들은 도청 구내로 밀고 들어갔다. 이때 고병간 경북대 총장은 마이크를 잡고 학생들을 무마하려했으나 시위대는 이를 거절했으며, 민주당 홍정표가 시위대 선두로 나섰으나 시위 학생들은 이를 축출해버렸다. 오후 4시 20분 도청 구내에 들어간 시위대는 두 차례 애국가를 부른 후, 도지사가 나와서 그들의 요구에 대해 답해 줄 것을 요청했다. 이때 시위대 학생들은 운영위원회 간부들을 불신하여 한동안 옥신각신 했다. 하지만 결의문을 낭독한 후 시위대를 지휘하는 학생들의 노력으로 총장과 도지사의 얘기를 들었다. 도지사는 '3인조 9인조'와 같은 부정선거 조직에 대해서는 아는 바 없다고 해명하여 한 차례 소란이 일어나기도 했다. 경북대 시위 학생들은 그 후 학교로 돌아와 오후 6시 30분경 해산했다.[19]

____

[19] '학원의 자유'를 부르짖으며 궐기한 3천여 명의 경북대 학생들의 시위대가 시가

경북대 학생들이 발표한 결의문의 내용은 다음과 같다.[20]

> 민주 대한의 장래가 점점 암담하여지는 민족의 중대 위기에 처하여 우리 경북대 학생은 구국선열의 고귀한 정신을 발휘하여 대한의 민주 발전과 참된 민주교육에 헌신코저 분투할 것을 결의하며, 다음과 같은 우리 주장을 천명하는 바이다.
> 1. 구속 중인 우리의 학도 동지를 즉시 석방할 것.
> 2. 마산 사건에 대한 상세한 해명과 동족살해에 대한 엄중한 책임의 소재를 밝힐 것.
> 3. 악독한 고문과 구타를 행한 경찰로 공인된 자를 속히 구속 처단하라.
> 4. 헌법이 보장하는 국민의 기본 권리를 장해하는 법률을 무효화 시킬 것.
> 끝으로 이 합법적인 데모가 흉악무도한 공산당으로 하여금 선전적 이득을 갖지 못하도록 위정자의 적절한 조치를 바라며, 대한의 민주 발전을 위하여 공헌할 수 있을 것을 충심으로 요망하는 바이다.

이렇게 대구에서 대규모 시위가 발생하자 당국은 오후 5시를 기해 비상계엄령을 선포하였고, 경북도에서는 오후 8시 도청 상황실에서 대구 시내 중고등학교 긴급회의를 열어 문교부의 지시에 의거해 20일부터 휴교하도록 지시했다.(김일수, 2000, 116쪽)

한편 청구대 학생 약 1천 명은 4월 19일 오후 7시 5분경 교정에서 "애국가"를 부른 후 교문 밖으로 쏟아져 나와, 때마침 내리기 시작한 비를 맞아가면서 중앙통 거리로 갔다. 남녀 학생들은 책가방을 들고 한국은행 앞을 거쳐 역전을 통과하였다. 경찰은 스피커를 단 백차와

에 몰려들자 일부 시민들도 시위를 감행하였다. 경북대 학생들의 시위대가 중앙통을 지나 대신동을 거쳐 도청에 이르렀을 때, 민주당 대구시 무(戊)구 당원 20여 명이 선두에 선 3백여 명의 시민의 시위가 오후 4시 도청 앞에서 터졌다.(『대구일보』 1960년 4월 20일자)

[20] 『영남일보』 1960년 4월 20일자 ; 『대구매일신문』 1960년 4월 20일자.

지프차 위에서 운집하는 주위의 군중을 저지하는 데 주력하였다. 시위대는 "협잡선거 물리치자", "학생은 살아있다" 등의 구호와 함께 "학도호국단 노래", "애국가"를 연거푸 합창하였다. 다시 중앙통으로 나온 시위대는 대구경찰서 앞에서 헌병대의 강력한 제지를 받자, 비 내리는 연도에 주저앉아 고함을 지르면서 각종 구호를 외쳤다. 약 5분 후 서편의 헌병 저지선이 열리자 학생들은 중앙통을 거쳐 남대구서 앞을 지났다. 오후 8시 40분 학생 시위대는 2군사령부 앞을 지나 도지사 관사 앞에서 또다시 헌병의 제지를 받고 주저앉아 구호를 외쳤다. 밤 9시 25분 무장한 군경 경비대에 둘러싸인 학생들은 도지사를 만나지 못하자 구보로 대구시청 광장에 모였다가 도청으로 향했다. 도청 입구에서 군경 합동의 강력한 제지를 받아 학생들은 도청으로 들어가지 못했는데, 이때 경찰에서는 2명의 여학생과 7, 8명의 남학생을 연행하기 시작했다. 경찰은 학생들을 해산시키기 위해 경찰봉을 휘둘렀고, 이에 격분한 학생들은 투석하면서 역전 방면으로 뒷걸음쳤다. 이때 대구극장 앞 노상에서 경찰이 '최루탄 1발'을 쏘자, 시위대 학생들은 학교로 돌아와 연행된 학생들이 석방될 때까지 농성에 들어가려고 했다. 하지만 연행 학생들이 석방되어서 밤 11시경 전원 귀가했다.(『대구일보』 1960년 4월 20일자)

4월 20일, 간헐적 시위

4월 20일에도 시위가 간헐적으로 계속되었다. 계명대(학생회장 김기한) 학생 100여 명이 20일 후문 울타리를 넘어 대구대로 건너가 대구대 시위대와 합류하였다. 이들은 영선목과 삼덕우체국을 거쳐 남대구경찰서 앞에서 시위를 전개하고, 도지사 관사를 거쳐 중앙통으로 진출, 경북도청에 이르러 구호를 외치면서 시위를 했다.(4·19민주혁명 대구·경북동지회 편, 2009, 41쪽)

대구대, 청구대, 경북대 의대 등 3개 대학 학생들도 학교에서 각각 시위를 시도했다.(『대구일보』1960년 4월 20일자) 대구대 학생들은 20일 오전 10시 40분경 교문을 나서 관통 도로로 통하는 길로 학도호국단 노래를 부르며 시위를 전개했다. 교문을 나선 시위대는 대구고 근처에 자리 잡은 경찰 경비망을 피하기 위하여 수성못 논길로 돌아가 8군단 뒷길을 거쳐 대봉동 큰 길로 빠져나갔다. 이 시위를 막기 위하여 경찰과 헌병들이 재빨리 봉산파출소로부터 경북중 길로 교통을 차단하자, 대구대 시위대는 경북중을 지나 조그마한 골목길로 빠져나갔다. 경북중 뒷길로 돌아간 대구대생들은 수성교 앞길로 빠져나갔으나, 헌병 및 경찰이 또다시 삼덕동로타리에서 시위행진을 막았다. 대구대 학생들은 의과대학 뒷길로 빠져 나가려다 이곳에서 완전히 해산했다.

경북대 의대 학생들도 20일 시위를 할 것을 논의했으나, 사전에 달려온 군경 간부들에 의해 무마, 해산되었다. 오전 10시경부터 의대 본관에서 토론하던 학생들은 11시경 시위 결행 여부 토론을 마치고 교정으로 나갔으나, 대구지구 계엄사령관 윤춘근 소장과 오임근 경북도지사의 무마로 11시 30분경 해산했다.

청구대 주간부 간부 학생들은 19일 밤에 있었던 야간부 학생 시위에 이어 20일 오전 11시를 기해 시위를 감행하려고 하였다. 하지만 사전에 정보를 입수하고 현장에 출동한 윤춘근 계엄사령관과 오임근 경북도지사의 무마로 정오경 해산했다. 10시 40분 강당에 모인 학생들은 시위 강행 주장자와 포기 주장자로 나뉘어져 약간 옥신각신하였다. 결국 일치되지 않은 의사로 "문교부는 수업을 계속하라" 등 4개 항의 결의문을 채택하고 12시 10분 해산했다.

4월 26일, 교수 시위

4월 19일 이후 소강상태에 들어갔던 저항 시위는 4월 26일 다시 한 번 크게 분출했다. 대구 지역에서는 26일 이후에도 각종 시위가 일어났다. 대구 지역의 교수들이 시위에 나섰으며, 각 급 학생들과 시민들이 여기에 가세하여 시위는 격렬해지기도 했다. 파출소, 자유당 사무실, 도지사 관사, 언론사 사무실, 자유당 간부의 사택 등이 시위대의 공격을 받아 부서지거나 불에 탔으며, 시위대의 요구로 경북도지사와 대구시장이 부정선거에 대해 사과하고 자리에서 물러나겠다는 약속을 했다.

4월 26일에는 서울에 이어 대구에서도 교수들이 시위를 시작했다. 경북대 교수단 일행은 오전 11시 문리대 대강당에서 70여 명이 참석한 가운데 긴급 전체교수회의를 열었다. 교수들은 결의문 및 9개 사항의 건의문을 채택한 후, 지프차에 마이크를 앞세우고 오후 1시경 무장 헌병과 헌병차 3대의 호위를 받으며 대구역전으로 향했다. 인도에 늘어선 수많은 시민들로부터 터져나는 박수갈채를 받았다. 경북대교수단의 뒤를 1백여 명의 경북대 학생들이 현수막을 들고 따랐다. 오후 1시 30분 역전 광장에서 교수들은 호소문을 낭독하고 총장의 선창으로 만세삼창을 외친 다음, 다시 박수갈채를 받으며 행진을 계속하여 중앙통을 거쳐 2시 13분 반월당 십자로 앞에서 또다시 선언문 낭독과 만세삼창을 하고 2시 20분 시위를 끝냈다.[21]

대구대 교수단 30여 명은 "현 민의원은 총사퇴하라. 대통령은 즉각 사퇴하라. 학생들의 흘린 피를 헛되이 하지 말라"는 현수막을 들고 역전으로 행진했다. 2시 40분 달성제사공장 – 삼덕우체국 – 삼덕천주교

---

[21] 경북대 교수들이 남문시장에 당도했을 때 50여 명의 대구대 교수들이 합류했으며, 선두가 봉산파출소에 이르렀을 때 뒤따르던 일반시민과 중고생은 수천 명을 헤아렸다.(『매일신문』 1960년 4월 27일자)

회 입구에 이르렀을 무렵 대구대 교수단을 뒤따르고만 있던 4, 5백여 명의 중고생 및 초등학생들이 반월당 쪽에서 올라오던 청구대 학생 시위대를 보자 갑자기 스크럼을 짜고 시위를 감행하여 경호하던 무장 헌병들을 당황케 하기도 했다.(『영남일보』1960년 4월 27일자 ;『매일 신문』1960년 4월 27일자)

청구대 교수들은 오후 1시 30분경 교수회의를 열고 학원의 자유를 천명하는 시위를 할 것을 결의하였다. 오후 2시 40여 명의 교수들과 학생 150여 명은 "대통령의 하야를 원한다", "말로만 말고 행동으로 표 시하라"는 현수막을 앞세우고 질서 정연하게 시위를 했다. 한국은행 −북성로−대구서를 들러서 도청 앞에 이르러 교수들은 "이 대통령은 하야하라"는 구호를 외치고 중앙통−반월당−남대구서−2군사령부로 해서 학교로 돌아갔다.

경북지사와 대구시장 사퇴 약속

교수단 시위를 계기로 학생, 시민들이 시위에 적극 나서기 시작했 다. 이날 교수 시위대와 함께 학교를 나온 경북대 학생 시위대는 오후 3시경 시청에 도착하여 이종왕 대구시장의 사퇴를 부르짖으며 시장이 나오기를 기다렸다. 이어 청구대 학생들이 여기에 합류했다. 이때 시 청 앞은 두 개의 대학생 시위대와 그것을 뒤따른 고등학생들과 시민 들로 겹겹이 싸였으며, 시립병원 앞 남동쪽을 뒤 덮은 시위대 인파는 한 때 헌병들의 경비선을 뚫고 시위 주류인 대학생들과 합류를 꾀하 면서 줄기차게 구호를 외쳤다. 시청에 도착한 즉시 학생들은 대구시 장을 찾으면서 무장 헌병과 군인의 장벽을 뚫고 시청으로 들어가려고 시도하여 일촉즉발의 위기가 조성되기도 했다. 시 청사 안으로 들어 간 학생들은 역대 시장 사진을 떼어버리기도 했다.

오후 3시 30분 이 시장이 나타나자 학생 대표는 시장의 사퇴를 요구했는데, 이 시장이 "이날 오전에 이미 도지사에게 사표를 제출했다"고 밝히자 학생들은 전 군중들 앞에서 밝힐 것을 주장했다. 이 시장은 경북대의 선전 지프차에서 자신의 시장직 사퇴를 선언하고 선거부정 관리에 대해 공개 사과를 한 후 학생들과 함께 도청으로 행진했다.

오후 4시 시위대는 이 시장과 계엄사무소장을 앞세우고 도청으로 달려가 경북도지사의 사퇴를 종용했다. 경북도지사는 대기하고 있는 시위 군중들에게 나와 눈물어린 소리로 "이미 중앙에 사퇴원을 발신했으며, 부정선거에 대해 공개 사과한다"고 말하였다.

시위대 학생들은 지사를 앞세워 경찰국장실로 몰려갔다. 학생 대표들이 경찰국장의 장시간 동안의 피신에 대격노하여 험악한 공기를 조성할 동안 도지사는 사과문[22]을 써서 학생들에게 주었다.(『영남일보』1960년 4월 27일자)

격화된 시위

대구 시위는 점점 격화되었다. 5시 30분경 일부 시위대는 자유당 경북도당에 몰려가 당내에 비치되어 있던 일체의 서류와 의자, 책상 등을 모조리 파괴하는 동시에, 일부 의자 등을 길 한가운데로 들고 나

---

[22] 도지사의 "사과의 말"의 내용은 다음과 같다.
　　대구시민과 도민 여러분에게 민족적 충심에서 불초 본인이 사과의 말씀을 드리는 것을 널리 양해하여 주시기를 바랍니다. 지난 4·19사태는 그 원인이 3·15부정선거에서 일어났다는 것은 국내외적으로 시인되는 바입니다. 본직이 행인지 불행인지 3·15선거 당시 본도 행정 책임자로서 선거를 관리함에 있어서 상부의 지시를 민주주의 원칙에 배치되지 않도록 명령을 거역할 수 있는 용기를 가지지 못한 것을 부끄럽게 생각하며, 시민 여러분에게 솔직히 사과합니다. 오늘날 우리나라 행정제도에서 지사의 권능이 국립 경찰에 십분 반영 안 되는 것도 하나의 과도적 현상이라 할 것이며, 본인은 시민 여러분과 같은 심정으로 이 나라 민주발전에 한 야인으로서 이바지 할 굳은 결심을 가지고 있으면서 이 나라 민주발전에 만세를 기원합니다.

와 불태워버렸다. 약 두 시간에 걸쳐 자유당 경북도당 사무소를 철저히 부순 시위대는 불타다가 남은 서류를 공중으로 휘날리고 소책자 등을 잘게 찢어서 뿌렸다. 이 때문에 자유당 경북도당 사무소 동서 백 미터 지점까지의 길이 '백지의 거리'가 되었다.

5시 50분경 "이기붕을 단두대에 보내라"는 구호를 외치며 자유당 경북도당 사무소 앞에 몰려온 수백 명의 대학생과 중고생의 혼성 시위대는 이미 산산이 파괴된 사무소에 다시 몇 개의 돌을 던져 유리창을 파괴하였다. 시위대는 6시경 구산각(丘山閣)에 위치한 반공청년단 대구갑구당 사무소 앞에 이르러 만세를 부르며 간판을 끌어 내렸다. 이들 시위대는 자유극장 앞 골목을 거쳐 대안동 사이 길을 빠져나와 대구경찰서에 도착, 수 매의 유리창을 파괴하고 계속 스크럼의 행렬을 유지했다.

대구시내 도처에서 시위 군중들이 방화한 화염이 밤하늘을 물들일 때 대구 3개 경찰서 관내 파출소는 대부분 텅텅 비었고, 그 속에 있던 책상, 의자, 각종 서류 등은 모조리 찢겨져 버리고 불타버렸다. 전깃불까지 꺼져 깜깜해진 파출소는 무장한 헌병 몇 명이 지키고 있었다. 남성로에 있는 서울신문사 경북지사도 산산이 파괴되었다.

밤 8시 반경 대구시 남성로에 있는 내외방직 사장 이순희(李淳熙) 집에 몰려든 군중들은 가재도구 일체를 길거리에 '집어내어 불태워버리고 집과 술도가 등을 산산이 파괴해 버렸다. 시내 침산동에 있는 내외방직 사무실도 시위대 일부가 불을 질러 이날 밤 9시부터 타기 시작해서 10시 30분경 완전 소실되었다.

밤 9시경 시위대 일부는 시내 남산동에 있는 주덕근(朱德根) 집에 불을 질렀다. 주덕근은 자유당 대구 정(丁)구 당위원장이었다. 이 집은 삽시간에 불길에 싸여 가구 등 일체가 타 버렸다.

밤 9시 반경 대구경찰서 역전파출소에 몰려든 군중들은 파출소 안에 있는 의자, 책상 등 집기 전부를 파출소 앞에 끄집어내고 불태웠다. 밤 10시경 대구시청 앞으로 몰려든 군중들은 시장관사에 들어가 가재 등을 전부 밖으로 들어낸 다음 역시 불을 질렀다.

오후 5시 반부터 들락날락한 군중들은 밤 10시까지 반공청년단장 신도환 집에서도 단 한 개의 가재도구도 남기지 않고 중앙통 큰길에 끄집어내어 불태워버렸는데, 갖가지 물건이 탄 시간은 무려 세 시간 가까이 계속되었다. 밤 10시경 육중한 건물은 기와장이 벗겨지고 벽도 전부 타버린 채 기둥만 간신히 남았다.(『대구일보』 1960년 4월 27일자)

대구지역 언론들은 4월 26일 밤의 격렬한 시위가 '학생 아닌 소년들'이 주도하였다고 했다. 『영남일보』 1960년 4월 27자는 "다시 비상계엄이 선포된 26일 밤의 대구 시내는 떼를 지운 청소년들에 의해 도심지의 대다수 파출소와 몇몇 인사 집의 서류, 집기, 창문, 가재도구 등이 모조리 길거리에서 불태워지고, 손에 손에 곤봉을 가진 17, 8세의 학생 아닌 소년들은 통행금지 시간이 훨씬 넘은 밤 1시까지 시가에 떼를 지어 돌아다니며 심지어 소방차를 꺼내어 달아나는 등 행동을 계속하여, 마침내는 경계 군인들의 비상 공포 발사 사태까지 야기하여, 그동안 질서를 유지해 오던 대구 시내가 하룻밤 사이에 공포에 감싸인 거리로 변해 버렸다"고 보도하고 있다. 『대구일보』 1960년 4월 27자도 "26일 하오 비교적 질서를 지키려는 일부 대학생과 중고등학생들의 데모대가 대구 시내 몇 군데를 지나간 후 밤 7시경부터 나타난 10세 전후의 꼬마 소년들과 15, 6세의 소년들이 뒤섞인 군중들은 27일 새벽 3시경까지 자유당과 관련이 있는 인사 집과 건물을 샅샅이 찾아다니면서 방화, 파괴, 약탈을 감행했다"고 보도했다. 4월 26일 대구의 시위는 시민, 대학교수, 대학생, 초중고생, 그리고 학생이 아닌 청소년들이 참여한 범시민적 항의였다.

4월 27일, 사회 안정에 참여하는 학생들

4월 26일의 격렬한 시위에 이어 4월 27일부터 대구 시내 4개 대학의 학생들은 부서진 공공기관을 청소·정비하고 질서를 유지하는 데 자발적으로 나섰다. 또한 계엄사령부의 요청에 의해 시내의 경비에도 참여하였다. '피의 화요일'로 시작하여 '승리의 화요일'로 종지부를 찍은 한 주일의 혼란을 수습하기 위해 대학생들이 나섰다. 거리를 청소하고, 경찰의 무기력으로 치안이 흐트러진 파출소에 근무하면서 치안 확보와 선무작업에 앞장섰다.(4·19민주혁명 대구·경북동지회 편, 2009, 42~43쪽)

4월 27일 오전 10시 경북도청 제1회의실에서 대구 시내 4개 대학의 총·학장과 학생 대표 30여 명, 그리고 계엄부사령관, 대구지구 계엄사무소장, 도지사와 각 국장들이 한 자리에 모였다. 여기에서는 군인들의 손으로만 치안을 담당하기 보다는 학생들의 자율적인 협조가 있었으면 좋겠다는 부탁이 있었고, 각 대학생들은 다음과 같이 선무공작과 경비에 참여하기로 합의했다.

경북대 ─ 대구서
대구대 ─ 남대구서
청구대 ─ 동대구서
계명대 ─ 경찰국
서울의 귀향 학생 ─ 선무공작

이와 같은 결정이 내리자 각 대학에서는 학교별로 2, 3백 명씩의 학생들을 동원해서 오전 11시부터 완장을 두르고 치안반, 청소반, 선무공작반을 편성하여 일을 맡겼는데, 각 서에는 약 30명씩의 학생들이, 각 파출소에는 15명의 학생들이 배치되었다. 학생들은 각 경찰서 및 경찰국의 지프차로 선무가두선전을 전개하거나 치안 유지, 청소에 참여했다.(『영남일보』 1960년 4월 28일자 ;『매일신문』 1960년 4월 28일자)

지방의 공공기관과 경찰서, 파출소도 성난 시민들의 공격을 받아 속수무책으로 당하고 있었다. 김천과 안동에서는 지역 국회의원의 집을 부수기도 하고 파출소에 방화하는가 하면, 공공기관을 습격하기도 했다. 이에 대학생들은 각지를 순회하며 시민을 설득하고 위로하면서 공공기물 파손을 예방하고, 무너진 치안 확보에 만전을 기해 다수 시민의 환호를 받았다. 이러한 학생들의 활동으로 대구시내는 질서를 찾아갔다. 각 급 학교도 수업을 재개했다.[23]

학생들은 모금활동에 나서기도 했다. 대구지역 언론사와 협의한 5개 대학의 학생 대표들과 고등학생들은 '숭고한 대구의 민주혁명을 영원히 기리고자' 모금 운동을 시작하였다.

어디로 갈 것인가?

학생들은 사회 안정에 참여하면서도 4 · 19혁명의 정신을 구현하기 위해 중단 없이 전진하고 있었다. 4 · 19혁명에 참가한 학생들의 생각은 4월 28일 경북대, 청구대, 대구대, 계명대 등 4개 대학 학생 대표가 발표한 다음의 시국 성명서에 잘 나타나 있다.

4 · 26의 위대한 민주혁명은 4 · 19를 절정으로 한 우리들 청년학도들이 피흘린 투쟁으로 전취한 것이다. 무능 부패한 1인 독재정치와 자유당의 경찰 공포정치를 타도하여, 동방의 제2공화국을 창조한 이번의 시민혁명

---

[23] 선무활동의 실제에 대해서는 이준영, 2009, 104~106쪽을 참조하시오. 이준영은 당시 경북대 철학과 4학년으로 대구시, 김천, 군위, 안동 등에서 진행된 대학생들의 선무활동 경험을 생생하게 증언하고 있다. 신달선은 「4 · 19민주혁명과 나」라는 글을 통해 당시 대학생 선무활동 경험을 증언하고 있다.(신달선, 2009, 146~147쪽) 신달선은 김천, 선산, 상주, 점촌, 문경 등에서 활동하였다.

의 주체세력은 어디까지나 청년학도들이었다. 관권에서부터 민권을 탈취한 전 혁명과정을 통하여, 우리는 어떠한 기성 정치집단이나 직업적 정치인들이 감히 할 수 없는 역할을 담당 수행하였다. 우리들 청년학도들이 양심과 진리의 아성인 상아탑을 박차고 병든 거리로 뛰어든 것은, 오로지 영원히 발전할 번영된 민주 조국의 앞날과 민족의 보다 나은 삶을 영위코자 함이었다.

하기야 우리에게 어떤 당파의식도 파당적인 이해관계도 없었으니, 우리의 일어섬은 어느 일당 일파를 위해 한 것이 아님은 자명한 사명이다. 때문에 우리 청년학도들은 위대한 승리를 당리당략에서 제 것으로 하려는 일체의 정치적 농락과 장난을 단연 배격한다. 그것은 우리의 학우 동지로 4월에 낙화를 욕되게 하고 우리의 궐기를 짓밟기 때문이다. 이러한 마키아벨리즘적 정치수법을 경계하여 메시아적 사명감과 구도자적 정열을 갖고, 아래 결의사항이 관철 시까지 계속 투쟁할 것을 만천하에 선언하는 바이다.

기(記)
1. 기회주의적인 정당, 정상배들은 물러가라.
2. 자유당 체제하에서 부정불의의 수단으로써 축재한 재산을 시급히 몰수하라.
3. 현 민의원은 총사퇴하라.
4. 순수 내각책임제 개헌을 단행하라.
5. 민주주의의 기반위에 보수, 혁신 양당 책임정치를 확립하라.
6. 경찰을 포함한 일체의 공무원을 중립화하라.
7. '신국가보안법, 군정법'을 즉시 폐기하고 지방자치법을 개정하라.
8. 자유당 정권하에 아부한 판검사 및 일체의 공무원을 즉시 처단하라.
9. 자유당 정권하에 아부한 학자 및 일체의 관제문화인, 예술인을 각 분야에서 축출하라.
10. 반공청년단을 즉시 해체하라.

단기 4293년 4월 28일
경북대학교, 대구대학, 청구대학, 계명기독대학 학생대표 일동이 성명서에 나타난 요구사항은 독재권력 및 부정부패 세력 척결, 내각책임제 개헌, 공무원 중립화, 반공이데올로기 기재 철폐 등이었다. 이 요구사항은 남북분단 및 한국전쟁을 거치면서 구조화된 한국 사회에서의 반민족, 반민주적 요소를 제거하고, 민족적, 민주적 질서를 회복, 구현하고자 하는 학생들의 세계관이 반영된 것이었다. 이러한 학생들의 요구는 2 · 28민주운동에서 촉발되어 4 · 19를 거쳐 4 · 26을 경험하면서 축적된 결과였고, 학생층이 사회 개혁의 능동적 주체로 성장하였음을 확인할 수 있는 것이었다. 이 성명은 이후 학생들의 사회 참여가 어떤 방향으로 진행될 것인가를 보여주는 기표였다.(김일수, 2000, 120쪽)

4. 2 · 28의 역사적 의의 : 4 · 19혁명의 출발[24]

1) 이념의 대자성(對自性) – 민주주의와 민족주의

1960년 2월 28일 대구의 학생들은 무엇에 저항했고, 무엇을 추구했나? 2 · 28의 성격에 대한 최초의 담론은 '일요일 등교 불만론'이었다. 이러한 설명은 경북 경찰국으로부터 나왔다.(『대구매일신문』 1960년 2월 28일자 ;『영남일보』 1960년 2월29일자)

경북고등학교에서는 전체 학생들에게 극장 단체 관람을 위해 일요일인 2월 28일 하오 1시까지 등교할 것을 지시했다. 28일 상오 12시 50분까지 학교에 나왔던 2백여 명의 학생 앞에서 동교 운영위원회 부위원장 이대우(李大雨)군이 공휴일에도 등교시키는 폐습(弊習)을 시정하자고 학생들을 선동하였다. 일요일에 등교시킨 학교 당국의 조치에 불만을 품은 2백여

---

[24] 이 장은 김태일(2002)의 논문의 내용을 옮겨 실은 것이다.

학생은 이 선동에 호응하여 학교를 뛰쳐나와 경북도청에 모여들었다. 학생들은 경찰 측의 종용으로 해산했으며 일부 학생들은 경찰에 연행되었다.

일요등교 지시에 불만을 가진 학생들이 선동에 의하여 시위에 참가했다는 것이다. 즉 2·28에 참가한 학생들은 뚜렷한 가치와 목표를 가지고 있었던 것이 아니라, 일요등교 지시에 즉자적 불만을 가지고 시위를 시작했고, 이에 참가한 많은 학생들 역시 덩달아서 나섰다는 것이 된다.

그러나 이런 설명은 적절하지 않다. 학생들은 야당 후보의 유세에 학생들이 참가하지 못하도록 하기 위해 일요등교 지시를 배후에서 내린 정치권력의 존재를 알고 있었다. 이승만 정권이 정치적 경쟁 세력을 탄압하기 위한 정치공작의 하나로 학생들의 일요등교를 조종했다는 사안의 본질을 잘 알고 있었다.[25] 일요등교 지시에 대한 불만은 2·28에 참가한 학생들이 가지고 있었던 생각의 한 부분이었던 것은 분명하나 그것이 전부가 아니었다. 2·28에 참가한 학생들은 세상을 보는 나름대로의 일관된 기준을 가지고 있었으며, 목표의식을 가지고 있었다.

2·28에 참가한 학생들이 어떤 생각을 가지고 있었는가를 알 수 있는 좋은 자료는 결의문이다. 이 결의문은 "우리 백만 학도는 지금 이 시각에도 타고르의 시를 잊지 않고 있다. '그 촛불 다시 한번 켜지는 날 너는 동방의 밝은 빛이 되리라'"를 주제어로 제시하고 있다. 이 주제어는 시위의 주 구호인 "횃불을 밝혀라. 동방의 빛들아!"와 일치하는 것이기도 하다.(이대우, 1991, 214~227쪽) 여기에서 주목할 것은 2·28이 타고르(R. Tagore, 1861~1941)의 시 "동방의 등불"에서 주제어를 택하고 있다는 사실이다. 타고르는 일본 제국주의의 통치를 받으

---

25) 자유당 세력이 일요등교를 지시하는 과정에 대해서는 오창균, 2000, 87~114쪽을 참조.

며 암울하게 살아가고 있는 한국의 청년들에게 일찍이 코리아가 아시아의 등불이었다는 것을 상기시켜 주면서 격려하였다. 그의 시는 어려움 속에서도 민족에 대한 사랑과 희망을 잊지 말자는 메시지를 주었으며, 우리 민족에게 역사적 어려움을 헤쳐 나갈 수 있도록 예지와 용기, 신념과 희망을 불러일으켜 주었다.

민족에 대해 자긍심을 가지고 민족의 번영을 바라는 학생들의 희망은 결의문의 다른 곳에도 발견된다. 2·28 결의문은 "우리는 민족을 사랑하고 민족을 위하여 누구보다도 눈물을 많이 흘릴 학도……이 민족애의, 조국애의 피가 끓는 학도의 외침을 들어주려는가? 우리는 끝까지 이번 처사에 대한 명확한 대답이 있을 때까지 싸우련다. 이 민족의 울분, 순결한 학도의 울분을 어디에 호소해야 하나?"라고 밝히고 있다.(이대우, 1991, 222~223쪽)

분명한 것은 2·28에 참가한 학생들은 민족에 대한 자긍심, 민족의 번영, 민족의 앞날에 대한 희망과 같은 '민족주의'를 주요한 가치로 천명하고 있다는 사실이다. 1950년대는 일본 제국주의의 식민통치가 끝난 후, 미국과 소련의 분할 점령에 의해 분단이 되기는 했지만 국민국가 형성(nation−state building)이 가장 중요한 시대적 과제였기 때문에 당시의 지식인 학생들에게는 민족이라는 개념이 항상 중심에 자리를 잡고 있었다. 이런 점에서 2·28에 참가한 학생들이 '민족주의'라는 가치를 가장 중요한 슬로건으로 내건 것은 자연스러운 일이었다.

아쉽게도 2·28에 참가한 학생들이 민족에 대한 관심과 사랑이라는 표현 이상으로 민족의 개념을 구체적으로 어떻게 인식하고 있었는지에 대해서 확인할 수 있는 자료가 없다. 민족의 정체성을 어떻게 생각하고 있고, 외부세계와 우리 민족의 관계를 어떻게 인식하고 있으며, 민족주의의 과제를 어떻게 설정하고 있는가에 대해서는 분명하지 않다.

2·28에 참가한 학생들이 추구했던 다른 하나의 정치적 가치는 민

주주의였다. 학생들은 이승만 정권의 폭력성과 비민주성에 대해 비판했다. 학생들은 일요등교 지시가 어떤 정치적 맥락에서 이루어진 것인지, 그것이 왜 부당한 것인지를 정확하게 알고 있었으며, 이승만 정권의 정당성을 인정하지 않고 있었다.

> 〈2월 27일〉……학생들도 일요일 등교 이유가 민주당 정견 발표에 방해를 하는 데 있다는 것을 뻔히 알면서도 자꾸 물었다.……정당정치와 유권자들이 국가의 대통령을 뽑는 중요한 시기에 취해야 할 태도 등 공민시간에 배운 여러 가지 의견을 말하였으나 관철될 리 없었다.(손진홍, 1960, 97~98쪽)

학생들은 냉전과 분단에 기초한 이승만 독재체제의 본질에 대해 충분히 인식하고 있었다. 다음의 인용문은 2월 27일 수성천변에서 열린 자유당 유세에 이승만 정권이 행정기관과 직장을 단위로 지역주민들을 강제 동원하는 장면을 목격하고 쓴 글이다. 학생들은 이승만 정권의 행동조직이었던 반공청년단의 깃발을 보고 냉소를 보내고 있다.

> 때마침 앞산 밑 골짜기마다 장사진을 이루어 동장들의 인솔 아래 일로 시내 쪽으로 들어가고 있었다. 실로 근래에 보기 드문 많은 사람들이었다. 학생들은 순간 본능적으로 "야아!"하고 소리를 질렀으나 모두 맥없이 주저앉고 말았다.
> 특히 눈에 띄는 것은 반공청년단의 푸른 깃발이었다. 흥분의 도가니에서 어쩔 줄 모르는 학생들은 그 울분을 어디에다 터뜨려야 할지 갈피를 잡지 못했다.……세 시간 공부를 하고 나오니 자유당 강연장인 수성천변으로 끌려가는 민중들이 골목마다 거리마다 꽉 차 있었다. 나는 그 길로 부속고등학교에 가서 평소의 지우였던 최롱호 군을 찾았다.……최군은……군중들을 수성교로 모는 것을 맹렬히 비난하고 있었다.(손진홍, 1960, 97~98쪽)

이승만 정권이 냉전체제에 재빨리 편승하여 단독정부 수립에 앞장섰다는 것은 모두 잘 알고 있는 사실이다. 정부 수립 이후 이승만 정권은 헌법 개정을 주저하지 않으면서 권력 독점에 혈안이 되었다. 1960년 3 · 15 정부통령 선거가 다가오면서 이승만 정권의 폭력성은 절정을 향했다. 이승만 정권은 민주주의의 원리 가운데 최소한의 것이라고 할 법치주의, 권력 분립, 기본권 보장을 완전히 무시하였다. 학생들의 강제 동원은 이미 제도화되어 있었다. 학교는 자율성을 상실하고 병영화 되었다. 학원 병영화는 이승만의 정권안보에 사용되었다.(윤식, 1995, 16~17쪽)

이렇게 볼 때 2 · 28에 참가한 학생들이 주장한 "학생의 인권을 옹호하자. 민주주의를 살리고 학원 내에 미치는 정치권력을 배제하라"(경북고), "학원을 정치도구화하지 말라"(대구고), "학원의 자유를 달라"(사대부고) 등의 구호는 예사로운 것이 아니었다. 그것은 이승만 정권의 독재정치를 전면적으로 부정하고, 민주주의적 기본권리와 가치를 쟁취하려는 강력한 의지의 표현이었다. 이러한 주장은 일요일에 학생들을 등교시킨 본질이 자유당의 학원에 대한 정치도구화, 어용화에 있음을 간파한 데서 나온 것이다. 따라서 학원에 대한 정치적 통제와 자유 침해가 바로 반민주적 독재인 점에서 "'학원의 정치도구화 반대'는 곧 반독재 투쟁의 성격이다"(김대상, 1991, 181쪽)는 지적은 옳다.

2 · 28에 참가한 학생들이 가지고 있었던 생각은 자유민주주의의 가치와 권리를 지키지 못하고 있는 이승만 정권의 현실 권력을 비판하는 것이었으며, 자유민주주의의 가치와 권리를 집단적으로 요구하는 것이었다.

2) 주체의 성격—새로운 사회세력의 형성

이승만 정권은 2 · 28이 공산당과 민주당의 사주에 의해 일어난 것이라고 하였다. 이는 이승만 정권의 폭력성을 적나라하게 보여주는 것이었다.

    지프차는 초속도로 달려 도경에 이르렀다. 형사들은 나를 취조실로 끌고 가는 것이었다… 그리고 "넌 보안법 위반으로 사형 아니면 징역 6년이다"하고 불같은 소리를 질렀다.

    이정용 도경국장은 들어서자마자 욕설을 퍼부으며 "자네 때문에 나라가 망하겠다. 대통령 각하의 위신이 크게 추락됐다. 경고생들은 공산당같은 놈들이다"라고 했다. 앉았던 의자를 발로 차며 일어나 내 뺨을 후려갈긴다.

    "자네가 주동자지. 이번 사태로 각하의 위신이 세계적으로 추락됐다. 전부 공산당 아니야", "누구의 지령을 받고 했나? 민주당의 조종을 받았지?"라고 다그쳐 물었다. "조봉암이를 어떻게 생각하는가?", "이승만 대통령을 어떻게 생각하는가?", "왜 구호를, 횃불을 밝혀라, 동방의 빛들아로 했는가? 횃불은 레닌의 이스크라와 일치한다. 조봉암이는 빨갱이다."

    "빨리 말해봐. 틀림없이 제5열과 관계가 있을거야." "없습니다. 이승만 대통령은 그의 최초의 애국심에도 불구하고 장기간의 실정 때문에 결과적으로 나쁘다고 생각합니다." "오늘 모란봉극장에서 2 · 28 지지 군중대회를 했는데 이것만해도 이적행위다."(이대우, 1991, 222~223쪽. 밑줄은 인용자)

이승만 권위주의 체제에 과감하게 도전함으로써 4월혁명의 문을 열었던 2 · 28은 어떤 정치세력의 사주에 의해 일어난 것이 아니라, 사회구조 변동에 따라 형성된 새로운 근대적 사회세력들에 의해 일어난 자발적인 운동이었다. 새로운 사회세력의 형성이란 첫째, 도시화(urbanization)로 인한 도시 시민의 형성이다. 1950년대의 급속한 도시화는 한국전쟁으로 인한 인구이동과 교육의 확대, 퇴역군인의 증대, 사회의 상업화, 농촌생활의 피폐에 따른 이농인구 등 의해 이루어졌다.(동아일보사, 1969, 963쪽)

대구 역시 급격한 인구 증가에 따른 도시화가 진행되었다. 대구시의 인구를 보면, 1946년에 269,113명이던 것이 1950년에 269,406명, 1954년에 405,529명, 1959년에 646,832명으로 급격히 늘어났다.(대구시사편찬위원회 편, 1973, 26~29쪽)

그런데 우리나라의 도시화는 공업화에 수반된 것이 아니라 여러 가지 정치, 경제, 문화, 그리고 일부 사업기능을 중심으로 진행되었기 때문에 생활조건이 대단히 열악했다. 도시의 실업률은 아주 높았다.[26] 전쟁 이후의 경제위기가 도시주민 생활에 큰 타격을 주었기 때문에 이승만 정권에 대한 그들의 불만은 컸고, 이것은 민주당에 대한 지지로 나타났다. 전쟁 이후 한국경제는 국민총생산의 성장률이 급격히 저하되고 있었고, 인플레가 심각하게 나타났다.(한국은행, 1968) 따라서 도시민들은 정부 여당에 대해 대단히 비판적인 입장을 가지게 되었다.(김시윤, 1982, 56쪽)

둘째는 근대교육의 확대이다. 학교와 학생의 수가 늘어나고, 이를 통하여 근대적 규범이 확대되었다. 대구시의 경우 1949년을 기준으로 중고교가 총 16개 교(국립 1, 공립 8, 사립 7)에 학생수는 31,183명이었다. 이것이 6 · 25 당시 26개 교로 늘어났고, 1959년에는 61개 교로 늘어났다.(대구시사편찬위원회 편, 1973, 668~669쪽)

교육은 양적으로 늘어났을 뿐 아니라 교과과정에서 미국식 민주주의의 규범을 수용하는 통로로서 기능을 했다. 공민과목에서는 민주적 규범이 본격적으로 강조되었다. 이러한 요인들이 2 · 28의 주체를 형성하게 했다. 뜻있는 교사들도 학생들의 민주적 시민의식 성장에 기여하였다.

---

[26] 1953년과 1960년 사이 서울의 실업률은 10%에서 23%로 증가하였다. 대구의 경우 실업률은 1955년에 21.7%라는 높은 비율을 보이고 있었다. 1960년에는 5.5%로 크게 줄어들었으나 누적된 실업으로 고통을 겪었다.(대구시사편찬위원회 편, 1973, 44쪽)

나도 태도를 결정했다. 너희 처벌이 확정된다면, 학교를 나가게 된다면, 나와 담임 홍병준 선생님도 너와 같이 교육계를 물러가려고 결심했다.(손진홍, 1960, 109쪽)

"사표 낼 각오를 했다. 군들이 정당하다고 결정한 방법으로 군들의 행동을 실행해 주기 바란다." 그 말씀은 어린 우리들에게 무한한 감동과 감명을 주었다. 모두가 따라 울었다.(이대우, 1991, 219쪽)

이처럼 학생들과 진지한 토론을 하다가 마침내 눈물을 흘리며 격려한 담임교사도 있었으며, "너희들이 정의라고 생각되거든, 선생의 입장 따위는 걱정할 필요 없이 과감히 실천하는 것이 사나이의 도리"라고 한 교사도 있었다.(정연식, 1991, 247~250쪽)

교육기회가 확대되고 교육과정에서 민주적 질서의 원리와 규범이 사회화됨으로써 도시지역에서는 이승만 정권에 대한 비판의식이 일찍부터 팽배해 있었다. 2·28에 참가한 학생들 역시 이러한 교육계의 분위기에 영향을 받고 있었던 것이다.

셋째는 매스커뮤니케이션의 확대이다. 특히 일간신문의 발생 부수가 도시지역에서 크게 늘어났다. 매스미디어를 통해 도시민들은 이승만 정권에 대한 정보를 얻고 정치적 비판의식을 길러갔다.

2·28 당시 대구의 주요 일간지는『대구일보』,『영남일보』,『대구매일신문』,『시사일보』 등 4가지였다. 이 가운데『대구매일신문』은 이승만 정권에 비판적 입장을 취하고 있던 야당지였는데, 이 때문에 1955년 9월 테러를 당하기도 하였다. 테러의 배경은『대구매일신문』이 "학도를 도구로 이용하지 말라"라는 제목의 사설을 통하여 학생들을 정치행사 등에 동원하는 문제를 고발했기 때문이었다.

도시화를 통해 형성된 시민과 근대적 교육을 통해 길러진 학생, 그리고 매스미디어가 4월혁명의 추진 주체라고 하는 것처럼 2·28도 비슷하였다. 2·28에서도 느슨하지만 이런 연대가 이루어져 있었다. 학생들의 가두시위가 벌어지자 시민들은 열화와 같이 호응을 하였다. 몇 학생의 경험담이다.

> 골목길을 골라서 시청 근처 동문시장길에 왔을 때, "저놈 잡아라!" 하는 고함에 놀라 또 옆 골목길로 도망치는데, 마침 예전에 살던 동네 아주머니를 만났다. 그 아주머니 말씀이 좀 전에 학생들이 시청 앞에서 데모를 하여 경찰이 학생들을 잡아가고 있다. 마침 이 동네에는 아는 집이 있으니 거기 숨어 있다가 어둡거든 가라고 하셨다.……그 집은 은행원의 집이었는데, 먹을 것도 주고 수시로 바깥 공기도 살펴주곤 하셨다. 어두워지자 큰 길에 나가 시발택시를 불러 차비까지 주시며 보내 주셨다. 기사 아저씨도 머리를 숙여 숨어 있으라고 하셨다. 고마운 분들, 그땐 아주머니도 운전기사도 시민들 모두가 우리들 편이었다.(권오선, 1991, 228~229쪽)

> 전 대구 시민이 호응하고 나아가 전국민이 뜨거운 갈채를 보낸 우리 모두의 2·28이었다. 나는 반월당을 거쳐 구호를 외치며 도청으로 뛰어들어 갔다. 도청에서 나와 나는 어느 양장점 유리창을 깨고 황급히 들어가 몸을 피했다. 그래서 그 양장점 뒷방에 숨어서 모자를 벗고 옷의 뺏지를 숨긴 채 이 집을 빠져나가려고 했다. 유리창을 부수고 들어간 무뢰한이었지만, 양장점 주인은 나를 철저히 숨겨 주었고 뒷방을 기꺼이 은신처로 제공했던 것이다.(최성탁, 1991, 229~230쪽)

> 나는 도청에서 돌아 나와 시청 쪽으로 가다가 어느 여염집으로 피신했다. 나를 포함해서 15명 정도가 이 집에서 긴급 피난을 하고 있었다. 우리 모두는 옷을 벗어 보자기에 싸고 런닝샤쓰 바람으로 이 골목집을 나섰다.(신용정, 1991, 230~232쪽)

> 나는 무작정 달렸다. 등 뒤로 호각소리가 들린다. 기를 쓰고 달렸다. 한참을 달리다 삐죽이 열린 대문으로 몸을 날렸다. 문을 채우고 바깥 동정에 귀를 기울이는데, 여기 저기 경고생들이 뛰는 모습이 보인다. 마루 문이 열리면서 삼십대 전반의 아주머니가 내다보다가 방으로 들어와서 숨으라고 한다. 사양할 형편도 아니라 안방으로 들어가니 아주머니는 내 신발까지 감추고 들어와 한시간 정도 꼼짝하지 말고 숨어 있으라며 과일을 한 접시 내놓고선 밖으로 나간다. 밖의 사정도 몹시도 궁금했다. 한 20

여분 지나자 아주머니가 들어와 밖에는 온통 경찰이 쫙 깔렸으니 아예 나
갈 생각을 말라고 한다.(김무구, 1991, 252쪽)
　이날 데모대가 지나가는 연도에는 시민들이 골목으로 뛰어 들면 물을
주고, 부상학생을 치료해 주는가 하면, 경찰이 없는가 망을 봐주기도 했
다.(허승, 1991, 255쪽)

　학생들은 시민들의 전폭적 지지를 받으며 가두시위를 하였다. 학생
들과 시민 사이에는 연대가 형성되어 있었다. 매스미디어 역시 학생
들을 지지했다.『대구매일신문』은 물론, 대구일보사에서도 편집국 진
용과 상임논설위원들의 의견일치로 2월 29일자 석간 2, 3면에 2·28시
위의 화보 및 기사를 대대적 특집으로 실었을 뿐 아니라, 숱한 화보
자료를 동아, 한국의 양 일간 신문사에 제공했다. 그래서 당시 경북
경찰국장은 대구일보사의 몇몇 간부를 국가보안법 위반 혐의로 입건
하려 했다. 2·28을 주제로 김윤식(金潤植)이 쓴 저항시 한 편과 청마
(靑馬) 유치환(柳致環)이 2·28을 계기로 자유당 정권을 고발하며 쓴
산문을 특집으로 실었다고 해서 문화부장 및 필진들을 국가보안법으
로 처단하려 했던 것이다.(경북고등학교 편, 1986, 353~354쪽)[27]
　이처럼 2·28의 주체는 사회구조 변화에 따라 새롭게 성장한 근대
적 사회세력의 연대였다. 도시화를 통해 형성된 시민계층과 교육의
확대에 따른 학생들의 수와 의식의 증대, 그리고 매스 미디어가 느슨
한 연대를 형성하였다. 이 연대는 4월 혁명이 진행되면서 훨씬 더 구
체적이고 긴밀한 것으로 발전하였다. 우선 학생 자신들이 자치학생회
를 건설하고 학교 사이의 협력체제를 체계적으로 구축하였을 뿐 아니
라 시민사회와 연대를 확대, 강화해 나갔다. 연대는 계층적으로나 과

---

[27]　김윤식이 대구일보사 문화부장 이근우(李根雨)와 이호래(李浩來), 박성규(朴性
　　圭)기자들의 도움으로『대구일보』에 자신의 시를 싣게 된 과정에 대해서는 김윤
　　식, 1997, 123~129쪽을 참조하시오.

제에 있어서 폭넓은 방향으로 진행되었다.

3) 투쟁의 선도성(先導性)－4 · 19혁명의 시작

2 · 28이 우발적이고 비체계적이었다고 하는 주장이 있다. 그러나 이러한 주장은 사실과 다르다. 2 · 28은 학생들 사이의 폭넓은 공감대를 기초로 한, 주도면밀하고 담대한 계획에 의해 추진되었으며, 목적의식적으로 추진된 일이었다.

2 · 28의 발단은 2월 25일부터 시작되었다. 경북고에서는 이날 하교 시간 무렵에 일요일 등교 지시가 담임교사를 통해 전달되었다. 교사들의 지시에 학생들은 분노하기 시작했다. 학생들은 즉각 담임교사에게 신랄한 질문 공세를 폈다. 담임은 '학교 사정에 의한 것'임을 강조했지만, 학생들은 모든 사정을 잘 알고 있었다. 일요일 등교 지시의 배후에 있는 정치적 음모와 그러한 정치공작을 추진하고 있는 권력의 실체가 무엇인지를 잘 알고 있었다.

학생들 사이에 이 지시의 부당성에 대한 공감대가 형성되어 가고 있었다. "이 부당한 지시가 취소되지 않는 한 우리는 여기서 철야 농성하겠다"고 강경히 주장하는 학생들에게 교사는 성난 목소리로 "모두 퇴학할 각오가 됐느냐"고 물었다. 학생들은 비장한 태도로 "퇴학할 각오가 돼 있습니다"고 입을 모아 힘차게 말했다. 땅거미가 덮힌 오후 7시경 1학년 1반생 60명은 운동장에 집결했다. 이어서 각자 자신들의 의견을 개진했다. 토론은 끝날 줄 몰랐다.(홍종흠, 1984, 313~324쪽)

그 다음날인 26일 아침 등교를 한 학생들은 예상대로 일요일 등교 지시에 대해 불만을 폭발하기 시작했다. 1, 2학년 전 학급에서 이 문제를 둘러싸고 학급회의가 열렸다. 그리고 점심시간, 전교생의 주시 속에 긴급 학생위원회가 열렸다. 학생위원회 대의원들의 노기에 찬

발언은 줄기차고 거침없었다. "혁명의 불꽃은 이미 잉태되고 있었다" 고 하는 증언도 있다.(이대우, 1991, 217쪽) 대의원들은 일요등교 이유 를 따지고 들었다. 회의는 열기 속에 진행되었으나 별다른 결론을 얻 지 못했다.

27일 일요일 등교 지시가 정식으로 내려지자, 학생들은 다시 격분 하기 시작했다. 학생들은 그 지시가 부당함에 대해 교사에게 항의하 였으나, 학생들이 기대하는 답변을 얻지 못했다. 다음 인용문은 당시 학생들이 얼마나 치밀하게 일을 추진했는가를 보여준다.

온통 학교는 통곡의 바다였다. 불덩이처럼 달아오른 학생들의 여론은 오히려 대의원들의 소극적 태도에 심한 불만을 토로하고 있었다. 분위기 는 성숙된 것, 눈물을 머금고 교문을 나선 나는 그제야 몇몇 학우에게 데 모 결행에 관한 계획을 얘기했더니, 모두들 고개를 끄덕이며 기뻐하는 것 이었다.……

그곳에서 경고생 십여 명을 만나 데모 단행의 결심을 전달하고, 바톤식 연락에 착수했다. 그 길로 난 학우들을 찾아다니면서 조심조심 연락을 서 둘렀다. 마구 거리를 광인처럼 뛰어다니면서 연락에 정신이 쏠린 나의 눈 앞에 무언지 한 가닥 섬광이 뿌연 안개 속에 번쩍 빛나는 것만 같았다.

……나는 그 때 한 해 휴학하고 있는, 글 솜씨가 있는 하청일군을 급히 찾아가기로 했다. 하군을 만나 일요등교지시에 따른 학생들의 여론과 내 외의 상황을 빠짐없이 이야기해 주었다. 그리고 그에게 결의문 작성을 의 뢰했다. 나는 하군을 안고 그만 눈물을 터뜨리고야 말았다.

그 길로 집에 돌아왔다. 벌써 대구고등 운영위원장, 부고의 부위원장이 와 있었다.……이제 시내의 모든 학교엔 갖가지 명목으로 일요 등교지시 가 어김없이 내렸던 것이다.……따라서 일요등교 반대를 위한 연합전선 구축이 가능하게 되었다. 학우들은 속속 모여들어……우리들은 참을 수 없는 울분과 분노에 휩싸여 한참 동안 흐느껴 울었다.……벗들은 모이고 모여 삼 십 명이 넘었다.……통금시간이 되자 집으로 돌아갈 사람은 다 돌아가고 차가운 나의 냉돌방에 일곱 명의 학생 동지들이 남아서, 이불 속에서 손을 마주 잡고 굳은 맹세를 하며 뜬눈으로 밤을 새웠다. 우리 일곱 명의 동지들은 다시 손을 마주 잡고 마지막 단안을 이렇게 내렸다.

1. 내일 2월 28일 하오 한시를 기해 일제히 궐기하여 자유를 전취하기 위한 피의 투쟁을 전개하기로 한다. 2. 데모한 학생을 구속하거나 선생님들에 대한 인사조치가 있을 때는 우리는 데모를 계속할 것이며, 사태가 악화될 경우에는 한국의 전 백만 학도에게 호소한다.……

우리는 떨리는 마음으로 둘러앉아, "우리가 내일 나가면 죽을런지도 모른다. 천당에서 만나자. 이제 우리들은 이 목숨을 바칠 각오를 한 이상 핏줄기가 터져나와 죽을 때까지 투쟁을 전개하자"하고, 어쩌면 마지막이 될런지도 모르는 악수를 교환했다.

집결장소는 반월당으로 정했다. 경북고등은 뛰어가면서 대구상고와 사대부고 학생들을 합세케 하고 대고는 바로 직선으로 달려와 반월당에서 집결하기로 했다. 그리하여 최저 그 당시 야당지인 대구매일신문사 앞까지는 진출해야만 우리들의 의사를 전달할 수 있다고 생각했다.……결의문은 각급 학교가 각각 별도의 결의문을 작성, 발표하기로 했다.……참으로 마음 조이는 밤이었다.(이대우, 1991, 214~227쪽)

이 긴 인용문에서 보듯이 2 · 28은 그 발단에서부터 전개 과정 전체가 치밀한 계획에 의해 진행되었다. 학생들의 동의를 토대로 하여 대의기구에서 논의를 거치고, 사태의 전말에 대해 학생들이 모든 상황을 파악하는 단계에서 시위를 실행에 옮길 계획이 추진되었던 것이다. 연합전선에 대한 구상과 실행 과정도 주도면밀한 계획에 의해 추진되었고, 죽음을 각오한 희생정신으로 준비에 임하였다.

따라서 2 · 28은 결코 즉흥적이고 감정적 대응이 아니라, 일요등교 지시의 부당함과 그 배후에 있는 정치적 음모에 대한 조직적 운동이었다고 할 것이다. 2 · 28의 계획성, 체계성은 2 · 28 이후 관제 호국단을 철폐하고 자치학생위원회를 건립하기 위한 활동을 하는 과정에서도 잘 나타난다. 자치학생회는 1960년 5월에 접어들면서 본격적으로 추진되어 학원의 자율성과 민주성을 확보해 나가기 위해 노력하였다.

2·28은 4·19혁명의 대장정을 시작한 출발점이었으며 4월혁명으로 계승되었다. 2·28은 4월혁명을 선도(先導)하였다. 2월 28일 경북 대구시에서 8개 고등학교 학생들에 의해 시작된 저항운동은 점차 전국적 범위로 확산되었다. 2·28은 4·19혁명의 출발을 알린 방아쇠(trigger)였다. 4·19혁명은 2·28 이후 3·15, 4·18, 4·19 등 크고 작은 저항운동으로 이어지는 과정이었다. 4·19혁명은 2·28에서 시작하여 3·15를 거쳐 4·19로 절정을 이룬다. 그리고 이승만 대통령의 하야로 하나의 단락을 형성한다.

5. 맺음말

1960년 2월 28일 대구에서 시작되었던 이승만 정권에 대한 저항 운동은 전국으로 확산되어 4·19에서 절정을 이루었다. 2·28은 4·19혁명의 시작을 알리는 횃불이었다. 2·28은 사건적 수준에서는 일요등교 지시에 대한 불만을 표현한 것이었다. 국면적 수준에서 보면 이승만 권위주의 정권이 저지른 부정부패를 바로 잡고자 하는 시민사회의 저항이었다. 구조적 수준에서 보면 해방 이후 한국정치사를 형성한 두 개의 큰 힘, 즉 냉전−분단−독재 세력과 민족−통일−민주 세력이 서로 맞물리고 부딪치면서 터져 나온 것이었다. 이 세 가지 수준의 변수들을 통일적으로 파악해야 2·28의 정치사적 의의를 바로 이해할 수 있다.

2·28의 이념은 자유민주주의 가치를 실현하고, 민족의 번영과 자존심을 지키자는 것이었다. 2·28의 주체는 토지개혁, 도시 형성, 교육 확대, 매스 미디어 보급 등 사회구조 변화의 결과로 나타난 새로운 사회세력이었다. 4·19혁명의 주체를 학생과 언론 그리고 시민의 연

대라고 말하는 것처럼 2·28도 학생과 그들을 뒷받침한 언론 매체, 시민이라는 새롭게 형성된 사회세력이 주체를 형성하고 있었다.

2·28의 투쟁은 우발적이고 즉흥적이었던 것이 아니라, 학생들 사이의 폭넓은 공감대를 기초로 주도면밀하고 담대한 계획에 의해 목적의식적으로 추진된 것이었다. 2·28은 시기적으로 계층적으로 그리고 지역적으로 4·19혁명을 선도하였다. 그리고 2·28을 이끌었던 학생들은 4·19혁명의 과제를 실현하기 위해 학원민주화, 사회개혁, 통일운동에 참가하는 등 민주화의 외연과 내포를 확장하고 심화하려는 노력을 계속하였다.

2·28의 가장 중요한 정치사적 의의는 선도성(先導性)에 있다고 할 것이다. 2·28은 식민통치, 미군정, 반공 분단국가 수립, 한국전쟁, 이승만 권위주의 정권으로 이어지는 일련의 과정에서 자신의 정치적 효능(political efficacy)에 회의적 태도를 내면화하고 있던 시민들에게 용기를 주었다. 2·28은 냉전체제와 분단체제를 기초로 독재 권력을 휘두르고 있던 이승만 정권에 저항을 시작함으로써 체념적 순종(regined submission) 상태에 있던 국민들에게 자신감을 불어넣어 주었다. 정부 수립 이후 민주운동을 선도함으로써 2·28은 4·19혁명의 횃불을 밝혔다.

[참고자료 1]

결의문[28]

인류 역사 이래 이런 강압적이고 횡포한 처사가 있었던고, 근세 우리나라 역사상 이런 야만적이고 폭압적인 일이 그 어디 그 어느 역사책 속에 끼어 있었던가?

오늘은 바야흐로 주위의 공장 연기를 날리지 않고, 육일 동안 갖가지 삶에 허덕이다 모이고 모인 피로를 풀 날이요, 내일의 삶을 위해 투쟁을 위해 그 정리를 하는 신성한 휴일이다. 그러나 우리는 이 하루의 휴일마저 빼앗길 운명에 처해있다. 우리는 일주일 동안 하루의 휴일을 쉴 권리가 있다. 이것은 억지의 말도 아니고 꾸민 말도 아니고 인간의 근세 몇 천년동안 쭉 계속해서 내려온 관습이요, 인간이 생존해 나가기 위한 현명한 조치이다. 그러나 우리는 살기 위해 만든 휴일을 빼앗기리, 우리는 피로에 쓰러져 죽어야만 하나, 생각해 볼지어다.

우리는 배움에 불타는 신성한 각오와 장차 동아를 짊어지고 나갈 꿋꿋한 역군이요, 사회악에 물들지 않는 백합같이 순결한 청춘이요, 학도이다.

우리 백만 학도는 지금 이 시각에도 타골의 시를 잊지 않고 있다.

"그 촛불 다시 한번 켜지는 날 너는 동방의 밝은 빛이 되리라"

큰 꿈을 안고 자라나가는 우리가 현 성인사회의 정치놀음에 일체 관계할 리도 만무하고 학문 습득에 시달려 그런 시간적인 여유도 없다.

그러나 이번 일을 정치에 관계없이 주위 사회에 자극 받지 않는 책냄새 땀냄새 촛불 꺼멓게 앉은 순결한 이성으로서 우리의 지금까지 배운 지식을 밑바탕으로 하여 일장의 궐기를 하려한다.

---

28) 『경맥(慶脈)』 7호, 1960

백만학도여, 피가 있거든 우리의 신성한 권리를 위하여 서슴지 말고 일어서라, 학도들의 붉은 피는 지금 이 순간에도 뛰놀고 있으며 정의에 배반되는 불의를 쳐부수기 위해서는 이 목숨이 다 할 때까지 투쟁하는 것이 우리들의 기백이며, 이러한 행위는 정의감에 입각한 이성의 호소인 것이다.

우리는 민족을 사랑하고 민족을 위하여 누구보다도 눈물을 많이 흘릴 학도요, 조국을 괴뢰가 짓밟으려 하면 조국의 수호신으로 가버릴 학도이다.

이 민족애의 조국애의 피가 끓는 학도의 외침을 들어 주려는가?

우리는 끝까지 이번 처사에 대한 명확한 대답이 있을 때 까지 싸우련다.

이 민족의 울분, 순결한 학도의 울분을 어디에 호소해야 하나?

우리는 일치단결하여 피 끓는 학도로서 최후의 일각까지 최후의 일인까지 부여된 권리를 수호하기 위하여 싸우련다.

[참고자료 2]

아직은 체념(諦念)할 수 없는 까닭[29)]
…… 2·28 대구학생(大邱學生) 데모를 보고 ……

김윤식(金潤植)

설령 우리들의 머리 위에서
먹장같은 구름이 해를 가리어 있다 처도
아직은 체념(諦念)할 수 없는 까닭은
앓고 있는 하늘, 구름장 위에서
우리들의 태양(太陽)이 작렬(炸裂)하고 있기 때문.

학자(學者)와 시인(詩人), 누구보다 굳건해얄
인간(人間)의 입들이, 붓끝이
안이(安易)한 타협(妥協)에 그 심장(心臟)이 멈춰지고
또는
얍사하니 관외(關外)에 둔주(遁走)한 채 헤헤닥거리는 그래서
꼭두각시춤으로 놀고 있는―이리도
악(惡)이 고웁게 화장(化粧)된 거리에
창백(蒼白)한 고적(孤寂)으로 하여 『참』이 오히려 곰팡이
피는데―

---

29) 『대구일보』 1960년 3월 1일. * 원문의 한자는 괄호 안에 넣었다.

그 흥(興)겨울 『토끼사냥』을
그 자미 있을 『영화(映畵)구경』을 팽개치고……

보라, 스크람의 행진(行進)!
『바름』을 위하여 두려움이 없는 10대(一○代)의
모습,
오래 쌓이고 쌓인 해먹은 치정 같은 구토(嘔吐)의
고함소리.
허옇게 뿌려진 책들이 짓밟히고
그 깨끗한 지성(知性)을 간직한 머리에서 피가 흘러
내리고
불행(不幸)한 일요일(日曜日), 크르미 · 산데이에 오른 불꽃 불꽃!
빛 좋은 개살구로 익어가는 이 땅의 민주주의(民主主義)에
아아 우리들의 태양(太陽)이 이글거리는 모습.

하필 손뼉을 쳐야만 소리가 나는 것인가
소리 뒤의 소리, 표정(表情) 뒤의 표정(表情)으로
우뢰(雨雷) 같은 박수(拍手) 소리,
환호성(歡呼聲),
뿌려지는 꽃다발!

1960년(一九六○年) 2월(二月) 28일(二十八日),
우리들 오래 잊지 못할 날로
너이들
고운 지성(至誠)이
썩어가는 겨레의 가슴 속에서

한 송이 꽃으로, 향(香)기로울 것이니.

이를 미워하는 자(者) 누구냐
이를 두려워하는 자(者) 누구냐
치희(稚戱)로 웃는 자(者) 누구냐
그들을 괴롭히지 말라.
그들의 앞날을 축복(祝福)하라.

지금은 봄
옥매화(玉梅花) 하양송이 애띤 대한(大韓)의 강산(江山)에서
3월(三月)의 초(初)하루를 추모(追慕)하는
너희들 학생(學生)의 달!

아아 아직은 체념(諦念)할 수 없는 까닭은
저리, 우리들의 태양(太陽)이 이글거리기 때문.

◼ 참고문헌

2·28민주의거40주년특별기념사업회 편, 2000a 『2·28민주운동사 - 사론편』 1.
_______________________________, 2000b 『2·28민주운동사 - 자료편』 2.
_______________________________, 2000c 『2·28민주운동사 - 기념사업회관
    련문헌편』 3.
2·28민주의거기념사업회 편, 1995 『2·28민주의거 35주년 기념 심포지엄 자료집,
    2·28의 역사적 의의와 과제』.
_______________________, 1997 『2·28민주의거 37주년기념문집』.
4·19민주혁명 대구·경북동지회 편, 2009 『대구 4·19민주혁명 - 주역들의 회고』.
경북고등학교 편, 1986 『경고 70년사』.

경북대학교 사범대학 부속고등학교 편, 1961『군성(群星)』제8호.
경북중고등학교 동창회 60년사 편찬회 편, 1976『경북중고등학교 60년사』.
경북중고등학교 제42회 동창회 편, 1991『경북중고 제42회 졸업30주년 기념문집』.
경북중고등학교동창회 60년사 편찬회 편, 1976『경북중고등학교 60년사』.
권오선, 1991「나의 2·28, 그냥 도망칠 수는 없지」『경북중고 제42회 졸업30주년
　　　기념문집』.
권정복, 2000「2·28의 불씨가 3·15마산의거로 이어지고」『2·28민주운동사-기
　　　념사업회 관련문헌』3(2·28민주의거40주년특별기념사업회 편).
김대상, 1991「은사가 본 2·28, 2·28대구학생의거의 역사적 평가」『경북중고 제
　　　42회 졸업30주년 기념문집』.
김무구, 1991「나의 2·28, 아부지의 입장」『경북중고 제42회 졸업30주년기념문집』.
김상숙, 2000「2월 마지막 날이면 생각나는 추억」『2·28민주운동사-기념사업회
　　　관련문헌』3(2·28민주의거40주년특별기념사업회 편).
김수행, 2000「수성천변, 그날의 함성」『2·28민주운동사-기념사업회 관련문헌』
　　　3(2·28민주의거40주년특별기념사업회 편).
김시윤, 1982「4·19혁명의 원인 분석」, 고려대학교 석사학위논문.
김윤식, 1997「2·28, 고이 흘러간 세월을 돌이켜 보며」『2·28민주의거 37주년기
　　　념문집』(2·28민주의거기념사업회 편).
김일수, 2000「2·28의 4·19민주운동으로의 계승」『2·28민주운동사-사론편』1
　　　2·28민주의거40주년특별기념사업회 편)
김태일, 2002「4월혁명의 출발 : 2·28대구민주운동의 정치사적 의의」『한국정치
　　　외교사논총』
＿＿＿, 2002「4월혁명의 출발 : 2·28대구민주운동의 정치사적 의의」『한국정치
　　　외교사논총』.
남　욱, 2000「2·28 대구학생 데모 사건의 진상」『2·28민주운동사-자료편』2
　　　(2·28민주의거40주년특별기념사업회 편).
대구고등학교 편, 1960『달구(達丘)』창간호.
대구농림고등학교 편, 1989『대구농고 80년사』.
대구시사편찬위원회 편, 1973『대구시사』.
동아일보사 편, 1969『동아연감』.
문화방송·경향신문 정경연구소 편, 1984『정경문화』2월호.
손진홍, 1960「불의에 항거하는 젊음들」『달구』창간호.

신달선, 2009 「4·19민주혁명과 나」『대구 4·19민주혁명－주역들의 회고』(4·19
　　　　민주혁명 대구·경북동지회 편).
신용정, 1991 「나의 2·28, 오로지 2학년만이 할 수 있는 일」『경북중고 제42회 졸
　　　　업30주년기념문집』.
심재택, 1983 「4월 혁명의 전개과정」『4·19혁명론』, 일월서각.
안동일·홍기범, 1960 『4·19 학생운동기, 기적과 환상』, 영신문화사.
오창균, 2000 「2·28민주운동의 전개과정」『2·28민주운동사－사론편』1(2·28민
　　　　주의거40주년특별기념사업회 편).
윤　식, 1995 「대구사회와 2·28세대의 역할과 과제」『2·28의 역사적 의의와 과제』
　　　　(2·28민주의거 35주년 기념 심포지엄 자료집), 2·28민주의거기념사업회.
이대우, 1991 「나의 2·28, 횃불을 밝혀라 동방의 빛들아」『경북중고 제42회 졸업
　　　　30주년기념문집』.
＿＿＿, 2000 「횃불을 밝혀라 동방의 빛들아」『2·28민주운동사－기념사업회 관
　　　　련문헌』3(2·28민주의거40주년특별기념사업회 편).
이재창, 2000 「2·28 그날을 회고하며」『2·28민주운동사－기념사업회 관련문헌』
　　　　3(2·28민주의거40주년특별기념사업회 편).
이정훈, 2000 「〈현장에서 본 2·28〉 취재기자의 수첩 속에」『2·28민주운동사－
　　　　기념사업회 관련문헌』3(2·28민주의거40주년특별기념사업회 편).
이준영, 2009 「내가 겪은 4·19」『대구 4·19민주혁명－주역들의 회고』(4·19민주
　　　　혁명 대구/경북동지회 편)
정연식, 1991 「나의 2·28, 의연하신 선생님을 생각하면서」『경북중고 제42회 졸
　　　　업30주년기념문집』.
중앙선거관리위원회, 선거정보도서관(http://elecinfo.nec.go.kr).
최성탁, 1991 「나의 2·28, 이것이 바로 천심」『경북중고 제42회 졸업30주년기념
　　　　문집』.
허　승(대구고 제1회), 2000 「불의에 항거한 우렁찬 구호를 외치며」『2·28민주운
　　　　동사－기념사업회 관련문헌』3(2·28민주의거40주년특별기념사업회 편).
＿＿＿, 1991 「타교생의 2·28, 대고와 2·28의거」『경북중고 제42회 졸업30주년
　　　　기념문집』.
홍종흠, 1984 「2·28 대구학생의거」『정경문화』 2월호.

『대구매일신문』, 『대구일보』, 『동아일보』, 『영남일보』, 『매일신문』.

제2장 대전·충남지역 4월혁명의 발발

허종

1. 머리말

1960년 4월혁명은 민중의 힘으로 이승만 정권을 무너뜨려 정권 교체를 실현하고, 민주주의와 통일에 대한 전망을 제시했던 역사적 의의를 가진 '사건'이었다. 이승만 정권은 한국전쟁 이후 반공체제를 강화하고 영구 집권을 위해 민주주의를 말살하였다. 이 과정에서 부정부패와 비리가 연이어 터지면서 집권이 거듭될수록 민중의 반감은 더욱 커져갔다. 그 결과는 몇 차례의 선거에서 이승만 정권이 회복하기 어려울 정도의 지지율로 나타났다. 결국 이승만 정권은 1960년 정부통령 선거에서 정상적인 방법으로는 정권 연장이 불가능하다고 판단하고, 최소한의 형식적인 민주주의 절차마저 무시하는 대대적인 부정선거를 계획하였다. 하지만 이승만 정권의 부정선거 음모가 드러나면서 민중의 분노는 높아졌고, 결국 4월혁명으로 이어졌다.

4월혁명은 이승만 정권과 자유당이 일반인은 물론 초등학생까지 선거에 이용하려는 책동에 저항하면서 시작되었다. 4월혁명은 먼저 대구에서 고등학생들의 시위로 시작되어 3·15부정선거를 계기로 전국적으로 확산되었다. 이 과정에서 대전에서도 3월 8일과 10일 두 차례의 고등학생 시위가 있었다. 당시 고등학생의 시위에 대해 대전에서 발간되는 신문은 물론 전국 단위의 일간지에서도 크게 보도되었으며, 더욱이 외신도 이 사실을 보도할 정도로 큰 주목을 받았다. 이처럼 4월혁명은 지방에서 시작되고 확산되어 나갔기 때문에 지방의 역할은 서울 못지않은 비중을 차지하고 있다고 볼 수 있다. 하지만 4월혁명에 대한 연구와 기념사업은 지금까지도 서울 중심에서 벗어나지 못하고 있는 형편이다.

한국현대사에서 1960년 4월혁명이 미친 영향이 큰 만큼 이에 관한 많은 글들이 발표되었다. 그러나 전문 연구는 많지 않으며 대체로 4월혁명 과정에서 겪은 개인의 경험을 바탕으로 서술한 회고 수준의 글이거나 정치적 주장을 담은 평론 수준의 글이 많았다. 그나마 전문 연구의 글도 4월혁명의 발발 배경과 원인, 전개과정, 역사적 의의를 규명하는 내용이 대부분이었다. 지방에 대해서는 4월혁명의 기폭제로 평가되는 대구 2·28학생시위와 혁명을 전국화·대중화시킨 마산 3·15부정선거 규탄운동의 연구가 일부 있었을 뿐 2·28학생시위 이후부터 3·15부정선거 규탄시위가 일어나기 전까지 지방에서 일어났던 학생시위에 대한 연구는 거의 전무한 실정이라고 할 수 있다. 특히 대전지역에서 일어난 두 차례의 고등학생 시위에 대한 연구는 공백 상태라고 할 수 있다. 대전지역 학생시위에 대해서는 1960년 대구 2·28학생시위부터 5월까지 당시 신문에 보도된 내용과 관련자 증언을 토대로 4월혁명의 전국적 상황을 정리한 글과 시위를 주도하거나 참여했던 학생들의 회고와 당시 신문 자료를 정리한 글, 충남과 대전의 관공서가 발간한 시지나 도지, 그리고 대전고등학교가 발간한 교사에서 개괄적으로 다루어졌다. 학술 연구로는 유일하게 4월혁명기 대전지역의 사회운동을 다루는 과정에서 학생시위를 개괄적으로 살펴본 연구가 있다. 이러한 성과로 대전지역 학생시위의 전개과정에 대해서는 일정 정도 밝혀졌지만, 사실과 다른 내용이 많고 학생시위의 발발 배경과 계획 과정, 특히 학생시위의 성격과 의의는 규명되지 못하였다.

이 글은 4월혁명기 대전지역에서 일어난 학생시위 가운데 3월에 일어난 고등학생 시위를 중심으로 살펴보고, 이후 대전·충남지역에서 일어난 4월혁명의 전개과정을 개괄적으로 살펴보고자 한다. 먼저 시위의 발발 배경으로 1956년 정부통령 선거와 1958년 국회의원 선거의 결과에서 나타난 이승만 정권에 대한 대전시민의 의식과, 이승만 정권과 자유당의 부정선거 계획을 살펴보고자 한다. 그리고 부정선거 계획이 학교에서 나타나는 구체적인 양상과 이에 대한 학생들의 반응을 다루고자 한다. 이어 고등학생들이 시위를 계획하는 구체적인 과정과 시위의 전개과정을 살펴보고, 학생시위의 발발 동기와 학생들의 주장을 분석하여 학생시위의 성격과 의의를 밝혀보고자 한다. 마지막으로 대전·충남지역에서 전개된 4월혁명의 전개과정을 살펴보고자 한다.

2. 학생시위의 발발 배경

이승만 정권의 집권이 거듭 될수록 정권에 대한 국민의 지지도는 점점 나빠져 갔다. 민심을 외면한 국정 운영 때문이었다. 이승만 정권은 전쟁으로 흐트러진 민심을 수습하고 국토 재건과 민생 안정을 최우선 국정 목표로 설정하여 운영해야 했다. 하지만 이승만 정권은 이를 외면하고 무력에 의한 북진통일론을 내세우며 전쟁 분위기를 고조시켜 나갔다. 또한 반공이데올로기를 바탕으로 강력한 군과 경찰, 관제단체를 강화하였다. 그리고 이승만 일인의 권력기반으로만 역할하는 자유당을 통해 영구 집권을 위한 기반을 구축하는 데 몰두하고, 최소한의 형식적 민주주의까지 말살하였다. 나아가 권력층의 부정부패는 날로 심화되어 갔으며, 경제 사정도 악화되면서 민중의 생활은 피폐해져 갔다. 이 때문에 이승만 정권에 대한 민중의 불만은 날로 높아져 갔다.

이승만 정권에 대한 민심은 1956년 정부통령 선거와 1958년 제4대 국회의원 선거에서 자유당에 대한 급격한 지지율의 하락으로 표출되었다. 1956년 정부통령 선거에서 이승만은 70%의 득표율을 획득하며 대통령에 당선되었다. 하지만 조봉암의 30% 득표율과 무효표의 상당수가 민주당 신익희 후보의 추모표라는 사실, 그리고 비교할 수 없을 정도의 선거운동과 투·개표 과정에서 저지른 부정을 감안하면 이승만이 사실상 패배한 선거였다고 할 수 있다. 더욱이 이승만 정권과 자유당이 심혈을 기울였던 부통령 선거에서 자유당 후보 이기붕이 낙선하고 민주당의 장면이 부통령으로 선출된 데서도 이를 확인할 수 있다. 대전에서는 이승만이 50.7%, 조봉암은 49.3%를 획득하여 거의 같은 득표율을 보였다. 선거운동의 격차를 포함한 선거 과정의 여러 사정을 감안하면 사실상 조봉암의 승리였다고 볼 수 있다.[1] 또한 부통령 선거에서는 민주당의 장면 후보가 자유당의 이기붕을 압도적인 표 차이로 승리를 거두었다.[2] 이승만 정권과 자유당에 대한 민중의 불만은 1958년 국회의원 선거에서도 이어져 자유당이 겨우 과반 의석을 얻는 데 그쳤다. 대전에서는 2개 선거구 가운데 자유당과 민주당 후보가 각각 1명씩 당선되었지만, 각 후보자의 득표율을 보면 자유당 후보가 힘겹게 당선된 반면 민주당 후보는 낙승했다는 사실에서 이승만 정권과 자유당에 대한 대전시민의 반감을 확인할 수 있다.(중앙선거관리위

---

[1] 대전을 제외한 충남의 다른 지역에서는 이승만이 79%, 조봉암이 21%의 득표율을 획득하였다.

[2] 대전에서 장면은 69.3%, 이기붕은 20.7%의 득표율을 획득했으며, 이범석을 비롯한 나머지 네 후보의 득표율은 10%였다.

원회, 1968, 801·809쪽, 중앙선거관리위원회, 1989, 290·327~328쪽)

두 차례의 선거 결과에서 불안을 느낀 이승만 정권과 자유당은 1960년 정부통령 선거의 승리를 통한 영구 집권을 위해 선거를 위한 사전정지 작업을 하고 대대적인 부정선거를 계획하였다. 먼저 정부와 자유당은 1958년 12월에 정부에 비판적인 언론을 통제하고 야당의 탄압을 강화할 목적으로 국가보안법 개정을 추진하였다. 이를 위해 야당 국회의원을 강제로 감금시키고 국회의사당에 무장경찰을 배치한 후 개정안을 통과시켰다. 아울러 관권선거를 용이하게 하기 위해 지방자치법을 개정하여 그동안 실시되어온 지방자치 단체장 직선제를 폐지하고 임명제로 바꾸었다. 나아가 민심 이반이 정권에 비판적인 언론 때문이라고 판단하고 언론을 규제하기 위해 몇 차례의 필화사건을 일으켰으며, 이승만 정권을 비판하는 대표적인 신문이던 『경향신문』을 폐간시키기도 하였다.

자유당은 선거를 위한 사전정지 작업에 이어 야당을 조기에 제압하기 위해 1959년 6월에 전당대회를 개최하여 이승만과 이기붕을 정부통령 후보로 지명하였다. 특히 자유당은 고령의 이승만 대통령이 재임 중에 사망할 경우에 대비하여 헌법상 대통령의 승계권을 가진 부통령에 이기붕을 당선시키기 위해 온갖 부정한 선거 방법을 모색하였다. 자유당은 80% 이상의 득표율을 목표로 사전투표율 40% 완료, 3인조 또는 9인조에 의한 공개 투표 단행 등을 계획하였다. 아울러 자유당의 완장부대를 동원한 유권자 위협, 야당 참관인 축출, 유령 유권자 조작과 기권 강요 및 기권자의 대리 투표, 내통식 기표소 설치, 투표함 바꿔치기, 득표수 조작 발표를 비롯한 구체적인 부정선거 계획을 준비하였다.

한편 민주당은 신·구파 사이의 첨예한 갈등으로 같은 해 11월에 조병옥과 장면을 정부통령 후보로 지명하였다. 1960년 1월 조병옥이 신병 치료를 위해 미국으로 출국하자, 이를 파악한 이승만 정권과 자유당은 그 동안 정부통령 선거와 국회의원 선거를 5월 중에 실시하던 관례를 무시하고 2개월이나 앞당긴 3월 15일에 실시하기로 결정하였다. 조병옥이 후보 등록을 한 후 갑작스럽게 사거하자 민주당은 즉각 선거 연기를 요청하였다. 하지만 이승만 정권이 거부하여 민주당은 대통령 후보를 내지 못한 채 선거에 임할 수밖에 없었다.

이승만 정권을 붕괴시킨 4월혁명은 2월 28일 대구에서 시작되었다. 이날은 일요일이었지만 대구시내 모든 초·중·고등학생은 당국의 지시에 따라 강제로 등교하였고, 노동자들도 모두 강제로 출근할 수밖에 없었다. 이러한 지시는 이승만 정권이 이날 예정된 민주당 부통령 후보의 선거 유세장에 학생과 노동자들이 참석하는 것을 막기 위해 내린 조치였다. 하지만 학생들은 이 조치의 정치적 의도를 파악하고 대구 시내 고등학교 학도호국단 간부들이 모임을 가진 후 이에 항의하는 시위를 전개하기로 결정하였다. 2월 28일에 대구 시내 고등학생들은 학생의 정치도구화 반대와 학원의 자유 보장을 요구하면서 시위를 벌였으며, 다음날에도 일부 고등학생들이 시위를 일으켰다.(민주화운동기념사업회 연구소 편, 2008, 89~108쪽)

대구에서 시작된 고등학생의 시위는 전국의 주요 도시로 확산되었다. 3월 5일 서울에서도 학생들이 민주당 장면 부통령 후보의 선거연설회에 맞춰 부정선거 배격 등의 구호를 외치며 시위를 벌였다. 3월 7일 부산에서는 고등학교의 학생대표들이 회합하여 시위를 계획하던 중 경찰에 발각되고, 다른 곳에서는 학생들이 학원의 자유, 부정선거 규탄, 공명선거 사수의 내용을 담은 전단을 인쇄하다가 경찰에 연행당하기도 하였다.(『동아일보』 1960년 3월 9일자)

고등학생들의 시위가 계속 이어지자 정부와 자유당은 이를 막기 위한 대비책을 발표하였다. 먼저 대구에서 학생들의 시위가 발생한 후인

3월 4일 문교부는 각 도지사 및 교육기관장에게 학생들의 행동을 철저히 단속하라는 주의 통첩을 내렸다. 5일에 다시 서울에서 시위가 발생하자 6일 내무부장관과 치안국장, 자유당의 정부통령선거대책 중앙기획위원이 참석한 연석회의를 개최하여 시위에 강경하게 대처하고 관련자를 처벌하겠다는 방침을 밝혔다.(『대구일보』 1960년 3월 5·6일자)

대구에서 2·28학생시위가 일어난 직후 대전지역 고등학생들은 이승만 정권의 학원 통제와 학생의 정치도구화를 비판하고, 2·28학생시위를 지지하는 반응을 나타냈다. 학생들은 이전부터 이승만 정권에 대한 불만이 높은 상태였다. 그것은 이승만 정권이 학교를 학도호국단 체제로 병영화 하여 자율성을 침해하고 비민주적으로 운영하고 있었기 때문이었다. 학도호국단은 1949년 이승만 정권이 반공이데올로기를 강화하고 정권 유지의 기반으로 마련하기 위해 만든 준군사조직이었다. 학생들은 학도호국단을 통해 정부와 자유당이 주최하는 각종 행사나 관제 시위에 동원되는 현실에 많은 불만을 가지고 있었다. 실제로 1959년 10월 잠시 대전을 방문하는 이승만 대통령 환영행사를 위해 대전 시내 초·중·고등학생, 심지어 대학생과 일반인까지 강제로 동원되었다.(3·8민주의거기념사업회와 대전·충남4·19혁명동지회 편, 2005, 97쪽 ; 박제구 증언)

이승만 정권의 학원 통제는 3·15선거를 앞두고 더욱 강화되었다. 먼저 이승만 정권은 그동안 정권에 비판적이었거나 비협조적이었던 교장과 교감을 배척한 뒤 교원을 선거에 동원할 계획을 세웠다. 정부의 지시에 따라 충남도 문교 당국은 인사 이동시기도 아닌 1959년 12월에 초·중·고등학교 교장과 교감을 섬이나 산간벽지로 전출시키려고 하였다. 교사들은 선거를 앞두고 가정방문을 이유로 각 가정을 방문하여 학부형들에게 공공연하게 자유당 선거운동을 펼쳤다. 학생들도 자치시간에 이승만 대통령이 미국 망명시절에 행했던 연설을 들어야

했고, 자유당 부통령 후보인 이기붕 국회의장의 활동을 담은 영상을 강제로 관람해야 했다. 또한 학교 당국은 학생들에게 정부의 홍보지로 전락한『서울신문』을 강제로 구독케 하고 구독료를 학생들이 부담하도록 하여 학생들의 불만을 사고 있었다. 더욱이 매일같이 경찰이 파견되어 학생들의 동태를 감시하는 등 학생들의 학업 분위기를 저해하고 있었다. 결국 학생들은 학교에서 배운 민주주의와 현실에서 나타나는 비민주성과의 괴리에 대해 많은 불만을 가지고 있었고, 이는 계기가 주어지면 즉각 폭발할 정도로 이승만 정권과 자유당에 대한 비판이 고조되어 있었다.(3·8민주의거기념사업회와 대전·충남4·19혁명동지회 편, 2005, 38쪽)

3. 고등학생 시위의 발발

1) 대전고 학생의 3·8시위

이승만 정권에 대한 학생들의 불만이 점점 고조되고 있는 상황에서 2·28학생시위에 자극을 받은 대전의 고등학생들 사이에서 시위에 대한 논의가 이루어지고 있었다. 특히 대전고 학생들 사이에서는, 대구·서울 등지에서 고등학생의 시위가 벌어지고 있는 상황에서 충청도가 무기력한 모습을 보여서는 안 되며, 전국의 명문고로 손꼽히는 대전고 학생들도 시위를 일으켜 학교의 위신을 세워야 한다는 주장이 제기되고 있었다.

이런 상황에서 대전에서의 민주당 선거연설회와 이에 대한 학교 당국의 조치는 학생들의 시위 의욕을 더욱 자극하였다. 3월 8일 대전에서 열릴 민주당 부통령 후보 장면의 선거연설회를 앞두고, 7일 대전고의 박관수 교장이 수업시간 도중에 갑자기 학도호국단 간부들을 교장의 관사로 호출하였다.3) 교장은 학생들에게 민주당의 부통령 후보 정견 발표장에 가지 말라는 지시를 내렸다. 교장의 지시는 충남도 당국이 2·28학생시위 이후 학생들의 시위가 이어지자 민주당 선거연설회를 앞두고 학생들의 시위를 막기 위해 내린 조치에 따른 것이었다. 학생들은 학교로 돌아오면서 교장의 지시에 대한 불만을 서로 토로하였고, 이 과정에서 그냥 지나칠 수 없다는 이야기가 자연스럽게 제기되었다. 같은 날 학도호국단 간부들은 점심시간에 모여 시국에 관한 서로의 생각을 터놓고 의견을 나누었다.(안동일·홍기범 편저, 1960, 73쪽 ; 3·8민주의거기념사업회와 대전·충남4·19혁명동지회 편, 2005, 38쪽)

수업을 마친 후 학도호국단 간부들은 다시 모여 학교 당국과 경찰의 학생 동태 감시와 학생의 자율권 침해 등을 성토하였다. 학생들은 논의 과정에서 8일에 열리는 민주당 정견 발표회를 이용하여 전교생이 참여하는 시위를 감행하기로 합의하였다. 선거유세장에 시민이 많이 모이는 만큼 호응과 파급효과가 클 것이라는 판단 때문이었다. 그러나 대전고 단독으로 할 것인지 아니면 다른 학교와 연합하여 시위를 할 것인지를 두고 의견이 갈리었다. 학생들은 우선 다른 학교와 연락을 취하고 난 후 결정하기로 하고, 저녁에 다시 모이기로 하고 해산하였다.(안동일·홍기범 편저, 1960, 74쪽)

3월 7일 저녁 민주당의 선거유세를 앞두고 대전 시내에서 경찰이 삼엄한 경계를 펴고 있는 가운데, 학도호국단 대대장 박제구·박명건·장연수·정일근·김국태·전성 등 십여 명의 학생은 보문고 학생

---

3) 당시 대전고의 학도호국단은 학교를 대대로 하여 대대·중대·소대로 구성되었는데, 1개 반이 소대, 2개 반이 1개 중대로 편제되었고, 간부는 대대장·대대장 부관·중대장·소대장 등이었으며, 이들은 모두 학교장이 임명하였다. 운영위원회는 학생자치조직으로 운영위원장과 부위원장이 있었으며, 학급 자치회 의장·부의장, 각 부장, 대대장과 대대장 부관으로 구성되었다.

의 집에서 모임을 가지고 시위를 벌이기로 결정하였다. 학생들은 구체적인 시위 계획을 논의한 끝에 민주당 정견 발표회가 오후 2시에 있으므로 거기에 모인 많은 시민들의 성원을 이끌어 내기 위해 3시경에 시위를 벌이기로 결정하였다. 그리고 민주당의 유세장인 대전공설운동장에서 집결하여 대흥네거리→공설운동장→인동사거리→대전역→도청 앞→대전고등학교로 시위 코스를 결정하였다. 이어 시위의 취지와 학생들의 주장을 담은 결의문과 구호를 작성·낭독하기로 결정하고, 이에 관한 내용을 결정하였다. 아울러 대전 시내 전 고등학교 학생들과 연합하여 시위를 전개하기로 합의하고, 대전공고·대전상고·보문고·대전여고·서대전여고·호수돈여고의 학생 대표들에게 시위 계획을 알려 시위 참여 여부를 확인하기로 결정하였다. 시위에 참여하는 학교의 대표는 8일 오전 11시에 시내 YMCA에서 모임을 가진 후 역할 분담을 하기로 결정하고 해산하였다.(『대전일보』 1960년 3월 9일자 ;『중도일보』 1960년 3월 10일자 ; 박제구 증언)

3월 8일 1교시 수업을 마친 후 박제구를 중심으로 하는 학도호국단 간부들은 먼저 2학년의 중대장과 기율부원들에게 시위 계획을 설명하고 참여 의사를 타진하였다.[4] 대다수의 학생들이 동참하겠다는 뜻을 밝혔으나, 일부 학생은 주저하는 반응을 보였다. 주도 학생들이 이들을 설득하여 모두 참여하기로 뜻을 모았으며, 2학년 각 반의 소대장들에게도 시위 계획을 전달하였다. 2학년 전원은 모두 지지하는 반응을 보였다. 주도 학생들은 2교시를 마친 후 1학년에게도 시위 계획을 알려 참여를 유도할 예정이었다. 하지만 수업 도중 운영위원장 박선영·대대장 박제구·기율부장 최정일을 비롯한 학도호국단 간부들이 교무

---

[4] 당시 대전고의 각 학년은 8개 반으로 구성되었으며, 1개 반의 정원은 60명이었으나 전학생과 유급생을 포함하면 70명 내외였다. 졸업한 3학년을 제외하면 전교생은 모두 1천여 명이었다.

실로 호출되었으며, 바로 학교 인근의 교장 관사로 격리 수용되었다. 교장은 학생들을 통해 시위 계획의 전모를 확인하고 시위를 중지하도록 압력을 가하였다.(안동일·홍기범 편저, 1960, 76~77쪽 ; 박제구 증언)

학생들의 시위 계획이 사전 누설된 경위에 대해서는 경찰·교육 당국·학생들이 밝힌 설명은 각각 다르다. 먼저 경찰은 8일 오전 대전고의 김낙중 교감 앞으로 8일 학생들이 시위를 벌일 계획이니 선처하라는 무기명 투서가 들어오자, 교감이 도 학무과에 보고하고, 학무과는 장학관을 파견하여 대책을 세우는 한편, 경찰에게 연락했다고 밝혔다. 반면에 도 문교사회국장은 학생들의 시위 계획에 대한 정보를 입수하여 8일 아침 7시 시내 각 중고교 교장회의를 긴급 소집하여 설득 계도하라는 지시만 내렸다고 밝혔다. 그리고 경찰을 요청한 사실이 없으며, 경비상 경찰이 필요해서 학교 주변에 배치된 것이라고 밝혔다. 이와는 달리 학생들은 7일 밤 시내 다른 고등학교의 학생들에게 시위 계획을 설명하고 동참 여부를 확인하는 과정에서 경찰에 알려졌을 가능성이 높다고 추정하였다.(『동아일보』 1960년 3월 9일자 ;『중도일보』 1960년 3월 10일자 ;『대전일보』 1960년 3월 10일자 ; 박제구 증언)

한편 학도호국단 대대장 박제구는 계획에 따라 다른 학교 학생들의 참여 여부를 확인하기 위해 교장의 관사로 가는 도중 빠져나와 약속 장소인 YMCA로 갔다. 그는 거기에 다른 학교 학생이 나와 있지 않음을 확인하고 교장의 관사로 돌아가 그 사실을 기율부장 최정일을 비롯한 일부 학생 간부들에게 알렸다.[5] 이 무렵 교내에 있던 학생 간부가 시위에 대한 학생들의 분위기가 고양되어 있다는 사실을 교장 관사에 있는 학생 간부들에게 알렸다. 학생 간부들은 시위 감행 여부를

---

[5] 학도호국단 대대장 박제구가 대전중 동기를 중심으로 각 고등학교의 대표와 접촉을 시도했으나, 학도호국단과 운영위원회가 아직 구성되지 않은 학교가 있었고, 학생대표가 구성된 경우에도 학생들과의 의견을 조율하기에는 시간이 부족하다는 이유로 난색을 표하여 다른 학교의 참여는 이끌어 낼 수 없었다.

논의한 끝에 시위를 벌이기로 의견을 모았다. 학생들은 학교장의 감시가 소홀한 틈을 이용하여 교장 관사를 빠져나와 시위를 벌이기로 결정하였다.(안동일·홍기범 편저, 1960, 76~77쪽 ; 박제구 증언)

마침 교장이 전화를 받기 위해 잠시 자리를 비우자, 기율부장 최정일을 선두로 일부 간부들이 일제히 담을 뛰어넘어 교장 관사를 빠져나와 교내에 들어갔다. 애초의 시위 계획은 운동장에 학생들을 집결시켜 놓고 결의문을 낭독한 후 시위에 들어갈 예정이었으나, 연락이 채 되지 못해 2백여 명의 학생만이 나와 있었다. 다시 교실에 있는 학생들을 규합하여 전교생 1천여 명이 교문과 학교 담을 뛰어넘어 학교 밖으로 진출하였다. 학생들은 먼저 교장 관사로 달려가 감금당한 학생 간부를 석방할 것을 요구하고 운영위원장 박선영이 결의문을 낭독하였다.(『한국일보』 1960년 3월 9일자 ; 『중도일보』 1960년 3월 10일자 ; 안동일·홍기범 편저, 1960, 74~76쪽 ; 박제구 증언) 결의문의 내용은 다음과 같다.

정의와 진리를 사랑하는 우리들 대고 건아는 최근 일어나는 여러 가지 우리의 뜻에 배치되는 도당국과 학교 당국의 처사에 대하여 그 잘못을 깨닫고 조속히 학원의 자유보장과 대고의 이름을 더럽히지 않도록 강력한 시정책을 강구할 것을 다음과 같이 결의한다.

1. 학원의 정치도구화를 배격한다.
2. 자유로운 학생 동태를 감시말라.
3. 『서울신문』 강제 구독을 단호히 배격한다.
4. 진리를 탐구하는 신성한 학원에 여하한 사회적 세력의 침투를 용납할 수 없다.
5. 우리의 거사는 오로지 정의감과 자발적 의사에서 나온 것임을 밝힌다.
6. 오늘을 기하여 거행함은 다만 학생들의 사기가 왕성한 때문이다.
7. 우리의 주장이 관철되지 않을 때는 동맹휴학도 불사한다.

　학생들은 결의문 낭독이 끝난 후 바로 시위에 들어갔다. 학생들은 "학생을 정치도구화하지 말라", "학원에 자유를 달라", "학원에서의 선거운동을 배격한다", "우리의 말을 억제하지 말라", "『서울신문』 구독을 강요하지 말라" 등의 구호를 외치면서, 스크럼을 짜고 민주당 정견 발표장인 공설운동장을 향해 행진하였다. 이 시간 공설운동장에서는 시민 3만여 명이 모인 가운데 장면을 비롯한 민주당 의원들의 강연이 진행되고 있었다. 학생들은 처음 계획한 시위 코스에 따라 대흥네거리를 지나 공설운동장 입구까지 행진하였다. 그곳에는 이미 무장한 경찰이 출동하여 학생들의 시위를 대비하고 있었다.

　학생들은 경찰의 해산 명령을 거부하고 공설운동장 진입을 시도하였다. 경찰은 학생들을 해산시키기 위해 곤봉과 장총 개머리판으로 학생들의 가슴, 머리, 팔, 다리를 닥치는 대로 구타하였다. 학생들이 이에 맞서 "민주경찰이 학생을 왜 구타하는가"라고 외치면서 완강히 대항하는 등 학생과 경찰 사이에 충돌이 일어났다. 학생들은 경찰의 제지를 뚫고 전진하려고 했으나, 경찰의 무자비한 진압으로 대열이 흩어지고 말았다. 이 과정에서 50여 명의 학생과 구타당하는 학생을 구하려던 교사가 함께 경찰에게 연행되었다. 학생들의 시위에 대해 시민들의 반응은 호의적이었다. 시민들은 학생들에게 박수를 치며 호응하거나 음료를 제공하고 경찰의 동정을 알려주기도 하였다.(『중도일보』 1960년 3월 9일자 ;『대전일보』 1960년 3월 9일자 ;『동아일보』 1960년 3월 9일자 ; 3·8민주의거기념사업회와 대전·충남4·19혁명동지회 편, 2005, 29·32·100~101쪽)

　학생들의 시위 대열은 경찰의 진압으로 두 대열로 나뉘어졌다. 한 시위대는 대전천을 따라 스크럼을 짜고 애국가를 부르면서 대흥교와 중앙시장을 지나 대전역으로 행진했으며, 또 다른 시위대는 보문교와 인동네거리를 지나 대전역으로 행진하였다. 학생들은 대전역으로 가는 도중 여러 차례 경찰의 제지를 받아 흩어졌다가 다시 모이기를 반복하면서 대전역에 이르렀다. 대전역에서 합류한 학생들은 다시 하나의 대열을 형성하여 도청 방향으로 행진하였다. 학생들은 학원의 자유 보장, 학생 정치도구화 반대 등의 구호를 외치면서 시위를 벌였다.

학생들이 목척교에 이르자 경찰, 기마순경, 소방차가 출동하여 학생들을 위협하면서 도로에 페인트를 뿌리고 학생들을 폭력으로 진압하였다. 이 때문에 학생들의 시위 대열은 다시 두 쪽으로 갈라졌다. 한 대열은 대전천을 따라 중앙시장을 거쳐 중교를 건너 서대전여고 앞으로 행진하였고, 버스 합동주차장까지 진출하여 경찰과 충돌하였다. 학생들은 몇 차례의 경찰 진압으로 시위 규모가 줄어들자, 자신들의 요구 사항을 수용하겠다는 경찰의 약속을 받고 학교로 돌아갔다.

또 다른 시위 대열은 경찰과 투석으로 맞서다가 목척교의 오른쪽 신도극장 샛길로 빠져 보문고 학생들과 합세를 시도하였다. 그러나 이미 경찰이 지키고 있어 학생들은 선화교를 건너 시청 쪽으로 행진하였다. 이때 경찰의 기마대와 백차가 출동하여 학생들을 포위하자, 학생들은 이에 항의하면서 학교로 돌아가겠다고 주장하였다. 경찰이 이를 받아들여 학생들은 경찰의 호위를 받으면서 행진하였다. 학생들이 경찰서 앞에 이르자 경찰이 태도를 바꾸어 학생들을 체포하였다. 경찰은 체포한 학생들 가운데 학생 간부를 비롯한 주모자로 판단되는 학생을 제외한 나머지 학생은 석방하였으며, 학생들은 교사의 인솔 하에 학교에 돌아왔다.(『동아일보』 1960년 3월 9일자 ; 안동일·홍기범 편저, 1960, 78~80쪽 ; 대전고등학교육십년사편찬위원회 편, 1977, 184쪽)

학교로 돌아간 학생들은 교내 농구장에서 학생 간부들을 즉시 석방을 요구하면서 연좌 농성을 벌였다. 교장은 학생 간부들이 즉시 석방되도록 노력하겠다며 학생들이 귀가하도록 설득하였다. 하지만 학생들은 2명의 교사와 연행된 학생이 석방되기 전에는 귀가할 수 없다고 주장하며 연좌 농성을 계속 벌였다. 현장에 있던 경찰서장이 연행된 학생들을 즉시 석방하겠다고 약속하자, 학생들은 해산하고 귀가하였다.

한편 경찰에 연행된 학생들은 시위를 벌인 이유와 배후 조종 여부에 대해 집중 조사를 받았다. 밤 9시경 시위를 주도한 학생 간부 박제구·박선영을 포함한 학생 5명만 남고 나머지 학생들은 모두 석방되었다. 박제구를 비롯한 학생들은 경찰이 다시 시위를 벌이지 않겠다는 확약서를 쓰면 석방하겠다는 강압에 따라 확약서를 쓰고 새벽에 모두 석방되었다.(『한국일보』 1960년 3월 9일자 ; 안동일·홍기범 편저, 1960, 80~81쪽 ; 대전고등학교육십년사편찬위원회 편, 1977, 185쪽)

8일 학생 시위 후 충남도 당국은 이날 밤 장학관을 대전고에 파견하여 교사진과 함께 일일이 가정을 방문하여 학부형과 학생들을 설득하였다. 아울러 학교 사친회 간부들과 관계당국이 참석한 연석회의를 열어 사후 수습대책을 논의하였다. 또한 10일에는 학생들의 시위 의미를 폄하하고 시위의 파장을 줄이기 위해 학교 당국이 작성한 대전고 학도호국단 간부 명의의 석명서[6]를 발표하였다.(『중도일보』 1960년 3월 10·11일자 ; 박제구 증언)

대전고 학생들의 시위에 대해 정부와 자유당은 민주당의 사주와 선동으로 발생했다며 시위의 그 의미를 축소하는 데 급급하였다. 학생들의 시위가 벌어지는 동안 자유당의 이동 방송차량은 시내를 돌아다니며 시위 중지를 호소하는 한편, 민주당이 선량한 학생들을 선동하여 시위가 일어났다고 방송하였다. 나아가 자유당 충남도당 위원장의

---

[6] 석명서의 내용은 다음과 같다. "去 3월 8일 하오에 거행된 학교데모 미수사건에 대하여는 시대의 조류와 환경에 대한 그릇된 판단에서 야기된 무모한 소행으로 여기에 그 원인과 근본에 대하여는 우리가 말할 수도 없거니와 묻지도 말아 주시기 바랍니다. 우리가 아끼고 자랑하는 大高의 명예를 손상하였고 학부형 및 사회에 본의 아닌 그릇된 영향을 끼쳐 심심 사과하는 동시에 앞으로 참된 역군으로서 대고의 명예와 국가사회를 위하여 분골쇄신 노력할 것을 이에 성명하나이다. 단기 4293년 3월 10일 대전고등학교 학도호국단 간부 일동"

조사 결과를 토대로 민주당 신파가 가짜 학생 50명을 금품으로 매수하여 학생을 선동하고 배후에서 조종했다고 주장하였다. 그리고 다른 지역에서도 학생들의 시위가 일어나고 있는데 충청도에서만 시위가 일어나지 않는다면 출세에 지장이 있다는 내용으로 선동하여 시위가 일어났다고 강변하였다. 최인규 내무부장관도 학생들이 정치적인 사주를 받아 시위를 일으켰다고 밝혔다. 더욱이 충남도 교육 당국은 학생들의 시위가 2·28학생시위에 자극을 받아 충청도가 무기력하다는 조소를 받지 않기 위해 일어난 모방 시위라고 시위의 의미를 폄하하였다. 반면에 민주당은 학생에게도 헌법이 보장한 시위의 자유가 있다고 주장하고, 경찰의 무자비한 폭력진압을 비난하는 내용의 성명을 발표하였다. 하지만 시위의 원인을 자유당이 주장하는 민주당의 배후 조종 주장을 의식하여 학교 당국이 2시간의 연장 수업을 결정한 것에 대한 반발심으로 일어났다고 시위의 의미를 애써 축소하였다.(『한국일보』 1960년 3월 9일자 ;『조선일보』 1960년 3월 9일자 ;『중도일보』 1960년 3월 10일자 ;『동아일보』 1960년 3월 11일자)

2) 대전상고생의 3·10시위

대전고 학생들의 시위가 일어나고 3·15선거가 다가오면서 경찰의 경비가 강화되는 가운데, 3월 10일에 대전상고 학생들이 이승만 정권을 규탄하는 시위를 일으켰다. 애초에 대전상고 학도호국단 간부들은 대전고 학생들이 8일 시위를 계획하면서 참여 의향을 타진했을 때, 학생들의 의견을 조율하기에는 시간이 부족하다는 이유로 참여하지 않기로 결정한 바 있었다. 이후 일종의 학생선도단체의 성격으로 학도호국단 간부들을 중심으로 구성된 '등대클럽'이 독자적인 시위를 계획하였다.[7] 이들은 2·28학생시위가 있은 후 자주 모임을 가지면서 시국에 대한 의견을 나누었으며, 대전고 학생들의 시위가 일어난 후에 시위를 벌이기로 결정하였다. 이들은 전교생이 참여하는 시위로 확대하기 위해 다른 학도호국단 간부들에게 의향을 타진한 결과 호응을 얻어 시위 계획을 진행시켰다.

학생들은 3월 10일 대전에서 자유당 선거유세가 열린다는 사실을 알고, 이날에 시위를 벌이기로 결정하였다. 이전의 다른 학교 시위처럼 선거유세장에 시민이 많이 모이는 만큼 호응과 파급효과가 클 것이라는 판단 때문이었다. 9일 이들은 대흥동에 있는 학도호국단 간부의 집에 모여 시위 시간과 코스, 시위에서의 역할 분담, 결의문 작성 등 시위에 필요한 모든 계획을 마련하였다. 시위 시간은 10일 4교시를 마친 후 감행하기로 결정하고 해산하였다.(『대전일보』 1960년 3월 11일자 ; 안동일·홍기범 편저, 1960, 82쪽 ; 이원옥·변병학·채재선 증언)

대전상고 학생들의 시위는 사전에 계획이 누설되어 학도호국단 간부들이 경찰에 연행되면서 차질을 빚었다. 10일 새벽 1시 학도호국단 대대장 채재선 연행을 시작으로 운영위원장 이안제·대대장 부관 이효석·기율부장 홍무득·기율부 차장 정한웅을 비롯한 12명의 학생 간부들이 시위를 모의했다는 이유로 경찰에 연행되었다. 학생들은 도청 안에 있는 공무원훈련소에 구금되어 무자비한 구타를 당하면서 시위의 배후 조종 여부를 조사받았다.

시위 계획의 사전 발각에 대해서는 언론, 학교 당국과 학생들의 설명은 다르다. 언론은 시위 계획을 사전에 탐지한 교사가 학생 간부를 개별 방문하여 시위를 하지 말도록 설득했으나, 학생들이 주장을 굽히지 않아 경찰에 연락하여 학생들이 체포되었다고 보도하였다. 학교

---

7) 등대클럽은 당시 학교 내 불량한 학생들로부터 선량한 학생을 보호하기 위한 목적으로 구성되었는데, 회원은 채재선(학도호국단 대대장)·김봉환(중대장)·신기현(중대장)·김일광(기수장)·서승국(기수)·노기석(기율부)·변병학(기율부)·이원옥(기율부)·전희남(기율부) 9명이었다.(이원옥·변병학 증언)

당국은 사전에 시위 계획의 정보를 입수한 경찰이 9일 학교를 방문하여 학도호국단 간부 학생들의 명단과 주소를 확인해 갔다고 밝혔다. 학생들은 2학년 모 학생이 경찰 정보계통에 있는 자신의 형에게 이야기하면서 발각되었다고 밝혔다. 이후 학생 간부들이 이 학생에게 사실 여부를 확인했을 때 시인했다는 사실을 보아 학생들의 주장이 더 신빙성이 있는 것으로 보인다.(『대전일보』 1960년 3월 11일자 ; 이원옥·채재선 증언)

학생 간부들이 경찰에 연행된 사실이 다른 학생 간부들에게 즉시 알려지면서 학생들의 시위 계획은 변경되었다. 경찰의 연행을 모면한 이원옥·변병학·전희남·서승국·이동욱·이진명 등은 아침 일찍 모여 대책을 논의하였다. 학생들은 애초에 4교시를 마친 후 시위를 벌이기로 했던 계획이 경찰과 학교 당국에 발각되었을 것이라고 판단하고, 학생들이 조례를 위해 운동장에 집결하는 점을 이용하여 시위를 벌이기로 결정하였다. 3월 10일 아침 등교한 이들은 각 교실을 돌아다니며 학생 간부들이 연행된 사실을 알리면서 조례 직전에 모두 운동장에 집결할 것을 전달하였다. 이에 따라 전교생의 대다수가 운동장에 집결하였다. 학생들의 동향에 대해 학교 측은 학생들이 조례에 참석하기 위해 집결하는 것으로 판단하여 아무런 조치를 취하지 않았다.

학생들이 운동장에 집결한 후에 이원옥이 시위의 취지와 주장을 밝히는 결의문을 낭독하면서 본격적인 시위에 들어갔다. 결의문의 내용은 다음과 같다.

> 자립·단정·독행을 교훈으로 미래의 꿈을 키우는 대전상고 건아들은 학생들의 뜻에 배치되는 문교 당국과 학교의 우유부단한 잘못을 깨닫고 학원의 자유와 면학 분위기를 보장받기 위하여 다음과 같이 결의한다.
>
> 1. 학원의 자유를 보장하라.

2. 면학 분위기를 해치는 학생동태 감시말라.
3. 구속학생 석방하라.
4. 오늘의 거사는 순수한 정의감의 분출이다.

학생들은 결의문을 낭독한 후 교내의 신축공사장에서 주운 돌을 소지하고, 운동부 학생들을 앞세워 스크럼을 짠 후 시위에 들어갔다. 학생들은 애초의 계획대로 자양동→신안동 굴다리→목척교→도청을 목표로 행진을 시작했으며, "학원의 자유를 달라", "구속학생을 석방하라" 등의 구호를 외치면서 행진하였다. 경찰이 신안동 굴다리에서 진압에 나섰으나, 학생들의 기습 시위로 진압 준비가 허술하여 학생들이 쉽게 저지선을 뚫을 수 있었다. 하지만 원동네거리 근처 대전우체국 앞에서 경찰이 2차 저지선을 구축하여 진압을 준비하고 있었다. 시위 진압에는 경찰과 함께 관변단체인 상이군경회도 동원되었다. 경찰과 상이군경회가 진압에 나서자 학생들은 돌을 던지며 저지선의 돌파를 시도하였다. 이 과정에서 다수의 학생이 부상을 당했으며, 시위 대열은 두 쪽으로 분리되었다.

시위대의 앞쪽 행렬은 대전역→목척교→도청으로, 뒤쪽은 중앙시장→대흥교→대흥네거리→경찰서 방향으로 나뉘어 시민들의 박수를 받으며 시위를 벌였다. 이 과정에서 경찰의 폭력 진압과 학생들의 투석으로 양측에서 많은 부상자가 발생했으며, 자유당 선전차가 학생들을 제지하려다가 파손되기도 하였다. 학생들의 시위는 정오까지 계속되었으나 거듭된 시위로 대열이 여러 곳으로 흩어지면서 시위는 종결되었다. 시위 과정에서 학생 80여 명이 경찰에 연행되었으며, 오후 2시경 학교 측과 경찰 측의 협상으로 전원 석방되었다.(이원옥·변병학 증언 ; 안동일·홍기범 편저, 1960, 83쪽)

한편 대전상고 학생들의 시위 소식이 알려지자, 대전 시내 각 고등학교는 학생들의 호응을 우려하여 대책을 마련하였다. 대전고에서는 일부 대전상고 학생들이 학교 쪽으로 오자, 학생들의 동요를 우려하여 교문을 잠그고 교직원들을 동원하여 학생들의 접근을 막았다. 대전고는 대전상고 학생들이 시위를 벌이고 있다는 소식을 듣고 이미 교장이 전교생을 집합시켜 동요하지 말도록 연설한 후였다. 일부 학생들이 시위에 호응하려는 움직임도 있었으나 교사들의 설득으로 무산되었다. 대전공고도 이날 시위 소식을 접하고 사전에 학생들에게 동요하지 말도록 지시했으며, 학교 주변에는 사복형사와 무장경찰이 배치되었다. 보문고의 경우 대전상고 학생들이 접근하여 "보문학생 나와라" 등의 구호를 외치면서 호응을 유도했으나, 경찰이 출동하여 학교를 에워싸고 학생들의 접근을 차단하여 무위로 돌아갔다.(『대전일보』 1960년 3월 11일자 ;『중도일보』 1960년 3월 11일자)

대전상고의 시위에 대해 정부와 자유당은 대전고 학생의 시위와 마찬가지로 시위의 의미와 규모를 축소하는 데 급급하였다. 자유당은 학생들의 시위는 선거운동이며 학생의 본분을 망각한 행동이라고 비난하였다. 경찰은 민주당이 돈으로 학생들을 매수하여 시위가 일어났으며, 시위의 주도자가 간첩의 동생이라고 주장하였다. 도 문교 당국과 학교 당국은 시위를 방지하기 위해 학생 간부를 연행·설득한 후 석방했지만, 학생들이 이 사실을 알지 못해 일어난 일종의 '넌센스'였다고 주장하였다.

대전에서 두 차례나 학생들의 시위가 일어난 후, 검찰과 경찰은 공동으로 학생들의 시위는 사회질서를 교란하여 북한을 유리하게 하는 것이므로 앞으로 발생하는 학생시위에 대해서는 엄단할 것이라는 내용의 경고담화문을 발표하였다.(『서울신문』 1960년 3월 10일자 ;『대전일보』 1960년 3월 11일자 ;『중도일보』 1960년 3월 13일자 ;『동아일보』 1960년 3월 13일자 ; 안동일·홍기범 편저, 1960, 82쪽) 이후 대전에서는 4월 26일 이승만 대통령이 하야할 때까지 학생들의 시위가 더 이상 일어나지 않았다.

4. 4월혁명의 전개과정

3·15정부통령선거가 이승만 정권과 자유당의 계획대로 엄청난 부정 속에서 실시되자, 전국 각지에서 이를 규탄하는 시위가 일어났다. 특히 마산에서는 경찰의 발포로 시민이 사망하고 부상당하는 일이 벌어졌으며, 4월 11일 마산 앞바다에서 김주열의 시신이 발견되면서 시위의 양상은 더욱 격렬해졌다. 4월 18일 고려대생의 시위가 벌어진 후 정치깡패들이 학생들을 습격하면서, 시위는 부정선거 규탄에 그치지 않고 이승만 정권을 규탄하는 성격으로 발전하였다. 4월 19일 전국 곳곳에서 이승만 정권을 규탄하는 시위가 일어났다.

하지만 대전·충남지역에서는 4월 25일까지는 시위가 활발하게 전개되지 않았다. 4월 12일 대전 지역 학생들이 한 차례 시위를 전개하고, 4월 19일 대학생과 고등학생을 중심으로 또 한 차례 시위를 전개하였을 뿐이다.

시위가 활발하게 일어나지 않은 것은 경찰과 교육 당국의 철저한 사전 통제 때문이었다. 4월 19일 충남도 당국은 시내 중·고등학교 교장과 사친회장을 소집하여 학생들의 시위가 일어나지 않도록 대비하라고 지시했으며, 그날 오후 대전에는 경비계엄령이 선포되었다. 또한 경찰이 시위를 막기 위해 대학의 학생 간부에게 돈을 주거나 향응을 베풀면서 회유했으며, 이것이 여의치 않을 경우 학생을 미행하거나 감시하였다. 심지어 학생들을 불법으로 감금하는 일도 있었다.(『동아일보』 1960년 4월 20일자 ;『대전일보』 1960년 4월 20일자 ; 3·8민

주의거기념사업회와 대전·충남4·19혁명동지회 편, 2005, 139~140쪽)
4월 25일에는 대전지구 계엄사무소 주관으로 계엄사무소·도 문교 당
국·경찰은 시내 중·고등학교·대학교의 학도호국단 간부를 참석시
킨 가운데 간담회를 개최하였다. 당국은 학생들에게 시위 자제를 요
청하였지만, 학생들은 4월혁명의 정당성을 주장하였다. 간담회는 학
생들의 요청으로 4월혁명 과정에서 희생된 학생들을 추모하는 의식을
먼저 가진 후 진행되었다. 학생들은 진리를 탐구하는 학생이 흘린 피
와 희생은 민주정치의 오점을 시정하고, 부패된 정치를 바로 잡고 민
주 발전을 위한 애국애족의 정당한 정의의 투쟁이라고 역설하였다.
나아가 학생들은 시위 과정에서 구속되거나 연행된 학생들을 즉시 석
방할 것을 요구했으며, 시위 과정에서 희생된 학생들을 위한 구호 활
동을 펼치겠다고 주장하였다. 또한 정부와 경찰의 학원 간섭을 중지
하고 휴교령을 즉시 철폐하라고 요구하였다. 이날 간담회는 학생들의
시위 자제를 촉구하기 위해 마련되었지만, 오히려 학생들이 이승만
정권과 자유당의 부정선거를 비판하고 경찰의 무자비한 시위 진압을
성토하는 장으로 바뀌었다. 나아가 대전지역 학생들이 그동안의 침묵
에서 벗어나 시위를 일으키는 기회로 활용되었다.(『중도일보』 1960년
4월 26일자 ;『대전일보』 1960년 4월 26일자)

　대전에서 대규모 시위가 전개된 것은 4월 26일부터였다. 대전의 시
위는 전날 간담회에 참석했던 각 대학과 중·고등학교 대표들이 계획
하여 일어났다. 간담회에 참석한 충남대 학생 대표의 주도로 간담회
도중 시위 계획을 추진하였다. 이 과정에서 간담회를 마친 후 시위를
벌이자는 의견도 있었으나, 그럴 경우 시간이 촉박하여 학생 동원에
문제가 있다는 이유로 받아들여지지 않았다. 간담회를 마친 후 학생
들은 해산하지 않고 다시 모여 연석회의를 가지면서 시위 계획을 논
의하였다. 학생들은 26일에 시위를 벌이기로 결정하고 성명서와 결의

문 등 시위에 필요한 내용을 논의한 후 시위 준비에 들어갔다.

전날 계획한 대로 충남대와 대전대(지금의 한남대), 시내 중·고등학교 학생 1천여 명은 오후 4시 무렵에 한밭중에 집결하였다. 학교에는 도 학무과 장학사를 비롯한 각 학교장과 교직원들이 있었지만, 학생들의 분위기에 압도되어 어떠한 조치도 취할 수 없었다. 학생들은 시위를 벌이기에 앞서 요구사항을 담은 결의문을 낭독하였다. 결의문은 충남대 문리대 운영위원장이 낭독했으며, 내용은 "자유당 정치와 정당정치는 다시 하지말자", "민주주의 기초 닦아 자주독립 이룩하자", "쓰러진 국민주권, 정의로서 인도하자", "한희석을 처단하고 최인규를 체포하라", "발포자와 발포 명령자를 처단하라"는 내용이었다. 결의문을 낭독한 후 학생들은 학교를 출발하여 대전역, 시청 앞 네거리, 대흥동 네거리를 거쳐 도청 앞으로 행진하였다. 학생들은 자유당 비판, 민주주의 확립, 국민주권 회복, 부정선거 책임자와 발포자 처벌 등을 외치면서 시위를 벌였다. 이 과정에서 시민들이 학생들에게 박수를 보내면서 호응했으며, 많은 시민과 학생들이 합류하여 시위 군중은 순식간에 수천여 명으로 늘어났다. 학생과 시민들이 시위를 벌이자 무장한 군과 경찰이 출동하였으나, 해산을 시도하지 않고 혼란을 방지하는 데 급급하였다.

시민과 학생들은 도청 앞 광장에서 연좌하면서 시위를 벌였다. 학생 대표들은 도지사를 방문하여 도지사·경찰국장·시장의 사퇴를 비롯한 5개 항목의 요구 사항을 전달하였다.[8] 계엄사무소장, 도지사와 도청 간부들이 학생들의 요구 사항의 수용 여부를 두고 회의를 가졌다. 결국 도지사와 경찰국장은 학생과 시민 앞에서 사퇴하겠다는 입

---

[8] 요구 사항은 1. 도지사·경찰국장·시장은 즉시 사퇴하라, 2. 정부 임명 각 기관장도 사퇴하라, 3. 유성에 와있는 이기붕을 충청남도 땅에서 몰아내자, 4. 계엄령을 즉시 해제하라, 5. 휴교령을 해제하고 즉시 개교케하라 등이었다.

장을 밝혔으며, 부정선거 책임자 처벌을 포함한 학생들이 제시한 다른 요구사항도 최대한 수용하겠다고 시민들에게 약속하였다. 요구를 관철한 시민과 학생들은 시청으로 행진하여 시청 앞 광장에서 시장의 사퇴를 요구하며 연좌 농성을 벌였다. 서울에서 파견된 대학생과 지역 대학생으로 구성된 학생 대표들은 시장을 방문하여 3·15부정선거에 대한 정치적 책임을 지고 사퇴할 것을 요구하였다. 또한 학생들이 시위를 벌이는 이유는 민주당을 위하거나 자유당을 규탄하기 위해서가 아니라 민주주의를 살리기 위한 행동이라고 주장하였다. 학생들은 시장에게 직접 시민과 학생 앞에서 사퇴 약속해 줄 것을 요구하였다. 결국 시장도 학생과 시민들 앞에서 사퇴하겠다는 입장을 밝혔다. 학생과 시민들은 도지사와 시장의 사퇴 요구를 관철한 후 여러 대열로 나뉘어 시내를 돌면서 시위를 벌였다. 일부 학생들은 이기붕이 유성에 피신해 있다는 소문을 듣고 유성으로 진출하여 시위를 벌이기도 하였다. 학생들은 유성에 있는 모든 호텔과 여관을 샅샅이 뒤지는 한편 주둔하고 있던 군에게 이기붕을 내놓을 것을 요구하였다. 학생들은 이기붕의 피신 소식이 헛소문임을 확인하고 다시 대전으로 돌아와 시위를 전개하였다.

평화적으로 전개되었던 시위는 저녁이 되면서 격렬한 양상으로 바뀌었다. 시민과 학생들은 버스와 트럭을 타고 시내를 돌면서 시위를 벌였다. 이 과정에서 시민과 학생들은 부정선거를 저지른 자유당 관련 사무실과 간부의 집을 공격하였다. 시민들은 자유당 대전시 갑·구당사에 돌을 던지고 간판을 철거했으며, 사무실로 들어가 비품을 파괴하고 서류를 불태웠다. 이어 자유당 도당 사무실에도 진입하여 비품을 부수고 간판을 파괴했으며, 자유당 대전시당 간부의 집을 공격하여 불태웠다. 또한 정부와 자유당의 기관지로 비판받던 『서울신문』의 대전지사 사무실에 돌을 던지고 진입하여 사무비품을 파괴하였다.

시민과 학생들은 밤이 깊어지자 관공서를 집중적으로 공격하였다. 먼저 시위대는 대전소방서를 공격하고 소방차를 탈취하여 불태웠다. 이어 시위대는 횃불을 들고 시내 곳곳을 돌아다니면서 시위를 전개하였다. 이 과정에서 시위대는 대전경찰서에 횃불과 돌을 던지면서 공격하였으며, 서대전경찰서와 시내 11개 파출소에도 돌을 던지고 기물을 파괴하였다. 밤이 깊어지고 시위 양상이 격렬해지자 군과 경찰은 시위대의 해산을 시도하였다. 하지만 시민들은 해산을 거부하고 진압에 나선 군인들에게 돌을 던지며 대항하였다. 결국 시위는 군인들이 공포탄을 발사하며 진압에 나서면서 진정되었다. 시위 진압과정에서 학생을 포함한 1백여 명이 연행되었다.

다음날 대전 시내 17개 대학 및 중·고등학교 학도호국단 운영위원회 위원장을 비롯한 간부들은 도청에서 학생의 활동 방향에 대해 장시간에 걸쳐 논의하였다. 논의 결과 전날 격렬하게 전개된 시위의 재발을 우려하면서 학생의 학원 복귀를 결의하였다. 또한 북한의 남침을 방지하고 민주국가 건설을 위해 평화적인 시위 여부를 불문하고 일체의 시위를 벌이지 않기로 결의하였다. 학생들은 민주국가 건설에 이바지한다는 명목으로 '시국수습대전시학생위원회'를 구성하였다. 학생들은 다섯 개의 선무반9)을 구성하여 시내를 순회하면서 시민들에게 시위를 자중해줄 것을 호소하는 활동을 펼쳤다.(『대전일보』 1960년 4월 27~29일자 ;『중도일보』 1960년 4월 27~29일자 ; 충남대학교삼십년사편찬위원회 편, 1982, 95~96쪽)

한편 충남지역의 각 군에서도 학생들과 시민들의 시위가 일어났다. 4월 25일 오후 4시 천안공고와 천안농고 학생 약 100명이 천안세무서

---

9) 선무반의 구성은 다음과 같다. 1반-대전상고·대전대·대전사범대, 2반-대전고·보문고, 3반-충남대 공대·대전공고, 4반-충남대 농대·대전상고, 5반-충남대 문리대·대성고·중도공고.

앞에 집결하여 시가행진을 했다. 시위대열은 시민과 학생들이 호응하면서 오후 5시경 300명으로 증가하였다. 이들은 시위행진을 하면서 "정부책임자는 사퇴로서만 끝내서는 안된다", 『경향신문』을 복간케하고 자유를 달라", "신국가보안법을 철폐하고 3·15선거에 오점을 남긴 한희석을 규탄하자", "3·15선거 다시 하자", "살인경찰 물러가라" 등의 구호를 외치고 전단을 살포하였다. 26일 오후에는 천안농고와 천안공고 학생과 중학생들이 세무서 앞에 집결하여 시내를 행진하면서 시위를 벌였다. 학생들의 시위에 대해 시민들은 박수를 치며 호응했으며 일부는 합류하여 함께 시위를 벌였다. 이 과정에서 학생들은 자유당 천안군당부 간판을 철거하고, 경찰서 앞에서 경찰의 사과와 각성을 요구하면서 연좌 농성을 벌였다.

4월 26일 공주에서도 학생들이 시위를 벌였다. 이날 오전부터 공주사범대학·공주고·공주사대부고·공주농고·영명고 학생 수백여 명은 학교에서 집결하여 이승만 정권의 퇴진을 요구하는 플래카드를 앞세우고 시내를 행진하면서 시위를 벌였다. 학생들은 이승만과 이기붕의 하야, 국회 해산, 정부통령선거 재실시, 부정선거 책임자 처단, 학원의 자유 보장, 구속학생 석방, 공무원의 각성 등을 외치면서 시위를 벌였다. 시민들은 시위를 벌이는 학생들에게 박수를 치면서 호응하고 일부는 시위에 합류하기도 하였다. 학생들은 시내 일대를 순회하며 평화적인 시위를 벌이다가 해산하였다.

이승만 대통령이 하야한 후에도 충남에서는 학생들이 중심이 되어 시위를 벌였다. 27일에는 천안과 강경에서 학생들이 시위를 벌였으며, 28일에는 공주에서 추모제와 위령제가 열렸다. 재경 천안 학우회와 학도호국단의 주최로 천안역 광장에서 약 1만 명이 참가한 가운데 순국학생추모식이 거행되었으며, 공주에서는 시민과 학생들이 혁명 과정에서 희생된 사람들의 위령제를 거행하였다. 29일에는 강경에서 다시 강경상고·강경여중고·강경중 학생 8백여 명이 시내에서 경찰서장, 읍장, 자유당 국회의원의 사퇴를 요구하며 시위를 전개하였다. 같은 날 조치원에서 조치원상고·조치원중·조치원여중 학생 1천 5백여 명의 학생들이 각 학교에서 시위를 시작하여 역 광장에서 결의문을 낭독하고 시위를 벌였다. 학생들은 경찰서 앞에서 부정선거를 자행한 경찰서장·군수를 비롯한 기관장의 사퇴를 요구하고 이승만 대통령의 사퇴 환영, 국회의원 사퇴 등의 구호를 외치면서 시위를 벌였다.(『중도일보』 1960년 4월 27~30일자 ;『대전일보』 1960년 4월 27·28·30일자 ; 3·8민주의거기념사업회와 대전·충남4·19혁명동지회 편, 2005, 163쪽) 이승만 대통령의 사임으로 과도정부가 수립되면서 대전을 비롯한 충남에서는 대규모 시위는 더 이상 일어나지 않았으며, 이승만 정권하에서 억눌려 있던 권익을 쟁취하려던 움직임이 각 분야에서 나타났다.

5. 고등학생 시위의 성격과 의의

1960년 4월혁명 과정에서 일어난 대전지역 고등학생들의 시위는 역사적 의의가 큰 '사건'이었다. 고등학생의 시위는 정부 수립 이후 대전에서 일어난 최초의 시위였으며, 이전까지 있었던 강제 동원에 의한 관제 시위가 아니라 학생들이 이승만 정권의 독재에 저항하여 자발적으로 일으킨 시위였다. 그러나 고등학생들이 처음부터 이승만 정권을 타도하려는 구체적인 목표를 가지고 시위를 벌인 것은 아니었다. 학생들이 시위를 벌인 직접적인 동기는 결의문에 잘 나타나 있듯이 학생들의 뜻과 배치되는 충남도 당국, 특히 문교 당국과 학교 당국의 처사에 대한 불만 때문이었다. 즉 학교의 자주성과 자율성을 무시하고 이승만 정권과 자유당의 장기집권 계획에 동조하는 교육 당국을 반대한다는 이유였다. 이미 학생들은 이승만 정권기 동안 학도호국단을 통해 반공이데올로기와 이승만 정권의 유지를 위한 각종 궐기대회와 관제 시위에 동원되었으며, 대통령을 비롯한 고위 관료가 방문하는 행사에도 동원되는 등 학원의 자주성과 학생의 자유는 철저하게 억압되고 있는 상황이었다.

특히 1960년 정부통령 선거를 앞두고 학원의 정치도구화와 비민주성은 더욱 노골화되었다. 이승만 정권은 영구 집권을 위해 대대적인 부정선거를 계획했으며, 교육 분야도 예외는 아니었다. 정부의 지시에 따라 충남도 당국은 정권에 비판적인 교원을 외지로 전출을 시도하고, 이승만 정권에 대한 비판적인 여론의 확산을 막기 위해 학생들에게도 정부 홍보 활동을 강화하였다. 또한 학생들의 자치 활동을 침해하면서 이승만 대통령과 이기붕의 활동 내용을 담은 영상을 학생들에게 끊임없이 상영했으며, 정권과 자유당의 입장을 일방적으로 선전·옹호하는 신문을 강제로 구독케 하여 이승만 정권과 자유당에 대한 비판적인 인식을 약화시키고 장기집권을 정당화하려고 하였다. 심지어 경찰이 학생들의 동향을 끊임없이 감시하고, 교사들은 가정방문을 이용하여 학부형들에게도 선거운동을 펼치는 등 학교 전체가 선거 분위기에 빠져 있었다. 이처럼 이승만 정권과 교육 당국이 학원을 정치 도구로 전락시키고 학원의 자유를 억압하는 책동을 반대하는 것이 학생들이 시위를 벌인 일차적인 동기였다. 따라서 학생들의 주장도 학원의 정치도구화 배격, 학원의 자유 보장,『서울신문』 강제구독 배격, 학생 동태 감시 중지 등에 집중되었다.

학생들은 학원 정치도구화가 이승만 정권에 의해 이루어졌다는 사실을 알고 있었지만 이승만 정권에 대한 직접적인 비판은 없었다. 그것은 정치적 주장을 내세울 경우 시위의 정당성을 훼손당할 우려가 있다고 판단했기 때문이었다. 이는 학생들이 발표한 결의문에서도 잘 나타났다. 대전고와 대전상고 두 학교 모두 결의문에서 시위가 학생들의 정의감과 자발적인 의지에서 나온 것임을 밝히면서 학원에 외부세력의 침투를 용납할 수 없다는 점을 강조하였다. 이는 이승만 정권과 자유당이 대구 2·28학생시위를 비롯한 고등학생들의 시위를 북한을 비롯한 좌익 세력이 개입하거나 민주당의 배후조종에 의해서 일어났다고 주장하면서 학생시위의 의미를 폄하시키는 것을 의식했기 때문이었다. 아울러 이승만 정권의 부정선거를 뒷받침하는 구체적인 사실이 아직 나오지 않은 상황에서 이승만 정권을 정면으로 비판할 경우 시위의 정당성과 순수성이 훼손될 수 있다고 판단했기 때문이었다. 결국 학생들은 학원의 정치도구화 배격과 학원의 자유 보장 등의 주장으로 우회적으로 이승만 정권을 비판하는 방식을 취하였다.

두 차례에 걸쳐 일어난 대전지역 고등학생의 시위에서 주목되는 사실은 4월 19일 이전까지 전국에서 발생한 고등학생의 시위 가운데 가장 규모가 컸다는 점이다. 대전고는 전교생 1천여 명이 모두 시위에 참여했으며, 대전상고도 전교생 7백여 명이 참여하여 시위를 벌였다. 특히 대전고의 시위는 대구에서 고등학교 연합으로 일어난 2·28학생시위의 규모와 비슷할 정도로 큰 시위였다. 나아가 4월혁명 과정에서 일어난 단일 고등학교의 학생시위 가운데서 가장 규모가 큰 시위였다.

결국 1960년 3월 대전지역 고등학생들의 시위는 학원의 자주화·민주화를 쟁취하기 위한 운동이었으며, 나아가 이승만 독재정권을 규탄하는 민주화운동이었다. 또한 한국현대사에서 최초로 국민의 힘으로 정권을 교체시키는 혁명으로 가는 가교 역할을 하였다. 무엇보다 해방 후 당면 과제였던 자주적인 통일국가의 수립이 좌절되면서 느낀 패배감과 고통스러운 기억으로 사소한 저항마저 거세당했던 민중에게 독재정권에 맞서 싸울 수 있는 용기와 자신감을 주었다. 그리고 민주화운동의 주체가 깊은 패배감에 빠져있는 기성세대에서 자유와 정의감이 충만한 새로운 세대로 대체되는 출발점이었다고 평가할 수 있다.

■ 참고문헌

3·8민주의거기념사업회와 대전·충남4·19혁명동지회 편, 2005『三·八民主義擧』, 오름.

공주대학교60년사편찬위원회 편, 2008『공주대학교 60년사』, 공주대학교개교60주년기념사업단.

낭청 박재규 선생 추모문집간행위원회 편, 1994『낭청 박재규선생 추모집』, 삼영.

대전고등학교육십년사편찬위원회 편, 1977『대전고육십년사』, 대전고등학교.

민주화운동기념사업회 연구소 엮음, 2008『한국민주화운동사』 1, 돌베개.

송규진, 2002「4·19시기 대전지역의 사회운동」『호서사학』 33.

안동일·홍기범 편저, 1960『기적과 환상』, 영신문화사.

이 목, 1989『한국교원노동조합운동사』, 푸른나무.

중앙선거관리위원회 편, 1989『역대 국회의원 선거상황』.

＿＿＿＿＿＿＿＿＿＿＿＿, 1968『대한민국 선거사』.

충남대학교삼십년사편찬위원회 편, 1982『충남대학교 삼십년사』, 충남대학교.

한국혁명재판사편찬위원회 편, 1962『한국혁명재판사』 Ⅳ.

한남대학교40년사편찬위원회 편, 1996『한남대학교 40년사』, 한남대학교.

『대구일보』, 『대전일보』, 『동아일보』, 『민족일보』, 『서울신문』, 『조선일보』, 『중도일보』, 『충남대학보』.

〈구술자료〉

박제구 증언(KT 대전지사 라운지, 2010년 3월 11일).

이원옥 증언(이원옥 사무실, 2010년 3월 25일).

변병학 증언(이원옥 사무실, 2010년 3월 25일).

채재선 증언(전화 인터뷰, 2010년 3월 26일).

제3장 3·15마산의거의 지역적 기원과 전개

이은진

1. 서론

이 글은 1960년 3월 15일 1차 마산의거, 4월 11~13일에 발생한 마산 2차 의거, 4월 24~25일에 발생한 마산 3차 의거, 4월 26~27일에 발생한 부산 원정대에 의한 데모를 대상으로 이들의 발생 원인과 그 전개과 정을 다룰 것이다. 대개 3·15마산의거는 1차와 2차 의거에 한정되어 다루는 경향이 있으나, 일단 3차 의거와 4차 부산원정시위대에 의한 의거도 그 격렬성과 파급효과가 막대하였으므로 논의 대상에 포함하 였다. 25일의 의거는 노인층을 중심으로 이미 전국적인 시위가 발생 한 이후에 나타난 것으로 치부하고, 26일의 의거는 부산 시위대가 마 산에 몰려와서 한 시위로서 마산에서는 오히려 파괴적이라고 폄하하 는 평가가 주를 이루고 있다. 그러나 시위의 규모로 보면 25~26일의 시위는 마산시청의 공문서를 완전히 파괴한 시위로서 격렬성이 상당 했고, 25일의 시위에서 사망자가 발생하였다는 점도 인식하여야 할 것이다.

1960년 3~4월 마산의거에 대한 자료는 일단 당시의 현장을 직접 목 격하거나, 그 영향이 심대하고 생생하게 느껴질 때 기록된 자료와, 이 들 자료를 중심으로 재구성된 자료로 나눌 수 있다. 1차 자료에 해당하는 것은 (1) 기자들에 의한 사실보도로 주로 신문에 게재되고, 이들 보도는 주로 정부측과 시위대의 상황을 다루고 있으며, 또한 신문의 논평을 통해 당시의 지배적인 평가를 엿볼 수 있다. 직접 목격한 사실을 중심으로 기록한 자료 중에서는 김태룡(1964)의 것이 가장 현장감 있고, 상세하다. 사건이 일어난 시점에서 얼마되지 않아 발간되어 가장 당시의 상황을 민중의 입장에서 잘 서술하고 있다. (2) 두 번째 1차 자료는 당시의 조사자료이다. 이는 국회 및 민주당과 자유당, 변호사협회의 자료가 가장 신뢰할 만하다고 인정되고 있다. (3) 시위에 참여한 사람들의 증언이 추후에 기록으로 남겨지고, 일부는 일기의 형태로 기록되어 발간되기도 하고, 비공개의 형태로 사용되기도 한다. 1995년부터 3·15의거기념사업회가 발간한 잡지『3·15의거』에 증언들이 기록되었다.

이들 1차 자료를 사용하여, 재구성하고 재해석한 공간물로는 다음과 같은 것이 알려져 있다. (1)『3·15의거』(홍중조 엮음, 1992)는 3·15의거를 서술한 것은 물론이고, 그 전후의 사건을 인과적인 것을 골라 수필체 형식으로 서술하였다. 26명의 체험과 수기편과 더불어, 언론, 문학, 논문, 자료를 망라 해놓은 것으로 자료집의 성격이 강하다. (2)『3·15의거사』(사단법인 3·15의거 기념사업회 편, 2004) 중 전사는 서익진, 사건사는 홍중조, 이후사는 이은진이 집필을 맡았다. 추가로 역사적 의의와 언론 자료를 실었다. 이외에『3·15의거 사진집』(3·15의거기념사업회 편, 2002)이 발간되어 사건에 대한 시각적 실체를 파악할 수 있다. (3)『근대 마산 : 압축된 모순의 폭발지』(이은진, 2004)는 1950년대 연구로부터, 마산의거 과정, 이후의 상황, 그리고 역사적 평가까지 포함한 연구서이다.

3·15의거의 기원과 전개를 다룰 때 가장 먼저 제기되는 의문은 왜 하필 마산이었느냐의 점이다. 즉 대부분 마산과 비슷한 상황에 처해

있었는데, 마산의 시민은 3 · 15의거라는 사건의 형태로 대응하였는가에 대한 질문이다. 당시에 마산에서 3월 15일에 시위가 발생하고, 경찰의 총격에 의해 민중들의 사망자가 발생하자, 당시의 평가는 대개 전국 어디에서나 일어날 수 있는 사건이 마산에서 일어났다는 평가가 주를 이루었다. 즉 당시 기자로서 서울에 근무하던 이강현은 마산의 시위사건을 듣고는 전국 어디로든지 파급될 수 있다고 생각하였다. 즉 "이따위 선거를 치른 백성들이 만약 폭동을 일으켰다면, 그것은 단순한 어떤 국한된 지역에서가 아니고, 자칫하면 전국적으로 퍼질 염려가 있기 때문에 더욱 그러하다"(이강현, 1960)는 것이 1960년 3월 15일 저녁에 서울에서 마산 폭동이 발생했다는 소식을 들은 이강현의 생각이었다.

〈그림 1〉 마산시 지도 – 손으로 그린 것[1]

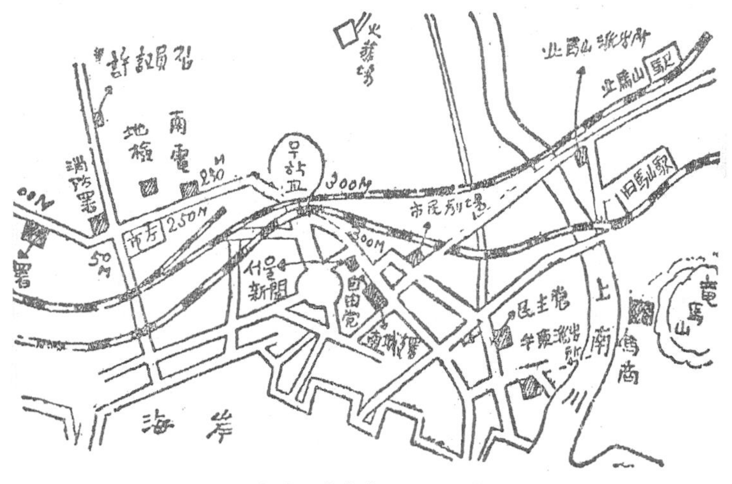

출처 : 이강현, 1960, 77쪽

---

[1] 현재 지형과 비교하여 당시 지형의 특징은 (1) 현재의 3 · 15의거로 중 6호광장 – 부림시장은 그대로이나, 상남광장 – 마산역까지의 길은 철길이었다. (2) 육호길

<그림 2> 마산지도-측량된 것

출처 : 국립건설연구소, 1965년도 발행, 1964 도엽번호 6919 Ⅳ 5 W, 1/25,000

―육호광장―자유아케이드은 그대로이고, 이어서 상남천이 복개되지 않았고, 오동교로 건너가는 길이었다. (3) 구마산은 거주지이었고, 시청과 분수로타리 사이에는 철길이 광범위하게 차지하고 있었고, 관공서와 공장 등이 위치해 있었다. 그리고 다시 신마산지역은 거주지로 이루어져 있었다. (4) 이후 매립된 해안로는 당시에는 바다였고, 대우백화점 앞길과 상남천 부근 무학아파트로 이어지는 길이 바닷가길이었다. (5) 현재 이어져 있는 서성광장(분수로타리)―합포로는 끊기어져 있었다. (6) 현재의 2번국도는 합포로―삼호교―진해로 넘어가는 길이 있고, 양덕파출소 옆길로 해서 부산으로 가는 길이 나 있었다. 당시의 버스 노선을 중심으로 도심지의 거주, 교통상황과 도로 현황을 알 수 있다. 당시의 시내버스는 16대가 운영되었으며, 노선은 (1) 신마산 댓거리 구간, (2) "산호동 시내버스 정류장을 거쳐 봉암, 양덕동 3거리 지점까지……시세 확장으로……버스 종점 연장은 현재 모직을 비롯한 삼화제지 등 4개 제지공장 종업원 약 6백 명과 공고 학생수 5백 명 그리고 인근 주민 등 교통량이 폭주되어 감에 따라 부산행 철로 선상 보행 등 불편을 자아내고 있어……"(『마산일보』 1960년 3월 8일자) 등이다. (3) 북마산행은 회원국민학교 입구까지.(『마산일보』 1960년 3월 10일자) 시외버스는 "하루 평균 시외버스의 경우, 출발 도착수가 무려 2백여 대이며,……서성동 시외버스 영업소에서 취급하는 하루 수백 명의 여객들에게 발이 되어 정기시간에 운영되고 있는 시외선은 북면, 함안, 상남, 반동, 산서, 덕남 등지에……"(『마산일보』 1960년 3월 10일자) 등이다.

또한 박두진은 3·15 의거가 발생한지 25일 정도 될 무렵 아직 2차 의거가 발생하지 않은 상황에서 3월 15일 마산의거에 대해, 마산에서 발생한 부정투표 현상은 전국적으로 보면 특이한 일은 아니며, 전국 어디에서든지 발생할 수 있는 사건이 마산에서 대표적으로 발생했다는 관점을 취하였다. 즉 그는 "이러한 자연적이고 절실 불가피하고 견딜 수 없는 생존, 생명의 기본권, 그 기본적인 욕구의 발동으로서의 항거는 하필 마산이란 지역에서뿐일 수는 없었던 것이며, 그렇지도 않았었던 것이다. 어느 도시 어느 촌락 어느 두메산골에서라도 그렇게 일어날 수밖에 없었던 일을 참말로 어쩔 수 없이 저절로 우발적으로 일으켜 낸 것이 마산에서의 사건인 것이다.……여기에서 이 마산 사건의 보다 더 보편적이고 역사적이고 시대성을 띤 민중의 항거로서의 의의와 성격이 있는 것이다. 마산은 곧 다른 모든 도시와 촌락의 이름과 동의의 것이었으며, 마산의 시민과 그곳의 그 부녀자와 청소년과 학생들은 곧 다른 모든 압제적인 다수의 대한민국의 그러한 부류의 사람들 그 민중들과 같은 이들이며, 동체였던 것이다"라고 주장했다.(박두진, 1960, 88~89쪽)

하지만 문제는 전국적으로 동일한 충격을 주었음에도 불구하고, 왜 하필 마산에서만 민중들의 격렬한 시위가 발생하였는가라는 점이다. 이에 대한 의문과 답은 지역에서 자문자답의 형태로 진행되었다. 즉 지역의 공동체성, 바닷가 사람 기질론이 대표적인 것이고, 필자는 여기에 마산의 인구 구성과 개방적 공통체성, 정치적인 세력관계, 국가 능력의 지역적 차이를 들었다. 지역적 기원이라는 의미는 한국 사회 전체적인 맥락에서 상호 주고 받은 요인, 물론 여기에는 중앙과 지역의 상호작용도 포함된다. 또한 지역적이라는 의미는 한국 사회가 모두 균질적인 사회가 아닌 만큼 사건의 발생 요인이 단일하지 않다는 점을 강조하려는 것이다.

개별 시위 참가자들도 그 사유가 다르듯이, 각 지역에서 발생한 시위의 양상도 모두 다를 수밖에 없다. 다만 그 다른 이유를 지역적이라는 점과 역사적인 평가에서 찾을 경우, 참여자의 주체, 그리고 주체가 참여한 구조적 요인과 상황적 요인으로 나누는 것이 편리할 것이다.

마산의 3·15의거가 전국적으로 파급되거나, 아니 마산의 3·15의거 이전에 다른 지역의 시위나 국가폭력사태는 상호작용을 하면서 발생된 것으로 볼 수 있다. 따라서 마산의거가 한국사회에서 고립된 사건은 아니다. 1960년 4월혁명의 지역적 기원을 볼 수 있는 행태학적 지도는 상당 부분 그려져 있다.(이화수, 1985) 그러나 지역이라는 것은 인구 구성이나, 역사적 배경, 국가 통치능력 면에서 균질적이지 않다. 마산의 경우에 적어도 해방 이후 발생한 인구 구성의 변화, 한국전쟁의 차별적 영향, 외부세계와의 접촉의 정도, 국가 통치와 중앙정치의 지방적 전개의 차이 등이 고려되어야 의거 발생의 주체와 구조적, 그리고 상황적 요인을 밝힐 수 있다. 이런 점을 염두에 두고 이 글은 발생과 전개라는 주제의 특성상 일단 시간적인 배열을 이루면서 논의를 전개하기로 한다. 즉 3월 15일 이전, 3월 15일 1차 의거, 1차 의거 이후 3월 16일~4월 10일 2차 의거 발생 전까지의 상황, 마산 2차 의거 4월 11일~13일, 2차 의거 이후의 파급적 저항과 마무리 시기로 나누어 서술한다.

기원과 전개에 대 한 서술은 논리적인 형식을 통해, 압축적이면서도 사건의 전개를 이해할 수 있는 역사적인 관점이 필요하므로, 기존의 집합행동론(자원동원, 해석틀, 공간생태), 혁명과 봉기에 관한 사회학적 업적들, 비교역사연구방법론 등을 집중적으로 천착하는 방식을 취할 것이다. 이들 이론에 따르면, 기본적으로 봉기는 국가 역량과 봉기세력의 자원 동원과 상호 연합의 능력에 달려 있다고 보고 있다. 기존의 연구는 주로 봉기세력에 초점을 맞추었다. 하지만 당시 외신들은 오히려 국가의 진압능력에 초점을 맞추어서 보도하였다. 즉 국가의 진압과 봉기세력의 능력은 상호적이고, 상대적이라는 관점이다. UPI는 다음과 같이 보도하였다.

> 그러던 차에 학생혁명이 일어났다. 용감한 신문과 강직한 민간지도자들의 적극적인 지원에 입은 바 또한 적지 않았다. 그 세력은 실로 막강한 것이었다.
> 군경은 막대한 인명피해를 무릅쓰고라도 학생의 의거를 진압하려하였다면, 아마도 쉽사리 그렇게 할 수 없었을 것이다. 그러나 이 박사가 그런 것을 원하지 않은 것은 분명하다.(UPI, 1960. 4. 29, 서울발 ; 마산일보사, 1960, 11쪽에서 재인용)

더구나 국가의 능력은 국제적인 지정학적 요인에 의해 규정되고 있었다는 점도 인식하는 것이 중요할 것이다. "여하간 봉기의 성공은 미국이 비록 질서를 회복시키기 위하여, 헛된 노력이 되어버린 계엄령을 실시하도록 유엔군 통제하의 한국군을 출동시키면서도, 이 대통령의 통치에 대한 그처럼 혹독한 비난과 그의 권위를 침식시키고, 혁명 측의 편을 드는 것처럼 보이기 위하여 개혁을 위한 그처럼 긴급한 요구를 발표하였을 때 확실시 된 것이다."(NYT 논평, 1960. 4. 27 ; 마산일보사, 1960, 12쪽에서 재인용) 이들 논의를 기반으로 다음과 같은 분석틀을 도식화 해보았다.

<표 1> 지배의 영역과 행위자들

	국회의원		
ruling coalition	자유당	학교	공무원 반공청년단 검찰과 경찰 미국과 군, 특무대
쟁투영역	정치	교육	국가의 억압
ruled	민주당	학생과 학부형	일반시민

2. 3월 15일 이전의 상황

3월 15일 이전의 지배층과 피지배층의 상황을 서술하여, 지배층의 국가와 정치, 그리고 이데올로기를 통한 지배능력을 분석하고, 지배층 일부 분파의 기존 지배층으로부터의 이탈, 피지배층의 동원잠재력 등에 대해 분석한다.

1) 지배층

지배층은 정치영역에서는 자유당, 억압능력에서는 경찰과 검찰 등의 사법기구와 민간 억압자인 반공청년단, 그리고 행정기구인 공무원과 교육기관 등으로 구분하여 논의할 필요가 있다. 또한 간과하지 말아야할 것은 국가도 『서울신문』이라는 국영 언론과 국영 방송을 운영하고 있었고, 방조직(반조직)을 통한 주민 통제기구도 가동하고 있었다는 점이다.

지배층의 일부인 자유당을 논하기 위해서는 마산의 특수한 조건으로 당시 민주당 국회의원이었던 허윤수의 자유당으로의 이적을 먼저 거론할 수밖에 없다. 왜냐하면 이미 허윤수는 마산에서 기존 지배정치인 중의 하나로서, 자유당과 민주당이 동일한 계급적 속성을 지니고 있었다 할지라도, 마산시민이 1958년 선거에서 그를 민주당의 국회의원으로 선출한 것은 독재적인 정치행태에 대한 정항이라는 의미를 부여하고 있기에 그렇다. 더구나 1950년대 당시는 현재보다도 절개, 지조, 의리를 중요시 여기는 사회적인 가치기준이 있었다는 점을 고려하는 것이 중요하다. 1951~1952년에 마산시장을 역임한 바 있는 허윤수는 1954년 선거에서 민주당적으로 출마하였으나 김종신에게 패배했다. 하지만 1958년 선거에서는 자유당적으로 재출마한 김종신을 누르고 당선되었다. 마산지역의 입장에서는 1948년과 1950년 선거에서는 무소속 후보를 당선시키고, 1954년에 최초로 자유당을 당선시켰으나, 1958년의 선거에서 다시 집권당을 낙선시키는 상황이 된 것이다. 1958년 당시 상황에 대해 김태룡은 "헌정 10년 만에 비로소 마산에서 야당이 대승을 거두게 된 것은(27,412 대 19,114) 유권자가 어느 개인의 영예를 위해서가 아니라, 정권교체를 갈구한 나머지 압도적으로 야당을 지지했기 때문이다"라고 분석하였다.(김태룡, 1964, 227쪽) 허윤수는 1958년 선거 당시 "권력에 아부하여 영달을 꿈꾸거나 황금과 야합하여 일신의 안일을 취할려는 생각은 저 자신의 성격과 양심이 용납치 않습니다……정의와 지조를 외고 신조로 민주당원 동지는 물론 시민 제현에게 배신이 없도록 민주정치 구현에 결사 투쟁할 것을 굳게 각오한다"고 인사하였다.(김태룡, 1964, 228쪽)

그러나 허윤수는 1960년 1월 6일에 민주당을 탈당하였다. 당시 자유당은 민주당의 조병옥파를 매수하고 있었다. 아마도 허윤수는 조병옥파였을 것으로 짐작할 수 있다. 1960년 1월 22일에 허윤수는 자유당에 입당하였으나, 이날 자유당 총재인 이승만 대통령은 동일 티켓 개헌안(대통령과 부통령을 단일 후보로 하여 뽑는 방안)을 포기하였다. 허윤수는 당시에 자신이 자유당으로 이적한 이유로 야당이라서 정부의 천대를 받았다는 것을 들었는데, 그 근거로 마산의 간선도로가 제대로 건설되지 않은 사례를 들었다. 그러나 이면에는 거액의 정치자금 수수설이 나돌고 있었다.

김태룡은 자유당이 더 치명적 타격을 입었다고 지적한다. "금력과 권세의 천하 대여당 자유당에 개가하기 위해 민주당을 버렸기 때문에, 허 의원을 빼앗긴 민주당에 동정이 쏟아진 반면에, 허윤수 의원을 맞아들인 자유당은 시민의 원성을 받았고, 권력쟁투의 불씨를 안게 되었다"는 것이다.(김태룡, 1964, 232쪽) 자유당은 1월 13일 허윤수가 아직 자유당에 입당하지 않은 상태에서 성명을 발표하여, 허윤수가 1954년과 1958년 선거 당시에 "이 박사의 일인 독재정권 타도를 절규하고, 정부의 부패와 정권의 교체를 위하여 지조를 불변하겠다"고 약속한 점을 상기시켰다. 2월 1일 자유당 대통령선거대책위는 당의 지도체제를 전혀 개편하지 않고, 허윤수를 단지 6명의 고문 중의 일인으로 앉히고, 김종신으로 하여금 여전히 위원장 자리를 지키게 하였다. 그러나 중앙당부의 지시로 2월 9일 마산시당 위원장은 허윤수로 교체되었다. 이는 자유당 마산시당 김종신 세력의 와해를 의미할 수도 있으나, 실제로는 위원장만 바뀌었을 뿐이었다. 즉 김종신 세력의 위에 위원장만 바뀐 셈이었다. 따라서 허윤수와 동반 탈당한 민주당 인사들의 거치가 모호하게 되었다.

허윤수에 대한 금품수수 의혹이 소문으로 돌던 차에 1960년 3월 6일 국영방송인 마산방송과 『마산일보』에 동야주정 매수사건이 보도되었다. 시민들은 이를 "마산을 팔아서 동양주정을 집어 먹다니"하고 분노를 터뜨렸다. 동양주정의 전 사장 지달순도 억울함을 호소하고, 해고된 종업원들도 억울함을 호소하였다. 3월 15일 의거 시에 시민들은 허윤수 의원의 집에 불을 지르고, 파괴하였으며, 똥물을 퍼붓기도 했다.

당시 동양주정은 자본금에서는 무학주정의 1/2에 불과했으나, 고용인원에서는 무학주정의 30여 명보다 훨씬 많은 50여 명에 이르는 등, 그 규모 면에서는 무학주정과 거의 비슷하거나, 아니면 최대인 것으로 인정되고 있었다. 동양주정의 주인은 김봉재 전 민의원이었고, 무학주정의 주인은 고성 출신의 최석림이었다. 무학은 삼성의 후광이 있어서 경영이 호전되고 있었으나, 동양은 재정적 배경이 빈약하여 1억 3천만 환의 부채와 6천만 환의 주세 체납에 시달리고 있었다. 이때 무학의 최재형 사장이 동양을 매수하려 준비하고 있었다. 이 과정에서 당시 부산지검 마산지청 서득룡 검사장의 개입으로 창원 을지구 민의원이었던 이용범이 같은 선거구의 전 민의원이었던 김봉재의 자금원을 봉쇄하기 위해 동양주정이 무학으로 넘어가는 것을 돕고 있었다. 허윤수는 이용범계로 편입되면서, 동양주정을 인수받게 되었다. 이에 3월 4일 오후 4시 신마산 외구구락부 2층(럭키사우나 건물)에서 동양주정을 2억 3천 5백만 환에 매도하는 것으로 계약하였는데, 서득룡 지검장이 입회인으로 참석하였다. 이후 허윤수는 다시 동양주정을 무학에 넘겼다. 이에 대해 김태룡은 "결국 동양주정사건은 시민을 분격시켜 3·15의거를 유발하게 만든 원인이 되었던 것만은 사실이며, 3·15마산의거의 배경이 된 이 사건은 자유당 정권의 부패상을 집약적으로 노정시킨 것"으로 평가하였다.(김태룡, 1964, 238쪽)

허윤수만이 아니라, 마산시의회 의원들과 많은 민주당원들이 대거 자유당에 입당하였다. 이 상황에 대해 『마산일보』 1960년 3월 6일자는 다음과 같이 보도하였다.

마산시 의회 의석에 대변동, 박세붕 씨 등 대거 자유당 입당―박세붕, 조철제, 진기윤(복당) 등 제 의원의 동향이 점차 입당선에서 표면화된 것인데, 이에는 민주당을 탈당한 김성근 의원이 주도적 역할을 하여 전기 신진구 소속 시의원들을 권유해서 집단입당을 추진하고 있는 것같이 알려져 있는 것이다. 2대 시의회의 분포 의석수는 당초 자유당 2명(김필석, 김두철), 신진구 7명, 무소속 4명, 민주당 4명(강선규, 황칠규, 강경술, 김성근)으로 되어있던 것인데……자유당이 무려 10석(2/3선 초과, 김필석, 김두철, 임윤찬, 고또수, 박보현, 김정웅, 박세붕, 김성근, 조천제, 진기윤), 민주당이 3석, 무속속이 4석이 된다. 그런데 아직 이만희, 안차갑, 강영기, 이상두 의원들의 태도는 알려지지 않고 있다.

자유당의 조직은 단순히 당 조직에 머무르는 것이 아니었다. 자유당은 국민운동 조직을 대부분 장악하고, 이를 통해 유권자들에 대한 기층 영향력을 확대하였다. 국민운동 조직의 전모를 알 수는 없지만,

신문에 기사화된 것은 부인회, 여청(대한여자청년단), 국민회 등이다. 일단 자유당 차원의 운동의 매우 열성적으로 행해진 것으로 보이고, 이는 기층조직을 관할하는 국민운동 조직과의 연계가 강하였음을 짐작케 해준다. 국민운동 조직이 얼마나 노골적으로 친자유당 활동을 하였는지는 다음의 기사가 잘 나타내준다.

> 자유당 마산시당부에서는 오는 2일 상오 10시 시민회관에서 관하 동대책위 제5 부장, 차장, 시 대책위 5부 위원, 부인회, 여청 연석회의를 개최키로 되었다 한다. 이날 회의 주요 목적은 부인회, 여청조직 강화 대회 및 각 단위 결성, 부녀활동 긴급지시사항 등이라고 한다. 한편 동당 시당에서는 제3부 제2분과 사업으로서 3월 5일 상오 19시 시민회관에서 기성 각급단체 추위 대표자대회도 계속 개최키로 되어 있다. 그리고 작금의 시당 활동상황을 보면 지난 26일부터 10일간 관하 동대위의 당무 감사를 실시 중에 있으며, 29일부터는 제2차적으로 10일간에 걸쳐, "독립협회와 청년 이승만", "인간 만송" 등 푸로로서 순회영화회를 가질 것이라고 한다.(『마산일보』 1960년 3월 1일자)
>
> 시내 모동에서는 전체 유권자의 95%가 자유당에 입당했다는 소식……사람 얼굴은 알지만 마음은 모르고, 호랑이를 그리는 데 가죽은 그리지만 뼈는 그리기 어렵다고(知人面不知心, 畵虎畵皮難畵骨이라) 했으니, 어디 득표수를 한번 보겠습니다.(『마산일보』 1960년 3월 1일자)
>
> 골목마다 벽보가 무수히 첨부되어 있고, 중요 번화가의 공중에는 푸라카드가 나부기고 있고, 스피카를 장치한 찌프차는 쉴 사이 없이 유권자들의 귓전을……자유당 마산시당은 기성 조직망의 배가운동을 통해 실천에 옮겨 선전 조직으로 되는 70~80% 득표율을 목표로 치열한 공작을 계속전개하고 있는가 하면, 민주당 시당에서도 지금까지 음성적 선거공작을 양성적인 방향으로 전환시켜 활기를 띠우고 있다. 자유당 시당 선거대책위원회 앞에 달린 이승만 박사와 이기붕 씨의 선전을 위한 현수막과 초상화가 이채를 띠우고 있는가 하면, 간간이 마이크를 통해 흘러 나오는 가두선전도 일반 통행인들의 주의를 환기게 하는가 하면, 민주당 시당 앞의 선전마이크 소리에 매력을 느껴 모여 있는 약간의 시민들도 간혹 눈에 띄

고 있다.

그런데 버스며 추럭이며 합승이며 고급 세단차며 전주며 벽이며 공중이며를 막론하고, 세계적인 반공지도자이며 애국자이며 혁명가이며 세계에 널리 알려져 있는 이승만 박사와 청렴순결한 양심적인 정치가 이기붕 씨를 정부통령으로 당선시켜 러닝메이트의 근본 정신을 살려야 한다는 선거선전 프라카드 및 벽보, 현수막 등은 무수히 눈에 띄는 반면, 민주당이 말하는 부통령 입후보자 장면 박사를 재당선시켜 민주발판을 이룩하자라는 선거벽보 수는 번화가 일부에만 약간 매 첨부되어있을 정도이다. 또한 대한 여자국민당을 배경으로 부통령으로 입후보했다고 전해진 임영신 씨의 선거선전벽보는 아주 적으며, 통일당과 김해김씨의 씨족계열을 배경으로 부통령으로 입후보한 김준연 씨의 선거벽보는 눈에 전혀 띄지 않고 있어 이상할 정도이다.

현재 마산의 경우를 보면, 대통령선거에 있어서 민주당이 총력으로 방어하려고 하는 총유권자의 1/3 붕괴 전략은 이 박사의 특출한 존재로 보아 논외로 하더라도, 부통령에 있어 자유, 민주 양당 간에는 상당한 상호 상반된 특표율을 예측하고 있는 것 같기는 하나, 치밀한 자유당의 조직망 앞에 어느 정도 민주당이 대진하게 될 것인지, 또한 불과 2일밖에 남지 아니한 3·15의 국가적인 대 거사에 어떠한 역량으로 임하게 될지, 6만 9천여 유권자들의 의중이 어떠한 심판을 내릴 것인지, 고요한 표면이면서도 불꽃 튀는 선거지하전은 계속 시간만 재촉하고 있는 것 같다.(『마산일보』 1960년 3월 12일자)

자유당의 직접적인 활동 외에도 국민운동 조직을 통한 활동의 기사가 자주 나오는 것으로 보아, 당시에 노골적으로 국민운동 조직이 가동된 것임을 알 수 있다. 이러한 활동은 또한 관제 민의를 가장한 것으로 보여진다. 그 이유는 당시 언커크 유엔선거시찰단이 마산에 들렀을 때 이들 국민운동 단체의 대표자들을 만나고, 민의를 확인한 것으로 되어 있다. 따라서 사실상 이들 유엔 시찰단은 선거시의 민의를 제대로 파악했는지 의문스럽다.

선거를 목전에 두고 국민운동 조직이 전개한 활동상과 유엔 시찰단의 면담 실태를 신문기사를 통해 살펴보면 다음과 같다.

> 지난 3월 2일 시민회관에서 개최된 부녀부 합동회의에서는 대한여자청년단 마산단부 개편이 있었는데, 단장에는 김차련, 부단장에는 하덕희, 손재학 씨 등으로 되어 있다.(『마산일보』 1960년 3월 4일자)
> 4일 상오 11시경 국민회 상남면 지부는 면 회의실에서 면지부 간부 및 면내 각리 동지부장 연석회의를 개최하였다. 이날 회의에서 동 지부 운영 강화 등 수종의 지시사항이 있었으며, 제반 문제가 토의되었다.(『마산일보』 1960년 3월 9일자)
> 언커크 선거 시찰단은 11일 하오 5시 반에 부산으로부터 내마(來馬) 12일 9시 반에 통영 방면으로 향발했다. 타일랜드 대표 사왈비스파람 씨를 단장으로, 수원 요웰 안시루크 씨, 통역관 김학윤 씨, 그 외 1명 등 4명으로 편성된 동 언커크 시찰단은 11일 하오 늦게 애국노인회 및 대한부인회 대표와 각 기관 대표들의 영접을 받는 가운데, 시 본청 시장실에서 환담 1박 하면서 12일 이마(離馬) 시까지 지방의 선거 분위기를 잘 파악하고 간 것으로 보인다.(『마산일보』 1960년 3월 13일자)

자유당 외에 공무원 행정조직도 부정선거에 개입하였다. 당시에 일반 공무원들을 동원하기 위해, 각 시 및 군에 70만 환씩, 교육감에는 30만 환 꼴로 배분되었다. 이들 공무원들은 금전적인 보상을 받기도 했지만, 자신이 가진 약점을 처벌받지 않기 위해서라도 부정선거에 협조하지 않을 수 없었다. 대부분의 공무원들이 다 약간의 부패에 연루되어 있다는 점을 잡고, 당시에 사표를 미리 쓰게 하였다. 전체적으로 110억 환을 사용하였다고 한다.(『국제신문』 1960년 5월 10일자)

흥미로운 점은 학교를 통하여 선거운동을 집행하였다는 점이다. 당시에 이미 학교는 일상적인 정치적인 동원의 대상으로 전락된 후인터라, 이런 사고가 특이한 것은 아니었을 것이다. 그러나 교사가 학생들을 통해 선거권을 가진 학부형들을 대상으로 선거운동을 한 것은 일단 학생들의 분노를 야기시켰고, 학생들을 이용하는 것에 대한 학부형의 분노를 2차로 야기하고, 다시 자신들의 무기력한 신세를 한탄하는 교사들의 분노를 내연시켰다.

당시 마산의 경우 자유당이 내분으로 선거운동을 위한 조직 가동이 약화되었고, 이에 경찰은 다른 지역에 비해 더욱 적극적으로 활동하게 되었다고 한다. 이것이 혹자는 마산에서 시위가 일어난 원인이 되었다고 지적하기도 한다. 당시의 경찰은 마산만이 아니라 전국적으로도 가장 강한 부정선거의 실행기관이었던 것으로 보인다. 이는 최인규 내무부장관이 자유당의 지시로 불법을 용인하면서 스스로 이를 지시한 것으로 드러났다. "기관총을 쏘아 방해세력은 죽여라! 최인규가 있는 이상 너희들의 목은 든든하다!"는 말과 함께 국가의 중요한 자리에 앉아 있었던 그네들은 온갖 짓을 마음대로 할 수 있었다고 당시의 신문은 보도하였다.(마산일보사, 1960, 14쪽)

각 서 단위로 선거자금조로 1천만 환 내지 5백만 환이 주어졌다. 매수할 수 있는 자는 매수하고, 압력으로 다스릴 자는 압력을 가했다. 경찰은 "영업허가를 취소해 버리겠다"고 협박하면서 관허업자들에게 압력을 가했다고 한다. 치안국장은 일선 경찰 조직을 통제하는 조직을 운영했다고 한다. 이들은 정치비밀경찰로 불리웠는데, 당시에는 105호(각 서마다 사찰계 형사 2~3명으로 운영)로 불리웠다. 이들은 비협조적인 공무원과 경찰을 색출하는 역할을 했다. 또한 105호를 감시하는 조직으로 108호를 운영하였다.(101명) 이러한 조직 내 감시를 위계적으로 강화시키고, 또한 많은 자금을 충당한 것은 당시에 경찰에 대한 지시가 불법적이어서 실질적으로 이행되지 못할 것을 우려했다는 것을 알 수 있다. 당시 대부분의 공무원 조직은 재정이 부족하여 급여를 제대로 주지 못하는 상황이었는데, 막대한 자금을 투입하여 선거운동 조직에 들어가면 금전적인 보상을 받을 수 있는 기회가 많도록 하였다. 경찰은 간접적으로 자유당 후보를 위해 선거운동을 하는 정도를 넘어서서, 부정선거에 직접적인 실행자의 역할을 담당하고 있었다. 결국 당시의 경찰은 투표 전에 벌써 자유당 지지표 4할을 집어넣었다.[2]

경찰 외에도 국가 통제하의 민간 폭력조직을 운영하고 있었다. 반공청년단은 주로 깡패를 동원하였으며, 문화계도 장악하고 있었다. 이들의 활동자금을 위해 기업으로부터 100억 환이 염출되었다고 한다. 깡패 일인당 평균 5만환 씩 지급되었다. 이 돈은 양복 한 벌 값과 구두 한 켤레 값이다. 이들은 야당계 인사들의 등록을 방해하고, 취재하던 기자를 때렸다.

선거 당일 반공청년단을 앞세우고 무시무시한 완장부대를 동원시켰다.(마산일보사, 1960, 14쪽) 마산의 경우에도 선거일 전부터 활동하였지만, 선거 당일의 투표소에 나타나 공포분위기를 조성하였으며, 시민들의 시위가 발생한 후에 경찰을 대신하여 가장 폭력적으로 시위대를 탄압하였다.

2) 저항 연합

당시 마산 민주당의 특징은 일단 조병옥을 지지하는 구파의 이탈이 허윤수를 중심으로 진행되었고, 동시에 조병옥이 서거함에 따라 대통령선거에서 민주당 구파의 역할이 줄어들게 되어, 사실상 민주당의 조직은 장면을 지지하는 신파 위주로 운영되었다. 구파와 신파의 차

---

[2] 4할사전투표를 계획한 것은 당시에 지지율이 2할 정도로 나올 것으로 추산하고, 6할의 당선 목표를 달성하기 위한 의도에서였던 것으로 되어 있다.

이는 구파는 상대적으로 전통적인 기득권 계층이라면, 신파는 새로이 등장한 신흥 부르주아지 내지 지식인 계층이 많았을 것으로 추측할 수 있다. 당시 허윤수 위원장이 탈당하자, 마산시 민주당은 1월 8일 강선규를 새로운 위원장으로 선출하였다.

3월 15일에 시작된 최초의 저항이 민주당에서 시작하였다는 점은 진부하면서도 특이할 수 있다. 즉 전국적으로 민주당은 이미 투표일 전부터 자유당 세력에 의해, 국가의 폭력조직에 의해 선거운동을 폭압적으로 방해받았으므로 자연스럽게 민주당이 가장 강력한 저항세력이 된 것으로 볼 수 있다. 그러나 마산에서는 전국적인 조직과는 별개로 투표일 당일에 선거 포기선언을 한 것은 독특하고, 시민들이 거는 기대 역시 다른 지역과는 다를 수 있다고 해석한다. 즉 같은 민주당원의 속성을 지녔다고 하더라도, 시민들의 기대가 달랐기에 대응하는 행동이 달라질 수밖에 없었다는 것이다. 더구나 허윤수의 자유당 입당에 따른 변절 논란은 민주당을 오히려 더욱 강하게 만들었고, 시민들의 기대가 민주당을 구심점으로 몰리게 되었다고 볼 수 있다.

비교적 평온한 분위기 속에서 선거전이 진행되어 오던 마산에서 선거전 마지막 날인 14일 하오 9시 20분경 구마산 민주당 사무실 앞에서 1백여 명의 고등학생들의 혼잡부대가 "협잡선거 바로잡자"는 구호를 외치고, "고조 박사와 부통령입후보자 장면 박사" 만세를 외쳤으며, 민주당 당원으로 추측되는 일부 군중들도 이에 호응하였다. 이날 자유당과 민주당 양당 시당부 선전 마이크는 동성동과 오동동 경계선에 접근하여 서로 자당 선전에 열을 뿜음으로써 수많은 군중들로 하여금 이 거리를 발디딜 틈 없이 꽉 메꾸었으며, 백여 명의 학생들도 이 틈바구니 속에 끼여 있었던 것이다. 이 소동에 급거 출동한 경찰이 짚차로써 군중을 해산시키려 하자, 흥분한 군중들은 돌질(투석)로써 짚차 유리를 파괴하는 소동까지 일으켰다. 그러나 경찰과 학교 당국자들의 출동으로 약 20분 후 학생들은 뿔뿔이 헤어졌다.(『마산일보』 1960년 3월 16일자)

3·15마산의거는 표면적으로 보면, 10대 후반의 청소년들이 주축을 이루었다. 교육적 수준으로 보면 고등학생들인 셈이다. 고등학생은 물론, 고등학생이 아닌 청소년들도 참여하였다.

중고등학생들의 상황을 묘사한 Charles R. Kim의 *Unlikely Revolutions*(2007), 김중배의 일기, 김춘복의 『꽃바람, 꽃샘바람』(1989), 학생들의 증언 등을 토대로 학생들의 당시의 상황을 분석할 수 있다. 당시 학생들은 국가에 의한 동원의 대상이었고, 교사 역시 이에 수동적으로 참여할 수밖에 없는 상황이었다. "이 대통령의 정부로부터 공산주의와 일본에 반대하는 시위법을 배워온 학생들은 정부와 경찰에 대해서 시위를 계속하였다."(AP, 1960. 4. 16 ; 마산일보사, 1960, 63쪽에서 재인용) 학생들은 국가에 의해 국가주의적 동원에 익숙한 상태였고, 이러한 국가주의적 동원은 또한 국가주의적 프레임에 의한 저항 동원에도 쉽게 적응할 수 있게 만들었다.

학생들의 입장에서 보면, 수동적인 동원의 대상이면서 동시에 학생들 간의 사회적 네트워크가 비교적 강력하게 구축되고 있었음을 알 수 있다. 즉 학교 교내외에서 같은 학교 내의 학생들은 물론이고, 친척이나 동네, 펜팔 등을 통해 사회적 네트워크의 범위가 긴밀하면서도 광범위하였다. 외부에서 비추어지는 자신들에 대한 기대를 외면하기 힘든 당시의 상황을 고려하여야 할 것이다. 즉 의거 이전의 마산은 "학생 데모의 폭풍이 없는 무풍지대였다."(김태룡, 1964, 244쪽) 그러나 외부의 자극으로 "의분심이 강한 마산 학생들은 표면상으로 너무나 평온한 도시에서 안일무사하게 지낸 것을 수치로 여겼으며, 전국에서 폭발하는 학생 시위에 호응할 수 있는 출구를 찾아 동요하게 되었다."(김태룡, 1964, 245쪽) 『마산일보』는 당시 마산 학생들의 동향을 다음과 같이 전하고 있다.

전국적으로 일어나고 있는 학생 데모의 영향을 받았음인지 당지에서도 모모 고등학생들의 공기가 미묘해짐으로써, 학교 당국과 경찰의 신경을 극도로 날카롭게 하고 있다. 학교 당국은 매일 같이 데모예방 훈육에 전 직원이 동원되고 있으며, 경찰은 정사복 경찰관들을 시내요소에 배치시켜 2명 이상 모여 있어도, 해산 조처 또는 미행 등 예방에 만전을 기하고 있다. 이와 같은 삼엄한 경계망을 뚫고 시내 도처에 "학생이여 일어나라"는 등의 선동적인 벽보가 범람함으로써 주목을 끌고 있다.(『마산일보』 1960년 3월 15일자)

정치적인 억압, 경제적인 곤경, 새로운 사회 공동체의 형성 등은 유동적인 사회이면서 동시에 급진적인 성향을 촉진시키는 요인으로 작용하였다. 또한 1950년대에 나타난 인구 이동에 따라 변화된 인구에 초점을 맞추어 해석할 수도 있다. 사회이동이 심한 마산 사회는 해방과 한국전쟁을 기점으로 마산이라는 무대의 거주자가 상당수 바뀌거나 추가되었다. 일본과 북한에서의 귀환, 한국전쟁 피난민의 잔류는 근대적인 행동과 사고를 접한 이들, 그리고 무산자 계층의 잔류라는 특징을 낳았다. 또한 당시의 경제적인 곤란이 봉기의 동인이 될 수 있음을 지적하였다. "시청 측의 말에 의하면 마산시의 15만 인구 중에 2만이 실업자이며, 학교 당국자들은 졸업생 중 가장 우수한 자들만이 직업을 얻을 수 있게 되어 있다고 한다. 당지 경제는 육군 항구시설의 폐쇄와 대일본무역 중단으로 피해를 입고 있었다고 한다."(AP, 1960. 4. 16 ; 마산일보사, 1960, 64쪽에서 재인용)

이러한 구조적인 상황 외에 마산 사람들이 보여준 공동체적인 정신과 행동을 지적하기도 하였다. 즉 공동체적인 정신에 대해 박두진은 1차 의거를 다음과 같이 묘사하고 있다.

3·15사건은 하필이면 우리 국토 중에서도 기후가 가장 온화하고 국광

이 아름답고 인심이 후하기로 이름난, 바닷물 맑고 아늑하고 조용한 항구를 낀 마산이란 곳을 택해서 일어났다. 마산에 사는 시민들 가운데서도 조직력이 있고 굴강한 청장년층이 중심이 아니라, 가장 무조직 무방비하고 무력하고 유약한, 선량하고 순진하고 소박한, 어린 중학생 소년, 소녀, 고등학생, 부녀자들이 중심되어 일어났다. 아무런 준비도 계획도 배경도 없이 아무 당, 아무 집단에게도 조종되거나 사주됨 없이 그대로 순연히 자연발생적이고 우발적으로 일어났다. 민주당에게도 공산당에게도 그들은 선을 댄 것이 아니요, 그대로 어머니가 나오니까 딸아이가 나왔고, 아버지가 나오니까 아들아이가 나왔고, 아저씨가 나오니까 아주머니가, 누이가 오빠가 나오니까 그 조카와 형제와 남매들이 나왔고, 그들의 육친과 이웃이 소리치니까 따라서 소리쳤고, 그들 육친과 이웃과 어린아이와 어머니가 끌려 잡혀가고 맞아 쓰러지니까 울고 불고 외쳤고, 몽둥이와 총알이 빗발치듯 하니까 아우성을 쳐 맨주먹과 돌팔매를 휘둘렀고, 그러는 동안에 짓밟히고 피흘리고 쓰러져 죽고 한 것이 이 사건이다.(박두진, 1960, 87~88쪽)

후에는 전 시민적인 참여가 나타나서, 부녀자와 노인들까지 가세하였다. 말하자면 공동체 저항인 셈이다. 이것은 가족관계의 공동체로 이해할 수 있지만, 도시의 공동체적 요소가 강하고, 이것이 작동된 것으로 이해할 수 있다. 이들은 정치사회적인 정보 소통이 면접적이기는 해도 매우 발달했으며, 교통 그 자체는 발달하지 않았다고 하여도 중앙에 대한 또는 자기가 준거로 삼고 있는 도시에 대한 정보를 끊임없이 수집하고 해석하고 있었던 것으로 볼 수 있다.

3. 1차 의거 : 3월 15일(화)

마산의거는 사실상 3월 15일에 결정되었다고 보아도 과언이 아니다. 즉 3월 15일의 의거 특히 밤 의거는 사상자를 발생시켰고, 이후의 경찰의 고문과, 여론의 주목과 논란을 야기시키는 계기가 되었기에 그렇다. 즉 부정선거를 수면 위로 부상시켜, 부정선거의 드러나지 않은 양상을 부각시키면서 그 정당성을 의심케 하는 계기가 되었다. 아울러 2차 의거의 계기가 된 김주열의 사망, 그리고 시체유기도 바로 이날 발생한 것이다.

3월 15일의 상황은 선거 당일의 투표상황, 낮에 발생한 시위, 그리고 밤에 발생한 의거를 다룰 것이다. 그리고 이러한 의거를 촉발시키고, 가속화시키고, 시민들의 분노를 내연하게 만든 국가의 폭력적 대응에 대해서도 지적할 것이다. 국가의 폭력은 폭력의 정당성에 대한 의문, 시민들의 더욱 강한 폭력을 야기하는 동력으로 작용하였으므로, 이를 가속화키는 요인으로 볼 수 있다.

1) 3월 15일 선거일 상황

3월 15일(화) 마산의 상황은 크게 두 가지를 지적하려고 한다. 하나는 부정선거를 투표소 근처에서 그리고 투표소 안에서 직접 경험한 유권자들의 심리적인 상황이다. 그리고 이미 투표 전에 부정 선거운동에 대한 움직임 속에서 선거일을 통해 기다려 왔던 상황이 확인되고 그 분노가 폭발할 적절한 시점이 왔다는 의미이다. 이는 암묵적으로 마산의 시민들이 이 날을 기해, 어느 정도의 계기만 마련된다면, 누군가 내연된 분노를 폭발한 준비가 되어 있음을 의미한다.

마산의 투표 표정 : 자유당 완장부대도 등장―이 나라 민족의 운명과 국가의 성쇠를 좌우할 역사적인 3·15 정부통령선거의 새벽 동녘은 텄다. 이날 아침 시내 47개 투표구에서는 7시부터 일제히 투표가 개시됨으로써, 남녀 유권자들은 마음속에 간직한 입후보자에 고귀한 한 표를 던지므로 주권행사를 했다. 투표가 개시되어 1시간, 2시간 경과할수록 투표소에는

점차적으로 많은 유권자들이 모여들기 시작했다. 투표소 부근 약 10미터 통로지점에는 새끼줄을 늘여놓고, 정복 경찰관과 완장낀 종사원이 통행인들을 점검하였고, 투표소 경내와 입구 부근에는 공무원 완장을 낀 종사원들과 사복 경찰관들이 질서를 유지하는 가운데, 일부 투표소에서는 유권자들이 산발적인 투표로 했는가 하면, 일부 투표소에서는 삼엄한 분위기속에 조직적인 시간제 방별 투표로써 흰 자유당 완장의 남녀노장 유권자로 장사진을 이루었다. 반월동 제1투표소의 경우는 그야말로 빈틈없는 방별 투표가 진행됨으로 급한 용무로 아침 일찍 투표소에 간 유권자의 개별적인 투표도 거부했고, 번호표도 방장이 장악하고 있는 관계로 시간 전에는 개별적인 투표행동은 있을 수 없었고, 반월동 제2 투표소에서는 산발적인 투표 진행을 했으나, 기자의 투표광경의 취재의 요청에는 불응했다. 간혹 사복 경찰관들의 순찰 차량이 오고 가고 했는가하면, 공무원완장 종사원들은 뉴스맨들의 휴렛슈를 극도로 제지하면서, 투표소 부근에 오래 머물고 있는 것마저 꺼려하는 경향으로 전체 선거 분위기는 전례없는 이채(완장부대)를 띄우는 가운데 진행되었고, 일부 투표소에서는 야당 참관인을 강제 축출한 데 대해 소동을 야기시키는 등 어색한 일면도 엿보였다.(『마산일보』1960년 3월 16일자)

3월 15일의 시위는 이미 이전에 예비되었다는 평가는 학생들의 상태를 지적하면서 나왔다. 이는 당시의 파견된 『동아일보』의 기자와, 마산고와 마산상고 학생들의 다음과 같은 진술에 근거하고 있다.

데모를 계획하다가 사전에 들켜 실패한 마산의 학생들은 3·15 날 한번 하여 보겠다는 기운이 돌았던 모양이다. 그날은 마침 휴학이고 보니 조직적으로 나오지 못하고, 뿔뿔이 집을 나와 시청 앞에 모이려는 기미였다. 그것은 아마 15일 날 이전에 이미 꾸며진 계획이 아니고, 극도의 부정선거에 흥분되어 그날 어디서든지 학생들이 모이기만 하면 하여볼 기세였는데, 민주당에서 선거포기 선언이 있자 학생들은 민주당 사무실 앞에 모여 민주당에서 하는 태도를 흥미롭게 관찰하고 있었던 것이다.(이강현, 1960, 59쪽)
우리들끼리는 이날 데모를 하리라는 것은 누구 입에서 먼저 나온 지는

모르지만, 공지의 비밀이었다.(김무신(마산고 2년)의 증언 ; 마산일보사, 1960, 65쪽에서 재인용)

그런데 어떤 친구가 15일 밤 8시경부터 시청 앞에서 학생들의 데모가 있다고 하기에 나도 그 말을 정용이라는 친구에게 말하여 준 일이 있었는데 ……(김학렬(마산상고 1년생)의 증언 ; 마산일보사, 1960, 66쪽에서 재인용)

그러나 학생만이 아니라 실은 시민들의 경우에도 이와 다르지 않았을 것으로 보는 것이 정확할 것이다. 학교의 경우에는 학생들을 매개로 학부모에게 선거운동이 이루어졌고, 학부모가 아닌 유권자의 경우에는 경찰이나, 공무원, 자유당, 반공청년단 등을 통하여 이루어졌다는 것만이 다를 것이다.

2) 낮의 시위

3월 15일 오전 9시 마산의 유권자 80여 명이 오동동에 소재한 민주당을 찾아와 '도둑맞은 내 표'를 찾아달라고 호소하였는데, 당시 전체 마산시 유권자의 20%에 해당하는 1만 3천여 명에게 번호표를 주지 않았다는 소문을 확인하게 된 셈이었다. 즉시 민주당 마산시당부에서는 확대간부회의를 개최하고, 선거포기를 선언하고, 기권을 조장하는 가두선전, 부정선거 규탄 시위를 하기로 결의하였다. 이어서 오전 10시에는 마산시청 사무소에 선거포기를 선언하고, 투표소에 배치된 투표구 의원, 참관인을 철수시키고, 기자회견을 통해 선거포기를 선언하였다.

불법선거 10여 개 항목 제시 - 선거 부인을 성명 - 민주당 마산시 선거대책위서 - 민주당 마산시 선거대책위원회서는 투표가 한창 진행되고 있는 15일 상오 10시 30분을 기해 선거 부인 성명서를 발표하고, 전 투표구

에 배치되어 있던 민주당 측 참관인을 일제히 철수시켰다. 10여 개 항목
을 열거한 이날 성명서를 통하여 민주당 측에서는 자유당의 가진 불법 무
법 암흑 선거 때문에 도저히 이 이상 합법 선거 수행이 불가능함으로 눈
물로써 부인한다고 발표하였다. 그런데 이날 발표된 선거포기성명 내용
은 다음과 같다. "작 3월 15일 개시된 정부통령선거에 있어서 민주당 마산
시 선거대책위원회는 자유당의 갖은 불법 무법 암흑선거 자행에 대하여 이
이상 합법적인 선거를 수행할 수 없는 절망적 사태에 처함에 작 3월 15일
상오 10시 30분을 기하여 만부득이 선거를 포기할 것을 엄숙히 성명한다"
고 발표한 다음, 부인 사유로 다음 7개 항목을 들었다. 1. 민주당 선거구
선거위원 및 참관인의 강제 축출, 2. 민주당 추천 투표구 선거위원 및 참
관인의 기능 발휘 불능, 3. 투표소 내 선거공무원의 노골적인 투표 간섭,
4. 친야계의 대부분 선거인에 선거권 (번호표) 불배부, 5. 투표소구내 자유
당 완장부대가 난립하여 자유 분위기 파괴, 6. 3인조 공개투표, 7. 완장 미
착용자의 투표소 출입을 차단 등등이다.(『마산일보』 1960년 3월 16일자)

민주당의 선거 거부 선언은 시민들이 응집할 수 있는 하나의 계기
를 만들어 주었고, 시민들에게 불의에 저항할 수 있는 정치적 구심점
과 동시에 용기를 준 것으로 볼 수 있다. 김태룡은 "이 포기 선언이 시
민에게 심각한 충격을 주었으며, 부정선거에 정면으로 도전한 시 당
부의 전격적인 조처는 형언할 수 없는 격정을 불러 일으켰다"고 평하
였다.(김태룡, 1962, 246쪽)

결국 민주당 마산시당부 간부의 주동으로 시위가 발생하였다. 하지
만 오후 3시 반경에 그 주동 간부 6명이 경찰에 연행되고, 동 5시경에
는 완전 무사히 해산 진정되었다. 이날의 데모는 경찰책임자도 시인
하였듯이 합법적인 것이었다.(신태악, 1960, 79쪽) 사후에 진행된 조사
에서 3월 15일 낮 시위에 대해서는 별로 문제삼지 않았다. 그 이유는
합법적인 시위였고, 거의 완전할 정도로 해산되었다는 것이다. 하지
만 낮의 시위가 경찰과 반공청년단에 의해 폭력적으로 진압되었고,

이를 목격한 시민들이 분노하였다. 그리고 민주당원들이 시민들이 보는 가운데 연행되었는데, 이를 목격한 사람들이 이웃 시민들에게 이 소식을 전파하였다. 밤 시위는 대개 두 군데에 집결하는 것으로 관찰되었다. 즉 시민들은 개표가 진행되는 시청 또는 부근의 무학국민학교 앞과 오동동 민주당사로 나뉘어 모여 들었다. 그리고 오후 5시경에 시위가 해산되어 조용하게 된 거리가, 오후 6시경부터 서서히 몰려드는 시민들로 휩싸였다.

<그림 3> 마산 1차 의거 격전지

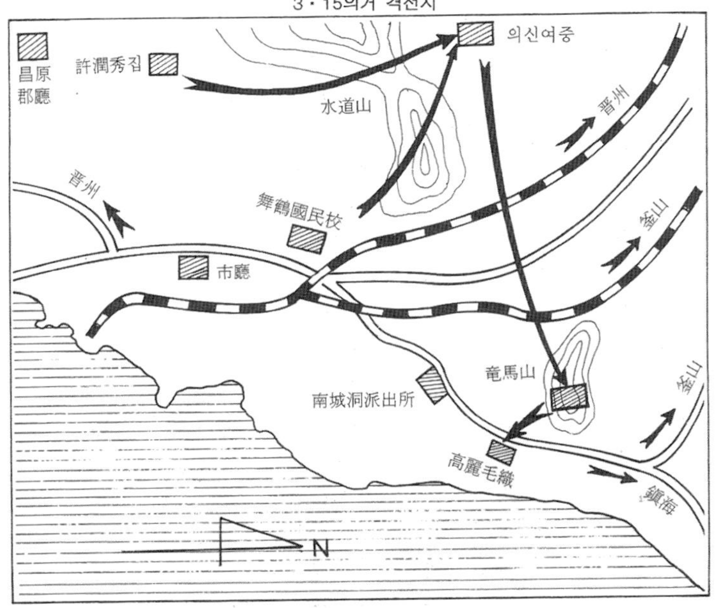

출처 : 홍중조 엮음, 1992, 124쪽

〈그림 4〉 마산 1차 의거-창동

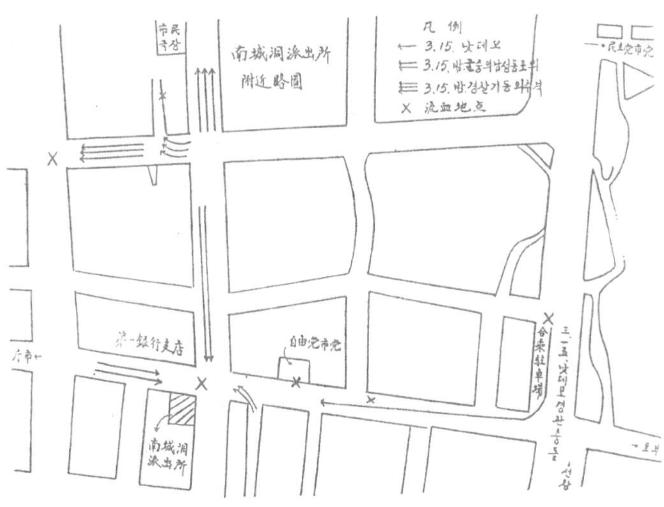

출처 : 김태룡, 1962, 254쪽

〈그림 5〉 마산 1차 의거-무학국민학교 앞

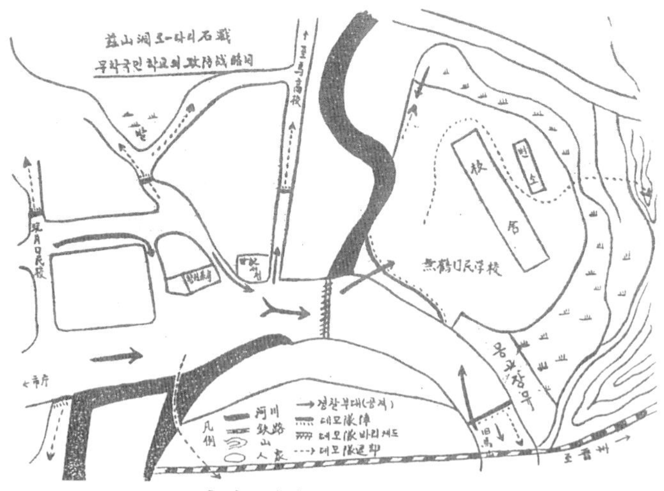

출처 : 김태룡, 1962, 258쪽

3) 밤의 시위

3월 15일 저녁 시위는 주로 청소년 학생이 주동한 것으로, 낮의 시위와는 양상이 달랐다. 이는 후에 시위 중에 발생한 부상자나, 사망자의 신원에서도 드러났다. 엄격하게 말하자면 이들 시위자들은 유권자에 해당하는 층은 아니었으므로, 부정선거의 직접적인 당사자는 아니라고 볼 수 있다. 다만, 시민 유권자들을 대신하여 그들의 기대에 부응하여 불의에 저항한 것으로 해석할 수 있다.

이날 저녁 시위의 진원지 2개 중의 하나로 오동동 민주당사 앞을 지목하는 것이 타당할 듯 싶다. "남성동이 소란해 진 것은 밤 7시경이었다. 번화가인 그곳은 데모 군중보다도 구경나온 사람이 더 많았다. 민주당 간부들이 누구보다도 처음 이곳에 연행되어 들어왔다. 데모 군중은 파출소에 돌을 던졌다. 8시경부터는 이곳에도 총성이 들리기 시작했다."(『부산일보』기자의 글 ; 마산일보사, 1960, 30쪽에서 재인용)

개표장인 시청 앞에서는 일단 무학국민학교 앞에 모인 시위대와 오동동 민주당사 앞－남성동 파출소를 거쳐서－시청 앞으로 오는 시위대가 마주쳤다. "나는 목격했다"라는 제목의『부산일보』기사가 당시의 상황을 가장 실감있게 표현하고 있다. 이는『부산일보』기자가 경찰 편에서 머무르면서 목격한 내용이다. 아마도 시청청사 쪽으로 추측된다.

시가가 어둠에 잠겨지자 군중의 집단 위에는 구름에 가린 희미한 달빛만이 비쳐주고 있었다. 북으로 향하여 시청 앞에 늘어선 경찰차와 소방차의 헤드라이트의 강렬한 불빛만이 군중을 향하여 퍼붓고 있었다. 군중 쪽에서 보면 경찰이 대치한 쪽은 불빛에 가려 잘 뵈지 않았을 것이지만 이쪽(경찰차와 소방차가 있는 곳)에서 보면 군중의 움직임이 완연 캐치되었다. 시위 군중과의 거리는 약 50 미터에서 150 미터로 몇 번이나 늘어졌다가 접근되고 있었다. 소방차의 불빛에도 공포에도 군중은 해산할 줄 몰랐다. 투석과 욕소리, 걷잡을 수 없는 함성이 우레와 같이 들려왔다. 마치 전쟁터와 시가전을 방불케 하였다. 이때 군중 가운데는 하나 둘 쓰러지는 광경이 소방차의 불빛에 환히 드러났다. 군중은 쓰러지는 사람을 두, 세 사람이 업고 도망치고 있었다. 근처에 있는 인가와 남전 마산지점 건물 유리창이 날아든 돌멩이에 깨어지면서 금속성 소리를 내며 메아리 쳤다. 공포와 최루탄과 실탄이 쏟아지고 차츰 군중과 경찰진과의 거리가 더 가까워져갔다. 몇몇 청소년들이 붙들려 시청 아래층 세무과로 연행되고 있었다. 이때 군중 속에는 "전우의 시체를 넘고 넘어"라는 군가가 울려나왔다.(마산일보사, 1960, 28쪽에서 재인용)

당시 이들 국가의 공권력을 지휘한 인물들과 지휘계통은 다음의 기사에 잘 묘사되어 있다.

자유당 국회 조사위원들에게서 들은 말이지만, 그 시간(밤 8시 20분경) 부산지검 마산서지청장은 개표장인 시청 안에 있었고, 7시 반부터 8시 반 사이에 실탄이 군중을 향하여 쏟아져 나가고, 도립병원 앞에 진치고 있던 소방차 한 대가 후퇴하는 군중을 헤치고 자산동 철교앞길을 향하여 쏜살 같이 내달렸다. 소방차는 무학국민학교 앞에 서있는 전신주를 들이 받아 넘어뜨렸다. 넘어진 전신주가 마치 바리케이트처럼 되자 군중들은 그것을 이용해서 판자나무쪽이며, 이웃집에서 드럼 한통을 가져다 장애물을 쳤다. 그때 무장경관을 태운 스리코트 한 대가 바리케이트 쪽으로 달렸다. 군중 속의 학생들은 총탄을 피하면서 담 너머로 돌을 퍼부었다. 그리고는 갈 길이 막혀 제지당한 스리크트에 뛰어 들었더니 칼빈 총 세 자루와 실탄 한 발이 있었다고 한다. 다음 날 안 것(16일)이지만, 담벽에는 23개의 탄흔이 있고, 이웃 중국 요릿집에도 다섯 발이 날아들었다고 한다. (마산일보사, 1960, 29~30쪽에서 재인용)

이로써 일단 3월 15일 저녁과 밤에 발생한 마산시청 앞의 상황을 알 수 있다. 그러나 이날 시위에 참여한 이들이 대부분 젊은 무산자 계층과 이날 휴교로 놀고 있던 학생들이었다는 사실은 무엇으로 설명할 것인가가 남는다.

오동동 민주당사를 거쳐서 일부는 시청으로 향했지만, 일부는 북마산 파출소로 향했다. 그리고 불도 나고, 화재를 진압하러 소방차가 출동하고, 이들 소방차가 가다가 돌멩이 맞아서 파손되는 사건이 발생한다. 『부산일보』 기자가 시청에 경찰과 같이 머물러 있을 때, 남성동 파출소의 유리창이 모조리 파괴되는 소리가 들려왔다. 그런 순간 북마산 지대에서 불이나 불길은 밤의 하늘을 찌르고 있었다. 그것이 바로 북마산 파출소가 전소되는 광경이었다. 이로써 군중은 시청 앞에만 있었던 것이 아니라 구마산 지대에서도 산발적인 데모가 행해지고 있다는 것이 알려졌다. 자산동 철교에 모여 돌을 던지고 있는 군중 속을 헤치고 소방차는 북마산파출소의 소화 작업에 동원되어야 했다. 2대의 소방차는 돌을 맞으며 돌진하여 군중을 헤치고 화재지대로 달렸다. 연달아 돌은 과속력의 소방차에 날아왔다. 뒤에 가던 소방차는 북마산 파출소를 약 백 미터 남겼을 때 날아온 돌이 핸들을 잡은 운전 경찰의 손을 때렸고, 앞에는 약간의 군중이 있어 이를 피한 소방차는 부득이 마침 사람이 없는 빈가구점을 들이받지 않을 수가 없었다는 것이 군중 속을 빠져 피해온 부상 입은 소방경찰관의 말이다. 10시 30분경 여기 시청 앞에는 또다시 민주당에서 자유당으로 시집간 당지 출신 민의원 허윤수 씨 집이 파괴되었다는 소식이 전해졌다. 그리고 자유당 시당부 부통령 선거 사무장인 한태일 씨 집도 일부가 파손되었다는 것도 알려졌다. 총소리는 계속되고, 여전히 군중은 해산할 줄 모르고 노도와 같이 아우성을 치며 들이 닥쳤다.(마산일보사, 1960, 28~29쪽)

시민들의 시위가 밤에 접어들면서 폭력적으로 변한 것은 분명한 사실로서 지적된다. 다만 이들이 낮의 시위를 주도한 세력이라기보다는 교체된 시민계층이었고, 이들은 주로 사회의 하류 계층이었다. 따라서 시위를 통해 잃을 객관적으로 판단하고, 사회적으로 견제받지 않는 세력이 야간의 폭력시위를 이끌었다고 해석할 수 있다. 시위가 거의 마무리된 후의 최후의 대결은 무학국민학교를 중심으로 발생하였다.

무학국민학교 앞과 남성동 파출소 부근에 집결되었던 데모 군중의 주력이 후퇴한 뒤에도 북마산 파출소가 타오르는 불길은 계속 하늘을 찔렀다. 이때쯤 무기미한 총성은 구마산 일대 곳곳에서 들려왔다. 그 많던 데모 군중이 어디로 도망쳤는지 이때쯤 시청 앞에서 자산동 철교 밑으로 연한 5백 미터 지점은 죽은 듯이 고용한 밤이었다. 다만 이 암흑의 거리에는 싸이렌 소리와 헤드라이트 불빛만이 내닫고 있는 것 같았다.(『부산일보』기자의 글 ; 마산일보사, 1960, 30쪽에서 재인용)

남성동 파출소 주변과 자산동 철교 밑 군중이 분산된 뒤에의 경찰기동대의 움직임은 활발했다. 이때는 시내 곳곳에서 학생들이 대부분인 데모 군중들이 붙들려 오고 있었다. 경찰서와 시청 아래층에는 이들 붙들려 온 사람들로 살기와 무기미와 새로운 공포가 흘렀다. 깎은 머리에서 피를 흘리는 청년, 다리를 절룩거리는 잠바를 입은 청년이며, 여자들이 연달아 찌프 차에 실려 왔다. 아마 인근 각처의 증원부대가 도착하여 마구 잡아오는 모양이었다. 불길은 타오르고 총성은 멎지 않고 데모 군중은 분산되었다지만 새로운 반격이 있을 것이라는 말이 떠돌기 시작했기 때문인지, 시민들의 말은 데모 군중이 쫓겨 간 뒤에도 제일 많이 총이 발사된 곳은 시민극장 부근이라고 한다. 도망친 데모 군중의 학생들은 시민극장 앞을 지나 새벽녘 용마산에 올라갔다가 날이 밝을 무렵 내려왔다는 것이다.(부산일보 기자의 글 ; 마산일보사, 1960, 30쪽에서 재인용)

야간의 폭력적인 시위와 경찰의 무력 대응은 3·15의거가 국가의 공권력에 대항하여 정면대응하고, 국가의 정당성에 심각한 훼손을 가져온 사건으로 평가할 수 있다. 주간에 이루어진 학생세력에 의한 도덕적 타격, 그리고 야간에 이루어진 시민세력에 의한 물리적 타격은 3·15의거가 이후의 정권 붕괴를 가져오게 한 결정적인 두 가지 사건으로 기록될 수 있다.

4) 국가 폭력과 시민들의 적대감 누적

경찰의 1차 의거 진압은 상부의 강력한 진압 명령, 경찰의 사기가 강했다는 점, 국가의 정권이 견고하다고 여기고 있었다는 점에서 2차 의거와 비교하면, 상당히 강력하고, 과격하게, 그리고 일찍 총격이 이루어졌다는 점을 지적할 수 있다. 2차 의거 시에는 대개 9시 이후에 총격이 발생하였는데, 이날 의거는 8시 전후하여 총격이 이루어지기 시작하였다.

시위대에 대한 경찰의 진압 공격에 대한 평가는 평자에 따라 달라질 수밖에 없다. 하지만 변호사협회의 조사보고서가 상대적으로 공정할 것으로 판단된다. 다음은 변협의 보고서 중 일부이다.

> 그 가장 격전지는 무학국민학교 정문 앞인데, 동교 담장에 아직도 남아 있는 21개의 탄흔을 보면, 그 심도 또는 방향으로 보아 바로 그 건너편 2, 3미터 지점에서 발사한 것임이 일목요연하며, 그곳에서 상거하기 3, 4백 미터나 되는 시청 부근에서 발사한 것이라는 말이 허위임은 추단하기 어렵지 않았다. ……또 탄환은 기관단총이었으니, 이 점으로 볼 것 같으면, 야간에 폐문하고 있는 부락 주거민에 대하여 기총소사를 감행하는 광태를 연출한 모양이다.(신태악, 1960, 81~82쪽)

경찰 총격 후에 시위가 끝난 거리의 상황에 대해 김태룡은 무학국민학교를 소탕한 후에, "찦차에 기관총을 장치하여, 구마산 창동사거리에 집결하고 있는 시민과, 퇴각하여 귀가하는 시민을 추격하여 소탕하기 시작했다……잔인 무도한 외국 침략군의 시가전을 무색케 하는 천인 공론할 보복적인 소탕전이 자행되었다. 녹색 제복의 반공청년단도 총을 가지고, 달아나는 시민을 학살했다. 거리는 피바다가 되고 데모 군중은 모두 달아나 버렸다"고 묘사하였다.(김태룡, 1962, 259

쪽) 시위대는 경찰의 총격을 당해 낼 수 없었고, 당연히 사망과 부상, 그리고 도망을 가는 수밖에 없었다. 이런 상황은 마지막 순간에 무학국민학교에서 극적으로 드러난다. 당시 70여 명의 데모대가 무학국민학교에 농성하면서 총격을 가해오는 경찰과 대항하였다. 진압 광경을 김태룡은 다음과 같이 묘사하였다.

> 3면으로 무학국민학교를 포위한 그들은(경찰부대) 무차별 공격을 감행하여 데모대 최후의 거점을 분쇄하려고 했다. 데모대는 석전으로 어찌 증강된 경찰부대의 화력을 막을 수 있을 것인가? 희생자는 시시각각으로 늘어가고, 총탄에 맞아 신음하는 데모대원들이 딩구는 무학국민학교 교정은 마치 패주하는 부상병을 수용한 야전병원과 같이 처참했다……
> 시민항쟁의 최후의 거점은 한 시간여의 치열한 경찰부대의 공격에 무너졌다. 격전장 담 벽에는 학생의 가슴을 뚫은 수없는 탄흔이 공동처럼 뚫려 있었고, 자갈밭에는 임자잃은 신발들이 흩어져 있었다.(김태룡, 1962, 258~259쪽)

시위 현장에서 시위대가 총격에 맞섰던 것은 거리의 시위 군중들 사이에 형성된 도덕심에서 비롯되었다. 고등학생 한 명은 "총을 쏘기 때문에 하는 수없이 던졌다. 바로 옆에 있던 친구가 사살당한 것을 보았을 때 정말 참을 수가 없었다"고 시위에 참가한 동기를 밝혔다.(김무신(마산고 2년)의 증언 ; 마산일보사, 1960, 65쪽에서 재인용)

시위가 끝난 후 거리의 모습은 시위가 얼마나 격렬하였는지를 잘 보여주었다. 『마산일보』는 "밤 12시 30분경 군중들이 물러간 이 공포의 거리에는 이미 숨이 끊어진 젊은 사나이가 누워 있었고, 주먹만한 돌맹이로써 발 디딜 곳이 없었다. HLKD를 통한 당국의 외출금지의 경고 방송이 한창일 무렵 집안에 있던 박철영군(11세)은 유탄에 맞아 피를 흘렸"다고 보도하였다.(『마산일보』 1960년 3월 17일자 ; 마산일보사, 1960, 20쪽에서 재인용)

이때 애꿎은 희생자가 집안에서 발생하였다. 즉 무학국민학교에서 추산동 방향으로 도망가던 시위대를 쫓는 과정에서 경찰이 발사한 총에 집에 있던 국민학생이 사망하는 사건이 발생한 것이다. 이 사건에 대해 『부산일보』 기자는 다음과 같이 서술하였다.

> 남쪽으로 마산시청 앞 간선도로가 보이는 자산동 108번지(무학국민학교 북쪽, 유수지 남쪽) 박광석 씨 집은 도로보다 훨씬 높은 곳에 위치하고 있다. 시청 앞 길에서 벌어진 기막히는 사태를 바라볼 수 있었던 박 씨의 가족은 너무나 험악한 사태에 공포에 떨며 방문을 꽉 잠갔다. 간이 콩알만 해진 가족들의 귀에는 요란한 총소리와 군중들의 아우성 소리만 들려왔다. 바깥 구경이 하고 싶었던 박씨의 2남 철영(11세 성호교 4년)군이 방문을 막 열어 제친 순간 "휙o−"하는 소리와 함께 철영군은 가슴을 안고 쓰러졌다. 열 한 살의 어린 가슴을 관통한 총알은 다시 장롱을 뚫고 방바닥에 떨어진 기관단총탄은 뒤이어 두발이 계속 날아들었다. 이 무렵이 밤 8시 20분경이었다.(『부산일보』 기자의 기사 ; 마산일보사, 1960, 29쪽에서 재인용)

추산동 김기우 씨의 장남 김용실(18세, 마산고 2년)이 두부 관통상을 입고 쓰러진 곳이나, 중성동 김효덕(19세)이 죽임을 당한 곳도 모두 자산동 수라장이었다.(『부산일보』 기자의 글, 마산일보사, 1960, 30쪽) 알루미늄공장 직공이었던 김효득(20세)의 사망과정은 다음과 같다.

> 그 귀동자가 바로 15일 날 밤에 맞아 죽었다. 총알에 맞아 죽은 것이 아니라, 후두부를 곤봉 혹은 총대머리에 맞아 죽은 것이다−경찰은 총에 맞아 죽었다고 발표하고 있다……그날도 마침 공휴일이기 때문에 밤 6시경 조그마한 양복점을 하고 있는 고모집 가게로 향하였다. 김군(김효득−인용자)은 마침 고모가 남방샤쓰를 만들어 놓았으니 와서 입으라는 기별을 듣고 노는 날이기도 하여 새 옷이라도 입고 놀러 다녀보려고 고모 집을 향한 것이다. 구두를 말끔히 닦아 신고……16일 새벽에 도립병원에서

발견하였다. 후두부가 엉망으로 깨어진 김군을……흰 샤쓰를 입고 나간 김군의 샤쓰가 시뻘건 옷으로 변한 것을 보았다. 닦은 구두도 말끔히 신고 있는 채 누워 있었다.(마산일보사, 1960, 71쪽)

희생자의 유족들은 일차적으로 자신들의 자식이 경찰의 총격으로 사망하거나, 좌익으로 낙인찍힌 채 고문으로 사망한 것에 분노하였다. 그들은 자신들의 억울한 심정을 "그런 착한 아이들을 이번에 빨갱이로 몰려고 하였으니 억울하다……언제까지나 이 꼴로 되지는 않을 것이다"(김용실 군의 부친의 말 ; 마산일보사, 1960, 72쪽에서 재인용)라고 토로하였다. 총격이 아닌 경찰의 직접적인 가격에 의해 사망한 것에 의한 분노는 더 심하였다.

> 경찰이 그만 때려 죽이고 말았다……전 마산 경찰은 나의 원수다.(김효득 모친(40세)의 말 ; 마산일보사, 1960, 71쪽에서 재인용)
> 짐승을 죽여도 이유가 있는 법인데, 하물며 사람을 그렇게 때려 죽이는 수가 어디 있는가?……죽은 사람은 죽어서 단념하겠지만 그 총을 맞고 다 죽어가는 사람들을 치료하나 하여주지 않고 있었으니 이것이 무슨 꼴인가, 하도 분해서 그 애 엄마가 그 애가 죽은 남성동 파출소를 찾아가 어느 놈이 내 자식을 때려 죽여느냐고 하니까 도리어 저년도 수갑을 채우라고 소리를 지르더라는 것이다……어느 놈이 죽였는지 원수를 갚을 때가 있을 게다.(김영호군(19세) 부친(52세)의 말 ; 마산일보사, 1960, 72쪽에서 재인용)
> 사진의 두 눈깔을 파내고 말았다. 어떤 놈이 내 자식을 죽였는지 간을 씹어도 한이 남겠다.(김삼운(17세) 모친의 말 ; 마산일보사, 1960, 72쪽에서 재인용)

이들 희생자의 유족의 분노는 잠재된 채로 남아 있었고, 이러한 감정적 분노의 에너지는 해소되지 못한 채, 결국 4월 11일의 2차 의거의 폭발을 예비하였다.

사망자와 연행자에 대한 경찰의 처리과정은 시위 현장에서의 폭력에 의한 분노의 감정을 더욱 증폭시켰다. 당시 3월 15일 밤의 경찰서 상황을 이강현(1960, 63쪽)은 "그 수많은 시민들이 그 좁은 경찰서 바닥에 유혈이 낭자하다시피 얻어맞고 경찰서가 떠나가듯이 외치는 신음소리를 경찰에 잡혀 갔던 수많은 시민들 자신도 체험하였"다고 묘사하였다.

4월 11일 김주열의 시체가 최루탄이 눈에 박혀서 바다에 유기된 채로 발견되었다. 하지만 이미 3월 15일 이후에 경찰의 시체 처리 상황에 대한 추리는 비슷하게 전파되고 있었다.(이강현, 1960, 68쪽) 이강현은 다음과 같이 추측하였다.

> 서민들 간에 떠도는 풍설로는 도립 병원 지하실에 시체가 있고, 시청 지하실에 시체가 있고, 경찰서에 시체가 있다고 하는 말이었다. 사실 여부는 끝내 밝혀보지 못하였지만, 필자의 추측으로는 그와 같은 억측은 도립병원이나 시청에 무장순경을 보초시켜 놓고 있다는 사실이 아무래도 수상하다는 판단에서 그랬을 것으로 추측되었다. 만약 그런 시체가 그런 곳에 있었다면, 세상을 흔들다시피 시체의 행방이 어디냐고 떠드는 판에 벌써 처리하여 버렸지, 사건 발생 수일 후까지 미련하게 그런 곳에 둘 리가 만무하다는 추측에서 그러하였다.

기자는 화장장을 찾아 가서 화장장의 상황을 취재하였다. 화장장 관계자는 "16일 날 저녁때 6발차(지엠씨를 말함)가 와서 화장터로 들어갔는데, 찦차도 따라 왔었습니다"고 말문을 열었으나, 다시 함구하였다고 한다.

김주열의 모친이 김주열의 시체를 발견하기 위해 시청 뒤편의 연못을 푸는 것에 대해서도 당시의 취재기자는 이미 거기에 없을 것이라고 짐작했다고 진술하고 있다. "결국 시체는 발견하지 못하였지만, 적어도 검찰에서 연못까지 퍼내 볼 정도의 신경이면 시체가 다른 곳에 비밀된 방법으로 처치되었다는 것을 인증시키는 하나의 증거로 될 수도 있을 게다"(이강현, 1960, 69쪽)라고 당시의 기자는 추측하고 있다. 변협 조사결과 보고서는 이미 바다에 유기하였다는 소문이 돌고 있었음을 보여준다. "사건 당일 즉사한 시체를 경찰이 꽁꽁 묶어서 돌을 달아 시청 뒤 연못에 던져 버렸다는 엄청난 정보까지 전하였으나", 연행자에 대한 취조 과정에서도 형사들이 바다에 유기하였다는 말을 수차례 반복한 것으로 보아 경찰 내에서는 바다에 버리는 것이 암묵적으로 합의된 규범이라고 보는 것이 정확할 것이다. "취조 형사의 의도대로 진술치 않으면 국가보안법 위반으로서 가마니에 싸서 바닷 속에 던져 버린다"고 위협하였다는 진술도 있다.(「변협 조사보고서」, 83~84쪽)

4. 불만의 내연 : 3월 16일~4월 10일

마산의 1차 의거와 2차 의거의 사이에 대한 연구야말로 경찰의 폭압이 사회적 분노로 확산되어 2차 의거 발생으로 나아가는 중요한 과정을 밝혀준다. 만일 국가의 폭압이 유가족에 한정되고, 사회적 분노로 확산되는 과정을 거치지 못했다면, 2차 의거의 발발 가능성은 낮아졌을지도 모른다. 2차 의거는 1차 의거의 직접적인 결과가 아니라, 1차 의거와 2차 의거 사이에 행해지고 밝혀지고 해석되어진 1차사건의 결과이다. 해석 과정에서 변협의 보고서, 국회의 조사, 민주당의 조사보고서, 언론의 기사와 해설을 통해서 해석이 공유되었다. 또한 마산 시민들은 자신들만의 구전을 통해서만이 아니라, 민주당을 비롯한 어느 정도 지배 분파의 세력이 우호적인 세력으로 공감하고 있다는 점에서 용기를 얻었다.

이 중요한 순간을 일단 3개의 시기로 나누어 보았다. 즉 경찰이 15일에 이어서 같은 방식으로 압도하고 있던 16일, 검찰이 수사를 시작함으로써 경찰의 직접적이고 적나라한 폭압이 사라지게 되는 시기, 물론 이 시기에 이미 경찰은 폭압은 중지하였지만, 좌익으로 몰기 위한 조작은 진행하고 있었다. 20일 이후부터 2차 의거 이전까지의 시기는 정치와 언론을 통한 치열한 1차 의거의 해석을 둘러싼 공방의 시기이다.

1) 가해 경찰이 장악하고 있는 3월 16일

16일의 거리는 어제의 시위 잔재가 그대로 남아 있는 가운데, 거리는 경찰이 압도하여, 가가호호 수색과 연행을 일삼았다. 김태룡은 당시 거리의 상황을 다음과 같이 묘사하였다.

소위 응원 경찰대의 잔인무도한 소탕전의 소란한 총성은 3월 16일 새벽 2시 30분경에 이르러서야 겨우 멈추어졌다. 거리는 죽은 듯이 무거운 침묵 속에 가라앉아 있었으나, "누구냐", "정지", "쏜다"는 날카로운 경관의 외마디 소리와 불기미한 경관 찦차의 폭음같은 엔진 소리만이 질풍처럼 휩쓸려 갔다. 보복적인 검거 선풍이 암흑의 시가를 누비었으며, 시민들은 귀가하지 않은 가족의 생사와 안위를 몰라 공포 속에서 떨면서 박명을 기다렸다……드디어 악몽의 밤은 물러갔다. 16일 이른 새벽의 삼엄하고도 처참한 살기도 햇빛을 받아 사라지기 시작했다. 남성동의 거리와 시청 현관 돌계단, 북마산파출소와 자산동로타리에는 지난 밤의 처절한 싸움을 이야기하는 붉은 핏자욱과 탄흔이 취재차 달려온 내외 보도진의 간담을 서늘케 했다……이성우 내무부차관은 수사는 이제 본격적으로 한다고 하여, 시민들은 대량 검거의 위구 속에 떨게 했다.(김태룡, 1962, 264쪽)

반면에 시위에 참여하여 부상을 당했거나, 가족을 잃은 사람들은 병원에서 면회조차 하지 못하고, 감정도 표출하지 못했다. 학교는 이

제 공포 분위기에 휩싸이고 다시 휴교에 들어갔다. "입원자 및 피검자의 가족이 찾아가면 너도 빨갱이냐 운운의 폭언과 함께 구타 축출하고, 검거된 다수 학생의 소속 학교 훈육주임을 호출하여 힐난과 욕설을 퍼붓"는 상황이었다.(「변협 조사보고서」, 83쪽)

학교의 상황에 대해서는 김종배의 일기가 잘 묘사해 놓았다.

아침을 먹고 학교 가는 길목에 북마산파출소를 보았다. 경찰관이 꽉 둘러 싸여있고, 아직껏 잿더미 속에서 연기가 나고 있었다. 학교에 들어서니 반 학생들의 화제꺼리가 어제 저녁 데모 이야기! 왁자지껄했다. 나는 별 모르는 척하면서 설교를 했다. 시험 치르고,⋯⋯종례시간에 각반에 담임 선생님이 들어와서 어제 저녁의 데모 사건에 대하여 심각한 표정으로 이야기했다. 또다시 학원의 데모를 방지키 위하여 내일부터 4일간(17목~20일) 또 집에서 논다는 것이다. 일부 학생들은 논다고 좋아했지만, 나의 사고 방식은 달랐다⋯⋯저녁에 아버지께서 집에 오셔 내가 못나가도록 하기에 할 수 없이 아버지와 같이 누어 잤다.(김종배 일기, 3월 16일자)

병원 앞 모습을 묘사한 이강현 기자의 글에는 '시위자는 곧 빨갱이'라는 딱지가 붙는 것이 두려워서 분노를 안으로 삭여야만 하는 시위 참가자들과 가족들의 심정이 담겨 있다.

넋 잃은 사람들이 눈물어린 눈초리로 필자를 바라보고 있어 가까이 다가서, 어떻게 된 셈입니까?고 추상적인 말을 던져 보았으나, 아무런 댓구는 없이 입만 멍하니 벌린 채 무표정하였다. 필경 자식이 죽었던지 부상을 입은 사람의 가족인 것은 틀림없었으나 원망할 곳 바이 없어 정신을 잃고 있는 인형이 되고만 모양이었다⋯⋯여하간 이 사건에 가담된 사람이면 그 사람이 죽었던지 부상을 입었던지간에, 그것은 곧 빨갱이인 것이며 그 가족까지도 빨갱이가 되고 마는 것이다. 아무도 마산 시민을 보호하여 주는 사람이 없는 한국에 그들은 빨갱이라면 죽도록 두들겨 맞고 결국은 빨갱이가 되고 마는 것으로 인식하고 있는 형편이었다. 이 판국에 누가 내 자식이 죽었노라고 신고하여 나설 사람이라곤 하나도 없었다.(이강현, 1960, 57쪽)

반면 경찰은 압도적인 우위로 시위대에 대한 검거를 계속하면서, 15일에 한 행위와 똑같은 방식을 지속하였다. 경찰의 압도적인 우위 속에 검찰은 15일 밤에 왔다가, 16일 아침에 떠났다. 16일은 경찰의 독무대인 상황이었다. 따라서 이날은 경찰서 내에서도 연행자에 대한 고문은 계속되었다고 전한다.(김태룡, 1962, 264쪽)

그러나 경찰의 진압과 독무대를 전환시킬 이들이 마산에 도착하고 있었다. 이들은 크게 다음 6개 분야에서 내려온 조사팀이 활동을 벌였다.

(1) 미군 관계자
(2) 각 신문사 기자들
(3) 이성우 내무부차관
(4) 최남규 경남경찰국장, 김경술 도경 수사과장
(5) 대검 치안국 현 수사지도과장, 부산지검 한옥갑 검사와 수사과 부과장 등 6명의 직원을 대동하고 내마(來馬), 독자적인 수사에 착수
(6) 자유당 조사단 서임수 등 일행, 오후에 급거 내려온 민주당 김선태 의원(법사위, 후에 국회조사단에 포함) 일행

2) 중앙기관의 개입 : 3월 17(목)~19(토)

3월 15일과 16일이 경찰이 마산을 장악하고 폭압적으로 다루던 시기라고 하면, 17일부터는 일단 검찰이 수사에 들어가고, 경찰은 폭압적

으로 다루는 방식에서 시위대를 수사의 형식을 통하여 조작하려는 시도로 들어간다. 또한 마산경찰서가 아닌 경남도경과 치안국이 나서서 수사를 책임지고, 이어서 변협이 등장하여 피해자에 대한 인권을 옹호하는 활동을 벌이면서, 경찰의 무자비한 탄압은 수그러들게 되었다.

15일에 도착하여, 16일 날 아침에 철수한 검찰은 17일부터 수사에 착수하였다. 검찰이 수사를 개시하면서, 발포 명령자를 가리게 되었다.(이강현, 1960, 61쪽) 다른 기관은 몰라도 적어도 검찰은 발포명령자를 색출하여야 하며, 또 발표에 대한 책임 한계도 따져 보아야 한다는 여론이 휩쓸자, 그때부터 마산의 경찰은 동요하는 것 같이 보였다. 3월 19일 검찰이 만 2일간 본격 수사한 후에 중앙 정부에 보고하였고, 이에 경찰은 위축일로었다.(이강현, 1960, 65쪽)

수사가 이미 마산경찰서에서 도경으로 넘어가고, 치안국에서 내려오고, 또한 최인규 내무부장관이 상당 부분 책임을 인정하여 사표를 제출하자, 경찰은 수세에 몰렸다. 17일부터 도경 경찰국에서 수사를 직접 담당하게 되었고(이강현, 1960, 62쪽), 경찰의 발포로 시위자가 사망한 사건에 대한 도 경찰국장의 설명은 "누가 창작하여 낸 것인지 모르지만, 경찰관이란 성분을 가진 사람들은 이구동성으로 돌과 총탄의 키스한 것을 주장하고 나선 것이다. 이쯤만 되어도, 그렇게 의기충천하던 경찰이 한풀 죽기 시작한 증명이 충분하였다"고 당시의 취재기자는 지적하고 있다. 18일에는 최인규 내무부장관이 사표를 제출하였다.

하지만 마산 시민들은 경찰의 탄압이 계속되고 있다고 느낀 것으로 보고되었다. 연행은 계속되고 있었고, 연행자와 구속자, 사망자 명단도 제대로 밝혀지지 않았다. 이 상황에 대해 김태룡은 "예상대로 검거 선풍은 18일까지 마산을 휩쓸었으며, 도합 213명의 시민이 영장없이 연행되어 모진 고문을 당했으며, 그들의 명단은 5일간이 경과한 3월 20일까지 발표되지 아니했다. 가족의 안위를 알 길 없는 시민은 공포

속에서 나날을 보내게 되었다"고 서술하였다.(김태룡, 1962, 266쪽)

검찰과 도경, 치안국의 조사 외에도 마산 시민들이 의지하게 된 것은 변협의 조사이다. 세계인권옹호연맹에서 국내 변호사를 주축으로 마산에 간부(이들은 한국 변호사 협회의 조사단과 일치한다) 7명을 파견하였는데, 18일에 마산에 도착한 이들은 19일부터 활동을 개시하였다. 검찰 수뇌와의 일련의 회동하는 가운데 진상조사를 했으며, 도립병원에 입원한 중상자들을 일일이 파악했다.(마산일보사, 1960, 22쪽) 변호사협회 인권위원회의 조사 과정에서 분위기가 반전되었다. 즉 변협이 경찰서장실에서 조사하는 도중에 권종림 기자(행정신문 지국 기자)가 가혹행위를 당한 것을 옷을 벗어 확인켰다. "이쯤되기 시작하자, 마산은 약간 정신이 들기 시작하였다. 데모 군중들이 인민공화국 만세를 불렀다는 말도 쑥 들어가고, 봉화가 올랐다는 말도 들어가고 말았던" 것이다.(이강현, 1960, 75쪽) 변협 조사단은 마산사건 조사 후 3월 28일 성명을 발표하였다. 마산 시민들은 변협이나, 민주당 조사단의 활약으로 마산의거의 공포심에서 어느 정도 탈피하고, 이에 상당한 용기를 얻어 의거의 정당성을 주장하는 단계에까지는 가지 못한다고 하더라도, 적어도 분노를 공유함으로써 공동체의 위기를 확산시키는 수준으로 나아갔다.

3) 의거의 정치화 : 3월 20일(일)~4월 10일(일)

16일의 경찰의 일방적 지배, 17일에 시작된 검찰의 수사 개시에 이어, 20일부터는 경찰의 잘못이 공식적으로 인정되고, 사건이 본격적으로 정치화 되는 계기를 맞게 되었다. 이제 피해자의 고통이 사회적으로 의제화되면서, 이것이 사회적인 아픔으로 대체되고, 유족들의 분노가 사회적인 분노로 확산되어 갔다.

먼저 지배층 무력기구의 핵심인 이강학 치안국장이 마산을 방문하여, 3월 20일 7명의 학생을 석방하였는데, 마산경찰서의 독자적인 수사가 경남도경으로 이관되면서 중앙의 경찰 조직이 내린 결정에 따른 것이다. 이는 경찰의 판단도 어느 정도 무리가 있었다는 점을 인정한 것이다. 이어서 3월 22일에는 자유당 마산사건 수습대책위에서, 구속 중인 21명 중 민주당원을 제외한 나머지 사람을 석방할 것을 검경에 요청하였다. 3월 24일에는 바로 전날 최인규 내무부장관 후임으로 임명된 홍진기 내무부장관(전 법무부장관)이 북마산파출소 방화범인 정현팔, 정상숙, 박세현의 3명은 진범이 아닌 것 같다고 언명한 뒤 이들을 석방시켰다. 이로써 경찰이 그 동안 발표한 공산 오열의 개재 혐의는 이제 상당 부분 벗어지게 되었다. 3월 24일 현재, 정남규 등 21명을 송청하였고, 마산사건 관련 혐의자는 142명으로 줄어들었다. 후의 일이지만, 4월 2일에는 발포 혐의 경관 1명과 사건 피의자 5명(정씨 등)을 부산에 이감시켰으며, 4월 11일에는 경찰 사문위에서 손 경찰서장 등 3명을 파면하기로 결정하고, 발포 및 고문 경관을 구속기소하였다. 즉 4월 11일 마산의거가 발생하기 전에 이미 지배층의 억압에 대한 의지가 상당 부분 훼손되기 시작하였던 것이다.

정부를 비롯한 지배층이 유화적인 결정을 하게 된 데에는, 겉으로 드러난 것을 보면 적어도 변협 조사단과 정당 및 국회 조사단의 조사 보고서가 영향을 미쳤다. 물론 이를 보도한 언론매체들과, 드러나지는 않았지만 미국의 영향력이 강하게 미쳤을 것으로 추측할 수 있다. 일단 여기서는 변협 조사와 정당 및 국회의 조사 결과를 보기로 한다.

변협 조사단은 3월 22일 조사결과를 발표하였다. 변협 조사단의 진상보고는 경찰이 얼마마한 공포 분위기를 조성했는지를 잘 나타내고 있다. 변협 조사단의 진상보고는 정부의 위협적인 강경책에 냉수를 끼얹었는데, 보고서의 내용은 다음과 같다.

경관의 발포는 정당방위의 도를 넘는 과잉방어이며, 어떤 조직된 세력의 조종이나 오열의 개입 등에 의한 것이 아니다……경관에 의한 불법 체포, 불법 감금, 불법 능욕, 불법 상해는 백주에 공공연히 자행되었으며, 데모 주동자는 오열로 몰리는 바람에 부상자는 보복이 두려워 가슴에 박혀 있는 총탄을 감추어야 했으며, 시민은 전전긍긍하여 감히 입을 열지 못했다. 살인 경관과 고문 경관은 문책은 커녕 거리를 활보했으며, 소요죄의 올가미로 무고한 양민을 노리는 검거 선풍이 죽음의 도시를 휩쓸었다.(김태룡, 1962, 277~278쪽)

민주당과 국회의 조사단의 활동도 경찰의 만행을 폭로함으로써 경찰의 억압적인 분위기를 어느 정도 완화시키고, 마산 시민들에게 큰 위안과 더불어 용기를 얻게 하였다. 이 과정에서 경찰은 물론 자신들의 억압의 정당성을 내세우는 데 주력하였다. 하지만 국회 조사단의 활동은 마산 시민들이 당한 피해와 시위의 정당성이 확산되는 데 결정적인 역할을 하였다. 직접적인 조사보다는, 조사가 결정되고 조사가 진행된다는 사실 자체가 3·15마산의거 해석의 프레임이 결정적으로 전환되는 계기를 마련하였다. 즉 과거에는 억압 때문에 공개적으로 발설하고 논의하지 못하던 억울함이 드러나게 되어, 마산 시민 내부에서만이 아니라 외부로도 알려지게 되었다는 사실에 의하여 의거의 정당성이 드러나게 되었다. 이는 상대적으로 울분이 쌓이면서 동시에 저항에 대한 정당성과 용기를 갖게 하는 효과를 발생시켰다.

<표 2> 1차 의거에 대한 정당의 개입 과정

일자	활동 내역
3월 20일	- 민주당에서 1차 조사 개요를 발표
22일	- 국회에서 여6, 야5로 되는 마산사건 조사단을 구성
23일	- 오후에 통일호 편으로 마산으로 향했다. - 마산사건을 조사 중이던 민주당 조사단은 경관으로부터 억울하게 고문을 당한 사람을 대표하여, 앞으로 보복을 못하도록 마산서장을 '불

	법 감금', '독직 상해' 죄로 고발했다.(김태룡, 1962, 278쪽) - 국회조사단이 올 무렵에는 사망자 조위금 문제, 마산 경찰을 모두 교체하여야 한다는 말이 나오기 시작하였다.(이강현, 1960, 75쪽)
25일	- 국회조사단 내막, 사건 경위를 추궁 - 오전에 국회 조사단 회의에서 합의한 것 : · 자유스러운 분위기에서 사건 중심으로 무제한 조사한다. · 자유당의 입장 : 민주당원들의 사전 모의 내용 · 민주당의 입장 : 우선 관계자들의 증언을 청취, 우선 자유스러운 조사를 위하여 먼저 발포자 구속을 요청. · 민주당 윤명운 의원은 마산의 분위기를 지적 : "표면상 평온한 것 같았는데, 뒤에서 경찰이 강압적인 수단을 쓰고 있을 뿐만 아니라, 시민들은 이 사건이 일단락 된 후에 있을 경찰의 보복행위를 두려워하여 불안감에 싸여 있는 것을 발견하였다."(마산일보사, 1960, 23쪽) · 윤명운 의원의 지적 : "주동적이고 독자적인 수사를 해야 할 검찰당국에서 경찰의 서류에만 의거하여 수사를 진행하고 있다"고 지적. "발포한 경찰관은 마땅히 구속되어야 하는 동시에 마산경찰서원 전원을 교체시킴으로써 보복행위를 사전에 막을 수 있다"고 지적.(마산일보사, 1960, 24쪽)
26일	- 오전 경찰이 가한 고문에 대해 도경 수사과장 김경술에게 추궁 - 오전 10시 10분 증언대에 오른 도경 수사과장은 비공개회의를 요청하였으나 거절당하고, 도경 수사과장은 "데모가 사전모의에 의한 것이라고 단정하고, 15일 오후 4시 30분에 해산된 데모와 오후 7시의 데모는 분리된 것이 아니라고 규정하였다."(마산일보사, 1960, 24쪽) - 오후 1시 30분 공개조사에서 16명의 관계자를 조사 · 방화범으로 경찰에 송치되었다가 24일 검찰에 의해 석방된 3명도 포함되었다. 고문의 흔적은 여야 조사위원은 물론이고, 입회한 수십여 명의 기자들을 놀라게 하였다.(이강현, 1960, 24쪽) · 이날 증언에서 자유당원인 김순이 여사(43세)의 증언은 여야 조사위원들을 긴장케 하였다. 그녀는 사건 당일 마산중학 졸업생인 그의 아들의 행방을 찾아 각 병원을 돌아다니던 중, 동 외과에서 5명, 도립병원에서 3명, 구 외과에서 1명의 사망자를 직접 볼 수 있었다고 증언했다. 이는 현재까지 사망자가 10명이라고 민주당과 경찰이 확인한 사실에 의문을 제시하는 것이다. 즉 이미 15~16일에 9명이었다는 것으로 당시에는 3명이 즉사한 것으로만 보고 있었으므로, 적어도 5명 이상의 추가 사망자가 있을 것이라는 점을 암시한다. - 오후 6시에 증언 완료하고,
27일	- 새벽 1시 40분경에 완전히 증언 청취 종료하고, - 오전에 34명에 대해 현장 검증을 마치고, - 오후에 부산을 거쳐 서울로 상경하였다.

그러나 표면적으로는 거리에는 경찰이 깔려 있었고, 학교에는 과거의 억압적인 분위기가 지속되고 있었다. 다만 3·15의거와 이후의 사태 추이에 대해 학생들 사이에 지속적인 해석이 계속되고 있었다. 즉 사건을 단지 언론이 유포한 정보나, 정부의 공식적인 발표를 신뢰하기보다는, 이들 학생들은 적어도 언론 보도와 지역의 이웃공동체의 구전망을 통해 유포된 정보를 입수하고, 이를 재해석하는 과정을 거치고 있었던 것으로 보인다. 이런 과정은 3·15의거의 정당성을 고양시키고, 아울러 지배층의 균열이 발생하고 있다는 점, 아울러 3·15의거의 저항세력에 동조하는 지배층 내부의 세력도 존재한다는 것을 사실로 받아들이게 만들었다.

〈표 3〉 김종배 일기에 나타난 학교 상황

일자	상황 묘사
3월 21일(월) 비 흐림	- 3·15의거 후, 16일에 학교가고, 처음 만나는 학생들 아침부터 교실에서는 오랫동안 보지 못한 친구들이 모여 앉아 데모에 대해서 이야기꽃을 피우고 있었다.
3월 21일(화) 맑음	- 아직껏 거리에는 경찰관들이 완전 무장하여 서 있다. 나의 용기는 적어서 경찰관만 보면 겁이 났다…… "오늘 조례시간에 담임선생님의 말씀을 잘 들었다. 지난번 3·15일 마산데모사건이 있었고, 자유당이 옳던 민이 옳던, 시민이 돌던 경찰이 간에 그 무슨 참극이었던가?…… 내가 알기로 죽은 사람이 25명이 넘고, 중경상자가 100여 명을 훨씬 넘었도다."
3월 25일(금) 비	- 종업식을 마치고 담임선생님이 좀 보자고 하여서 갔더니, 선생님 말씀이 "종배 너가 선거전에 현 사회를 비판하고, 현 정부를 비판하고, 자유당을 비판하고, 민주당을 선전하며 학생을 선동한 적이 있나"하고 묻기에, 나는 약간 침묵을 지키고 전번 내가 학생을 선동한 적이 있기에 그런 사실이 있다고 이야기 했다. 선생님은 거기에 대하여 여러 가지 말씀이 계셨다. "실상은 내가 (선생님) 너보다 야당측에 가깝다면 더 가깝고 또한 데모를 한번 일으키고 싶다"라고 하며, "현재 너가 데모를 일으키면 너의 신세를 망치는 것이다"라고 하며, "사찰계(경찰)에서 너의 이 사실을 알고 잡으려 왔다"는 것이다.

5. 2차 의거 : 4월 11일(월)~13일(수)

마산의 3~4월 의거는 마치 기승전결의 구조처럼, 3월 15일의 의거에 의해 주사위가 던져지고, 경찰의 고문과 폭력, 그리고 공산오열공작을 이겨내면서 마산 시민이 그동안 가졌던 분노의 응어리가 커지고, 결국 폭발하게 될 때를 기다리는 과정을 거쳤다. 이어서 4월 11~13일의 2차 의거 시에는 지배층의 일부인 경찰과 자유당이 이미 약화되었다는 신호가 나오고, 이에 비례해서 민주당과 국회, 변호사협회, 언론의 비판이 전개되면서, 정권의 정당성은 이미 취약해진 상태였다. 여기에 4월 11일 김주열의 시체가 그 동안 마산 시민들이 가졌던 의혹을 형상화하여 가시적으로 보여주자, 이제 정권은 그 부정과 폭압성이 그대로 증명되어 정당성은 완전히 사라지고, 이제 몰락의 길만 남은 것으로 보이게 되었다. 이에 시민은 일어나고, 정권은 물러나는 마지막 단계로 접어들었다.

1) 4월 11일

4월 11일의 시위는 김주열의 사체 발견은 그동안의 시민들의 고문 의혹, 그리고 시체 유기 소문을 그대로 확인시켜주는 사건이었다. 그 동안 김주열의 어머니가 찾다가 못 찾았는데, 이를 유기하고 숨기던 경찰의 잔학함을 그대로 보여줌으로써, 이제 경찰과 정권은 더 이상, 시민들로부터 정당성을 확보하지 못하게 되는 결정적인 계기가 되었다. 이 모습이 담긴 사진은 전 세계에 그대로 보도됨으로써, 사실상 한국의 국가 유지의 물질적 토대가 되는 군사력과 재정을 제공하는 미국의 지지를 철회하게 만드는 사건이 되었다고 볼 수 있다. 반면에 마산 시민들은 이제 학생들을 위시한 젊은이들의 시위가 시민 전체의 공동체의 위기로 전환되는 과정을 겪게 되고, 이후 하나의 완전한 계기로서 모든 의심을 저버리고 국가의 잘못이라는 판단을 내릴 수 있는 증거를 확보하게 되었다.

김주열의 시체가 경찰서 인근의 바닷가에서 발견되어 시청 인근의 도립병원에 안치되자, 시체가 안치된 장소를 중심으로 시민들이 집결하였다. 저녁이 가까와지자 시민들의 집합은 시위를 예비하였다. 이는 의도적이었다기보다는 거리에서 즉흥적으로 조직된 시위로 이해하는 것이 옳을 것이다. 마산의 경우는 시위의 대상이 경찰, 시청, 자유당, 서울신문사 등으로 협소하게 한정되어 있고, 공간적으로도 거리가 멀지 않으므로, 시위의 리듬은 걷거나 달리더라도 매우 빠르게 진행되는 특성을 지녔다. 여기에 이미 개학한 학교를 지나고, 중심지와 거주지, 그리고 상공업지대가 공간적으로 근접하여, 시위의 영향을 받으면서 가속화되고 팽창하는 경향을 보이고 있었다. 대개 1시간~1시간 30분의 간격으로 팽창의 폭발이 발생하는 것으로 파악되었다. 도립병원－남전－무학국민학교－남성동파출소－오동동 민주당사－오동동파출소－형무소－다시 도립병원 코스의 시위를 벌였다.(마산일보사, 1960) 오후 6시의 데모대가 구마산으로 들어가서 시위 군중을 끌어내든 시위였다면, 다시 도립병원으로 돌아온 시위대는 가세되고 팽창되고 고양된 시위대를 이끌고 신마산 방면의 경찰서로 향했다. 하지만 직접 대결은 하지 못하고, 다시 구마산 방면을 향해 행진하면서 북마산파출소, 오동동파출소, 남성동파출소, 장군동내 관청을 습격하는 보다 파괴적인 양태로 바뀌었다. 아마도 이것은 7시 30분~9시 사이로 추정된다.(마산일보사, 1960)

9시경에 다시 경찰서 앞에 집결한 시위대는 보다 강력한 세력을 형성하고 있었고, 밤이 주는 익명감에 의해서 과격성과 폭력성을 띄게 되었다. 이제 경찰서가 파괴되고, 경찰의 총격이 시작되었다.(마산일보사, 1960) 경찰서 파괴로 무력화되고 위축된 경찰은 자구책을 긴급히 강구하게 되었다. 이는 1차 의거에 비해서는 상대적으로 사태에 대한 자신감이 줄어들고 위축된 상황을 보여주는 것으로 추정할 수 있다.(마산일보사, 1960, 58쪽) 1차 의거 시에는 작은 규모의 시위에도 긴급히 대처하는 양상을 보였으나, 경찰서가 파괴된 이후에는 반공청년단조차 그 모습을 보이지 않았다. 이는 사실상 자유당이나, 반공청년단 등 지배층의 세력 일부가 상당한 약화, 이탈의 증상을 보여주는 것으로 이해할 수 있다. 반면에 시위대는 밤늦도록 기세를 올리고 있었다.(김종배 일기, 4월 11일)

〈그림 6〉 마산 2차 의거

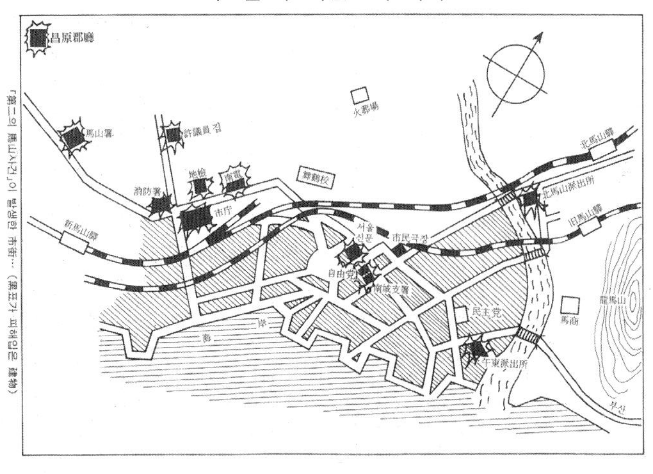

출처 : 홍중조 엮음, 1992, 163쪽

2) 4월 12일

4월 12일의 시위는 오전부터 그 동안 소극적이던 학생들이 학교의 어느 정도의 용인 또는 감시의 약화를 틈새를 비집고 시위에 나섰다.

이들의 시위는 마산에서 조직적으로 동원이 능한 세력이 시위에 등장하였다는 점이다. 당시에 학생들이 거의 유일하게 조직적인 동원이 가능한 집단이었다는 점을 감안한다면, 이들의 등장은 국가의 무력집단에 대응할 수 있는 자각되고, 시민들이 이익을 대표할 뿐 아니라 조직력이 강한 집단의 등장을 의미한다. 아침에 등교한 학생들은 곧바로 토론에 들어간 뒤 시위에 나섰다. 학교 당국의 감시와 억제 능력이 더 이상 통하지 않는 상황이 된 것이다. 아마도 학교 당국이나 교사들의 경우에는 적어도 이 정도의 시위는 용인될 정도의 사태라고 이해한 것으로 볼 수 있다. 즉 1차 의거 시에 적극적으로 국가 지배층의 책략에 영합하고, 협력하는 것으로 행동하였던 교사와 학교 당국은 국가의 지시체계의 혼란, 정당성의 상실을 목격하였으므로 적극적으로 학생들을 제재할 의지를 갖지 않은 것이다.

이에 마산공고와 창신농고 학생 5백여 명이 플래카드를 들고 스크럼을 짠 후에 구마산－무학국민학교－도립병원－시청 앞－소방서 앞－세무서 뒷길－제일여고 앞－신마산 제일극장 앞－마산경찰서 앞으로 호국단가를 부르며 행진하였다. 이러한 사위의 모습은 이들 고교생들에게는 익숙한 것이었다. 왜냐하면 이들은 수차례 국가의 강제동원으로 시위나 궐기대회, 웅변대회, 가두에서 박수치기 등에 익숙해져 있었던 것이다. 플래카드를 만들어 들고 나가는 것, 구호 외치기, 거리에서 노래 부르기 등 어느 것도 새로운 것은 없었다. 새로운 것은 내용만 바뀌었다는 점이다. 즉 과거의 형식에 새로운 내용을 부과한 것이다. 시민들은 거리의 연도에서 열열이 응원하였다. 이 장면 역시 시민들에게 익숙한 행동이었다. 당시에 국가의 동원에 응하여, 시민들은 수기 태극기나 구호를 들고, 연도에 서서 거리를 행진하는 고위층을 구경하거나 환영하는 행사를 자주 치루었다.(마산일보사, 1960, 58쪽)

경찰은 이제 소극적으로 시위대에 대처하고 있었다. 여전히 학부형들이나, 마산 시민들 중 상당수는 시위의 후유증을 걱정하는 상황이기는 하였지만, 그래도 과거에 비해서는 상당히 그 공포감이 줄어들었다고 볼 수 있다. 또한 마산상고의 경우, 이미 오전에 시위를 한 고교생이 있는 상황에서 각 학교는 학생들의 불만을 누르기에는 벅차다고 판단하고, 유도된 평화적인 시위의 형태를 취하기로 의견을 모으고, 학생들의 시위를 용인하게 된다.(김종배의 일기, 4월 12일) 학생들은 학교간 경쟁심, 공동체의 의무감, 학생 상호간에 비겁자가 되지 않기 위한 결단 등을 통해 시위에 적극 참가하는 상황으로 변하였다. 그래서 마산제일여고, 창신고, 마산고, 마산상고, 간호고 등의 학생들이 시위에 나섰다.(마산일보사, 1960, 58쪽) 아마도 이들 학생들은 시내의 거리에서 상호 교차하는 각 학교의 시위대를 보며, 스스로 고양되는 자신감과 해방감, 축제의 분위기를 느꼈을 것이고, 연도의 시민들의 환영과 환호 소리를 들으며, 사회적인 기대에 부응한다는 정의감을 느꼈을 것으로 추측된다.

4월 11일 시위에서의 경찰서 파괴, 4월 12일에 드러난 시민들의 호응, 고등학생 상호간의 의지와 정의감 확인은 밤 7시의 통행금지를 무력화시키기에 족했다. 통행금지 무력화에서 나아가 밤 7시를 기해 일제히 시위에 나섰다. 이 날의 시위는 11일 시위와 비슷하였다. 밤 10시경에 총격이 시작되고, 파괴와 폭력을 거친 후에 자정 가까이 되어서야 시위가 멈추었다. 이제 마산은 신마산의 관공서 지역을 제외하고는 국가의 통제가 미치지 못하는 지역으로 바뀌고 말았다.(마산일보사, 1960, 59쪽) 정권이 바뀌지 않고는 다시 국가체제의 정당성과 권력층의 지배기구를 보장하기 어려운 상황으로 몰리고 있었다. 그러나 아직도 국가는 마산의거를 회유하고, 외부로 파급되는 것을 막는 조치를 취하고 있었다. 즉 경찰을 추가로 파견하고, 국회의 조사단을 보내며, 또한 외부와의 통신을 규제하고 있었다.

3) 4월 13일

마산은 일단 2일간의 격렬한 시위로, 그리고 어느 정도 소극적인 층까지 가세함으로써 시위에 나설 수 있는 동원 가능한 시위 자원이 대부분 소진된 양상을 보였지만, 시위에 나설 수 있는 세력으로 숫자상으로는 500여 명에 달하는 해인대 주간 학생들과 외부에서 몰려드는 학생들이 있었다. 아무튼 오전에는 해인대 학생들이 시위에 나섰다.

지배층의 행정망은 거의 마비된 상태에 빠져들었으나, 경찰의 공권력은 더욱 강력한 모양을 취하고 있었다. 강력하다는 것은 인근의 경찰이 추가로 투입되고, 군대가 동원되었다는 의미이지, 시위대를 압도할 정도로 강력하다는 것은 아니다. 그러나 일단 해인대 학생을 필두로, 여고생들, 그리고 소극적인 시민들이 마산의 공동체의 의무감을 다하기 위해, 그리고 추후에 취해질 공동체의 제재를 모면하기 위해 시위에 가담하였다. 시위는 이제 마산 시민들에게는 하나의 공동체적 일체성을 느끼게 할 수 있는 경험으로 남게 되었다.(마산일보사, 1960, 61쪽) 경찰은 이제 최소한도의 상태에서 방어를 펴고 있어서, 사실상 파출소 규모나, 동 단위의 행정 기구는 그 기능이 마비되었다고 판단하는 것이 정확할 것이다. 이날 오후의 소강상태를 기점으로 저녁에는 시위가 발발하지 않아, 시위 대상 파괴, 시위를 위한 숫자로 본 시민, 감정 에너지, 육체적 피곤감이 모두 고갈된 상태로 판단된다. 그리하여 13일의 저녁은 조용한 가운데 지내게 되었다.(김종배 일기, 4월 13일)

6. 전국적 확산

4월 13일 이후 마산의 시위대는 일단 상당히 관망하는 태도를 취하였다. 여기에는 두 가지 요인이 작용하였을 것이다. 즉 국가의 강력한 공권력 개입과, 마산 시민이 일단 공동체의 의무감을 가시적으로 보여주었다는 안도감일 것이다. 즉 2차 시위도 역시 국가기관에서는 시위 가담자를 색출하여 조사하고 연행하는 형식을 취했지만, 1차 의거 시와는 달리 고문이나 무리한 강압적인 가택 수색을 심하게 행하지는 않았던 것으로 보인다. 강압적인 전략보다는 시위의 원인을 가능하면 북한의 공산주의 세력의 개입과 연관시키려는 조작과 여론 유포를 시도한 것으로 이해된다. 따라서 적어도 이제는 다른 도시의 시위대가 부지런히 마산 시위의 후속 파급을 타고 있었다. 즉 다른 도시 특히 인근의 부산과 같은 도시는 여전히 상대적으로 2대 도시의 위상에 걸맞지 않는, 조용하고 차가운 도시라는 분위기를 뿜고 있었다. 이에 4월 13일에 부산 시위대가 마산에 들어왔다는 소식이 있었고, 이어서 다른 도시들의 시위에 이어서 26일에 부산 시위와 동시에 마산에 대거 원정시위대가 몰려왔다. 중요한 점은 마산 시위의 몫이 이제 전국적으로 확산되면서, 마산은 오히려 조용해지고 있었다는 점이다.

1) 4월 14일(목)~4월 23일(토)

4월 14일, 대공 3부(내무, 법무, 국방) 합동수사위가 설치되었다. 오제도 검사를 수사 책임자로 하여, 이미 구속된 간첩 몇 명을 매수하여 마산 시민을 선동한 것으로 조작하려고 시도하였다. 김태룡은 "정부는 국민을 위압하는 상투수단으로서 5열 개재설을 조작하기 위하야 가공한 무차별 검거의 선풍을 일으켰던 것이니, 마산시민은 3·15에 못지 않는 의구와 공포 속에 떨게 되었다"고 주장하였다.(김태룡, 1962, 374쪽)

4월 15일 조 치안국장은 마산 사건에 공산 개재의 혐의가 있다고 밝혔다. 공산 개재 혐의로 ① 거지 행세의 사람이 다수(40~50명) 등장하여 시위에 참가하였다는 점, ② 술 먹고 데모한 자가 있다는 점, ③ 폭력으로 관공서를 파괴하였다는 점, ④ 전등을 끄고 상가에 시위 참가를 요청하였다는 점, ⑤ 죽장 식도를 갖고 시위에 참가하는 등 과거 남로당의 수법과 비슷하다는 점을 들었다.(『동아일보』 1960년 4월 16일자) 같은 맥락에서 14일 오전에 대검찰청 소 차장검사는 "민주당의 '이승만 정부 물러가라'는 구호가 북한 괴뢰 선정에 역이용될 가능성이 많을 뿐만 아니라, 구호 내용이 정부 수반에 대한 격렬한 공격이므로 이단 법률상의 검토가 된다"는 내용의 성명을 발표하였다.(『세계일보』 1960년 4월 15일자)

이와 같은 중앙 정부 차원의 빨갱이 공세와 더불어, 마산에서는 경찰관이 배치되고, 거리에 시민들이 모여 있는 것을 연행해 가는 상황이 벌어졌다. 김태룡과 김종배는 당시의 상황을 다음과 같이 묘사하였다.

> 15일의 마산 거리는 오래간만에 평정을 회복하였다……철시한 상가도 낮에만은 문을 열기 시작했다. 그러나 격정이 점차로 냉각되어가던 듯한 숨죽인 거리에는 사태를 경화시키는 경찰의 검거선풍이 다시 일기 시작했다. 15일까지 소요 혐의로 32명이 구속되고, 35명을 불구속 입건 도합 67명의 시민이 경찰에 입건되었다. 중심지에 특파된 800여 명의 경찰은 통행금지위반 혐의 등으로 도합 600여 명의 시민을 연행했던 것이며, 소년 소녀까지 정식 구속하는 강압책을 자행했다. 특히 주목을 끈 것은 3·15 당시 발포 피해자 및 고문 피해자와 전 진보당원 부역자 등이 수사의 대상이 되었다는 사실이다.(김태룡, 1962, 374쪽)
>
> 4월 14일 (목) 맑음. 거리에는 순경이 굉장히 많이 배치되어 있었다.
>
> 4월 15일 (금) 맑음. 순경들의 거리가 되어 경비하고 있었으며, 거기에 모이기 위하여 간 학생은 무조건 모조리 잡아갔다는 것이다.……어제까지 800명이던 경찰이 오늘 데모 일어난다고 3,000명이나 되었도다.(김종배 일기)

경찰력이 한층 강화된 것만은 사실로 보인다. 다만 이러한 행위가 마산에 국한된 것이기는 하지만, 다른 지역의 치안이 보다 약화되는 상태를 의미하고, 따라서 국가의 시위 통제력의 약화를 보여주는 것이다. 동시에 정치권과 학교 당국은 마산시 2차 의거를 무마, 회유하기 위해 동분서주하였다. 이러한 상황을 김종배는 다음과 같이 전하고 있다.

> 4월 18일 (월) 맑음. 드디어 자유학원의 문이 열렸다……학생들의 머리 속에는 며칠 전의 데모사건에 대하여 이야기가 오고 가고 있었다. 아침 전교 조례가 있었는데, 교장 선생님의 말씀이 이번 마산사건으로 말미암아 국내는 물론 국외까지 큰 문제가 나서, 미국 국무성에서 한국의 원조에 대하여 상당한 반대파가 많이 생겼다는 것이다. 물론 교장이 말한 말을 많이 생략하겠지만, 너무나 자기 본의 아닌, 마산의 데모를 과소평가했다.
> 4월 19일 (화) 흐림, 비. 이번 마산에 전근된 안상기 경찰서장과 담화가 있기에 학급 대의원 3명이 도서관에 참가했다. 이번 경찰서장은 마산상고 13회 졸업생이었다……정말 감동하였다……매일 매일 전국적으로 일어나는 데모에 대하여 마산 학생들의 호소문 등을 대강 회의했다.……마산 학생의 구속자를 석방하라고 구호를 외치는 것이다. 실제 마산 학생은 1명도 구속되지 아니하였는데도, 학생들의 군중심리에서 일어나는 것이다.(김종배의 일기)

경찰력이 강화되고, 공산 혐의가 가중되면서 동시에 정치권은 무마 회유로 일관하였다. 마무리 단계를 보여주는 것으로 이해될 수 있다. 즉 4월 14일에 민의원 마산 2의거 국회조사단이 마산으로 향발하였으며, 15일에 마산에 도착하여 조사를 개시하였다. 또한 16일에는 마산시의 자유당에서도 자기비판적 내용의 건의문을 중앙 정부에 제출하는 것을 공표하였다.

전국적으로 시위가 확산되고, 이어서 19일 계엄령에 의해 이제 군부가 장악하게 되고, 마산은 부산지구 계엄사령관 박정희 소장에 의해 장악되었다. 군부에 의한 장악은 일단 기존의 경찰-검찰이 주도하던 정국이 군부의 손으로 들어가는 것을 의미한다. 군부는 사실상 미국 정부의 지원 아래 움직인다는 점을 감안하면, 주도권이 한국 정부에서 미국 정부로 이양되었다고 해석할 수 있다. 이는 당시가 아직 전시로 규정되어 한국 정부가 다루어지고 있었다는 점, 미군이 한국군의 지휘권을 가지고 있었다는 점, 한국 군부는 인적으로 친미적이었고, 장비와 재정 면에서도 미국에 의해 유지되고 있었다는 점을 감안한다면 이런 해석이 무리는 아니라 할 수 있다.

2) 의례적 시위 : 4월 24일(일)~25일(월)

이제 정국은 완전히 마무리 단계로 접어든 시기에 마산에서 최후까지 가장 소극적인 참여자였던 할아버지와 할머니들, 부인들이 시위를 벌였다. 이들의 시위 모습을 『마산일보』와 김종배는 다음과 같이 전하였다.

이채 띤 노인 데모-어제 애국노인회서 거행-작 24일 상오 11시 시내 신구마산 경계지점에서 또한 색다른 데모가 수많은 군중들 가운데서 일어났다. 경찰의 제지에도 불구하고 갓을 쓰고 두루마기를 입으며 지팽이를 든 애국노인회 회원 약 70~80명으로 된 동 데모대는 상오 11시 시외버스 주차장 입구인 영창인쇄소 앞에서 "노 대통령은 요번 기회에 민주정치를 바로잡자", "책임지고 물러가라 갈아치울 때는 왔다", "행방불명자 색출하라, 체포 학생 석방하라" 등의 프라카드를 들고 출발하였는데, 약 30분 후인 11시 30분 남전 앞에 이르러 제지하던 사복경찰관과 옥신각신 하는 틈에 프라카드를 빼앗기고 중단상태에 들어갔고 말았다. 동 데모대가 향원다방 앞에 이르자 철로 위와 무학국교 및 향원다방 앞 대로 상에는 순식간 수많은 관중들이 몰려들었으며, 경찰의 제지로 데모는 간간히 정지되기도 하였는데, 애원하는 경찰의 만류에도 듣지 않는 데모대는 11시 40분 프라카드를 달았던 막대만을 들고 서성대고 있었는데, 경찰은 데모의 만류시키는 데 땀을 빼고 있다. 한편 남전 앞에서 중지되었던 동 데모대는 다시 방향을 바꾸어 12시 40분 구마산 남성동파출소 앞을 행진하고 있는데, 다시 프라카드를 내세우고 행진을 계속하고 있는 동 데모대는 콘티넨탈 앞을 통과, 북마산파출소 앞을 경유코 무학국민학교 앞을 경유코 무학국민학교 앞을 행진하여 1시 40분 경 포교당 앞에서 해산하였다.(『마산일보』 1960년 4월 25일자)

4월 24일 (일) 흐림, 비. 점심을 먹고 있으니, 도로에서 데모대의 고함 소리가 나서, 가보니, 늙으신 할아버지와 할머니 등 약 200 명이 "갈아볼 때는 왔다"라는 구호를 들고 만세를 부르며 다녔다.(김종배 일기)

24일 할아버지들의 데모에 이어 25일에는 할머니들의 시위가 발생하였다. 물론 부녀자들의 시위는 이미 2차 의거에도 광범위하게 나타난 바 있다. 그러나 할아버지와 할머니들은, 독자적으로 시위를 벌이기는 어려움이 많았으나, 이제 국가의 공권력이 약화된 단계에서 마지막 붕괴를 앞두고, 이웃들의 불행을 더 이상 볼 수 없어서, 그리고 후에 공동체의 지탄을 받지 않기 위해 의례적인 시위를 한 것으로 이해된다. 할머니들의 시위 모습을 『마산일보』는 다음과 같이 전하였다.

할머니들이 데모—이 대통령 하야를 절규코— 25일의 이채로웠던 마산 노인의 데모에 이어 26일에는 "죽은 학생 책임지고 이 대통령은 물러가라"는 등 프라카드를 손에 든 200여 명으로 추산되는 할머니들의 데모가 시내에서 일어났다. 이날 흥분된 데모대는 하오 1시 넘어 강남극장 앞에 집결 대오를 갖추고, 북마산 쪽을 향하여 전진, 성호교 앞에서 연도 시민의 환영을 받았다.(1시 20분 현재)(『마산일보』 1960년 4월 26일자)

이들은 정권이 무너지기 전에 마산 시민의 의무를 다하기 위하여,

그리고 자신들이 공포심을 가졌던 억압이 거의 풀어져 있었던 상황, 자신들의 자식과 이웃의 고난을 외면하였다는 사회적 재제를 해소하기 위한 기회가 시간적으로 얼마 남지 않은 상황에서 시위를 감행하였다. 따라서 이들의 시위는 마산의 공동체 유지를 위한 의례적인 성격이 강했던 것으로 이해된다. 그러나 중요한 점은 이제 마산 시민들의 모든 계층이 시위에 가담함으로써 마산인의 공동체는 강하게 유지되는 계기를 마련하였다는 점이다.

3) 원정온 부산 시위대 : 4월 26일(화)～27일(수)

4월 26일은 이승만 대통령이 사임하고, 마산 시위 관련 구속자들이 석방된 날이다. 사실상 마산 1~2차 의거의 결과로 정권의 몰락을 가져온 승리의 날로 기록된다. 이날 조용하던 부산의 대학생들이 시위에 나서고, 이들이 저녁나절에 마산에 도착하였다. 이들의 숫자와 열기에 압도되어 이에 동조하는 마산 시민들과 합세하여 시위를 감행하였다. 이날에도 사상자가 발생하였다. 이날은 이미 국가가 항복을 선언한 날이나 마찬가지였으므로, 경찰의 진압 사기도 저하된 상태였으므로, 시설 파괴는 한층 더 심했던 것으로 보이고, 경찰은 최후의 수단으로 발포한 것으로 이해된다. 이 날의 시위상황을 김태룡과 김종배는 다음과 같이 서술하였다.

그날 장장 180리의 마부가도에도 승리에 도취한 데모의 행렬이 부산에서 마산으로 밀려왔다. 20여 대의 버스, 합승, 트럭 등에 분승한 2천여 데모 군중은 연도변의 5개 지서를 습격하여 기염을 토하고, 순경이 버리고 간 칼빙 총과 검은 순경복을 노획하여 마산으로 달렸다.
오후 8시 30분경 마산에 들어온 원정 데모대는 연변에 도열한 시민의 환호와 박수갈채를 받으면서 무학국민학교에 집결했다. 마치 축제의 가장행렬과 같은 원정 데모대의 장사진은 시가를 누비면서 무학국민학교로 흘러갔다. 순경 옷을 입은 학생, 순경 모자를 쓰고 칼빙 총을 거꾸로 멘 청년, 탄대를 두르고 소총을 든 소년들이 버스 지붕 위에 올라 앉아 만세를 고창했다. 오후 10시경 마산지역에 계엄사령부는 비상계엄을 선포하였다. 그러나 39사단의 병력이 동원되었으나, 제방을 무너뜨린 홍수와 같은 원정 데모대의 거센 물결을 콘트롤하기 힘들었다. 원정 데모대가 파출소를 파괴하고 동양주정, 형무소, 은행 등을 파괴할 기세를 보이게 되자, 마산 시민들은 자위태세를 갖추어 원정 데모대의 행동에 가세하지 아니했으며, 시내 고등학교 학생위원장 학생들과 권투구락부의 박장춘 씨, 각 정당 소장파 등은 트럭에 분승하여 무학국민학교의 출구를 봉쇄하고, 원정 데모대에 "이 이상 관공서를 파괴하는 것은 우리 국가의 손해이다. 새 정부가 들어서면 우리의 세금으로 다시 공공건물을 만들어야 하지 않는가? 파괴는 이미 끝났다. 이승만은 하야했다. 남은 것은 무정부 상태의 혼란을 한시바삐 수습하는 것이다!"라고 백의의 용사가 트럭 위에서 호소했다. 학생들도 목이 터지라고 '이성을 회복하여 의거에 피흘린 마산시민을 괴롭히지 말 것'을 역설했다. 원정 데모대는 이들의 열열한 주장에 한풀 꺾였으나, 맘을 놓을 수 없었던 마산 시민과 학생들은 그들을 마산상고 교정에 연금시켜 놓고, 집집마다 저녁밥을 만들어 제공하여 원정 데모대원을 위로했다.(김태룡, 1962, 391쪽)

4월 26일 (화) 맑음. 저녁에 부산에서 일어난 데모대들이 자동차를 타고 마산에 도착한 것이다. 굉장히 많았다.『동아일보』기자의 말을 들으면, 약 100대의 차가 온다는 것이다. 난 거리에서 고요히 생각했다. 오늘 또한 마산은 큰일 났다. 마산 학생은 데모 일으킬 마음 현재로서는 없다……밤 12시가 되어도 데모대의 소리는 끝없이 들렸다. 여학생도 차를 타고 왔는지 소리가 들렸다……거리거리 마다 신문을 사서 보는 사람이 많았다.(김종배 일기)

부산에서 온 원정 시위대는 27일 새벽에 돌아 갔으나, 26일의 시위로 마산지역에서 2명의 희생자(김평도 40세, 김*술 16세 학생)가 발생하고(김태룡, 1962, 392쪽), 관공서 파괴는 극심했다. 이 과정에서 시청의 징세 자료가 모두 망실되어 후에 징세행정에 애로를 겪게 된다. 김종배는 원정 데모대가 돌아간 뒤의 상황을 다음과 같이 전하였다.

4월 27일(수) 맑음. 오늘은 마이크 소리가 들렸다.……어제 저녁의 데모 결과를 보기 위하여 거리를 한 바퀴 돌았다. 형무소가 형편없이 유리창이 부서져 있었다. 거리도 경찰서도 마찬가지라 시청을 가보지 안했으나 말을 들으면, 전면 전소된 유리창을 사흘 전에 다시 해 넣어 놓았는데, 어제 저녁 모두 깨어졌다는 것이다. 그리고 오늘 아침 데모대들은 부산으로 떠났다는 것이다. 마이크의 유창한 소리는 자각한 시민을 더욱 자각케 하고 있었다.(김종배의 일기)

7. 결론

3·15마산의거와 2차 의거는 당시 아직 이승만 정권이 물러나지 않았던 시점에서 다음과 같이 평가되었다.

마산사건에 대해서, 이는 한민족이 타력 아닌 자력에 의하여 신생과 재출발을 하기 위하여 신의 섭리로 낡은 일체의 것을 정화하려는 민족 갱생의 신호로 볼 수 없을까?……
차세대마저 아무런 감응 없이 그대로 물들어버리느냐, 불연이면 통념화해 가는 부정, 불의의 사회악 순환을 단절하느냐, 마산의 젊은 영혼들은 육체를 불사르며 이에 대답하였다.("권두언 : 민족 갱생의 신호"『새벽』 1960년 5월호, 27쪽)
그 점으로 보아서는, 마산사건과 같은 불상사가 일어난 것은 불행한 일이면서도, 각지에서 부정선거를 규탄하는 합법적인 데모가 국운을 위해 오히려 다행한 일이라고도 할 수 있을 것 같다. 왜냐하면 우리 국민의 민주의식이 완전히 말살되지 않았다는 증거를 거기서 찾아볼 수 있기 때문이다.(정비석, 1960, 117쪽)

　이미 강산에 수많은 민주주의의 전상자와 대표적인 수명의 전사자가 났었거니와, 3·15 당야에 폭발한 마산사건은 그 당상(當喪) 초야의 선지 피 묻은 제물로서 전 세계 사람의 청각에다 일대 비분의 조종을 울렸던 것이다.(설창수, 1960, 122쪽)

　마산사건은 민주 대한이 건국된 이래 진정한 의미에서는 처음인 이 나라의 부패와 부정에 항거하는 청소년의 평화적 시위였던 것이다……

　물론 마산사건은 청소년 학생들이 주가 되었지마는, 민주 자각이 빠른 청소년이 앞장을 섰을 망정 이 사건의 역사적 사회적 경제적 요인은 이사회가 곪을대로 곪아 터져 있는 것이 그들을 통하여 폭발한 것일 뿐이다. (윤길주, 1960, 164쪽)

즉 마산의거는 부정 부패를 물리치고, 민주주의를 살려 낸 사건이라는 것이다. 현재의 역사 해석도 이를 그대로 이어받고 있다. 당대의 역사적 해석이 해석에 대한 직접적이고, 당시의 상황을 그대로 반영하고, 도덕적 감정이 실려 있으므로 더 생동감이 있다고 본다. 현재 지역에서는 마산의거를 민주, 정의, 평등의 정신을 고양시킨 것으로 해석하는 경향이 있으나, 마치 프랑스혁명의 정신을 그대로 인용한 것으로 여겨지고, 추상적인 표현에 대해 당시의 의거 당사자들은 적합한 것으로 여기기 어려운 것으로 생각하고 있다.

〈그림 7〉 마산 3·15의거 격전지

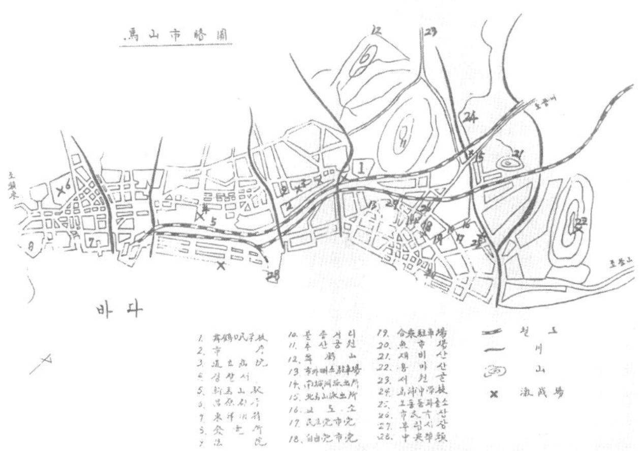

출처 : 김태룡, 1962, 260쪽과 261쪽 사이의 간지

〈그림 8〉 마산 3·15의거 동별 피해 상황

출처 : 김태룡, 1962, 404쪽과 405쪽 사이의 간지

하지만 왜 하필 마산에서 부정부패가 민감하게 느껴졌고, 불의에 저항하는 행동이 과감하게 일어나고, 다른 시민들이 이에 동조하여 시민 전체가 봉기하였는가에 대해서는 아직도 그 해석을 기다리고 있다. 필자는 마산의 인구학적 특성을 들어서 설명하였거니와, 그럼에도 불구하고 애매하게 열린 공동체적 속성을 지닌 앞서가는 사상을 가진 예언자적 인물의 집합이라는 인상을 주도록 해석하였었다. 그러나 이러한 문학적 통찰력이 아니라, 이들 각자가 처한 공동체적 상황을 보면, 대안적인 공동체에 의존할 수 없는 상황에서는 이웃공동체에 의존하거나, 아니면, 거리의 공동체가 더욱 중요해진다. 더구나 물질적으로 가난하고, 잃을 것이 없는 사람들에게는 공동체적 연대감을 통한 생존의 의미는 더욱 심대해질 수밖에 없다. 따라서 마산이 국가에 의해 배제되고 무시되는 순간, 기득권을 가진 사람들에 비해 더욱 심각하게 자존심과 정체성의 손상을 경험하였을 것으로 짐작할 수 있다. 여기에 3월 15일의 시위가 무자비하게 탄압되고, 이어서 이를 공산 오열의 소행으로 몰고가는 지배층의 행태에 대해 그 내부적으로 집단은 공유하면서, 하나의 집단 무의식의 상태로서 분노와 한을 축적시키고 있었던 것으로 보인다. 이러한 축적된 분노는 그 탈출구를 찾아 계기를 만나면 폭발될 준비를 하고 있었던 것이다. 이에 4월 11일의 김주열의 사체 발견은 정확하게 그 분노의 탈출구를 아주 적합하게 제공하였던 것이다.

그러나 다른 한편, 정부의 대처가 취약했던 점을 들 수 있다. 이때 취약이라는 표현은 무력의 문제가 아니라, 정당성의 문제로 귀착될 수 있다. 가시적인 무력은 비가시적인 정당성이나, 물질적인 보상이 있을 때 그 효력을 발생한다는 점을 감안한다면, 국가의 가시적이면서 무자비한 폭력은 서서히 정당성을 상실하고, 아무런 물질적 복지도 제공하지 못하는 것이라는 점이 드러나면서, 마산 시민들은 공동체의 응집력과 시위의 정당성을 높여갔던 것이다. 여기에 마산은 상대적으로 국가의 변방으로서, 열린 바다를 배경으로 국가는 항상 회색지대로 여기고 있었고, 마산 시민들도 역시 국가의 강압적 지배력에 대항할 수 있는 지리적으로, 그리고 심리적으로 열린 공간을 경험하고 있었던 것이다.

마지막으로 지적할 수 있는 것은 마산의 시위의 사이클과 전국적인 시위의 사이클이 동시적이면서도 어긋나면서 진행되었다는 점이다. 물론 마산의 시위도 전국적인 흐름의 영향을 받았을 것으로 전제하는 것은 당연하나, 어느 정도, 어떤 방식으로 영향을 받았는지는 앞으로 천착해야할 주제이다. 다만, 흐름의 뒤를 좇기보다는 분명하게 앞서 갔고, 이를 이어받아 전국의 다른 지역에서 시위가 연쇄적으로 발생한 것은 분명하다. 중요한 점은 항상 시위의 기폭제, 그리고 시위의 빌미를 제공한 것은 3월 15일의 마산의거, 그리고 4월 11일 김주열의 사체 발견과 뒤이은 마산의 시위가 전국적 시위 흐름의 고비를 장식하고, 가속화 내지 재점화시켰다는 점은 분명하다. 이를 4월혁명의 주연으로서의 역할을 수행한 것으로 보는 것은 무리가 아닌 것 같다.

▣ 참고문헌

김중배의 일기(미간행물).
「변협 조사보고서」『새벽』 1960년 5월호.
김춘복, 1989 『꽃바람, 꽃샘바람』, 동광출판사.
김태룡, 1964 「3·15마산의거의 역사적 고찰」『마산시사 : 사료집』 제1집(마산시사 편찬위원회 편)
마산일보사 편, 1960 『승리의 기록』, 마산일보사
박두진, 1960 「우리는 우중의 나라인가 : 민중의 항거와 마산사건의 반성」『새벽』 5월호.

사단법인 3·15의거기념사업회 편, 2004 『3·15의거사』.

설창수, 1960 「역사 앞에 외상은 없다」 『새벽』 5월호.

신태악, 1960 「3·15마산사건의 결론」 『새벽』 5월호.

윤길주, 1960 「마산사건의 교훈」 『새벽』 5월호.

이강현, 1960 「생생한 현지 루포 : 당신은 누구의 편이요」 『새벽』 5월호.

이은진, 2004 『근대 마산 : 압축된 모순의 폭발지』, 경남대학교 출판부.

이화수, 1985 『4월혁명 : 정치형태학적 연구』, 평민사.

정비석, 1960 「3·15의 우매성」 『새벽』 5월호.

홍중조 엮음, 1992 『3·15 의거』, 4·19의거상이자회 경남지부.

Charles R. Kim, 2007, *Unlikely Revolutions : South Korea's First Generation and the Student Protests of 1960*, Ph.D Dissertation, Columbia University.

제4장 서울에서의 4월혁명

3·1절 삐라사건에서 4·26까지

오유석

1. 들어가는 말 : 4월혁명과 서울

본 "서울에서의 4월혁명" 연구는 4·19항쟁에 비해 그동안 크게 주목받지 못했던 2월 28일에서부터 4월 26일까지 '서울'지역에서 전개된 혁명의 과정과 의미를 집중적으로 살펴보고자 한다. 일반적으로 4월혁명의 직접적인 원인과 저항 주체는 3·15부정선거와 이러한 책동에 최초로 저항했던 2월 28일 대구에서의 데모를 이끌었던 고교생(최초 대규모 반정부시위)과 4월 18일~19일의 시위를 주도한 대학생들에게 초점이 맞추어져 왔다. 4월혁명은 고교생들로부터 시작되었으며, 그것도 '지방' 학교에서부터 먼저 불붙기 시작했다. 전국적으로 10만 명의 대학생 중 절반 이상이 밀집되어 있던 서울이 4월혁명의 핵으로 등장한 것은 4월 18일 고려대생 피습사건 이후였다. 따라서 초창기에 고교생들은 "우리 선배는 썩었다"고 질타했고,[1] 지방에서는 "서울 학생들은 비겁하다"는 비난도 있었다.

---

[1] 3월 14일 부산에서는 오후 6시부터 부산진구 구름다리에서 시위가 시작되어 밤 늦게까지 계속되었는데, 이때 처음으로 "우리 선배는 썩었다"는 구호가 나왔다. 이것은 침묵하고 있는 대학생들을 힐난하는 목소리였다.(김정남, 2004, 39쪽 ; 안동일·홍기범, 1960, 95쪽)

4월혁명의 시기를 2·28 대구학생시위에서 4·26 이승만 하야까지로 볼 때(민주화운동기념사업회 연구소 편, 2008),[2] 대구시위→1·2차 마산시위→시위가 전국으로 확산→4·18과 4·19로 이어지는 혁명의 전개과정에서 서울이 저항의 핵으로 부상할 때까지 '서울'의 '학생'들은 무엇을 하고 있었는가? 마산에서는 2차례에 걸쳐 대규모 유혈시위가 일어났고, 부산, 청주, 대전을 비롯한 지방 도시에서도 연달아 시위가 일어나고 있었는데, 유독 서울에서만 조용하다는 것에 대해 학생들은 의아스럽게 생각했다. 1959년 당시 서울시내에는 95개 학교, 71,730명의 고등학생과 초급대학 이상 39개 67,056명의 대학생이 있었다.(서울시사편찬위원회 편, 1995, 925쪽) 전국에서 고등학생들이 들불처럼 일어나고 있는데, 대한민국의 수도 '서울'에서, 특히 최고의 지성을 자처하는 대학과 대학생들이 밀집되어 있는 '서울'에서 침묵하고 있다는 것은 결코 이해될 수 없었다.

그러나 서울은 소리 없는 저항의 외곽이 아니었다. 4월혁명, 1980년 서울의 봄, 1987년 6월민주항쟁 등 사실상 한국에서 반독재민주화투쟁은 지방에서부터 시작하여 서울에서 최종 마무리되는 형식을 띠어왔다. '서울'이라는 공간적, 권력적 상징성이 최후의 순간에 가장 크게 작용했던 것이다. 즉 그것은 사회운동의 출발점과 종착점은 다르다는 것을 역사적·경험적으로 말해주는 것이다. 운동은 직접적인 대면관계가 큰 곳에서, 권력에 의한 폭력에 보다 직접적으로 노출된 곳 다시 말해서 가장 약한 고리에서부터 시작된다. 하지만 시작만큼 중요한

---

2) 1980년대에 이루어진 4월혁명 연구들은 4월혁명을 4·19 전후로 한정하는 시각을 넘어 5·16까지 총괄하여 고찰하고 있다. 이러한 연구들은 대체로 4월혁명을 이승만 하야와 7·29총선을 획선으로 하여 3시기로 구분한다. 정기영(1990)은 4월혁명의 주도 및 참여세력에 따라 2·28에서 4·26까지의 반독재투쟁시기, 4·26에서 7·29까지의 운동대중화와 조직확산시기, 7·29에서 5·16까지 반미자주화와 조국통일 촉진시기로 구분했다. 고성국(1990)은 같은 시기를 전기, 중기, 후기로 구분하였다.

것이 운동의 확산과 집중(중심)이다. 서울에서는 바로 그 확산과 중심의 '핵'으로 부상할 싹이 일찍부터 자라고 있었다. 그리고 서울은 모든 혁명의 열기를 끌어 올리고 터뜨렸다.

2. 혁명 전야의 서울 : 3·1삐라사건에서 4·6 부정선거 규탄시위까지

1) 서울운동장 3·1삐라사건

4·18 이전에 이미 서울의 일부 대학생들은 3·15부정선거에 대항하여 발 빠르게 움직이고 있었다. 그리고 이들에 의해 최초의 의미 있는 반정부행동이 1960년 3월 1일에 서울운동장에서 발생했다. 대구에서 2·28시위가 벌어진 그 다음다음날 서울운동장에서는 3부 요인과 시민·학생들을 포함하여 수만 명의 인파가 운집한 가운데 3·1절 41주년 기념식이 열리고 있었다. 그곳에 "부정선거 감행하면 백만 학도 궐기한다", "3·1정신 받들어 민주주의 사수하자", "3·1정신 받들어 대구학생 성원하자" 등의 구호가 적힌 삐라가 구석구석 수백 장 뿌려졌다. 이 삐라는 이날 서울 요소요소에 근 40여 명의 대학생들에 의해 3천여 장이 뿌려졌다. 삐라를 뿌린 단체는 '공명선거추진전국학생위원회'(약칭 공추위 학생위원회)3)였다. 1960년 2월 28일에 발족한 이 단

---

3) '공추위 학생위원회'는 '공명선거 추진 전국위원회 학생특별위원회', 공명선거전국학생투쟁위원회 등 여러 개의 다른 이름으로 보도되었다. '공명선거 전국학생투쟁위원회' 결성 준비는 서울 시내 소재 일부 대학생들을 중심으로 1958년경부터 논의되었고, 몇 차례의 모임도 있었다. 동 위원회는 1960년 2월 8일 동경 유학생 독립선언 기념일을 택하여 흥사단 강당에서 결성키로 준비되었으나, 경찰 당국의 강력한 방해공작으로 결성이 무산되었다. 학생의 독자적인 힘으로는 전 국민이 참가하는 운동을 전개하기가 어려움을 인식하고, 전국 모든 사회 지도층을

체는 서울 시내 대학생이 중심이 되어 경찰 당국의 끊임없는 방해를 받으면서도 3월 초 서울에서 일어난 두 큰 시위사건(3·1삐라사건과 3월 5일 시위사건)에서 주요한 역할을 담당했다.

2·28에 바로 이은 이 사건은 『조선일보』를 비롯하여 당시 주요 일간지마다 크게 보도되어 세인의 이목을 끌었다. 서울시경에서도 "이렇게 선동적인 삐라를 뿌린 데 대하여 그 삐라의 출처와 살포 목적을 철저히 밝히겠다"고 언명함으로써, 향후 경찰의 대응과 학생운동의 귀추가 주목되었다.

〈표 1〉 3·1삐라사건 보도 일지

신문분류 (대정부경향)[4]	신문명	관련 보도 기사 제목
야당지	동아일보	대회장서 정체모를 호소문 "공명선거 추진하자"는 문구 넣어
	경향신문	
중립, 비판적	한국일보	경축식장에서 삐라, "3·1정신 받들어 대구 학생 성원하자"
	조선일보	학생들이 서울운동장서 선거 삐라 살포
친정부 및 여당지	서울신문	
	세계일보	삐라 살포 3건, 1일 시내에서
	국도신문	
기타(친여성향)[5]	연합신문	공명선거추진학생위 이름으로 식 끝에 삐라 살포
	자유신문	대구 학생을 성원, 서울운동장서 삐라 살포
	평화신문	

방문하여 애로사항과 사명감을 제시, 설명하고 거국적 동참을 호소하였다. 재야와 전 야당의원이 참여하는 '공명선거 추진 전국위원회' 결성에도 일부 관계하였다. 드디어 1960년 2월 15일 '공명선거 추진 전국위원회'가 결성키로 준비되었다. 하지만 장소 관계로 2월 16일로 미루어졌다가(『동아일보』 1960년 2월 13일자), 다시 조병옥 박사의 급서로 부득이 2월 28일에 서울 대성빌딩(현 외환은행 본점 지역)에서 결성되었다. 공명선거추진전국위원회 산하에 조직된 학생특별위원회에는 이기택, 복진풍, 하은철, 유인재, 권영철, 황관의 등 다수가 참여하였다.

[4] 왕종성 외, 1965, 107쪽 참조. 한국신문협회 편, 1968, 467~469쪽 등을 참조하여 최영석(1989)이 분류한 것임. 『경향신문』(가톨릭재단 소유, 민주당 신파 장면)과 『동아일보』(민주당 구파 김성수가 창립자)는 야당인 민주당과 밀접한 연관을 갖

이 3·1삐라사건이 주목되는 것은 4월혁명 전 과정에서 학생들이 외친 구호의 변화과정을 볼 때 최초로 서울에서 "민주주의 수호를 위한 학생의 단결을 호소"했다는 점이다.(『한국일보』 1960년 9월 13일자) 3·15 전·후 나타난 구호와 비교할 때 '민주주의 수호'라는 아직은 막연하고 추상적이며 일반적인 테제로 나타나고 있기는 하지만, 선언문(『동아일보』 1960년 3월 2일자)에서 "우리 학도는 결코 고립되어 있지 않다"고 하면서, 정부가 "부정선거를 감행하면 백만 학도가 궐기한다"고 경고하는 내용의 삐라를 뿌린 것은 앞으로 행동하는 저항 '학생'들의 집단적 움직임의 가능성을 경고했다는 점에서 매우 주목할 만한 것이다. 동 단체는 3월 2일에도 삐라보다 강력한 어조의 백만 학도에게 보내는 격문을 발표하여 "부정선거 협잡선거를 쳐부수고 공명선거를 실시하도록 하는 운동에 총궐기할" 것을 호소하였다.

자유당은 대구 2·28과 3·1삐라사건이 일어나자 '학생들의 동태'를 주시하고, 최인규 내무부장관에게 전국적으로 이러한 사건이 재발되지 않도록 학부모와 학생들을 상대로 경고 담화를 발표케 했다.(『조선일보』 1960년 3월 2일자) 그리고 3월 3일 최 내무부장관과 이강학 치안국장은 이 사건을 모당(민주당을 말함)의 배후조종에 의해 이루어진 것으로 발표하였는데, 이 발표를 통해 "여·야를 막론하고 학생들을 정치적으로 이용하는 것을 금지"할 것을 요구하고, 불순한 의도가 밝혀질 경우 사회에서 "놀랄만한 일을 하겠다"고 말함으로써(『동아일보』 1960년 3월 3일자), 학생들을 탄압하고 퇴학시키고 구속하는 초강경 조치를 취할 수 있음을 경고했다.

고 있었다. 『서울신문』은 주식의 48.4%가 정부 소유로 정부기관지나 다름없었고, 국도신문 사장 김장성은 자유당의 핵심당원이었고, 『세계일보』는 이기붕계의 신문이었다.

5) 이들 신문의 공통점은 소유주들이 국가권력과 유착, 자본축적을 했다는 점이다.

2) 3월 5일 서울 종로 학생시위

학생들의 움직임이 심상치 않고 이에 대한 당국의 대응이 고조되고 있는 상황에서 민주당이 사전에 입수하여 폭로한 자유당의 '경찰관 및 공무원에 지령된 부정선거 감행방법'이 3월 4일 언론에 대대적으로 공개되었다.(『동아일보』 1960년 3월 4일자)[6] 이 문건에 의하면, 자유당 후보의 득표율 85%를 목표로 4할 사전투표[7]와 공개투표[8] 방식이 사전에 계획되었다. 동시에 이 같은 사전투표·공개투표를 방해하지 못하도록 민주당 선거위원이나 참관인들을 매수, 테러, 투표소 안에서의 고의적인 시비 등으로 퇴장시키고, 그것이 여의치 않으면 그들의 직계 가족이 사망했다는 허위 전보 내지 전화로 이들을 밖으로 끌어낸다는 계획도 준비되었다. 그뿐 아니라 각급 대학생 성분조사 및 명부 작성, 대학생 포섭공작, 방학 중 각급 대학생 및 고등학생의 동향 사찰 등 학생들의 동태 파악에도 예의주시하고, 학생들이 민주당과 기타 당의 정치활동에 참여하는 것을 원천적으로 감시하고 박탈하도록 계획하고 있었다.

자유당은 사실상 집권 연장의 방편으로 학생을 정치도구로 빈번하게 이용해 왔다. 자유당이나 정부의 각종 집회에 학생들을 수시로 집

---

[6] 이에 대해 최인규 내무부장관은 "우리가 무엇이 답답하여 그런 지령문을 내리겠는가"라고(『연합신문』 1960년 3월 4일자) 말하면서, 그것은 패배주의자들의 트집이라고 반박했다. 그러나 사실 자유당의 속사정은 그렇게 안심할 상황이 아니었다.

[7] 4할사전투표란 자연기권자, 무효표, 번호표를 교부하지 않는 등의 방법으로 생길 조작, 기권자, 유령기권자, 매수기권자, 미기류자, 전출자, 노쇠자 등을 전 유권자의 약 4할로 책정하고, 이 4할의 투표자를 자유당 후보 지지표로 만들어 투표 전에 미리 무더기로 집어넣는다는 계획이다.

[8] 공개투표란 유권자를 3인조, 5인조, 9인조 등으로 편성하고, 자유당원, 경찰관, 공무원 또는 그 가족 매수자가 조장이 되어 공개투표로 여당을 찍는다는 계획이다. 이것은 자유당 후보에 대한 기표를 피차 확인·감시하는 일종의 공개적인 투표방식이었다.

단적으로 동원하였다. 최대의 학생조직인 학도호국단이 정부의 어용 단체(외곽단체) 구실9)을 하였고, 그런 학도호국단에 학생들은 묶여서 여당 후보자 지지교육에 동원되었다. 심지어 일부 대학 학도호국단 위원장들은 전국대학생구국총연맹10)을 발족하여 자유당 후보 선거운 동에 나서기도 했다.(『서울신문』 1960년 2월 21·29일자) 또 1960년 2월 20일에는 전국고학생총연맹 중앙본부가 결의문을 통해 대통령에 이승 만 박사를, 부통령에 이기붕을 추대하고 나섰다.(『세계일보』 1960년 3월 1일자) 이러한 부당한 권력행사와 동원은 결국 의도하지 않은 결 과를 낳기도 했는데, 그것은 학생들이 일찍부터 '정치화'되었다는 것 이다.

이러한 상황에서 2·28에 이어 두 번째로, 1천여 명이 참가한 최대 의 학생시위가 3월 5일 서울 종로(인사동에서 화신백화점 앞)에서 광 화문에 걸쳐 일어났다.(『동아일보』 1960년 3월 6일자) 이 날 서울운동 장에서는 민주당 장면 부통령후보의 선거 연설회가 있었다. 오후 4시 45분경 연설회가 끝나고 퍼레이드를 벌일 때 학생 1천여 명이 장면

---

9) 3·15부정선거는 공식적인 국가기구를 활용하는 것 이외에도 여러 비공식적인 외곽단체를 동원했다. 그중에서도 4월혁명 과정에서 민중들의 일차적인 원성의 대상이 되었던 것은 대한반공청년단이었다. 대한반공청년단은 1958년 1월 22일 발족하였다. 3·15선거가 임박하자 대한반공청년단은 1959년 8월 12일 단장을 신 도환으로 바꾸고 대한멸공단, 반공청년회 등 9개의 반공청년단체를 흡수 통합한 후, 전국 89개 시·군 단부를 조직하여 조직적으로 선거에 개입하기 시작했다. 또 하나는 임화수 등 깡패를 주축으로 만든 반공예술인단으로 이 단체도 선거운 동에 나섰다. 박종화·이헌구·김말봉·모윤숙·김동리 등 문인들은 이승만과 이기붕을 찬양하는 글을 신문에 썼고, 일부 문학인들은 연설회장에서 연설을 했다.

10) 전국대학생구국총연맹은 1960년 2월 21일 발기문을 내고 동년 2월 26일 시공관에 서 결성되었는데, 그 자리에서도 이승만·이기붕 지지를 결의하였고, 동년 2월 29일 발표한 성명서에서도 분명한 이승만 지지를 표방하고 나섰다.

> ……우리는……이 민족의 희망이요 등대이며 생명이신 리승만 박사를 받 들 것을 각고하는 바이다……또 리기붕 선생을 그 보필자로 받들어야할 것 이다. 이것이 곧 청년학도의 길이요 따라서 전국대학생구국총연맹이 택한 가장 긴급한 구국의 길인 것이다……

부통령후보 차의 뒤를 따라 비를 맞으며 종로거리를 걷기 시작했다. 종로 4가에서 장면 부통령후보의 차가 빠져 나간 뒤에도 학생들의 행진은 멈추지 않았다. 그런데 인사동 부근에서 경찰이 저지하자 "썩은 정치 갈아보자", "부정선거 배격하자" 등의 구호를 외치며 계속해서 광화문까지 시위를 벌였다. 광화문에서 데모대는 증원된 경찰과 기마대에 의해 제지되었고, 학생들에 둘러싸였던 민주당원들과 학생 수명이 종로경찰서로 연행되었다. 연행된 사람들 중 6~7명은 정식으로 취조를 받고서야 풀려났다. 이날 경찰은 진압을 매우 강경하게 했고 시위가 끝난 뒤에도 삼엄한 경계를 폈다.

이 사건은 2·28이나 3·1과는 약간 성질을 달리하는 측면이 있었다. 이날 시위가 민주당 집회 이후에 벌어졌기 때문이기도 했지만, 시위대는 "장면 박사를 다시 부통령으로 뽑자" 등의 구호로 민주당을 지지하는 태도를 보였다. 따라서 충분히 민주당이 선거운동 및 선거 붐을 일으키기 위해 학생을 동원한 것처럼 보이거나, 그것이 아니더라도 학생들이 민주당을 지지하는 것으로 보여졌다. 또 이 날 시위에는 공추위 학생위원회 소속 학생들이 많이 참가하고 있었다[11].

하지만 이 시위 역시 민주당과는 무관했다. 이 시위는 그동안 학생들의 가슴 속에 쌓여 있던 분노가 민주당 집회를 계기로 쏟아져 나온 자연발생적[12]인 것이었다. 이 시위는 서울 학생들이 결코 침묵하고만

---

[11] 3·1삐라사건을 주도하고 3월 5일 사건에도 주도적으로 참여했던 관계로 동 단체의 관계자들은 후일 동 단체가 "3월초부터 서울에서 데모의 포문을 열었고, 지방에까지 세력을 뻗은 후 각각 본교에 들어가 시위 투쟁을 일으켜 4·19의 맹아체적 역할을 했다"고 기록하고 있다.[정국노, 1995, 350쪽 ; 복진풍의 증언(2008년 민주화운동기념사업회)] 실제 이 사건들이 동 단체와 직접적이고 깊은 관계가 있지만, 동 단체와 4·19와의 조직적이고 직접적인 관계에 대해서는 밝혀진 바가 거의 없다.

[12] 민주당도 반박 성명을 통해 이 사건이 민주당과는 하등 관계없는 자연발생적 저항이라고 했다. 민주당이 지속적으로 이승만 독재와 부정에 반대해 왔던 것은 사실이지만, 민주당이 직접 저항투쟁조직을 조직해서 시위를 주도하지는 않았다. 원

있지 않았고, 기회가 생기면 언제든 행동하는 시위 주체로 등장할 수 있다는 것을 보여주었다는 점에서 그 의의를 과소평가할 수 없는 사건이다.

경찰 수뇌부(최 내무부장관, 이 치안국장, 유시경 국장)와 자유당 기획위원회는 이 사건을 '미리 계획된' 것으로 결론짓고, 특히 그 배후로 민주당과 공명선거추진전국위원회 및 공추위 학생위원회를 공식적으로 지목했다. 그 조직체계도를 제시하고, 그와 함께 시내 각 대학별로 발기인 명단13)을 공개함으로써 대단한 조직망이 있는 것처럼 보도했다.(『서울신문』 1960년 3월 6일자 ; 『세계일보』 1960년 3월 6일자) 그리고 이를 불법데모로 규정하고, "그 배후 관계를 철저히 수사하여 엄단 처벌하겠다"고 언명하고 나섰다.(『서울신문』 1960년 3월 6일자)

민주당은 3·5 학생시위를 민주당과 연관지어 탄압하려는 경찰과 자유당의 속셈을 알아채고 학생시위와의 직접적인 관련성을 반박했다. 그러면서도 학생들이 학원 밖에서 그 소신대로 정치운동에 참여하는 것은 '정당한 국민의 권리'라고 부추기면서, 서울까지 확대되고 있는 학생시위를 '선거 붐'으로 해석하고, 이러한 '선거 붐'을 민주당에 유리하도록 투표일까지 이어가려고 했다.

그러나 자유당이 '맞불작전'으로 이러한 '선거 붐'을 막을 방침을 세우면서, 양 당의 선거전이 학생들을 정치적으로 동원하고 분열시키는 움직임과 직결되는 양상을 띠어 갔다.(『동아일보』 1960년 3월 7일자)

하지 않는 불똥이 튀는 것을 바라지 않는 민주당은 항상 시위대와 거리를 두었다.

13) 대학별 발기인 명단은 다음과 같다.
고려대 : 하은철, 정국노, 박도정, 복진풍, 주일성 / 건국대 : 노원태, 박영덕, 조웅 / 동국대 : 이우대, 유인재 / 신흥대(현 경희대−인용자) : 이동춘, 이연복, 이석환 / 홍익대 : 김병국 / 국민대 : 한성일 / 숭실대 : 윤종익, 조창도 / 단국대 : 김상기, 김재수, 김서봉 / 외국어대 : 한백춘 / 동양의대 : 한재승 / 숙명여대 : 양화순 / 문리사대(현 명지대−인용자) : 한희숙 / 연세대 : 이영희 / 문리대(서울대 문리대−인용자) : 정진호 / 사대(서울대 사범대−인용자) : 이현복, 조순만 / 성균관대 : 유광준 외 11개 대학.(정국노, 1995)

먼저 학생들에 대한 자유당과 경찰의 수사와 감시 그리고 분열책동이 진행되었고, 동시에 이승만을 지지하는 학생조직들이 발호하여, 주요 일간지를 통해 학생조직체들 사이에 공방전이 시작되었다. 앞서 3·1 삐라사건과 3월 2일 동 단체의 격문에 대응하여 '선동적인 선전'에 속지 말라는 내용의 성명서를 발표했던(『서울신문』 1960년 3월 5일자 ; 『연합신문』 1960년 3월 5일자) 전국고학생연맹(위원장 : 정성표) 중앙본부가 3월 10일에는 학생들의 시위를 조직적 사주로 간주하는 내용의 성명서를 발표했다.(『연합신문』 1960년 3월 10일자)

또 3월 8일에는 "불행히도 민주당 산하의 '공명선거 추진 전국위원회'로 휩쓸려 들어가 모당의 사주를 받아 정치에 이용당하고 있다는 불명예스러운 비난을 받았다"고 하면서, '공추의 학생위원회'를 탈퇴하고, 고 유석 조병옥 박사의 유지를 계승한다고 천명한 '유석학생동지회' 발족 발기준비위라는 새로운 학생조직체가 나타났다.(『조선일보』 1960년 3월 9일자) 이 조직의 발기준비위원들 중에는 이우대, 유광준, 주일성, 이동춘 등등 자유당이 앞서 '공추위 학생위원회' 소속 발기인이라고 거명한 인물들이 다수 포함되어 있었다. 그러므로 이것은 충분히 내부 분열의 징조로 보였다.

3월 10일에는 전국대학생예술연구회의 이름으로 '공추위 학생위원회'를 공식 거명하면서, "몇몇 학생들이 순수성을 잃고 일부 정객들에게 기만당하여 일종의 정치도구화되고 있"음을 한탄하고, "이승만 박사와 이기붕을 지지"할 것을 전국 청년학도들에게 고하는 내용의 호소문이 보도되었다.(『한국일보』 1960년 3월 13일자) 여기에도 공추위 학생위원회 소속이라고 알려진 인물이 포함되어 있었다. 그만큼 서울에서는 자유당의 압력과 회유, 매수 등을 통한 분열책동이 심했다.

급기야 3월 10일 김선기 문교부차관은 기자간담회 및 담화를 통해 "대학생은 유권자의 자격으로서도 선거운동을 할 수 없다"고 하면서,

일부 학생들이 데모를 감행하는 것은 "정치의 도구가 되고 있음을 깨닫지 못한 소치"에서 비롯되었다는 내용의 망언을 서슴치 않았다.(『서울신문』 1960년 3월 10일자 ;『동아일보』 1960년 3월 11일자)

3) 3·14 야간고 중심 최초의 조직적 시위

당시 유일 야당이었던 민주당은 이러한 자유당과 정부 당국의 학생 분열책동 및 탄압에 거의 속수무책이었다. 민주당을 측면지원하기 위해 나선 공명선거추진전국위원회도 부정선거를 원천적으로 막을 수는 없었다. 공명선거추진전국위원회는 출범 초기부터 집권 여당의 의도적인 방해와 봉쇄 공세를 당해왔다. 유력한 인사로 편성해 지방유세반을 짜놓고도 장소를 허가받지 못해 좌절하는 일이 비일비재했다. 민주당은 겨우 지방유세를 통해 "썩은 정치는 몰아내자"는 선거구호를 내걸고 자유당의 부정선거 음모를 분쇄할 것을 다짐하고 호소하는 것이 고작이었다. 경찰과 반공청년단 단원들은 야당에 대한 테러를 자행하였고, 각종 집회의 사전신고·사전허가제를 악용하여 야당이 주최하는 선거 집회를 전면 봉쇄하였다.

3월 15일 선거가 임박해지자 자유당과 정부 당국은 여·야를 막론하고 선거운동에 학생을 동원하는 것을 철저히 금지했고, 탄압의 강도도 높였다. 12일자로 된 치안국장의 '학생 데모에 대한 마지막 경고'가 거리마다 나붙었다.

그럼에도 불구하고 서울에서는 13일에도 공명선거를 외치는 고등학생들의 산발적인 시위가 있었다. 미리 배치된 경찰과 교직원, 장학사들의 제압으로 시위의 규모는 크지 않았지만, 시공관, 미도파백화점, 반도호텔, 시청, 국제극장 앞 등 도심 곳곳에서 삐라도 뿌리고 구호도 외치며 시위가 벌어졌다. 이날 서울 명동의 시공관에서 뿌려진 전단에는 붉은 색연필로 "백가지 공약보다 한가지 공명선거"라고 쓰여 있었다. 주역은 고등학생들이었다. 시위 현장에는 서울 시내 거의 모든 고등학교 학생들이 서성대고 있었다. 이날 시위에는 신문 지상에서 떠들어 대던 '전국학생구국총연맹', '유석학생동지회 발기 준비위원회', '아주청년동지회', '국정연구회'라고 써 붙인 짚차가 나타나서 "학생은 정치운동에 참가하지 말라", "민주당 신파는 학생을 선거에 이용물로 하고 있다", "정권 야욕의 도구로 학생을 선동 이용하지 말라"고 외치고 다녔지만, 학생들은 전혀 호응하지 않았다.(안동일·홍기범, 1960, 87~90쪽)

14일 밤에는 전국의 주요 도시들과 함께 서울 시내 중요 지점에서도 삐라를 뿌리고 '공명선거를 절규하는' 최초의 고등학생들의 조직적 시위가 벌어졌다. 개중에는 횃불을 들고 스크럼을 짜서 거리를 행진하는 학생들도 있었다. 이때 참가자 대부분은 야간 고등학생들이었다. 대동고, 균명고, 강문고, 중동고, 배재고, 수송고, 선린상고, 경기고, 보인고, 조양고, 중앙고, 대신고, 경동고 등에서 학생들이 다투어 나와 시위를 벌이고 경찰과 충돌했다. 이날 경찰관들이 마구 휘두르는 방망이에 맞아 유혈이 낭자한 학생들도 생겨났다. 경찰차가 돌멩이 세례를 받기도 했다. 이 날의 학생시위로 서울시경은 180여 명의 고교생을 연행했다.[14] 이날에도 여전히 구호는 부정선거를 거부하는 '공명선거'와 관련된 것이 많았다.

---

[14] 서울시경이 서울지검에 보고한 내용에 의하면, 각 고등학교의 연행된 학생수는 다음과 같다.

　　균명 50명, 강문 28명, 중동 37명, 대동 52명, 배재 1명, 수송 1명, 선린 3명, 경기 2명, 보인 2명, 조양 1명, 중앙 1명, 대신 1명, 경동 1명.

4) 4월 6일 서울을 뒤흔든 '선거 무효 함성' : 부정선거 규탄 시위로

3·15부정선거와 제1차 마산항쟁에서 벌어진 유혈사태에 항의하는 서울의 저항은 이미 3월 16일부터 시작되었다. 3월 16일 인사동에서 대학생과 고교생 주축의 시위, 3월 17일 성남고 학생시위 등 서울에서의 시위는 4월까지 이어졌다. 이때 나온 구호들은 "독재정치 배격한다", "이승만 정부 물러가라" 등 시간이 흐르면서 구호도 3·15 전과는 다르게 변해갔다. 3·15 전에는 구호의 다양성이 적고, 의미상 대개 학원의 자유, 민주주의 수호, 부정선거 규탄, 공명선거 요구 등으로 요약되었다. 그 내용도 추상적이며 일반적인 테제로 나타날 뿐 구체적이고 명료한 요구와는 거리가 있었다. 하지만 3·15부정선거 이후에는 사법부나 경찰 규탄, 정권의 사퇴 요구, 폭력배격 요구, 평화적 시위권리 요구 등 내용적으로 다양하고 구체적인 구호들이 나타나기 시작했다. 새로운 것들도 많아졌다. 물론 이러한 변화는 서울뿐 아니라 전국적으로 일어났다.

3월 16일 민주당은 3·15선거의 무효를 선언하였다. 그리고 의원들은 "3·15선거는 무효다", "리승만 정부 물러가라", "정·부통령선거 다시 하자"는 구호를 외치면서 국회의사당에서 거리로 나와 시위를 벌였다. 인사동 민주당 중앙본부 앞에서도 일부 시위대가 형성되었다가 해산되었다.

3월 17일 오후 1시경에 영등포 성남고 학생들 400여 명이 영등포구청 앞 광장과 서울극장 앞에서 각각 200여 명씩 집합하여 동시에 시위를 진행하고, 영등포 중앙시장 앞에서 합세 한 후 수원 가도와 인천 가도로 분리 행진하는 시위를 벌였다. 이때 출동한 경찰들의 저지에도 불구하고 학생들이 시위를 계속하자, 서울에서도 경찰이 '공포'를 쏘아 해산시키려 했다. 그럼에도 불구하고 100여 명의 학생들은 해산하지 않고 자진하여 질서 있게 경찰의 인도에 따라 연행되었다. 주모자로 몰린 3명의 학생이 3일간의 구류처분을 받았고, 나머지 학생들은 전부 석방되었다. 이날 서울시경은 전 경찰관을 비상소집하여 경계태세를 갖추고 대기했지만, 대규모 학생들의 시위는 일어나지 않았다. 다만 시내 거리 도처에 학생 명의의 벽보가 나붙었다.

3월 18일 부정선거 임무 수행을 마친 최인규 내무부장관이 사표를 냈고 이례적으로 신속히 처리되었다. 마산시위로 인해 과거와 비슷한 방식으로 부정선거를 무마하는 것이 결코 쉽지 않아 보였기 때문이다. 그런데 마산시위의 충격 때문인지 진상조사가 이루어지는 동안 고교생들의 시위도 전국적으로 일시적인 소강상태에 들어갔다. 중·고등학생들의 봄방학이 예정보다 이른 3월 24일부터 시작된 영향도 있었다.

이러한 상황에서 4월 6일 서울에서는 이례적으로 야당인 민주당과 재야의 민권수호국민총연맹·공명선거추진전국위원회 등 3개 단체가 공동주최하는 대규모 시민·학생 합동시위가 벌어졌다.(『동아일보』 1960년 4월 7일자) "3·15선거는 불법이다, 무효다"라는 선언을 시작으로 4월 6일 오전 10시 15분부터 시위가 시작되었고, 경찰의 제지에도 불구하고 연도에 서서 박수갈채를 보내던 시민들과 학생·청년들의 호응으로 서린동에서 출발한 시위대는 을지로4가ㅡ종로4가ㅡ종로3가를 거쳐 국회의사당에 이르렀을 때는 이미 2천 명을 넘었다. 5천여 명이 넘는 시민들이 자발적으로 시위에 참여하면서 이날 서울거리는 인산인해를 이루었다. 시위에 가담한 학생들은 학도호국단가, 애국가 등을 불렀고, 만세가 울려퍼지기도 했으며, '부정선거와 현 정부의 부패'를 폭로하는 내용의 삐라가 뿌려지기도 했다. "살인자 물리치자", "이승만 정부 물러가라", "마산사건 원흉을 잡아내자", "평화적 데모의 자유를 방해하지 말라" 등의 구호가 외쳐졌다. 12시 30분경 세종로 사거리를 돌아 다시 시청쪽으로 향하던 시위대 속의 일부 학생들이 "경무대로 가자"고 외치며 중앙청 쪽으로 달려가는 바람에 이때까지 시위를 방관하고 있던 경찰들과 충돌이 벌어졌고, 수십 명이 경찰버스에 실려 연행되었다. 이 날 시위는 12시 40분경에 해산되었지만 학생들에 의한 산발적인 시위는 계속되었다.

서울에서 전개된 부정선거 규탄 시위에 대한 소식이 전해지자, 부산에서도 민주당 경남도당 당원들의 시위가 일어났고, 간헐적이기는 했지만 도처에서 시위가 끊임없이 이어지고 있었다. 그럼에도 불구하고 민주당은 시위를 전국적으로 조직화하여 정국을 새롭게 주도해 갈 준비를 갖추지 않았다. 여전히 민주당은 '피리는 불어도 엉덩이는 빼는' 구태를 벗어나지 못했다.

3. '피의 화요일' 4 · 19 : 자유 너 영원한 활화산이여!

1) 4 · 19의 도화선 : 4 · 18 고려대생 시위

4월 11일 제2차 마산시위를 계기로 시작된 시위가 다시 전국적으로 들불처럼 번져갔다. 4월 13일에는 마산 해인대생 200여 명이 고교생들과 함께, 4월 14일에는 전주 전북대생 300여 명이 대학생으로서 시위에 나섰지만, 여전히 시위는 고등학생들이 주축이었다. 따라서 고등학생들은 "우리 선배는 썩었다"고 외치며 대학생들을 압박했고, 대학이 밀집되어 있는 서울은 더욱 압박을 받았다.

4 · 19를 열흘 앞둔 시점까지도 지식인들과 대학생들에게는 아무 것도 기대할 수 없는 것처럼 보였다. 한태연(韓泰淵, 사상계 편집위원)은 좌담회 석상에서 3 · 15부정선거와 제1차 마산시위 이후 한국의 민

주정치를 이끌어 갈 희망세대는 10대 중고등학생들이지 대학생들이 아니라고 주장했다.(『사상계』 1960년 5월호, 37쪽)

> 젊은 세대에 대해서 기대를 가질 수 있지 않느냐 하는 것인데, 중고등학생에 대해서는 기대를 가질 수 있는데, 대학생 이후는 기대를 가질 수 없습니다. 선배는 썩었다고 지적했으니까……이번 사건에 대학생이 개재했다면 문제는 더 크게 정치화했겠는데, 중고등학생이기 때문에 이 정도까지 되었다고 봐요. 또 대학생은 방학시기이고, 또 리더로 나서는 놈도 없거든요. 전부 맹장이 중고등학생 뿐입니다. 그래서 중고등학생들이 대학생은 썩었다고 할 수밖에 없어요. 또 대학생 정도면 너무 사회 이면을 알아서 약아 빠져서 자기가 희생되는 일은 안 합니다. 그러니까 우리가 기대를 가질 수 있는 사람은 20 전 세대까지이지 20 이후는 썩었다고 볼 수 있어요.

그러나 휴화산은 죽은 게 아니라 잠시 쉬고 있을 뿐이었다. 다소 늦기는 했지만 집단적으로 침묵하던 대학생들이 4월 1일 신학기를 준비하는 3월 중순부터 조금씩 살아났다.

고려대 5개 단과대학 운영위원장[15]들이 신학기 준비차 모였는데, 이 자리에서 4월 16일(토요일) 신입생환영회를 거사일로 정하였다. 이후 선언문과 격문 등을 비밀리에 준비했다. 개학 후 서울로 올리 온 시골 출신 학생들로부터 시위 요구가 강력히 제기되었다. 그 과정에서 거사의 낌새를 눈치 챈 형사들이 학교로 들이닥쳤고, 학교 측이 신입생환영회를 무기 연기했다. 하지만 18일(월요일) 아침 간부들은 학교 안으

---

15) 4월혁명 당시 학도호국단의 역할에 대한 평가는 4·19 주체들 간에도 이견이 있지만, 참여만을 놓고 본다면 일부 대학교는 기존의 학도호국단조직을 통해 움직였다. 이미 1950년대 말부터 학도호국단 내에서도 일정한 변화가 나타났다. 예를 들어 1959년 후반기에 선출된 학도호국단 임원들은 1960년 4·19까지로 이어졌는데, 이들이 1959년 11월 3일 학생의 날 기념행사를 위해 모인 자리에서 중앙학도호국단 중앙상임위원의 의석비율문제와 호국단비 예산관리 및 사용문제를 놓고 의견 대립이 있었다. 이 자리에서 서울대, 고려대, 연세대 학생 대표들이 회의 도중 퇴장하였고 이어 고려대는 아예 중앙에서 탈퇴, 독자적인 운영을 하였다.

로 숨어 들어가 평소 뜻을 함께 하던 대의원들을 모아 인촌동상 앞에서 집회를 열고, 그 자리에서 다음과 같은 내용의 선언문을 낭독했다.

이제 질식할 듯한 기성 독재의 최후의 발악은 바야흐로 전체 국민의 생명과 자유를 위협하고 있다……만약 이 같은 극단의 악덕과 패륜을 포용하고 있는 이 탁류의 역사를 정화시키지 못한다면, 우리는 후세의 영원한 저주를 면치 못하리라……우리 고대는 과거 일제하에는 항일투쟁의 총본산이었으며, 해방 후에는 인간의 자유와 존엄을 사수하기 위하여 멸공전선의 전위적 대열에 섰으나, 오늘은 진정한 민주이념의 쟁취를 위한 반항의 봉화를 높이 들어야겠다.

고려대 학생들은 선언문 낭독에 이어 1) 기성세대는 자성하라, 2) 마산사건의 책임자를 즉시 처단하라, 3) 우리는 행동성 없는 지식인을 배제한다, 4) 경찰의 학원 출입을 엄금하라, 5) 오늘의 평화적 시위를 방해치 말라 등 5개 항의 요구조건을 제시하였다. 기성세대의 자성을 촉구하는 세대교체론이 등장한 것은 이날 고려대 시위에서가 처음이었다.(김정남, 2004, 73쪽)

선언문 낭독이 끝나자 3천여 명의 고려대생들은 스크럼을 짜고 가두시위에 나섰다. 이들은 경찰의 저지선을 뚫고, "3·15선거 무효", "마산사건 책임자 처단", "기성 정치인 거부", "학원자유 보장" 등을 요구하며 국회의사당까지 진출하였다. 그리고 그 앞에서 연좌시위를 벌였다. 학생들이 연좌농성을 벌이는 동안 경찰은 장소가 국회의사당 앞인 데다가 국내외 보도진과 시민들이 지켜보고 있음을 의식했음인지 강제 해산조치는 취하지 않고, 일반 시민이 합류하는 것만 차단시켰다.

이날 시위는 평화적으로 진행되었다. 고려대생들은 오후 6시 40분 자진해서 연좌데모를 풀고, 경찰 백차와 보도차량들의 선도를 받으며 질서 정연하게 귀교 길에 올랐다. 수많은 시민과 고교생들이 뒤를 따랐다.

4 · 19를 촉발하고 더 많은 학생 · 시민들을 쏟아져 나오게 한 사건은 그 직후에 발생했다. 시위대가 종로 4가 천일백화점 앞에 이르렀을 때 쇠갈고리와 곡괭이, 쇠사슬 등으로 무장한 100여 명의 정치깡패들이 시위대를 습격했다. 이 습격으로 학생과 그들을 따르던 기자 등 50여 명이 다쳤다. 이 시위대를 습격한 깡패들은 경무대 경호관 곽영주 지도하에 있는 임화수, 이정재, 유지광 등 정치세력과 결탁한 정치깡패들(특히 이정재가 이끄는 동대문특별단부)이었음이 뒤에 판명되었다. 깡패들의 테러는 학생들의 저항의식을 강렬하게 자극함으로써 서울의 모든 대학생들이 다음날 총 궐기하도록 만들었다.(한국경찰사편찬위원회 편, 1972, 1245쪽) 4 · 18 고려대생 시위는 시위의 성격과 귀교 길에 발생한 정치깡패들의 습격 때문에 4 · 19의 기폭제가 됨과 동시에 혁명의 성격과 방향을 선회시켰다.

이제 시위의 성격은 부정선거 규탄에 머물지 않고 독재정권 규탄으로 발전했고, 학생시위의 목표는 1950년대 한국정치사회구조 전체에 대한 문제제기 즉 낡은 체제 개혁으로까지 확장되었다.(김성태, 1961, 85쪽) 그것은 시위의 주역이 더 이상 '지방의 고교생'이 아니라 '서울의 대학생'으로 전환되었음을 의미히는 것이기도 했다. 그때그때의 시위에 개별적으로 참가하는 것에 그쳤던 대학생들도 18일부터는 데모에 적극적으로 나섰다. 또 시민들도 이틀날 일제히 궐기했다.

<표 2> 4 · 18 고려대생 시위 전개 상황

시간	장소	시위 양상 및 상황	주장 및 구호
12시 50분	고대 인촌동상 앞	3천여 명의 고려대생 집결. 선언문 낭독 후 5개항 요구	1) 기성세대는 자성하라, 2) 마산사건의 책임자를 즉시 처단하라, 3) 우리는 행동성 없는 지식인을 배제한다, 4) 경찰의 학원 출입을 엄금하라, 5) 오늘의 평화적 시위를 방해치 말라

1시 20분	교문 밖으로 진출, 스크럼 짜고 국회의사당을 향하여	대광고교와 안암로터리에서 경찰 제지로 대열 흩어짐. 90여 명 연행	"민주역적 몰아내자", "자유·정의·진리를 드높이자"는 플래카드 들고 경찰 저지선 돌파
2시 15분	국회의사당 앞	- 1천여 명의 학생들, 연좌농성. 4개 항의 건의문 결의 - 일부 시민들 합세 - 중고교생 합세	1. 행정부는 대학의 자유를 보장하라. 2. 행정부는 이 이상 민족의 체면을 망치지 말고 무능정치, 부패정치, 야만정치, 독재정치, 몽둥이 정치, 살인정치를 집어 치우라. 3. 행정부는 명실상부한 민주정치를 실현하라. 4. 행정부는 이 이상 우리나라를 세계적 후진국가로 만들지 말라.
4시	국회의사당 앞	유진오 고려대 총장 시위현장 도착	연행 학생 석방, 폭행경찰관 처단 등을 요구. "정치골동품 물러가라"
6시 45분	국회의사당 앞	자진해서 농성 중지하고 학교로 행진	"대한민국 만세", "고대 만세", 애국가, 통일행진곡 등 고창/ "방관자는 비겁하다", "우리는 총궐기하자" 등의 삐라 살포
7시 20분	종로4가 천일백화점 앞	무장 정치깡패들의 습격. 200여 명의 학생들이 다치고 20여 명의 중상자 발생하여 병원으로 이송	"깡패들의 습격이다. 흩어지지 말고 집결하자" 외치며 대항. "경찰 사주를 받은 깡패여, 나오라"
7시 45분	화신 앞, 세종로 네거리	중고교생 2백여 명이 벽돌, 몽둥이 등 들고 거칠게 데모 후 강제 해산	"깡패들 나오라" 하면서 데모
8시 40분	고려대 교정	고려대생들, 학교로 귀환 후 해산. 유진오 총장 격려와 위로	
8시 10분	국회의사당 앞	남아서 계속 연좌농성 중이던 40여 명의 학생들, 강제 해산	4개 항의 결의문 채택. 결의문의 내용 : "국민의 알 권리와 자유가 짓밟힌 오늘은 하늘과 땅이 분노하고 있으며, 불법·공갈·협박·시기의 3·15선거에 분노한 마산 시민의 그 애처로운 참극상을 주권 국민인 우리는 보고만 있을 수 없다……집권당, 위정자!……지금 거국적인 국민 궐기의 피끓는 이 호소를 듣고……우리 국민 앞에 늦지 않았으니 어서 사과하라"

2) 4·19 항쟁 : "이승만 물러가라"[16]

전날 피습사건에 분노한 서울시내 대학생들은 이전부터 계획하고 있던 시위를 앞당겼다. 데모 계획은 원래 4월 21일에 거행하는 것으로 세워졌었다. 그 계획의 중심은 서울대 문리대 정치학과 학생들이었다. 3·15선거 때부터 데모를 해야 한다는 말들이 오가기는 했지만, 본격적인 거론은 4월 15일경부터 있었다. 4월 15일 오후 서울대 정치학과의 "정당론" 강의가 휴강되었는데, 이 시간을 이용하여 논의가 이루어졌다. 하지만 18일 낮 고려대에서 먼저 데모가 터졌다는 소식을 듣고 19일 아침으로 거사 날짜를 앞당긴 것이다.

1960년 4월 19일 오전 8시 50분, 동숭동 대학가의 서울대 문리대 게시판에 모조지 전지에 달필의 붓글씨로 쓴 격문이 나붙었다. 문리대와 이웃한 법대, 미대, 교양과정부, 의대, 약대, 치대, 수의대 등 각 단과대학 게시판에도 똑같은 내용의 격문이 일제히 나붙었다.

> 여기 대학의 양심은 증언한다. 우리는 보다 안타까이 조국을 사랑하기에 보나 조국의 운명을 염려한다……독재를 배격한다.
> 조국에의 사랑과 염원의 맹목적 분격에 흐를까 우리는 얼마나 참아왔는가. 보라!……우리는 살아있다……학도여, 우리 모두 정의를 위하여 총궐기하자.

교정에 있던 학생들이 격문에 시선을 쏟고 있을 때 종로 5가 쪽에서 한 무리의 고등학생 데모대가 함성을 지르며 동숭동 쪽으로 몰려왔다. 오전 8시 30분경 교문을 박차고 나온 신설동의 대광고 학생 1천여 명이 경찰 저지선에 부딪혀 종로 5가에서 혜화동 쪽으로 방향을

---

16) 4·19 당일 시위 관련해서는 안동일·홍기범(1960)과 김정남(2004)의 기록을 기본으로 하여 정리하였다.

바꾼 것이다. 고등학생들의 함성이 신호이기라도 한 듯 문리대생들은 마로니에 앞 광장으로 우르르 모여들었다. 미리 준비된 선언문, 격문, 구호 등의 유인물이 배부되었다. "상아의 진리탑을 박차고 거리에 나선 우리는 질풍과 같은 역사의 조류에 자신을 참여시킴으로써, 이성과 진리 그리고 자유의 대학정신을 현실의 참담한 박토에 뿌리려 하는 바이다"로 시작되는 문리대 학생들의 선언문은 "한국의 일천한 대학사가 적색전제에의 과감한 투쟁에 거획(巨劃)을 장(掌)하고 있는 데 크나큰 자부를 느끼는 것과 똑같은 논리의 영역에서, 민주주의를 위장한 백색전제에의 항의를 가장 높은 영광으로 우리는 자부한다"라고 투쟁에 나서게 된 대의를 밝혔다.

4월혁명기에 쓰여진 것 중에서 가장 널리 알려진 이 선언문은 고려대생들의 4·18선언문과 대조를 이룬다. 이 선언문은 "민주주의와 민중의 공복이며 중립적 권력체인 관료와 경찰은 민주를 위장한 가부장적 전제권력의 하수인으로 발 벗었다. 민주주의 이념의 최저의 공리인 선거권마저 권력의 마수 앞에 농단되었다. 언론·출판·집회·결사 및 사상의 자유의 불빛은 무식한 전제 권력의 악랄한 발악으로 하여 깜박이던 빛조차 사라졌다. 긴 칠흑 같은 밤의 계속이다. 나이 어린 학생 김주열의 참시(慘屍)를 보라! 그것은 가식없는 전제주의 전횡의 발가벗은 나상(裸像)에 아무 것도 아니다"라고 당시의 정치상황을 명료히 지적했다.(김정남, 2004, 81~85쪽) 4·19의 목표는 더 이상 부정선거 규탄에 머물지 않았다. 독재정권 교체와 함께 독재체제(부패·부정·특권 정치사회체제)에 대한 개혁을 요구했다.

9시 20분경 문리대생 2백여 명이 "데모가 이적이냐 폭정이 이적이냐", "민주주의 바로잡아 공산주의 타도하자", "대한민국 생명선이 대법원에 달려 있다", "이놈 저놈 다 글렀다. 국민은 통곡한다" 등이 쓰여 있는 플래카드를 들고 교문을 나서자, 바로 뒤이어 법대, 미대, 약대, 수의대, 치대생과 나머지 문리대생들이 데모에 나섰다. 모두 3천여 명의 서울대생 데모대는 경찰의 저지선을 돌파하고 태평로 국회의사당을 목표로 달리기 시작하였다.

거의 같은 시각 동성고생 1천여 명이 데모에 나섰다. 9시 30분 서울대 사대생 1천여 명과 상대생 2천여 명, 10시 고려대생 4천 명, 10시 20분 건국대생 2천여 명이 각각 교문을 나섰다. 곧이어 시민들이 시위에 합세하여 시민 10만 명 이상이 대학생들의 시위에 발맞추어 반독재투쟁에 돌입했다.

시내 전역에 수십만의 시위대가 형성되었다. 시위대는 평소 민중을 억압하던 표적을 공격함으로써 자신들의 의사를 밝혔다. 자유당 본부에 불길이 솟았다. 어용신문 서울신문사는 전소되었고, 서울방송국도 공격을 받았다. 반공청년단이 들어 있는 반공회관도 불탔다.

시위대는 "3 · 15부정선거를 다시 하라", "역적을 몰아내자", "데모가 이적이냐 폭정이 이적이냐", "기성층은 각성하라", "독재정권 타도", "이승만 퇴진" 등의 구호를 외쳤다. 시위대는 이승만 대통령과의 면담을 요구하며 경무대 입구에서 경찰과 대치하였다. 이러한 사태에 대해 이승만 정권과 경찰은 시위자들을 향해 무차별 발포를 하면서, 계엄령을 선포하고 군대를 동원하여 시위를 진압하였다. 이 과정에서 많은 희생자가 발생하였다.

4월 19일 오후 1시 40분, 경찰의 발포로 경무대 어귀는 삽시간에 아수라장이 되면서 시체가 나뒹굴었다. 노희두(22, 동국대), 김치호(21, 서울대 문리대) 등 사망 21명, 부상 172명이 발생했다. 역사가 피의 화요일로 기록한 대 사건이 시작되었다.[17] 오후 2시 50분 중앙청 옆 경

---

[17] 이날의 시위는 전국적인 것이어서 부산에서도 광주에서도 사망자를 냈다. 부산에서는 7만 명이 모여 6개소의 경찰서를 비롯, 군청, 소방서, 대한반공청년단 지부 등을 파괴했다. 광주에서는 시위대 2만여 명이 경찰서와 지방관청 건물, 자유당 지부를 파괴했다.

찰 무기고 앞길에서 연좌시위를 하던 시위대가 무기고를 향해 돌진하자, 무기고를 경비하던 경찰이 무차별사격을 감행, 8명이 사망했다.

국회의사당 앞에서는 큰 소리로 선언문을 낭독하고, 3 · 15 선거를 규탄하며, 체포된 학생들의 석방을 비롯한 전 국민들의 언론 · 출판 · 집회의 자유를 요구했다. 이때 200명의 경찰대와 함께 반공청년단의 깡패들이 나타나 쇠뭉치 · 쇠막대기 · 못을 박은 몽둥이 · 자전거 체인 등을 휘두르며 학생들을 위협했다. 경찰은 필사적으로 달아나는 시위대를 뒤 쫓아 사정없이 구타하고 끌어갔다. 또 곳곳에서 무차별 사격을 가했다. 덕수궁 파출소 앞, 소공동 특무대 건물 앞, 서대문 이기붕 자택 앞 등에서 사망자가 다수 발생했다. 오후 5시를 넘어서면서 을지로 내무부 앞에서 7명, 6시를 지나면서 동대문 경찰서 앞에서 10여 명의 사상자가 발생했다. 그리고 7시 이후에는 청량리 · 성북동 · 미아리 · 영등포 등 전 시내로 시위와 사상자가 확산되어 갔다. 이날의 시위로 서울에서만 사망한 사람이 부상자 사망을 포함하여 21일까지의 집계에 따르면 104명(경찰 3명 포함)이었다.

이날 서울을 비롯한 각 도시에 계엄령이 떨어지고, 오후 7시 이후의 야간 통행이 금지되었다. 한국 육군 제15사단이 전차대를 선두로 일본식과 미국식으로 교육받은 참모총장 송요찬의 지휘 아래 출동했다. 송요찬은 미 대사관으로부터 각별한 신임을 받고 있던 인물이다.

하지만 계엄령에도 불구하고 시위는 더욱 확산되고 격화되었다. 일부 시위대는 무장을 갖추고 경찰과 군대에 대항하였으며, 서울 동북 지역을 일시 제압하기도 했다. 평화적 시위로 출발했던 항쟁은 경찰의 유혈적 탄압과 맞부딪히면서 급속히 봉기로 전환되었다. 억압적 통제와 지배를 상징하는 모든 건물이 공격대상이 되었다.

역사가 '피의 화요일'로 기록한 이 날을 수송국민학교 4학년에 재학 중이던 강명희는 시를 통해 이렇게 전하고 있다.

아 슬퍼요

아침 하늘이 밝아 오며는 달음박질 소리가 들려옵니다.

저녁 노을이 질 때면 탕탕탕탕 총소리가 들려옵니다.

아침 하늘과 저녁 노을을 오빠와 언니들은 피로 물들였어요.

오빠 언니들은 책가방을 안고서 왜 총에 맞았나요.

도둑질을 했나요, 강도질을 했나요.

무슨 나쁜 짓을 했기에 점심도 안 먹고 저녁도 안먹고 말없이 쓰러졌나요.

나는 알아요. 우리는 알아요.

엄마 아빠가 아무 말 안 해도 오빠와 언니들이 왜 피를 흘렸는지를.

오빠와 언니들이 배우다 남은 학교에서 배우다 남은 책상에서 우리는 오빠와 언니들의 뒤를 따르렵니다.

4. 4·25 대학교수 시위와 승리의 화요일 : 이승만 대통령 하야

1) 4·25 교수시위 : 이승만 퇴진 요구

'쓰레기통 속에서 장미꽃'이 피어나고 있었다. 현실에 대한 강한 비판의식, 현실을 변화시킬 의지, 그리고 그것을 행동으로 보여준 학생들의 피의 제전 위로 분격한 기성세대와 민중들의 분노가 서서히 일어서고 있었다. 하지만 그 과정이 결코 순탄하지 만은 않았다.

4월 20일 계엄 상태의 서울시내는 무거운 침묵 속에 사태를 주시하고 있었다. 11시 30분경 학생 2천여 명이 세종로에 집결하여 시위를 기도하였으나 계엄군에 의해 해산되었다. 송요찬 계엄사령관은 "경찰의 보복행위를 불허하고, 연행자 중 무혐의자는 석방하겠다"고 언명했다. 4·19를 대하는 경찰과 군의 자세는 사뭇 대조적이었다. 경찰이 시위대와 시종 적대적인 입장이었다면, 군은 엄정 중립의 위치에서 사태 수습에 전력했다. 군의 발포 금지 방침은 4월혁명 과정에서 일관된 것이었다.

수많은 무고한 학생들과 시민들의 피가 거리를 적시고 이들의 아우성이 천지를 뒤흔드는 상황에서도 이승만은 이를 일부 불만을 품은 불순분자들의 난동과 정치깡패들의 과잉대응으로 치부하고 엄청난 유혈사태를 인정하지 않았다. 4월 20일 오후 5시가 되어서야 이승만은 '4·19'에 대한 담화를 발표했다. 그는 "어제 일어난 난동으로 본인과 정부 각료들은 심대한 충격을 받았다. 나의 전 생애를 바쳐온 애국적인 한 국민으로서 어느 누구든지 그러한 행동을 취할 수 있었다고는 거의 믿지 못할 일이다"라고 적반하장격으로 주장하고, 불평의 주요 원인이 있으면 다 시정될 것이라고 말했다. 4·19를 그저 불평 때문에 일어난 것으로 치부했다.

오히려 4·19로 가장 큰 변화를 보인 것은 미국이었다. 그 전까지 3·15부정선거에 대해 애매한 태도를 보이고 있던 미국 국무부는 4월 20일 기자들에게 "국무부는 금일 하오 한국에서 더욱더 퍼지고 있는 국민의 심각한 불안과 폭력행위에 대해서 미국 정부가 더욱더 심각한 우려를 품고 있음을 강조하기 위해서 대한민국 대사를 초치했었다……양(梁) 대사는 미국 정부가 한국에서의 시위운동이 최근 실시된 선거와 자유민주주의에 합당치 않은 강압적인 방법에 대해 품고 있는 국민의 불만을 반영하는 것으로 보고 있다는 사실을 통고받았다"라고 지적하고, 국무장관은 민주적인 제 권리를 보호하기 위한 필요하고 효과적인 조치를 취하도록 요구하였다고 밝혔다.

4월 21일 이승만은 국무위원 전원과 자유당 당무위원 전원이 사표를 제출하는 선에서 사태를 마무리 지으려고 했다. 당시까지도 이승만은 사태의 원인과 책임을 물을 때가 아니라는 입장을 가지고 있었다. 시위 과정에서 두 명의 미국인이 부상한 데 대해 유감을 표시할 뿐이었다.

　이것은 유일 야당인 민주당도 마찬가지였다. 민주당은 전국에서 186명이 죽었음에도 적극적인 사태수습에 나서지 않은 채, 엉덩이를 빼고 단지 두려운 눈으로 사태의 발전을 지켜보고 있었다. 장면 부통령은 수습책으로 '재선거' 실시를 제시했다. 민주당 역시 문제의 소재를 부정선거 차원으로 해석하고, 정권교체에 따른 권력 이양에 대비한 어떠한 조처도 취하지 않았다.

　4월 22일 이승만은 미봉적인 수습책만으로 문제가 해결될 수 없다는 사실을 인식하고, '이기붕의 부통령 당선 사퇴'라는, 양보의 폭을 좀 더 넓히려는 자세로 돌아섰다. 하지만 4월 23일 이기붕은 "부통령 당선 사퇴를 고려한다"는 어정쩡한 내용의 성명을 발표하여 국민의 격분만 더 일으켰다. 이날 장면 부통령도 사임했다. 이 사임은 오랫동안 논란이 되었다. 이승만이 대통령직에서 물러나면 자신이 승계하여야 하는 것인데 용기가 없어 미리 사임했다는 주장도 나왔지만, 장면의 사퇴는 이승만의 사퇴를 촉구하고 유인하는 효과가 컸다는 지적도 나왔다. 이승만은 '자유당 총재직 사퇴'를 언명했지만, 자신의 대통령 당선 사퇴는 전혀 고려하지 않았다. 4월 24일 이승만은 "자유당 총재직을 사퇴하고 국무에만 전념하겠다"고 공식 발표했다. 이기붕 역시 일체의 공직 사퇴를 선언했다. 계엄사령부는 보도검열 폐지와 통금 원상회복을 발표했다.

　이렇게 4월 19일에서 4월 24일까지 정국은 숨가쁘게 돌아갔다. 이승만의 자유당 총재직 사퇴와 이기붕의 공직 사퇴, 계엄사령부의 민심수습 노력 등이 이어지면서 그런대로 어떤 해결점에 접근하는 듯 보였다. 이승만은 자유당을 탈퇴하고 이기붕을 퇴진시키는 선에서 사태를 수습함으로써, 이승만을 정점으로 하는 통치체제만은 그대로 유지하고자 하였다. 이승만은 사태의 모든 책임을 자유당과 이기붕에게 전가시키고 자신은 초당적인 국민의 지도자로 남음으로써 권력 유지를 도모했다. 이것은 사실상 이승만이 사용할 수 있던 마지막 카드였다. 자기의 친위대인 자유당을 버림으로써 그는 민중들로부터 지지를 상실한 권력자가 최후까지 보일 수 있는 가장 추악한 노력과 집념을 보여주었다. 격앙되었던 분위기도 표면적으로는 제법 가라앉아 가는 듯 싶었다.

그러나 정국은 4월 25일 미국이 개입하고 대학 교수들이 데모에 나서면서 급속히 변하였다. 당시 미국은 4·19가 발발하자 예의 주시하면서 사태가 원만히 수습되기를 바라고 있었다. 하지만 상황이 급변하자 4·19가 단지 독재정권 타도라는 선을 넘어서 체제변혁으로 확대되어 미국의 한국 내 위상을 위협할지도 모른다는 우려 속에 적극적으로 사태 수습에 나섰다. 이승만 퇴진이라는 미국의 압력과 더불어 4월 25일 교수단의 시위는 이승만 정권에게 결정적인 타격을 가했다.

4·19에 큰 자극을 받은 대학 교수들은 4월 20일경부터 조용히 움직이기 시작하였다. 4월 19일 학생들의 엄청난 희생을 지켜본 교수들은 죄 없는 학생들만 희생시켰다는 자책감 때문에 여간 괴로워하지 않았다. 중·고교생들은 "선배는 썩었다"고 외쳤고, 대학생들은 "기성세대와 지식인들은 썩었다"고 외쳤다. 그래서 평소 뜻이 통하는 교수들끼리 20일 밤부터 은밀히 만나 행동방향에 대해 협의하였다. 22일 정석해(연세대), 이종우(고려대), 이상은 등이 모여 상의를 거듭했다. 처음에는 시국을 지켜보기로 했지만, 여러 가지 논의 끝에 각 대학의 교수들이 한 자리에 모여 강력한 내용의 시국수습안을 제시하는 것만이 학생들의 피에 보답하는 길이라는 데 의견을 모았다. 이종우, 이희승(서울대), 정석해, 조윤제(성균관대) 등 주동 교수들은 4월 25일 오후 3시 서울대 의대 구내에 있는 서울대 교수회관에서 전체 대학의 교수 회의를 열되, 비밀리에 연락하여 허가 없이 집회를 갖기로 했다.(서중석, 2007, 252쪽)

오후 3시 전국 27개 대학 258명의 대학교수들이 서울대 교수회관에 모여 14개 조항의 시국수습을 위한 선언문을 발표하고, "이승만 퇴진", "선거의 재실시" 등을 요구하고 나섰다. 오후 5시 50분, 교수들은 "재경 각 대학 교수단, 학생의 피에 보답하라"라는 플래카드를 앞세우고 거리로 나섰다. 기다렸다는 듯이 학생들이 합류하여 종각을 지날 때는 1만여 명으로 불어났다. 거리의 모습이 급변하기 시작했다. 시위대가 국회의사당 앞에 도착했을 때는 4~5만 명의 인파였다. 이날도 이기붕의 집 앞에서 시위대원 수명이 총격에 의해 희생되고 말았다. 교수단 시위는 조금 느슨해지는가 싶던 4·19의 수레바퀴에 급격한 에너지를 불어 넣었다. 4·19가 이런 식으로 끝나서는 안된다고 하며 무언의 계기를 기다리고 있던 학생들과 시민들은 4월 26일 결정적인 시위를 전개하였다. 4월 25일 민주당은 이승만 하야 및 정·부통령 재선거 실시안을 긴급동의로 국회에 제출했다. 정국은 막바지로 치닫고 있었다.

2) '승리의 화요일'―이승만 정권 무너지다

4월 26일 통금해제 시간인 오전 5시경부터 데모대가 형성되기 시작했다. 서울에서는 모든 차량의 통행이 금지되었고, 계엄군은 중앙청, 시청, 남대문 일대에 바리케이드를 치고 삼엄한 경계를 폈다. 하지만 학생들과 시민들은 누가 모이라고 하지 않았는데도 세종로나 국회 쪽으로 모여들고 있었다. 아침 6시 가까이 되었을 때 군중은 "선거 다시 하라", "이승만 정권 물러가라" 등의 구호를 외쳐댔다. 오전 10시에는 10만여 명의 군중들이 세종로에서 중앙청까지 길을 메우고 "경무대로 가자"고 외쳤다. 시위대를 향해 총부리가 겨누어지고 또 한번의 유혈사태가 예고되는 급박한 순간이 흘러가고 있었다.

주한 미대사 매카나기로부터 미국의 입장이 대통령에게 전달되었고, 송요찬과 함께 시민·학생 대표 5명이 이승만 대통령을 만나 사임을 요구했다. 사면초가 상황에서 이승만 정권이 택할 수 있는 유일한 길은 이승만의 퇴진뿐이었다. 4월 26일 오전 10시 30분 이승만 하야 담화가 발표되었다.

이승만의 하야 성명에 세종로에 모인 인파는 말할 것도 없고, 이날 도심에 모여든 군중들은 너나 할 것 없이 뛸듯이 기뻐했고, 환호성을 올렸다. 국회의사당 앞에서는 군중대회가 열렸고, 시위대가 탄 차량들은 연도의 시민들로부터 박수갈채를 받았다. 10대 소년들은 탑골공원으로 달려가 이승만의 동상을 무너뜨려 새끼줄에 묶어 길거리로 끌고 다녔다.

그렇지만 인명의 희생도 계속되었다. 11시 15분경 18일에 고려대 학생들을 습격했던 깡패들이 유치되어 있는 동대문경찰서에 군중들이 몰려들자, 경찰이 무차별적으로 사격을 가해 4명이 즉사하고 30여 명이 부상당했다. 군중들은 경찰서를 불질렀다. 신당동 최인규의 양옥집도 어느 사이에 불길이 솟아오르고 있었다. 자료에 따라 차이가 있지만, 1960년 3~4월 항쟁 전 기간을 통해서 보면 전국적으로 186명 (부산 19명, 광주 8명 등)이 사망하고, 6,026명이 부상을 당했다.

11시 45분경 중앙청 앞에서 광화문 일대로 10여만 군중들의 함성이 온 거리를 들끓었다. 이곳에 4월 19일 총탄에 급우를 잃은 수송국민학교 어린이 1백여 명이 "국군 아저씨들, 부모형제한테 총부리를 대지 마세요!"라는 플래카드를 앞세우고 시위를 하는 것이 유난히 시선을 끌었다.(안동일·홍기범, 1960, 286쪽)

이날 오전 시위를 벌이기 위해 한양대에 모였던 27개 대학 대표들은 이승만의 하야 소식을 듣고 질서 수습이 급선무라는 데 의견을 같이 했다. 이들은 "민권은 승리했다", "질서를 지킵시다" 등의 플래카드를 만들어 앞세우고 행진을 하면서 군중들의 흥분을 가라앉히려고 노력했다. 학생들은 빗자루를 들고 나와 거리를 청소하기도 했다.

2시부터 열린 국회 본회의에서는 2시간에 걸쳐 격론이 오고간 끝에 이승만의 즉시 하야 등 4개 항으로 되어 있는 시국수습결의안을 만장일치로 통과시켰다. 이 결의안은 "① 이대통령은 즉시 하야할 것, ② 3·15정부통령 선거는 이를 무효로 하고 재선거를 실시한다, ③ 과도내각하에 완전 내각책임제 개헌을 단행한다, ④ 개헌안 통과 후 민의원을 해산하고 총선거를 즉시 실시한다"로 되어 있다. 이로써 이승만의 사임은 빼도 박도 못하게 되었다.

그렇지만 이승만은 27일 사임하는 것에 다시금 주저했다. 그러다 허정 등의 만류로 굴복해 "나 이승만은 국회 결의를 존중하여 대통령직을 사임하고 물러앉아서, 국민의 한 사람으로서 나의 여생을 국가와 민족을 위하여 바치고자 하는 바이다"라는 내용의 사임서를 제출하였다. 이승만의 사임이 최종적으로 국회 결의에 의한 것임이 그의 사임서에 드러나 있다는 것은 중요하다. 이로써 11년 8개월에 걸친 이승만 백색 독재정권은 종말을 고하였다. 민권의 위대한 투쟁의 결과였다.

5. 맺음말

1960년 2·28 대구학생시위로부터 촉발된 4월혁명은 4월 19일 서울에서 일어난 대학생 시위로 그 절정에 올랐다. 물론 4·19항쟁은 서울만의 것은 아니었다. 거의 전국에서 동시 다발로 일어났다. 서울에서의 4·19는 3·15 이전과 이후에 전국적으로 벌어진 대규모 학생시위와 질적인 차이가 있었다. 4월 초까지도 아무도 기대하지 않았던 대학생이 주체로 등장했고, 보다 대담하고 구체적인 요구가 제기되었다. 4·19 이전까지 서울의 대학생들은 조직화되어 있지 않았고, 요구는 구체화되었으나 요구를 실행시킬 수 있는 힘은 갖추고 있지 않았다.

1) 4월혁명의 성격 : 구호를 통해 본 4월혁명

〈표 3〉 주장과 구호의 발전과정

시간	장소	시위 양상	주장 및 구호	주체 및 참가
2월 28일	대구	시위	학생들을 정치도구화하지 말라, 민주주의를 살리고 학원에 미치는 정치권력을 배제하라, 학생들의 인권을 보장하라	경북고교생, 대구고교생
3월 1일	서울운동장, 을지로6가	삐라 살포	3·1정신 받들어 공명선거 이룩하자, 3·1정신 받들어 대구 학생 지원하자, 3·1정신 받들어 학생자유 사수하자	공추위 학생위원회
3월 2일	일간지 발표	격문	공명선거 실시를 절규하는 웅장하고도 성스러운 운동에 총궐기하자	공추위 학생위원회
3월 5일	종로에서 광화문		썩은 정치 갈아보자, 학생은 총궐기하라	고등학생, 대학생, 일부 시민
3월 13일	시공관, 미도파백화점, 반도호텔, 시청, 국제극장 앞 등 도심 곳곳	계획되었으나 사전 누설로 산발적 다수 시위	백가지 공약보다 한가지 공명선거, 학도에 호응하라, 학원에 자유를 달라	고등학생과 일부 시민 호응
3월 14일	인사동, 화신백화점, 광화문, 서대문로터리, 세종로 등 서울 곳곳	횡적 연락이 없는 산발적 다수 시위	대한민국은 민주공화국이다, 공명선거	대동고, 균명고, 강문고, 중동고, 배재고, 수송고, 선린상고, 경기고, 보인고, 조양고, 중앙고, 대신고,경동고
3월 16일	인사동 민주당사 앞	일부 시위	독재정권 배격한다. 마산 동포 구출하자	일부 청년, 고등학생과 대학생
3월 17일	영등포구청 앞, 시내 거리	계획적 시위, 학생 벽보 게재	정부는 마산 학생 7명을 죽인 책임을 지라(성남고생들), 마산 학생의 뒤를 따르자, 마산사건의 책임은 경찰에 있다 벽보 : 국민의 주권은 땅에 떨어졌다, 자유당의 무더기 덕분으로 국민 주권 잃어버렸다, 다시 찾자 국민주권, 국민이여 궐기합시다	성남고생, 일부 고등학생들

4월 6일	서울 도심-을지로, 종로, 세종로, 시청, 중앙청	재야 3단체의 공동주최로 부정선거 규탄 시위	살인자 물리치자, 이승만 정부는 물러가라, 마산사건 원흉을 잡아내자, 평화적 데모의 자유를 방해하지 말라, 3·15선거는 불법이다 무효다, 정·부통령선거 다시하라, 살인선거 책임자들을 처단하라, 백만 국군장병은 무얼하나.	민주당과 재야 3단체 정당인, 정치인, 시민들, 청년·학생들 5천여 명
4월 18일	고려대에서 국회의사당까지	플래카드를 들고 거리시위와 국회의사당 앞에서 연좌시위	기성세대 자성하라, 마산사건의 책임자를 즉시 처단하라, 우리는 행동 없는 지식인을 배격한다, 경찰의 학원 출입을 엄금하라, 오늘의 평화적 시위를 방해 말라	고려대생 3천여 명과 이를 따르는 고교생 수백 명
4월 19일	서울시내 곳곳 10만여 명 시위, 경무대 앞까지	대규모 시위, 소요, 데모저지용 소방차 3대를 데모에 사용, 서울신문사·반공회관 등 습격·파괴·방화, 경찰과의 격투, 경찰의 무차별 발포로 사망자(104명)와 부상자 속출, 정치강패 등장, 계엄 선포	선언문 : 상아의 진리탑을 박차고 거리에 나선 우리는 질풍과 같은 역사의 조류에 자신을 참여시킴으로써 이성과 진리 그리고 자유의 대학정신을 현실의 참담한 박토에 뿌리려 하는 바이다 구호 : 데모가 이적이냐 폭정이 이적이냐, 민주주의 바로잡아 공산주의 타도하자, 대한민국 생명선이 대법원에 달려 있다, 이놈 저놈 다 글렀다, 국민은 통곡한다, 동국대는 경무대로 가자, 이승만 물러가라, 독재정권 물러기라 보다 구체적인 새로운 구호 : 의학도여! 메스를 들라! 썩은 정치 수술하자, 이 의장 사퇴하라!	고려대생 4천여 명, 건국대생 2천여 명, 서울대 문리대·법대·미대·약대·수의대·치대 등 3천여 명, 서울대 사대 1천여 명, 서울대 상대 2천여 명, 동국대 2천여 명, 성균관대 3천여 명, 연세대 3천여 명, 홍익대, 중앙대 4천여 명, 경기대, 외국어대, 단국대, 국학대, 국민대, 서라벌예술대, 서울대 의대, 세브란스의대, 가톨릭의대, 숙명여대, 이화여대 개빌 참가, 강문고, 경기고, 경성전기공고, 양정고, 중앙고, 흥국고, 휘문고
4월 20일	세종로	학생 2천여 명 집결 데모 시도		
4월 25일	서울대 의대 교수회관-종로-국회의사당	교수들, 시국선언 후 시위 행진	학생의 피에 보답하라, 3·15선거를 규탄한다, 이 대통령은 즉시 물러가라	재경 교수단 학생 및 시민 합류
4월 26일	세종로, 국회의사당, 광화문 앞	시위, 파고다 공원 이승만동상 파괴, 동대문서에서 무차별 사격	국군 아저씨들 부모형제한테 총부리를 대지 마세요, 민권은 승리했다, 질서를 지킵시다.	학생·시민 10만여 명, 수송국민학교생, 군인

1960년 6월 성균관대 김성태 교수는 2월 28일부터 4월 19일까지 『동

아일보』,『한국일보』,『조선일보』,『서울신문』,『연합신문』등 5개 신문에 보도된 기사를 종합하여 각각의 사건에서 나타난 구호, 호소문, 삐라, 벽보 등을 몇몇 유형으로 나누어 분석했다.(김성태, 1960, 80~106쪽) 김성태의 분석에 의하면, 학원의 자유, 학원의 정치도구화 반대가 22%로 가장 빈도수가 높았다. 그 다음은 3·15부정선거를 미리 규탄하거나 반대하는 것이고(17%), 정치의 부패와 독재를 규탄하고 있는 것이 그 다음을 차지하였다.(15%) 또한 이러한 반대에 전 국민 특히 학생이 동참하여 궐기하여야 한다는 주장(11%), 평화적 시위의 권리를 극력 주장하는 것(8%), 정부 공직자의 인책사퇴(5%)도 적지 않다.

김성태는 4월 19일까지 나타난 경향각지에서 발생한 학생운동에서 직접 표시된 주장에 입각하여 4·19의 동기를 살핀 결과, 누적된 부패정치와 3·15부정선거, 학원의 정치 도구화에 분격한 것이 뿌리 깊은 동기가 되었고, 3·15부정선거, 마산사건 이후 이 정권의 탄압과 횡포가 직접적인 계기로 작용한 것으로 분석되었다는 결론을 내렸다. 이러한 내용은 같은 시기 김성태가 4·19에 참여했던 572명의 학생을 대상으로 직접 조사한 결과에서도 비슷하게 나타났다.(김성태, 1961, 81쪽)

〈4·19 참여동기〉

이 정권의 불법부정정치에 대한 불만....72

경찰의 포악에 대한 분격.....................65

폭력지배의 사회에 분격.......................65

특권층의 농단에 불만.........................64

민주수호단체의 투쟁에 호응하고파......53

학생만이 국가를 위하여 궐기할 수 있다고 단정하여...........48

신문의 선동에 흥분하여.......................45

여당계 보도의 왜곡성에 분격하여.........44

학원의 부패에 분격하여......................37

고려대학생을 깡패가 습격한 데 분격하여....35
동료 학생의 궐기를 좌시할 수 없어서....17
국내외 여론의 지지로 성공을 확신하고.....14
교수의 호소에 감격하여.........................13

종합하건데 4월혁명 특히 4·19 학생시위의 근본 원인은 이승만 정권 12년간의 불법부정폭력정치, 특권층의 방자, 그리고 사회의 부패에 대한 분노였다고 할 수 있다. 이러한 누적된 요인이 3·15 정·부통령 선거를 앞두고 2·28대구학생시위를 촉발하였고, 이것이 3·15부정선거 규탄으로 이어지고 다시 제1·2차 마산항쟁을 거쳐서 4·19로 이어졌다.

그만큼 당시의 사회는 어느 한 군데 예외 없이 무거운 잿빛 상황에 놓여 있었다. 건드리면 금방이라도 터질 듯이 사회는 곪아 있었고, 국민은 궁핍과 불만 속에 있었다. 1959년 발표된 미국의 콜론보고서는 이때의 한국 현실을 이렇게 적고 있다.

젊은 사람들은 희망을 잃고, 부자는 점점 더 부자가 되고 가난한 사람들은 점점 더 가난해지고, 또 양심이라는 것을 지키는 사람은 전부 소외되거나 배척되고, 목적을 위해 수단과 방법을 가리지 않는 자들만이 출세하는 사회이기 때문에 머지않아 한국사회에는 심각한 상황이 벌어질 것이다.

또 같은 시기 일본 기자는 『중앙공론』 1960년 6월호에서 한국의 상황을 이렇게 썼다.(김성태, 1961, 82쪽)

십수년의 악정으로 산업은 거의 파괴되고, 300만의 절량 농민, 660만의 실업자를 가지고 있는데도 강력한 발언을 할 수 있는 노동자의 조직이 없기 때문에 학생이 가장 조직화된 민간단체인 것 같다.

2) 혁명의 주체 : 고등학생과 대학생

4월혁명의 주체는 학생 특히 대학생들이었다. 이에 대해 박현채는 민중은 3·15부정선거에 의해 부패와 부정 및 빈곤 해결 가능성이 상실됨에 따라 분노가 한층 고조되었지만, 민중의 분노가 바로 변혁을 위한 힘으로 될 수 없는 상황에서 1) 민족의 장래에 대한 사명의식에 불타고, 2) 민중의 요구를 상대적인 것이기는 하나 자기의 지적 능력 때문에 인식할 수 있으며, 3) 이것 또한 상대적이기는 하나 조직된 유일한 집단인 학생들에 의해 4월혁명이 일어났다고 보고, 그래서 4·19를 미완의 대리혁명이라고 했다. 그러면서 주체로서 학생층이 갖는 한계도 지적했다.(박현채, 1983)

그렇다면 1950년대 학생 특히 대학생은 누구였는가? 한국사회에서 과거 가난과 신분에 찌들어 살았던 사람들에게 교육은 새로운 신분상승의 기회로 여겨졌다. 학교 교육을 적게 받은 사람들일수록 자녀에 대한 교육기대가 더 높게 나타나는데, 이러한 국민들의 교육 열기는 1950년대에도 예외가 아니었다. 가난하지만 '미래'를 꿈꾸는 학생들로 학교는 만원이었다. 전국적으로 당시 학생들의 대부분은 '도시'가 아니라 '농촌' 출신이었고, '도시' 출신 가운데서는 상당수가 '노동자' 출신들이었다. 그래서 2·28 데모의 주역인 이대우(李大雨)는 그것이 단순한 학생운동이 아닌 녹색봉기적 성격이 있었다고 말하였다.(2006년 민주화운동기념사업회 주최 월례발표회에서의 구술증언) 학생회 간부들로 운동의 사전 모의자, 선언문을 작성하거나 낭독한 사람, 앞선 자는 모두 다르나, 대체로 농(어)촌 출신들이 주역이었다.

농민들은 자식을 공부시켜야 출세할 수 있다고 믿었다. 공부를 시키려고 소 팔고 땅 팔아 '도시'로 보냈다. 농촌에서 도시로 유학가는 사람들이 늘어났다. 아니면 교육을 위해 이농을 하고 도시 변두리에

살면서 자진해서 노동자가 되었다. 그래서 산업화도 진행되지 않은 상황에서 1950년대에 이미 도시화 현상이 나타나기 시작했다.

5만 명 이상의 인구를 가진 도시의 비율로 측정하는 도시화의 정도로 본다면, 1940년에 11.2%였던 것이 1955년에는 25.3%(약 530만)로, 1960년에는 28.5%(약 7백만)로 증가하였다.(경제기획원, 1965, 17쪽) 1945년 해방 이후 1960년까지 15년간 인구증가 비율이 높은 지역으로는 서울(147.5%), 부산(252.8%), 대구(253.6%), 광주(282.3%), 대전(199.2%), 전주(181.0%), 마산(189.3%)을 지적할 수 있다. 서울의 경우는 그 으뜸으로 1949~1955년 간 인구증가의 81.2%가 사회적 증가로 서울 이외 지역 특히 농촌지역으로부터 서울로 유입된 인구였다.(홍경희, 1979, 57쪽)

<표 4> 4월혁명 희생자의 직업 분포

4월혁명 희생자(186명)		마산시위 희생자(13명) 및 소요죄(66명)		
직업	희생자수	직업	희생자수	소요죄
국민학생·중학생	19(10.2%)	중학생, 중졸	1	14
고등학생	36(19.4%)	고교생, 고졸	4	
대학생	22(11.8%)			
회사원 및 학원	10(5.4%)	회사원 및 상·공업	1	12
하층노동자	61(32.8%)	하층노동자	1(구두닦이)	22
무직자	33(17.7%)	무직	6	18
미상	5(2.7%)	미상(중졸, 고졸)		
계	186(100%)	계	13	66

출처 : 한국역사연구회현대사연구반 편, 1991 ; 김운태, 1976 ; 박태순·김동춘, 1991, 70쪽 참조.

비고 : 제2차 마산시위 때의 소요죄 입건자 66명을 직업별로 보면, 무직 18명, 노동자 15명, 학생 14명, 공업 4명, 행상 3명, 창녀 3명, 회사원 2명, 이발사 2명 그리고 간호사, 요리사, 식모, 상업, 세탁업 각 1명으로 주로 생활이 어려운 사람들이었다. 직업분류 중 하층노동자(22명)에는 노동자(15명), 창녀(3명), 식모(1명), 행상(3명)이 포함되며, 회사원 및 상공업(12명)에는 회사원(2명), 공업(4명), 상업(1명), 이발사(2명), 간호사(1명), 요리사(1명), 세탁업(1명)이 포함됨.

교육시키는 부모나 교육받는 학생들이나 이들의 기본적인 생각은 정상적인 자본주의, 민주주의 시스템 위에서 좋은 학교를 나와 성공하는 것이었다. 그런데 문제는 학교를 나와도 취직이 되지 않는다는 것이었다. 교육받은 인구는 해마다 늘었지만, 일자리가 그만큼 늘어나지 않았던 것이다. 일자리를 창출할 사회경제적 상황은 조금도 나아지지 않았다. 1958년 대학 졸업생 1만 5,899명 중 취업자는 3,836명으로 집계될 정도로, 정확한 통계는 아니지만 그만큼 실업문제가 심각했다.(이만갑, 1961) 이 때문에 혹자는 대학을 '실업 양성소'라고 비웃기까지 했다. 이러한 상황에서 젊은이나 학생들이 미래에 대한 좌표나 전망을 가지는 것은 쉬운 일이 아니었다. 그것은 기성세대들에게도 마찬가지였다.

4 · 19 직후 김성식은 4월혁명에 참가한 학생의 계층적 성격에 대해서 과거의 한국 학생운동이나 외국의 학생운동에 비하여 중산계급 이하의 학생들이 많다고 보는 학교들이 대부분 가담하였다는 데 특색이 있다고 파악했다.(김성식, 1960) 이와는 달리 김성태는 도시 출신이나 농촌 출신을 막론하고 또 상류계급이나 하류계급의 차이 없이 학생 일반이 궐기한 것으로 보는 것이 타당하다고 주장하기도 했다.(김성태, 1961, 83쪽) 그는 이 시기에 학생들은 특권층에 농단된 부패사회를 광정하고, 국운을 바로잡기 위해 궐기할 사람은 학생밖에 없다는 자각의식을 갖고 있었고,[18] 신문의 '선동'과 투쟁적 소수당의 호소가 그러한 생각을 가진 학생들을 크게 자극한 것으로 보았다.

---

[18] 당시 대학생들의 의식 수준에 대해서는 1960년 혁명 직후 전용(田鎔)과 김영휘(金令輝)가 혁명 이후에 한국 학생들의 급진성을 Eysenek의 척도로 잰 것이 시사하는 바가 크다.(『한국일보』 1960년 9월 19일자) 그들에 의하면, 학생들의 보수-급진성의 평균치는 5.7인데, 이 척도로 영국인들의 경우와 비교해 보면, 영국인의 평균이 7.5, 보수당원이 5.3, 사회주의자들이 10.2, 공산당원이 12.7 정도이다. 그러므로 한국 대학생들의 이념적 지향은 영국 보수당원 정도의 의식을 갖고 있다는 것이다.

어찌되었든 4·19의 주체는 '학생'들이었다. 굳이 참가 학생들을 계층적 성격에 따라 구분하자면, 4·19 이전에는 다소 중산계급 이하의 학생들이 많이 다니고 있던 학교들이 주축이었다면, 4·19 이후에는 모든 계층의 학생들이 참여했다고 정리할 수 있을 것 같다.

그렇다면 이 학생 주체들 특히 대학생들이 그 후에는 어떻게 되었을까? 5·16 이후 4월혁명에 참여했던 대학생·교수(지식인) 중 많은 사람들은 4월혁명 이후 전개된 한국 역사에서 민중과 민주주의의 편에 서서 4월혁명을 계승하기보다는 박정희 권력과 독재의 편에 서서 활동했다. 이것은 4·19의 주체세력이었던 '대학생'의 한계가 무엇이었는지 알게 해준다. 1950년대 한국사회에서 그것도 '서울'에서 학교를 다니던 '대학생'들에게는 교육을 통한 지위상승의 기대가 매우 컸다. 그리고 그들에게 걸고 있는 가족과 사회의 기대가 너무 컸다. 이들 앞에 근대화/산업화를 통한 경제적이고 계층적인 상승의 기회가 활짝 열려졌을 때 그들은 더 이상 혁명의 주체일 수 없었다.

3) 혁명의 결과 : 미완의 혁명

지금까지 살펴본 대로 4월혁명은 낡은 것, 썩은 것을 몰아내고, 4월의 봄과 같이 새싹이 돋아나는 세상을 만들자는 항쟁이었다. 80세가 넘은 이승만, 자유당 간부와 국무위원의 대다수를 차지하는 친일파, 부패한 특권층이 낡은 것, 썩은 것을 상징하였다. 여기에다가 1950년대 한국사회는 관존민비, 남존여비 등 봉건적인 낡은 인습 또한 강하게 잔존해 있었다. 4월혁명은 그러한 정치·경제·사회 모든 측면에서 낡은 체제를 개혁하려 했던 항쟁이었다.

그런데 그것은 학생에 의한 대리혁명이었고, 민중운동이 성장하기도 전에 5·16에 의해 좌절되었다. 왜? 낡은 체제는 이승만에게만 해당하는 것이 아니었다. 4·19혁명 덕분에 정권을 잡을 수 있었던 민주당 정부는 1년도 채 되지 않아 오히려 4·19혁명을 주도했던 학생운동과 지식인들에게 재갈을 물렸다. 고질적인 신파와 구파 사이의 갈등은 민주당으로부터 신민당이 분당되어 나오도록 했다. 쿠데타가 일어났을 때 그 누구도 민주당 정부를 지키려 하지 않았다. 오히려 민주당 정부의 몰락은 '있어야 할 일'일 뿐이었다. 그리고 쿠데타를 일으킨 군인들은 스스로가 4·19혁명의 적자라고 주장했다. 혁명의 결과는 오히려 '반혁명'의 이념이 승리하는 형태로 나아갔다. 실제 그 후 한국 현대사에서 반복적으로 일어난 혁명이나 운동의 결과가 대부분이 이러한 형태로 귀결되었던 것은 부인할 수 없는 사실이다.

4·19 정신은 분명 5·16쿠데타 세력의 억압에도 불구하고 1960, 1970년대에 계속 살아 계승되었다. 1980년 서울의 봄과 5월의 광주항쟁은 '피의 화요일'이었던 4·19 그 날의 진정한 계승이었다. 1987년 6월 민주항쟁은 4월혁명과 광주항쟁의 장엄한 합창이었다.

하지만 1987년 민주화운동의 결과 역시 '반혁명'의 내용을 크게 넘어서지 못했다. 민주화의 결과로 들어선 국민의 정부나 참여정부가 개혁적인 것은 사실이지만, 이들은 보수 이데올로기와 헤게모니에서 벗어나지 못한 채 진보로 나가는 것을 주저했고, 결국 보수에 적극적으로 편입되는 결과를 가져왔다.

지방에서 시작된 4월혁명은 '서울'에서 최고 절정을 맞았고, 그 순간에 바로 그 '서울'을 장악한 5·16으로 좌절되었다. 5·16 이후 '서울에서' 4월혁명에 참여했던 대학생·교수(지식인) 중 많은 사람들은 저항하기보다는 오히려 권력과 독재의 편으로 돌아섰다. 이 사실을 우리는 어떻게 보아야 할 것인가?

그것을 특정 개인의 맥락이나 지역의 맥락에서 볼 것이 아니라 4월혁명의 역사적·구조적·주체적 조건을 이념과 당위를 떠나, 자본주의의 맥락에서, 분단 현실의 맥락에서, 서울 집중의 맥락에서, 학생 주체의 맥락에서, 50년이 지난 오늘도 다시 읽어내는 것이 우리의 끊임없는 과제일 것이다.

■ 참고문헌

강만길, 1984 「4월혁명의 민족사적 맥락」『4월혁명론』(강만길 편), 한길사.
경제기획원 편, 1965 『한국통계연감』, 광명인쇄공사.
국가재건최고회의한국군사혁명사편찬위원회 편, 1963 『한국군사혁명사』 제1집 상·하.
김성식, 1960 「학생과 자유민권운동」『사상계』 1960년 6월호.
김성태, 1960 「4·19학생봉기의 동인」『성대논문집』, 성균관대.
______, 1961 「사월 십구일의 심리학」『사상계』 4월호.
김운태, 1976 『해방 30년사』 2, 성문각.
김정남, 2004 『4·19혁명』, 민주화운동기념사업회.
대한민국 국회 편, 『국회본회의회의록』 8(제22회 제26차 본회의).
문교부 편, 1963 『연간교육조사』, 홍원출판사.
민석홍, 1960 「4월혁명의 사관」『세계』 6월호.
______, 1960 「현대사와 자유민주주의」『사상세』 6월호.
민주화운동기념사업회 연구소 편, 2008 『한국민주화운동사』 1, 돌베개.
박기출, 2004 『한국정치사』, 이화.
박태균, 「민주화의 주체는 누구였는가」『열망과 좌절의 싸이클을 넘어서』(한겨레신문·성공회대 민주주의연구소 주관 4·19 50주년 심포지움(2010. 4. 14) 발표논문집).
박태순, 1983 「4·19의 민중과 문학」『4월혁명론』(강만길 편), 한길사.
박태순·김동춘, 1991 『1960년대의 사회운동』.
박현채, 1983 「4월민주혁명과 민족사의 방향」『4월혁명론』(강만길 편), 한길사.
백낙청, 1983 「4·19의 역사적 의의와 한계점」『4월혁명론』(강만길 편), 한길사.
백영철 편, 1995 『제1공화국과 한국민주주의』, 나남출판.
사월혁명연구소 편, 1990 『한국사회변혁운동과 4월혁명』 2, 한길사.

사월혁명청사편찬회 편, 1960『한국민주 사월혁명청사』, 성공사.
서울시사편찬위원회 편, 1995『서울600년사』.
서중석, 2007『이승만과 제1공화국』, 역사비평사.
신상초, 1960「이승만 폭정의 종언 : 4·26은 혁명의 종말이 아니라 시발점이다」
　　　　『사상계』6월호.
안동일·홍기범, 1960『기적과 환상』, 영신문화사.
오유석, 2010「경인지역의 4월혁명」『인천·경기지역의 4월혁명과 민주주의 과제』
　　　　(인하대학교 사회과학연구소·민주화운동기념사업회 공동주최(2010. 4.
　　　　14)의 4월혁명 50주년 기념학술토론회 발표논문집).
왕종성 외, 1965「신문사설 조사분석」『서울대학교 신문연구소학보』제2집.
이강현 편, 1960『민주혁명의 발자취 : 전국 각급학교 학생대표의 수기』, 정음사.
이기백, 1999『한국사신론』, 일조각.
이기하, 1960『한국정당발달사』, 의회정치사.
이만갑, 1961「사회불안의 전위 인텔리실업자」『사상계』2월호.
이일구(이종률의 필명), 1960『현순간 정치문제 소사전』, 부산 국제신문사.
정국노, 1995『한국학생민주운동사』, 도서출판 반.
정기영, 1990「4월혁명의 주도세력」『한국사회변혁운동과 4월혁명』1(사월혁명연
　　　　구소 편), 한길사.
정태영, 2006『조봉암과 진보당』, 후마니타스.
진덕규, 1983「4월혁명의 정치적 갈등구조」『4월혁명론』(강만길 편), 한길사.
차기벽, 1983「4·19 과도정부 장면 정권의 의의」『4월혁명론』(강만길 편), 한길사.
최영석, 1989「1950년대 한국신문의 구조적 성격에 관한 연구」, 연세대학교 석사
　　　　학위논문.
학민사 편집부 편, 1983『혁명재판』, 학민사.
한국경찰사편찬위원회 편, 1972『한국경찰사』2, 내무부 치안국.
한국신문협회 편, 1968『한국신문연감』.
한국역사연구회현대사연구반 편, 1991『한국현대사』2, 풀빛.
한국정치사연구소 편, 1987『대명 : 깡패정치와 정치깡패』, 동광출판사.
한승주, 1983『제2공화국과 한국의 민주주의』, 종로서적.
홍경희, 1979『한국도시연구』, 중화당 인쇄.

『경향신문』,『동아일보』,『서울신문』,『조선일보』,『한국일보』,『사상계』.

제2부

4월혁명의 발전

제1장 4월혁명 직후 학생운동의 '후진성' 극복 지향과 동요*

오제연

1. 머리말

4월혁명의 주체 가운데 가장 주목되는 집단은 학생이다. 고등학생들의 경우 1960년 4월 19일 이전부터 항쟁에 적극적으로 나섰고, 대학생들은 4월 19일의 대규모 시위를 주도했다. 특히 대학생들은 4월 26일 이승만 하야 이후에도 허정 과도정권과 민주당 장면 정권하에서 한국 사회 변혁을 위해 다양한 형태의 운동을 전개했다. 지금까지의 4월혁명 관련 연구에서 학생운동이 비교적 많이 다루어진 것은 4월혁명에서 학생들의 역할이 그만큼 컸기 때문이다.

기존 연구에서 정기영과 고성국은 당시 학생운동 세력을 '학생 A'형과 '학생 B'형으로 나누어 살펴보았다. 이들 연구에 따르면 '학생 A'형은 학도호국단, 공명선거추진위원회 참여집단, 흥사단 등 형식적 민주주의를 강하게 제기했던 집단으로서, 이승만 정권 붕괴 후 학원민주화운동, 농촌계몽운동, 신생활운동 등 개량적 운동을 추진하였다.

---

* 이 글은 민주화운동기념사업회에서 2010년 6월 간행한 학술지 『기억과 전망』 22호에 실린 같은 제목의 논문을 일부 수정한 것이다.

반면, '학생 B'형은 신진회, 신조회, 협진회, '암장'그룹, 농업사회연구회 등 구체적인 민주변혁을 지향하는 집단으로서, 이승만 정권 붕괴 후 분단국가에서 민주변혁의 주요한 과제인 반미자주화와 조국통일 촉진운동을 적극적으로 전개하였다. 정기영과 고성국은 이 두 흐름을 상호 분절적, 대립적으로 파악하면서, '학생 A'형이 주도한 학생운동이 점차 '학생 B'형이 주도한 학생운동에 주도권을 내어주는 사실에 주목하였다.(정기영, 1990, 123~133쪽 ; 고성국, 1990, 150~153쪽)

하지만 4월혁명기 학생운동에 대한 이러한 이해방식은 곧 비판에 직면했다. 박찬호는 4월혁명을 거치면서 학생운동 세력이 분화한 것을 인정하면서도 농촌계몽운동, 신생활운동 등이 한계에 부딪히자 '학생 A'형이 '학생 B'형에 합류한 사실에 주목하였다. 그리고 이는 학생운동 내에서 통일운동이 단순히 소수 진보적 학생들에 의한 것이 아니라 광범한 대중적 기반을 획득하고 있었다는 점을 반영한다고 보았다.(박찬호, 1991, 219~220쪽) 정계정도 일부 대학의 경우 계몽운동의 선언문이나 강령을 작성하고 운동의 이론적 근거를 제공한 이들은 신진회와 같은 선진 서클의 회원들이었고, 계몽운동에 참여한 학생들이 운동의 진행과정 속에서 의식의 발전을 보이고 자주화 통일운동에 참여하는 모습을 보였다고 평가했다. 즉 양자를 분절해 인식하지 말고 계기적 발전의 과정으로 이해해야 한다는 것이다.(정계정, 1997, 475~476쪽)

문제는 '학생 A'형과 '학생 B'형을 구분할 수 있는지 없는지가 아니다. 이미 정기영의 논문에서도 4월혁명기 후반 '학생 A'형이 '학생 B'형에 합류하여 계속해서 민족민주과제 실현을 위한 운동을 전개했다는 언급이 나오는 만큼, 초기 연구가 계기적 발전 양상을 무시했다고 말하기는 어렵다. 마찬가지로 '학생 A'형과 '학생 B'형 구분에 비판적인 연구들도, '한계' 혹은 '발전'이라는 인식틀 속에서 농촌계몽운동, 신생활운동과 한미경제협정반대운동, 2대악법반대운동, 통일운동을 상호 분절적, 대립적으로 파악하는 경향이 있다.

이 두 흐름의 운동은 주도세력과 운동방식에서 분명한 차이가 있다. 그러나 보다 주목해야 할 지점은 이 두 흐름의 운동 사이를 관통하는 당시 학생운동의 지향이다. 이를 해명해야만 4월혁명기 학생운동의 구도는 물론 당시 학생들의 인식을 제대로 정리할 수 있다. 또한 4월혁명이 이후 한국사회가 나아갈 방향을 제시했다는 점에서, 4월혁명의 주체라 할 수 있는 학생들의 지향을 살펴보는 것은 4월혁명은 물론 한국현대사 전체를 이해하는 데 있어서 꼭 필요한 작업이다.

이에 이 글은 4월혁명 직후 학생운동의 전개과정을 학생회 중심의 운동과 민족통일연맹(약칭 민통련) 중심의 운동으로 나누어 정리하면서 이 두 흐름의 학생운동을 관통하는 지향을 살펴보고자 한다. 특히 이 두 흐름의 학생운동이 분절적, 대립적인가 아니면 계기적으로 발전한 것인가를 따지기 보다는, 당시 학생운동 주체들이 가지고 있었던 '한국사회 발전(혹은 변혁)지향'의 유사성과 이를 실천하기 위한 방법론의 차이를 분석하는 데 초점을 맞추고자 한다. 그리고 이러한 지향을 가지고 전개된 당시 학생운동에서 나타나는 일정한 동요 양상에 대해서도 함께 살펴보고자 한다.

2. '후진성' 극복을 위한 첫 번째 방법론 : 학생회 중심의 계몽운동

1) 학생회 건설과 학원민주화운동

1960년 4월 26일 이승만 대통령이 하야 성명을 발표함으로써, 이승만 정권의 12년 독재가 막을 내렸다. 많은 희생을 치르며 독재 정권을 무너뜨린 학생들은 이 항쟁을 '혁명'으로 평가하면서 혁명의 주체임을 자임하였다. 이승만 정권이 무너진 이후 학생들이 곧바로 '질서회복운동'에 들어간 것도 스스로를 혁명의 주체로 자임한 결과이다. 학생들은 "수습의 길은 대학생에게 있다"라는 자각하에 서울의 치안을 정돈하고 시민에게 질서를 호소했으며, 도로를 청소하고 민간차량에 대한 불법적 횡포를 금지시켰다. 또한 경찰이 자취를 감춤으로써 야기된 치안력의 공백을 메우기 위해 계엄사령부와 협조하여 학교별로 '질서유지반'을 편성, 각 경찰서에 배치했다.(고영복, 1983, 109~110쪽)

물론 학생들이 혁명의 유일한 주체는 아니었다. 이승만 정권이 무너지기까지 학생들이 항쟁을 선도한 것은 사실이지만, 이외에도 많은 시민들이 거리에서 정권과 맞섰다. 특히 구두닦이, 신문팔이, 거지 등 도시빈민이 적극적으로 항쟁에 참여했는데, 이들은 종종 '밤시위'로 일컬어지는 과격한 행동을 보여주곤 했다. 그러나 당시 한국사회의 엘리트였던 대학생들과 지식인들에게 도시빈민들의 과격한 행동은 '혼란'으로 비쳤다. 이들은 4월혁명 과정에서 '과격한' 도시빈민과 '순수한' 학생을 구별하고자 했다.

1960년 4월 11일부터 시작된 제2차 마산시위에서 지식층 시민들은 데모 주동자들을 연행하기 시작한 사직 당국이 낮에 전개된 학생데모와 밤에 있었던 일반데모를 구별하기를 원했다. 그들은 학생들이 주동이 된 낮 데모는 목적이 순수한 것이었으나, 일부 청년층이 선도한 야간 데모는 폭행과 파괴를 수반하였으므로, 주간과 야간에 이루어졌던 데모는 근본적으로 목적이 다르다고 주장했다.(안동일·홍기범, 1960, 188~189쪽) 서울에서 4월혁명이 한창 진행 중인 상황에서도 군중들이 이기붕의 집에 불을 지르려 하자 대학생들은 이를 제지하였다. 이를 목격한 한 기자는 "대학생의 지성이 없었던들 이번 혁명의 사태는 무지한 파괴로 끝맺었을 지도 모른다는 것을 생각하였다"고

했다.(이강현, 1960, 264쪽) 결국 대학생들은 이승만 하야 이후 질서를 회복하는 데 앞장섬으로써 "학생들은 순수하다"는 사회적 인식을 다시 한 번 증명했다. 이 과정에서 스스로를 내세우기 어려웠던 도시빈민은 혁명의 주체에서 사라지고 학생들만 혁명의 주체로 남게 되었다.

그러나 혁명의 주체로서 학생들의 역량은 너무나 미약했다. 1950년대 학생들은 사회적으로 우대받는 엘리트였지만, 무분별한 대학의 팽창으로 인해 질적으로 하락했다는 평가를 받고 있었다. 무엇보다 해방 직후의 혼란, 국가의 강압적 통제, 한국전쟁의 비극은 학생들의 비판적 지성을 마비시켰다. 1950년대 중후반 이후 다양한 경로로 학생들의 사회 비판의식이 자라나면서 자유와 민주, 민족과 주체성에 대한 관심이 높아지고 이것이 결국 4·19라는 대규모 항쟁으로 폭발하기는 했지만(오제연, 2008, 195~201쪽), 1950년대 내내 학생들을 짓누른 무기력과 보수적 타성은 쉽게 사라질 수 없었다. 무엇보다 당시 학생들에게는 힘을 모을 수 있는 분명한 조직이나 이념이 부재한 상황이었다.

따라서 학생들이 이승만 정권을 무너뜨린 뒤 곧바로 학원으로 돌아간 것은 전혀 이상한 일이 아니었다. 이미 4월혁명 직후에 나온 연구를 통해서도 알 수 있듯이, 1960년 2월 28일 이후 4월 19일까지 학생들이 전개한 시위에서 가장 빈번하게 등장한 구호는 학원의 자유를 보장해달라는 것이었다.[1] 그 어느 곳보다 학원에서 모순을 경험했던 학생들은, 이승만 정권의 통제와 동원에 의해 유린된 학원을 먼저 정화하지 않고서는 자신들이 어떤 사회 문제도 해결할 수 없다는 사실, 즉 주체의 역량을 강화할 수 없다는 사실을 알고 있었다. 기존 연구들 가운데 학생들이 학원으로 돌아간 사실을 "이승만 하야로 모든 것이 끝

---

[1] 학생들 주장을 유형화하여 그 빈도를 살펴보면, "학원의 자유" 23%, "부정선거 배격" 17%, "부패와 독재 배격" 15% 순이었다.(김성태, 1960)

났다고 하는 승리감에 도취되어 불철저한 인식 속에서 나온 후퇴"로 규정하는 경우도 있지만(김동춘, 1991, 254쪽), 이는 당시 학생들의 주체적 조건과 항쟁 당시 학생들의 요구를 고려하지 않은 가혹한 평가라고 할 수 있다.

학원으로 돌아간 학생들은 곧바로 학원민주화운동에 착수했다. 우선 어용교수의 퇴진과 그동안 학원의 침묵을 강요하고 있던 어용자치조직 '학도호국단' 해체를 요구했다. 학도호국단의 가장 커다란 후원자인 이승만과 자유당이 무너진 상황에서 학도호국단 해체에 반대할 사람은 없었다. 결국 각 대학에 있던 학도호국단은 1960년 5월 3일 허정 과도정권의 국무회의 결정을 통해 모두 해체되었다. 대학 당국도 1960년 5월 13일 20개 대학 24명 학생지도 책임자들이 모여 새로운 학생 자치조직의 명칭을 '학생회'로 통일시키기로 하였다.(『연세춘추』 1960년 5월 16일자)[2] 이후 각 학교에서는 학도호국단을 대체할 새로운 조직으로 우선 학생자치위원회가 만들어졌다. 이들 학생자치위원회는 대학 별로 명칭이나 만들어진 시기, 구성방식에서 조금씩 차이를 보였지만, 모두 학생들 스스로의 힘으로 만든 학생 자치조직이었다. 학생자치위원회를 모체로 하여 대부분의 대학은 늦어도 1960년 말까지 선거를 통해 정식으로 학생회를 건설하였다.

학도호국단 해체 직후 건설된 학생자치위원회 중에서 서울대 문리대 학생자치위원회에 주목할 필요가 있다. 학도호국단 해체 직후인 1960년 5월 10일 서울대 문리대 학생들은 600여 명이 모여 학생총회를 개최했다. 이날 학생총회에서 학생들은 새로 만들어질 '학생자치회'의 조직형태와 구성 및 운영방법에 대해 결의했다. 이때 결의문을 낭독하고 통과시킨 학생은, 신진회 출신으로 서울대 문리대의 4월 19일 시

---

[2] 이 회의에서 학생지도 책임자들은 학생 자치가 학교 행정에 결코 간섭 또는 관여해서는 안된다는 점을 분명히 하였다.

위를 주도하고 훗날 서울대 민통련 의장이자 민족통일전국학생연맹(약칭 민통전학련) 준비위원장이 된 윤식이었다.(『대학신문』 1960년 5월 16일자) 윤식은 1960년 5월 14일 각 학과 대의원들로 구성된 서울대 문리대 대의원회에서 의장을 맡았고, 대의원회는 '학생자치회'의 위원장으로 안병규를 선출하였다.(『대학신문』 1960년 5월 23일자) 안병규는 이후 서울대 국민계몽대 대장이 되어 농촌계몽운동과 신생활운동을 이끌었다. 서울대 문리대의 경우, 기존 연구에서 '학생 A'형으로 분류한 학생과 '학생 B'형으로 분류한 학생이 학생회가 처음 만들어질 때부터 밀접한 관련을 맺으며 앞장을 서고 있었던 것이다. 당시 학생운동에서 대표적인 두 인물의 관계만 보아도 소위 '학생 A'형과 '학생 B'형의 구분은 당시 운동을 설명하는 데 적절한 틀이 아닌 것으로 판단된다.

물론 각 대학에서 새로 만들어진 학생자치위원회나 학생회의 주요 구성원들은 4월혁명 직전 학도호국단 간부였던 경우가 많았다.(정계정, 1997, 459쪽) 이들은 학도호국단의 타성을 극복하지 못한 채 선거 때마다 일어나는 상호비방과 과열경쟁(『고대신문』 1960년 11월 19일자), 그리고 학생회 운영과정에 발생하는 여러 가지 문제로 인해(『대학신문』 1960년 12월 12일·1961년 2월 6일자) 학생들로부터 많은 비판을 받았다. 이에 따라 학생회는 학도호국단의 재판이라는 오명을 듣기도 하였다.(『고대신문』 1960년 11월 26일자) 이는 학생회가 이후 학생운동을 주도하지 못하는 근본 이유가 되었다.

학도호국단 해체와 학생회 건설이 비교적 순조롭게 진행된 반면, 어용교수 퇴진과 학원 내 행정 체계의 민주화는 많은 시간과 어려움을 겪었다. 어용교수 퇴진운동은 4월혁명 이전의 대학사회 부패상으로부터 야기된 논리적으로 이유 있는 운동이었다. 어용교수에 대한 비판은 이미 항쟁 과정에서 4·25 교수단 시국선언문과 고려대 4·19 결의문에도 잘 나와 있었다.(고영복, 1983, 113쪽) 이승만 정권이 무너진 후 가장 먼저 어용교수 퇴진 요구가 나온 학교는 성균관대였다. 1960년 4월 29일 성균관대 학생들은 이선근 총장이 참석한 학생조회 시간에 공청회를 열고 총장의 사퇴를 요구했다.(『주간성대』 1960년 5월 4일자) 이선근 총장은 이승만 정권에서 문교부장관을 역임한 대표적인 친여 인사였다. 결국 이선근은 5월 9일 총장직을 사임했다.(『주간성대』 1960년 5월 18일자) 이후 서울대, 연세대, 경북대, 조선대, 숙명여대 등 30여 대학에서 어용교수 또는 무능교수 퇴진운동이 진행되었고, 이 과정에서 각 대학 별로 수업거부, 동맹휴업, 단식투쟁, 장기농성, 유혈 사태 등 다양하고 격렬한 형태의 운동양상이 나타났다.(정계정, 1997, 466~468쪽) 서울대 미대나 한양대 등에서는 이 문제를 둘러싸고 학생 들끼리 충돌하기도 했다.

어용교수에 대한 배척은 교수들 사이의 알력이나 개인적인 원한이 개입되어 혼탁한 양상을 보이기도 했지만, 재단이사회를 포함한 학원 전체의 행정체계 민주화에 대한 요구로 발전하기도 했다. 6개월 이상 지속된 1960년 연세대의 '1 · 2차 파동'은 그 대표적인 사례이다. 연세 대 학생들의 처음 요구는, 무능교수의 사퇴, 중앙집권적 행정체계 지 양, 총장과 이사장의 겸임 금지 등이었다.(『연세춘추』 1960년 5월 23일 자) 이에 발맞추어 교수단은 1960년 5월 30일에 교수 권한 정상화와 단과대학 중심의 행정분권화를 골자로 하는 기구개편안을 채택하였 다.(『연세춘추』 1960년 6월 6일자) 그러나 이사회는 이러한 요구들을 사실상 거부하였고, 이에 반발하여 학생들은 동맹휴업, 교수들은 수 업거부에 돌입하였다. 이것이 '1차 파동'이다. 이 1차 파동은 총장과 이 사장의 분리 원칙과 총장추천물색위원회 구성에 합의를 함으로써 6월 13일 일단 마무리되었다.

하지만 2학기에 들어서서 이사회가 외국인을 총장서리로 임명하고 기구개편 운동에 앞장 선 세 명의 교수를 해임하면서 '2차 파동'이 일어났다. 이에 학생들과 교수들은 다시 거세게 반발하여 9월 15일 '연세대학교 학원민주화 투쟁위원회'를 결성하고 이사회와 충돌하였다. (『연세춘추』 1960년 9월 26일자) 그런데 이 '2차 파동'은 이전과는 달리, 외국인 이사장과 총장에 대한 한국인 학생들과 교수들의 퇴진 요구라는 구도로 진행되었고, 그 양상도 동맹휴업과 철야농성은 물론 다수의 유혈사태와 구속자를 기록할 정도로 격렬하였다.[3] 결국 12월 9일 한국인 총장이 임명되면서 연세대의 학원민주화운동은 일단락되었다.

이러한 구도 때문에 고영복, 이재오, 서중석 등의 연구는 연세대 학원민주화운동을 학생들의 민족적 의식을 각성시키고 운동이념을 민족주의로 승화시킨 계기로 높이 평가하고 있다.(고영복, 1983, 114~115쪽 ; 이재오, 1984, 185~186쪽 ; 서중석, 1991, 131쪽) 이러한 평가는 큰 틀에서 정당하지만, 보다 중요한 점은 연세대 학원민주화운동이 민족적 색채를 강하게 드러내며 격렬하게 진행된 시기가 학생운동 내에서 통일운동이 본격적으로 제기된 시기와 일치한다는 사실이다. 즉 학원민주화운동도 뒤에서 살펴볼 다른 운동들과 상호 영향을 주고받으며 전개되었던 것이다.

2) 계몽운동의 자립경제수립 주장과 동요

4월혁명 직후 학원으로 돌아간 학생들은 각 대학별로 학생회를 건설하고 학원민주화운동을 전개함으로써 주체적 역량을 강화시킬 수 있었다. 많은 한계도 있었지만, 학생들 스스로의 힘으로 그동안 자신

---

[3] 2차 파동은 동문회의 중재로 10월에 잠시 소강상태를 보이다가, 교수 7명의 출강과 농성교수단의 성명, 그리고 결정적으로는 문과대 학생 3명에 대한 학교 측의 제적조치로 인해 11월에 들어와서 총장·이사장 사택 파괴 등의 유혈폭력사태로 폭발하였다. 이로 인해 학생 133명이 구속되었다.(『연세춘추』 1960년 11월 21일자)

들이 경험한 모순을 해결해 나갔다는 사실은 주체의 역량 강화에 큰 도움을 주었다. 혁명의 주체로 자임하던 학생들은 이제 자신감을 가지고 학원을 넘어 사회로 눈길을 돌릴 수 있었다.

우선 학생들은 여름방학과 7·29 총선을 맞이하여 그들의 활동을 사회운동으로 확대시키고자 농촌계몽운동과 신생활운동을 추진하였다. 이는 혁명의 주체를 자임하고 있었던 학생들이 학원을 넘어 사회적 차원에서 무엇인가 새로운 질서를 만들고자 하는 시도였다. 또한 이들 운동은 이승만과 자유당 정권의 몰락 이후 다시 고개를 드는 일부 구정치인들을 중심으로 한 '반혁명세력'의 반동에 대응하여, 혁명정신을 사회 전반에 확산하고 혁명 주체의 역량을 더욱 강화하기 위해 추진되었다.(박찬호, 1991, 221쪽)

학생들은 무엇보다 '혁명정신'을 확산시키는 것을 중요하게 생각했다. 이승만 독재가 무너짐으로써 일견 혁명이 끝난 듯 보였지만, 이것은 시작에 불과했다. 혁명의 주체로서 학생들은 이승만 정권 붕괴 이후에도 한국사회에 혁명의 열기가 지속되기를 기대했다. 이를 위해서는 혁명정신이 사회 전반에 확산되어 모든 국민들이 혁명 대열에 동참할 수 있어야 했다.

학생들은 먼저 농촌으로 달려갔다. 1960년 5월 15일부터 25일까지 성균관대 학생들은 '민주사상 고취 계몽대'를 만들어 활동했다. 계몽대의 17명 학생들은 주로 대구, 안동, 영주, 경주 등 경상도 지역을 순회하며 "4·19혁명 이후 수습대책의 방법 및 학생들의 동태", "농민들의 민주사상 앙양과 4·19혁명의 의의", "우리 학생들의 일치단결로 제2공화국 탄생에 협조" 등 9개 주제로 강연회를 가졌다. 특히 학생들은 준법정신, 권리와 의무 인식, 신중한 투표 등을 강조했다.(『주간성대』 1960년 6월 1일자) 성균관대 '민주사상 고취 계몽대'는 이후 본격적으로 전개된 농촌계몽운동의 성격을 잘 보여준다. 먼저 학생들은 농촌을 '계몽'의 대상으로 파악하고 있었다. 이는 일제시대 이래 이어진 자연스러운 모습이었다. 그러나 이번 계몽운동은 혁명 완수를 위해 앞으로 실시될 총선거가 중요하다는 생각에서 이루어진 활동이었다. 즉 4월혁명의 무풍지대였던 농촌, 여촌야도 현상에서 드러나듯 자유당의 주요 기반이었던 농촌, 무엇보다 후진적인 한국사회에서도 가장 낙후된 농촌에 혁명정신을 확산시키지 않고서는 혁명을 완수할 수 없다는 생각이 당시 농촌계몽운동 속에 담긴 것이다.

1960년 6월 10일에는 서울대 학생회가 농촌에서의 국민계몽운동과 도시에서의 국민신생활운동을 전개하기로 결의하고(『대학신문』 1960년 6월 13일자), 6월 16일 단과대학별 조직 일원화 작업에 착수하였다.(『대학신문』 1960년 6월 20일자) 이에 따라 7월 6일 서울대 국민계몽대가 결성되어 7월 8일부터 거의 전교생 전원이 전국 각지의 농촌으로 파견되었다.(『대학신문』 1960년 7월 11일자) 서울대 국민계몽대는 출범과 더불어 4월혁명 정신 보급, 국민 정치의식과 주권의식 고양, 경제 복지 추구, 신생활체계 수립, 민족문화 창조를 강령으로 내걸었다. 즉 이것은 혁명 완성은 제도 개선만으로는 불가능하며, 정치에 참여하는 국민들(특히 농민들)의 정치의식 고양과 새로운 문화 정착을 통해서만 가능하다는 개량주의적 사회인식을 근저로 하고 있었다. 특히 서울대 국민계몽대에는 신진회 핵심멤버이자 훗날 민통련의 지도부를 형성하는 이영일, 이수정 등이 적극 참여했다.(윤식의 증언, 2001, 177쪽)

여러 대학이 연합해서 계몽대를 조직하는 경우도 있었다. 동국대 등 서울시내 6개 대학 학생들은 '7·29선거계몽대'를 조직하여 7월 10일부터 25일까지 충청남도 연기군 일대를 순회하며 선거 계몽운동을 벌였다. 이들은 낮에는 시장에서 연설회를 갖고, 밤에는 영사기를 들고 국민학교 교정에서 "선거는 이렇게", "이 강산 좋을시고" 등을 상영하였다. 이 과정에서 계몽대는 농민들에게 7·29총선에 임하는 원칙을 설명하는 것은 물론, 농촌 피폐의 근본 원인, 협동조합의 기능과 실효, 청소년 4H구락부의 필요성, 외래품 밀수의 한국경제 파괴와 재벌, 경제면에 있어서 이승만 정권의 모순성과 시정책 등과 같은 생활경제적 측면의 계몽도 함께 진행하였다.(『동대시보』 1960년 8월 15일자)

7·29총선 이후에도 농촌계몽운동은 계속 이어졌다. 연세대 학생들은 서울대와 같은 취지로 8월 3일 지역사회개발사업과 계몽사업을 전개하기 위해 '지역사회개발대'를 결성하였다.(『연세춘추』 1960년 8월 15일자) 지역사회개발대는 그들이 들어가는 농촌에 향후 5년 동안의 장기적 개발활동을 벌여 학생들이 생각하는 이상향('연세의 마을')을 시범적으로 건설하고자 하였다. 그밖에도 여러 대학에서 많은 학생들이 계몽운동에 나섰다. 하지만 농촌에 대한 경험도 없고 계몽을 위한 여건도 성숙하지 않은 채 오로지 의지만을 가지고 추진된 계몽운동은 가시적인 성과를 남기기 어려웠다. 7·29총선에서도 학생들은 민주당을 중심으로 한 기성정치인들의 압승을 지켜볼 수밖에 없었다. 여름방학이 끝나고 2학기가 시작하면서 농촌계몽운동은 사실상 중단되었다.

1960년 2학기가 끝나고 겨울방학이 되자 일부 학교에서 다시 농촌계몽운동을 선개했나. 일례로 서울대의 경우 사범대학을 중심으로 농촌으로 파견될 계몽대를 조직하였다.(『대학신문』 1960년 12월 12일자) 지난 여름방학의 농촌계몽운동에 비해 그 열기가 많이 시들기는 하였지만, 학생들은 좀 더 계획적, 조직적, 효과적인 계몽운동을 수행하기 위해 노력하였다.

1961년 봄에 접어들자 전국적으로 식량난이 일어나고 있는 가운데 특히 농촌 지역에서 심각한 기근이 나타났다. 그해 3월 현재 식량부족 때문에 정부의 구호를 요청한 농가 수는 총 22만 가구에 육박했고, 이를 인원수로 따지면 115만 명 이상이었다.(김정원 1985, 257쪽) 이때부터 학생들의 농촌계몽운동은 '절량농가구호운동'으로 전환되었다.

연세대 학생들은 1961년 4월 9일 '절량농가 구호반'을 결성하여 모금 활동 등을 통해 모은 구호금을 농민들에게 전달하고 아울러 농촌지방에 대한 실태조사에 들어갔다.(『연세춘추』 1960년 4월 10일자) 4월 30일에는 절량농가 구호반 제2진을 파견하여 낙농운동을 보급함으로써 일시적인 구제가 아닌 절량문제의 근본적 해결을 도모하였다.(『연세춘추』 1961년 5월 1일자) 고려대도 4월 7일 학생들의 모금활동으로 모인 구호금과 함께 '절량농가 실태조사반'을 농촌으로 파견하였다.(『고대신문』 1961년 4월 15일자) 이러한 절량농가구호운동은 방학이 아닌 학기 중에 갑자기 추진된 운동이었기 때문에 적극적으로 참여한 학생들의 수는 매우 적었다. 하지만 이를 계기로 학생들은 농촌의 현실에 대해 좀 더 적극적이고 객관적으로 고민할 수 있었으며,[4] 이러한 고민은 5·16쿠데타 이후에도 학생들이 농촌·농민운동을 계속 추진할 수 있었던 밑거름이 되었다.

농촌에서 국민계몽운동이 진행되는 동안 도시에서는 신생활운동이 전개되었다. 신생활운동에 나선 학생들은 도시인들의 허영과 사치, 향락과 안일을 몰아내고, 독재 정권에 의해 불법적으로 기생한 모든 사회악을 척결하며, 외래 사치품 소비를 억제하여 "자립경제"를 달성하자고 주장했다. 이들은 "망국 사치품 건국 국산품", "한 가치 양담배에 불타는 우리 조국", "사치와 향락 속에 시드는 국민정신", "농민의 흘린 피땀 사치로써 낭비 말라", "오늘의 커피는 내일의 독배" 등의 구호를 내걸었다. 이러한 운동은 일제강점기 '토산품' 애용을 주장한 물산장려운동의 맥락을 연상시켰다.(민주화운동기념사업회 연구소 편, 2008, 231쪽)

---

[4] 이전의 농촌계몽운동과는 달리, 이때부터는 농촌의 현실에 대해 과학적인 분석을 가하는 글들이 많이 나오기 시작한다. 특히 학생들은 장면 정권이 '국토개발 사업'을 약속해 놓고도 이를 제대로 이행하지 않는 것에 대해 신랄한 비판을 가했다.

  먼저 서울대 학생회는 1960년 6월 10일 국민경제생활 중심의 신생활운동을 전개하기로 결의하였다. 서울대 여학생회도 "현재 요구되고 있는 국내 자립경제의 내외혁신의 일익을 담당"하기 위해 일체의 사치와 허영, 불의, 낭비를 배격하기로 결의했다.(『대학신문』 1960년 6월 13일자) 이에 7월 7일 서울대 신생활운동반이 결성되었다. 신생활운동은 기본적으로, 자유당 시대의 부정부패가 특정 정치인의 도덕적 타락에 그 원인이 있는 것이 아니라 사회의 지도층을 비롯한 대다수 국민들의 정신자세 해이에 그 원인이 있다는 인식을 바탕으로 하였다.(김동춘, 1988, 37쪽) 또한 혁명 과업을 수행하기 위해서는 민족 주체성이 뚜렷해야 하고, 사치와 허영과 낭비를 배격해야 하며, 도시와 농촌간의 장벽을 허물고 공동의 심리적 구심점을 향해 민족의 에너지를 집결해야 한다는 인식도 갖고 있었다. 서울대 신생활운동반은 7월 16일 세종로에서 양담배를 모아 소각하는 집회를 가졌고, 8월에는 관용차 91대를 고발하였다. 또 9월 22일에는 국회의사당 앞에 있는 가넘버 차량 51대를 시청 앞에 유치시켜 놓고, 가넘버 차량 폐지와 신생활운동 입법화 그리고 한미행정협정 체결을 요구하였다.(『대학신문』 1960년 9월 26일사) 그러나 다음날 정부기 이러한 직접행동을 불법행위로 규정하고 다시 하면 단속, 입건하겠다는 강경한 태도를 취하는 한편, 10월 8일 장면 총리가 국민계몽대 대장 안병규를 비롯한 전국 학생 대표 4명을 만나 신생활운동 입법화를 서두르겠다고 약속하면서, 신생활운동의 열기는 급속히 식어갔다.(민주화운동기념사업회 연구소 편, 2008, 232쪽) 이후 활동은 겨울방학을 이용하여 서울대 신생활운동대가 1960년 12월 24일 크리스마스 전야부터 13일 동안 광화문 네거리에 포진하여 허례허식 타파를 위한 계몽운동을 벌이는 정도였다.[5]

---

[5] 원래 이 신생활운동대는 연말연시에 수수되는 뇌물 왕래를 방지하기 위해 고위 공무원들 집 앞에 포진하고자 하였다.(『대학신문』 1961년 1월 9일자)

신생활운동은 1961년 초부터 다시 활성화되기 시작했다. 1961년 2월 6일 '대한민국대학생총연합회'[6]는 재경대의원대회를 열어, 한국의 후진성을 극복하기 위한 일 방편으로 산업을 진흥시키기 위하여 정부에서 추진하고 있는 국토개발사업에 대학생이 독자적으로 헌신할 것을 결의하고, 신생활운동의 합리적이고도 전국적인 실천방안을 모색하였다.(『대학신문』 1961년 2월 13일자) 이 자리에서는 신생활운동에서 가두활동을 일체 금지하기로 하고, 신학기부터 각 대학 단위별로 분과위원회를 조직하여 자치적인 학생 자신의 신생활운동부터 일으키되, 먼저 검소한 교복을 입기로 하고 그 모양을 전국적으로 통일하자는 데 합의를 보았다.(『단대학보』 1961년 2월 11일자) 이후 각 대학 학생회는 신생활운동 활성화를 시도했다. 한양대의 경우 4월 25일 전국여학생회 차원에서 신생활운동에 대한 좌담회를 개최하였다.(『한양대학보』 1961년 5월 1일자) 이화여대의 경우 5월 10일과 11일 양일간 전(全) 반장 대의원 임시총회를 열고 각계에서 부르짖고 있는 신생활운동을 적극 실행하기로 하고, 먼저 여름에 각색의 양산을 쓰지 않는 운동을 벌인 후 점차 학생의 신분에 맞지 않는 모든 사치품 및 외래품을 쓰지 않기로 결의했다.(『이대학보』 1961년 5월 15일자) 1960년 신생활운동이 주로 서울대를 중심으로 전개된 것에 비해 1961년 신생활운동은 그 저변이 훨씬 넓어졌다. 그러나 운동의 내용은 오직 학생들에게 의식개혁과 내핍생활을 계몽하는 것으로 대폭 축소되었다.

농촌계몽운동과 마찬가지로 신생활운동 역시 혁명정신을 확산시키기 위해 도시에서 전개한 계몽운동이었다. 그러나 학생들이 말하는 혁명정신이 무엇을 의미하는지는 명확하지 않았다. 사실 4월혁명 자

---

[6] 이 단체는 전국의 각 대학 학생회의 연합체로서 결성경로는 분명치 않으나, 1960년 11월 23일부터 3일간 경희대에서 전국대의원대회를 갖고 출범하였다.(『대학신문』 1960년 11월 21일자)

체가 명확한 목표와 지향을 가지고 시작된 것이 아니었다. 항쟁 당시 구호가 "부정선거 다시 하라"에서 "이승만 하야"로 발전하는 과정에서 자연스럽게 '민주주의'가 혁명정신의 핵심으로 자리 잡았지만, 당시 한국의 현실은 이승만 정권이 무너졌다고 곧바로 민주주의가 뿌리를 내릴 수 있는 상황이 아니었다. 무엇보다 민주주의만으로 한국사회의 모순이 해결될 수는 없었다.

학생들은 엘리트로서 한국사회의 모순에 민감했다. 당시 학생들이 인식했던 가장 큰 문제는 한국사회의 '후진성'이었다. 즉 그들이 책에서 보고 배웠던 이상적인 사회(특히 서구와 같은)와는 모든 면에서 거리가 있었던 한국사회의 현실이었다.[7] 4월혁명 전후 대학 학보에 실린 다음의 기사들은, 당시 학생들이 일상에서 한국사회의 후진성을 어떻게 파악하고 있었는지 잘 보여준다.

나라 안이 고루 고루 문명의 혜택을 받기란, 여간한 부국이 아니고서는 바랄 수 없는 일이지만, 도시와 지방과의 문명의 발달 정도가 가까울수록, 그 나라의 후진성은 극복되어 가고 있다고 말할 수 있을 것이다. 그러나 이런 후진성을 면하기 위해서, 도시 문명이 넘쳐서 저절로 지방에 흘러 들어가기 바란다면, 가난한 나라, 남의 나라의 도움이나 받아서 겨우 지탱되어 가는 나라에서는 백년 하청(河淸)을 기다리는 격에 지나지 못한다.(『연세춘추』 1959년 2월 22일자)

우리의 현실은 후진지역의 성격을 그대로 지닌 각양의 모습을 나타내고 있다. 서울의 명동거리와 남산의 토굴을 우리는 쉽게 볼 수가 있다. 이름도 모를 고급의 상품들이 찬란하게 놓인 진열장과 건물들 그리고 사람의 물결이 있는가 하면, 일년 내내 햇빛을 보지 못하고 축축한 토굴의 핏

---

[7] 이 당시 각 대학의 학보의 특징은, 서구나 제3세계와 같은 외국의 소식을 알리는 기사가 많이 실려 있다는 것이다. 이는 외국에 대한 학생들의 관심과 함께 그에 대비되는 한국사회에 대한 학생들의 고민을 간접적으로 시사해준다.

기없는 생활이 있는 것이다. 거의 100미터의 거리를 두고 화려와 초라함이, 사치와 비참이 대결하고 있다. 쇼핑과 구걸, 고급상품과 깡통, 이것이 바로 한국의 양지와 음지가 아니겠는가?(『이대학보』 1960년 7월 4일자)

1950년대 학생들은 빈곤과 불평등에 기반한 한국사회의 후진성에 괴로워하고 절망했지만, 그들 스스로 이러한 현실을 바꿀 힘과 의지는 거의 없었다. 그래서 많은 학생들이 무기력하고 개인주의적인 모습을 보였다. 그러나 4월혁명을 통해 학생들이 혁명의 주체로 등장하면서, 그들에게 한국사회의 후진성을 타파할 수 있는 기회가 주어졌다. 혁명의 주체인 학생들은 농촌과 도시의 민중들에게 후진적인 한국사회의 현실에 대한 정확한 이해와 현실타파의 방법을 제공함으로써 '혁명정신'을 확산시키고자 하였다. 이것이 한국사회의 후진성을 극복하기 위해 채택한 방법론인 '계몽운동'의 본질이다.

계몽운동 과정에서 학생들이 후진성 극복을 위한 구체적인 방안으로 제시한 것이 바로 자립경제 건설이었다. 당시 용어로 '민생고'라고 하는, 즉 사회 속에서 살아가는 사람들의 생존 자체가 위협받고 있는 현실을 타파하지 않고서는 혁명 완수는 불가능했다. 또 근대적이고 합리적인 경제체제를 수립하지 않고서는 민주주의라고 이름 붙은 장미꽃은 필 수 없었다.(『이대학보』 1960년 6월 6일자) 이를 통해 학생들은 그동안 막연하게만 제시됐던 4월혁명의 정신과 목표를 좀 더 명확히 할 수 있었다. 민중들의 생존을 위협하는 민생고 해결은 한국사회의 후진성 극복에서 가장 중요한 부분이었으며, 그것은 당연히 '경제재건'으로써 달성해야 할 것이었다.

1950년대의 경제는 한마디로 원조경제였다. 따라서 새롭게 재건되는 경제는 원조경제의 폐해들을 극복해야만 하며, 이것은 자립경제 건설로만 가능한 것이었다. 자립경제체제 수립을 통한 경제 재건 그리고 한국사회 후진성 극복은 바로 4월혁명 당시 학생들이 추구했던 한국사회 발전(혹은 변혁)지향으로 자리 잡았다. 그 결과 1960년 9월 29일 시내 13개 대학 경제학과 학생들을 주축으로 '전국자립경제추진위원회'가 결성되었는데, 이들은 자립경제만이 혁명을 뒷받침할 수 있다고 주장했다.(『고대신문』 1960년 10월 8일자) 대체로 학생들은 과감한 계획경제를 실시함으로써 자립경제를 건설할 수 있다고 믿었다.(『대학신문』 1960년 11월 28일자)

구조적인 개혁 없이 추진되는 '계몽운동'의 한계는 명확했다. 그러나 농촌계몽운동과 신생활운동을 평가하면서 계몽운동 일반이 가질 수밖에 없는 한계를 지적하는 것은 큰 의미가 없다. 중요한 것은 이들 운동이 당시 한국사회에 끼친 영향이다. 특히 신생활운동은 사회적으로 많은 영향을 끼쳤다. 1960년 9월 24일 시내 58개 고등학교의 6,700명 학생들이 모여 서울대 국민계몽대의 지휘 아래 신생활계몽운동대를 결성하고 신생활운동 입법화와 자립경제 확립을 주장하는 결의문을 발표하였다.(정계정, 1997, 473쪽) 또 국회의 소장파 의원들이 학생들의 신생활운동에 호응하여 이른바 '청조운동'을 일으켰고, 일부 사회단체에서도 이 운동을 전개하였다. 윤보선 대통령도 이러한 움직임에 큰 관심을 표명하고 이를 적극 격려하였다.(『한양대학보』 1961년 2월 20일자) 그리고 앞서 언급한 것처럼 1961년에 들어와 신생활운동의 저변은 정부의 국토개발사업과 결합하여 보다 확대되는 모습을 보였다.

무엇보다 주목되는 부분은 계몽운동 과정에서 서울대 신생활운동반이 한미행정협정 체결을 요구한 사실이다. 이는 직접적으로 소위 'P·X 경제'와 관련이 있다. 신생활운동에서 가장 배격했던 것이 '양담배'로 대표되던 사치성 수입품들이었다. 당시 한국사회에 범람하고 있던 사치성 수입품들은 한국경제의 어려움을 가중시키고 있었다. 이러한 사치성 수입품들이 범람할 수 있었던 원인은 미군부대 P·X에서 상당수의 수입품들이 불법으로 반출되는 데 있었다. 하지만 한국전쟁 당시 한국과 미국 사이에 체결된 협정은 한국 정부가 이러한 불법을 단속할 수 없게 만들었다. 따라서 사치성 수입품 배격에 앞장선 학생들은 이러한 불법을 막기 위해 한미행정협정을 체결할 것을 요구하였던 것이다.(『연세춘추』 1961년 2월 27일자) 물론 한미행정협정 체결 주장은 주한미군 주둔을 공식적으로 인정하는 측면이 있어, 1961년 2월 한미경제협정반대운동 당시 민통련 주도의 학생투쟁위원회에서 배척된 바 있었다.(황건의 증언, 2003) 그러나 신생활운동이 기본적으로 자립경제 수립을 위한 의식개혁운동이었다는 점을 고려한다면, 한미행정협정 체결 요구는 의식개혁을 넘어 한국경제에 절대적인 영향력을 행사하던 미국을 직접 문제 삼았다는 데 의의가 있다. 5·16쿠데타 직후에도 학생들은 미군범죄 처리와 관련하여 한미행정협정 체결을 지속적으로 요구하였다.

문제는 농촌계몽운동과 신생활운동이 구조적 모순을 무시하였거나, 근본적인 해결책을 제시하지 못한 부분에 있지 않다. 당시 학생들은 혁명의 주체로서 적극적인 활동을 벌였지만, "학생은 순수하다" 혹은 "순수해야한다"는 인식에서 자유롭지 못했다. 그 결과 1960년 7월 농촌에서 벌인 선거 관련 활동과 1960년 9월 서울대 신생활운동반이 전개한 직접행동은 학내외에서 학생의 본분을 벗어난 행위라는 비판에 직면했다. '학생의 순수성'은 이미 이승만 하야 직후 학생들이 혁명의 주체로 자임하는 과정에서 스스로 강조한 바 있었기 때문에, 이와 같은 학내외 비판은 계몽운동의 정치적 소극성을 끊임없이 강제하는 역할을 했다. 결국 농촌계몽운동은 방학 때마다 벌어지는 연례적인 행사로, 또 신생활운동은 학생들의 국산품애용과 근검절약을 추구하는 학내 캠페인으로 축소되었다.

3. '후진성' 극복을 위한 두 번째 방법론 :
민통련 중심의 통일운동

1) 분단모순 · 외세의존 비판과 민통련 건설

이승만 정권이 몰락한 후 새로운 질서의 도래를 기대하면서 대내적으로는 학원민주화운동을, 대외적으로는 농촌계몽운동과 신생활운동을 추진하던 학생들은, 시간이 지남에 따라 점차 한국사회 후진성 타파를 위한 보다 근본적이고 이념적인 해결책을 모색하기 시작했다. 서울대의 경우 1950년대부터 활동했던 반공개 이념서클의 학생들을 중심으로 이러한 움직임이 일어났다. 이들은 7·29총선에서 민주당의 압승으로 빛이 바랜 농촌계몽운동과, 정치적 소극성을 분명하게 드러낸 신생활운동을 넘어서는 학생운동을 전개하기 위해, 정치현실과 연관성을 가지고 좀 더 이념적인, 그러면서도 학생조직으로서의 특성을 유지하는 통합적인 학생운동체를 만들고자 했다.(윤식의 증언, 2001, 178쪽) 그 결과 문리대의 신진회, 후진사회연구회, 법대의 사회법학회 등을 주축으로 1960년 11월 1일 발기대회를 거쳐 18일 서울대 민통련이 결성되었다.

당시 새로운 운동을 모색하던 학생들이 '통일'을 전면에 내세운 이유는 7·29총선 이후 고조된 통일논의에서 찾을 수 있다. 7·29총선 당시 여러 혁신계 정당들은 다양한 형태의 통일방안을 제출한 바 있었다. 국외에서도 김삼규, 김용중 등이 '중립화 통일론'을 주장하였다. 여기에 미국 상원의원 맨스필드가 한국의 오스트리아식 통일 가능성까지 언급하고 나섰다. 이에 따라 점차 많은 사람들이 통일 문제에 관심을 갖게 되었고, 여기서 학생들도 예외가 아니었다. 그 결과 민통련이 발족되기 이전부터 '통일'과 '민족' 문제를 주제로 하는 토론회나 강연회가 많은 학생들의 관심과 참여 속에 주요 대학에서 개최되었다. (성유보, 1983, 131쪽) 1960년 9월에 고려대에서 열린 '전국대학생 시국토론대회'(『고대신문』 1960년 10월 1일자)와 11월 서울대에서 열린 '통일문제 심포지엄'(『대학신문』 1960년 11월 7일자) 등은 그 대표적 사례였다.

그러나 당시 고조된 통일논의만이 민통련 결성의 유일한 배경은 아니었다. 민통련에 참여한 학생들은 미국을 중심으로 하는 전형적인 자본주의와 공산진영이 표방하는 전형적인 공산주의를 모두 비판하는 민주사회주의에 큰 관심을 가지고 있었다. 학생들의 이러한 민주사회주의 지향은 당시 제3세계 국가들의 비동맹운동과 맞물려 민족주의와 결합하였다. 1955년 반둥회의 이후 본격화한 제3세계 비동맹운동은 미소 양대 진영에 대한 비판과 반식민주의, 중립주의, 평화공존 등을 주장하였다. 국제정세 변화에 발맞춰 한국사회를 제3세계 민족주의 시각에서 바라본 학생들은 한국사회 후진성의 근본원인을 분단모순과 외세의존에서 찾았다. 또한 '스푸트니크' 위성으로 대표되는 소련의 발전과 전쟁의 상처를 딛고 급속하게 경제 재건을 이룬 북한의 성장에 주목한 학생들은 남북의 평화공존, 교류, 통일 그리고 자립경제 수립을 후진성 극복의 해결책으로 생각했다.(오제연, 2007, 289~290쪽) 이러한 역사적 맥락 위에 4월혁명 직후 고조된 통일논의가 더하여져서 서울대 민통련이 조직된 것이다.

서울대 민통련은 그동안 전개된 학생회 중심의 계몽운동을 무이념적 운동이라고 비판하고, 민족주의와 통일을 학생운동의 지상 과제로 설정하였다. 그들은 한국사회 모순의 근본원인을 외세에 의한 민족분단으로 파악하였기 때문에, 민중의 생존권을 보장하기 위해서는 무엇보다도 민족의 분단을 깨트려야 한다고 믿었다.(『대학신문』 1960년 11월 14일자) 이에 대해 서울대 학생회측은, 모든 학생운동은 학생회와 함께 해야 한다는 원칙 속에서 민통련을 포용하려는 자세를 보였으나, 이것은 어디까지나 학생회의 권위를 인정한 위에서 그 밑으로 민통련을 끌어들이려는 시도에 불과했다.[8] 정치적 소극성을 드러내며 학내 문제로 침잠하던 학생회는 운동의 중심에서 점차 밀려났다. 반면 농촌계몽운동과 신생활운동에 적극적으로 참여했던 학생들은 민통련을 중심으로 결집하기 시작했다.(이영일의 증언, 2003)

민통련의 통일운동은 한국사회 후진성 극복을 위한 새로운 방법론이었다. 하지만 계몽운동 과정에서 한국사회 후진성 극복의 구체적 방안으로 제시된 자립경제 수립은, 통일운동에서도 핵심적인 주장으로 제시되었다. 먼저 1960년 9월 24, 25일 양일에 걸쳐 고려대에서 있었던 '전국대학생 시국토론대회'에서는 기형적 경제상태를 바로잡아 자립경제를 수립하는 문제와 통일을 연결시키고, 막대한 군비를 통일을 통해 경제부흥에 돌려야 한다는 주장이 나왔다.(서중석, 1991, 146쪽) 1960년 10월 11일 동국대 학생시국강연회에 나온 학생 연사들의 한결같은 주장은, 음성적으로 침투하는 침략의 식민정책 같은 것은 단호히 경계하면서, 경제적 자립으로 주권을 확보하여 통일된 민족을 이룩해야한다는 민족주의였다.(『동대시보』 1960년 10월 15일자) 1960년 11월 2일 서울대에서 열린 '통일문제 심포지엄'에서도 통일문제에 관한 다양한 의견들이 개진되었지만, 결론은 "공통점은 경제자립"이었다.(『대학신문』 1960년 11월 7일자) 이렇듯 자립경제 수립은 통일운동과 계몽운동이 결합할 수 있는 공통분모였다.[9]

서울대 민통련이 조직된 이후 각 대학에서 '민족통일연맹'과 동일한

---

[8] 서울대의 경우, 학생회는 민통련이 '서울대'라는 명칭을 함부로 써서는 안된다는 입장을 가지고 있었다.(『대학신문』 1960년 11월 14일자)

[9] 당시 통일논의에서 중요한 역할을 했던 김용중도 1961년 2월 중순 장면 총리에게 보낸 공개서한에서, 하루빨리 자주적 경제력을 갖기 위해 통일을 해야 한다고 주장했다.(『민족일보』 1961년 2월 19·20일자)

혹은 유사한 이름의 각종 통일운동 단체들이 결성되었다. 서울대 민통련은 전국적인 조직을 만들 필요성에 따라 서울시내 '조선일보사' 뒤에 사무실을 얻고 각 대학에 민통련 조직 결성을 시도했다. 일부 대학에서는 이러한 시도와 관계없이 자생적으로 통일운동 조직이 결성되었다. 그 결과 1960년 12월 이전에 서울의 경희대, 건국대, 국학대, 고려대, 단국대, 동국대, 성균관대, 중앙대, 한국외대 등에서 조직 결성이 완료되었고, 지방의 부산대, 수산대, 경북대, 대구대, 전남대, 조선대 등에서도 조직 작업이 추진되었다.(박태순·김동춘, 1991, 128쪽 ; 윤식의 증언, 2001, 180~181쪽) 이때부터 '통일운동'은 학생들을 혁명의 대의 안으로 다시 한 번 묶어주는 구심점 역할을 하게 되었다.

2) 통일운동 탄압에 대한 저항

1960년 11월 18일 서울대 민통련이 결성되었지만, 겨울방학이 곧바로 이어진 관계로 본격적인 활동을 즉각 전개하기는 어려웠다. 민통련 핵심 멤버들은 겨울방학 동안에도 서울에 남아 주로 책이나 정세에 대해 토론하며 향후 계획을 수립하고 있었다.(황건의 증언, 2003) 그러던 1961년 2월 8일 한국과 미국 정부간에 '한미경제원조협정'이 체결되었다. 이 협정은 미국이 한국에게 공급하는 원조물자에 대해 미국이 임의로 원조계획을 중단하고 또 그 원조의 사용에 대해 감독할 수 있게 하였다. 한국이 정부 예산의 절반 이상을 원조에 의존하고 있는 상황에서 이러한 협정은 미국에게 한국 정부에 대한 강력한 통제권을 부여하는 것이었다.

한미경제협정 내용이 알려지자 혁신정당과 사회단체들은 즉각적으로 반발하고 나섰다. 한창 통일과 민족주의의 열기를 드높이고 있던 학생들도 반대를 분명히 하였다. 이에 1961년 2월 12일 각 대학 민통련과 서울대 국민계몽대 등이 주축이 되어 '한미경제협정 반대 전국학생공동투쟁위원회'를 결성하였다.[10] 전국학생공동투쟁위원회는 2월 14일 낙원극장 앞에서 100여 명이 모여 성토대회를 갖고 호소문을 발표했다. 이 호소문은 "오늘 우리 조국은 아직도 외세에 의하여 분할지배되고 있으며 갖은 굴욕과 참극을 강요당하여" 왔다고 규정하고, "민족의 분할을 영구화하고 조국의 주권을 굴욕적으로 침해하는 한미경제협정"은 을사조약보다도 더 가혹한 예속적 불평등 조약이라고 비판했다.(『민족일보』 1961년 2월 15일자) 또한 대정부 및 국회 건의문을 통해 "현시대는 민족해방의 시기요 식민주의 완전 철폐시대다. 한 민족이 타민족을 억압하고 예속하는 것은 이미 지나간 시대의 식민주의, 인종주의, 제국주의의 찢어져 짓밟혀진 더러운 깃발과 함께 인류의 역사에서 영원히 사라지고 있다"고 평가하면서, "대미, 대일관계에서 민족자주성을 절대 고수"할 것임을 천명했다. 이는 곧 미국이 한국을 분단하고 지금도 실질적으로 식민지처럼 지배함으로써 전쟁과 빈곤과 같은 비극을 초래하게 되었다는 주장으로, 전형적인 반외세 민족혁명론의 관점을 보여주고 있다.(서중석, 1991, 134~135쪽 ; 민주화운동기념사업회 연구소 편, 2008, 320쪽)

한미경제협정은 미국의 대한원조와 직접 관련된 협정이었기 때문에 이에 대한 반대운동은 자연스럽게 자립경제 수립 주장으로 이어졌다. 즉 빈곤 문제 해결은 미국의 원조로는 도저히 불가능하고, 오직 민족 자립적 경제체제 확립으로만 가능한데, 민족 자립적 경제체제 확립은 통일 없이는 이룩할 수 없는 만큼 통일이 반드시 필요하다는

---

[10] 여기에는 서울대 민통련, 고려대 민족전선 발기준비위원회(가칭), 항공대 민통련, 건국대 민족통일연구회 발기준비위원회, 성균관대 민족통일연맹 발기준비위원회, 외국어대 민족통일연구회 발기준비위원회, 단국대 민족통일연구회 발기준비위원회, 민족통일문제연구소, 경희대 민족통일문제연구회, 서울대 국민계몽대, 전국학생조국통일추진회가 참여하였다.(『민족일보』 1961년 2월 15일자)

논리였다.(『민족일보』 1961년 2월 15일자) 그러나 한미경제협정은 오랫동안 이어져온 종속적 원조경제를 제도적으로 확인하는 작업에 불과했기 때문에, 그것에 대한 반대운동은 사회적으로 큰 관심을 불러일으키지 못했다. 전국학생공동투쟁위원회 역시 2월 14일 집회와 2월 21일 명동성당 앞에서 가진 성토대회를 제외하고 활발한 활동을 전개하지 못했다.(『민족일보』 1961년 2월 22일자) 오히려 이 운동은 '반미운동'으로 확대 해석되는 문제로 인해 곤란에 처하기도 했다.(『대학신문』 1961년 2월 20일자) 결국 한미경제협정은 1961년 2월 28일 국회에서 절대다수의 동의로 비준되었다.

반면 3월부터 시작된 '2대악법반대운동'은 보다 강력하게 전개되었다. '2대 악법'이란 '반공임시특별법'과 '데모규제법'을 일컫는 것으로서, 한미경제협정반대운동과 같은 학생들과 민중들의 저항에 위기의식을 느낀 장면 정권이 이에 대처하기 위해 구상한 것이었다. 물론 각 정당과 사회단체들은 즉각 이 법안들을 악법으로 규정하고, 장면 정권의 비민주성을 비난하고 나섰다. 학생들 역시 "2대 악법이 통과되면 국토통일 영 못 본다"라는 구호와 함께 민통련이 중심이 되어 1961년 3월 16일 17개 학생 단체가 참여한 '악법반대 전국학생투쟁위원회'를 결성하였다.[11]

3월 18일 대구에서 약 1만 명이 모여 시위를 전개한 이후 서울과 대구를 비롯한 각 지역에서 시위가 계속 일어났다. 특히 3월 22일 서울에서 열린 '반민주악법반대성토 대강연회'는 1만 5천 명 정도의 시민

---

[11] 전국학생투쟁위원회에는 전한국학생총연맹, 서울대 민통련, 고려대 민족통일전선, 성균관대 민족통일전선, 전국학생자립경제추진회, 전국학생혁신연맹, 항공대 민통련, 계랑단, 건국대 민족통일전선, 피양민학살유족회 중앙학생위원회, 단국대 민통련, 외국어대 민족통일전선, 민주학생통일연맹, 민족통일연구소, 동국대 민통련, 중앙대 민통련, 전국근로고학생총연맹 등이 참여했다.(『민족일보』 1961년 3월 20일자)

들이 모인 가운데, 2대 악법은 물론 국가보안법을 철폐할 것, 민족 통일을 방해하는 장면 내각은 총사퇴할 것 등을 요구했다. 강연회를 마친 후 학생들을 중심으로 1천여 명이 "데모가 이적이냐 악법이 이적이냐", "배가 고파 못살겠다" 등의 플래카드와 횃불을 들고 격렬한 시위를 전개했다.(민주화운동기념사업회 연구소 편, 2008, 329~330쪽) 경찰은 이날 시위에서 윤식, 이창홍 등 민통련 학생들을 검거하여 구속한 후, 악법반대 전국학생투쟁위원회가 과격 시위를 주도한 것으로 판단하여 위원회 간부 27명 중 위원장 노정훈을 비롯하여 하일민, 황건, 김정강 등을 10명을 체포하였다.(『민족일보』 1961년 3월 27일자) 이후에도 학생들에 대한 경찰의 탄압은 계속되었다. 3월 28일 경찰은 서울대 민통련 학생들이 서울대 졸업식에서 매카나기 주한 미대사에게 명예박사학위를 수여할 때 일제히 일어나 반정부데모를 하려다가 미수에 그쳤다는 혐의로 이들에 대한 내사에 착수했다.(『민족일보』 1961년 3월 30일자) 또한 4월 1일에는 2대 악법에 반대하는 가두선전을 벌인 서울대 민통련 학생들과, 국회 앞에서 선전을 벌인 대구, 부산 지역 학생들을 연행하기도 했다.(『민족일보』 1961년 4월 3일자)

경찰의 강력한 탄압 이외에도, 학생늘이 혁신계에 사주를 받았다는 유언비어는 학생들의 움직임을 위축시키는 요인이 되었다. 이에 3월 23일 악법반대 전국학생투쟁위원회는 위원장 노정훈의 명의로 성명서를 발표하여, "탄압 일관책을 수립하고 있는 반동정권은 본 투위의 대표 노정훈 동지와 통일사회당의 고정훈 선생을 고의로 신문지상에 클로즈업 시킴으로써 우리 투위를 혁신 제당의 사주를 약간이나마 받은 것처럼 유언비어를 유포시키고 있다. 본 학생투위는 악법 반대의 전 민족운동을 전개함에 있어서 민족적 양심에서 결성되고, 그에 따라 공투위(혁신계가 중심이 되어 조직한 공동투쟁위원회 - 인용자)와의 공동투쟁 전열에 참여했을 뿐이다. (중략) 전체 학생 동지들은 반동세력의 매스콤과 유언비어를 통한 허위선전을 깨끗이 배격하고 끝까지 공동전선의 깃발 아래로 단결하라"고 주장했다.(『민족일보』1961년 3월 25일자) 앞서 계몽운동의 정치적 소극성을 강제했던 "학생은 순수하다"는 인식은 이 운동에서도 일종의 강박증처럼 운동 주체들을 계속 따라다녔던 것이다. 2대악법 반대운동에서 학생들의 움직임은 그만큼 제한될 수밖에 없었다.

서울에서는 더 이상 시위가 일어나지 않았지만 각 지방에서 2대악법 반대운동은 4월 이후에도 계속 확산되었다. 특히 경상북도와 경상남도 대도시지역의 시위 규모가 컸는데, 여기에는 지역 고등학생들도 많이 참여했다. 거센 반대운동에도 불구하고 장면 정권은 4월 국회를 연장해서라도 법안 처리를 강행하겠다는 방침을 표명했다. 나아가 이른바 '비둘기작전'으로 알려진 군 투입 계획을 수립하여 군을 동원해서라도 반대시위를 막겠다는 강경한 태도를 피력했다. 그러나 보수야당인 신민당마저 여론 악화를 이유로 2대 법 제정과 관련한 여당과의 협상에 일절 응하지 않자, 결국 장면 정권은 두 법안의 상정을 포기하였다. 2대 악법 제정이 무산된 것이다.

2대 악법 제정이 무산된 것은 분명 반대운동의 성과였다. 그러나 학생들은 여기서 머무르지 않았다. 민통련 학생들을 비롯한 반대운동 세력들은 장면 정권이 2대 악법을 제정하고자 하는 중요 목적이 통일운동을 탄압하는 데 있다고 보았다. 때문에 여기에 강력하게 저항하면서 집회 및 시위 과정에서 통일 관련 구호를 직접적으로 자주 제창하였다. 또한 민통련과 같은 통일운동단체들은 2대악법 반대운동을 계기로 활발한 활동을 전개하면서 오히려 조직을 확대할 수 있었다. 장면 정권은 통일운동의 불길을 잡으려다가 오히려 기름을 부은 셈이었다. 이러한 국면은 민통련이 4·19 1주년을 계기로 민족혁명론의 색채를 보다 강하게 드러내면서 남북학생회담까지 제안하게 만드는 바

탕이 되었다.(민주화운동기념사업회 연구소 편, 2008, 331~335쪽)

3) 민통련의 남북학생회담 제안과 동요

1961년 4·19 1주년을 맞이하여 사회 전반에 '3·4월 위기설', 즉 1961년 4·19 1주년을 맞이하여 민중봉기가 일어나든지 아니면 군사쿠데타가 일어날 것이라는 설이 광범위하게 퍼졌다. 혁명의 주체였던 학생들은 위기의 빌미를 주지 않기 위해 신중한 모습을 보였다. 실제로 이날 학생들은 의도적으로 기념행사를 침묵시위나 각 학교 중심의 독자적 기념식 정도로 조용히 치렀다.

그러나 이날 발표된 서울대 "4·19 제2선언문"은 이후 학생운동의 방향을 분명하게 제시했다. 서울대 "4·19 제2선언문"은 명목상 학생회의 이름으로 발표되었지만, 실제로는 민통련이 중심이 되어 작성한 것이었다.(홍석률, 1997, 120쪽) 이 선언문에서 학생들은 "지금 이 땅의 역사를 전진(前進)적으로 변혁시키기 위해서는 반봉건, 반외세, 반매판 위에 세워지는 민족혁명을 이룩하는 길 뿐이다. 이 민족혁명 수행의 앞길에는 깨이진 조국의 민족통일이라는 커다란 숙제가 놓여있다"고 주장했다. 또한 결의문을 통해 "4·19에서 흘린 피를 더럽히고 반민족적 방향으로 역류시키는 어떠한 반민족적인 세력도 타도"할 것과, "조국의 자주통일을 방해하는 외세와 이에 결탁하는 사대주의 세력을 일체 배격"할 것을 결의했다. 이는 당시 민통련의 민족주의 노선이 '반봉건, 반외세, 반매판'을 주 내용으로 하는 민족혁명론으로 수렴되고 있었으며, 이러한 노선이 학생회를 포함한 일반 학생들로까지 확대되고 있었다는 사실을 보여준다.(오제연, 2007, 292쪽)

김정강의 주장에 따르면, 이 선언문의 실제 작성자는 민족자주통일 중앙협의회(약칭 민자통)와 민주민족청년동맹(약칭 민민청)의 핵심인

사였던 부산대 교수 이종률이었다. 즉 이종률이 평소 가깝게 지내던 김성립을 통해 서울대 민통련의 김정강을 접촉하여 "한국 학생운동은 앞으로 변혁운동에서 대단히 중요한 부분을 차지하는데, 초기부터 이론적 지표를 명확히 세워야 한다"며 자기가 4·19선언문을 써서 보내 겠다고 했고, 결국 이종률이 쓴 선언문을 민통련 지도부가 통과시켰다는 것이다.(김정강의 증언, 2001, 45~46쪽) 물론 이 주장을 어느 정도 신뢰할 수 있는지는 문제가 되겠지만, 이종률이 민족혁명론의 가장 중요한 이데올로그라는 점에서 민족혁명론에 기반한 "4·19 제2선언문"이 이종률과 깊은 관련성을 가졌을 개연성은 충분히 있다. 앞서 한미경제협정반대운동에서 살펴보았듯이 민통련 학생들은 민족혁명론으로 점차 기울고 있었기 때문에 큰 거부감 없이 "4·19 제2선언문"을 받아들일 수 있었을 것이다.

일단 위기를 넘긴 채 4·19 1주년이 지나가고 또 민족혁명론이 전면에 등장하면서 민통련의 통일운동은 급진전되었다. 1961년 5월 3일 서울대 민통련은 대의원 회의에서 논란 끝에 '남북학생회담'을 공식 제안하기로 결정하고, 다음날 성명서를 발표하였다. 남북학생회담의 의제는 학생기자 교류, 학술토론대회 개최, 예술, 학문, 창작 교환, 체육대회 개최 등이었다. 그리고 곧바로 5월 5일에 18개 대학이 참여한 민통전학련이 결성 준비대회를 갖고 5월내로 판문점에서 남북학생회담을 추진하겠다는 결의문을 채택하였다.[12] 또한 이날 결성준비대회에서 발표된 공동선언문은 그때까지 학생들이 주장한 민족혁명론적 통일관을 집약하였다. 이 선언문은 세계사적 현단계의 기본적 특징을

---

[12] 민통전학련에 참여한 학교는 서울대, 외국어대, 경희대, 항공대, 경북대, 대구대, 청구대, 부산대, 수산대, 전남대, 조선대, 국학대, 단국대, 고려대, 연세대, 한양대, 성균관대, 국민대, 경북고 등이다.(『민족일보』 1961년 5월 7일자) 그런데 다른 기록에는 여기서 수산대, 고려대가 빠지고 대신 건국대와 동국대가 들어가 있다.(『대학신문』 1961년 5월 8일자)

식민지, 반식민지에서의 민족해방투쟁의 승리라고 규정하였다. 그리하여 평화, 자주, 번영을 사랑하는 세력이 세계사의 방향을 결정하는 주요인으로 확립되어, 광대한 아시아, 아프리카, 중남미의 대부분의 인민들은 이미 식민주의와 군사기지적 예속체제를 거부하고 국내의 매판관료세력을 타도하여 민족자주의 독립노선 위에 경제적 번영의 길로 매진하고 있다고 주장하였다. 반면 한국의 경우 식민지적 반식민지적 반봉건성의 요소는 해방 후 군사기지적 예속성이 부가되고 비합리적인 원조정책이 가중되어 더욱더 매판성과 예속성을 띠게 되었으며, 이러한 구조적 여건을 반영하는 매판관료세력들과 대중 간의 모순은 현실적으로 통일세력 대 반통일세력 간의 모순으로 나타났지만, 4월혁명을 계기로 민족, 대중세력은 매판관료세력을, 통일세력은 반통일세력을, 평화세력은 전쟁세력을 압도하게 되었다고 주장하였다.(서중석, 1991, 153~154쪽)

남북학생회담 추진은 이미 1961년 2월부터 계획되어 있었다. 원래 서울대 민통련은 늦어도 4월까지는 전국 각 대학의 학생들을 포괄할 수 있는 전국 단위의 강력한 통일추진 조직을 결성하고, 이를 기반으로 남북 간의 교류를 추진하려 했었다.(『대학신문』 1960년 2월 20일자) 사실 이 시기에는 학생들이나 혁신계뿐 아니라 보수야당인 신민당의 소장파 의원들(청조회)도 서신교환이나 기자교환과 같은 남북교류를 주장하고 있었기 때문에, 학생들의 계획은 돌출적이거나 감상적인 것이 아니었다. 앞서 언급한 3, 4월 위기설이 학생들의 운신 폭을 극도로 제한했기 때문에 남북교류 추진이 당분간 유보되고 있을 뿐이었다.

그 사이에 남북학생회담 추진을 가속화시키는 사건이 유엔에서 일어났다. 당시 유엔에서 아시아·아프리카 등 제3세계의 도전에 직면하고 있었던 유엔주재 미국대사 스티븐슨은 고육책으로서, 1961년 4월

11일 유엔정치위원회에서 유엔의 자격과 권한을 수락하면 북한을 유엔에 참석토록 초청하자는 그 당시로는 폭탄적인 제의를 하였다. 조건부 남북동시초청안인 스티븐슨안은, 평화통일을 위한 현실적인 전제로서 '두개의 한국'을 인정한 것이었다. 남한만을 유일한 합법정부로 인정해 온 미국이, 유엔에서 한반도 문제에 대해 중대한 정책 수정을 하게 된 것이다. 결국 스티븐슨안은 북한의 무조건 초청을 주장한 소련과 인도의 제안을 물리치고 유엔에서 가결되었다.(서중석, 1991, 152~153쪽) 유엔에서 벌어진 이러한 상황은 통일운동에 커다란 돌파구를 열어주는 역할을 하였다.

드디어 1961년 4·19 1주년 행사 때 서울대 학생들은 "남북 학생 판문점에서 만나자"는 플래카드와 더불어, "이 땅이 뉘 땅인데 오도 가도 못하느냐", "이북 쌀 이남 전기", "민족자주통일", "외세 물러가라", "남북 서신 교환", "실업자의 일터는 통일에 있다"와 같이 통일 관련 슬로건을 적은 플래카드를 들고 행진을 벌였다. 특히 여기서 주목되는 것은 경제, 민생 문제와 관련한 슬로건이 많이 등장했다는 사실이다. 이는 앞서 언급한 자립경제 지향과 맞닿은 것으로 대중에게 가장 어필할 수 있는 내용이었다. 1950년대에 이승만, 자유당 관계자들도 '북진통일'을 언급하며 통일이 되어야 잘살 수 있다고 선전했음을 상기해 볼 때 이러한 의식은 당시에 자연스러운 것이었다.(민주화운동기념사업회 연구소 편, 2008, 344쪽)

이후 경북대, 청구대, 대구대 등 대구지역 민통련 학생들은 남북학생회담 제안을 촉구하고 실행하기 위해 상경을 준비하기도 했다. 민민청, 통민청 관계자들도 서울대 민통련 간부들에게 조속히 행동에 나서줄 것을 촉구했다.(민주화운동기념사업회 연구소 편, 2008, 336쪽) 4월 말부터는 유엔총회에 참석한 정치인들이 귀국하면서 정치권에서도 남북교류 문제가 이슈가 되기 시작했다. 서울대 민통련의 남북학생회담 제안과 민통전학련 결성 추진은 이러한 배경에서 이루어진 것이었다.

민통련의 남북학생회담 제안은 사회적으로 큰 파장을 일으켰다. 특히 유엔에서의 상황변화에 대해 격렬하게 반발하고 있었던 장면 정권과 보수우익 진영은, 학생들의 남북학생회담 추진을 비판하면서 이를 힘으로 막을 것이라고 공언했다. 반면 혁신계는 이를 전적으로 환영하고 지지했다. 학생들의 경우 찬·반 양론이 엇갈린 가운데 사태의 추이를 주시하고 있었다. 예를 들어 민통련의 남북학생회담 추진에 비판적인 학생들은 이러한 방식의 운동이 일단 무모하고 시기상조이며, 만약 필요하다고 하더라도 몇 가지 전제조건이 선행되어야 한다고 지적하였다.(『대학신문』 1961년 5월 11일자)

남북학생회담 제안이 예상 밖의 파문을 일으키자 민통련 학생들은 동요하기 시작했다. 시간이 갈수록 민통련의 주요 간부들은 이 회담이 정치적 협상을 위한 것이 아니라 순수한 남북학생의 교류를 위한 것일 뿐이라는 점을 강조하기에 바빴다. 급기야 5월 13일 민통전학련 결성준비위원회는 "남북학생회담 및 통일축제 개최에 관한 원칙 및 우리의 요구"를 발표하면서, 남북학생회담에서 통일에 관한 정치적 또는 국제관계에 관한 문제는 일체 배제하는 것을 원칙으로 하며, 이 회담의 정당성 여부를 확인하기 위해 남북학생회담의 가부를 투표에 붙이자고 뒤늦게 제의하였다. 갑작스러운 투표 제안은 자신들의 정당성을 인정받겠다는 의도에서 나온 것이었지만, 이 경우 회담은 상당 기간 연기될 수밖에 없었다. 그러면서 "민족적 양심을 대변하며 민족 분열의 비극 속에서 통일을 열망하는 새세대의 회담 및 축제에 관한 제안을 각 정당사회단체는 승인하라. 또한 우리의 양심적인 제안을 농락 또는 세력 확장을 위한 선전도구로 사용하지 말라"고 요구했다.(『민족일보』 1961년 5월 16일자) 여기서 전자는 민주당 등 보수정당을 향한 요구였지만, 후자는 명백히 혁신계를 의식한 요구였다. 즉 학생들은 2대악법 반대운동 때와 마찬가지로 혁신계와 거리두기를 시도한 것이다.

혁신계와 거리두기는 역시 5월 13일 서울에서 민자통이 남북학생회담을 지지하기 위한 개최한 대규모 집회에 서울대 민통련이 학생운동의 순수성을 이유로 불참한 사실에서도 확인할 수 있다. 원래 이 집회에는 학생대표로 서울대 민통련의 류근일과 이영일, 경희대 민통련의 이수병이 참석할 예정이었는데, 서울대 민통련은 사전에 이를 연락받은 바 없다면서, 학생 본연의 순수성을 잃지 않기 위하여 류근일과 이영일을 참석시키지 않기로 하였다.(『민족일보』1961년 5월 14일자) 이에 따라 이전부터 민자통과 연결되어 있었던 이수병만 학생대표로 집회에 참석하였다. 결국 서울대 민통련 지도부는 내부적으로 5월 중하순경에 예정된 민통전학련 결성대회에서 남북학생회담 추진을 철회하기로 방침을 굳히고, 장면 정권의 요인들과 비공식적으로 만나 이러한 의사를 전달하였다.(한국혁명재판사편찬위원회, 1962, 968~977쪽 ; 윤식의 증언, 2001, 185쪽)

민통련 지도부는 계몽운동의 무이념성을 비판하면서 보다 이념적인 차원에서 통일운동을 추진했지만, 이들 역시 계몽운동처럼 "학생은 순수하다" 혹은 "순수해야한다"는 인식을 넘어서지 못했다. 물론 민통련 학생들 가운데 일부는 민민청이나 통일민주청년동맹(약칭 통민청) 등 혁신계와 직접 연결되기도 했지만 이들은 소수에 불과했다.(이영일의 증언, 2003) 이념적으로도 민통련에는 '백색독재'와 '적색독재'를 모두 배격하는 민주사회주의를 바탕으로 민족주의를 받아들인 학생들이 많았지만, 일부는 마르크스레닌주의의 입장에서 민족주의를 받아들이기도 하였다. 시간이 갈수록 학생들의 민족주의는 반봉건 반외세 반매판의 3반(反)에 기반한 민족혁명론으로 점차 수렴되었지만, 반공 논리에 따라 외부에서 가해지는 압력을 이겨내기에는 이념의 통일성, 철저성, 구체성 모두 부족한 상황이었다.(오제연, 2007, 292~293쪽)

무엇보다 계몽운동이든 통일운동이든 당시 학생운동은 운동의 기반인 학생 대중들로부터 충분한 지지를 얻지 못했다. 시간이 흐르면서 점차 혁명에 대해 회의를 갖기 시작한 많은 학생들은 더 이상 자신들을 혁명의 주체로 호명하지 않았다.(『대학신문』 1961년 4월 10일자) 얼마 전까지 학생들은 자신들이 혁명을 했다고 믿었지만, 정권이 바뀌었을 뿐 세상은 하나도 변한 것이 없었다. 이제 많은 학생들이 혁명 주체로서 자신감에 가득 찬 모습에서 이전의 무기력하고 냉소적인 모습으로 돌아가고 있었다. 4·19 1주년을 기념하여 학생들을 상대로 실시된 여론조사에 따르면,[13] 혁명에 보람이 있다고 응답한 사람은 전체의 2.5%에 불과했으며, 오히려 혁명전보다 현재가 더 나빠졌다고 응답한 사람이 전체의 11.0%나 차지하였다. 그리고 신생활운동에 대해서도 90% 이상이 그 취지에 공감·동조하고 있었지만, 그 방식에 있어서는 17.5%만이 동의를 하였고, 34.2%는 아예 운동방식에 대해서 고민을 해보지도 않았다. 또한 학생회와 민통련을 포함하여 당시 난립하고 있었던 각종 학생 단체에 대해서는 46.5% 정도만이 그 필요성을 인정했고, 필요 없다고 답하거나 관심 없다고 답한 사람이 52.2%에 달하였다. 특히 학생 혁명단체의 활동에 대해서는 단 6.5%만이 긍정적으로 답했을 뿐, 대다수가 정치적으로 이용당하고 있다거나 무의미한 활동이라고 답하였다. 민통련의 통일운동 역시 아직은 많은 학생들에게 공감을 얻지 못하고 있었다. 같은 조사에서 22.4%만이 남북대표의 협상을 통한 통일을 지지했고, 43.7%는 유엔감시하 남북총선

---

13) 이 조사는 『연세춘추』에서 당시 4학년에 재학 중이던 연세대 학생 398명을 대상으로 실시한 것이다.(『연세춘추』 1961년 4월 17일자)

을 지지했다. 또 남북통일의 시기에 있어서도 52.0%가 선건설 후통일을 지지하는 반면, 34.4%만이 선통일 후건설을 지지했다. 이를 통해 볼 때 학생회든 민통련이든 이들의 활동이 광범한 학생 대중에 기반하지 못했던 것만은 분명하다.

결론적으로 자립경제 수립을 통한 후진성 극복이라는 한국사회 발전(혹은 변혁) 지향은, 학생회 중심의 계몽운동과 민통련 중심의 통일운동이라는 두 가지 방법론으로 표출되고 각각 고양되었지만, 과거의 타성, "학생은 순수하다" 혹은 "순수해야한다"는 인식으로 인한 정치적 소극성, 이념의 불철저성과 추상성, 학생 대중의 폭넓은 호응 부족 등의 다양한 요인에 의해 끊임없이 동요하다가 결국 큰 성과를 거두지 못하고 5·16쿠데타로 일단 좌절되고 말았다. 그러나 5·16쿠데타 이후, 한국사회의 또 다른 엘리트 집단인 군부가 정치·경제·사회를 장악하게 되자, 학생들의 한국사회 발전(혹은 변혁)지향은 군부의 근대화론·민족주의·국가주의와 한편으로는 결합하고, 또 한편으로는 대립하는 양상을 보였다. 그 중 결합된 부분은 이후 30여 년 이상 한국사회를 이끌어 온 지배담론으로 전화하였고, 대립되었던 부분 역시 저항담론으로 전화하여 이후 민주화운동에서 오랫동안 중요한 역할을 하였다.

4. 맺음말

1960년 이승만 정권 붕괴 이후 1961년 5·16쿠데타 이전까지 학생운동의 흐름은 크게 학생회를 중심으로 한 학원민주화운동, 농촌계몽운동, 신생활운동과, 민통련을 중심으로 한 통일운동, 한미경제협정반대운동, 2대악법 반대운동으로 나눌 수 있다. 이 두 부류의 운동은 주도세력과 운동방식에서 분명한 차이가 있다. 그러나 이 두 운동에서 학생운동 주체들이 가지고 있었던 '한국사회 발전(혹은 변혁)지향'은 유사한 면이 있었다.

당시 학생들은 한국사회의 핵심모순을 '후진성'에서 찾았고, 이를 극복하는 것이 혁명을 완수하는 것이라고 생각했다. 이러한 과제를 수행하기 위해 '계몽운동'과 '통일운동'이라는 방법론이 각각 모색되었지만, 그 속에는 자립경제 수립을 통한 후진성 극복이라는 공통의 한국사회 발전(혹은 변혁)지향이 담겨 있었다. 단, 계몽운동에서는 자립경제 지향이 내핍이나 국산품 애용과 같은 수준에서 제기된 반면, 통일운동에서는 외세의존 청산, 남북교류, 분단극복이라는 수준에서 제기된 차이가 있었다.

하지만 두 운동 모두 운동이 발전하는 과정에서 동요하는 모습을 보였다. 계몽운동은 단순한 내핍, 국산품 애용 캠페인을 넘어 거리에서의 직접행동으로 나아가고, 또 당시 원조경제의 정점에 서 있는 미국을 직접 문제 삼기도 했지만, "학생은 순수하다" 혹은 "순수해야 한다"는 인식의 벽에 막혀 정치적 소극성을 드러냈다. 통일운동 역시 남북학생회담 제안이 사회 전반에 큰 파장을 불러일으켰으나, 반공 논리의 거센 비판을 이겨내지 못하고 곧바로 후퇴하는 모습을 보였다. 학생 대중의 지지를 충분히 얻지 못한 점도 동요의 한 요인이었다.

이후 5·16쿠데타로 군부가 정치·경제·사회를 장악하게 되자, 학생들의 한국사회 발전(혹은 변혁)지향은 군부의 근대화론/민족주의/국가주의와 한편으로는 결합하고 또 한편으로는 대립하는 양상을 보였다. 그 중 결합된 부분은 이후 30여 년 이상 한국사회를 이끌어 온 지배담론으로 전화하였고, 대립되었던 부분 역시 저항담론으로 전화하여 민주화운동에서 오랫동안 중요한 역할을 하였다.

이 글은 4월혁명 직후 학생운동의 전개과정을 그동안 잘 활용되지 않았던 각 대학 학보나 구술 자료를 이용하여 보다 자세하게 정리하고자 했다. 또 운동의 대립이나 주도세력 변화를 강조한 기존 연구와 달리 학생운동의 공통 지향과 실천 시 나타나는 방법론의 차이에 주목하였다. 그리고 단선적인 시각에서 운동의 발전만을 언급하는 한계를 극복하고자 학생운동 과정에서 나타나는 동요 양상에 대해서도 관심을 기울였다. 그러나 학생운동의 전개과정 속에서 후진성 극복 지향을 언급한 관계로 '후진성' 담론 자체에 대한 구체적인 분석은 이루어지지 않았다. '후진성' 담론은 학생들만의 것이 아니기 때문에 당시 지성계 전체의 모습 속에서 학생들의 지향이 갖는 위치와 의미를 밝혀야 할 것이다. '후진성' 담론과 '근대화' 담론의 관계도 앞으로 해명되어야 한다. 이는 사회과학적 개념의 문제라기보다 담론이 만들어지고 통용되는 역사성의 문제이기 때문에 시간의 흐름에 따른 변화에 주목할 필요가 있다. 이 글의 이러한 한계는 추후 연구를 통해 보완하고자 한다.

▣ 참고문헌

고성국, 1990 「4월혁명의 이념」『한국사회변혁운동과 4월혁명』1(사월혁명연구소 편), 한길사.

고영복, 1983 「4월혁명의 의식구조」『4월혁명론』(강만길 외), 한길사.

김동춘, 1988 「민족민주운동으로서의 4·19시기 학생운동」『역사비평』1호.

＿＿＿, 1991 「4·19혁명의 역사적 성격과 그 한계」『1950년대 한국사회와 4·19혁명』(이종오 외), 태암.

김성태, 1960 「4·19 학생봉기의 동인(動因)」『성대논문집』5호(한완상외, 1983, 『4·19혁명론』1(사월혁명연구소 편), 일월서각에 재수록).

김정원, 1985 『분단한국사』, 동녘.

민주화운동기념사업회 연구소 편, 2008 『한국민주화운동사』1, 돌베개.

박태순·김동춘, 1991 『1960년대의 사회운동』, 까치.
박찬호, 1991 「4월민중항쟁과 민족민주운동의 성장」 『한국현대사』 2(한국역사연
　　　구회 현대사연구반 편), 풀빛.
서중석, 1991 「4월혁명기의 반미·통일운동과 민족해방론」 『역사비평』 14호.
성유보, 1983 「4월혁명과 통일논의」 『한국민족주의론』 2(송건호·강만길 편), 창
　　　작과 비평사.
안동일·홍기범, 1960 『기적과 환상』, 영신문화사.
이강현 편, 1960 『민주혁명의 발자취-전국 각급 학교 학생대표의 수기』, 정음사.
이재오, 1984 『해방 후 한국학생운동사』, 형성사.
오제연, 2007 「1960년대 초 박정희 정권과 학생들의 민족주의 분화-'민족적 민주
　　　주의'를 중심으로」 『기억과 전망』 16호.
＿＿＿, 2008 「1950년대 대학생 집단의 정치적 성장」 『역사문제연구』 19호.
정계정, 1997 「4월혁명기 학원민주화운동과 국민계몽운동」 『성대사림』 12·13합집.
정기영, 1990 「4월혁명의 주도세력」 『한국사회변혁운동과 4월혁명』 1(사월혁명연
　　　구소 편), 한길사.
한국혁명재판사편찬위원회 편, 1962 『한국혁명재판사』.
홍석률, 1997 「1953~61년 통일논의의 전개와 성격」, 서울대학교 박사학위논문.

『고대신문』, 『대학신문』, 『단대학보』, 『동대시보』, 『민족일보』, 『연세춘추』, 『이
대학보』, 『주간성대』, 『한양대학보』.

〈구술자료〉
김정강의 증언(한국정신문화연구원 편, 2001 『내가 겪은 민주와 독재』, 선인)
윤식의 증언(한국정신문화연구원 편, 2001 『내가 겪은 민주와 독재』, 선인).
이영일의 증언(민주화운동기념사업회, 2003 『민주화운동 관련 인사 구술사료 수
　　　집을 위한 구술면담-이영일』).
황건의 증언(민주화운동기념사업회, 2003 『민주화운동 관련 인사 구술사료 수집
　　　을 위한 구술면담-황건』).

제2장 4·19혁명 직후 노동운동과 민주주의 이행

투쟁과제를 중심으로

김영수

1. 문제의식

4·19혁명기는 이승만 정권을 무너뜨린 노동자·민중의 투쟁과 그 성과를 제도화하려는 민주주의 이행의 시작이자, 해방 정국에서 전개되었던 좌우 세력 간 투쟁의 이념을 계승·복원하려는 새로운 투쟁의 시작이라고 할 수 있다. 비록 5·16쿠데타로 4·19혁명기의 민주주의 이행과 새로운 계급적 투쟁이 종언을 고하게 되었지만, 4·19혁명기의 다양한 투쟁은 민주주의 이행 및 새로운 계급적 투쟁의 이념과 노선을 반영하고 있다. 노동운동도 4·19혁명기에 그러한 투쟁의 주체로 등장하였다.

노동자들은 역사적으로 자본주의 체제에서 지배계급의 지속적인 분할통치 전략에 대응하면서, 자신의 생활을 구성하는 다양한 존재기반, 즉 생산현장 및 소비현장의 존재기반을 변화시키기 위한 투쟁을 전개한다. 이 과정은 또한 사회적으로 존재하는 계급 간의 다양한 모순을 극복하려는 것이기도 하다. 노동자들은 이러한 투쟁을 위해 자기조직인 노동조합을 중심으로 노동운동의 투쟁과제들을 수립하고 집행한다. 자본주의 사회체제의 지배계급은 지속적인 분할통치 전략으로 노동자 계급의 이데올로기 약화, 노동조합을 중심으로 한 조직적 단결 약화, 노동자들의 탈정치화 가속화, 노동조합간의 결속력 약화, 노동운동의 정치적인 영향력 약화 등을 도모하지만, 노동운동은 역사적으로 지배계급의 분할통치 전략에 대응하는 차원에서 자신의 이념과 노선을 투쟁과제로 현실화한다. 특히 자본주의 체제를 변혁하고자 하는 노동운동의 주체들은 "계급투쟁의 일시적인 승리와 패배를 경험하면서, 노동자 계급의 역량을 토대로 부르주아 계급과의 투쟁에서 승리, 즉 자본주의의 억압적 체제를 완전하게 극복"(R. Blackburn, 1991, 9쪽)하려 한다. 이러한 노동자들은 다양한 투쟁을 통해 자신의 조직적·계급적 역량을 강화시키고, 그러한 역량을 토대로 자본주의 체제를 개혁하거나 변혁하기 위한 투쟁의 주체로 존재하기 때문이다.

4·19혁명기 노동운동도 마찬가지였다. 4·19혁명기 노동운동은 이전 시기의 역사적 경험을 새롭게 재구성하면서, 사회구조를 변화시키는 주체 즉 국가권력의 일시적인 진공 상태, 노동자들에 대한 탄압이 이완된 상태가 되고, 저항세력의 분출로 투쟁 공간이 형성되자, 노동자들의 존재기반 및 사회구조를 변화시키기 위한 다양한 투쟁과제를 수립·집행하였다. 그것은 구체적으로 자연발생적인 혹은 조직적인 투쟁 강화, 노동조합운동의 전국적 조직체계 재구성, 노동자로서의 기본적인 권리를 획득하기 위한 투쟁, 그리고 노동조합운동의 대중적·정치적 토대를 강화하는 투쟁 등이었다. 이러한 투쟁은 한편으로는 노동자들을 조직적 투쟁의 주체로 복원하는 과정이었고, 다른 한편으로는 노동자들의 생존권 문제를 정치적인 문제로 전화하는 과정이었다. 기존 연구들이 4·19혁명기 노동운동의 다양한 투쟁들을 민주주의 이행의 관점으로 구성하지 않았다는 점을 고려하면, 4·19혁명기 노동운동에 대한 연구는 역사적 사실들을 새롭게 밝혀내는 것도 중요하지만, 이미 드러나 있는 사실들을 민주주의의 혁명적 이행기에

나타날 수 있는 계급적 투쟁의 관점으로 재구성할 필요도 있다.

이 연구는 4 · 19혁명기 노동운동의 이념과 노선을 역사적으로 응축하고 있는 투쟁과제들을 분석 · 평가하고자 한다. 노동운동의 투쟁과제들을 분석 · 평가하기 위한 이론적 근거는 다양하지만, 이 연구에서는 민주주의 이행기에 노동조합운동의 민주적이고 자주적인 역량을 형성할 수밖에 없는 역사적인 주체형성 과정에 주목하고자 한다. 민주주의 이행 및 새로운 계급적 투쟁의 국면에서 표출했던 4 · 19혁명기 노동운동의 투쟁과제들은 1950년대 지배세력의 통치전략에 대한 저항의 과정에서 형성되고 실천되었으며, 1970년대 이후에 다시 활성화되기 시작한 민주노조운동의 디딤돌을 구축하였다고 판단하기 때문이다. 따라서 이 연구는 노동운동이 특정한 시기의 운동만으로 분석 · 평가되는 것이 아니라, 이전 시기의 운동을 역사적으로 계승하는 과정이자, 민주주의 이행의 과정에서 제기되는 역사적 산물로서의 운동이라는 점을 밝히려 한다. 존재기반의 다양한 사회적 모순구조를 투쟁으로 변화시켜 나가는 노동운동의 투쟁과제들이 혁명적 민주주의 이행의 일환으로 재구성될 수 있는 것이다.

2. 4 · 19혁명기 노동운동에 대한 기존 연구 비판과 연구방법

1) 기존 연구 비판

역사적으로 민주주의의 혁명적 이행기에 출현하는 노동운동은 대부분 정부와 자본을 대상으로 노사관계를 변화시키기 위한 투쟁을 전개하면서, 사회구조 속에 내재되어 있는 계급적 모순을 점진적인 혹은 급진적인 투쟁전략으로 해결하려 한다. 물론 노동운동은 자본주의

체제를 옹호하고 지배세력의 통치전략에 부응하는 전략도 추구하지만, 민주주의의 혁명적 이행기에는 대부분 사회변혁적 전략과 사회개혁적 전략을 응축하고 있는 다양한 대중투쟁을 전개한다.

노동운동은 대부분 민주주의적 제도 구축 즉 노사관계를 민주화시키는 투쟁이나 노동조합을 재구성하는 투쟁으로 주체적인 역량을 강화시킬 수 있는 제도적 변화에 집중한다. 이러한 투쟁은 종종 과거의 혁명적 정치운동을 계승·발전시키는 투쟁이나 노동－자본 간의 관계에서 힘의 우위를 점하고자 하는 계급적 대립투쟁 등을 응축하기도 한다. 노동운동의 역사적 사실을 고려할 때, 4·19혁명기의 노동운동도 민주주의의 이행주체로서 밑으로부터의 다층적인 대중투쟁을 전개했던 주체였다.

그렇지만 4·19혁명기 노동운동은 4·19혁명기의 민주주의 이행 주체로서 혹은 민주주의 이해을 위한 투쟁의 관점으로 분석·평가되지 않았다. 4·19혁명기 노동운동에 대한 기존의 연구는 통시적 접근의 한계를 쉽게 극복하지 못하고 있는 것이다. 노동쟁의의 원인 및 증가 현황, 노동조합 및 조합원의 증가 현황, 부두 노동자 및 섬유 노동자늘의 노동쟁의 전개 과정, 그리고 교원노조 결성투쟁의 과정 등에 대한 연구가 평면적인 방식으로 기술되었다. 대표적인 연구로 한국 노동운동의 역사를 개괄적으로 포괄하고 있는 한국노동운동사(김낙중, 1982)를 들 수 있는데, 이 연구는 4·19와 노동자 계층의 역할, 부두노조 개편, 경전노조 개편, 섬유 등 기타 노조들의 노동조합 민주화투쟁, 새로운 산별노조 건설과정으로서의 대한독립촉성노동총연맹(약칭 대한노총)과 전국노동조합협의회의 통합(한국노동조합총연맹의 성립), 은행 및 교원 노동자들을 중심으로 한 지식인 노동조합의 결성투쟁 및 노동쟁의를 통계적으로 분석함으로써 이후 4·19혁명기 노동운동을 연구하는 디딤돌 역할을 했다고 해도 과언이 아니다. 1985년에 인간사 편집실이 구성하여 출간했던『간추린 한국노동운동사』도 김낙중의 연구를 개괄적으로 약술하는 방식으로 4 · 19혁명기 노동운동사를 기술하였다. 최근 강만길 · 김경일은 4 · 19혁명기만을 독자적으로 보는 것이 아니라 1948년 정부 수립 이후 1961년 군부쿠데타의 시기로 구분한 상태에서 정부수립기의 노동운동으로 기술하고 분석하였다.(강만길 · 김경일, 2004) 강만길 · 김경일의 연구는 4 · 19혁명기의 노동운동이 이승만 정권의 노동운동 및 노동정책과 어떤 연관성을 내포하고 있는가를 잘 보여 주고 있다.

　4 · 19혁명기의 노동운동을 계급모순 및 민족모순의 지양과정으로 접근하려 했던 시도도 있었다. 박현채는 '4 · 19시기 노동운동의 전개와 양상'이라는 주제를 가지고, 4 · 19혁명기에 존재했던 사회변화의 이념과 노선을 노동운동에 적용시키려 했던 것이다.(박현채, 1988)그러나 박현채의 연구는 사회변화의 이념과 노선을 구체적으로 적용시킨 것이 아니라, 아주 개괄적인 차원에서 4 · 19혁명기 노동운동에서 드러났던 계급적 요구 혹은 민족적 요구를 간단하게 규명하면서, 당시 노동운동의 전략 및 노동운동의 역사적 의의를 강조하고 있다.

　4 · 19혁명기 노동운동에 대한 연구에서 지식인 노동조합운동의 사례인 교원노조운동을 지적하지 않는 연구는 거의 없다. 그 중에서도 이철국과 변명희는 4 · 19혁명기의 교원노조운동의 전개과정을 아주 구체적으로 분석하고 평가하였다. 이철국은 1988년에 4 · 19시기 교원노동조합운동만을 산별노조건설운동의 차원에서 집중적으로 분석하여 평가하였고, 변명희는 1989년에 교원노조운동을 한국의 사무직 노동운동사의 일환으로 배치하면서 분석 · 평가하였다.(서관모 외, 1989) 이러한 연구들은 한국교원노조운동을 탄압한 정부의 재판기록을 적절하게 활용하고 있는데, 정부의 재판기록은『4 · 19혁명론』2(편집부 엮음, 1983)에 수록되어 있다.

그런데 1990년을 전후로 4·19혁명기 노동운동에 대한 연구가 통시적이고 평면적인 접근의 한계를 극복하려 하기 시작하였다. 물론 그 시도는 매우 미미하지만, 한국노동조합총연맹은 4·19시기의 교원노조운동과 부두노조운동 등을 노조 민주화 및 노동조합의 정치활동이라는 시각으로 접근하려 하였다.(정영태, 1990) 그러나 이 연구는 의도와 달리 역사적 사실을 평면적으로 기술함으로써 의도의 과잉화였다는 한계에서 벗어나지 못하고 있다. 오히려 박상민은 4·19시기에 교원노조운동을 중심으로 하는 노동운동과 당시의 진보적인 정치세력과의 관계를 밝히려 하였다.(박상민, 1989) 박상민은 사회대중당, 사회당, 통일사회당 등과 노동운동(교원노조)과의 관계, 즉 당시 노동운동과 진보적 정치세력 간의 관계를 도식적으로 보여주고 있지만, 그것의 구체적인 내용에 대해서는 밝히지 못하고 있다.

또한 4·19혁명기의 학생운동과 정당운동을 중심으로 혁명적인 민주주의 이행전략이나 이행 주체의 문제를 분석하고 평가한 연구도 있다. 4·19혁명기에 대한 1980~1990년대의 학문적인 연구경향은 그러했다. 이러한 연구들은 4·19혁명의 원인, 전개과정, 그리고 학생운동과 4·19혁명의 정치사적 의의 및 계승과제(김봉현, 1969 ; 김연철, 1982 ; 안병도, 1983 ; 백남진, 1985 ; 한상진, 1990) 등을 통시적으로 분석하고 평가하였다. 2000년대에 들어서서 이러한 연구경향이 변화하였다. 4·19혁명기의 사회적 존재기반에서 도출되었던 투쟁과 사회구조의 변화를 평화통일론, 민주적 민족국가 건설론, 인권이론, 민주주의 혁명론 등으로 분석·평가하면서, 4·19혁명기의 역사적인 사실들을 보다 새롭게 재구성하려 하였던 것이다.(조동걸, 2000 ; 정창현, 2006 ; 이정은, 2009 ; 노태구, 2009) 이러한 연구들은 4·19혁명기의 민주주의 이행을 위한 구체적인 전략을 분석·평가하기보다 주로 민주주의 이행의 결과로 나타날 수 있는 제도적 변화양상을 중심으로 분석·평가하였다. 4·19혁명이 우리나라 민주주의 이행과정에서 차지하는 위상과 그 의미(박현채, 1990 ; 조희연, 2000) 등에 대한 기존 연구에서도 마찬가지였다.

최근에 이르러서 4·19혁명기의 노동운동을 학문적인 수준에서 분석하고 평가하기 시작하였다. 강신준은 2002년 「노동사연구 : 4·19혁명시기 노동운동과 노동쟁의의 성격」이라는 논문을 발표하였다. 이 논문은 4·19혁명기의 노동운동을 공시적이면서도 이론적인 접근을 시도한 대표적인 경우라 할 수 있다. 강신준은 당시의 노동운동 및 노동쟁의의 구체적 자료를 중심으로 노동조직 민주화, 자주성 회복, 생활조건 개선의 성격을 규명함과 동시에, 또한 노동운동 내부역량의 미조직화, 기업별 조직체계, 낮은 경제발전의 수준에서 비롯된 한계도 규명하고 있다. 하지만 강신준은 4·19혁명기 노동운동 및 노동조합운동의 폭발적 분출, 새로운 산별노조를 건설하려 했던 조직주체 형성의 문제, 노동자들의 생존권적 요구들을 민주주의 이행기에 나타날 수 있는 노동자들의 보편적 현상이자 사회를 변화시키고자 하는 민주주의 이행전략에 조응시키지 못하고 있다. 노동자로서의 기본적인 권리를 획득하기 위한 노동운동의 자연발생적인 혹은 조직적인 투쟁, 노동조합의 전국적 조직체계를 재구성하는 투쟁, 그리고 노동자들의 정치적 토대를 강화하는 투쟁 등에 응축되어 있는 혁명적 민주주의 이행의 과제들을 규명하지 못하였던 것이다. 노동조직의 민주화 및 자주성을 회복시키고자 했던 4·19혁명기의 노동운동은 노동조직만의 문제가 아니라 사회체제의 민주주의 및 계급적 요구사항을 자발적인 투쟁으로 전취하려 했던 이념과 노선을 투영하고 있다. 이러한 투쟁은 한편으로는 노동자들을 조직적 투쟁의 주체로 복원하는 과정이었고, 다른 하나는 노동자들의 생존권 문제를 정치적인 문제로 전화하는 과정이었다. 노동운동은 투쟁의 발전 및 퇴행이라는 역사적 과정을 거치면서 민주주의 이행의 주체로 존재하기 때문이다.

2) 연구방법

민주주의 이행과 관련된 대표적인 연구결과들도 권위주의 체제가 혁명적인 민주주의 체제로 이행하는 과정에서 나타나는 현상과 과제들을 다음과 같이 제시하고 있다. "높은 수준의 경제개혁과 경제발전, 민주적인 제도의 정착, 억눌렸던 욕구의 분출"(V. Bunce, 2000, 703~734쪽), "확장된 선거 경쟁의 존재, 높은 수준의 정치 참여, 높은 수준의 정치적 자유, 제도적인 개혁"(M. J. Gasiorowski & T. J. Power, 1998, 740~771쪽), "다양한 경쟁체제의 정착, 정치적 행위에 조응하는 정치조직이나 대중조직의 책임성 강화, 대중들의 정치적 분출"(L. Diamond & M. F. Plattner(eds), 1996, 227~240쪽) 등이 민주주의로 이행되는 과정에서 나타나는 현상과 과제라는 것이다. 핵심적인 주장은 권위주의 체제가 무너지고 난 이후, 그 동안 피지배세력들에게 부여되지 않거나 제한되었던 각종의 권리들을 법적으로 제도화하고, 이러한 법·제도적인 범주 내에서 이해를 둘러싼 경쟁과 책임을 보장하는 사회체제로 변화되어야 한다는 것이다.

4·19혁명기 노동자들도 민주적인 제도의 정착을 위해 대중투쟁이라는 방식으로 높은 수준의 정치적 참여와 억눌렸던 자신의 욕구를 분출하였다. 노동자들은 과거에 존재했던 법·제도적 모순들을 해결해 나가면서 정치적 참여와 제도를 개혁하는 방식의 민주주의 이행을 요구하는 주체로 등장하였다. "민주주의는 언제 어디서나 부르주아 계급인 지도세력에 대항하는 노동자·민중의 투쟁에서 비롯되기 때문이다."(G. Therbon, 1983, 271쪽)

피터 마르쿠제(P. Marcuse)의 민주주의 이행 4단계론에 따른다면,

4 · 19혁명기는 "정치적인 억압체제에서 민주체제로의 이행단계, 사회적 하부구조의 민주화를 위한 밑으로부터의 다층적인 대중투쟁 분출단계, 경제적 민주화 실현단계, 사회주의로의 이행단계"(P. Marcuse, 1995, 38)라는 민주주의 이행단계론에서 제1단계와 제2단계가 중첩적으로 나타난 시기로 보아야 한다. "민주주의 이행기에는 노동자 · 민중들의 전략이 중층적인 민주주의 이행단계의 요구를 표출하기 때문에 밑으로부터의 다층적인 대중투쟁을 특정한 이행단계로 구분하기 어렵지만, 사회적 모순이 단기적으로 해소되는 것이 아니라는 점을 고려하면, 노동자 · 민중들의 대중투쟁을 독자적인 민주주의 이행단계로 설정할 수 있기 때문이다."(P. Marcuse, 1995, 40쪽) 4 · 19혁명기 노동운동은 사회구조를 민주적으로 변화시키기 위한 대중적인 투쟁주체로서 자신의 존재기반에 조응하는 밑으로부터의 투쟁을 전개하였다. 노동운동은 역사적으로 민주주의의 혁명적 이행기에 '노동자 계급조직의 전국적 조직화'(W. Korpi, 1985), '상호연대에 기반하는 동맹투쟁 및 연대투쟁의 공간 확장'(J. S. Valenzuela, 1989 ; R. B. Collier and D. Collier, 1991), '조직적 전투성 강화'(G. Therborn, 1983) 등을 위해 투쟁한다. 이러한 투쟁은 조합원이나 노동자들의 계급의식을 강화시킴과 동시에, 지배세력에게 저항할 수 있는 투쟁공간을 확장하는 계기로 작용한다. 라이트(E. O Wright)는 자신의 계급주체 형성 및 사회구조 변화라는 이행론에서 노동자들의 존재기반, 계급의식 형성 및 투쟁, 그리고 사회구조의 민주적 변화 간에 상호 유기적인 관계가 존재하고, 이러한 관계와 노동운동의 투쟁을 통일적으로 결합시켜야 한다고 강조하였다.(E. O Wright, 1993, 15~35쪽)

따라서 4 · 19혁명기와 같이 민주주의의 혁명적 이행기에 나타나는 노동운동도 노동자들의 사회적 존재기반을 구조적으로 변화시키고자 하는 투쟁의 주체로 존재하면서, 노동자들의 주체적 조건에 상응하는

투쟁을 전개하였다. 노동자들의 자기조직인 노동조합은 그러한 투쟁
의 중심에 서서 대중적인 조직주체로 존재한다. 라이트(E. O Wright)
의 계급적 주체 형성 및 사회구조 변화론을 새롭게 재구성하면, 노동
운동은 아래의 〈그림1〉과 같이 노동자, 노동조합, 그리고 사회구조 간
의 상호관계에서 투쟁과제들을 수립하거나 집행한다.

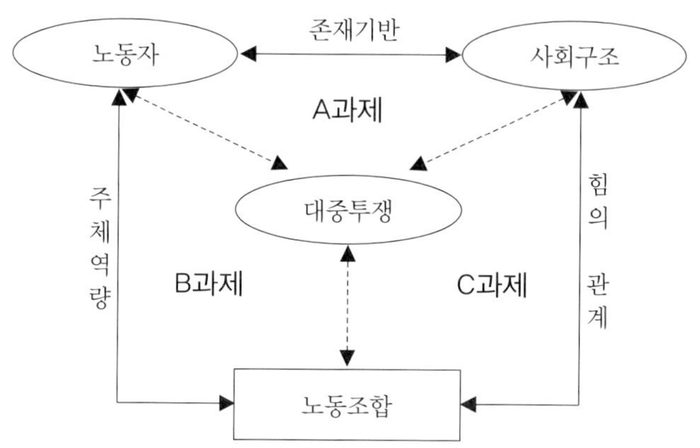

〈그림 1〉 노동운동의 투쟁전략에 대한 연구방법

　　각각의 투쟁과제들은 물론 존재기반의 사회적 모순을 투쟁으로 극
복하려는 다양한 투쟁의제에 따라 형식과 내용이 다를 수 있고, 또한
투쟁과제가 위의 〈그림 1〉처럼 세 가지로 제한되는 것이 결코 아니
다. 그렇지만 노동자들은 역사적으로 노동조합을 중심으로, 사회구조
를 밑으로부터의 대중투쟁으로 변화시키는 주체로 존재하였다. 노동
자들의 대중투쟁은 노동자들이 노동조합을 중심으로 자신의 계급적
역량을 강화하는 과정이자, 사회적으로 존재하는 다양한 모순을 주체
적으로 해결해 나가는 과정이다. 노동자 계급의 역량은 "노동조합운
동으로 가시화되는 조직적 자원과 노동자 정당으로 가시화되는 정치
적 자원으로 구분되지만, 실질적으로는 두 자원의 계급적 결합과 통

일로 형성 · 강화된다."(G. Therborn, 1983, 35~36쪽) 노동운동은 이러한 계급적 역량을 토대로 노동자 자신의 존재기반 및 사회구조를 변화시키는 투쟁의 주체로 존재하면서, 계급적 힘의 관계를 변화시키기 위한 투쟁을 전개한다. 왜냐하면 "경제적 모순, 정치적 모순, 계급적 변동 및 사회적 이동의 상대적 박탈감, 계급갈등의 사회적 현실화 등의 구조적 요인이 광범위하게 존재할 경우, 그것들은 계급 간의 사회적 · 정치적 갈등 현상을 촉발시키는 주요 원인으로 작용하고, 또한 노동운동의 다양한 투쟁전략과 투쟁주체를 형성하는 동인으로 작용하기 때문이다."(조희연, 1993, 72~73쪽)

A과제는 주로 사회적 모순을 응축하고 있는 노동자들의 존재기반에서 도출되고, B과제와 C과제는 노동자와 노동조합 간의 관계 및 노동조합과 사회구조 간의 관계에서 도출된다. A과제는 물론 B과제와 C과제를 형성 · 유지하는 토대이기 때문에, 주로 노동자들의 존재기반에서 도출되는 이해를 관철하는 데 유리한 노사관계에 집중한다. 노동자들은 역사적으로 노사관계를 민주적으로 변화시키면서, 노동조합의 계급적 역량을 강화시키려 하였다. B과제는 A과제나 C과제를 추구하는 데 보다 유리한 노동운동의 주체역량을 형성 · 강화한다. 물론 B과제는 노사관계를 민주화하는 전략과 유기적인 호응관계를 유지하면서 노동조합을 중심으로 민주적인 조직주체를 재구성하는 것이다. 한편으로는 A과제의 성과를 지속적으로 집행하는 조직주체를 새롭게 구성 · 재구성하는 것이고, 다른 한편으로는 노동자들의 민주적인 계급역량을 집중시켜 C과제의 조직적 토대를 강화하는 것이다. C과제는 A과제와 B과제를 추구하는 데 보다 유리한 사회적 헤게모니를 정치적으로 강화한다. 계급 간의 갈등은 자본주의 사회체제의 정치적 관계로 표출되고, 또한 계급적 힘이 그러한 관계의 사회적 정당성을 누가 확보하느냐에 따라 결정된다는 점을 고려할 때, 노동조합은 B과제

로 계급역량을 강화하면서 정치적 관계와 계급적 힘을 변화시키려 한다. 주요한 수단은 민주주의를 계승하고 발전시켜 나가는 사회적 주체로서의 헤게모니를 확보하는 것이다.

이처럼 각각의 투쟁과제는 구체적인 투쟁의제에서 서로 다른 성격과 내용으로 현실화될지라도, 서로 독자적이거나 배타적이지 않고 유기적이면서도 전략적인 관계를 유지하고 있다. 대부분의 투쟁에서 확인할 수 있는 것이지만, 노동자들은 주로 노동조합을 중심으로 자신의 주체적인 조직역량을 고려하면서 투쟁의 대상을 설정한다. 노동조합, 자본, 그리고 정부가 그 대상에 해당한다.

3. 4 · 19혁명기 노동운동의 민주주의 이행과제

1) 노사관계 민주화 투쟁

한국전쟁 이후 이승만 정권은 농지개혁[1]의 실패와 한국전쟁으로 인한 산업시설의 파괴 때문에 미국으로부터 원조를 받아 경제발전의 기반을 구축하기 시작하였다. 이 과정은 곧 파행적인 정경유착의 고리를 형성하는 역사적 계기였다. "외국 원조물자와 자금을 배분하는 데 있어서는 정부 권력이 크게 개입되었기 때문에, 기업은 정치권력

---

[1] 신병식은 「토지개혁을 통해 본 미군정의 국가 성격」(『역사비평』 1988년 여름호)에서 미군정이 주도했던 해방 정국 당시의 토지개혁은 반혁명 · 반공의 정책수단이었다는 점을 강조하였고, 공제욱은 「1950년대 한국 자본가의 형성과정」(『경제와 사회』 제3호)에서 "무상몰수 무상분배를 안으로 제시하면서 혁명적 농지개혁을 요구하는 좌익세력은 지속적으로 탄압받았고, 이승만 정권은 유상몰수 유상분배, 임야 · 뽕밭 · 과수원 등을 대상에서 제외, 3정보 이내에서 지주의 자영지와 토지임대 인정 등 불철저한 농지개혁을 실시하여 한국사회를 안정된 자본주의 사회로의 재편을 도모하였다"라고 주장하였다.

과 결탁하지 않을 수 없었고, 그 결과 외국 원조물자 쟁취는 하나의 특권과 특혜를 형성하였다. 미국 원조물자를 생산하는 기업은 상업이윤의 축적에 의해서 날로 비대해지는 데 반하여, 국내 중소기업은 거의 도산, 위축되어, 대부분이 민족자본의 성격을 가지고 있는 중소기업 자본은 몰락 과정을 걸었다."(전철환, 1983, 90~91쪽) 한국의 사회구조는 대미의존적이고 파행적인 모순을 강화시켰고, 노동자들은 이러한 구조 속에서 고통에 시달렸다. 반면에 노동조합은 정부와 자본에 포섭된 상태에서 노동자들의 이해보다는 노동조합 간부들의 개인적인 이해를 추구하는 활동에 주력하였다.

한국전쟁 이후 노동자들은 생활의 고통에 시달렸다. 생활비 지출은 급증하는 대신 수입이 줄거나 실업상태에 빠졌다. 한국전쟁 이후 미국의 원조에 기반하여 성장을 거듭해온 한국경제가 1957년을 고비로 위기에 봉착하게 되었기 때문이다. "미국은 국제수지의 악화로 무상원조 위주의 원조정책에서 원조량을 줄이고 유상원조로 전환시키거나 차관으로의 이전을 모색하게 되었다. 그 결과 1958년부터 한국에 대한 미국의 원조액은 급감하게 되었다. 따라서 미국의 원조에 절대적으로 의존하였던 한국경제는 위기에 직면하게 된다."(여현덕, 1992, 205쪽) 한국의 경제성장률은 1957년 8.7%에서 1959년 5.2%, 1960년 2.1%로 둔화된 반면에, 물가지수는 1958년에 143%, 1959년에 146.7%, 그리고 1960년에 162.5%까지 증가하였다. 특히 "1955년부터 1960년까지 5년 동안 서울의 소비자 물가는 연평균 10.4%씩 증가하였고, 조세부담률은 1957년 10.0%에서 매년 증가하여 1960년에는 16.5%로 증가하였다."(전철환, 1983, 93~94쪽)

반면에 1950년대 말 미국의 원조 감소와 경제성장률의 둔화 그리고 인플레이션의 누적으로 인하여 실업률이 증가하였다. "1952년부터 1958년에 이르는 동안, 노동자들의 총수입에서 차지하는 차입금의 비율은 약 14%였다. 이러한 차입금은 가계 보조적인 가구원의 수입을 비롯하여 근친자의 생계보조비 및 재산 매각에 의한 생계비 보충이 상당한 정도의 비중을 차지하고 있다. 1957년의 경우, 노동자들의 월평균 소득은 20,153환이었고, 월평균 생계비는 40,509환이었다. 이러한 생계비 적자는 1953년부터 1960년에 이르기까지 거의 동일한 상황이었다."(한국노동조합총연맹 편, 1979, 433쪽) 노동자들은 실업상태에 직면해 있었다. 완전실업자는 1960년에 약 434,000명이었다. 취업자 대비 완전실업자의 비율은 1957년 3.42%에서 1960년에는 5.09%로 증가하였다. "1960년만 해도 이른바 완전실업률은 8.2%에 불과했으나, 잠재실업률 26.0%를 합하면, 사실상 총 실업률은 34.2%에 이르렀다."(전철환, 1983, 95쪽) 아래의 〈표 1〉은 한국전쟁 이후 전체 인구 및 고용실태를 나타내고 있다.

〈표 1〉 1949~1960년까지 인구 및 고용실태

년도	총인구 (천 명)	취업자 (천 명)	5인 이상 종사 사업체		완전실업자 (천 명)	취업자 대비 완전실업자 비율(%)
			사업체 수(개)	종업원 수 (천 명)		
1957	22949	8076	6484	245	277	3.42
1958	23611	8784	6072	236	334	3.80
1959	24291	8768	3421	204	347	3.95
1960	24989	8521	6450	235	434	5.09

자료 : 경제기획원, 1965
* 취업자 대비 완전실업의 비율(%)은 자료를 재구성한 통계임.
* 1959년 통계는 10인 이상의 피고용자를 보유한 사업체 및 종사원 수

위의 〈표 1〉에서 확인할 수 있듯이, 10인 이상의 업체에 고용된 노동자들은 평균 2~3%에 불과하였다. 나머지 97%~98%의 노동자가 10인 이하의 업체에 고용되어 있었다는 점과 실업자가 많았다는 점을 고려하면, 대부분의 노동자들은 노동현장에서 노동자로서의 민주적 권리

를 누리기가 쉽지 않았다고 보아야 한다. "1959년도 상반기 중 전국의 근로기준법 운용 실적은 근로기준법의 적용을 받고 있는 전국 4,015개 사업장에 종사하는 216,394명을 대상으로 조사한 결과, 기업주가 취업규칙을 작성하여 신고해 온 건수가 1,408건, 근로기준법 위반 건수가 854건(34%가 임금관계), 재해보상이 98건으로 나타나고 있다. 또한 10인 이하의 종업원을 고용하는 중소기업체에는 노동조직이 없어서 노동자들의 권익 보호는 대단히 어려웠다."(한국노동조합총연맹 편, 1979, 433쪽) 1957년 이후 1960년까지 완전실업자의 수가 1960년에는 43만여 명으로 늘어났고, 취업자 대비 완전실업자의 비율도 1960년에 5.09%까지 증가하였다.

또한 단체협약이 노사관계에서 노동자의 권리를 인정하는 최소한의 수단임을 고려할 때, 4 · 19혁명기 전후 기업체에 고용된 노동자들도 자신의 권리를 누리지 못하고 있었다. 1950년대 후반의 단체협약 체결 실태가 그것을 증명한다. "전국 400여 개에 달하는 노동조합 중에서 단체협약을 체결한 노동조합은 1958년에 68개에 불과하며, 나머지는 기업주와의 교섭권을 갖고 있지 못하였다. 그리고 취업규칙 적용 실태를 보면, 근로기준법에 규정된 취업규칙을 준용하지 않고 구두계약으로 고용된 노동자 수가 1959년 현재 약 20만에 달하였다. 근로기준법의 적용을 받는 기업체는 4,015개였지만, 규정에 의한 절차를 밟는 업체는 1,800개에 불과했다."(한국노동조합총연맹 편, 1979, 433쪽)

그래서 1950년대 후반기와 4 · 19혁명기 노동운동이 노동조합 건설 및 임금인상을 중심으로 노사관계를 민주화하는 전략을 추구할 수밖에 없었던 것이다. 당시의 노동운동이 경제주의적인 전략을 추구한 것이 아니라, 경제투쟁을 매개로 하는 노사관계 민주화 전략을 추구하였던 것이다. 4 · 19혁명기 노동운동은 노동자들을 억압해왔던 법과 제도 개선을 노동쟁의의 방식으로 관철시키려 했었던 것이다. 4 · 19

혁명 이후에 노동쟁의 및 쟁의참가 인원이 급증하였다.

<표 2> 년도별 노동쟁의 증감 및 참가인원 변화

년도	발생건수	증감 수(건)	참가 인원	증감 인원(명)
1953	9		2,271	
1954	26	▼17	26,896	▼24,625
1957	45		9,394	
1958	41	▲4	10,031	▼637
1959	95	▼54	49,813	▼39,782
1960	227	▼132	64,335	▼14,522
1961	81	▲146	16,208	▲48,127

자료 : 보건사회부 총무과, 1962
비고 : 증감 건수 및 증감 인원은 재구성하였음.

임금인상, 단체협약, 부당해고 반대 등을 요구하는 합법 · 비합법 노동쟁의가 1959년에 비해 132건이 증가하였다. 위의 <표 2>에서 확인할 수 있지만, 노동쟁의에 참가한 인원도 1959년부터 급증하였다. 1958년 노동쟁의에 참여한 노동자는 1만여 명이었는데, 1959년과 1960년에는 5만여 명에서 6만 5천여 명이었다.

이처럼 노동자들은 4 · 19혁명이라는 민주주의 이행기를 맞이하여 밑으로부터의 다층적인 대중투쟁을 전개하였다. 그러한 투쟁은 민주적인 노사관계를 정착하여 노동조건과 생활조건을 개선하는 것이었다. 4 · 19혁명기 노동쟁의는 합법적 절차를 무시하는 노동자들의 자연발생적인 투쟁전략과 전술, 즉 파업농성이나 공장점거 등과 같은 방식으로 전개되었다. 당시 "제조업 부문에 있어서 대부분의 기업체에서는 1일 평균 10시간 이상의 노동을 요구하였고, 전국 약 650개에 달하는 자동차 운수사업에 종사하는 13만 노동자들은 하루에 18시간의 중노동을 강요당하는 경우도 있었다. 그리고 섬유산업과 제약공장의 노동자들은 대부분이 나이 어린 소녀들로서 1일 평균 12시간 이상의 교대제 근무를 수행하지 않으면 안 되었다."(한국노동조합총연맹 편, 1979, 434쪽) 아래의 〈표 3〉에서 확인할 수 있지만, 년 평균 재해 인원은 9,772명이고, 사망자는 115명이었다. 재해 인원 대비 사망자의 비율인 중대 재해율은 평균 13.97%(천인률)였다. 특히 근로기준법의 취업규칙을 적용하는 업체가 적었고, 소수의 노동조합 중에서도 단체 협약을 체결하는 경우가 아무 미미했다는 점을 고려하면, 재해 총인원이나 중대 재해율은 더 높았을 것이다.

〈표 3〉 년도별 재해 현상과 중대재해율

	발생 건수	재해총인원 (명)	부상	질병	사망	중대재해율 (천인률, %)
1952		6,479	6,353		126	19.83
1953		8,139	7,131	901	107	13.14
1954		6,119	5,746	289	84	13.72
1955		6,423	6,020	317	86	13.38
1956		23,473	9,895	13,463	114	4.85
1957		10,178	9,511	562	102	10.02
1958	9,109	9,395	7,189	2077	129	13.73
1959	7,496	7,577	7,140	262	175	23.09
평균		9,772.87			115.37	13.97

자료 : 보건사회부 건강사회국 편, 1962.
〈비고〉 재해 총인원 평균과 중대 재해율(천인률, %)은 재구성한 결과임.

물론 1950년대의 노동조합은 주로 임금 문제와 노동시간 문제를 중심으로 노동쟁의를 하였다. 1950년대 하반기 노동운동은 노동조합의 민주화투쟁을 바탕으로 생존권 확보 및 노동조건 개선을 위해 노동쟁의를 전개하고, 그러한 투쟁을 바탕으로 노동운동의 전국적 조직주체를 새롭게 건설하였다. 4 · 19혁명기 노동운동은 노동조합의 민주성과 자주성을 확보하는 투쟁으로 전개할 수밖에 없었다. 다음의 〈표 4〉는

1957년부터 1961년까지의 의제별 노동쟁의 통계인데, 1961년의 통계
는 5·16군사쿠데타 이전까지 발생했던 것으로 보아야 한다.

<표 4> 노동쟁의의 의제별 분류

	총수 (증가율)	임금인상 의제 (증가율)	단체협상 의제 (증가율)	노동조합 의제 (증가율)	기타 (증가율)
1957	77	38	32	1	6
1958	41 (-46.8)	21 (-44.7)	13 (-59.3)	1	6
1959	113 (176.4)	76 (261.9)	28 (53.5)	3	6
1960	263 (132.3)	127 (67.1)	55 (96.4)	7 (133.3)	74 (1133.3)
1961	122 (-54.4)	49 (-61.4)	21 (-61.8)	22 (214.2)	30

자료 : 보건사회부 총무과 편, 1962를 재구성한 것이다. 전년 대비 증가율도 재구
　　　성한 것임.
비고 : 노동쟁의의 총 건수에서 위의 <표 2>와 약간의 차이가 있는데, 이는 당시의
　　　통계체계와 관련되어 있을 것이다.

위의 <표 4>에서 확인할 수 있듯이, 노동쟁의는 1959년부터 4·19혁
명기에 급격하게 증가하였다. 1959년의 노동쟁의는 1958년에 비해 약
176%가 증가하였다. 1960년의 노동쟁의는 1959년에 비해서는 약 132%,
1958년에 비해서는 약 541% 증가하였다. 그리고 노동쟁의의 요구사
항도 임금 문제보다 노동과정의 노동조건을 중심으로 하는 단체협상
이나 노동조합에 대한 문제로 확대되었다. 단체협상 의제는 노동시
간, 보건위생, 감독자 배척, 해고 반대, 공장폐쇄 반대 등이었는데,
1959년에는 전년도에 비해 53.5% 증가하였고, 1960년에는 96.4% 증
가하였다. 노동시간 및 노동과정과 관련된 대표적 노동쟁의로는 대전
방직노조, 대구시내버스노조, 부산버스노조, 전국은행노조연합회, 체
신노조 등의 쟁의였다.(『동아일보』 1960년 5월 28일·9월 16일·10월

31일자) 노동조합은 아주 다양한 문제들을 노동쟁의의 사안으로 삼았던 것이다. 이처럼 4·19혁명 이후 5·16쿠데타에 이르는 시기의 노동운동은 노사관계를 민주화하려는 투쟁으로 노동자들의 존재기반을 변화시킨다. 투쟁의 주체는 급격한 양적 확대와 질적 심화의 양상을 보여준 노동조합이었다. 노동조합운동의 하부조직이 급격히 증가하는데, 그 기간 동안 280여 개의 노조가 새로이 결성된다. 그리고 노동쟁의에 참여한 노동조합 중에서 116개의 노동조합이 단체협약을 체결하였다. 또한 노동쟁의에 참여한 사업장의 임금인상 요구율이 평균 70~150%였는데, 임금인상을 체결한 사업장의 인상률은 평균 50%~150%에 달했다.

특히 1960년 노동쟁의의 원인 중에 기타로 분류된 74건의 경우, 이전 시기와는 다르게 급증한 것인데, 이는 민주주의 이행기에 나타날 수 있는 노동조합 민주화 문제와 정치적 문제로 인한 노동쟁의를 기타로 분류했을 것으로 판단해야 한다. 예를 들면, 교원노조는 1960년 5월에 설립하고 난 이후, 정부를 대상으로 한 각종의 투쟁을 수시로 전개하였다. 1960년 9월 8일의 교원노조법 천명 촉구대회와 9월 19일의 교원노조 궐기대회, 그리고 교원노조 불법화 반대투쟁 등을 전개하였던 것이다. 따라서 4·19혁명기 노동운동이 추구했던 노사관계 민주화투쟁은 다음과 같은 의미를 지니고 있다. 첫째로는 이전 시기에 억압되었던 노동현장의 권리를 쟁취하려 하였다. 둘째로는 노사관계와 관련된 법과 제도를 개혁하려 하였다. 셋째로는 노동현장에서 발생할 수 있는 다양한 문제들을 쟁의의 원인으로 상정하였다.

2) 민주적인 조직주체 재구성 투쟁

노동자들은 자신의 존재기반에서 요구되는 이해를 조직적으로 추구하기 위해 노동조합을 새롭게 건설하거나 민주적인 조직으로 재편하는 투쟁을 지속적으로 전개한다. 국가나 자본과의 관계에서 노동운동의 헤게모니를 유지하면서 사회구조를 변화시켜 나갈 수 있는 주체적인 힘은 대부분 노동조합으로 결집되기 때문이다. 그러나 역사적으로 노동조합이 항상 노동자들의 이해를 추구했던 것은 아니다. 노동조합 간부들이 자본이나 국가의 이해를 위해 조합원을 관리하고 지배하는 노동운동의 관료화 및 노동귀족화를 추구하기도 하였으며, 조합원들의 이해를 개인의 정치적 출세에 이용하기도 하였다. 이러한 현상들은 조합원들이 노동조합을 민주적으로 재구성하는 직접적인 요인으로 작용하였다.

노동자들이 1950년대 후반부터 4·19혁명기에 이르는 동안 민주적인 조직주체 재구성 전략을 추구했던 것도 마찬가지였다. "1950년대 노동조합 또는 노동조합 간부들은 대한노총을 중심으로 조합원으로부터 독립하여 그 위에 군림하였고, 이러한 노동귀족과 어용 간부들은 근로자 출신이 아닌 사람들로서 조합활동보다 그와 무관한 정치문제에 더 집중하였다. 빈번한 파벌싸움만으로 노동조합으로서의 기능보다 자유당 정권을 지지하는 데 주력하였던 것이다."(이영희, 1991, 208~212쪽) 대한노총이나 주요 노동조합의 지도부들은 1953년에 제정된 노동관계법하에서 조합원들의 제반 이해를 추구하기 위한 활동을 전개하기보다는, 조직 내적인 권력을 둘러싼 헤게모니 쟁탈전 또는 국가권력과의 유착구조를 강화하기 위한 활동만을 전개하였다. 그래서 노동운동은 1950년대 후반기부터 대한노총의 '국가 조합주의적인 전략'에 저항하는 조직 내적인 투쟁을 전개하였다. 그것은 구체적으로 노동운동의 조직주체를 재구성하는 투쟁으로 현실화되었는데, 구체적으로 1950년대 후반 대한노총 내에서 발생된 '대한노총 개혁운동 및 제2노총 건설운동'이었다.

1958년 10월 대한노총 제11차 대회에서 부두노조 출신의 김기옥이 변칙적으로 규약을 개정하여 1952년 통합대회 이후 계속되어 온 최고위원제를 위원장제로 환원시켜 위원장으로 선출되자, 이에 반대하는 세력은 즉각적으로 투쟁을 전개하다가 전국적 중앙조직인 '전국노동조합협의회'를 새롭게 건설하였다. "물론 취업 노동자들은 실업률이 높은 상태에서 취업의 우연성이 가져다주는 상대적 안정감 때문에 자기보존 상태에 안주하는 경향을 띠며, 의식에서는 소시민적 보수성을 가지고 있었다. 그러나 밑으로부터의 자발적인 요구는 경제투쟁을 근간으로 한 노동쟁의의 계속적인 증가 추세로 나타났으며, 어용화된 대한노총에 대항하여 1959년에는 전국노동조합협의회를 창설하기에 이른다. 4·19이후 노동자들은 독재정권 타도의 과정에서는 비록 산발적인 시위 참여에 머무르나, 일단 정치적 변혁이 이루어지자 점차 조직적이고 치열하게 운동을 전개해 나간다."(김성환 외, 1984, 47~48쪽)

4·19혁명기에 노동조합 및 조합원의 수는 노동쟁의를 거치면서 급격하게 증가하였다. "노동조합 수는 1955년의 562개로부터 1958년에는 634개로 증가하였다. 1959년에는 558개로 감소하지만, 이것은 자유당 독재의 강화로 인한 일시적 변동일 뿐이고, 1960년에는 다시 914개로 증가한다. 조합원수도 1959년 말에 약 28만 명에서 1960년 말에 32만 명을 넘어섰다."(한국노동조합총연맹, 1979, 435) 노동조합은 1960년 말경에 가서는 4·19 직후에 비해 전국적으로 350여 개 이상이 늘어났다. 노동조합의 수는 1959년에 비해 61% 이상 증가한 것이다. 노동자들은 이러한 투쟁의 성과를 새로운 산업별노조 및 전국적 조직 건설이라는 조직주체 형성으로 집적하려 하였다. 특히 교원노동자 및 금융산업 등의 사무전문직 노동자뿐 아니라 부두노동자·섬유노동자들은 노동조합의 조직체계나 지도부를 새롭게 구성하였다. 금융산업의 노동자들은 최초로 단위 사업장의 노동조합과 전국적인 연합조직을

건설하였고, 교원노동자들은 국가권력에 종속된 상태에서 관료 중심의 교육정책을 지향했던 조직을 민주적인 노동자 조직으로 재편하였다.

대한노총과 전국노동조합협의회 산하에 소속되어 있었던 다양한 노동조합들이 4·19혁명기에 조직체계를 개편하거나 조직의 지도부를 새롭게 구성하였는데, 아래의 〈표 5〉에서 대표적인 사례들을 확인할 수 있다.

<표 5〉 4·19혁명기 조직 재편 및 지도부 개편 사례

산업 분야	기존 조직형태	새로운 조직형태	비고
철도 산업	부산 공작창노조, 대전 철도국노조, 안동철도 국노조 등의 철도노동 조합연맹	전국기관차노조설 립(1960. 8. 5)	대한노총 철도노동조합연맹 산하에 최초로 철도산업 내 전국적인 업종조직이 설립
해운 산업	* 전국해원노조 * 대한해운공사노조 * 한국연안어로노조 * 한국선박통신사노조	전국해상노동조합 연합회(1960. 11)	해운산업의 노조들이 업종별로 분산, 조직되어 있다가 전국적인 중앙조직을 설립
금융 산업		은행노조연합회 (1960. 7. 23)	1960년 6월 1일, 조흥은행이 노조를 창립하기 이전까지 금융산업의 노조가 존재하지 않았음.
금속 산업	전국금속노동조합연맹 (1959. 3)	한국금속노동조합 연맹(1960.10)	전국금속노동조합연맹은 전국적인 규모를 갖추지 못한 상태였음
체신 산업	대한체신노동조합 (1958. 3. 24)	전국체신노동조합 (1961. 4)	체신노동자들은 4·19 이후 대한노총이 과거 자유당의 하부조직으로서 부정선거에 관련된 혐의가 나타나고 여론의 비난을 받게 되자 전국체신노동조합으로 전환.
화학 산업	지역별 노동조합연맹 (직장별 단위노조)	전국화학노동조합 연맹 (1959. 4. 25 창립)	4·19 이후, 수습대회를 통해 조직을 개편하였다.
섬유 산업	전국섬유노동조합연맹 (1954.3.30)	전국섬유노동조합 연맹	자유당 시절에 해고되었던 몇몇 노동자들이 복직되었고, 연맹의 집행부 교체

교육 산업	대한교육연합회 (1947.11.23)	한국교원노조연합 회(1960. 5. 22)	교육공무원법에 의해 단체결성권 이 제약받았음.

자료 : 한국노동연구원 편, 1989에서 재구성
　　　한국노동조합총연맹 편, 1979에서 재구성

　　조직주체를 재구성하는 투쟁은 전국적인 중앙조직을 새롭게 개편하거나 전국적인 조직을 새롭게 건설하는 것으로 현실화되었다. 위의 〈표 5〉에서 확인할 수 있듯이, 대부분의 노동자들은 기존의 지역 단위 혹은 사업장 단위를 뛰어 넘어 전국적인 중앙조직이나 산별노조 건설이라는 조직개편투쟁을 전개하였다. 화학 노동자들과 섬유 노동자들은 민주적인 집행부를 구성하기 위한 조직개편투쟁을 전개하였고, 자유당 시절에 해고되었던 노동자들을 복직시켰다. 4 · 19혁명기 "노동쟁의의 경우, 그 대부분이 모두 구 정권 하의 부패 제거의 기운이 조합조직의 개편정비를 요구하게 되었기 때문에 발생하였다."(김동춘, 1990, 312쪽)

　　그런데 이 시기의 조직주체 재구성 전략은 다음과 같은 특징을 드러낸다. 첫째, 국가조합주의 이념과 노선에 몰입되어 있었던 대한노총을 개혁하고자 하는 투쟁이었다. 대한노총 개혁투쟁의 주체는 물론 노동조합의 간부들이었다. 이러한 현상은 두 가지의 의미를 내포하고 있다. 한편으로는 노동현장의 노동자들과 유리되어 있는 대의원 간부 중심의 조직 활동을 보여주는 것이기도 하지만, 다른 한편으로는 현장 노동자들의 요구를 반영할 수 있을 정도의 민주적 운영체제가 존재했었다는 것을 의미하기도 한다. '전국노동조합협의회'는 4 · 19혁명 이후 새로운 조직주체를 다시 재구성한다는 전략의 일환으로 대한노총과의 조직통합 문제를 1960년 10월에 제기하였다. 그리하여 1961년 5월 13일에 조직통합대회를 개최하였지만, 1950년대 대한노총 중심의 어용적 노동조합에 반대하는 조합원들과 지도부들은 국가로부터 탈

종속적이고 자주적이며 민주적인 노동조합을 새롭게 수립하려 하였다. 이는 노동조합의 '관료성, 반자주성, 반민주성'을 탈각하고 노동조합의 본질적 기능을 확보하려는 투쟁이었다. 둘째, 주요 산업의 노동자들이 지역 단위와 사업장 단위를 넘어서는 전국적 업종·산업별노조를 지향하였다. 특히 1950년대의 대표적 산업이라고 할 수 있는 철도산업, 체신산업, 그리고 전매산업의 노동자들이 전국적 산별노조를 지향하였다. 셋째, 조직주체 재구성 과정이 노동조합운동에 대한 외부세력의 지원보다 노동조합의 주체적인 힘으로 전개되었다는 점이다. 전국노동조합협의회가 건설되고 난 이후 "불과 1년 동안에 학생·청년들이 노동계에 들어가 일을 하기는 어려웠을 것이고, 학생들 다수는 특권의식이나 선민의식을 갖고 있어서 농민이나 서민을 계몽이나 봉사의 대상으로 생각하고 있었다."(서중석, 1991, 157쪽) 4·19혁명기 노동운동의 주체적인 힘은 노동조합 간의 연대로 발휘되었다. 전매, 철도, 체신노조와 교원노조의 결합은 국가기관 종사자 간의 연대성에 기반한 것으로 실질적인 총 노동전선 형성과 새로운 노조체계의 가능성을 예시했다. 1960년 5월 18일, 문교부가 교원노조 불법화를 천명하자, 교원노조는 체신, 철도, 전매, 해원, 공무원 노동조합연맹들과 연대하여 1960년 8월 17일에 공무원노조공동투쟁위원회를 결성하여 공동으로 대응하였고, 최고 상층조직인 대한노총과 전국노동조합협의회에서도 이런 연대투쟁을 재차 확인하였다.(『동아일보』 1961년 1월 31일자) 또한 단위 사업장의 쟁의에 대한 지역적 연대가 강화되었다. 대표적인 예로는 한국타이어 노동자들의 쟁의였다. "회사에서 노조 결성에 방해하자, 같은 영등포 지역의 30개 노조의 간부 400여 명이 1960년 6월 4일 상오 10시 경에 영등포노조연합회에 집결하여 한국타이어 앞으로 몰려가 항의하였다."(『동아일보』 1960년 6월 5일자) 1960년 7월 4일 제일모직에서 발생한 쟁의투쟁에 인근 지역의 조선기업 조합원 50여 명이 합세하였고, 대한방직 조합원들도 연대시위를 계획하기도 하였다.(『동아일보』 1960년 7월 5일자) 이러한 연대투쟁은 지역을 중심으로 하는 조직주체 및 조직체계가 형성될 수 있는 토대였다. 단지 조직 노동자를 중심으로 한 노동운동은 시간이 갈수록 역량이 증대하여 강력한 세력으로 부상하게 되나, 다양한 요구들을 논리적으로 통합하여 일관된 투쟁논리로 승화시킬 중심 세력이 채 형성하기 전에 5·16을 맞게 되었을 뿐이다.

3) 정치적 민주화운동 계승투쟁

미군정과 한국의 지배세력은 해방 정국에서 조선노동조합전국평의회(약칭 전평)의 조직적·정치적 역량을 무력화시키고, 아울러 자본주의 토대를 강화하기 위한 일차적 과제로 전평에 대항할 수 있는 정치적 노동조합운동의 양성화, 즉 대한노총의 설립과 활동을 적극적으로 지원하였다. 1946년 3월 10일에 결성된 대한노총은 "결성대회부터 노동조합 대표가 아니라 깡패들과 반공 우익 청년단체에 소속되어 있는 회원들을 중심으로 한 15개 직장 45명이 참석한 가운데 치루고, 1947년에 이르러서는 전평이 주도하는 총파업의 파괴와 이승만의 정치적 동원부대 역할을 충견처럼 수행하였고, 또한 대한노총 지도부들이 국회에 입성하는 등의 정치적 출세라는 정치권력적 대가로 이어졌다."(조민수, 1994, 183쪽) 대한노총은 이승만 정권하에서 정부 정책을 지지하는 정치활동에 주력하였다. 대한노총은 대중집회나 시위활동 방식의 정치활동도 전개하였는데, 대표적인 예로는 '미군 철수에 따른 대한(對韓) 무기 및 경제원조를 얻어내기 위한 노동자총궐기대회(1950. 1. 27), 이승만 개인의 권력 유지 및 연장을 위한 개헌반대 궐기대회(1950. 2. 19), 이승만의 통일외교정책을 지지하기 위한 제7차 전국대의원대회(1953.

4. 1), 그리고 4사5입 개헌에 따른 이승만의 대통령 출마를 지지하기 위한 우마차(牛馬車)시가행진(1955. 12)' 등이다.(최재현, 1990, 167~172쪽)

이승만 정권은 1950년대 노동조합운동 지도부들에게 재정, 의회 진출, 정부와 협조체계 구축 등을 직·간접적으로 지원하였다. 1950년대 노동조합운동이 국가와 지배권력에 의존하면서, 해방 정국의 좌파 지향적인 정치적 노동조합주의를 우파 지향적인 정치적 노동조합주의로 변화시켰던 것이다. 그리하여 대한노총을 중심으로 하는 정치적 노동조합운동은 국가 주도하에 전개되었다. 그래서 대한노총 지도부들은 국회의원이 되어 의회로 진출하는 활동, 즉 개별적으로 출세하기 위해 노동조합운동 내부의 정치적 파벌싸움에 주력하였다. 아래의 〈표 6〉은 제헌의회에서 제4대 국회까지 국회로 진입했던 대한노총 지도부들의 명단이다.

〈표 6〉 국회에 입성한 대한노총 지도부

국회 회기	참여자
제헌의회	노총 위원장 전진한(이 외에도 노총 감찰위원장 조광섭, 노총 위원장 김영주, 노총 강원도연맹 위원장 김중렬, 노총이 공천한 임승한·정문흠 등이 출마하여 낙선함)
제2대국회	전 노총 감찰위원장 조광섭, 노총 경북연맹 위원장 조경규, 노총 목포지구연맹 위원장 임기봉, 노총 위원장 전진한, 임기중 노총 최고위원에 피선된 이진수, 노총이 공천한 김인선 등이 당선
제3대국회	포항부두노조 위원장 하태환, 노총 최고위원 김두한, 인천해상연맹 위원장 김재곤, 노총 최고위원 정대천, 전 노총 위원장 전진한, 전노총 최고위원 조경규
제4대국회	인천해상연맹 위원장 김재곤, 잠사노조 위원장 이사형, 전 전국해상연맹 위원장 이종남, 노총 최고위원 정대천, 논산자유노조 위원장 김공평, 전 노총 최고위원 조경규, 포항부두노조 위원장 하태환 등

국회의원이 된 대한노총 지도부들은 다양한 방식으로 지지세력을 포섭하면서 조직을 확장하였다. "노동자들 가운데서 우익성향을 가진 자, 기회주의자, 그리고 전평 지도부에 대해 개인적인 불만을 가진 자

들을 포섭, 전평의 조직이 완전히 파괴되거나 사실상 활동이 봉쇄된 기업체나 공장의 경우 대한노총이 전평의 자리를 그대로 차지하는 방법, 미군정의 유리한 법적 절차에 힘입어 합법적인 대표성을 획득한 후 전평의 잔존세력을 폭력이나 테러, 해고의 위협 등으로 제거해 나가는 방법"(정영태, 1990, 90쪽) 등을 사용하였다. 국가의 직접적인 지원은 재정 지원 및 전평의 총파업투쟁 등을 억압하기 위해 대한노총과 협력체제를 구축하는 것이었고, 간접적인 지원은 대한노총의 활동을 보장하는 각종의 법적·제도적 조치를 마련해주는 것이었다. 1950년대 노동조합운동이 국가와 지배권력에 의존하면서 해방 정국의 좌파 지향적인 정치적 노동조합주의는 우파 지향적인 정치적 노동조합주의로 전화되었다. 그리하여 대한노총을 중심으로 하는 정치적 노동조합운동은 국가 주도하에 전개되었다.

그러나 4·19혁명기 노동운동은 1950년대와는 달리 혁명적 민주주의 이행기의 정치·사회적인 목표, 즉 독재자 타도, 구지배세력 일소, 새로운 사회경제질서 재편, 민주적인 정치제도 도입 등에 상응하는 전략을 추구하기 시작하였다. 노동자들은 노동조합을 중심으로 비제도적인 공간에서 혁명적 민주주의 이행기의 정치적 주체로서의 역할을 담당하려 하였던 것이다. 구체적으로는 역사적으로 좌파 정치세력을 억압하였던 반공주의 정책에 저항하는 투쟁전략, 민족분단의 모순을 통일운동으로 해소하기 위한 투쟁전략, 그리고 노동자·민중의 존재기반을 가장 위협하고 있는 실업문제를 해결하기 위한 투쟁전략을 추구하였다. 교원노조, 신문 관계 노조 및 전국은행연합회 등의 지식인층 노조는 이러한 전략의 중심적인 주체로서의 역할을 담당하였다. 이들 노조들은 지적 노동자에 대한 획일적인 국가 관리로부터의 탈피뿐 아니라 현실적인 정치투쟁을 위해 거리로 진출하였다. 이러한 투쟁전략은 혁신적인 정치세력과 유기적으로 결합한 상태에서 좌파적 지향의 정치적 민주화운동을 부활시키는 과정이었다.

그래서 민주당은 4·19혁명기에도 좌파 지향적인 정치적 노동조합의 부활을 원천적으로 봉쇄하기 위해 국가보안법을 유지함과 동시에, 1961년 3월에 '데모규제법안'과 '반공에 관한 특별법'을 제정하려 하였다. 민주당의 이러한 시도는 그리 놀란 만한 것이 아니었다. 1950년대의 민주당은 "반공주의, 친미주의, 자유방임(시장)주의를 지향하면서, 평화통일론은 공산 측에 이로운 결과를 가져올 뿐이라고 반대하였다. 민주당은 자유당에 비해 상대적으로 자유주의가 강했을 뿐이다."(손호철, 2004) 민주당은 4·19혁명기에 계급적 정체성을 분명하게 드러냈다. "허정 과도정부는 자유당 잔존 세력과 손을 잡고 반혁명·부패분자들을 온존시키는 데 급급하였고, 4·19혁명의 과제를 수립·집행하겠다는 민주당은 이미 반공주의로 철저하게 무장한 일제 식민지 시대의 관리와 법관들 속에 들어가 있었다. 민주당은 보수정당으로서 4·19혁명기의 혁명과제와는 무관하게 사색당쟁의 양상을 방불케 하는 권력투쟁만을 일삼았다."(차기벽, 1983, 164~172쪽) 그러면서도 민주당은 좌파적이고 혁신적인 정치세력의 활동을 약화시키려 하였다. 주요한 수난은 반공주의 정책을 보장하고 있는 국가보안법 및 반공법 등의 국가장치였다. 국가보안법은 4·19혁명 이전에 반정부적이고 반체제적인 세력들을 탄압하는 주요한 국가장치였다.[2] 이승만 정권은 이 법을 수단으로 하여 교체세력으로 등장했던 제도권 정당 및 정치인, 사회주의 의식으로 무장화되어 있던 소수 세력의 비합적 전위정당운동, 그리고 반정부운동의 선도적 주체로 활동했던 학생운동세력을 탄압하였다. 한국전쟁 이후 다양한 형태로 잠복해서 활동하고 있

---

[2] 국가보안법은 1948년 12월 1일에 제정·공포되었는데, 1949년 한 해에 이 법에 의하여 검거·투옥된 사람들만 해도 118,621명이었다. 1949년 9~10월 사이에는 132개 정당과 사회단체를 해산하는 법적 수단으로 작동하였다.(조국, 1988, 332쪽)

었던 구 좌익운동 세력들 역시 국가의 반공통치전략의 대상에서 예외일 수 없었다. 따라서 노동자들은 "시민으로서의 자유와 정치 참여가 제한된 상태에서, 반공을 지도이념으로 하는 강력한 권위주의 국가의 통치 하에서 국가의 강권력에 의해 중심적 억압의 대상"(최장집, 1991, 342쪽)이되었다.

노동자들은 좌파적이고 혁신적인 정치세력이 제도권에 진입하지 못한 상황에서, 사회적으로 존재했던 정치적 존재기반의 모순을 비제도적인 투쟁으로 해소하려 하였다. 노동자들은 자기들의 주변 문제뿐 아니라 국가의 한 구성원으로서의 민족이 당면한 여러 문제에 대한 자기들의 의사를 구체적으로 제시하였고, 자신들의 권익을 위한 의사 표시도 사회적인 차원에서 제시하는 방법을 택하였다. "미군노련에서는 미군의 치외법권적 지위가 인정된 1950년 7월 12일의 대전협정 이후, 미군부대에 종사하는 노동자들의 권익은 물론 노동조합활동이 인정되지 않는 상태를 개선하기 위하여 1960년 9월과 10월 동안 전국 주요 도시에서 양 국가가 서로 평등한 한미행정협정을 체결할 것을 요구하는 서명운동과 가두시위를 전개하였다."(전국외국기관노동조합 편, 1979 ; 강신준, 2002, 223쪽) 노동자들과 실업자들은 사회개혁을 목표로 하는 이러한 투쟁에 노동운동 외부의 혁신적인 사회운동세력과 함께 참여하였다. 4 · 19혁명기 노동운동은 혁신적인 정치세력과 상호 유기적인 관계를 형성하려 하였던 것이다.

4 · 19혁명기 노동운동계의 '2대악법 반대 투쟁과 통일운동'은 그러한 관계의 대표적인 형식과 내용이었다. 교원노조는 이 시기에 민족자주통일중앙협의회(약칭 민자통)에 가입하여 통일운동과 관련된 다양한 과제들을 수립 · 집행하였다. 통일운동이 민족분단의 모순을 해소하려는 사회운동의 핵심적 과제였던 점을 고려하면, 교원노조는 사회구조의 변화를 지향하기 위해 조직적인 힘을 바탕으로 사회적 헤게

모니를 강화시키려 하였다. 이러한 투쟁은 2대악법 반대투쟁으로도 표출되었다. 대한노총 산하 경북지부 노조연합회는 '2대악법 반대 궐기대회'를 주최하기도 하였다. 대한노총과 전국노동조합협의회는 당시에 한국노동조합총연맹을 건설하기 위한 조직적 통합을 추진하는 과정이었기 때문에, 대한노총 산하 노동조합도 정치적인 대중투쟁을 전개하였던 것이다. "1961년 3월 13일, 교원노동조합 중앙 상무집행위원회에서는 2대 악법 제정을 반대하기로 결의하여 다음날 성명서를 발표하였고, 3월 19일 대구노동회관에서 열린 경북지부 노동조합연합회 대의원대회에서는 2대 악법이 노동조합운동을 말살하고 교원을 집권당의 노예로 강요하는 것이므로 즉각 철회하라는 내용의 결의문을 채택하였다. 이것은 아마도 전평이 붕괴된 이후 노동조합이 정치적 투쟁에 합류한 최초의 예일 것이다."(서중석, 1991, 138~139쪽) 그리고 "4월 1일 대구에서 대한노총 산하 경북지부 노조연합회가 주최한 2대 악법 반대 궐기대회에는 삼호방직, 대한생사, 내외방직 등 단위 노조 조합원 5천여 명이 참여하였고, 4월 2일의 대구역전 궐기대회에도 노동단체가 참여하였으며, 4월 6일 한국노동조합총연맹 산하 노조 대표 30여 명은 네모규제법에 빈대하여 전국적인 극한투쟁을 전개하기로 합의하였다."(서중석, 1991, 140쪽)

그리고 교원노동조합 중앙상무집행위원회는 1961년 4월 6일 당면의 투쟁목표로서 2대 법 반대, 구속자 석방요구, 교조 신고증 교부 요구 등을 확인하고, 필요한 극한투쟁을 전개하기로 하였다. 9일에는 "교육의 자주성과 독립성을 침해하고, 민족의 분열 참극을 영속화시키는 2대 악법을 즉시 철회하라"는 내용의 결의문을 채택하고, 아울러 투쟁방법으로서 전국 교원의 동시연가투쟁을 감행할 것을 결의하였다.(편집부 엮음, 1983, 368~369쪽) 교원노조운동에 대한 재판자료에 따르면, 교원노조는 정치적 투쟁을 교원 및 노동자로서의 기본권을 유지할 수 있는 수단으로 간주하였다. 한국교원노조는 "반공특별법 자체가 노동운동을 무자비하게 탄압할 수 있게끔 된 악법임이 분명하므로, 만에 하나라도 이 법안이 국회에서 심의된다면, 교조는 교원의 기본권을 박탈하려는 노조법 개악 제안시와 같은 극한투쟁을 전개함으로써 이 법안 반대의 범국민운동에 가담할 것이다"라고 선언했다.(편집부 엮음, 1983, 367쪽)

또한 조직 노동자들은 노동운동을 상대적으로 침체시키는 중요 요인인 실업문제를 제기하면서 전국실업자투쟁위원회를 결성하기에 이른다. 이는 취업 노동자뿐 아니라 실업 노동자도 전체 노동자 계층에 속한다는 인식에서 이전의 편협한 노동운동에서 벗어나 진일보한 것이다. 1960년 9월부터 대전, 대구 등의 지역에서 실업자들의 복지를 쟁취하기 위한 조직들이 결성되기 시작하였고, 1960년 11월과 1961년 3월에는 서울에서 일자리를 요구하는 궐기대회를 개최하였다.(강신준, 2002, 223쪽) 이러한 투쟁은 실업자들을 전국적으로 조직화하는 실질적인 계기로 작용하였고, 또한 초기업적인 노동조직을 출현시키는 동력이었다.

이처럼 4·19혁명기 노동운동은 혁명의 직접적인 주도세력으로서의 역할을 담당하지 못하였지만, 4·19혁명 과정을 거치면서 아래로부터 분출하는 대중적인 정치투쟁의 주체로 나서기 시작하였고, 또한 노동자로서의 권리와 정치적 민주주의를 통일적으로 인식하고 실천하기 시작하였다.(김성환 외, 1984, 52~53쪽) 4·19혁명기 노동운동은 민주주의 이행 및 민족통일을 제약하는 각종 불평등한 협정이나 법안 제정에 반대하는 수동적이고 피동적인 정치투쟁에 머물렀지만, 1950년대의 반공 이데올로기를 극복하여 해방 정국에서 전개되었던 좌파적 지향의 정치적 노동조합주의를 부활시키고자 했던 측면을 간과할 수 없다.

그런데 해방 이전부터 철도노조에 가입해서 대구지역을 중심으로 활동했던 활동가들은 다음과 같이 증언하고 있다. "4 · 19혁명기 정치적 노동운동은 대구지역에 집중되었습니다. 전교조 운동도 대구를 중심으로 하였습니다. 일제하에서나 해방 정국에서 운동을 하셨고 1950년대에 진보당 활동을 했던 많은 선생님들이 교원노조를 만들거나 지원하는 데 역할을 하셨습니다. 대구지역에는 해방 정국에서 정치적 노동운동을 전개했던 선배들이 4 · 19혁명기에도 노동운동을 정치적인 투쟁의 주체로 나서게 하는 데 기여하였습니다."(이일재, 2003 ; 유연상, 2003) 하지만 4 · 19혁명기 노동운동은 전평이 지향했던 사회주의 이념을 계승 · 발전시키는 정치적 운동을 전개하기에는 적지 않은 한계를 가지고 있었다. "첫째, 분단과 전쟁이 있은 지 얼마 안되어 사회모순 또는 계급모순보다도 민족문제가 더 절실하게 받아들여졌을 것이다. 둘째, 계급문제 또는 사회민주화 문제는 자칫하면 빨갱이로 몰리기 쉬웠고, 전평 붕괴 후 노동운동의 거의 없었으며, 공장 노동자가 양적으로 약세였고, 실업자와 서민 전체의 빈곤이 더 큰 문제였다는 점, 즉 당시 사회를 계급분석으로 인식하기 어려웠다는 점이 작용하여 계급문제에 관심을 갖기가 어려웠을 것이다."(서중석, 1991, 157쪽) 4 · 19혁명기 노동운동은 1950년대의 지배적인 대항정치 이데올로기인 "사회민주주의와 민주사회주의"(손호철, 2004, 169쪽)를 넘어서지 않았다. 즉 노동운동은 진보당이 지향했던 "공산주의도 자본주의도 부정하고, 새 인류의 새 이상으로 만인공존의 복지사회를 건설"하는(권대복, 1985, 12쪽) 데에 동참하였던 것이다.

4. 맺음말

한국전쟁 이후 이승만 정권은 노동자들을 탄압하는 통치전략으로 일관하였다. 그것은 기본적으로 자본축적 수단 구축과 반공정치권력의 토대를 안정화시키는 전략이었다. 1950년대 우리나라 지배계급은 반개혁적 토지개혁, 원조경제구조 구축, 어용적 노동조합운동의 양성화 등으로 자본축적의 수단을 강화하였으며, 기득권 세력의 연속성 강화, 반공세력의 정치활동 양성화 및 정치적 영향력 강화, 반체제 · 반정부 운동에 대한 총체적인 탄압구조 구축 등으로 반공정치권력의 토대를 안정화하였다.

이승만 정권은 1950년대의 노동운동을 해방 정국의 노동운동과 단절시키는 전략으로 대처하면서, 노동자들을 억압하거나 노동운동의 지도부들을 정치적으로 포섭하는 정책을 추구하였다. 주요 수단은 노동자 계급의 사회변혁적인 정치를 원천적으로 봉쇄하기 위해 군대 · 경찰을 동원하는 전략, 국가보안법과 반공법으로 노동운동을 탄압하는 전략, 노동관계법을 제 · 개정하여 민주적인 노동조합운동을 억압하는 전략, 그리고 언론을 중심으로 한 반공이데올로기로 노동자들의 의식을 동원하는 전략이었다. 따라서 노동운동도 1950년대 후반기부터 이승만 정권의 이러한 통치전략에 대응하는 투쟁을 전개하기 시작하였다. 4 · 19혁명기에는 어용적 노동조합운동을 극복하려는 이념과 노선, 노동조합운동의 조직주체를 재구성하는 이념과 노선, 그리고 정치적 민주주의의 이행 및 공고화를 위한 이념과 노선 등을 응축하고 있는, 밑으로부터의 다층적인 대중투쟁을 추구하였다.

4 · 19혁명기 노동자들은 노동자 계급의 착취문제를 응축하고 있는 단위 사업장에서 투쟁을 시작하였지만, 투쟁을 전개하는 과정에서 일반 민주주의적인 기본권을 획득하기 위한 정치적 투쟁의 주체로 나서기 시작하였다. 그리고 다양한 투쟁의 성과는 노동조합운동의 조직적 재구성으로 응축되었다. 4 · 19혁명기 노동운동은 자연발생적으로 전개된 노동자들의 경제적인 생존권 투쟁을 최소한의 민주주의적인 기

본권 확보와 노동조합의 조직적 주체를 형성하는 투쟁으로 전화시킴과 동시에 노동자들의 역사적인 정치투쟁의 역량을 복원하려 하였다. 4·19혁명기 노동운동은 이 과정에서 일시적이나마 계급적 힘의 관계에서 우위를 확보할 수 있었기 때문이다. 비록 4·19혁명기 노동운동은 1961년 5·16쿠데타로 말미암아 지속적인 투쟁으로 현실화되지 못했지만, 다양한 함의를 내포하고 있다.

첫째, 혁명적 민주주의 이행기에는 노동조합운동의 민주성과 자주성을 확보하여 자신의 존재기반을 변화시키려는 노동자들의 투쟁이 밑으로부터 발생한다는 점이다. 노동운동은 혁명적 민주주의 이행기에 자신의 존재기반 및 사회구조의 모순을 해소하기 위해 투쟁을 전개하고, 그러한 투쟁의 성과들을 노동조합으로 축적시켜 노동자 계급의 힘을 강화시키려 한다. 이러한 현상은 1987년의 6월민주항쟁과 87노동자대투쟁에서도 발생하였듯이, 계급적 힘의 관계에서 우위를 점할 때도 나타날 수 있다.

둘째, 노동자들은 계급적인 연대를 통해 주체적인 역량을 강화시켰다. 4·19혁명기 노동운동은 기업별노조 체계 혹은 업종을 중심으로 한 지역별노조 체계의 한계를 전국적인 산업별노조 체계로 극복하려 하였다. 이는 산업별·지역별 조직주체를 형성하거나, 동일 지역·동일 업종 노동자들의 경험을 교류하는 과정이었다. 이러한 연대투쟁이 계급적 결집의 토대를 강화하였다. 조직화된 노동자들이 실업 노동자들의 문제를 해결하기 위해 투쟁을 전개할 수 있었던 토대였던 것이다. 2000년대의 민주노조운동이 실업자 문제나 비정규직 문제를 해결하기 위한 전략적이고 실질적인 주체로 나서지 못하는 현상과는 사뭇 다르다.

셋째, 4·19혁명기 노동운동은 정치적 민주노조운동의 역사적인 징검다리가 되었다. 해방 정국에서 전개되었던 전평의 정치적 노동운동이 한국전쟁과 이승만 정권의 노동탄압 정책으로 소멸될 위기에 처했었지만, 4·19혁명기 노동운동은 노사관계를 민주화하는 투쟁, 조직주체를 재구성하는 투쟁, 그리고 정치적 민주화운동을 계승하는 투쟁으로 계급적 힘의 관계를 재편함과 동시에 계급적 대립구조를 정치적으로 형성하려 하였다. 주요 동력으로는 임금인상투쟁, 산별노조 건설 및 민주적인 지도부를 구성하는 투쟁, 그리고 정치세력이 추진하려 했던 2대 악법을 반대하는 정치적 대중투쟁이었다. 이처럼 4·19혁명기 노동자들은 노동운동이 실존하는 상태에서 계급적 주체로서의 정체성을 확보하려 하였고, 노동운동은 자본주의 체제의 다양한 모순을 극복하기 위해 노동자들의 계급적 통일성(Unity)을 강화하려 하였다. 이는 계급투쟁의 역사적인 경향성과 그 효과를 계승함과 동시에 사회적 관계의 민주화에 필요한 전략적 주체를 형성하는 과정이었다.

▣ 참고문헌

강만길·김경일, 2004 『한국노동운동사』, 지식마당.

강신준, 2002 「노동사연구 : 4·19혁명시기 노동운동과 노동쟁의의 성격」『산업노동연구』 제8권 제2호.

경제기획원 편, 1965 『한국통계년감, 1961년 및 1965년』

공제욱, 1992 「1950년대 한국 자본가의 형성」『경제와 사회』 제3호.

권대복, 1985 『진보당 : 당의 활동과 사건 관계 자료집』, 지양사.

권일영 외, 1983 『4월혁명 대학생 논문집』, 청사.

김낙중, 1982 『한국노동운동사』, 청사.

김동춘, 1990 「4·19시기 과연 혼란기였나」『역사비평』 계간 8호.

김봉현, 1969 「3·1운동과 4·19혁명의 비교 고찰」, 연세대학교 석사학위논문.

김성환 외, 1984 『1960년대』, 거름.

김세원 증언, 한상구 구성, 1991 「4월혁명 이후 전위조직과 통일운동」『역사비평』 계간 15호.

김연철, 1982 「4·19의 원인에 대한 고찰 : 갈등의 권력균형모델을 중심으로」, 고려대학교 석사학위논문.

노태구, 2009 「4·19혁명과 평화통일운동 : 민주적 민족국가 건설을 중심으로」『민족통일학보』 제6·7호.

박상민, 1989 『반체제 계급운동의 위상과 전망』, 유림문화사.

박현채, 1988 「4·19시기 노동운동의 전개와 양상」『역사비평』 봄호.

＿＿＿, 1990 「4·19민주혁명과 이의 계승 : 민족민중론의 시각에서」『사상』 4호.

백남진, 1985 「4·19혁명의 원인과 전개과정 : 스멜서의 집합행동이론을 중심으로」, 이화여자대학교 석사학위논문.

변명희, 1989 「교원노조운동」『한국사무직 노동운동』(서관모 외), 태암.

보건사회부 건강사회국 편, 1962 『통계 년감』.

보건사회부 총무과 편, 1962 『통계보고』.

서관모 외, 1989 『한국사무직 노동운동』, 태암.

서중석, 1991 「4월혁명운동기의 반미·통일운동과 민족해방론」『역사비평』 14호.

손호철, 2004 『현대한국정치 : 이론과 역사 1945~2003』, 사회평론.

신병식, 1988 「토지개혁을 통해 본 미군정의 국가 성격」『역사비평』 여름호, 역사비평사.

안병도, 1983 「4·19학생운동의 정치사적 고찰」, 연세대학교 석사학위논문.

여현덕, 1992 「장면 정권의 붕괴와 미국의 역할」『역사비평』 17호.

이영희, 1991 「노동귀족이란 무엇인가?」『신동아』 6월호.

이정은, 2009 「4·19혁명과 인권 : 인권개념에 대한 인식과 제도의 변화」『민주주의와 인권』 288호.

이철국, 1988 「4·19시기 교원노동조합운동」『역사비평』 봄호.

전철환, 1983 「4·19혁명의 사회 경제적 배경 – 파행적 경제구조에 신음하던 민중적 요구 대변」『4·19혁명론』 1(한완상·이우재·심재택 외), 일월서각.

정영태, 1990 「노동조합 정치참여의 역사와 평가」『한국노동조합의 정치활동』(한국노동조합총연맹 편), 한국노동조합총연맹.

정창현, 2006 「4·19, 민주주의 혁명인가?」『기억과 전망』 제14호.

조 국, 1988 「한국 근현대사에서의 사상통제법」『역사비평』 여름호.

조동걸, 2007 「4·19혁명의 민족주의적 성격」『2000년』 288호.

조민수, 1994 「한국노총의 역사와 성격」『노동운동』 5~6월호.

조희연, 1993 『현대 한국사회운동과 조직』, 한울.

______, 2000 「민주주의 이행과 제도정치·민중정치·시민정치」『경제와 사회』 제46권.

차기벽, 1983 「4·19, 과도정부 및 장면(張勉) 정권의 의의(1960~1961)」『4·19혁명론』 1(한완상·이우재·심재택 외), 일월서각.

최장집, 1991 「민중민주주의의 조건과 방향」『사회비평』 제6호, 나남.

최재현, 1990 「정치활동의 대상과 영역」『한국 노동조합의 정치활동』(한국노동조합총연맹 편), 한국노동조합총연맹.

편집부 엮음, 1983 『4·19혁명론』 2, 일월서각.

편집실 편, 1985 『간추린 한국노동운동사』, 인간사.

한국노동연구원 편, 1989 『한국의 노동조합—상급단체를 중심으로』 1, 한국노동연구원.

한국노동조합총연맹 편, 1979 『한국노동조합운동사』, 한국노동조합총연맹.

한상진, 1990 「4·19혁명의 사회학적 분석 : 중심화변혁론의 시각에서」『사상』 4호.

한완상·이우재·심재택 외, 1983, 『4·19혁명론』 1, 일월서각.

Blackburn, R., 1991, "Fin de Siecle : Socialism after the Crash", *New Left Review*, Vol. 32, No. 185. May-June.

Bunce. V., 2000, "Comparative Democratization : Big and Bounded Generalization", *Comparative Political Society*, August-September.

Collier, D. & Berins, R, 1991, *Shaping the Political Arena : Critical Juncture, labor Movement and Regimes Dynamics in Latin America*, Princeton Univ. Press.

Korpi, Walter, 1985, *The Democratic Class Struggle*, London, gower.

Diamond, L. & Plattner, M. F.(eds), 1999, Developing Democracy-Toward Consolidation, Baltimore and London : The Johns Hopkins Univ. Press.

Gasiorowski, M. J. & Power, T. J., 1998, "The Structural Determinants of Democratic Consolidation-Evidence from the Third World", Comparative Political Society, september.

Marcuse, Peter, 1995, "Transitions in South Africa : To What?", Monthly Review, November.

Therborn, G., 1983, "Why Some Classes Are More Successful than Others", New Left Review, Vol. 24, No. 138.

Valenzuela, J. Samuel, 1989, "labor Movement in Transitions to Democracy : A Framework for Analysis", Comparative Politics, July.

『동아일보』.

〈구술자료〉
유연상, 2003 대구에서 인터뷰.
이일재, 2003 대구에서 인터뷰.

제3장 4월혁명 직후 진행된 각 정파의 경제발전 지향을 둘러싼 제논의

조석곤

1. 머리말

올해로 4월혁명이 일어난 지 꼭 반세기가 되었다. 4월혁명에 뒤이은 군사정권에 의해 4월혁명의 의의가 폄하되기도 하였지만, 1980년 서울의 봄 이후 그 역사적 의미가 적극적으로 평가되기 시작하였고, 4월혁명이 지향했던 바가 정치사회적 민주화와 경제발전이었음은 대부분이 동의하는 수준에 이르렀다고 하겠다.

그런데 그간의 논의를 살펴보면 4월혁명 연구는 주로 정치사회적 측면에 초점을 맞추어 진행되어왔다고 할 수 있다. 그간의 연구 경향을 간략히 요약한다면, 반공주의에 의해 봉쇄되었던 이념 공간은 4월혁명으로 대폭 확장되었는데, 특히 이승만 정권하 멸공통일론에 의해 잠재되어 있던 통일과 관련된 논의들은 이른바 혁신계[1]의 등장으로 매우 구체적인 내용으로 전개되었다고 보았다.

---

[1] 4월혁명 당시 사용되었던 '혁신계'란 사회민주주의적 지향을 갖는 좌파 세력만을 지칭하는 것은 아니었다. 일반적으로 새로운 권력자인 민주당계나 구악을 대표하는 자유당계에 속하지 않는 재야 세력을 통칭하는 것이었는데, 이에 대해서는 김학준(1983)의 설명이 객관적이다.

4월혁명 당시 혁신세력 등장의 배경과 관련하여 선구적 연구를 내놓은 김광식(1988)은 혁신계 등장의 배경으로 분단의 형성과정, 한국전쟁의 영향, 3대 대통령 선거에서의 진보당과 민주혁신당의 존재 등을 꼽고 있다. 말하자면 혁신계는 냉전시대의 산물인 분단체제였던 이승만 정권의 붕괴가 만들어낸 균열 속에서 등장하였다는 것이다.

하지만 4월혁명이 발발하면서 창출된 열린 정치공간 속에서 혁신계는 연합보다는 분열된 모습을 보여주었고, 유권자의 반좌파적·보수적 경향 때문에 총선에서 참패하였다.[2] 총선 참패 후에도 이러한 분열은 해소되지 않았으며, 1960년 후반 급속하게 진행된 통일운동에 오히려 흡수되어갔다.(김지형, 1996)

4월혁명의 과제가 '정치사회적 민주화와 경제발전'이었음에도 기존 논의가 4월혁명의 정치적 측면에 집중된 것은 그 시기가 반독재의 대안으로 자유민주주의를 향한 지향이 강했기 때문이다.[3] 통일운동 역시 정치적 측면이 강조되면서 그것의 사회경제적 배경에 대해서는 관심이 소홀하였다. 이런 점에서 홍석률(1992)은 매우 간결하지만 통찰력 있는 주장을 하고 있다. 그는 4월혁명의 공간에서 표출된 통일을 향한 열망은 이승만의 메카시즘적 수법에 대한 반발이나 무모한 통일론에 대한 대응이라는 측면도 있지만, 경제발전을 위해 통일이 필요하다는 점 또한 무시할 수 없다고 주장함으로써 통일 열망 속에 감추어진 경제발전을 향한 지향을 검출했다.

이 글은 4월혁명의 역사적 의미를 검토한 기존 연구에서 그동안 간과되었던 경제발전 지향에 관하여 살펴보고자 한다. 이러한 관점에

---

[2] 서중석(2004)은 7·29선거에서 혁신계가 참패한 것은 조직력 약화의 탓도 있지만, 이승만체제 하에서 반공체제가 굳건해진 것도 큰 영향을 미쳤다고 보았다.

[3] 자유민주주의적 지향은 '쟁취한' 것이 아니라 '주어진' 것이라 하더라도, 1950년대 의회민주주의의 실험이 시도되고 그것이 일정한 성과를 거둔 것(유영익, 2006) 때문에도 더욱 강화되었다 할 수 있었다.

서면 대한민국 정부 수립과 한국전쟁을 거치면서, 그리고 결정적으로
는 진보당사건으로 치명상을 입었던 사회민주주의가 4월혁명의 열린
공간에서 다시 부활하였음에 주목하게 된다. 제헌헌법 속에도 무시할
수 없는 비중을 차지하고 있었던 사회민주주의적 경향은 이승만 정권
하의 개헌을 통해 약화되었지만(정상우, 2003 ; 신용옥, 2008 ; 조석곤,
2009), 1970년대 초반까지도 주류적 지위를 차지하고 있었다.[4]

사회민주주의적 경향은 적어도 박정희 정권 이전까지는 하나의 강
력한 지향으로 자리잡고 있었음은 분명하다. 군사정권도 초기에는 이
러한 경향을 유지하였던 것으로 보인다.[5] 따라서 4월혁명이 창출한
정치공간에서 활동한 민주당 정부가 경제정책면에서 사실상 이승만
정권의 연장선에 있는 것인지, 혁신계의 경제정책은 그것과 어떤 차
별성을 지니는지, 나아가 박정희 정권의 민족주의적 성향은 그들과
어떤 연관을 가지는지에 대해서는 이제 본격적인 논의가 필요한 시점
이다. 이 글에서는 이 논의를 본격적으로 시작하기에 앞서, 우선 4월
혁명이 만들어낸 공간 속에서 정권을 장악한 민주당 정부와 그 반대
세력인 혁신계의 경제정책에 대해 살펴보고, 그것이 갖는 역사적 함
의가 무엇인지를 검토하고자 한다.

논의의 순서는 다음과 같다. 먼저 2절에서는 4·19혁명 전후 시기
의 사회경제적 상황을 살펴본다. 3절에서는 과도정부 및 민주당 정부의
경제정책을 살펴보고, 그것의 긍정적인 측면과 한계를 살펴본다. 4절
에서는 혁신계 정당의 경제정책 구상을 보수정당의 그것과 비교 검토

---

[4] 조석곤(2010)은 1960년대 후반 이후 한국 경제발전을 위한 다양한 전략 논의들에
대한 검토를 통해, 그간 주류를 이루었던 민족주의적인 자립경제론이 점차 다양
화되고 있었으며, 1970년대에 들어서면서 이와는 다른 성향을 가진 수출지향형
의 경제성장론이 주류로 등장하고 있었다는 점을 보여주었다.

[5] 5·16 주체에 의한 민족주의의 공공연한 제기는 이른바 지도경제와 더불어 종래
금기로 되어 왔던 민족주의의 일반화를 가져왔으며, 이의 구체화를 위해 경제개
발계획을 수립케 하였다.(조용범, 1973, 117쪽)

한다. 5절에서는 논의를 정리한다.

2. 4월혁명 전후 사회경제적 상황

4월혁명의 사회경제적 배경에 관한 연구들은 공통적으로 1950년대 후반의 경제위기를 4월혁명의 원인의 하나로 꼽고 있다.(박현채, 1983 ; 강신준, 2002)[6] 1960년의 한국 경제는 후진국에 대한 미국 원조정책의 기조가 변화하고, 그에 따른 파급효과로 극심한 경기침체에 빠졌다. 이 절에서는 당시의 경제상황을 미국의 동아시아 전략의 재편과정이라는 관점에서 정리해보고자 한다.

먼저 〈표 1〉을 중심으로 1955년을 불변가격으로 한 산업별 국민총생산을 살펴보자. 1953년 GNP는 8,685억 환이었는데, 1960년에는 1조 1,889억 환으로 증가하여 연평균 4.6%의 성장률을 보였다. 하지만 연도별 성장률의 진폭은 매우 컸다. 연도별 성장률의 변화는 크게 1956년의 급감, 1957년 및 1958년의 급증, 그리고 1959년 이후의 급감으로 요약할 수 있다.

〈표 1〉 산업별 국민총생산의 구성(1955년 불변가격) (단위 : %)

	1953	1954	1955	1956	1957	1958	1959	1960
농림수산업	42.3	42.7	42.3	39.7	39.7	39.9	38.5	38.0
광업	0.9	0.7	0.8	1.0	1.1	1.2	1.5	1.9
제조업	8.2	9.1	10.9	12.9	13.3	13.4	13.8	14.4
건설업	3.6	4.2	3.5	3.1	3.9	4.1	4.7	4.2
전기수도 및 위생사업	0.6	0.7	0.6	0.6	0.6	0.7	0.8	0.8
운송보관 및 통신업	2.2	2.4	2.5	3.3	3.2	3.4	4.1	4.1

---

[6] 1960년의 완전실업률은 8.2%였으며, 여기에 잠재실업률 26.0%를 합한 총실업률은 34.2%에 달하였다.(박현채, 1983)

도매 및 소매업	16.3	15.8	15.5	15.3	15.0	14.9	15.4	15.4
은행보험 및 부동산업	1.2	0.7	0.8	0.7	1.0	1.3	1.5	1.5
주택소유	6.9	6.8	6.8	7.0	6.6	6.3	6.1	6.1
일반행정 및 국방	8.3	7.4	6.5	6.2	5.6	5.0	4.3	4.3
서비스업	7.5	8.0	8.4	8.9	8.7	8.6	8.2	8.2
해외부문	2.0	1.5	1.4	1.3	1.3	1.2	1.1	1.1
국민총생산의지수[1]	100.0	105.2	109.4	109.7	119.2	127.5	134.1	136.9
성장률	-	5.2	4.0	0.3	8.7	7.0	2.1	2.8

자료 : 한국은행 편, 1962, 12~13쪽.
주 : 1) 지수의 기준연도는 1953년이다.

　첫째, 1956년 0.3%의 성장에 그친 것은 이 해가 흉년으로 농업생산
이 급감하였기 때문이다. 이 결과 농림수산업 생산액은 4,020억 환에
서 3,784억 환으로 절대액수로도 줄어들었으며, GNP에서 차지하는 비
중도 42.3%에서 39.7%로 급감하였다. 이를 통해 1950년대만 하더라도
여전히 주요 산업이었던 농업이 자연재해에 취약한 생산구조를 벗어
나지 못하였음을 알 수 있다.

　둘째, 이 시기 산업별 구성에서 주목할 점은 산업별 구성이 1950년
대에 큰 변화를 보이고 있진 않지만, 제조업 부문의 급속한 성장과 일
반 행정 및 국방 부문의 급격한 비중 감소가 확인되는 점이다. 미국의
입장은 한국경제의 안정을 위해 재정긴축이 필요하며, 전쟁으로 비대
해진 한국군의 규모도 적정 수준으로 줄여야 한다는 것이었다. 이에 따
라 일반행정 및 국방비는 엄격하게 제한되었으며, 불변가격 기준으로
보면 1960년에 이르기까지 절대액이 감소하는 추세를 보이고 있었다.

　반면 제조업 부문은 709억 환에서 1,707억 환으로 급속하게 성장하
였으며, 국민총생산에서 차지하는 비중도 8.2%에서 14.4%로 2배 가까
이 증가하였다. 농업부문의 비중이 점진적으로 감소한 것과 연결해보
면, 이 시기 국민총생산의 증가는 일정 정도는 제조업 부문의 급성장
에 힘입은 바가 크다고 하겠다.

　셋째, 연평균 국민총생산의 성장률과 관련하여 또 하나 주목할 점

은 1950년대 후반 성장률이 급속하게 감소하였다는 점이다. 1957년과 1958년 반등했던 성장률은 1959년 이후 다시 2% 대로 크게 하락하였다. 이와 같은 성장률 추세와 관련하여 주목할 것은 미국 원조 규모의 변화이다. 〈표 2〉에서 보는 바와 같이 미국 원조는 1956년과 1957년에 급증하였다가, 1958년 이후 다시 급속하게 감소하였다. 확언하긴 어렵지만 한국의 경제성장률은 미국 원조액의 변화추이에 민감하게 반응하고 있음을 알 수 있다.

〈표 2〉 1950년대 한국에 제공된 대외원조(단위 : 천 달러)

연도	총액	연도	총액
1951	160,542	1956	326,705
1952	161,327	1957	382,892
1953	194,107	1958	321,272
1954	153,925	1959	222,204
1955	236,707	1960	245,394

자료 : 한국은행 편, 1962.
주 : 미국이 일부 사용했던 PL480호 원조 대금도 합산된 금액임.

미국의 대한원조액의 변화는 미국의 동아시아정책의 변화와 밀접한 상관관계를 가졌다. 미국의 대한원조는 직접적으로는 안보적 목적, 즉 미국의 태평양방어선 구축을 위한 '반공의 보루'를 동북아시아에 확고하게 구축하기 위해 제공되는 것이었다. 1950년대 후반 원조물자의 판매대금으로 확보되었던 세입예산상의 대충자금은 재정투융자액의 절반을 상회하였으며, 그 금액이 피크를 이루었던 1958년에는 국내총자본형성액의 50%에 달하기도 하였다. 이와 같은 대외원조 외에도 군사원조와 주한미군 유지비도 원조액을 상회하는 것이었는데, 1956년도에만도 이러한 대외원조 외에 군사원조 4억 달러 이상 및 주한미군 경비로 3억 달러가 추가 지원되었다.(우정은, 2006, 488쪽) 즉

1950년대 내내 매년 약 10억 달러의 원조가 한국에 투입되었는데, 이러한 일이 가능했던 배경은 미국의 냉전정책 때문이었다.[7]

이러한 막대한 원조자금을 어떤 용도로 사용할 것인가에 대해 미국과 한국 정부의 입장은 달랐다. 미국은 한국사회의 안정을 위해 가급적 소비재 생산에 치중하길 원하였고, 한국 정부는 성장잠재력을 키우기 위한 생산재 부문에 사용하길 원하였다. 최종적으로는 미국의 입장이 관철되었지만, 여하튼 수입대체공업화 추진의 물적 기초는 미국의 원조였으며, 그 내적 동기로는 자립경제를 지향하는 당시 한국사회의 염원이 반영된 것이기도 하였다.[8]

하지만 1957년을 즈음하여 미국의 원조정책은 군사원조와 경제원조를 분리하며, 원조를 차관으로 전환하는 쪽으로 크게 선회하기 시작하였다. 그 배경에는 미국의 극동전략의 변화가 깔려 있었다. 미국은 극동아시아의 안정을 위해 일본의 역할 강화를 원하였으며, 이를 위해 군사적으로는 일본 자위대 강화 및 미군의 일본내 활동 강화를 추진하였다. 그리고 경제적으로는 동아시아 경제에 있어서 일본의 역할 강화를 요구하였다.[9]

---

[7] 미국은 트루먼독트린에 입각해 1947년부터 냉전정책을 수립했다. 이에 따라 "1947년 말에 한국을 봉쇄 전략의 핵심 국가로 삼는다는 입장이 세워지고, 1949년에는 제도화"되었다.(우정은, 2006, 496쪽)

[8] 당시의 수입대체공업화는 미국의 의도나 내적 동기보다는 이승만의 반일 감정이 반영된 것이라는 해석도 있다. 우정은은 당시의 수입대체공업화를 이승만이 일본의 영향력으로부터 독립하기 위해 취한 일종의 '방어적 공업화'로 보았다.(우정은, 2006, 503쪽)

[9] 이러한 입장에서 미국은 한국과 일본의 국교정상화를 종용하였으며, 일본 역시 1950년대 중후반의 호경기로 과잉유동성의 돌파구가 필요하였기 때문에 반대할 이유가 없었다. 하지만 이승만의 반일 감정 때문에 이 구상은 쉽게 진척되지 못하였다. 특히 1958년의 '구보다 망언', 1959년 재일동포 북송 문제 등 계속된 장애물 때문에 진행되지 못하다가 장면 정권 출범 이후 재논의되었다. 하지만 국내 정세의 불안으로 한일회담 문제는 현안으로 나타나지 못한 채 군사정권의 손으로 넘어갔다.(이대근, 1990)

동아시아 경제전략의 변화는 원조부문에서도 그대로 반영되었다. 미국은 사실 1958년부터 무상 증여에서 유상 차관으로의 전환을 통보함과 함께, 유상 차관으로의 시설재 도입에 대응하여 경제개발계획을 수립할 것을 종용하였다. 1959년 동양시멘트 시설 확장을 위한 214만 달러의 대미차관을 효시로, 1959년에만 체신부 통신시설 도입, 동양화학의 소다회공장, 충주화력발전소의 시설 도입 등을 위한 차관이 이루어졌다.(이대근, 1990, 271쪽)

이러한 변화에 따라 원조에 의존하던 한국경제는 큰 타격을 입었다. 서민들, 특히 원조물자가 큰 비중을 차지하였던 도시 거주자들의 삶이 더 피폐해졌다. 연도별 농가수지를 보면 1958년부터 1960년까지 비록 소폭이지만 농가수지는 흑자를 보이고 있었다. 하지만 서울 도시근로자 월평균 가계수지는 1960년 5,600환, 1961년 7,000환의 적자를 보이고 있었다.(한국은행 편, 1962, 260~261 · 294~295쪽) 1955년부터 작성되기 시작한 서울 소비자물가지수[10]를 보면 1955년을 100으로 할 때 1961년은 176.7로 증가하였다.[11] 4월혁명 직전 민중의 불만은 폭발 일보 직전이었다.

3. 과도정부 및 민주당 정부의 경제정책

4월혁명은 직접적으로는 부정선거를 자행한 이승만 대통령과 자유당 정권에 대한 반발로 시작되었지만, 그 이면에는 앞 절에서 살펴본 바와 같은 1950년대 후반의 경제불황과 그로 인한 일반 국민 대중의

---

[10] 서울 근로자가구의 평균 가계지출 구조를 가중치로 하여 계산하였다.

[11] 연도별 물가상승률은 널뛰기식 추이를 보였다. 1956년 122.9, 1957년 151.3으로 대폭 증가하다가, 1958년 146.0, 1959년 150.6으로 주춤하던 물가는 1959년 162.9, 1961년 176.7로 급증하였다.(한국은행 편, 1962, 248쪽)

극심한 빈곤 상태가 잠재적인 폭발 요인으로 깔려 있었다. 대통령선거 당시 민주당이 내걸었던 "못 살겠다 갈아보자"는 이러한 경제상황과 대중의식에 근거한 것이었다.(조용범, 1973)

4월혁명이 창출한 정치사회 공간에서 자유민주주의 복원과 경제위기 돌파는 당연히 최우선 과제였다. 집권이 예상되었던 민주당이나 우후죽순 격으로 등장한 혁신계 정파들도 나름의 경제발전 전략을 제시하였는데, 민주당의 정책기조와 혁신계의 그것은 그 기반이 사뭇 다른 것이었다. 이제 민주당 정부와 혁신계의 경제정책을 절을 나누어 살펴보고자 한다.

민주당 정부의 경제정책의 기조는 총선을 통해 집권한 민주당 정부의 재무부장관이 되는 김영선이 1960년 6월에 발표한 글에서 그 핵심 내용을 알 수 있다. 이 글에서 김영선은 "민주당은 소유제도와 운영형태에 있어서 사유사영을 주장하고, 경제체제에 있어 계획성 있는 자유경제체제를 신봉하는 것이며, 경제운영방법은 생산 명령과 배급제도 등 경찰국가방식의 강제를 배격하고 계몽선전과 국가자본을 통하여 유도하는 방법을 취할 것"이라 하였다. 자본주의의 근간이 되는 사유재산제도를 기업 경영에도 견지하면서 국가의 경제 개입을 최소화한다는 이러한 정책기조는 한국경제의 안정적 운영을 바라는 미국의 의도와도 일치하는 것이었다.

'경제제일주의'를 표방한 장면 정권은 이와 같은 정책기조를 계속 유지하였다. 장면 총리는 1961년 예산안 제출에 즈음한 민의원 시정연설에서 "사회복지 증진을 대목표로 하여 급속한 경제성장을 도모하는 경제제일주의를 실천하겠다"고 천명하였다.(『조선일보』 1960년 9월 30일자) 구체적인 내용을 보면, 농가경제 안정을 위한 정책자금을 방출하고, '균형적 산업구조를 형성'할 목적으로 전원 개발, 석탄 증산 및 화학비료 생산에 치중하겠다는 것이었다. 또 경제건설을 촉진하기 위하여 경제안정의 테두리 안에서 장기개발계획을 실현하기 위한 투자액 확대, 세제 개혁 특히 토지수득세 금납제화와 농민부담 경감 등을 실천하기로 하였다. 장기계획을 추진하겠다고 하면서도 대원칙으로 '경제안정의 테두리'를 설정한 것은 신생 민주당 정부가 미국이 설정한 범위 내에 있음을 보여주는 좋은 예라 할 것이다.

하지만 장기계획을 수립하고 그것을 실행하는 것은 단기적 경제위기에 대한 즉각적인 처방이 될 수는 없었다. 이 때문에 민주당 정부는 단기적인 실업자 구제책으로서 국토건설사업을 시행하고자 하였다. 결국 민주당 정부의 경제정책은 단기적으로는 뉴딜식 경기부양책과 유사한 국토건설사업과, 장기적으로는 경제개발계획을 통한 효율적 투자를 통해 경제성장의 동력을 구축하고자 하는 것이었다.

국토건설사업은 국내경기 활성화를 위해 대규모 공공사업을 추진하는 것인데, 이는 장기적인 경제개발계획을 추진하기 위해 사회기반시설을 미리 닦아놓는다는 의미도 가진 것이었다. 1960년 11월 국회에 제출한 자료에 따르면, 소양강댐·춘천댐·남강댐 건설을 비롯해 발전소 및 도로 건설, 농지 개간, 수자원 개발 등을 포함하는 포괄적이고 다목적을 가진 계획이었다.(이용원, 1999, 19쪽)[12]

이러한 대규모 사업을 추진하기 위한 재원은 미국 원조에 의존하였는데, 이는 미국 정부의 강력한 지원 의지 없이는 불가능한 것이었다. 미국은 수차에 걸쳐서 국토건설사업의 중요성을 강조하고 적극적인 지원도 약속하였다. 최종적으로 작성한 국토건설사업계획의 재원은 미국 원조물자 1,000만 불(한화 130억 환), 정부 자체부담 270억 환, 합계 400억 환이었다.(이기홍, 1999, 281쪽)

---

[12] 이기홍(1999)에 따르면, 당장 급한 1961년을 넘길 긴급방안으로 미국 양곡 원조와 국내 실업자 구제 그리고 낙후된 사회간접자본 개발을 결부시킨 국토건설사업을 구상하였는데, 상징사업으로 영산강 유역 방조제 공사와 태백산 지역개발계획을 포함시켰다고 한다.

1960년 12월 국토건설본부를 설치하고『사상계』사장인 장준하를 기획부장에 임명하여 실질적인 총책임자 역할을 수행하게 하였다. 대졸자를 중심으로 국토건설 추진요원 2천여 명을 채용하였으며, 3월 1일부터 현장근무를 맡겼다.(이용원, 1999) 각 사업별 동원인력수를 모두 합하면 2,695만 8천 명이었는데, 한 사람이 50일 취업했다고 가정할 때 약 54만 명이 취업의 혜택을 보는 것으로 계산되었다.(이기홍, 1999, 281쪽)

국토건설사업계획은 외형적으로 실업자에게 양곡을 주고 국토를 개발하는 효과를 얻고자 하였지만, 그에 못지않게 중요한 것이 희망을 갖게 하고 자력으로 일어서자는 정신면을 중시하였다.(이기홍, 1999, 282쪽) 당시 지성계를 대표적 인물이었던 장준하를 실무 총책임자로 삼은 것은 정신계도적 측면을 유도하고자 의도한 것으로 해석할 수 있다.[13]

이제 장기계획의 입안과정에 대해 살펴보자. 경제개발계획은 일반적으로는 박정희 군사정권에 의해 수립되고 성공적으로 추진되었다고 알고 있지만, 사실 장기경제개발계획은 이승만 정권 하에서부터 추진된 것이었다. 미국 원조를 받아내기 위해 작성되었던 1956년의 '부흥5개년계획'은 그 조잡함 때문에 국내 여론과 미국의 비판을 받았으며(이철순, 2006), 경제개발계획이 사회주의적 발상이라는 이승만의 반대로 폐기되었다.

하지만 한미합동경제위원회는 1956년 9월 '부흥7개년계획'을 입안할 것에 합의했다. 당시 장기계획의 실무입안자였던 이기홍에 의하면, 경제개발계획 입안 과정에는 미국이 일정한 영향력을 행사하였다. 미

---

[13] 국토건설사업은 5·16군사정권에 의해서도 적극적으로 계승되었지만, 재원의 상당 부분을 차지했던 양곡 원조를 미국이 거부함으로써 원래의 목표를 달성할 수는 없었다. 다만 이 사업을 위해 채용하였던 국토건설 추진요원들이 대거 행정부로 흡수되면서 군사정권의 행정력 강화에 큰 도움이 되었다고 볼 수 있다.

국 원조의 급감이 예고되는 1957년 중반부터 미국 원조처 관리들은 한국 정부 정책당국자(김현철 부흥부장관)에게 효과적인 대안으로 장기경제개발계획안을 작성 제출하라고 강력하게 통고하였다.(이기홍, 1999, 263쪽)

이후 부흥부의 실무자들은 USOM/Korea 간부들의 협조하에 장기계획 수립에 필요한 조사연구활동을 할 수 있는 산업개발위원회 창설을 위한 사업계획서를 작성하여 1957년 3월에 한미합동경제위원회의 승인을 받아냈다.(이기홍, 1999, 266쪽) 1957년 5월 6일에는 1인당 국민소득 300달러를 목표로 하는 '경제부흥장기계획'을 수립할 것과, 입안 과정에서 미국의 고문단을 초빙할 것에도 합의했다.(이철순, 2006, 575쪽)

1957년 5월부터 한국 정부는 '경제개발위원회' 설치를 고려했고, 7월에는 합동경제위원회 측이 경제개발을 위한 '산업발전본부' 창설안을 발표하였다. 1957년 말 경제개발계획 입안을 위한 조직으로 구상된 '장기경제개발위원회'는 1958년 4월 1일 '산업개발위원회'로 발족했다.[14] 산업개발위원회는 1959년 1월 경제개발 3개년계획의 시안을 발표하고 계획의 시작 역시 1960년으로 상정했지만, 계획에 대한 심의는 정치적인 현안들로 인하여 국무회의를 통과하시 못했다. 그 후 경제개발 3개년계획은 1959년 12월 31일 안이 확정되고, 1960년 4월 15일 국무회의에서 수정·채택되었지만, 4·19의 발발로 집행이 무산되었다.(이철순, 2006, 575~276쪽)

이처럼 한국의 경제개발 3개년계획은 미국의 후원과 지도 아래 부흥부 산하의 산업개발위원회에서 입안한 것이었다. 3개년계획의 기조는 균형성장에 기초한 자립경제론이었다. 이 계획은 한국사회의 경제

---

[14] 3대 부흥부장관 송인상은 1958년 방미하여 허터 국무장관 대리를 만나 장기경제계획 수립에 대해 논의하였고, 그 결과 대충자금으로 운영되는 산업개발위원회가 부흥부 산하에 설립되었으며, 오레건대학 교수들로 자문단이 구성되었다.(이완범, 1999)

적 자립과 민주적 발전을 이룩하기 위하여 계획의 기조로서 자립화의 기반을 조성함을 목적으로 하면서,[15] 자립경제 기반 조성을 위한 세부 목표로 생산력 극대화, 국제수지 개선, 고용기회 증대, 국민생활수준 향상, 산업구조 근대화 등을 설정하였다.

이 계획에 대해 유광호는 "이 계획기법이 비록 엉성한 점이 많다고 하더라도, 우리나라에서 최초로 경제개발이론에 입각한 계량적 계획방식을 최초로 도입하고 구체적으로 한국경제 총량을 계획한 것으로서, 그 후 민주당과 군사정권의 경제개발5개년계획의 수립에 결정적 토대가 되었다"고 평가하였는데(유광호, 1999, 208쪽), 매우 적절한 평가라 생각된다.

'경제제일주의'를 기치로 내건 장면 정권 역시 1960년 9월 경제개발 5개년계획을 정부 시책으로 채택한다고 공표하였다. 5개년 계획은 김영선 재무부장관을 중심으로 주요한 상공부장관, 태완선 부흥부장관 등의 경제팀에 의해 1960년 10월부터 착상되었다.(이완범, 1999, 31쪽) 이후 실무작업은 그 동안 산업개발위원회에서 연구 작성한 장기계획(경제개발3개년계획)을 기초로 하여 활발하게 추진되었다.(이기홍, 1999, 268쪽)

하지만 장기계획 추진을 위한 재원은 미국 원조에 기댈 수밖에 없었다. 경제개발계획을 위한 자금 마련을 위해 한국 정부는 국군 감축, 일본과의 국교 정상화, 환율 정상화 등을 걸고 미국의 원조를 요청하였다. 김영선 재무부장관은 '굴욕적'이기까지 한 「한국의 경제개혁 비망록」이라는 외교문서를 10월 4일 허터 국무장관에게 제출하였고, 곧이어 열린 한미경제회담에서는 4.21억 달러의 원조를 1961~1965년간

---

[15] 산업개발위원회는 "이 3개년경제개발계획은 7개년계획의 전반에 해당하며, 자립경제체제의 확립이라는 장기적 문제를 해결할 수 있는 기초로서 우선 자립화의 기반을 조성함을 목적으로 한다"고 하여(부흥부 산업개발위원회, 1959, 3쪽), 3개년경제개발계획의 목적을 자립경제 기반구축으로 설정하였다.

에 요청하였다. 그리고 환율을 1961년부터 1000 : 1로 인상하기로 합의하였다.(이용원, 1999, 42~43쪽)

1961년 1월 1달러당 650환이었던 환율은 1,000환으로 평가절하 되었고, 곧이어 2월에는 1,300환으로 다시 평가절하되었다. 환율 인상은 단기적으로도 경제에 치명적 영향을 미쳤는데, 수입물가가 일거에 2배 상승하였기 때문에 심각한 인플레이션이 발생하였다. 1960년대 안정을 보였던 물가는 1961년 환율 조정 2달 동안 15%나 인상되었다.[16]

'경제제일주의'를 내걸고 경제위기 극복을 위해 내건 처방들은 오늘의 관점에서 볼 때에도 그다지 나쁜 것은 아니었다. 하지만 문제는 성장을 위한 시드머니를 마련하는 일이었다. 국토건설사업이 중단된 것도 해당 사업에 대한 미국의 원조가 중지되었기 때문이고, 장기경제계획의 실현 여부도 원조를 통한 투자재원 확보에 전적으로 달려있는 상황이었다.

민주딩 정부는 원조 확보를 위해 미국에 더욱 의존적인 경향을 보이게 되었다. 이 때문에 1961년 2월 체결된 한미경제협정은 국민의 눈에는 반민족적인 것으로 비춰졌고 광범한 반대에 직면하였다. 내부적으로는 신·구파간의 갈등으로 '혁명정신'을 구현하는 데 미흡하였다. 민주당 정부가 4월혁명의 주체였기 때문에 집권한 것이 아니라 혁명주체가 정권을 장악할 수 없었기 때문에 집권했던 탓이 크겠으나, 장면 정권은 혁명정신 실천보다는 정략과 이해관계에 따라서 주요 사안을 처리해나갔다. 부정축재자 처리과정은 이를 잘 보여주는 예의 하나이다. 이제 한미경제협정과 부정축재자 처리과정을 통해 민주당 정부 경제정책의 한계를 살펴보자.

미국은 이미 이승만 정권 시절부터 대한 원조자금 지출에 대한 감

---

[16] 1955년을 100으로 한 서울 소비자물가지수는 1960년 12월 163.2를 기록하였으나, 1961년 1월 173.0 및 2월 177.3으로 급격하게 증가하였다.(한국은행 편, 1962, 248쪽)

독권과 환율 현실화를 줄기차게 요구해왔다. 전자의 요구는 한미합동 경제위원회에서 대충자금 사용에 관해 협의하는 선에서 절충되었지만, 환율 현실화 요구는 이승만의 거부로 받아들여지지 않았다. 하지만 경제개발을 위한 재원 확보가 최우선이었던 민주당 정부는 이러한 미국의 요구를 수용하는 쪽으로 선회하였다.[17]

미국에 대한 유화적 태도는 허정 과도정부에서도 이미 감지할 수 있었다. 허정 내각은 5월 3일 상오 당면 5개 시정방침을 천명하였는데, 반공정책 강화, 치안유지, 5열 책동 대책 등을 언급한 후 대외관계와 관련하여 다음과 같이 언급하였다.

> 4. 한미관계 및 미국의 경제원조를 국내의 집권자 또는 그가 속하는 정당에 유리하도록 왜곡 악용하는 일 없이 긴밀 성실히 협조하는 토대 위에 올려놓을 것이다.
> 5. 현 정부는 한국의 맹방들에 대한 종래의 우호 태도를 일층 강화할 뿐 아니라 비공산 인방과의 관계를 시급히 조정하는 데 진력할 것이다. 특히 한일관계의 정상화는 가장 중요한 외교문제의 현안인바, 정부는 회의 재개에 앞서 양국의 이해 증진에 일조가 되도록 약간 명의 일본 신문기자의 입국을 허용할 것이다.(『조선일보』 1960년 5월 3일자)

경제원조를 매개로 한미관계를 강화하고 한일관계 정상화를 최우선적 과제로 설정한 것은 미국의 동아시아정책을 그대로 반영한 것이었다. 특히 한일관계 정상화는 이승만 정권하에서는 받아들일 수 없던 사안이었다. 이에 대해 미국은 매카나기 대사를 통해 지지 방침을

---

17) 민주당 정부의 인사들이 친미적인 성향을 지닌 것은 사실이지만, "민주당 정권의 우선적인 관심사는 무엇보다도 미국의 비위를 잘 맞추어 그로부터 지원을 확보하는 문제"로만 보는(김정원, 1984, 83쪽) 것은 단편적이다. 미국의 원조정책 변화, 성장을 위한 재원 마련, 경제정책 입안자들의 시장주의적인 경제관 등이 복합적으로 작용한 것으로 보인다.

천명하였으며, 일본은 양국 관계 정상화에 대한 기대감을 표시하는 등 긍정적으로 평가하였다.(『조선일보』 1960년 5월 4일자) 정치적 불안과 과도정부라는 한계를 지닌 것이긴 하지만, 5개의 당면시정방침 중 2개를 대외정책에 할애한 것은 상징적인 의미가 크다고 할 것이다.

1960년 6월 아이젠하워 미 대통령이 방한하여 장면 총리와 협의한 후 공동성명을 발표하였는데, 평화통일로의 방향 선회와 원조의 필요성을 인정하면서도 그것이 민주사회의 기반이 되어야 한다는 것과, 경제자립을 위한 계획에 입각하여 지원할 것이라는 점 등을 천명하였다.[18] 군사적 대결보다는 경제성장을 통해 체제간 경쟁에서 우위를 점하겠다는 미국의 입장을 재확인한 것이었다.

그런데 선거를 코앞에 둔 6월 29일 합동경제위원회가 정부 예산과 모든 환화 사용계획을 한미 공동으로 심의하도록 한 결정이 공개되면서 큰 파장을 일으켰다. 허정 총리의 해명이 있었음에도 불구하고 경제계에서는 이를 헌법상의 예산권을 제약하는 내정간섭으로 간주하는 분위기였다.(『조선일보』 1960년 6월 30일자)[19] 7월 1일 열린 국무회의에서도 이 문제가 언급되어 많은 국무위원들이 재검토를 요구하

---

18) (총리와 아이젠하워 대통령은) 한국의 통일에 대한 한국 국민의 깊은 갈망을 인정하였다. 그들은 통일될 독립민주 한국을 평화적 방법으로 대의정치제도 하에 달성하고, 이 지역에 평화와 안전을 완전히 회복할 것을 목표로 국제연합 결의에 규정된 제원칙에 의거하여, 이 비극적 분단에 평화적 종결을 초래하도록 모든 노력을 계속하여야 한다는 데 합의하였다.……(양 지도자는) 한국과 미국의 경제 및 사회계획을 검토하고, 이들이 경제적 독립을 조성하고 사회적 진보를 조장하며 또한 민주제도의 견고한 기반을 마련하도록 계획되고 시행되어야 한다는 데 합의하였다. 양 지도자는 미국의 계속적 경제원조가 대한민국이 경제성장을 유지하고 가급적 조속한 시기 내에 경제자립을 성취하는 것을 돕기 위하여 필요하다는 데 합의하였다.(『조선일보』 1960년 6월 21일자)

19) "원조 재원은 직간접적으로 세입 예산의 48%, 수입 재원의 83%, 국민소득의 10%에 달하는 막대한 규모"였으므로(『조선일보』 1960년 6월 30일자) 미국과 협의하는 것은 당연하지만, 그것이 상호불신에 근거하여 세부적으로까지 협의하는 것은 적절하지 못하다고 평가하고 있었다.

였다.(『조선일보』1960년 7월 2일자)

파장은 이에 그치지 않았다. 예산 공동심의, 현실 환율 채택 등과 관련하여 한미밀약설까지 나돌면서 총리실이 나서서 사실무근임을 해명해야 했다. 하지만 매카나기 대사는 성명을 통해 이 조치가 "한국 국민의 최선의 이익을 위하여 한국의 전 자원을 가장 효과적으로 이용하기 위한 한 방법을 강구하기 위한 한미 관리들의 노력의 결과"이며, 이 제안들은 "상호 이익을 가진 계획에 임한 한국 예산의 국면에만 한할 것이고, 한국 국민에 대한 미국 원조의 효율성의 일부는 원조자원과 비원조자원에 대한 조정된 계획이 없는 한 상실될 것"이라고 언급함으로써(『조선일보』1960년 7월 3일자), 이와 같은 조정이 필요함을 부정하지는 않았다.

미 대사의 성명에서 우리가 주목할 부분은 원조자원과 비원조자원을 통합하여 사용하는 '계획'의 필요성을 언급한 부분이다. 원조자금을 효율적으로 사용하기 위해서는 예산 사용 전체에 대한 한미간의 상호조정이 필요하다는 것이고, 이는 한국 정부의 예산을 경제계획에 집중시키려는 미국측의 의도가 강력하게 반영된 것이라 할 수 있다.

이에 대한 여론이 매우 부정적이어서 동 의안은 5일 각의에서 부결되었다. 이에 대한 미국측의 반응은 매우 부정적이었으며, 원조 감소를 무기로 한국 정부를 강력하게 압박하기 시작하였다. 원조 감소는 민주당 정부로서는 받아들일 수 없는 치명적 아킬레스건이었다. 경제개발계획 입안과정을 검토하며 살펴보았지만, 1960년 후반 한국 정부는 투자재원 확보를 위해 '굴욕적'이라할 만큼 미국의 원조를 절실하게 요구하였다. 결국 1961년 2월 8일 한국 외무부장관과 주한 미국대사 사이에 각서 교환의 형태로 '대한민국과 미합중국 간의 경제기술원조협정'을 체결하였으며, 이 협정은 2월 28일 발효되었다. 협정은 총 8항으로 구성된 종합각서와 합의문으로 구성되었다.[20]

협정문의 주요 내용을 살펴보면, 첫째, 원조자금 사용을 포함하여 한국이 입안하는 경제계획이 미국이 직접적으로 깊숙하게 관여할 수 있도록 하였으며, 둘째 원조 업무에 관련된 모든 미국인에게 외교관에 준하는 면책특권과 면세혜택을 부여하며, 셋째 미국의 원조사업과 관련하여 도입하는 모든 물자에 대하여도 면세혜택을 부여하며, 넷째 미국의 판단에 의해 원조계획의 일방적 중단이 가능한 것으로 규정되어 있다.[21]

당시 예산에서 미국의 원조자금이 차지하는 비율이 절반가량 되었으므로 결국 미국은 한국 정부 예산의 절반에 대한 직접적인 감독권을, 그리고 원조자금이 사용되는 경제계획에 대해서도 영향력을 행사할 수 있게 되었다. 또한 미국인에 대한 면책특권과 면세권 부여는 당시 여론의 민족주의적 정서를 직접적으로 자극하게 된 계기가 되었다.

한미경제협정 체결에 대해 여론은 지극히 부정적이었다. 2월 14일 한미성세협정반대투쟁위원회 결성과 함께 발표된 호소문은 서울대·

---

[20] 이 협정의 합의의사록에 따르면 이 협정이 기존의 여러 협정, 즉 1948년 12월 10일 체결된 한미원조협정, 1952년 5월 24일 체결된 한미 경제조정에 관한 협정, 이에 첨부된 교환각서 및 의사록, 1953년 12월 14일 체결된 '경제재건과 재징안정계획을 위한 합동경제위원회의 협약' 및 그 부록 등을 대체하는 협정이라고 규정하고 있다. 다만 경제조정에 관한 협정 제3조 13항에 대하여서는 별도 약정에 의하도록 하였다.

[21] '한미경제원조협정' 중 본문의 서술과 연관된 주요 부분을 발췌한다.

    3. ……미합중국 대표가 하기의 계획 사업 및 관계 기록을 제약 없이 관찰하고 재검토함을 허용하며, 여사한 계획사업에 관한 안전한 정보와 미합중국 정부가 사업의 성질과 범위를 결정하고, 이미 제공된 혹은 구상 중인 원조의 효율성을 평가함에 있어 필요로 하는 기타 관련 정보를 미합중국 정부에 제공하고 하기 계획에 관하여 한국 국민에게 충분히 주지시킴을 재확인한다.……

    5. ……(미국이 파견한 — 인용자) 특별사절단과 그 구성원을 미합중국의 외교사절단의 일원으로서 간주한다.

    8. 아래에 규정된 원조계획의 전부 혹은 일부는 미합중국 정부가 사정의 변경으로 인하여 여사한 원조의 계속이 불필요하거나 부적당하다고 결정하는 경우에는 미합중국 정부에 의하여 중단될 수 있다.

고려대·항공대 등 각 대학의 민족통일연맹 또는 민족통일회, 그리고 전국학생조국통일추진회, 전국학생민주수호공명선거추진위원회 등이 망라된 단체 명의로 공포되었다. 호소문에서는 한미경제협정을 "이승만 통치가 초래한 의존적이며 파국적인 한국 경제의 약점을 이용하여 미국이 강요하는 편무적 불평등조약"으로 규정하고, "민족의 분할을 영구화하고 조국의 주권을 굴욕적으로 침해하는" 것으로 보았다.(사월혁명연구소 편, 1990, 287쪽)[22]

2월 14일 개최된 전국학생한미경제협정반대투쟁대회에서는 한미경제협정 즉각 철회를 요청하는 대정부 및 국회 건의문을 채택하였으며, 미국 정부에 대해서도 "분노한 민족의 의사를 대표하여 최근 당신들과 우리 정부간에 체결된 예속적 식민지적 불평등협정에 결연히 반대"한다면서, 즉각적으로 철회할 것을 요구하는 내용의 메시지를 채택하였다. 이에 대해 미 국무성은 16일 즉각적으로 이 협정이 상호안전보장법에 의한 것으로 주권 침해가 아니며, 대한민국의 자립과 경제적 복지에 기여할 것이라 답함으로써 철회 의사가 없음을 분명히 하였다.(사월혁명연구소 편, 1990, 289~293쪽)

이제 대내적으로 주요 현안이었던 부정축재자 처리문제에 대해 검토하여 보자. 장면 정권은 시급한 경제건설에 필요한 원조자금을 확보하기 위해 미국과 '굴욕적' 타협을 함으로써 범국민적인 저항에 직면하였으며, 국내 현안이었던 4월혁명 정신의 실천면에서도 그다지 적극적인 모습을 보이지는 않았다. 대표적인 것이 부정축재자 처리문제였다.

1960년 5월 허정 과도정부는 신경제정책 구상을 위해 경제심의회를

---

22) 동 협정을 이와 같이 규정한 이유로 호소문에서는 ① 경제적 예속화와 내정간섭을 강요하고 ② 치외법권 남용으로 인해 통치권을 유린하며 ③ 조세를 면제함으로써 재정주권을 침해하고 ④ 원조물자의 일방적 중단을 구실로 한국 정부를 정치적으로 언제나 위협할 수 있도록 한 점을 들고 있다.

설치하였다. 경제심의회는 5개 항의 경제시책을 발표하였는데,[23] 그 내용의 첫째를 차지한 것이 부정부패자금을 환수하여 전체 국민의 복지를 위해 활용한다는 것이었다. 그것은 경제위기의 원인 제공자의 하나로 부정축재자를 꼽고 있는 여론을 반영한 것으로 보인다. 하지만 그 처리방식이 '현행법의 테두리 안'에서 이루어져야 한다고 못박았다는 점에서 대중의 정서와 유리되고 있었다.

과도정부는 1960년 6월 1일 20일간의 부정축재 자수기간을 설정하여 신고를 받았는데, 검찰총장은 부정축재 '원흉'들에게 보안법 적용을 검토하고 있으며, 현재 55개 업체를 수사 중이라고 밝혔다.(『조선일보』 1960년 6월 3일자) 부정축재자 자수를 위한 압박인 셈이었다. 또한 그 처리방안을 두고 6월 8일 민주당 의원 10명이 부정축재자 처벌에 관한 임시조치법안을 국회에 제출하였는데, 조사기간은 6개월, 그 처벌 수위는 "10년 이내의 징역과 불법행위로써 취득한 공공재산을 몰수"하는 것이었다.(이정식, 1986, 202쪽)

6월 13일 재무부장관은 검찰총장이 발표한 기업 외에도 특혜조치 하에 축재한 부정기업체가 약 50개 포함될 것이라고 발표하면서, 주로 탈세업체에 집중할 것임을 언명하였다.(『조선일보』 1960년 6월 14일자) 이는 '현행법 테두리 내'에서의 처벌이라는 자기 한계 때문에 만들어낸 고육책이었다. 탈세는 현행법상의 범죄이므로 탈세자에 대한 처

---

23) 5개 항의 경제시책은 다음과 같다.
  1. 과거 정권 하에서 이룩된 부정부패는 이를 국민 전체의 복지를 위해 '환원 활용'토록 처리 시정하고, 불법적으로 불하된 귀속재산은 그 계약을 갱정하고 체납금은 최고 회수할 방침이나, 이런 조치는 현행법의 테두리 안에서 이루어진다.
  2. 밀수 또는 산림 도벌의 엄중 단속
  3. 예산의 원활한 집행과 공사비 노임 등의 지체 없는 지불
  4. 영농자금 150억 환의 적기 방출과 중소기업체의 육성 증진을 위해 50억 환의 자금 방출
  5. 화폐개혁설 등 유언비어의 경계(『조선일보』 1960년 5월 21일자 석간)

벌은 소급처벌이라는 비난을 피할 수 있기 때문이었다. 하지만 대중의 여론은 특별법을 제정해서라도 부정축재자는 엄벌해야 한다는 것이어서 양자의 괴리는 현저한 것이었다.

여하튼 6월 20일 신고한 업체는 16개 업체로 신고 금액은 36.82억 원에 지나지 않았다.(이정식, 1986, 202쪽) 검찰청에서는 21일부터 수사를 개시하였으며, 자수한 업체의 경우 신고 부분에 대해서는 수사대상에서 제외하였다. 검찰이 밝힌 중점 수사 부문은 ① 탈세자 ② 밀무역자 ③ ICA불 부정사용자 ④ 연체대부를 받은 자 ⑤ 국유재산 부당취득자였다.(『조선일보』 1960년 6월 21일자 석간) 최초 수사는 태창방직이었는데, 결국 태창방직의 백남일은 재산을 국고에 환원하기로 하였다.(『조선일보』 1960년 7월 1일자)

부정처리자 처리방식이나 범위를 둘러싸고 검찰과 재무부 사이에 미묘한 입장의 차이가 존재하였다. 재무부는 경제에 미치는 입장을 고려해야 한다는 언급을 자주 하였으며, 검찰은 재무부의 고발이 선행되어야 할 부분이 있다는 입장을 보이고 있었다. 서로 떠넘기는 사이 시간이 지나 새 정부가 구성되었다. 8월 9일 검찰의 조사결과 발표라는 형식적인 절차를 거친 후, 12일 과도정부는 결국 부정축재조사를 새 정부로 이관하기로 하였다.(『조선일보』 1960년 8월 13일자)

새 정부의 김영선 재무부장관은 8월 26일 "부정축재자 및 탈세사범 처리문제에 관해 과정이 조사를 끝마친 제1차 조사대상 23명에 대하여는 원칙적으로 의법조치하되,24) 이와 병행하여 축재 공무원, 고리대금업자, 부정융자에 의한 음성적인 축재자를 제2차 조사대상으로 잡고 부정축재자의 처리범위를 확대시키겠다고 언명"하였다.(『조선일

---

24) 이들에 대해서는 직접세 4배, 간접세 5배의 벌과금 양정 비율을 적용하기로 하였으며, 당시 추징금 징수 시효인 5년간의 추징액수는 109억, 시효가 2년인 벌과금액 87.3억 환을 합하여 총 196.4억여 환의 추징금을 통보하였다. 추징액수가 가장 많았던 것은 삼성재벌의 61억 환이었다.(『조선일보』 1960년 9월 1일자)

보』1960년 8월 27일자) 부정축재자의 범위 확대는 대중의 여론을 무마하는 효과뿐 아니라, 정치적인 통제수단으로 활용하려는 이중의 목적을 가진 것이었다.

하지만 그 성과는 미미하였다. 같은 날 2주간의 2차 자수기간을 설정하였으나 해당 기간 내에 자수한 업체는 없었다. 이는 자수업체에 대한 추징금 부과가 예상보다 가혹하였으며, 조사대상에 포함되더라도 인정과세 등의 부분에서 협상의 여지가 더 있을 것이라는 판단 때문이었다.(이정식, 1986, 213쪽) 즉 기업의 입장에서는 수사대상에 포함되더라도 크게 손해볼 것 없다는 계산이 섰기 때문이었다.

2차 조사개시일인 9월 15일 정부는 조사대상을 국회의원과 장성을 포함한 고위 공무원으로 확대하였다. 민의원은 부정불법축재자조사특별위원회를 구성하였고, 9월 30일 제2차부정축재대상조사5인소위원회를 행정부와 합동으로 구성하였다. 이들은 10월 10일까지 조사결과를 위원회에 보고하도록 했다. 이들은 "국민의 여망에 어긋나지 않도록 하면서, 산업을 위축시키지 않는 범위 내에서 대상자를 조사"한다는 원칙을 천명하였고(『조선일보』 1960년 10월 1일자), 4일 오후 회동하여 ① 공무원 부정축재자 ② 귀속재산 불법매각처리문제 ③ 국유재산 불하처리 문제 ④ 외자 부정관리처리 문제 등에 관한 조사원칙을 정하였다.(『조선일보』 1960년 10월 5일자)

하지만 현행법 테두리 내에서는 현실적으로 부정축재자 처벌이 쉽지 않았다. 결국 국회는 10월 12일 부정축재자처리특별법 입법을 추진하기로 하였으며, 이에 따라 특별위원회의 활동도 잠정 중단되었다. 특별법 입법을 위하여 법사위에 특별법기초위를 두었고, 세부 논의를 위해 소위원회를 두었다. 소위원회에서는 공민권 제한 범위를 둘러싸고 강온 양론이 대립하였지만, 여하튼 29일 전문 21조의 초안을 제출하였다. 그 내용은 ① 처벌대상을 일반인은 1억 환 이상, 공무원은 5천만 환 이상을 불법수단으로 국세를 포탈하거나 국유재산을 취득한 행위로 축소하며 ② 그 처리를 행정부에 맡기되 부정축재자처리위원회를 두어 처리상황을 감독케 하고, 국회는 매월 정기적으로 보고를 받도록 하며 ③ 부정축재자의 재산 도피에 대해서는 가중 처벌할 것 등을 골자로 한 것이었다.(『조선일보』 1960년 10월 30일자)

처벌대상과 범위, 부정축재자 조사기관 등에 대한 특별법 기초위의 주장은 매우 온건한 것이었다. 탈세나 국유재산 불법 취득만이 대상이었으며, 조사기관도 사법부가 아닌 행정부였다. 국회에서는 부정축재자 선정 하한액수, 심사 기간, 대상자 선정방법 등의 문제를 둘러싸고 의견이 대립하였으나, 결국 11월 23일 민의원 법사위는 초안보다도 훨씬 완화된 형태의 법안을 본회의에 상정하였다. 심사기간은 원래 1948년 8월 15일부터 1960년 4월 26일까지였으나, 1955년 1월 1일까지로 축소하였고, 부정축재의 이득액을 공무원이 아닌 경우 당초 1억 환에서 3억 환으로 상향조정하는 것으로 수정하였다. 이외에도 부정축재처리위원회도 당초에는 행정부에 두어 국무총리가 위원장이 되도록 하였으나, 정부와 무관하게 위원회를 구성하도록 하였다.(『조선일보』 1960년 11월 24일자)

이에 대해 신민당은 당일 독자적인 법안을 제출하였으며, 정부·여당은 12월 19일 대폭 완화한 형태의 법안을 제출하는 등 정파간 이견이 대립하였다. 해를 넘겨 1961년 2월 9일 통과될 때까지 각 정파에서 제출한 수정안만 20여 개에 달하는 진통을 겪었다. 통과된 법안의 주요 내용을 살펴보면, 12개 항목의 부정축재행위를 유형화하여 각 유형에 따른 처리결정방법을 규정하였다. 이 방법에 의해 11인으로 구성된 처리위원회가 동법 시행일로부터 8개월 이내에 처리결정을 하여야 하며, 결정을 받은 자와 이에 이해관계가 있는 자는 이의신청을 할 수 있다는 것 외에는 일체의 구제수단을 박탈하였다. 또한 처리위원회는 국공유재산 부정취득과, 정부 및 은행보유불 부정대부의 경우는 1960년 4월 26일을 기준으로 8년을 소급조사하기로 하고, 그 외의 대상은 4년간을 소급조사하기로 되어 있다. 한편 국세포탈범에 관해서는 대체로 직접세 2배 간접세 3배의 벌과금을 부과하고, 이것만은 1960년 4월 26일 기준으로 2년간 포탈 국세에 한하여 벌과금을 부과하도록 하였다.(『조선일보』 1960년 2월 9일자 석간) 헌법이 정한 특별재판소가 아닌 부정축재처리위원회에서 이를 조사하도록 한 것은 위헌이라는 지적이 있었음에도, 1961년 4월 5일 참의원을 통과함으로써 이 법안은 확정되었다. 동법 시행령은 5월 10일 공포되었는데, 결국 뒤이은 군사 쿠데타로 이 법은 시행되지 못하고 군사정권에 그 처리가 넘겨지게 되었다.

민주당 정부가 머뭇거린 이유는 경제제일주의를 표방한 것 때문이라는 해석도 가능하다. 경제개발계획을 원활하게 추진하기 위해서는 미국의 협조와 재계의 도움이 필요하였으며, 1960년 12월 민간경제계와 합동으로 개최한 '종합경제회의'에서 협조를 구한 상태였기 때문에(이용원, 1999, 190쪽) 부정축재자 처리를 강력하게 추진할 경우 재계가 등을 돌릴 것을 우려했다는 것이다.

하지만 부정축재자 처리를 둘러싼 논의가 진행되면서, 민주당 정부에 대한 정치자금 수수설이 끊임없이 흘러나왔으며, 특별법 제정과정에서 부정축재자 처리기준은 계속 완화되면서 유명무실화되어 갔다. 경제건설을 위해 대외적으로 미국의 의견을 수용하고, 대내적으로 재벌의 협조를 구하려는 전략은 '약한 국가'였던 민주당 정부가 실천하기에는 감당할 수 없는 전략이었던 셈이었다.

4. 혁신계 정당의 경제정책 구상

민주당 정부의 '경제제일주의'는 4월혁명의 결과 권력을 '얻게 된' 정권으로서 경제위기 극복을 최우선과제로 내건 합리적 선택이라 할 수 있었지만, 종속적인 대미관계와 미봉적인 경제개혁조치 등으로 큰 호응을 얻지 못하였다. 그럼에도 불구하고 경제발전 전략을 둘러싼 논의는 4월혁명의 공간에서 본격적으로 진행되지 못하였다. 그 이유는 첫째, 4월혁명이 창출한 자유로운 논의공간의 의제는 7·29총선 이전에는 선거가, 총선 이후에는 통일운동이 점하고 있었다. 둘째, 식민지로부터 독립한 신생 국가에 일반적인 현상이었지만 바람직한 경제체제로는 혼합경제 혹은 사회민주주의에 기초한 자립경제를 지향하는 것에 큰 이의가 없었기 때문에 경제정책에 대한 논의가 전면에 대두되지 않았기 때문이었다.[25]

4월혁명 이후 정치 전면에 부상한 혁신계 역시 경제정책을 둘러싸고 민주당 정부와 본격적으로 대립한 것은 아니었다. 혁신계가 통합을 이루지 못하고 분열된 채 총선을 치렀고, 총선 실패 이후에도 한목소리를 내지 못한 탓도 컸지만, 통일운동과 같은 대중운동에 그 역량이 집중되었기 때문이기도 하였다. 하지만 혁신계 정당도 정강정책이 있었던 만큼 선거공약이나 정강에 나름대로의 경제발전 전략을 포함하고 있었다. 이제 이 절에서는 이를 중심으로 혁신계의 경제정책을 살펴본다. 먼저 주요 혁신계 정당의 연혁을 정리한 후, 논의의 편

---

[25] 제헌헌법 제정과정은 자립경제를 지향하는 사회민주주의적 경제체제에 대한 사회적 공감대가 형성되고 있었음을 잘 보여준다.(조석곤, 2009) 하지만 1954년의 헌법 개정, 민주당 정부의 경제제일주의, 공화당 정권의 수출지향형정책 등에서 볼 수 있듯이 자립경제론(혹은 민족경제론)은 미국으로부터 지속적으로 수정을 요구받았으며, 1970년을 전후하면서 결국 주류적 경제정책에서 밀려나게 되었다.(조석곤, 2010)

의를 위해 보수정당의 정강정책 등과 비교하면서 서술한다.

1950년대 진보 계열의 정당으로는 조봉암이 이끄는 진보당, 서상일이 조직한 민주혁신당, 노동운동가인 전진한의 노농당 등이 있었으나, 이 중 진보당의 세력이 단연 컸다. 서상일의 민주혁신당은 비진보당 세력과의 광범한 제휴를 주장한 온건한 진보세력이었다. 한편, 조봉암의 사형으로 동면에 들어갔던 진보당 세력은 4월혁명을 계기로 전면에 나타났는데, 이들은 이른바 혁신운동을 활발히 전개하였다. 구 진보당 간부들인 민주혁명당은 서상일 등과 사회대중당 준비위원회를 구성하였으며, 민주혁명당 일부는 노농당의 후신인 한국사회당에 입당했다. 이 외에 장건상 등이 주도한 혁신동지총연맹이 결성되었으나 특별한 행동을 취하진 않았다.(김학준, 1983) 요컨대 4월혁명 이후 총선까지 혁신계는 사회대중당, 한국사회당, 혁신동지총연맹 등으로 분할되어 있었으나 그 중 사회대중당이 주축이었다고 하겠다.

이들은 당면한 7·29총선을 대비하여 연합할 필요가 있었지만 현실은 그렇지 못하였고, 결과적으로 8명의 당선자를 내는 데 그쳤다.[26] 혁신계의 총선 참패는 분열 탓이기도 하지만 무엇보다도 유권자의 반좌파적·보수적 경향 때문이었다. 서중석(2004)은 7·29선거에서 혁신계가 참패한 것은 조직력 약화의 탓도 있지만, 이승만 체제하에서 반공체제가 굳건해진 것도 큰 영향을 미쳤다고 보았다.

총선 참패 이후에도 혁신계의 분열은 계속되었다. 진보당계와 민주혁신당계 사이에 내분이 일어 9월 15일 비진보당계 전 간부진이 창당 준비위에서 탈퇴하였고, 여기에 여타 비진보당계 혁신정당 세력들이 '협의체 구성'을 제기하면서 진보당계와 비진보당계로 양분되었다. 이 중 비진보당계는 한국사회당, 혁신동지총연맹 등 기타 혁신계와 함께 통합을 추진하였다. 10월 25일 '독립사회당' 출범을 위한 통합추진위

---

[26] 혁신계로 분류되는 인사는 민의원 6명, 참의원 2명에 불과했다.

원회를 구성하였으나 여의치 않자, 그중 근로인민당계 인사들을 중심으로 11월 27일 인도식 민족자주노선에 입각한 민족통일을 표방하는 '사회당'을 결성하였다.

진보당계도 윤길중계, 김달호계, 기타계로 3분되었는데, 이 분열은 순전히 개인적인 갈등 탓이었다.(정태영, 2007) 우선 사회대중당준비위원회는 구 진보당계열을 중심으로 11월 사회대중당 창당을 강행하였고, 기타 계열 중 장건상 옹립세력은 1961년 1월 8일 혁신당을 창당하였다. 윤길중계는 비진보당계 민주혁신당 및 근로인민당세력과 합작하여 원내 혁신계 의원 전원인 6석을 포괄하는 통일사회당을 1961년 1월 21일 창당하였다.[27]

복잡한 이합집산을 거듭했지만, 7·29총선 이전 혁신계의 주력이 사회대중당을 중심으로 뭉쳤다면, 총선 패배 이후에는 통일사회당 중심으로 모였다고 요약할 수 있다. 사회대중당은 창당선언문에서 "20세기 후반인 오늘에 있어서의 민주주의는 정치적 민주주의임에 그칠 수는 없고, 그것은 동시에 사회적 경제적 민주주의의 성격 및 내용을 구유하지 않으면 안된다"면서, "우리는 민족 자유를 확립하기 위하여 투쟁한다……우리에게 있어서 민족 자유의 확립은 국토 통일의 성취와 자립경제의 건설을 전제조건"으로 한다고 주장하였다.(이정식, 1986, 333~334쪽) 또 정강에서는 사회대중당의 이론적 지도원리가 민주적 사회주의임을 천명하고 있다. 그것은 "소비에트적 독재 및 확장주의를 거부 배제하는 일, 4월 민주혁명을 완수하는 일, 산업구조를 조속히 균형화하고 자립경제를 확립하는 일, 자주 독립 통일국가를 건설하는 일, 만인공락의 참다운 민주적 복지사회를 실현하는 일"을 역사

---

[27] 이 시점에서 혁신주의 세력은 좌파 혁신주의(사회대중당과 최근우의 사회당), 중도파 혁신주의(통일사회당), 우파 혁신주의(민족통일당) 등 세 그룹으로 나뉘어졌다고 볼 수 있다.(정태영, 2007)

적 과업으로 삼는 것이었다.(정태영, 2007, 295쪽)

통일사회당은 창당에 즈음한 선언문에서 "우리는 여기에 민족적 주체성에 입각한 민주적 사회주의를 이 나라에 실현할 역사적 임무를 지닌 국민대중정당인 통일사회당(가칭)을 결당할 것을 선언"한다면서, 정당의 목표를 "4월 민주혁명의 완수와 국토 통일의 민주적, 평화적 실현과 사회적 복지국가의 건설이라고 하는 역사적 대과업"으로 한다고 하였다.(이정식, 1986, 339~340쪽)

민주적 사회주의란 소비에트형 사회주의를 배격한다는 의미로 사용되고 있는데, 우리는 이것을 당시 한국사회를 강하게 짓누르고 있던 반공주의에 대응한 임기응변으로만 해석할 수는 없다. 오히려 보다 적극적으로 소비에트형 독재로는 한국사회의 발전을 보장할 수 없다고 보고, 자립경제 확립과 복지국가 실현을 위한 하나의 대안으로 사회민주주의적 전통을 따르려 했던 것으로 보인다. 혁신계의 주류는 아니었지만 한국사회당28)이 그 선언문에서 "민주적 사회주의는 스스로의 역사를 창조하려는 모든 현대적 사회의 신념이며, 자신의 운명을 개척하려는 후진 민족의 노력의 표현"이라고(이정식, 1986, 342쪽) 그 의미를 명확히 한 것도 이러한 당시의 분위기를 대변한 것이었다.

총선 이후에도 계속된 혁신계 내의 갈등은 인적 구성을 둘러싼 측면이 많았기 때문에 쉽게 해소될 성질이 아니었다. 1960년 후반이 되면서 혁신계 논의의 주도권은 통일운동을 주창한 학생 대중조직의 손

---

28) 한국사회당은 5월 21일 전진한을 중심으로 발기되었다. 총선에서 2명의 당선자를 냈으나, 전진한은 낙선하였다. 한국사회당 역시 민주적 사회주의를 내걸었다. 한국사회당은 발기취지문에서 자유와 번영을 민족적 염원으로 선언하였는데, 당의 목적은 "경제적 사회적 안정과 번영의 증진 위에 선 개인의 자유를 확대하는 것"인바, "정치적 민주주의를 견지하는 것은 곧 경제적 사회적 민주주의의 실현 조건"이 되는 까닭이라고 하였다. 이를 실현하기 위한 근본적인 방책으로 "우리의 뒤떨어진 과학과 기술을 크게 발전시킴으로써 생산력을 가속적으로 높이고 인민생활 수준의 급속한 향상으로써 현대적인 복지국가를 건설"하는 것을 제시하였다.(이정식, 1986, 341~342쪽)

으로 넘어갔다. 혁신계 정당운동과 별개로 경북지역을 중심으로 한 일부 혁신세력 내에서 민주사회주의정당 건설보다도 통일운동을 상위의 목표로 두는 조직이 출현하였는데, 이들은 민족자주통일운동을 최상위 목표로 설정하였다.

혼란된 정국에서 "대중들은 통일을 통해 경제건설과 민생문제를 일거에 해결하길 기대"하였고(정태영, 2007, 309쪽), 이런 점에서 이러한 목표 설정은 대중의 정서에 기반을 둔 것이었다. 4월혁명 주체세력이었던 대학생은 통일운동체 조직의 핵심 단위가 되었고, 이 움직임이 서울지역으로 확산되면서, 1960년 9월 민족자주통일중앙협의회(약칭 민자통)가 발기되기에 이르렀다. 이 중에서 중립화방안을 내걸자는 세력이 이탈한 가운데, 2월 25일 민자통이 정식으로 발족하였다. 이들은 앞서 살펴본 바 있는 '2·8한미경제협정 반대투쟁위원회'에 참여하면서 한미경제협정 수정을 요구하기도 하였다.

통일운동세력이 그 운동과 일견 무관해 보이는 한미경제협정반대투쟁위원회의 주력으로 결집한 것은 통일을 경제자립을 위한 선결조건으로 생각했던 당시의 인식구도와 무관하지 않다. 일제강점기 북한은 중공업, 남한은 경공업 위주로 발전했기 때문에 통일이 이루어질 경우 완결적인 재생산구조를 갖춘 자립경제 건설이 보다 용이할 것이라고 생각했으며, 당시 통일운동의 추진세력들은 이러한 생각에 공감대를 형성하고 있었다.(홍석률, 1992) 따라서 대한민국의 경제 발전을 위해서 미국 원조에 의존하는 것보다는 북한과의 통일이 더 선결과제라고 이해했던 것이다.

이제 각 당의 선거정책과 정강을 중심으로 경제정책에 대하여 살펴보자. 이에 관해 선구적 연구를 낸 이는 이정식(1986)인데, 그는 4·19 이후 각 당의 정강정책을 통일 및 외교, 4월혁명 완수, 농어촌 진흥, 재무·금융 및 경제건설 등 4가지로 대별하여 살펴본 바 있다. 앞 두 가지는 4월혁명 이후 가장 쟁점이 되었던 정치 현안이었으므로 당의 정강정책에 포함되는 것은 당연하며, 뒤의 두 가지는 당면한 경제건 설 방안에 대한 각 정당의 입장을 나타낸 것이었다. 1960년대 초반 상황에서 한국사회의 경제적 현안은 농촌사회의 안정을 통한 국민의 생활안정, 기간산업 육성을 통한 재생산기반 마련 등으로 집약될 것이었다. 이는 제헌헌법 이래의 쟁점이기도 하였다.(조석곤, 2009) 농어촌 진흥이 별도의 과제로 선정된 것은 이러한 당시 사정을 반영한 것이었다.

먼저 7·29총선 당시 각 정당의 선거 공약을 살펴보자. 보수정당으로서는 민주당과 자유당의 선거공약을, 혁신계 정당으로서는 당선자를 낸 사회대중당과 한국사회당의 선거공약을 검토한다. 각 정당의 선거 공약은 〈표 3〉에 정리하였다. 경제정책의 기조와 관련해서는 민주당을 제외하고는 기간산업 국·공유화와 계획에 입각한 경제건설을 주장하고 있다. 보수정당인 자유당까지 경제계획을 주관하는 부서를 두고, 기간산업이나 공익사업의 경우는 국유화할 것을 주장하였는데, 당시 경제정책의 대세가 중요 사업의 국유·국영과 계획경제 도입이었음을 알 수 있다.[29]

---

[29] 물론 계획경제의 필요성을 인정한다 하더라도 정당별로 그 농도는 사뭇 달랐다. 한국사회당은 생산수단 사유는 공공복지에 공헌하는 경우에만 허용한다 함으로써 원칙적인 국·공유를 주장한 반면, 사회대중당은 사회민주주의적 경제정책을 취한다 함으로써 기업경영의 사유는 원칙적으로 인정하는 입장을 보였다.

〈표 3〉 7·29총선에서 내건 각 당의 선거 공약

	민주당	자유당	사회대중당	한국사회당
경제정책	특혜와 독점 배제, 부패 근절, 환율 현실화, 관권간섭 방지 등으로 적폐를 일소하고, 행정능력과 국민 창의를 총집결하여 국민경제의 건전한 발전을 기한다.	경제기획위원회를 두어 종합경제건설에 힘쓰고, 대규모 기간산업과 공익상 필요한 기업체 및 금융기관을 국영화한다.	계획성 있는 사회민주주의 경제정책을 수립하고, 중소기업·은행·서민금고·농어민금고를 창설하여 경제균형을 도모한다.	생산수단 사유는 사회공공복지에 공헌하는 한도 내에서 보호되며, 중앙은행·철도·해운·통신·전기·석탄·양회 등 기간산업을 공유로 한다.
재정금융산업정책	현물세 폐지, 면세점 인상, 협동조합 민주화, 산업인구 개편 등으로 농어촌을 부흥시키고, 중소기업금고 설치, 동업조합 법제화, 공동작업 조장 등으로 중소기업을 육성하고, 세율 인하·공정부과로 대중의 재정부담을 경감하고, 서민금고·이자제한령 폐지·금융감독기구 개편으로 금융을 대중화한다.	농지 개량·종자 개량·부업 장려로 농촌을 현대화하고, 치산·치수에 힘쓰며, 농산물가격 유지법을 제정하여 곡가 안정을 기하는 등 중농정책을 실시한다. 수산자원 개발·수산금융 강화·광공업 진흥·외자 도입을 적극화하여 산업의 과학적 발전을 기한다.	소득 재분배와 조세부담 공평화를 위하여 근로소득세를 폐지하고, 인정과세·현물과세를 전폐하며, 부유층의 탈세를 엄금한다. 중소기업 협동조합화를 촉진하고, 부재지주의 토지겸병을 불법화하며, 농촌고리채 정리를 위한 장기적 금융조치를 감행하고, 어민조합을 육성 강화한다.	농산물가격을 보장하기 위해 잉여농산물 도입을 대폭 감량한다. 수산업 현대화로 어민소득의 비약적 증대를 도모하며, 중소기업의 산업별 협동화를 촉진하고, 국가경제기획기구를 두어 국민경제의 조화된 성장을 기한다.

출전 : 합동통신사 편, 1961 『합동연감 1961』, 143쪽(이정식, 1986, 111~112쪽에서 재인용)

반면 민주당은 국민경제의 건전한 발전을 위해서는 각종 규제, 관권 개입, 부패 등을 일소하는 것이 필요하다는 입장을 보이고 있었다. 정부의 경제에 대한 개입은 특혜와 그에 기생하는 부패를 낳는다는 것이며, 부적절하게 외환시장을 규율하고 있던 환율도 현실화하는 것이 국민경제의 건전한 발전을 가능하게 한다는 것이다. 민주당의 경제정책의 기조는 국가의 적절한 관리 하에 '경제균형을 도모'할 수 있다고 본 여타 정당과는 근본적으로 달랐다.

〈표 4〉 7·29총선 이후 주요 정당의 정강정책

	민주당	자유당	사회대중당	통일사회당
농어촌진흥	- 절량농가 해방 - 현물세 폐지 및 농산물가격 적정화 - 금융 원활 - 농지 확장 - 백만 호 안정농가 창설 - 수리시설 확충 - 유축농가 창설 - 종자 갱신 - 사환곡제도 확립 - 농업금융 강화와 식량자유시장 육성 - 수산업자원 확보 위한 연안어업 정리 - 연안어업과 양식업 조성 - 원양어업 육성 및 수산물 해외시장 개척	- 농협 및 농어촌 진흥 - 치산, 치수, 농지개량과 농작의 단위생산력 증진, 축산물 기타 농한기를 이용하는 부업 장려로 농민구매력 향상 - 국민식량자급책을 강구하고 쌀 수출 - 비료의 국내 생산공장 건설과 퇴비기타 유기질비료 생산 장려 - 농산물가격 적정화 - 수산자원 확보개발과 수산물 수출 장려 - 영세민 보호하며 어업협동조합법 제정	- 농지개혁법에 위배된 부재지주와 토지겸병 불법화 - 주요 농산물에 대한 가격보상제를 실시하여 농산물가격의 균형을 유지하고 적자영농 일소 - 농가고리채 정리를 위하여 장기적 농업금융 조치를 기도	- 농촌고리대 정부부담 - 현물세 배격, 금납제 실시 - 축산과 농촌부업 장려 - 농업보험제 실시 - 농촌의 전력화를 달성하고, 농민문화회관, 오락시설, 탁아소, 보건시설 확충으로 농촌현대화 - 원양어업을 위한 어로자금 방출, 특정어로구역은 협동조합에 이관
재정·금융 및 경제건설	- 환율 현실화 - 집권 4년간 40% 성장 - 국제수지적자 1억불 이내 - 긴축 국가재정 - 세제개혁 및 환율 인하 - 지방은행과 서민금고 신설 - 협동조합의 신용업무 취급 - 금리 현실화, 이식제도령 폐지	- 정부예산은 소비와 투자를 균형있게 책정하여 인플레를 억제하고 투자의 효과를 향상시킨다. - 인정과세나 과세의 불공평을 시정 - 금융체계를 일원화하며 단기, 중기, 장기로 구분하여 그 업무분야를 확립 - 농업부흥기금 이외에 일반산업부흥기금을 조성하여 장	- 계획경제와 자립경제를 합리적으로 혼합한 계획성 있는 경제체제를 확립하여 장기적 연차계획에 의한 종합적 경제건설을 감행 - 경제기획위원회 설치 - 소득 재분배와 조세부담의 공평을 기하기 위하여 근로소득세를	- 현재 국유화되어 있는 대산업시설을 계속 강화하고, 기타 대기업체도 국유화하여, 기간산업의 신설 확충을 위한 국가의 재정투자를 확대 - 개인자본의 소유권을 완전 보장하여 중소기업에의 투자 증대를 적극 장려 - 생산력의 급속한 발전과 국가경제의

- 금융감독기구 개편 - 중소기업금고 설치와 동업조합 법제화 - 중소기업 육성	기 재정투자를 효율적으로 운영 - 중소상공업에 대한 금융 원활화 - 기본산업과 생필품산업의 중소기업의 균형적 발전을 기하고, 공업 부흥으로 국내수요 충족과 외화 획득을 기하며, 국내생산을 확대하고 국민의 구매력을 증대시킴으로써 현재의 생활고를 극복하며 그 향상을 도모한다.	감면하고 누진소득세 실시 - 부유층의 낭비를 봉쇄하고, 탈세는 중요 경제사범으로서 이를 엄벌 추징 - 중소상공업협동조합법을 제정·실시하여 생산, 판매, 신용, 기술, 가공, 보관, 수송, 검사 등 전 분야에 걸친 합리화운동을 전개하는 동시에, 업자의 협동조합화를 촉구하고 국가적으로 보호 육성	신속한 자립을 실현하기 위하여 경제 전 분야에 관한 연차계획을 수립하고 법령화하여 전 경제요소를 총동원, 강력히 집행한다. - 다액소득자에게는 고율누진세 적용 - 민간자본으로 운영되는 시중은행을 제외한 모든 금융기관을 국가관리하에 두고 통일적인 자본계획에 의하여 이를 운영 - 국가자금 방출, 기간산업을 위한 투자와 농촌경제의 안정 부흥 및 협동조직화된 중소기업을 보호 육성

자료 : 이정식, 1986, 319~347쪽

구체적인 부문별 경제정책 측면에서는 선거공약인 만큼 대중의 지지를 얻기 위한 내용이 많았는데, 농어촌진흥책은 모두 공통으로 언급하고 있었다. 민주당의 경우는 현물세 폐지를, 자유당은 농산물가격 유지와 같은 미시적인 수단을 제시한 반면, 사회대중당은 농촌고리채 정리나 부재지주의 토지겸병 불법화와 같은 제도적 수단을 제시하였다. 한국사회당은 잉여농산물 도입 감소를 통해 농산물가격을 보장한다고 주장하였다.

중소기업의 육성책에 관해서도 그 수단이 달랐다. 혁신계 정당들은 중소기업 협동화를 통한 경쟁력 강화를 주장한 반면, 민주당에서는 중소기업금고 설치를 통한 금융상의 지원이나 공동작업 등을 통한 중소기업 육성책을 제시하였다. 생산과정의 협동화와 같은 사회주의적 방식은 도입하지 않겠다는 생각이 깔려있다고 하겠다.[30]

이상 선거공약에 나타난 각 정당의 경제정책을 보면 혁신계 정당은 국가의 경제 개입을 인정하는 사회민주주의에 기초한 혼합경제체제를 지지한 반면, 민주당은 국가의 경제 개입은 폐해를 낳는다는 자유방임주의적 시장경제체제를 선호하고 있었다. 따라서 민주당은 미시적인 방법에 기초하여 시장경제 개선에 주안점을 두었던 것으로 보인다.

혁신계 정당은 7·29총선 이전에는 정식 창당하지 않은 상태에서 총선을 치렀기 때문에 당의 정강정책을 비교 분석하기 위해서는 7·29총선 이후의 내용을 살펴보아야 한다. 7·29총선 이후 혁신계의 주력은 통일사회당으로 넘어갔기 때문에 정강정책의 비교는 한국사회당 대신 통일사회당의 것을 검토하기로 한다.[31] 그 내용은 〈표 4〉에 정리하였다.

농어촌진흥책의 경우는 선거공약과 대동소이하였다. 선거공약에 제시되지 않는 내용을 중심으로 보완 설명하면, 민주당은 백만 호 안정농가 창설을 통해 농업을 안정화하고, 영세농을 위해서는 사환곡제도를 도입하겠다는 입장을 보였다. 자유당은 각종의 증산책을 통해 식량을 자급화하고 쌀을 수출할 수 있는 여력을 만들겠다고 하였다. 민주당의 경우 백만 호 안정농가 창설을 위한 구체적 계획이 없다는 문제는 차치하고라도 사환곡제도 도입을 통해 춘궁기 문제를 해결하

---

[30] 물론 근로소득세 폐지나 잉여농산물 도입 감소를 통한 농산물가격 안정화정책 등과 같은 비현실적인 공약(空約)도 존재하였다.

[31] 한국사회당의 정강을 보면 농어촌진흥책은 매우 구체적이었다. 이중곡가제, 농가부채의 정부 인수, 농업은행과 농협 합병 등 농촌 현안에 대한 진보적인 대안을 제시하였다. 기타 기간산업과 중요 산업 공유화, 원조자금이 투입된 기업 및 정부투자기업 국영, 중소기업의 산업별 협동화 등 국영 및 공영을 위주로 한 산업경영책을 제시하였다. 자금 염출방법 및 실현 가능성의 문제를 차치한다면 가장 급진적인 방식이었다.

겠다는 것은 농업문제를 전근대적 방식으로 미봉하겠다는 것으로 볼 수밖에 없다. 자유당의 경우 토지개량 및 농사개량을 통한 증산을 통해 농업문제를 해결하겠다는 입장이었다.

사회대중당의 경우는 농지개혁법 준수와 농산물가격을 통해 소유와 경영 양 측면에서 농업경영 안정을 주장한 반면, 농업생산력 증대와 관련된 방안은 제시하지 않고 있다. 통일사회당은 농업 증산에 대한 강조가 약하다는 점에서는 사회대중당과 유사하지만, 농업보험제를 도입하여 농가경제를 안정화하고, 농촌전화사업을 통해 농촌을 현대화하겠다고 함으로써 농업문제뿐 아니라 농촌문제까지 해결되어야 한다는 인식의 진전을 보여주었다.

구체적인 정책을 보면, 민주당의 경우 긴축재정과 국제수지적자 축소 등 경제성장보다는 경제안정화에 주력하는 인상을 보이고 있다. 이러한 정책 각론에 비추어볼 때 4년간 40%의 성장이란 '공약(空約)'에 지나지 않는다고 할 것이다. 이러한 정책기조는 당시 미국의 강력한 요구 때문인 것으로 보인다. 환율 및 금리 현실화 역시 그러한 맥락에서 이해할 수 있는데, 환율 현실화는 민주당 집권기간인 1961년 1월에 이루어졌으며, 금리 현실화는 박정희 정권하에서 비로소 가능하였다.

자유당의 경우도 균형예산을 기조로 하고 금융체제 효율화를 기하되, 농업과 중소상공업에 대한 금융기능을 강화하고자 하였다. 특히 산업을 육성하여 국민의 수요를 충족하고 외화도 획득한다는 입장을 보였다. 수출은 여전히 외화획득 수단으로 이해되고 있으며, 기본적으로 공업 발전은 국내수요 충족이라는 측면에 초점을 두고 있었다. 자유당의 정강은 혁신계 정당의 그것과 마찬가지로 자립경제론적 입장을 견지하고 있었음을 알 수 있다.

사회대중당은 연차계획에 의한 종합적 경제건설을 시행하고, 중소기업 협동화를 주장하면서, 선거공약에서 내걸었던 근로소득세 폐지는 그 비현실성을 감안해서인지 누진소득세를 실시하는 것으로 변경하였다. 한편 통일사회당은 연차별 경제발전계획 수립이나 고율의 누진세를 적용한다는 점에서 사회대중당과 동일하였지만, 대기업이나 기간산업의 경우는 국유로 하되 개인기업의 소유권은 완전 보장한다는 점을 강조하였다.

이상 정강정책에 나타난 경향도 선거 공약과 큰 변화는 없었다. 보수 정당 중에서도 특히 민주당은 계획경제보다는 자유방임에 입각하여 시장의 기능을 강화하는 쪽으로 경제정책의 기조를 설정하였다면, 기타 정당 특히 혁신계 정당은 연차별 경제계획 수립과 주요 산업 국영을 주장함으로써 국가의 경제에 대한 개입을 통해 자립경제 달성을 추진하는 방향을 설정하였다. 이런 점에서는 자유당의 정책기조도 큰 틀에서는 동일하였다.

5. 맺음말

1957년을 즈음한 미국의 원조정책 변화는 군사원조와 경제원조를 분리하며, 원조를 차관으로 전환하는 쪽으로 크게 선회하는 것으로 요약할 수 있다. 이에 따라 미국 원조에 의존하던 한국경제는 큰 타격을 입었고, 도시거주 서민의 생활은 더 피폐해졌다. 4월혁명이 폭발했던 것에는 이러한 사회경제적 배경이 깔려있었다.

이런 점에서 민주당 정부가 '경제제일주의'를 내건 것은 시의적절한 것이었다. 이를 실현하기 위해 민주당은 뉴딜식 경기부양책과 유사한 국토건설사업을 시행함으로써 단기적인 실업문제를 해소하고, 장기적으로는 경제개발계획을 통한 효율적 투자를 통해 경제성장의 동력을 구축하고자 시도하였다. 경제개발계획안에서 볼 수 있듯 자립경제 실현 등이 그 목표라 할 수 있었다. 당시의 경제적 인식은 민족자본에 기초한 자립경제 구축에 초점이 모아지고 있었음은 의심의 여지가 없다 할 것이었다. 경제개발계획의 작성 기조 역시 민족주의적인 것이었고, 민주당 정부 역시 이러한 정황을 확실히 인식하고 있었다.

하지만 민주당 정부는 4월혁명의 주체가 요구한 혁명적 정서를 대변하기에는 역부족이었다. 대내적으로 부정축재자 처리문제는 자본가들의 조직적인 반발과 정치자금 제공, 미국의 압력 등으로 지지부진하였고, 결국 5·16쿠데타로 실행되지 못하였다.(공제욱, 1999) 대외적으로는 한미경제협정 체결문제를 둘러싸고 대중들의 대규모 반발에 직면하였다.

혁신계 역시 민족주의에 입각한 자립경제론을 강력하게 지지하였으며, 사회민주주의적인 정책을 제시하였다. 하지만 그들은 당면한 선거에서 통일된 의견을 제시하는 데 실패하였으며, 선거 이후에는 대중적인 '통일운동' 열기에 휩싸여 제대로 된 대안 경제정책을 제시하지 못하였다.

선거공약에 나타난 각 정당의 경제정책을 보면, 혁신계 정당은 국가의 경제 개입을 인정하는 사회민주주의에 기초한 혼합경제체제를 지지한 반면, 민주당은 국가의 경제개입은 폐해를 낳는다는 자유방임주의적 시장경제체제를 선호하고 있었다. 따라서 민주당은 미시적인 방법에 기초하여 시장경제 개선에 주안점을 두었던 것으로 보인다.

정강정책에 나타난 경향도 선거 공약과 큰 변화는 없었다. 보수 정당 중에서도 특히 민주당은 계획경제보다는 자유방임에 입각하여 시장의 기능을 강화하는 쪽으로 경제정책의 기조를 설정하였다면, 기타 정당 특히 혁신계 정당은 연차별 경제계획 수립과 주요 산업 국영을 주장함으로써 경제에 대한 국가의 개입을 통해 자립경제 달성을 추진하는 방향을 설정하였다.

요컨대 민주당의 정책기반은 시장경제에 기반을 둔 자유주의 경제정책이며, 혁신계는 자립경제를 지향하는 수정자본주의 또는 사회국가적인 혼합자본주의 경제정책이었다. 하지만 대세로서의 자립경제론은 1960년대를 경과하면서 정책의 주류에서 밀려나기 시작하였으며, 1970년대에 접어들면서 수출주도형 경제정책이 주도하는 대외의존형으로 한국경제의 체질이 고착되기에 이르렀다. 민주당과 혁신계로 대표되는 두 경제조류가 상호침투하는 과정이 어떠하였고, 그 과정에서 초기 군사정권이 지닌 민족주의적 성향이 어떤 역할을 하였는지를 밝히는 것은 이후의 연구과제가 될 것이다.

▣ 참고문헌

강신준, 2002 「4·19혁명 시기 노동운동과 노동쟁의의 성격」『산업노동연구』 8-2.

고영복, 1983 「4월혁명의 의식구조」『4월혁명론』(강만길 외), 한길사.

공제욱, 1999 「부정축재자 처리와 재벌」『1960년대의 정치사회변동』(한국정신문화연구원 편), 백산서당.

김광식, 1988 「4·19시기 혁신세력의 정치활동과 그 한계」『역사비평』 2.

김영선, 1960 「민주당 복안의 골자」『사상계』 6월호

김정원, 1984 「제2공화국의 수립과 몰락」『1960년대』(김성환 외), 거름.

김지형, 1996 「4·19 직후 민족자주통일협의회 조직화과정」『역사와현실』 21.

김학준, 1983 「4·19 이후 5·16까지의 진보주의운동」『4월혁명론』(강만길 외), 한길사.

박현채, 1983 「4월 민주혁명과 민족사의 방향」『4월혁명론』(강만길 외), 한길사.

백낙청, 1980 「4·19의 역사적 의의와 현재성」『창작과비평』 56.

부흥부산업개발위원회 편, 1959 『경제개발3개년계획의 요약』.

사월혁명연구소 편, 1990 『한국사회변혁운동과 4월혁명』 2, 한길사.

서중석, 2004 「민주노동당은 역사에서 배워야 한다」『역사비평』 68.

신용옥, 2008「제헌헌법 및 2차 개정 헌법의 경제질서에 대한 인식과 그 지향」『사학연구』 89.

우정은, 2006「비합리성 이면의 합리성을 찾아서－이승만시대 수입대체산업화의 정치경제학」『해방전후사의 재인식』 2(박지향 외 역음), 책세상.

유광호, 1999「1950년대 '경제개발3개년개획'의 주요 내용과 그 특징」『한국 제1·2공화국의 경제정책』(한국정신문화연구원 편), 한국정신문화연구원.

유영익, 2006「거시적으로 본 1950년대의 역사－남한의 변화를 중심으로」『해방전후사의 재인식』 2(박지향 외 역음), 책세상.

이기홍, 1999『경제근대화의 숨은 이야기』, 보이스사.

이대근, 1990「4월혁명을 전후한 미국의 대응전략」『한국사회변혁운동과 4월혁명』 1(사월혁명연구소 편).

이완범, 1999「제1차 경제개발5개년계획의 입안과 미국의 역할(1960~1965)」『1960년대의 정치사회변동』(한국정신문화연구원 편), 백산서당.

이용원, 1999『제2공화국과 장면』, 범우사.

이정식, 1986『한국현대정치사』 3, 성문각.

이철순, 2006「1950년대 후반 미국의 대한 정책」『해방전후사의 재인식』 2(박지향 외 역음), 책세상.

정상우, 2003「1954년 헌법개정의 성격에 대한 비판적 고찰」『법사학연구』 28.

정태영, 2007『한국사회민주주의 정당의 역사적 기원』, 후마니타스.

조석곤, 2009「대한민국임시정부의 경제적 평등에 기초한 민족국가 수립의 꿈과 좌절」『국제경상교육연구』 12월호

_____, 2010「1970년 전후 제시된 한국경제발전론 비교 검토」『민주사회와정책연구』 17.

조용범, 1973「경제개발계획의 사적배경」『창작과비평』 27.

한국은행 편, 1962『경제통계연보』.

제4장 4월혁명과 미국 :
한국 정치변동과 미국의 개입양식

정일준

1. 문제제기 : 이승만 정권과 미국

1960년 4월 26일 이승만 대통령이 하야했다. 3월 15일에 실시된 정부통령 부정선거에 대한 항의시위가 전국적으로 확산되고, 서울에서 '피의 화요일'로 불리는 4·19봉기가 일어난 지 일주일 만이었다. 1948년 대한민국의 초대 대통령에 선출된 후 12년 만에 물러난 것이다. 이승만은 1952년과 1956년 각각 재선과 삼선에 성공했고, 1960년의 선거에서 4대 대통령에 선출되었다. 이승만 정권은 탄생에서 몰락까지 미국과 긴밀한 관계를 맺었다.[1] 따라서 국가와 시민사회와의 국내 세력관계에서뿐 아니라 한국과 미국 사이의 국제관계에서 4월혁명을 조망할 필요가 있다. 미국은 왜 이승만 정권을 포기한 것일까? 1960년 4월 26일 오전 하야성명 발표를 전후하여 이승만 대통령을 만날 때, 주한 미국대사 매카나기(Walter P. McConaughy)는 주한 유엔군사령관인 매그루더(Carter B. Magruder) 장군과 CIA 한국지부장 실바(Pierre de Silva)를

---

[1] 오랫동안 이승만과 밀접한 관계를 맺어온 올리버는 이승만 대통령의 하야를 미국이 구상한 에버레디 계획을 4월혁명 국면에서 실행에 옮긴 것으로 이해한다.(Oliver, 1978, 777쪽)

대동했다.[2] 주한 미국대사 일행이 이승만 대통령을 만나는 시각과 하야성명 발표가 겹쳤다. 당시 경무대를 에워싼 군중은 미국대사 일행을 보고 환호했다.[3] 위기국면에서 이승만 정권을 오랫동안 후견했던 미국은 이승만 대통령과의 절연에 성공했고, 민주주의 수호자라는 위광을 유지할 수 있었다. 이 글은 이승만 정권 붕괴과정을 한미관계에 초점을 맞춰 살펴보면서, 다음과 같은 점에 주목하고자 한다.

첫째, 4월혁명을 고립된 단일한 사건으로 다루기보다 이승만 정권의 탄생과 붕괴라는 정권사의 흐름 속에서 파악하고자 한다. 한국 현대사에서 '4월혁명'으로 기억되는 역사적 사건은 정치사적으로 볼 때 1960년 3월 15일의 정부통령 선거를 전후한 시기부터 4월 26일 이승만의 하야까지를 지칭한다.[4] 사회운동사에서는 대구 2·28시위에서 비

---

2) 실바의 CIA 한국지부장 부임 자체가 이승만 정권 이후의 권력승계에 대한 대비 차원이었다. "이승만 정권에 대한 한국 국민들의 지지도가 극히 저조하여 국내 불안이 야기될 가능성이 있거나 머지않아 틀림없이 야기되는 것이 아닌가? 이승만 정권의 부패상이 어느 정도로 만연되어 있으며, 얼마나 공공연히 자행되고 있는지를 확인할 필요가 있었다. 지지도가 대체로 떨어져 가고 있는가? 정부의 억압적인 통치가 국민들을 집단적인 불복종이나 반대 자세로 몰아넣고 있지는 않은가? 한국 내에서 우리가 갖고 있는 특수한 위치를 감안, 한국 정부가 미국의 정책과 일치하는 방향으로 움직이도록 하는 방법은 무엇인가?"(Silva, 1978, 188쪽) 그는 미국의 정책 지도가 한국에 대한 넓은 의미의 내정간섭으로 긴주될 가능성이 있다는 점을 잘 알고 있었다. 실바는 몇 개월이 지난 다음 이승만이 현재 "급격히 노쇠해 가고 있었"고, "그가 점차 무능해져가고 있는 것을 이용하여, 자유당과 행정부 각료 중 몇 명이 그를 교묘하게 조종하고 있는" 것을 알았다. 그는 "대통령이 건강은 좋으나 주의력이 없고, 국사에 집중할 수 있는 능력도 거의 없다는 것을 첫 눈에 알아냈다." 그리고 "집권당은 국민들에 대한 통제와 권위를 견지하기 위해 더욱 억압적이고 전제적인 방향으로 발전해 가고 있었"던 것으로 파악했다.(같은 책, 189쪽)

3) 실바는 당시의 상황을 다음과 같이 묘사했다. "평상시에는 대사관에서 경무대까지 승용차로 10분 내지 15분밖에 걸리지 않았다. 돌아오는 도중 군중들이 몰려들어 집요하게 차문을 잡고 차안에 있는 우리 세 사람에게 기쁨과 즐거움의 뜻을 외쳐대는 바람에 차가 나가지를 못한 관계로 우리가 돌아오는 데 거의 50분이 걸렸다."(Silva, 1978, 202쪽)

4) 김귀영(Kim, 1983)은 1960년 4월혁명을 '발발(2월 28일~4월 18일)', '돌진(4월 19일~24일)', '돌파(4월 25일~26일)'로 나누어 고찰한 바 있다. 정기영(1990)은 4월혁

롯되어 4월 25일 교수단 데모를 비롯한 전국 각지의 대규모 시위에 의해 마침내 4월 26일 이승만 대통령이 하야하는 일련의 과정을 의미한다. 이 글에서는 이승만 정권의 탄생과 지속 그리고 붕괴라는 정권의 흥망성쇠 속에 4월혁명을 위치시키고자 한다.[5]

둘째, 한국 내부의 정치세력, 사회세력간의 역학은 물론, 미국과의 국제관계를 시야에 두고 고찰하고자 한다. 학생시위나 시민봉기가 4월혁명의 필요조건이기는 했지만 충분조건은 아니었다.[6] 이승만 정권의 배후와 한국 언론의 전면에서 미국의 역할이 두드러졌다.[7] 4월혁명 당시 목숨을 걸고 시위에 나선 학생들과 시민들의 희생과 헌신은 아무리 높이 평가해도 지나치지 않다. 그렇지만 현실 권력인 이승만 정권이 붕괴한 데는 사회운동의 고양과 더불어 미국이 이승만 정권 포기 결정이 커다란 영향을 끼쳤다. 당시의 대내외 역학관계상 미국의 역할은 오늘날 한미관계에서 미국이 가진 영향력 보다 훨씬 컸다. 따라서 미국의 대한정책 변화라는 큰 틀 안에서 미국이 이승만 정권과 어떻게 관계를 유지했으며, 이승만 정권 붕괴에 얼마나 관여했는

명 시기별 주도 및 참여세력을 논하면서 반독재투쟁시기(2월 28일~4월 26일), 운동대중화와 조직확산시기(4월 26일~7월 29일), 반미자주화와 조국통일촉진시기(7월 29일~1961년 5월 16일)로 나눈 바 있다. 이는 4월혁명기를 5 · 16 쿠데타 시기까지 확장시킨 것이다. 이 글에서는 이승만 대통령 하야 전후 시기에 한정한다.

[5] 이승만과 제1공화국 전반에 대한 역사서술로는 서중석(2007)을 참조할 수 있다.

[6] 이대근은 "내부적 힘의 작용을 4월혁명의 필요조건으로, 그리고 미국측의 작용을 그것의 충분조건"으로 각각 규정한 바 있다.(이대근, 1990, 262쪽)

[7] 당시 기자들은 4 · 19 당일 날 매카나기 대사의 경무대 방문을 다음과 같이 기록했다. "다음 날 새벽 신문에서 온 시민들은 매카나기 주한 미대사의 경무대 방문 기사를 읽고 훅 – 한숨을 내쉴 수 있었으며 용기를 되찾을 수 있었다.……그는 직접 이 대통령과 만나 단도직입적으로 사태의 중요성을 툭 털어놓아 버렸다. 그는 이 대통령에게 시위자들의 '정당한 불만'을 해결하도록 직접 요청하고, 태평로 반도호텔 앞에 있는 미국대사관에 돌아와 데모 학생들의 행위를 지지하는 성명서를 발표해 버렸다.……강력하고도 유일한 우방인 미국이 데모대를 옹호한다는 것은 정부측에게는 결정적인 패배를 의미케 했으며, 민중에게는 승리의 서곡을 울려주고 말았던 것이다."(현역일선기자동인 편, 1960, 174~175쪽)

지를 실증적으로 밝혀야 한다.[8]

셋째, 기존의 4월혁명 연구는 주로 참가자를 중심으로 한 증언과 기록 그리고 기억에 의존했다.(안동일·홍기범, 1960 ; 현역일선기자동인, 1960) 따라서 4월혁명 국면의 역동성에 대한 입체적이고 객관적인 인식보다 각자의 시각에서 본 단편적이고 주관적인 서술이 많았다. 4월혁명 이후 30년의 세월이 지나서 미국 정부 문서가 1990년대 초반에 기밀해제되었다. 미국 정부의 공간자료(*Foreign Relations of the United States* 각 년 판)를 기본으로 당시 한국에 머물던 미국 학자나 경제계 인사들의 보고서가 이용가능하다. 여기에 『뉴욕 타임스』(New York Times)를 비롯한 당시 미국 신문에 소개된 한국 관련 기사에서도 미국의 시각을 엿볼 수 있다. 한국 자료로는 4월혁명 당시 이승만 정권에서 일했던 각료들의 증언을 참조할 수 있다.(김정렬, 2010 ; 노신영, 2000 ; 허정, 1979) 이를 통해 실사구시(實事求是)하는 자세로 4월혁명의 전개과정을 총체적으로 추적하고자 한다.

넷째, 단순한 역사서술이 아니라 이론적이고 비교사회적인 시각에서 미국의 한국정치 변동에 대한 개입양식(Mode of Intervention)을 파악하고자 한다. 한국 현대정치 변동에서 미국의 개입은 일회적인 사건이 아니었다. 대한민국의 탄생에서 주요 정치 위기마다 미국은 다양한 방식으로 다양한 지점에서 한국정치에 개입했다.[9] 한미관계를 과학적으로 분석하기 위해서는 개별 사건에서 작동하는 미국 개입양식의 메커니즘을 식별해낼 필요가 있다. 이러한 작업을 통해 미국개

---

[8] 한미관계 속에서 이승만 정권의 붕괴를 다룬 외국의 연구성과(Henderson, 1968 ; Kim, 1983 ; Macdonald, 1992)에 비해 한국 학자들이 4월혁명에서 미국의 역할을 본격적으로 다룬 경우는 많지 않다.(강성혁, 1988 ; 이대근, 1990)

[9] 맥도널드(1992)의 책 6장(285~350쪽)은 '1949년과 1950년의 의회 위기', '대한민국 정부의 생존, 1950~1951년', '1952년의 헌법 위기', '1954년의 위기', '조봉암의 재판과 사형', '1958년의 국가보안법 위기', '이승만 정권의 붕괴, 1960년', '군사혁명' '한국의 주요 정치 위기에 대한 미국의 개입' 등을 다루고 있다.

입의 성과와 한계를 인식할 수 있을 것이다.

이 글은 4월혁명의 실상을 현실정치의 장으로 끌어내기 위해 냉철한 분석을 하고자 한다. 이 과정에서 미국의 역할을 가감 없이 인식하고 미국의 개입과 한계를 평가하고자 한다.

2. 4월혁명과 미국의 개입 논란 : 당대의 시각과 현재의 평가

2010년은 4월혁명 50주년이다. 4월혁명은 1987년에 개정된 대한민국 헌법 전문(前文)에 "불의에 항거한 4·19 민주이념을 계승하고"라고 국민저항권을 명시하고 있듯이 한국 현대사에서 중대 사건이었다. 4월혁명 정신은 여러 단체와 조직들에 의해 다양한 방식으로 계승, 발전되고 있다. 그렇지만 '역사적 사건(historical event)으로서의 4월혁명'은 아직 충분히 해명되지 못했다. 4월혁명에 대한 실증연구보다 4월혁명을 둘러싼 신화(myth)가 확대재생산되고 있는 실정이다.

기존 4월혁명 연구는 주로 한국 내부의 정치과정과 혁명 참가자들에 초점을 맞추었다.(강만길 외, 1983 ; 일월서각 편집부 편, 1983 ; 학민사 편집실 편, 1984 ; 한완상 외, 1983) 5·16쿠데타 당시 미국의 개입 여부와 막후 역할에 대해서는 연구가 상당히 이루어졌다.(박태균, 2002 ; 이완범, 2002 ; 홍석률, 2002·2005) 그렇지만 4월혁명 당시 미국의 역할에 대해서는 상대적으로 연구가 적었다.(이재봉, 1996 ; 정용욱, 1998 ; 이완범, 2003) 이승만 정권이 무너지고, 민주당 정권이 수립되었지만 얼마 지나지 않아 5·16쿠데타가 이어지면서 4월혁명에 대한 연구가 진전되지 못했다. 미국의 역할에 대한 논의도 흐지부지되었다. 1980년 5·18민중항쟁은 한국사회에서 4월혁명을 되돌아보는 정치적 계기이자 지적 전환점이었다.(4월혁명연구소 편, 1990) 1987년 6월 민주항쟁을 거치면서 4월혁명을 비롯한 한국의 주요 정치변동 막전막후에서 미국이 취한 태도와 대한정책에 대한 비판적 성찰이 일어났다. 그렇지만 자료 부족과 편협한 시각으로 인해 충분한 연구가 이루어지지는 못했다. 4월혁명에 대한 객관적이고 과학적인 연구는 1990년대 들어서야 정치적, 지적으로 가능해졌다.

1) 당대의 평가

이미 1960년 4월혁명 당시부터 혁명이 성공한 것은 "반은 학생들 때문이고, 반은 미국 덕택"이라는 세평이 있었다. 이승만 하야 이후 과도정부의 수반이 된 허정은 1960년 5월 3일 성명을 발표했다. 여기서 "이번 정변 중에 미국이 탄압정책에 반대하고 시위자들의 불만을 해결해주고자 한 데 대하여 미국 정부의 내정간섭(內政干涉) 운운하는 것은 구국운동에 대한 반동이며 이적행위(利敵行爲)"라고 선언했다.(『동아일보』 1960년 5월 4일자) 당시 성대 교수 정병학은 "4·19민주혁명은 불법과 불의에 항거한 젊은 학도와 폭정에 시달린 민중 그리고 우방의 민주화를 갈망한 미국 등 3자의 호응이 혼연일치되어 이루어진 것이다"라고 평가한 바 있다.(『동아일보』 1960년 5월 12일자)

당시 지식인 사회에서 압도적인 영향력을 가지고 있던 『사상계』는 1960년 6월호 '민중의 승리' 기념호에 부완혁의 글 「혁명의 현단계와 금후(今後)」를 실었다. 여기서 그는 "누구나 학생이 해방의 주인공이라고 한다. 그러나 우리는 그 이외에도 두 가지 힘이 있었다는 것을 잊어서는 안 된다"고 지적했다. "하나는 **미국의 정신적, 정치적 지원**이고, 다른 하나는 학생과 미국을 움직이게 한 원동력인 한국민 전체의 총의(總意)"(강조―인용자)가 있었다는 것이다. 따라서 "현상으로 표면에 나타난 것은 학생·미국·민의의 순서이었지만, 실질적으로 오늘의 사태를 가져오게 한 것은 민의가 그 근본"이라는 판단이다. 나아가 "외교의 전례를 깨뜨린 미국 정부의 강경한 지원"도 "한국 정부에 대한 압력은 될지언정 한국민의 정치자결권에 대한 간섭이 되지 않고, 진정한 우의로 받아들일 수 있는 것"이라고 평가했다.(부완혁, 1960, 133쪽) 미국의 개입은 어디까지나 반민주적인 이승만 정권을 향한 것이지, 한국의 주권이나 한국 국민의 자유를 침해한 것이 아니라고 보는 것이다. 그는 미국이 12년간 지원해온 이승만 정권에 뒤늦게 압력을 가한 이유를 다음과 같이 해석했다. 이승만은 12년의 집권 기간 동안 대외로는 반공, 반일을 주장했고, 대내로는 독재정치를 강화했다. 그런데 "미국은 대외하여 반공하는 것은 찬성이나, 대내하여 독재는 반대이고, 자유민주주의의 발전을 희망하는 것이 한국에 대한 근본태도"라는 것이다. "반공자유진영의 영도자인 미국이 반공진영의 결속을 위하여 이 박사가 반공에 충실한 한 반일과 독재를 어느 정도까지는 묵인하고, 한국을 그런대로 반공자유진영의 일원으로 용납하지 않을 수 없었던 것이 미국의 곤란한 현실적 입장"이었지만, "반일이 격심하여져가서 자유진영의 결속을 깨뜨리게 되는 반우방적성격을 띠고, 반민주적 독재가 정도가 지나쳐 오히려 반공이라는 근본목적에 배치되게까지 되었으므로, 미국도 우방과의 단결을 위하여 또 반공전선의 큰 간격이 생기는 것을 미연에 방지하기 위하여" 이승만 정권에 압력을 가하지 않을 수 없었다는 것이다. 또한 "정치인 아닌 학생이 혁명의 선도적 역할을 하였다는 것과 미국이 압력을 그대로 가하였다는 두 가지 사실은 모두 그대로 우리의 민주정치 역량이 아직도 미약함을 반증하는 것으로 보아야 하겠다"고 지적했다.(부완혁, 1960, 134쪽) 이처럼 부완혁은 미국의 개입에 의한 한국 국가의 주권 침해나 내정 간섭 가능성을 부정하고 한국 국민의 민주역량 부족을 탓하고 있다.

『사상계』 같은 호에서 이만갑 교수는 「군인＝침묵의 데모대」라는 글을 통해 미국의 태도와 군의 동향이 4월혁명에 지대한 영향을 끼쳤음을 지적했다. "마산사건에서 경찰이 적수공권(赤手空拳)의 어린 학생들과 민중의 평화적 데모에 발포하여 많은 사람을 살상하고 뻔뻔스럽게 엉터리 선거결과를 발표하게 되자, 미국에서는 자유당 정권의 폭력을 개탄하였고, 국무장관은 선거의 부정에 대해서 불유쾌하게 생각한다는 것과, 한일회담이 진척되지 못하는 책임이 전적으로 한국에 있다는 견해를 표명하였다. 이것은 미국으로부터 군사원조를 받고 있는 한국 정부로서는 지대한 타격이 아닐 수 없는 일이었다."(이만갑, 1960, 76쪽) "십구일 밤에서 이십일 아침에 걸치는 국내외의 뉴스와 해설은 미국 정부와 주한 미대사관이 사태의 긴박성을 우려하여 이 대통령으로 하여금 국민과 민중의 정당한 불만을 해결해 주는 방향으로 근본적인 시정책과 민중의 운동에 동정적인 견해를 피력하고 있다는 뚜렷한 경향을 엿보여 주었었다. 그리고 더욱이 기이하게도 이십일 아침의 서울 거리는 중요한 기관을 완전무장한 군인들이 수비하고 있고, 몇몇 장소에는 전차(戰車)의 모습도 보였지만, 시민을 위압하는 삼엄한 공기는 느껴지지 않았다. ……무력을 지니고 있는 두 개의 집단 중에서 민중들은 경찰이 마치 지옥으로부터의 사도와 같은 느낌을 가진 반면에, 군인은 천국으로부터의 사도와 같은 인상을 받았을는지 모른다."(이만갑, 1960, 78쪽) 이만갑은 미국의 우호적 개입뿐 아니라 한국군의 우호적 중립이 4월혁명 성공에 큰 역할을 했다고 보고 있다.

또 『사상계』같은 호는 「크로오즈 · 엎」란에서 매카나기 대사를 직접 다루었다. "시시각각으로 변하는 그 긴박한 사태 속에서도 그는 조금도 동요됨이 없이 **사태를 정확히 파악**하고, **국무성과 연락**하고, **경무대를 방문**하고, **군 당국과 협의**하고, **성명서를 발표**하고, **외국 기자를 회견**하는 등등 적절한 조치를 신속히 취하였던 것"(강조―인용자)이라고 칭찬했다. 나아가 4월 19일의 학생시위에서 26일의 이 대통령 하야 결의까지 "매카나기 대사는 수차에 걸쳐 이 대통령을 만났으며", "사태의 진상을 인정하기를 꺼리는 이 대통령에게 사태의 심각함을 납득시키는 데" 매카나기 대사의 힘이 컸다고 긍정적으로 평가했다. 이처럼 4월혁명에서 미국의 역할은 당시 이미 널리 알려져 있었을 뿐 아니라 긍정적으로 평가받았다.

『사상계』 1961년 4월호는 "혁명 후 일 년"을 특집으로 다루었다. 홍이섭 교수는 「4월혁명의 재평가」라는 글에서 4월혁명은 "자유당 치하의 부정선거를 시정하려는 것으로 그 선봉에 청년학도들이 섰고, **미국은 후견인이 된 셈**"이라고 평가했다.(홍이섭, 1961, 55쪽 ; 강조-인용자) "4월혁명운동의 발단-추이-결과에 그러하였고, 또 한국정치에 있어서는 정치-경제-군사 등 제면에 있어 밀접한 관계가 있음"(같은 쪽)에서 그러하였다는 것이다. 그는 혁명 주동이 청년층이고 시민이 가담했기 때문에 4월혁명의 뒷수습을 위해 혁명위원회가 형성되었어야 했다고 본다. 그러나 "한국 자체 내의 치안문제가 일시각도 소홀히 할 수 없는 데서 한국군의 발포 없는 경비로서 사태의 진전을 감시함과, 이와 불가분의 관계에 있는 UN군이 있는 한 혁명위원이 객관적으로 구성될 수 없었고" 결과적으로 4월혁명의 주도성이 문제가 되었다는 것이다. 홍이섭은 4월혁명 과정에서 뿐 아니라 그 이후의 사태 수습에도 미국의 역할이 컸다고 강조하고 있다.

1960년대의 진보적 잡지인 『청맥(靑脈)』은 1966년 4월호에 "4·19는 역사를 단축시켰는가?" 묻고, 학자, 학생, 정치인, 시민 등 각계각층의 답변을 실은 바 있다. 여기서 사학자(史學者) Y씨는 "요구되는 시간의 절대량"이라는 제목의 답변에서 다음과 같이 말했다. "4·19가 우리 역사에서 가장 빛나는 의거였음에는 틀림없지만, 더 상세한 것은 베일 속에 감추어져 있"는데, 이 베일이란 한마디로 말하여 "당시의 한미관계의 약사(略史)다. 어떤 내용의 조건들이 4·19를 전후해서 두 나라 사이에 오고갔느냐. 이것은 4·19를 이해하는 데 빠뜨릴 수 없는 중요성을 지니고 있다. 그러나 이 '중요성'은 가까운 시일 내에 사가(史家)들의 4·19 안(眼)을 정립하기 위한 구체적인 데이터로써 나타나지는 않을 것이다. 어느 사건이나 그러하지만 그것이 일대의 변혁일수록 시간은 오랫동안 요구된다. 이 요구되는 시간의 절대량, 우리 민중의 빛나는 의거 4·19가 더욱이 역사 단축성의 문제와 관련시킬 때 우리는 이 절대량에 도달하도록까지 침묵해야 한다."(181쪽) 또 당시 국무위원이던 J씨는 "베일 벗지 못한 4·19"라는 답변에서 "4·19에 대한 왈가왈부는 아직까지 시기상조"이며, "오늘날 대부분의 사람들은 4·19를 잘못 이해하고 있다"고 주장했다. "4·19 자체를 민주주의 혁명으로서, 또한 시민혁명으로서, 신화의 정점까지 끌고 올라가고 있는 것은 어디까지나 그 베일이 씌워진 채로 보기 때문"이라는 것이다. 그는 "사실 **당시의 한미관계**와 **이승만 정권의 내막**을 뚫어지게 잘 아는 사람이 아니면 4·19의 진면목을 알지 못한다"라고 답했다.(183쪽 ; 강조―인용자) 또 4월혁명 이후 국무위원이었던 조재천은 "4·19의 특색은 **계엄군**이 발포하지 아니하고 **정치적 중립**을 지켰다는 점과, **미국** 등 자유 우방들이 **협조적**이었던 섬"을 들었다.(184쪽 ; 강조―인용자) 이처럼 당시부터 이미 4월혁명 성공 과정에서 미국의 역할과 한국군의 역할에 대해 각계각층에 걸쳐 광범한 인식이 있었던 것을 알 수 있다. 그렇지만 미국의 개입양식은 문서를 통해 실증적으로 밝혀진 바 없었다.

2) 후대의 평가

1990년대 들어 4월혁명 당시의 미국 문서들이 기밀해제되어 나오자 한국 학자들이 본격적으로 연구하기 시작했다. 다음에 제시된 의견들은 4월혁명 당시 미국의 개입에 대한 후대 학자들의 평가이다.

"1950년대를 통틀어 미국이 한국의 정치 과정에 미친 영향이 지대했다는 것은 상식에 속한다. 이승만 정권의 붕괴에도 미국 정부가 상당한 구실을 했던 것으로 보인다. 미국 정부는 부정선거의 파문이 일자 이에 대한 우려를 표명하였으며, 상황이 대규모 대중 봉기로 발전하자 학생과 시민의 민주적 투쟁을 공개적으로 지지하고 나섰다. 4월 26일 월터 매카나기 당시 주한 미국대사는 이승만을 방문하여 그의 하야 결정에 영향을 미친 것으로 전해진다. 그러나 이러한 미국의 정책이 봉기의 성공에 얼마나 영향을 미쳤는가는 별개의 문제이다. 당시 나타난 상황을 볼 때, 민주 봉기의 원인과 과정, 그리고 정권 붕괴라는 결과는 기본적으로 한국 내 정치세력 간의 투쟁의 결과였다고 볼 수 있다. 봉기는 국내 사회세력들이 자생적으로 일으켰고, 국가의 효율적 대응의 실패가 이를 격화시켰다. 미국 정부는 이승만에게 압력을 가하거나 지지를 철회하는 방법으로 이 과정에 영향을 미쳤다. **미국의 개입이** 저항세력에게 고무적인 힘으로 작용했고, 집권세력에게 상당한 타격을 주었음은 짐작할 수 있지만, 그것이 **결정적인 것은 아니었던 것**으로 보인다. 이승만의 하야 결정만 하더라도, 세간의 일부 추측과는 달리, 매카나기가 그를 방문하였던 4월 26일 아침 이전에 이미 내려졌던 것으로 보인다. 당시 미국이 한국의 정치과정에 미친 영향이 매우 컸던 것은 사실이지만, 4월 봉기의 발생과 진행 과정은 외부의 힘보다는 일차적으로 국내 정치세력들 간의 힘겨룸의 결과로 이루어진 것이었다."(김영명, 2006, 112~113쪽 ; 강조-인용자) 김영명은 미국 자료를 직접 인용하지는 않고 있다. 한국 내부 정치과정에 주목했기 때문에 이러한 평가를 내린 것으로 보인다. 오유석은 미국 문서를 검토하지는 않았지만 앞의 견해와는 사뭇 대조적인 평가를 내린 바 있다. "당시 미국은 4·19가 발발하자 예의주시하면서 사태가 원만히 수습되기를 바라고 있었다. 그러나 상황이 심각해지자 미국은

4·19가 단지 독재 정권의 타도라는 선을 넘어서 체제변혁으로 확대될 수 있다고 판단하고, 그렇다면 대공산권 방어를 위해 미군을 주둔시켜 놓은 한국 내 위상을 위협할 지도 모른다는 우려를 하면서 적극적으로 사태 수습에 나섰다. **이승만 퇴진을 요구하는 미국의 압력과 4월 25일 교수단 시위는 이승만 정권에 결정적인 타격**을 가했다.”(오유석, 2001, 380쪽 ; 강조 – 인용자)

다음에 검토할 평가들은 미국 자료를 살펴본 학자들의 결론이다.

> 4월혁명의 절정이었던 이승만의 하야는 **미국의 지나친 개입**에 힘입은 바가 컸고, 4월혁명을 결정적으로 유산시켰던 5·16 군사쿠데타의 성공에는 **미국의 신중한 방관**이 일조했다. 미국은 독재정권의 붕괴과정에서는 '민주주의의 진열장'을 통한 이익을 지키기 위하여 극심한 내정간섭의 정당성을 주장하였고, 민주정권의 몰락과정에서는 '반공보루'를 통한 이익을 확보하기 위하여 내정불간섭 원칙을 앞세웠던 것이다.(이재봉, 1996, 110쪽 ; 강조 – 인용자)

> 4월혁명에서 미국의 역할은 결코 무시할 수 없는 요인이다.……특히 이승만에 대한 **미국의 압력은 이승만의 하야를 촉구하는 데 커다란 역할**을 하였으며, **군부에 대한 일정한 견제와 통제**는 4월혁명이 학생과 시민의 승리로 기록될 수 있게 만드는 데 큰 역할을 하였다.(정용욱, 1998, 258쪽 ; 강조 – 인용자)

> 미국은 3·15 부정선거가 자행되고 그들이 예상했던 대로 4·19라는 정치위기가 발생하자……한국 국민들의 민주주의에 대한 환멸이 극단적인 해결책으로 귀결되지 않도록 이승만 정권과의 절연정책을 모색했다.…… **미국은 이승만 정권에 대한 지지 철회, 즉 절연정책을 취함으로써 4·19 이전부터 우려해온 대중의 미국에 대한 환멸, 즉 반미감정을 피할 수 있었다.**(이철순, 2006, 601·603쪽 ; 강조 – 인용자)

이승만 퇴진을 목표로 한 시위가 본격적으로 시작된 지 24시간도 안되어 결말이 난 것은 **미국의 개입과 군부의 중립적 태도가 크게 작용**하였다. 당시 미국은 한국에서 벌어지는 소요사태가 계속 악화되어 급진적인 방향으로 가거나 공산주의자들이 개입할 가능성을 미리 차단하고 예방하기 위해 한국사태에 개입하였다.……이처럼 4월혁명은 한국사회에서 아래로부터 형성되는 저항의 힘이 지닌 잠재적 폭발력을 보여줌과 동시에 또한 냉전체제, 분단체제하에서 이러한 힘을 제약하고 예방하는 힘도 강력하게 작동하고 있었음을 보여준다.(홍석률, 2010, 114 · 116쪽 ; 강조 – 인용자)

이처럼 당시의 미국 문서를 검토한 한국 학자들은 한결같이 미국 개입이 이승만 대통령 하야에 중요한 역할을 했다고 보고 있다.[10] 그렇지만 여기서 핵심 사안은 미국이 직접적으로 이승만 대통령의 하야를 종용했는지 여부와 그것이 내정간섭인지를 둘러싼 시비가 아니다.[11] 미국이 이승만 정권 붕괴과정과 그 이후에 '어떻게', 또 '얼마나' 작용했는지가 문제이다. 이승만 대통령의 하야 결정에 미국이 끼친 영향력의 정도, 그리고 영향력을 행사한 경로와 방법 그리고 이승만 정권 이후의 한국정치 재구조화에 대한 개입양식을 밝혀야 한다.

---

[10] 이승만 정권 붕괴를 전후하여 장관을 역임한 허정(1979)이나 김정렬(2010)은 회고록을 통해 하야 결정은 이승만 자신이 주도했다고 적었다. 또 언론인 이상우(1983)와 조갑제(1998)는 4월혁명 국면에서 이승만 하야에 매카나기 주한 미국대사가 중요한 역할을 했다는 통설을 부정한 바 있다. 하야는 어디까지나 이승만 대통령의 결단이었다는 것이다. 그렇지만 이러한 주장은 일면적 해석이다. 일단 사실관계가 부정확할 뿐 아니라 당시의 상황변화를 총체적으로 고려하지 않고 하야를 전후한 이승만의 언행에만 초점을 맞추었기 때문이다. 실증분석을 통해 이승만 대통령을 둘러싼 외압의 내용과 압력 행사방식 그리고 그것의 효과를 구체적으로 추출해내야 한다.

[11] 한국에서 정권 붕괴나 쿠데타 또는 정권교체 같은 주요 정치변동이 일어나면 언제나 미국의 역할에 대한 긍정적, 부정적 평가가 뒤따랐다. 미국의 과잉 개입이나 과소 개입을 탓하기 전에 정상적인 한미관계를 상상해야 한다. 모든 종류의 '미국음모론'은 정도의 차이는 있지만 결국 '미국결정론'이며, 이는 '한국 무책임론'이자 역사 허무주의이다.

3. 4월혁명과 미국의 개입양식 :
한미관계의 역사적 흐름과 미국의 개입양식 분석틀

1) 미국개입의 유형 : 미국의 개입 사례와 선택성을 중심으로

다음 〈그림 1〉은 한국의 주요 정치변동에 대한 미국의 공개 개입－
은밀한 개입－불개입을 한축으로 하고, 한국에서의 평가를 다른 한
축으로 삼아 정리한 것이다.(정일준, 2005, 257쪽에서 일부 변형) 한국
의 민주주의 이행과 관련해 볼 때, 미국이 공개 개입하여 찬사를 받은
경우는 이승만 정권 붕괴시기, 5·16쿠데타 이후 민정이양 국면 그리
고 5공화국 전두환 정권 말기 6월항쟁 국면이다.

〈그림 1〉 한국 정치변동에 대한 미국의 개입 여부와 한국에서의 평가

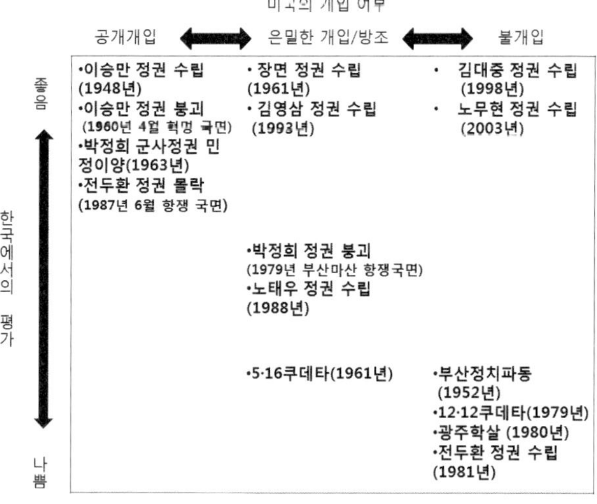

여기서 우리는 미국의 한국정치에 대한 개입 양식에 선택성(selectivity)

이 작동하고 있음을 간파할 수 있다. 대체로 공개 개입했을 경우 한국에서의 평가가 긍정적이고, 불개입했을 때 평가가 나빴다. 이는 앞에서 4월혁명 당시 미국의 내정간섭을 비판한 학자들의 시각과는 대조된다. 한국 시민들은 내정간섭 시비로 이어지는 미국의 개입을 문제삼기보다 주권 존중으로 해석할 수 있는 미국의 불개입 사례에 분개했던 것이다. 그렇다면 이러한 미국 개입양식의 선택성을 어떻게 이해할 수 있을까? 과연 미국은 어떤 경우에 한국정치에 공개적으로 개입하는 것일까?

다음의 〈표 1〉은 미국의 한국정치에 대한 개입과 미국의 국익을 교차시켜 본 것이다.(정일준, 2010, 326쪽) 미국의 국익과 양립 가능한가 그렇지 않은가에 따라 공개 개입 또는 불개입을 통한 개입을 했음을 알 수 있다.[12]

〈표 1〉 미국의 개입양식 : 개입 / 불개입의 선택성

		미국의 개입	
		공개 개입	불개입을 통한 개입
미국의 국익	양립가능	4월혁명(1960)	5 · 16쿠데타(1961) 12 · 12군사반란(1979)
	양립불가	군정연장선언(1963) 6월항쟁(1987)	유신체제 수립(1972) 광주학살(1980)

미국이 한국 정치변동에 정말로 연루(involvement)되었는지를 따지

---

[12] 미국은 한국에 관여하고 있다.(commitment) 일본 제국주의로부터의 해방, 3년에 걸친 미군정, 대한민국 정부 수립, 6 · 25전쟁 참전을 통한 한국 방어 그리고 한미 상호방위조약을 통한 안보상의 관여가 그것이다. 이외에도 경제원조를 비롯한 물질적 원조뿐 아니라 교육원조를 통한 정신적 원조, 그리고 자유민주주의 이식을 통한 제도적 원조 등 실로 다양한 영역에 걸쳐 한국사회에 깊이 관여했다. 한국인은 미국의 자유주의 통치성을 내면화했다. 바로 이 점이 미국의 개입을 일회적 사건(event)으로 행위수준에서만 고찰해서는 안 되는 까닭이다. 요컨대 미국의 개입은 항상적, 구조적이고 주체 형성과 변형을 수반한다.

는 일은 무의미하다. 항상 연루되어있기도 하고 동시에 그렇지 않기도 하다.[13)]

다음 〈그림 2〉는 정치사회와 시민사회로부터의 도전이 거셀 때 국가권력이 동원할 수 있는 권력자원을 그 강도(intensity)에 따라 그려본 것이다.

〈그림 2〉 국가의 권력자원과 정치동원/사회동원

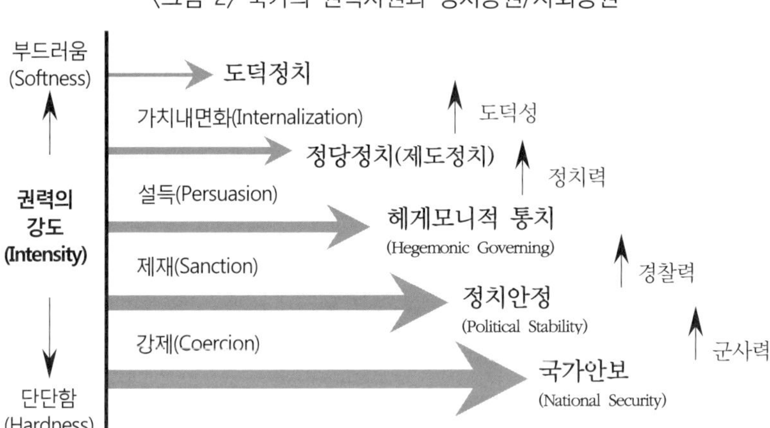

여기서 보여주고자 하는 것은 다음과 같다. 4월혁명 국면에서 이승만 정권은 헤게모니적 통치가 위기에 처하자, 경찰력을 동원하여 제재를 통해 질서를 회복하고자 했다. 그렇지만 설득을 수반하지 않는 일방적 제재는 더 큰 저항을 전국적으로 불러 일으켰다. 경찰력을 통한 질서 회복에 실패하자 군사력을 동원하였다. 계엄군은 한국 장군들의 통제 아래 있었지만, 한국군의 동원을 위해서는 미군 사령관의 승인이 필요했다.[14)] 계엄군은 엄격한 발포금지 명령을 받았다.[15)] 한

---

13) 이완범 교수는 이를 "미국은 한국의 거의 모든 정치과정에 연루되어 있었지만, 적극적이고 노골적으로 개입할 수 없었던 '한계상황'이었던 것"이라고 정리했다. (이완범, 1998, 165쪽)

국군은 경찰과는 달리 시위대를 적대시하지 않고 중립적인 태도를 취했다.

이승만 정권은 시위를 일시 누그러뜨릴 수는 있었지만 혼란을 수습할 수는 없었다. 이러한 교착상태를 타개할 방안은 두 가지이다. 하나는 군의 물리력에 의존해서 상황을 돌파하는 것이다. 그렇지만 서울을 비롯한 전국 각지의 도시에 흥분한 군중이 집결한 상황에서 시민을 향해 군사력을 사용하는 일은 자칫 더 큰 규모의 민중봉기를 부를 위험이 있었다. 다른 하나는 타협책 제시이다. 3·15부정선거 수습국면에서 이승만 대통령의 지위는 애초 문제가 되지 않았다. 4·19봉기와 학살을 통해 피를 뿌린 후 수습국면에서 이승만 대통령 자신이 문제의 핵심으로 떠올랐다. 4월 25일의 교수단 데모는 물리력이 교착상태에 빠진 상태에서 도덕성을 지닌 교수 집단이 이승만 정권에 최후의 타격을 가한 사건이었다. 교수단은 시국수습책으로 이승만 대통령 퇴임을 명확하게 요구했다.[16] 계엄령 아래서 대학교수들이 어떻게 집

---

[14] 당시에는 잘 알려지지 않았지만 3월 15일의 마산시위 때부터 한국군이 동원되었다. 한국군 이동을 미군 사령관이 승인해야 하는 한미동맹관계상 한국의 정치위기 때 미국의 개입은 제도화되어 있다고 볼 수 있다.

[15] 현재 나와 있는 자료나 증언에 의하면, 한국 장군들은 발포에 부정적이었다.(Kim, 1983, Chapter 4) 그렇지만 막후에서 미국이 어떤 역할을 했는지는 밝혀지지 않았다.

[16] 대학교수단 시국선언문(1960. 4. 25)의 내용은 다음과 같다. "1. 마산, 서울 기타 각지의 데모는 주권을 빼앗긴 국민의 울분을 대신하여 봉기한 학생들의 순수한 정의감의 발로이며, 불의에는 언제나 항거하는 민족정기의 표현이다. 2. 이 데모를 공산당의 조종이나 야당의 사주로 보는 것을 고의의 왜곡이며, 학생들의 정의감의 모독이다. 3. 합법적이요, 평화적인 데모 학생에게 총탄과 폭력을 기탄없이 남용하여 공전의 민족참극을 빚어낸 경찰은 자유와 민주를 기본으로 한 대한민국의 국립 경찰이 아니라, 불법과 폭력으로 권력을 유지하려는 일부 정치집단의 사병이다. 4. 누적된 부패의 부정과 횡포로써 민권을 탄압하고 민족적 참극과 국제적 수치를 초래케 한 현 정부와 집권당은 그 책임을 지고 속히 물러가라. 5. 3·15 선거는 부정선거다. 공명선거에 의하여 정부통령을 재선하라." 대학교수단은 시위 구호로 "이 대통령은 즉시 물러가라", "부정선거 다시 하라", "살인귀 처단하라!"고 외쳤다.

회를 가질 수 있었으며, 또 군과 아무런 충돌 없이 시위를 마칠 수 있었는지는 적절한 설명을 요한다.

〈그림 1〉과 〈표 1〉 그리고 〈그림 2〉를 통해 보여주고자 하는 분석상의 요점은 다음과 같다.

첫째, 미국 개입은 일회적인 사건이 아니다. 미국은 한국의 주요 정치변동 때마다 직간접적으로 연루되었다. 또 미국의 개입은 시간의 흐름에 따라 그 양식을 식별해 낼 수 있을 정도로 일정한 패턴을 보이고 있다.

둘째, 미국의 개입양식을 배면에 전제하고 한국정치를 이해할 때 비로소 한국정치에서 실제 권력의 길항작용(拮抗作用)을 입체적으로 이해할 수 있다.

셋째, 미국의 개입 양식에서 중요한 점은 미국 국익과의 양립가능성이다. 미국은 개입을 통해 국익을 관철시키기도 하고, 불개입을 통해 그렇게 하기도 한다. 따라서 미국 개입이 내정간섭이냐 아니냐를 따지는 것은 더 기다란 시폭(temporality)과 불개입 사례와의 비교 속에서 균형 잡힌 시각으로 접근해야 한다.[17]

넷째, 통상 '한국정치'라고 이해되는 영역은 제도권 정당정치와 사회운동 영역이다. 그렇지만 그러한 정치를 통치라는 넓은 틀 안에서 바라볼 필요가 있다. 즉 작용과 반작용, 거시적 요인과 미시적 요인의 상호작용을 고려해야 한다.

다섯째, 통치는 정치 안정, 사회질서 확립, 나아가 국가안보라는 더 심층적인 차원을 전제로 한다. 정권은 평상시에는 정치력을 통해 유지되지만, 위기 때에는 경찰력에 의해 뒷받침된다. 국가안보는 궁극적으로 군사력에 의해 담보된다. 이렇게 보았을 때 4월혁명 국면에서

---

[17] 한국에서 반미의식이 생성된 분기점이 된 광주항쟁 당시에는 미국이 왜 광주 시민의 편에 서서 공개적으로 개입하지 않았는지가 문제가 되었다.(정일준, 2010)

이승만 대통령이 하야 결심에 이르는 과정을 복합적으로 이해할 수 있다. 이승만 대통령은 집권 초기부터 도덕정치나 정당정치를 추구하지 않았다. 사실 이승만 대통령의 자유당과의 관계도 매우 정략적인 관계였다. 이 대통령은 제도화된 정당정치의 위에서 군림하고자 했다. 헤게모니적 통치를 위해 이 대통령은 정권 재창출을 위한 선거국면에서는 자유당이라는 정치기구를 일시적으로 활용하고, 정권 안정을 위해서는 경찰력에 과도하게 의존했다. 그런데 4·19를 전후하여 경찰의 발포로 말미암아 군중 시위가 전국적으로 폭발하고 계엄령이 선포되기에 이르렀다. 이제 국가안보를 최종적으로 책임진 군이 동원된 것이다. 군사력이 경찰력을 대신하여 치안 확보에 나선 것이다.[18] 한국군은 미군의 통제 아래 있다. 따라서 군이 국내 정치에 동원되었다는 것은 미국이 한국 국내정치에 연루되었음(involve)을 의미한다. 경찰과 달리 군은 시민들에게 발포하지 않았다. 적대적이지도 않았다. 계엄사령관은 구속학생들을 석방할 것을 경찰에 지시했다. 한국군은 이승만 정권의 편에 서지 않고 학생과 시민 편을 든 것이다. 이러한 군의 중립(中立)과 강제력 해제(解除)가 이승만 대통령의 하야를 결심하게 된 물질적 힘이었다.[19]

---

[18] 이영희는 "4·19 '피의 화요일'의 그 많은 사상자는 경찰의 총에 의한 것이기보다는 육군특무대·방첩대에 의한 것이 확실하였다"고 한다. 그날 낮부터 계엄령이 선포되어 신문 검열이 실시되었는데, 방첩부대의 총격으로 학생이 수없이 죽고 부상한 사실은 모두 삭제되었다는 것이다. 그리고 "이것이 훗날의 기록들에서 4·19의 희생이 모두 '경찰의 총격으로' 되어버린 배경"이라고 주장했다.(이영희, 1988, 318~319쪽)

[19] 정용욱은 "정치적 격동기에 군이 중립을 취한 것이 이승만 정권이 붕괴하는 데 결정적 역할을 했다. 한국군의 불개입에 대해 기존 연구들은 직·간접적인 미국의 영향력 행사를 지적하고 있다"고 지적했다.(정용욱, 1998, 252쪽)

2) 미국의 한국에 대한 영향력 행사방식 : 국제관계에서 권력유형을 중심으로

여기서 미국의 영향력 행사방식에 대해 살펴보자. 우리는 미국의 영향력 행사를 다음과 같이 여섯 가지 이념형으로 구분할 수 있다.[20]

첫째, 위기방관형 불개입이다. 4월 19일의 '피의 화요일' 이후 사태가 악화되자 이승만 대통령이 스스로 하야를 결심했으며, 이를 마지막 순간에 주한 미국대사에 통보했을 뿐이라고 주장한다. 이는 4월혁명 국면에서 미국의 개입을 부정할 뿐 아니라 미국의 역할을 인정하지 않는다. 이승만 대통령의 하야는 국민을 한사람이라도 다치지 않게 하기 위해 스스로 결단한 것이지, 미국을 비롯한 타인의 압력이나 영향력에 의해 그리한 게 아니라고 본다.[21]

둘째, 위기대응형 일방 개입이다. 이는 미국이 직접 개입하여 직접 압력을 기했다는 입장이다. 미 국무부와 주한 미국대사가 이승만 대통령의 하야를 직접 종용했다고 본다. 이는 미국 주도의 미국 압력에 의한 이승만 대통령 하야를 주장한다. 미국이 12년간 이승만 정권을 지지하다가 민중의 저항이 심해지자, 마지막 순간에 민중봉기를 예방하기위해 이승만 정권을 버렸다는 입장이다.[22]

셋째, 위기대응형 다각 개입이다. 미국이 직접 개입하기는 했지만, 이승만 대통령을 만나 사태 파악을 위한 진실된 정보를 제공하고, 미국을 비롯한 세계여론 동향을 전달했을 뿐이라는 것이다. 미국의 압력은 이승만 대통령을 직접 겨냥한 것이라기보다, 이 대통령을 둘러싼

---

[20] 이념형으로 구분된 영향력 행사방식이 현실 역사에서는 특정 국면에서는 다양한 방식으로 결합될 수 있다.

[21] 이는 주로 이승만 정권 당시의 각료(허정, 1979 ; 김정렬, 2010)나 이승만을 긍정적으로 평가하는 후대의 언론인(조갑제, 1998)과 연구자들의 입장이다.

[22] 이재봉(1995 ; 1996)과 미국에 비판적인 연구자들의 시각이다.

각료들과 경무대 비서관들을 설득하여 간접 압력에 의해 이승만 대통령을 하야시켰다는 시각이다. 따라서 미국이 주도하기는 했지만 주로 한국 내부에서의 압력에 의해 이 대통령이 하야했다고 본다.[23]

넷째, 위기극복형 다각 개입이다. 미국의 개입은 사태파악용 정보 제공과 대통령 측근 설득에서 나아가 한국군 중립화와 시민사회 여론 청취에 이르기까지 다각적으로 전개되었다고 본다. 또 개입의 정도와 방향도 수동적인 위기대응이라기보다 미국의 국익에 맞는 방향으로 위기를 능동적으로 극복하고자 하는 다각개입이었다고 파악한다. 미국 주도, 한국 압력이지만, 이는 단순히 이승만 대통령의 하야에만 초점이 맞추어져 있지 않고, 이승만 이후 체제 수립을 염두에 둔 전략적 움직임이었다고 보는 것이다.[24]

다섯째, 위기전환형 복합 개입이다. 미국이 3, 4월의 위기국면을 미국의 국익을 관철시키는 적극적인 계기로 활용했다는 입장이다. 미국의 개입은 위로부터, 아래로부터 그리고 새로운 정치주체 형성에 이르기까지 복합적으로 진행되었다고 본다. 먼저 한국군의 엄정 중립을 통해 이승만 대통령이 위로부터의 통제력을 상실하게 만들었다. 둘째, 계엄군으로 하여금 학생과 시민을 적대시하지 않도록 조치함으로써 밑으로부터의 저항을 억제하기보다는 고무하는 효과를 낳았다. 셋째, 미국은 시위 군중의 정당한 불만을 인정한다고 공개적으로 성명을 발표함으로써 학생과 지식인의 환심을 샀으며, 이승만 정권에 대한 저항에 정당성을 부여했다. 이러한 위로부터의 통제력 상실과 아래로부터의 압력이 증가한 결과 이승만 대통령이 하야에 이르렀다고 본다.[25]

---

23) 정확히 일치하지는 않지만 이완범(1998), 정용욱(1998), 이철순(2006) 등 한국현대사 전공자들의 시각이 이에 가깝다.

24) 홍석률(2010)의 시각이 이에 가깝다.

25) 필자가 이 글에서 취하는 입장이다.

끝으로 위기조장형 선제 개입이다. 미국이 3 · 15부정선거를 방관하고, 한국군의 중립을 통해 민중의 저항이 고조되는 것을 방치했으며, 4 · 25 교수단데모와 이승만 대통령 하야를 사전에 기획하고 정교하게 집행했다는 시각이다. 전형적인 음모론이라 볼 수 있다.[26] 이 시각은 학생을 선두로 하는 시민봉기와 경찰 발포로 인한 시위 확산을 사후적으로 전체의 틀 안에서 꿰어맞추고자 하는 회고적 시각이다.

4월혁명 국면에서 미국은 사태 악화를 어쩔 수 없이 바라보는 위기방관형 불개입(이념형 1)을 한 것도, 사태 전개의 막바지에서야 내정간섭을 무릅쓰는 위기대응형 일방 개입(이념형 2)을 한 것도 아니다. 위기조장형 선제 개입(이념형 6)은 미국을 전지전능한 위치에 놓는 것이며, 한국내의 모든 정치행위자들을 미국의 구상에 따라 움직이는 꼭두각시로 전락시키기 때문에 받아들이기 어렵다. 이승만 정권의 위기가 증폭되어 민중봉기 국면으로 비화하거나, 남한에서 미국의 입지가 흔들리는 상황을 방지하기 위해 미국은 앞에 제시된 이념형 3에서 이념형 4, 이념형 5로 시차를 두고 이행하거나 또는 각 국면에서 이념형들의 복합적인 결합을 도모했던 것으로 보인다. 4월혁명 국면에서 사태 전개가 미국이 사전에 예측하고 준비했던 바대로 진행되었던 것은 아니다. 그렇지만 미국이 예상하고 대응 가능한 범위를 넘어서 급진화된 사태 진전이 있었던 순간은 찾아보기 힘들다. 요컨대 이승만 정권은 4월혁명의 사태 진전을 예측하기는커녕 이미 발생한 사태수습도 제대로 못하고 있었지만, 미국은 달랐다. 미국은 4월혁명 국면을

---

[26] 하일민이 대표적이다. "4 · 19 때는 우리가 직접 뛰어들어 하다 보니까, 밖에서 무엇이 어떻게 하는지 몰랐지만, 지금 유추해보면, 4월봉기도 **하나의 보이지 않는 손에 의해 의도적으로 조장된 측면**은 없는가?"(「좌담 : 4월혁명의 현재적 의의」, 409쪽) 이승만 정권 내내 지속된 한미갈등에 정통한 이승만 측근이나, 좌우를 막론하고 미국의 힘을 과신하여 모든 정치변동의 배후에 미국의 입김이 작용한다고 믿는 사람들이 취하는 시각이다. 한미관계의 역사와 한미관계의 역학을 구체적으로 알지 못하면서 사후적으로 인과관계를 설정한다.

이용하여 어떻게 미국의 국익에 좀 더 충실한 이승만 후계체제를 만들어 낼 것인지를 고민했다. 미국은 한순간도 한국 사회가 통치 불가능한 사태로 치닫도록 방치하지 않았던 셈이다.

〈표 2〉 국제관계에서 권력유형

		권력효과가 생산되는 사회관계의 구체성	
		직접적, 구체적	간접적, 산만함
권력이 작용하는 사회관계의 종류	기존 행위자간 상호작용	강제권력 Compulsory	제도권력 Institutional
	새로운 행위자의 사회적 구성	구조권력 Structural	생산권력 Productive

〈표 2〉는 권력이 작동하는 통로가 기존 행위자들의 상호작용을 통해 이루어지는지, 아니면 행위자들 자체를 형성하는 사회적 구성 과정을 통해서인지를 한 축으로 하고, 권력이 작동하는 사회관계가 직접 또는 간접인지에 따라 국제관계에서 권력유형을 네 유형으로 분류한 것이다.(Barnett & Duvall, 2005, p. 12)

첫째, 4월혁명 당시 미국의 개입을 비판하는 논자들은 미국대사가 이승만 대통령에게 직접 압력을 가해 하야시켰다고 주장한다. 강제권력을 행사했다는 것이다. 따라서 미국의 개입을 내정간섭이라 비판한다. 둘째, 4월혁명 당시 미국의 개입을 인정하지만 이를 비판적으로 보지 않는 시각에서는 미국대사의 역할이 객관적인 정보를 제공하여 이 대통령으로 하여금 사태를 정확히 파악하도록 하는 간접적 영향력을 행사했다고 본다. 제도권력을 행사했다는 것이다. 미국이 한국 시민의 민의를 대통령에게 정확하게 전달하고 대응책을 설득한 것이므로 내정간섭으로 보기 어렵다는 평가이다. 셋째, 4월혁명 당시 미국의 개입을 최고 권력자인 이승만 대통령 자신에 대한 직접적, 간접적 영향력보다 시위의 정당성을 인정해줌으로써 학생과 시민 등 아래로부터의 저항세력들에게 힘을 실어준 역할에 주목한다. 이는 구조권력을 행사한 것으로 볼 수 있다. 즉 대통령이나 기존 제도권 정치인 중심의 정치에서 군과 언론, 학생, 지식인 등 새로운 정치행위자들을 구성하는 데 미국이 영향력을 행사한 것으로 파악하는 시각이다. 미국은 한국 시민의 민의를 반영하여 행동했으므로 내정간섭이라는 문제제기 자체가 무의미하다. 넷째, 4월혁명을 통해 미국은 자신들이 추진해온 정치체제와 정책을 관철시켰다. 이승만 정권의 붕괴에만 초점을 맞출 경우 미국의 대한정책이 실패한 것처럼 보이기도 한다. 그렇지만 허정 과도정부와 민주당 정부를 거치면서 미국의 국익은 남한에서 더욱 강고하게 관철된다. 그런 시각에서 보자면 미국은 중장기적으로 생산권력을 행사했다고 볼 수 있다. 특정 국면에서 미국의 개입을 내정간섭이냐 아니냐 하는 협소한 잣대로 평가하는 것이 아니고, 미국의 국익이 한국에서 실현되는 중장기적 방식까지 고려한다.

다음 절에서는 미국의 개입에 대한 역사적, 이념형적 패턴 인식과, 한미관계에서의 영향력 행사 방식에 따른 권력유형을 염두에 두고, 구체적으로 4월혁명의 전개과정을 추적해보기로 한다.

4. 4월혁명과 미국의 개입 :
사태 전개와 미국 개입에 대한 역동적 분석

앞 절에서 살펴본 쟁점과 미국 개입의 분석틀을 염두에 두고, 구체적인 4월혁명 과정을 미국의 시각에서 한미관계에 초점을 맞추어 추적하기로 하자.

1) 3·15 부정선거에 이르기까지 : 위기방지용 선제 개입 실패

미국은 한국전쟁 당시부터 한국 국내정치를 두고 이승만 대통령과 갈등했다.[27] 한국전쟁 중인 1952년에 '부산정치파동'이 일어났다.[28] 이는 대통령직선제 개헌을 통해 이승만의 재집권을 가능케 하기 위한 준쿠데타였다. 이승만 대통령은 전시 임시수도인 부산에 비상계엄령을 선포하고, 강압적인 방식으로 국회에서 직선제 개헌안을 통과시켰다. 이 과정에 미국이 깊숙이 개입했고 이승만 대통령 제거계획까지 입안했다.(홍석률, 1994) 또 휴전을 둘러싸고 한미관계는 우여곡절을 겪었다.(Cumings, 1997) 휴전 이후에도 이승만 대통령은 북진통일 주장을 굽히지 않았다.(Kim, 2001) 이처럼 이승만 정권기의 한미관계는 순탄치만은 않았고, 미국의 한국 국내정치에 대한 관심은 지속되었다. 이승만 정권의 위기는 미국의 입장에서는 한국의 안보위기로 직결될 수 있기 때문이었다.(Hong, 2000)

1956년의 제3대 대통령 선거는 이승만 정권의 승계위기를 낳았다. 대통령 승계권자인 부통령에 여당인 자유당의 이기붕 후보가 아닌 야당인 민주당의 장면 후보가 당선되었기 때문이다. 미국은 부산정치파동 국면에서 한 때 장면을 이승만의 대안으로 고려한 적도 있었다. 그렇지만 한국전쟁 이후 미국은 정당 간 정권교체보다 집권당내 세대교체 추진으로 방향을 전환해 자유당 내 온건파를 지지했다.(이완범, 2003, 23쪽)[29] 미국은 1957년 진행된 이기붕을 중심으로 한 자유당 온

---

[27] 이승만 정권기 한미관계 전반과 한국정치에 대한 미국 개입에 대해서는 이철순 (2000)을 참조하라.

[28] 부산정치파동의 다차원성을 복합적으로 이해하기 위한 시도로는 김일영(2006)을 참조하라.

[29] 1950년대 후반기가 되면 한국의 국가체제가 어느 정도 정비되었다. 따라서 미국 은 미군정기의 이승만 옹립이나 1952년의 이승만 제거계획과 같은 직접적인 정 치개입은 계획하지 않았다. 대신 정당정치를 활성화하고 여야 갈등을 조정하면

건파와 조병옥을 중심으로 한 민주당 구파 사이에 진행된 선거법 협상에 관여했다. 1958년 5월의 제4대 국회의원 선거에서 자유당은 126석을 획득하여 이전보다 10석을 잃었다. 반면 민주당 의석은 47석에서 79석으로 증가했다. 1960년의 정부통령 선거를 자신할 수 없게 된 자유당은 1958년 '국가보안법파동'을 일으켰다. 새로운 국가보안법은 용공분자 색출을 목적으로 하고 있었다. 그렇지만 조항들이 애매하고 포괄적이어서 야당에 대한 자의적 탄압이 가능했다.(김영명, 2006, 97쪽) 미국은 국가보안법 개정에 대해 언론자유와 정치활동을 저해할 수 있다고 우려를 표명했다. 그러자 이승만 대통령은 내정간섭이라며 반발했다.[30] 미국은 국가보안법이 파행적으로 통과된 이후 자유당과 민주당 사이의 타협을 위해 조정 역할을 했다. 이처럼 미국은 3·15부정선거 이전부터 자유당 강경파가 득세하는 한국 정치상황 전개를 잘 알고 있었으며, 이런 정치동향을 매우 우려했다.

맥도널드는(1992)는 1945년부터 1965년까지 20년 동안의 미 국무부 비밀문서에 기록된 한미관계를 요약, 정리했다. 이 중 6장은 '한국의 주요 정치위기에 대한 미국의 개입'을 다루었다. 6장 중 "이승만 정권의 붕괴, 1960년"이라는 절에서 4월혁명 과정에서 미국의 역할을 상세히 적었다. 이 책에 따르면 이승만 정권을 지원한다는 미국의 정책은 다음 네 가지 사항을 고려한 것이었다. "(1) 이승만은 명성과 정치적 통찰력, 그리고 확립된 조직체계의 관성을 기반으로 한국을 효과적으로 통치했으며, (2) 더 효과적인 지도력과 정치안정을 유지할 만한 다

서 '개혁세력'을 지원하는 식으로 이승만 이후 체제를 형성해나갔던 것이다.(이완범, 2003)

[30] "Memorandum From the Director of the Office of Northeast Asian Affairs (Parsons) to the Assistant Secretary of State for Far Eastern Affairs", Washington, December 12, 1958, *Foreign Relations of the United States, 1958-1960*, Vol. XVIII Japan ; Korea, U. S. GPO, Washington, 1994, p. 515.

른 한국인이 없는 것 같고, (3) 미국인들의 기준에서 보았을 때 한국인들이 분명히 부족함에도 불구하고, **한국의 정치문제에 대한 미국의 개입은 위험하고 그 효과도 불확실**하며, (4) 이승만의 확고한 반공 입장은 미 당국에 상당한 호감을 주었다."(308쪽 ; 강조-인용자) "그렇지만 이승만은 노쇠해지면서 기교와 인지력을 상실했다. 이에 더해 1958년 국가보안법 파동부터 시작된 자유당의 권력욕 때문에, 한국의 통치자들은 민주주의 원칙에 무관심해졌으며, 미국의 압력에 대해서도 실질적으로 무감각해졌다."[31] "많은 미국 관리들은 미국의 불간섭주의를 반기지 않았으며, 주한 미대사관은 1959년 상황이 지속되면 무질서가 초래될 것이라고 워싱턴에 경고했다. 그러나 미국 정부는 이러한 흐름을 반전시키기 위한 아무런 행동도 하지 않았다."(Macdonald, 1992, 309쪽)

2) 3·15 부정선거에서 4·12 2차 마산시위까지 : 위기대응형 다각 개입

이런 분위기 속에서 3월 15일 정부통령선거가 실시되었다. "광범위하고 노골적인 부정이 저질러진 선거"에서 이승만과 러닝메이트 이기붕은 "믿기 어려울 만큼 상당한 득표"를 했다. 한국에서 대중의 반응은 '은근한 분노'로부터 '폭동과 폭력'에 이르기까지 다양했다.(Macdonald, 1992, 311쪽) 야당인 민주당은 당일 3·15선거는 불법무효임을 선언했다. 민주당은 3·15선거는 "'선거'가 아니라 '선거'라는 이름 아래 이루어진 국민주권에 대한 포악한 강도행위"이며, 자유당 후보자의 당선이 발표될지라도 이는 "'당선'이 아니라 '주권 강탈'에 불과한 것"이라고 강하게 비판했다.(학민사 편집실 편, 1984, 60~61쪽)[32] 3·15부정선

---

[31] 국가보안법 파동과 미국의 대응에 대해서는 이완범(1998)을 참조하라.

거 당일 마산에서 시위가 벌어져 경찰과 시위 군중간의 유혈사태로 확대되었다. 이것이 1차 마산봉기이다.[33] 대부분이 학생이었지만 수많은 사람들이 죽고 부상당했다. 이때 한국군은 질서 회복을 위해 군대 사용을 허가해 줄 것을 유엔군사령관에게 요청하여 승인받았다. (Macdonald, 1992, 311쪽) 미대사관은 한국군 병력 사용 허가 결정이 초래할 정치적 결과의 반향을 두려워했다. 그렇지만 UN군사령관의 결정은 당시에는 공개되지 않았다. 이처럼 미국은 선거 후 폭풍을 감당하기 위해 군대 동원을 매개로 한국정치에 연루될 수밖에 없었다.

선거 이틀 후인 미국 시간 3월 16일 미국은 한국의 선거결과에 대해 강력히 대응했다. 허터(Christian A. Herter) 미 국무장관은 주미 한국대사 양유찬을 불러 정부통령 선거부정뿐 아니라 이어진 폭동과 폭력사태를 강력하게 비판했다.[34] 양유찬 주미대사와의 대화에서 허터 국무장관은 미국 언론의 한국선거 보도가 미국 대중과 특히 미국 의회에 반향을 불러일으켜 미국 원조계획에 불리한 영향을 줄 것이라고 말했다.[35] 주한 미대사관은 사태가 점점 악화되어 미국의 한국에서의

---

[32] 민주당이 밝힌 자유당의 부정선거 수법은 다음과 같다. ① 헌법정신에 위반되는 '조기선거' ② 야당계 인사 입후보 등록의 폭력 방해 ③ 무수한 유령유권자 조작 ④ 야당 선거운동원 살상 자행 ⑤ 대다수 참관인의 신고 접수 거부 ⑥ 신고된 소수 참관인의 입장 거부 또는 축출 ⑦ 헌병·경찰폭한에 의한 공포분위기 조성 ⑧ 기권 강요 ⑨ 투표 개시 전의 사전 무더기표 투입 ⑩ 투표함 검사 거부 ⑪ 내통식 기표소 설치 ⑫ 3인조 강제편성 투표 ⑬ 4할 공개투표 강요 ⑭ 공개투표 불응자에 대한 상해 ⑮ 집단 대리투표 등등(학민사 편집실 편, 1984, 60쪽)

[33] 자세한 내용은 3·15의거기념사업회(2004)를 참조하라.

[34] 당시 주미대사관 1등서기관으로서 양유찬 대사를 수행했던 노신영의 회고에 따르면, 미국 정부의 공식 입장은 매우 강경했다. "허터 장관은 우리에게 자리를 권하지도 않고 선 채로 '미국의 거듭된 우려 표명에도 불구하고 한국 정부의 잘못으로 오늘의 심각한 사태가 발생하였다. 이와 관련하여 오늘 매카나기 주한 미국대사가 이 대통령을 방문하고 미국 정부의 입장을 분명히 할 것인바, 그때에 전달할 문서의 사본이 이것이니 가지고 가라'고 하면서 봉투 하나를 건네주고는 돌아서 버렸다."(노신영, 2000, 72~73쪽)

[35] "Memorandum of Conversation", Washington, March 16, 1960, noon-1 p. m., Ibid.,

기본목표인 '친미반공 성격의 정치적으로 안정되고 군사적으로 강한 국가'가 근본적으로 위협받고 있다고 지적했다.[36] 선거가 끝난 며칠 후부터 주한 미대사관은 미국이 상황 개선을 위해 무엇을 할 수 있을 것인가에 대해 입장변화를 보이기 시작했다. 미국이 선거에 무관심했다거나 선거를 인정했다고 여길 만한 어떤 행위도 하지 말아야 한다는 합의가 이루어졌다.(Macdonald, 1994, 313쪽)

미국 시간으로 3월 17일 제437차 국가안보회의가 열렸다. 미국 CIA 국장인 덜레스(Allen Dulles)는 세계 중요 사건 브리핑에서 한국의 3 · 15 선거에 대해 다음과 같이 보고했다. "이승만 대통령의 압도적 승리는 선거 전에 야당 후보가 사망한 데 힘입었다. 실제 치열한 선거전은 부통령 선거였다. 여당 후보가 이겼는데, 이는 이승만 정권의 강압책과 개표부정 덕분이었다.……선거는 폭력, 협박, 그리고 개표부정으로 얼룩졌다. 한국군 참모총장은 UN군사령관에게 질서회복을 위해 군 병력동원을 요청했다. 선거후의 주요 결과는 선거결과의 합법성에 대한 민주당의 도전을 포함하여 이승만의 강압책에 대한 강한 반발이다."[37]

1960년 4월 2일 주한 미국대사 매카나기는 타국의 내정불간섭정책에도 불구하고 미국이 분명한 입장을 밝힐 필요가 있다고 지적했다. "우리의 피와 돈, 위신, 그리고 안전 보장을 한국에 엄청나게 쏟아 부었다. 우리는 다른 어느 곳과 달리 한국에서 소극적 방관자로 머물 이유가 없을 것 같다"는 이유에서였다. 그렇지만 매카나기는 미국이 직접 개입하기보다는 한국인이 나서기를 바랐다. "우리는 한국인들이 나서서 스스로 추구해야 할 국익을 위해 목소리를 높이고 시위에 나서기를 희망한다.……주도권을 행사하고 필요한 행동을 해나가야 할

---

    pp. 606~608.

[36] "Telegram From the Embassy in Korea to the Department of State", Seoul, March 16, 1960, 7 p. m., Ibid., p. 609.

[37] "Editorial Note," Ibid., p. 610.

임무는 한국인들에게 달려있다. 우리(미국—인용자)의 '해결책(solutions)'을 한국인들에게 부과할 수 는 없다."[38] 매카나기 대사는 같은 전문(電文)에서 한국에 대한 경제 제재나 군사원조 프로그램 삭감에 반대했다. 미국 국익에 봉사하는 장기적인 경제, 군사 프로그램에 되돌릴 수 없는 해를 끼치기 때문이라는 논리였다. 그런 조치는 엉뚱한 사람들에게 선의의 피해를 주고, 미국에 대한 여론 악화를 야기할 수도 있다고 보았다. 그렇지만 한국 경찰이나 공보처처럼 3·15 선거에서 미국 국익을 손상시키며 미국 자금을 사용한 기관을 지원하는 프로그램에 대한 삭감은 찬성했다. 결론적으로 매카나기는 미국이 결코 승인하지 않은 부정선거에 대해 한국 정부가 아전인수격으로 해석할 수 있는 어떤 행동이나 발언도 삼가야 한다고 못 박았다. 요컨대 3·15부정선거는 미국과 무관하다는 이야기이다. 선거 이후 내무부장관 교체나 일부 경찰 수뇌부 교체로는 미국이 기대하는 필요한 교정행동에 턱없이 부족하다고 보았다. 그럼에도 불구하고 미국이 한국 정부에 위협을 가하면 안 된다고 지적했다. 이제까지 미국이 이승만 정권에 대해 여러 번 경고했음에도 불구하고 별다른 효과가 없었는데, 바로 이 점이 이승만 대통령으로 하여금 미국의 경고를 무시해도 좋다는 인상을 갖게 만들었다는 것이다. 결국 미국의 이승만 정권에 대한 영향력에 한계가 있다는 판단이다.

이러는 사이에 4월 12일 2차 마산봉기가 일어났다. 마산 해안에서 김주열 학생의 시체가 발견되었다. 3월 15일의 1차 마산봉기 때와는 달리 학생뿐 아니라 주변 시민들까지 가세했다.[39] 미국은 시위양상이 변한 것을 보고 긴장했다. 총 4만여 명까지 늘어난 군중은 "이기붕을

---

[38] "Telegram From the Embassy in Korea to the Department of State," Seoul, April 2, 1960, 3 p. m., Ibid., pp. 611~613.

[39] "Telegram From the Embassy in Korea to the Department of State", Seoul, April 12, 1960, 3 p. m., Ibid., pp. 614~615.

죽여라", "이승만 정권 물러가라"고 외쳤다. 성난 군중은 경찰과 자유당, 그리고 이승만 정권에 대해 총공세를 펼쳤다. 경찰은 군중에게 발포했다. 또다시 유엔군사령관은 한국군 사용 승인 요청을 받았고, 그 요구를 수용했다.(Macdonald, 1994, 314~315쪽) 이처럼 3월 15일의 마산 1차 봉기와 4월 12일의 2차 봉기를 통해 미국은 의도와는 상관없이 한국 내정에 연루되었다. 그리고 이는 모두 한국군을 매개로 이루어졌다.

4월 17일 매카나기 대사는 사태가 점점 심각해지기 때문에 '긴급한 시정조치를 취할 긴급한 필요'가 있다고 보고했다. 매카나기는 한국 정부에 대한 미국의 각서수교를 포함한 몇 가지 조치를 제안했다. 또한 이승만 정권에 대한 대중들의 분노가 적나라한 폭력으로 비화되면, 공산주의자들이 이러한 상황을 이용하도록 만드는 가장 위험한 상황이 올 수도 있다고 우려했다. 한국 정부가 강력한 탄압책을 쓰면 대중의 적대감만 깊어지고, 세계무대에서 한국의 이미지에 먹칠하며, 공산주의자들의 전복에 더욱 취약해질 것이라고 전망했다. 다른 아시아, 아프리카 국가들에서는 미국 정부가 권위주의적 흐름을 허용할 수도 있지만, 한국 상황은 점증하는 권위주의와 감소하는 권위라고 진단하고, 만약 한국 정부가 미국이 제안한 행동방식에 부정적이거나 비협조적으로 나올 경우 보다 강력한 비상수단을 써야한다고 주장했다.[40]

제1차 마산봉기 다음날인 3월 16일 내무부장관 최인규는 다음과 같은 내용의 담화문을 발표했다. "마산사건은 폭동·방화·소요사건이며, 공산당이 개재되었다면 내란에 속한다."(학민사, 1984, 61쪽) 또한 제2차 마산봉기 후에는 내무부장관과 법무부차관 명의로 "그 배후조종에는 적색마수가 개재된 혐의도 있어 조사 중에 있으니, 선량한 국

---

[40] "Telegram From the Embassy in Korea to the Department of State", Seoul, April 17, 1960, 7 p. m., Ibid., p. 616~618.

민 여러분은 이에 부화뇌동치 말"라는 것이었다.(학민사, 1984, 66쪽) 이승만 대통령은 4월 13일 "우리나라의 소위 정당 싸움은······지금 법을 다 폐지하고, 난당의 행위로 여기저기서 싸움이 일어나고, 사람의 생명을 살해하며, 학교에서 공부하는 아이들을 선동하여 끌어내다가 혼동을 일으켜 위험한 자리를 이루게 되니, 이것을 그냥 두고는 어떻게 할 수가 없게 될 것이다.······이 난동에는 뒤에 공산당이 있다는 혐의도 있어서 지금 조사 중인데, 난동은 결국 공산당에 대해서 좋은 기회를 주게 할 뿐이니, 모든 사람들은 이에 대해서 극히 조심해야 될 것"이라는 내용의 담화문을 발표했다.(학민사, 1984, 67~69쪽) 이 대통령은 이틀 뒤인 4월 15일에도 "······해내외에서 들어오는 소식은 마산에서 일어난 폭동은 공산당이 들어와 뒤에서 조종한 혐의가 있다고 하는 것"이라는 내용의 담화문을 발표했다.(학민사, 1984, 69~70쪽) 이때까지도 이승만 대통령은 3·15부정선거 이후의 전국적인 시위를 공신주의지들의 선동 탓으로 돌렸다.

3) 4·19 학생시위에서 4·25 교수시위까지 : 위기극복형 다각 개입

4월 18일에는 3·15부정선거 항의시위가 서울로 확산되고, 주도세력도 대학생들로 바뀌었다. 마침내 4월 19일 시위가 대규모로 확산되자, 서울과 워싱턴의 미국 관리들은 바짝 긴장했다. 4월 19일 서울 한복판에서 사상자가 발생하자 미국은 바쁘게 움직였다. 미대사관은 19일 시시각각 국무부에 전문을 보내는 한편, 미국 군부에도 전달할 것을 요구했다. 유엔군사령부는 김정렬 국방부장관과 송요찬 육군참모총장이 경무대에서 요청한 한국군 제15사단의 병력 이동을 승인했다.[41]

---

41) "Editorial Note," Ibid., p. 619.

계엄령이 선포되는 등 정세가 급변하자, 매카나기는 시위자들과 당국이 폭력을 자제하고 법과 질서를 되찾아 '정당한 불만'이 해결되기를 바란다는 내용의 성명을 국무부와 사전협의 없이 독단적으로 발표했다. 그리고 긴급히 요청하여 김정렬 국방부장관과 홍진기 내무부장관이 배석한 가운데 이승만 대통령을 만났다.[42] 대화는 50분간 진행되었다. 이승만은 매카나기에게 자신이 국민과 소원해지지 않았으며, 폭도들을 통제하기 위해 계엄령을 선포한 조치는 옳은 결정이라고 확신한다고 말했다. 이승만 대통령은 장면 부통령과 민주당 지도자들이 봉가를 선동하고 있다고 격렬히 비난했다. 이승만은 사망한 학생들을 애도했다. 매나카기는 봉기의 근본원인이 3월 15일의 광범위한 선거부정과 경찰의 강압에 있고, 민중의 불만 해소를 위해서는 적극적 조치가 필요하다고 언급했다. 또 유혈사태를 방지하고 민주당 지도자와 학생 시위자들에게 가혹한 처벌을 하지 말도록 권고했다. 나아가 지금은 공산주의자들이 가담하고 있지 않지만, 신속한 대응책을 취하지 않는다면 그들이 아직도 폭발적인 현 상황을 이용할 위험이 있으며, 유엔군사령부의 책임이 '안전하고 안정된 작전기지를 유지하는 중대한 이익을 미국에 제공하는 것'인데, 현재 이것이 위험에 빠져 있다는 점을 부각시켰다. 매카나기는 또한 이 대통령이 국민의 신임을 회복할 수 있도록, 최근의 사태에 유감을 표명하고, 국민의 정당한 열망에 공감하며, 정부가 국민의 불만해소책을 강구하리라는 확신을 줄 수 있는 내용의 방송메시지를 직접 녹음하여 발표할 것을 촉구하였다. 마지막으로 그는 이승만에게 몇 가지 주목을 요하는 기본 문제에 관하여 미국의 깊은 우려를 담은 훈령을 받았지만, 밤이 깊었으므로 다음에 전달하겠다며 대화를 끝냈다. 회동 후 매카나기는 경무대 방문

---

42) "Telegram From the Embassy in Korea to the Department of State", Seoul, April 19, 1960, midnight, Ibid., p. 620~621.

이 이승만에게는 '정보 전달 및 경고 효과'를 거두었을 뿐 아니라, 선거부정에 관하여 자유당 내각을 수세로 몰았으며, 안보라는 관점에서 미국의 당면 문제를 부각시켰다고 자평했다.

4월 19일 워싱턴에서는 허터 국무장관이 아이젠하워 대통령에게 전화로 한국 정세변화를 보고했다.[43] 당일 오후 주미 한국대사를 불러 매우 단호한 내용의 각서를 전달할 계획이라면서, 아이젠하워에게 사태전개를 지켜본 뒤 하루 이틀 후 이승만과 직접 통화할 것을 건의했다. 아이젠하워는 이승만을 강경하게 다루어야 한다면서, 이 대통령에게 미국은 한국의 자유를 지키기 위해 싸웠는데, 이 대통령이 자유선거를 허락하지 않고 국민들에게 투표권을 주지 않는다면, 미국이 한국에 주둔할 이유가 없다고 말하라고 지시했다. 허터는 미국이 기술적으로는 한국 내정간섭을 하고 있는 셈이지만, 이 경우에는 그럴만한 정당성이 있다고 했다. 아이젠하워는 동의하고, 이승만의 요청에 의해 미국이 한국에 군대를 주둔시키고 있는 깃이라고 말했다. 허터는 최소한 부통령 재선거만이 한국 사태를 수습할 수 있다는 매카나기의 견해를 보고했다.

4월 19일 밤 주한 미국대사 매카나기는 경무대로 이 대통령을 방문하고 돌아와, '4·19사태'에 대하여 깊은 관심을 가지며, 폭력행사와 그것을 유발한 조치에 대한 유감의 뜻을 표시하고, 법과 질서 회복, 시위자들의 정당한 불만 해결에 대한 희망을 표시하는 내용의 성명서를 발표하여 일반시민을 크게 고무하였다.

뿐 아니라 미국에서도 미 국무장관이 주미 한국대사 양유찬을 불러 한국 사태에 대하여 미국의 관심을 표명한 각서를 수교하고, 한국에서의 시위운동이 부정선거와 비자유민주주의적인 정부 정책에 대한

---

43) "Memorandum of Telephone Conversation Between President Eisenhower and Secretary of State Herter," April 19, 1960, 12 : 55 p. m., Ibid., p. 623.

불만의 반영이라고 보며, 한국 정부의 정치적 반대세력에 대한 공정치 못한 차별조치 방지, 언론·집회·출판의 자유를 비롯한 민주적인 여러 권리를 보호하기 위한 조치를 희망한다는 내용의 성명서를 발표하였다.

이승만 대통령은 4월 20일 오후 5시경 다음과 같은 내용의 담화문을 발표하였다.

> 어제 일어난 난동으로 본인과 정부 각료들은 심대한 충격을 받았다.……그러나 지금은 그 원인을 논의하거나 책임을 묻고자 할 때가 아니다. 급선무는 법과 질서를 회복하여 계엄령의 필요성이 없게 되게 하는 것이다.……많은 사람이 목숨을 잃고 부상을 당하고 피를 흘렸으며, 많은 손해를 입게 된 것을 가슴 아프게 생각하는 바이다. 부상자들 가운데 두 사람의 미국인이 끼여 있었음을 심히 유감으로 여기는 바이다.

한국 학생과 시민의 희생보다 미국을 의식한 내용이었다. 미국은 계속해서 확고한 노선을 견지했다. 미국은 이승만의 분노에도 불구하고 필요할 때마다 계속해서 공식 성명을 발표했다. 그러나 이승만의 반응이 더 확실해질 때까지 보다 구체적인 대책은 고려되지 않았다. 그 와중에 미대사관은 '책임감 있고 영향력 있는 여러 인사들'과 접촉하여, 이승만과 지지자들을 고립시켜 새로운 행정부로 대체할 계획뿐 아니라, 이승만의 사임이나 정부의 붕괴시 행동계획에 대해 본국 정부와 의견을 교환했다. 미 국무부가 예견한 긴급상황에는 쿠데타나 과도정부로서 군부의 정권인수 방안이 포함되었다.(Macdonald, 1992, 317쪽)

훈령을 받은 매카나기는 21일 다시 경무대를 방문했다.[44] 20일 이미 양유찬으로부터 허터와의 면담을 보고 받은 이승만은 우선 4·19

---

[44] "Telegram From the Embassy in Korea to the Department of State," Seoul, April 21, 1960, 7 p. m. Ibid, pp. 629-633.

봉기에 대한 워싱턴의 반응에 놀라움과 우려를 표명하면서, 한국 사태는 국민의 불만이 반영된 게 아니라 일부 천주교 세력의 지지를 받고 있는 '장면의 음모'라고 수차례나 강조했다. 나아가 이승만은 미국이 이러한 진상을 파악하지 못한 채 대한정책을 추구한다면 엄청난 혼란을 초래할 것이라고 경고하는 한편, 미국 언론이 한국의 봉기를 집중 보도함으로써 사태를 악화시키고 있다고 미국에 대한 불만을 토로했다. 이에 매카나기는 미국의 모든 정보망을 통해 볼 때 장면이 봉기의 선동자가 절대 아니라 오히려 '충성스러운 야당의 충실한 지도자'이며, 봉기는 민중의 정당한 불만에 근거하여 자발적으로 일어났다고 반박했다. 하지만 매카나기는 이승만이 장면의 음모에 대한 증거를 곧 제시할 수 있을 것이라며 갈수록 흥분하자, 봉기가 이승만을 직접 겨냥했다고는 하지 않고, 그가 모르고 있는 중요한 사건들에 대해 국민의 불만이 확산된 것이라고 진정시킨 다음, 다음과 같은 내용의 허터 국무장관의 각서를 읽어 내려갔다.

(1) 미국은 한국의 유엔 가입을 신청하는 제1의 지지자로서, 그리고 한국의 우방(友邦)이요 동맹국(同盟國)으로서 한국을 지지하는 것으로 세계의 눈에 비치기 때문에, 3·15부정선거 및 그에 따른 폭동과 폭력행위에 대한 인식을 갖지 않을 수 없다.

(2) 미국은 데모가 민중의 분노의 반영이라고 믿는다.

(3) 경찰과 군의 정치 개입으로 한국의 안정과 안보가 위태로워지고 있는데, 이는 공산주의자들의 책동에 쉽게 이용당할 수 있다.

(4) 3·15부정선거를 통해 한국의 위신이 자유세계에서 손상을 입었고, 한국의 유엔 가입과 통일 결의안을 위한 자유세계의 지지를 유지하기 어려우며, 공산주의자들이 한국의 내분을 이용하거나 한국을 대내외에 전체주의 국가로 지칭할 수 있고, 미국의 국민과 의회가 대통령의 6월 방한의 타당성에 의문을 제기할 것으로 예상된다.

(5) 미국은 계엄령이 현 상황의 해결책을 제공하리라고 여기지 않으며,

이에 따라 한국 정부가 부정선거에 대해 철저한 조사와 관련자들을 제거하고, 부정선거 방지를 위한 선거법개정을 검토하며, 『경향신문』을 복간하고, 1958년 12월 24일 채택된 지방자치법 수정안 및 국가보안법의 문제조항 철회 등을 이행하도록 고려하기 바란다.

이승만은 각서가 '진실과 매우 동떨어진 것'이고, 국무부에는 극동의 상황을 잘 아는 사람이 거의 없으며, 허터도 이 분야에는 '신참자'로서 너무 친일적일 뿐 아니라, 과거에 이승만 자신이 일본의 위협을 미국에 경고할 때 국무부는 오랫동안 자신을 반대하였으며, 아직도 한국인들보다는 일본인들을 더 신임하는 경향이 있다고 심하게 불평했다. 매카나기는 한국문제에 대한 치유책이 즉각적으로 취해져야 한다는 데 미국의 모든 관리들이 일치하고 있음을 강조하며, 미국이 맹방에게 '지시하기보다는 조언'함으로 우호적인 협조정신으로 각서를 받아들이길 희망했다. 그리고 이승만이 참모들로부터 제대로 정보를 접하고 있는 것 같지 않아 항상 불안하다고 말했다. 그러나 이승만은 여전히 장면의 음모에 대해 미국에 전모를 밝힐 수 있을 것이라는 주장과 함께 국무부의 '순박함'을 거론하며, 오히려 미국이 사실을 재검토하라고 요청했다. 매카나기는 이렇게 '불만족스러운' 회담을 끝낸 후, 이승만이 위험할 정도로 정보에 어둡고 잘못된 정보를 갖고 있는데(Rhee was "dangerously un informed and misinformed"), 이는 그의 측근들이 정보를 차단하는 이유도 있지만, 이승만이 새로운 생각이나 지식을 가지고 일하기 어려운 80대 후반의 나이에 접어들었으며, 아첨을 잘 받아들이고 비판의 내용을 숙고하기보다는 비판자의 동기를 의심하는 그의 '잘 알려진 편견' 때문인 것 같다고 국무부에 보고했다.

위와 같은 이승만의 입장을 국무부는 도저히 받아들일 수 없었다. 이승만이 국민의 신임을 회복하기 위한 건설적인 조치를 취하기는커녕, 더욱 강경한 탄압책을 쓸 것 같다고 예상하여, 국무부는 이승만에 대한 단호한 방침을 지속하여야 한다고 확인한 것이다. 그리고 주한 미국대사관이 한국의 각계각층의 영향력 있는 인사들에게 최근의 정세에 대한 미국의 입장을 분명히 전하라고 요구함으로써 한국내의 여론형성에도 신경을 썼다. 이승만이 현 상황으로부터 국민의 관심을 돌리기 위하여 북한이나 쓰시마 섬을 침공할 가능성이 있으므로, 주한 미군이 한국군 편제에 지속적으로 구속력을 행사할 수 있기를 희망했다. 나아가 만약 이승만이 국무부의 예상대로 탄압책을 쓰며 재선거를 실시하라는 국민의 여망을 저버린다면, 국무부는 이승만은 물론 정부 및 자유당내의 강경파와 과격분자들을 고립시키고, 민주당과 자유당 그리고 학생들을 포함한 정치집단 바깥의 온건론자들을 결합하여 자유세계의 안보와 민주정치제도 유지에 헌신할 수 있는 행정을 발전시킬 수 있는 수단을 지체 없이 강구할 것임을 밝혔다. 이를 위해 미국의 대한원조계획을 이용하는 방법도 검토대상이었다. 또한, 이승만의 고령이나 이기붕의 신병 또는 현 정세로 인한 상황의 긴급성에 비추어, 이승만의 사망이나 불능 또는 정부 전복이 초래될 경우 미국 정부가 어떻게 대처해야 할 것인가에 대해서도 즉각적으로 연구를 시작할 예정이었다. 이와 관련하여 국무부는 이승만의 측근이나 이범석과 같은 인물에 의한 쿠데타 및 국방부장관이나 육군참모총장의 비호 아래 군부의 정권인수 가능성도 고려하고 있었다.

4월 23일 이승만 대통령은 상황의 심각성을 보다 확실히 알게 되었다. 4월 23일 장면 부통령이 사임했다.[45] 장면은 부통령 사임 기자회

---

[45] 장면은 4월 22일에 부통령직을 사임한 이유를 다음과 같이 밝혔다. "여기에는 이 박사(이승만 대통령 – 인용자)의 하야를 촉구하는 의미가 크게 내포되어 있었던 것이다. 만일 내가 부통령직에 남아있는 채 이 박사가 하야할 경우에는 합법적으로 대통령직이 나에게 계승될 것이므로, 이 박사는 나에 대한 증오로써 정권을 넘겨주지 않기 위해서는 어떤 잔인한 일도 감행할 것이 명백히 예견되었으므로 차라리 그의 하야를 촉구하기 위해 내가 미리 길을 터주는 것이 더 큰 유혈을 피하고 혁명을 이룩하는 첩경이라고 판단했던 것이다."(장면, 1960, 186쪽)

견에서 "이 대통령은 3·15선거의 불법과 무효를 솔직히 시인하고, 또 12년간 누적된 비정(秕政)에 대하여 책임을 지고 물러서야 할 것이다"라고 주장했다.(학민사 편집실 편, 1984, 89쪽) 같은 날 이기붕 부통령 당선자는 '사퇴 고려' 성명을 발표하여 국민의 분노를 샀다.

4월 24일 이승만 대통령은 자유당 총재직을 사퇴했다. 그러나 미국은 회의적이었다. 이승만 퇴진이나 최소한 부통령선거 재실시라는 야당과 민중의 요구에 이러한 소극적인 조치로서는 이승만 정권에 대한 국민의 신뢰를 회복하기 어려울 것이라고 예측했기 때문이다. 이승만 대통령이 자유당과 절연함으로써 자유당은 몰락하게 되었다. 그와 더불어 학생들과 시민들의 분노도 가라앉는 것처럼 보였다. 25일에는 서울시내 각 초등학교가 개학했다. 27일에는 중학교, 29일에는 고등학교가 각각 개학할 예정이었다. 통행금지시간도 25일 이전으로 환원되었다. 부산·대구·광주·대전 등지의 비상계엄은 경비계엄으로 변했다. 대부분의 구속학생을 석방하고, 언론 보도관제도 해제했다. 이승만은 자유당 내각의 총사퇴를 수락하고, 재야인사 허정과 변영태를 불러 입각을 의뢰했다.(허정, 1979) 이승만 대통령은 자유당 없는 이승만 정권 유지를 꾀했던 것이다. 변영태는 거절했지만 허정이 수락하여 4월 25일 밤 허정이 수석국무위원인 외무부장관으로 임명되었다. 내무부장관에는 이호, 법무부장관에는 권승렬이 임명되었다. 신임 수석국무위원 허정은 25일 밤 비상사태의 급속 처리, 책임정치제도 확립, 공무원 특히 경찰의 정치적 엄정 중립, 관기 숙청 등 당면정책을 발표했다. 이승만 대통령의 지위에는 변동이 없이 자유당과 절연하고 내각을 교체하는 선에서 사태가 수습되는 듯했다. 그런데 4월 25일 하오에 대학교수단 시위가 벌어졌다. 계엄령에도 불구하고 진행된 대학교수단의 시국선언과 시위행진은 대규모 군중시위로 이어졌다. 이날 하오 민주당은 이승만 대통령 하야 권고안을 국회에 제출했

다.(『동아일보』 1960년 4월 26일자)

4) 4 · 26 이승만 대통령 하야와 그 이후 :
　　위기전환형 복합 개입

　4월 26일 아침에는 수만 명의 시위대가 경무대로 향했다. 주한 미
국대사관은 분주히 움직였다. 다음은 이날 아침부터 매카나기 대사일
행이 이승만 대통령을 만날 때까지의 급박한 상황전개이다.[46]

　오전 9시 10분 매카나기 대사는 김정렬 국방부장관에게 전화를 걸
었다. 적어도 50,000명의 시위 군중이 서울 중심부로 행진하는 극도로
심각한 상황을 강조하면서, 지금 당장 경무대로 가서 이승만 대통령
으로 하여금 즉시 학생 대표단을 만나고, 재선거를 실시할 것이라는
내용의 성명을 발표하며, 이 대통령 자신의 앞으로의 정치적 역할에
대해서 고려하도록 촉구했다. 또한 자신이 가장 빠른 시간에 이 대통
령을 방문하고 싶다는 뜻을 강력히 전달하도록 주문했다. 김정렬 국방
부장관은 이 대통령을 설득하기 위해서는 "당신(매카나기 대사-인용
자)의 도움이 필요하다"고 하면서, 이 대통령의 허락이 나는대로 즉시
전화하겠다고 말했다.[47]

　9시 20분 매카나기 대사는 매그루더 유엔군사령관에게 전화했다.
경무대를 방문할 예정인데, 이런 시기에 사령부를 비울 수 있다면 함
께 대통령을 만나러 가고 싶다고 말했다. 매그루더 장군은 기꺼이 함

---

[46] "Telegram From the Embassy in Korea to the Department of State", Seoul, April 26, 1960, 7 p. m., Ibid., p. 639~640.

[47] CIA 한국지부장인 실바는 김정렬 국방부장관과 밀접한 관계였다. "나는 서울에
온 뒤 외국인들에게 흔히 마이크 김으로 알려진 김정렬 국방부장관과 일찍부터
특별히 두터운 우의를 맺고 있었다. 직업군인이었고 한국 공군의 참모총장을 지
냈던 그는 그의 매력적인 아내와 더불어 우리 집 만찬에 자주 초청되었으며, 우
리 또한 그의 집에 자주 들렀다."(Silva, 198쪽)

께 가겠노라고 답했다.

9시 40분 경무대에서는 연락이 없고 시위군중은 늘어나는데, 군대
는 발포 준비에 들어갔다. 이번에는 부대사 마샬 그린이 경무대의 대
통령 비서 박찬일에게 전화를 걸었다. 매그루더 장군이 매카나기 대
사와 동행하는데, 즉시 이승만 대통령과 면담이 이루어지기를 바란다
고 독촉했다.

9시 45분 이승만 대통령을 만나기 전에 매카나기는 국무부와 협의
없이 자기 권한으로 성명을 발표했다. "한국민측에서도 질서유지를
위해 당국을 지지할 책무"가 있고, "당국도 국민의 감정을 이해하고
정당시 될 수 있는 불만에 대처하기 위한 적절한 조치를 즉각 취해야
할 동일한 책무"가 있으며, "지금은 미봉책을 취할 시기가 아니다"라
는 내용이었다.(학민사, 1984, 94쪽)

10시 15분 김정렬 장관이 매카나기 대사에게 전화했다. 이승만 대
통령은 만약 국민이 원한다면 대통령직을 사임할 것이며, 재선거를
명령했다는 내용을 핵심으로 하는 성명을 준비했다. 이 대통령은 성
명발표 여부를 여전히 고려하고 있다. 이 대통령은 매카나기를 즉시
만나고 싶어 한다는 내용이었다.

10시 20분 한국의 라디오방송에서 대통령의 중대 발표가 곧 있을
예정이라고 보도했다.

10시 27분 매카나기와 매그루더가 경무대로 출발했다.

10시 30분 이승만의 성명이 발표되었다. 다음은 성명서 전문이다.

(1) 만약 전 국민이 바란다면 대통령직을 사임하겠다.
(2) 3·15선거가 불법으로 치러졌다고 들었기 때문에 대통령 선거를 재
    실시하라고 이미 명령했다.
(3) 선거에 개입된 모든 불법성을 제거하기 위하여 이기붕에게 모든 정
    치적 지위에서 물러나도록 명령했다.

(4) 만약 국민이 원한다면 내각책임제로 헌법 개정을 하겠다.

10시 35분 매카나기 대사와 매그루더 장군이 경무대에 도착해서 이 대통령, 김정렬 국장부장관, 그리고 허정 외무부장관을 만났다.[48] 매카나기의 요청대로 이 대통령이 학생 대표단과 면담을 가진 직후였다(유일라, 1990). 10시 40분부터 이 대통령과 매카나기 대사 일행의 면담이 시작되었다.[49] 김정렬이 건네 준 영어로 번역된 성명서를 보고, 매카나기는 네 개의 조항 하나하나를 따져 물었다. 첫째 항목과 관련해서 이 대통령은 "내가 만약 국민에게 방해가 된다면 물러나겠다"는 의미라고 설명했다. 그러자 매카나기는 이 경우에 국민의 뜻을 어떻게 결정할 것이냐고 물으면서 사임 성명이 결정적이지 않다고 지적했다. 이어진 설명이 충분히 명확하지는 않지만, 한국 국민의 요구를 존중하겠다는 이 대통령의 결의를 확실히 전하고 있다고 보았다. 매카나기 대사는 이 대통령에게 오늘 서울 상황은 매우 위험하고 폭발적

---

[48] 당시 상황을 국방부장관 김정렬은 다음과 같이 서술했다. "원래 매카나기 대사가 대통령과 회견하려고 했던 목적은 본국 정부 지령에 따른 여러 가지 일을 여쭈려고 했던 것 같았으나, 이미 하야 성명이 나간 후이고, 내동령께서 이렇게 대하자 대사는 완전히 무색해져서 별 대화도 없이 잠시 앉아 있다가 돌아가고 말았다. 대통령의 위대한 결단으로 해서 그날은 '한 사람의 데모 군중도 다치지 않고' 아무런 사고 없이 지낼 수 있었던 것이다. 대통령의 이러한 위대한 결단은 세간의 의혹처럼 누가 권고해서 한 것이 아니고, 대통령 스스로의 판단에 의한 독자적인 것이었다. 이러한 결단이 가능했던 것은 그분이 우리나라의 독립을 위하여 자신의 젊음을 바치셨고, 건국 이후 항상 조국 발전에 우국애족의 충정으로 사심 없이 기여하셨으며, 지도자란 개인의 영예나 권세보다도 국가와 민족을 위해서 자신을 희생시킬 줄 알아야 한다는 그분의 신념 때문이었다고 생각한다. 나는 지금도 다시 그때를 회고하면서 이승만 박사가 아니었다면 결코 당시의 상황에서 '대통령 하야 성명'이 선포되지 않았으리라고 굳게 믿고 있는 바이다."(김정렬, 2010, 237쪽) 그렇지만 앞에서 살펴 본 바와 같이 매카나기 대사의 역할은 결정적이었다. 미국은 김정렬 국방부장관을 포함한 다양한 경로를 매개로 영향력을 행사했던 것으로 볼 수 있다.

[49] "Telegram From the Embassy in Korea to the Department of State", Seoul, April 26, 1960, 7 p. m., Ibid., p. 640~644.

인 정세이므로 명확하고 만족스런 결의의 표명을 전적으로 요구하고 있다고 강조했다. 이어서 위의 네 가지 조항이 국민의 요구를 충분히 만족시킨다고 생각하는지 물었다. "우리가 할 수 있는 모든 일을 할 것"이라는 이 대통령의 답변에 매카나기는 명확하고 이해할 수 있는 의지 표명이 꼭 필요하다고 재차 강경한 어조로 지적했다. 매카나기는 계속해서 현 상황에서 애매한 말과 미봉책은 위험하다고 말했다. 이 대통령은 정부가 할 수 있는 모든 일을 할 것이고, 부정선거를 바로잡겠다는 말을 반복했다. 매카나기는 한국 국민의 정당한 요구뿐 아니라 근본적인 미국의 근본적인 국익까지 위험에 처해 있다면서, 한국 정부의 대응이 적절한 것인지에 대해 우려를 나타냈다. 이때 김정렬 국방부장관이 끼어들어 한국 정부는 전적으로 진심이며, 이 대통령이 성명에서 발표한 조치를 취할 것이라고 강조했다. 그러면서 주한 미국대사가 한국 정부를 지지하는 내용의 성명서를 발표하여, 한국 국민으로 하여금 이 대통령의 성명을 확신하게 해달라고 요청했다.

매카나기 대사는 이 대통령을 향해 그를 미국 건국의 아버지인 조지 워싱턴에 비유하면서, 한민족의 진정한 아버지라고 추켜세웠다. 그러면서 너무 오랜 동안 너무 많은 일을 해온 연로한 정치가인 이 대통령이 대통령직으로부터 물러나 존경받는 자리로 은퇴하고, 특히 지금같이 복잡하고 어려운 시기에는 젊은 사람들에게 정권을 넘겨주어야 한다고 직접적으로 사임을 권고했다. 이 대통령은 미국 측의 우려 표명을 미국이 한국을 돕고자 하는 것으로 인식하여 깊이 감사한다고 답했다.

이어서 매카나기 대사는 김정렬 국방부장관을 향해 이 대통령이 현재 시위 중인 서울 시민들의 심정을 진정으로 이해한다고 생각하느냐고 물었다. 이 대통령이 직접 자신이 젊었을 때는 분명히 국민을 잘 알았으며, 지금도 자신이 시위 군중 중 한 명인 것처럼 느낀다고 답했다. 김 국방부장관은 재차 시간을 다투는 일이니 불순분자들이 대중을 선동하기 전에 가장 빠른 시간 안에 미국이 지지 성명을 발표해 줄 것을 부탁했다.[50]

이승만 대통령과의 면담을 마무리하면서 매카나기 대사는 새로운 선거에 한국 경찰의 불개입을 보장하고 공명선거를 다짐하는 내용의 성명 발표를 요구했다. 이 대통령은 이미 공명선거를 약속했고, 3 · 15 부정선거 실상을 알고 매우 놀랐다고 말하면서, 한국 정세가 폭발적인 만큼 미국 언론이 한국 사태를 보도할 때 주의해줄 것을 당부했다.[51]

회의가 끝나고 경무대를 떠날 때 매카나기 대사는 군중들의 엄청난 갈채를 받았다. 매카나기는 "혁명이 반은 학생 시위에 의해, 반은 미 대사관에 의해 성취되었다고 할 수 있다"는 이야기를 어떻게 생각하느냐는 기자들의 질문에 다음과 같이 답변했다. "우리의 일관된 의도는 **부적절한 방법으로 개입하지 않는 것**이었다. 우리는 한국인에게 호의를 보이려고 노력했다. 우리의 행동은 한국인과 한국 정부에 대한 친밀감에서 나오는 것이다. 우리는 **한국인의 정당한 불만**이 무엇인지를 알고 있다. 또한 우리는 이승만 대통령과도 가깝고 친밀한 관계를 유지해왔다. 나는 대통령과 그의 지지자들, 각료들이 질서와 안보가 유지된 가운데 이러한 개혁을 수행할 기회를 갖기 바란다."(Macdonald, 1992, 319쪽 ; 강조 - 인용자)

이승만 대통령의 하야 성명에 대해 매카나기 대사는 당일 다음과 같은 내용의 성명서를 발표했다. "오늘은 한국 및 해외 우방들이 길이 기념할 날이다. 본인은 한국 당국이 국민의 정당한 불만을 시정하는

---

[50] 이때 김정렬 국방부장관은 민주당 국회의원인 이철승의 이름을 특별히 거론하면서 매우 위험한 행동을 준비 중이라고 언급했다.

[51] 매카나기는 이 대통령과의 면담을 분석하면서, "이 대통령이 당일 벌어진 사건들의 중요성과 대통령 자신이 취하겠노라고 약속한 조치들이 어떤 함의를 가지는 파악하지 못하고 있다는 인상을 받았다"고 적었다.

방향에서 진지한 노력을 다하고 있다고 확신한다.……미국은 대한민국에 대한 전폭적 지지를 계속한다.”(학민사; 1984, 95~96쪽) 같은 날 늦은 시각에 국회는 이승만 대통령의 즉각 사임을 요구하는 결정을 만장일치로 통과시켰다. 또한 국회는 3월 15일의 선거를 무효화하고, 재선거를 실시하며, 내각책임제로 전환하기 위한 헌법 개정과 이것이 과도내각과 차후에 선출될 새로운 입법부에 의해 수행되어야 한다고 결의했다.

4월 26일 마침내 이 대통령이 하야하자 당시 신문은 이를 ‘역사적 시민혁명’이라고 부르며 반겼다.(『동아일보』 1960년 4월 27일자) 4월 29일자 『동아일보』에 실린 제임스 케리 기자의 “한국 혁명과 그 원인”이라는 기사는 다음과 같이 미국 책임을 거론하고 있다.

> 미국은 이 사태에 관하여 책임의 일부를 모면할 수 없다.……미국은 그 자신이 길러내었고, 지금도 돌보아주고 있는 한국에서 가르친 신념과는 정반대의 독재 전횡이 자라나게 방임해두었다는 말을 듣고 있다. 이러한 미국의 잘못은 이른바 공산주의를 저지시킨다는 명분하에서 저질러졌다.……죽고 다친 사람들이 거리에 즐비하게 쓰러지는 때를 기다릴 것 없이 재빨리 개혁을 서두르게 할 수 있는 외교적 수단을 꼭 써야 된다는 의론이 나옴직 하였다.……과연 미국이 종래와 똑같은 반공 불간섭의 원칙하에서 어느 정도의 혁명을 지지할 것이냐 하는 문제를 당연히 제기한다.(『동아일보』 1960년 4월 29일자)

1960년 5월 3일 국회는 지난 4월 27일자로 제출된 이승만 대통령의 사임서를 정식으로 접수하고 선포하였다. 곽상훈 민의원 의장은 “이승만 박사의 제3대 대통령 사직과 제4대 대통령 당선 사퇴를 선포”하였다.(『동아일보』 1960년 5월 4일자) 그리하여 이승만 정권은 공식적으로 종식되었다.

5. 결론 : 4월혁명 과정에서의 미국의 역할 재론과
미국 개입의 선택성에 대한 과학적 인식

1960년 5월 미국 국무부는 모든 외교 부서를 위해 미국의 대한정책과 한국에서 발생한 사건의 원인을 요약했다. 그 문서는 이승만 대통령이 "미국의 주도로 물러난 것은 아니었지만", 미국이 "원했어도 이승만을 구해줄 수는 없었으며", 이승만을 유임시키려 했다면 한국과 미국 모두에게 더 나쁜 결과를 초래했을 것이라고 지적했다. 그리고 "미 국무부와 주한 미대사관의 공적 성명서와 사적 성명서, 그리고 행동은 한국인들이 주도한 흐름을 막으려는 것이 아니라 촉진시키기 위한 것이었음은 의심의 여지가 없다"고 하였다. 그러나 한국에서 미국의 역할은 한국에 대한 미국의 의무라는 견지에서 볼 때 특별했다. 뿐아니라 "한국의 국가적 생명의 내부 역동성을 가능한 해치지 않으려고 최대한 노력했으며, 그렇게 될 수 있었다."(Macdonald, 1992, 320쪽)

이완범은 미국의 개입에 대해 다음과 같이 평가했다. "미국은 사전 거중조정과 사후 논평을 통해 후견인으로서 역할을 다했을 뿐, 명시적으로 표출되는 직접적인 개입은 삼갔다.……또한 미국은 단기적인 계획보다는 보다 장기적이며 구조적인 변동을 추구했는데, 이는 한국에서 개혁이 달성되고 자유민주주의가 뿌리내림으로써 공산화를 방지하여 후견인으로서의 역할에 종지부를 찍는 것에 귀결점을 두고 있었다."(이완범, 1998, 181쪽)

4월혁명이라는 위기 국면에서 미국은 이승만 정권과 정교한 거리두기를 하다가, 결정적 순간에 단호하게 개입하여 이승만 대통령 하야에 중요한 역할을 했다. 3·15부정선거에서 4·19봉기, 그리고 4·26 하야에 이르는 전 과정에 걸쳐 미국은 한국의 정치변동 과정을 세밀하게 관찰하고 있었다. 4월 12일의 2차 마산봉기가 시민의 적극적 합세로 폭발력을 보이자 긴장했다. 4월 19일 서울을 비롯하여 전국적으로 학생이 궐기하고 시민이 동조하여 참여하는 자세를 보이자, 계엄령 선포를 통한 '질서 회복'에 동의하는 한편, 한국 시민들의 '정당한 분노'를 달래기 위한 조치를 서둘렀다. 현재까지 나와 있는 자료나 증언을 종합해볼 때, 4월 19일 '피의 화요일' 이후 미국은 이승만 정권 유지가 교체보다 훨씬 비용이 많이 든다는 판단을 내렸음을 알 수 있다. 따라서 한국에서 미국의 위신이나 한국 군부의 위상을 손상하면서까지 이승만 정권 유지에 매달리지 않았다. 수도 서울 한복판에서 수백 명의 사상자를 내고도 이승만 정권을 지지할 수는 없었다. 만약 미국이 4월혁명 국면에서 이승만 정권 편을 들었더라면, 한국에서의 반미운동은 '1980년 광주' 이후가 아니라 '1960년 서울'에서 시작되었을 것이다. 미국은 이승만 대통령의 퇴진이 정치위기 수습의 유일한 길이라고 판단했으며, 실제로 이를 관철시키기 위해 다각적이고도 복합적인 개입에 나섰다. 4월혁명 당시에도 미국 개입의 일부만 일부 한국인에게 공개되었고, 이후에도 미국의 역할을 제대로 규명되지 않았다. 앞에서 살펴 본 바와 같이 4월혁명 국면에서 미국은 한미관계에서 강제권력보다는 제도권력, 구조권력, 나아가 생산권력을 동원하여 한국정치에 개입했다. 또 개입양식도 위기방관형 불개입이나 위기대응형 일방 개입 또는 위기조장형 선제 개입이 아니었다. 4월혁명 국면에서 사회운동의 고양과 정치권의 동향 그리고 이승만 정권의 대응에 따라 유연하고 탄력있게 위기대응형 다각 개입, 위기극복형 다각 개입, 그리고 위기전환형 복합 개입을 결합했다.

원래 1950년대 중후반 이기붕 체제의 등장 자체에 미국의 의도가 반영되었다. 3·15부정선거는 자유당 강경파를 중심으로 이승만 후계체제를 공고히 하고자 무리하는 가운데 학생과 시민의 저항을 촉발했다. 미국은 이승만 이후 권력 이동이 자유민주주의적인 선거라는 절차를 통해 원만하게 이루어지기를 원했다. 그렇지만 부정선거로 얼룩지고, 이에 항의하는 학생, 시민의 시위가 경찰 발포로 수 백 명의 사상자를 내는 위기 국면으로 접어들자 위기 관리와 수습에 적극 나설 수밖에 없었다. 문제는 어느 선에서 책임지고, 사후수습을 누가 어떤 방향으로 처리하느냐였다. 결과는 이승만 대통령의 하야와 이 대통령이 임명한 허정 외무부장관에 의한 과도정부 수립이었다. 이승만 대통령은 비록 하야했지만, 미국은 한국의 위기 정국을 막후에서 관리했다. 허정 과도정부 수반은 제반 국내외 정치 사안을 미국과 긴밀히 상의하고 협조하며 처리했다. 허정 과도정부에서 한국에 대한 미국의 영향력은 이승만 정권 때보다도 강화되었다. 4월혁명을 통한 미국의 위상 강화를 나타내는 다음의 인용문으로 글을 맺고자 한다.(Macdonald, 1992, 319~320쪽)

4월 위기 동안 주한 미 대표들의 역할이 시실상 거국적인 환영을 받음에 따라 전례 없이 미국의 영향력이 확대되고 한국의 지지를 받고 있다는 관점에서, 미 국무부와 주한 미대사관은 한국의 차기 정부 구성에서 미국이 이띤 역할올 해야 할 지 의견을 교환했다.……미국은 선거운동에서 민주당을 '신중하게 지원'해야만 한다. 장면이 명목상의 대통령으로 선출되고, 젊고 실무능력이 있는 활동적인 인물이 총리가 되는 것이 최선이다. 현 국방장관은 군부 안정을 위해 최소한 몇 개월간 유임시키는 편이 낳다. 이것이 '쿠데타가 일어날 가능성이 있건 없건 간에, 쿠데타 루머에 대처하는 가장 효과적인 방법'이 될 수 있다.

미국의 '신중한 지원'이 이루어졌는데, 이것이 민주당을 압도적인 다수당으로 선출한 한 요인이었을 것이다. 민주당은 너무나 커진 나머지 둘로 쪼개졌다. 미 국무부가 예견했던 약점은 곧바로 드러났다. 장면이 총리가 되었고, 과도정부 국방장관 이종찬은 조기 경질되었다. 허정 과도정부는, 미국의 지원을 받아, 한국을 결합시키는 역할을 훌륭하게 수행했지만, 뒤이은 민주당 정부는, 미국의 엄청난 지원에도 불구하고, 정책 추진에 필

수적인 강력한 지도력을 제공하는 데 실패했다. 그 결과 1961년 군부쿠데
타가 발발했다.

▣ 참고문헌

강성혁, 1988 「민족민주운동으로서의 4·19와 미국」『역사비평』, 봄호.

김성태, 1960 「4·19 학생봉기의 동인」『성대논문집』5.

김용직 편, 2005 『사료로 본 한국의 정치와 외교 : 1945~1979』, 성신여자대학교 출
　　　　판부.

김일영, 2006 「전시정치의 재조명—부산정치파동의 다차원성에 대한 복합적 이
　　　　해」『해방 전후사의 재인식』(박지향 외 엮음), 책세상.

김정남, 2003 『4·19혁명』, 민주화운동기념사업회.

김정렬, 2010 『김정렬 회고록 : 항공의 경종』, 대희.

김학준, 1982 「4·19혁명, 오늘의 의미」『신동아』4월호.

노신영, 2000 『노신영 회고록』, 고려서적.

민주화운동기념사업회 연구소 편, 2008 『한국민주화운동사』1, 돌베개.

박태균, 2002 「군사정권 시기 미국의 개입과 정치변동, 1961~1963」『박정희 시대
　　　　연구』(한국정신문화연구원 편), 백산서당.

박태순·김동춘, 1991 『1960년대의 사회운동』, 까치.

부완혁, 1960 「혁명의 현단계와 금후(今後)」『사상계』6월호.

사월혁명 10주년기념세미나 보고서편찬위원회 편, 1971 『사월혁명의 주체적 평가』,
　　　　한얼문고.

사월혁명연구소 편, 1990 『한국사회변혁운동과 4월혁명』1·2, 한길사.

서중석, 2007 『이승만과 제1공화국』, 역사비평사.

심재택, 1983 「4월혁명의 전개과정」『4·19혁명론』1(한완상 외).

안동일·홍기범 공저, 1960 『기적과 환상』, 영신문화사.

오유석, 2001 「4월혁명과 피의 화요일」『20세기 한국의 야만』(이병천·조현연
　　　　편), 일빛.

유일라, 1990 「이 대통령 하야 않으면 저격하려 했다」『월간중앙』4월호.

이경남, 1983 「누가 4·19에 발포했는가」『정경문화』4월호.

이대근, 1990 「4월혁명을 전후한 미국의 대응전략」『한국 사회변혁운동과 4월혁
　　　명』1(사월혁명연구소 편), 한길사.
이만갑, 1960 「군인＝침묵의 데모대」『사상계』6월호.
이상우, 1983 「이승만 하야의 날 미(美)대사 극비 행각」『정경문화』4월호.
＿＿＿, 1993 『제3공화국』1·2·3, 중원문화.
이영희, 1988 『역정(歷程)』, 창작과 비평사.
이용원, 1999 『제2공화국과 장면』, 범우사.
이완범, 1998 「1950년대 후반기의 정치위기와 미국의 대응 : 1958년의 국가보안법
　　　개정 파동을 중심으로」『한국현대사의 재인식 : 1950년대 후반기의 한국사
　　　회와 이승만 정부의 붕괴』4(한국정신문화연구원 현대사연구소 편), 오름.
＿＿＿, 2002 「박정희와 미국 : 쿠데타와 민정이양 문제를 중심으로, 1961~1963」
　　　『박정희 시대연구』(한국정신문화연구원 편), 백산서당.
＿＿＿, 2003 「장면과 정권교체 : 미국의 대안 고려와 그 포기 과정을 중심으로,
　　　1952~1961」『장면과 제2공화국』(한국민족운동사학회 편), 국학자료원.
이정식, 1976 『한국현대정치사 : 제2공화국』2, 성문각.
이재봉, 1995 「미, 민중혁명 막을 군사독재 구상」『신동아』5월호.
＿＿＿, 1996 「4월혁명, 제2공화국, 그리고 한미관계」『제2공화국과 한국 민주주
　　　의』(백영철 편), 나남.
이재오, 1984 『해방 후 한국 학생운동사』, 형성사.
이철순, 2000 「이승만 정권기 미국의 대한정책 연구(1948~1960)」, 서울대학교 박
　　　사학위논문.
＿＿＿, 2006 「1950년대 후반 미국의 대한정책」『해방 전후사의 재인식』2(박지향
　　　외 엮음), 책세상.
이한우, 1995 「이승만 대통령과 하야 권고 담판한 4·19 시위대 대표 유일라 씨의
　　　시간대별 증언」『월간조선』4월호.
장　면, 1960 「나의 부통령직 4년(하)」『사상계』7월호.
정기영, 1990 「4월혁명의 주도세력」『한국 사회변혁운동과 4월혁명』1(사월혁명
　　　연구소 편), 한길사.
정석해, 1984 「독재의 종말, 교수단 데모」『4월혁명 자료집 : 4·19의 민중사』(학
　　　민사 편집실 편), 학민사.
정용욱, 1998 「이승만 정권의 붕괴(3. 15~4. 26) : 이승만 정부의 대응 및 미국의
　　　역할과 관련하여」『한국현대사의 재인식 : 1950년대 후반기의 한국사회

　　　와 이승만 정권의 붕괴』 4(한국정신문화연구원 현대사연구소 편), 오름.
정일준, 2002 「4・19와 6・3 사회운동의 비교연구 : 한국 사회변동과 미국의 개입」
　　　『진단과 대응의 사회학』(호산김경동교수정년기념논총간행위원회 편), 박
　　　영사.
______, 2005 「지구시대 한미관계와 한국 민족주의 : 성찰적 민족주의를 위하여」
　　　『역사교육』 제94집.
______, 2009 「한미관계의 역사사회학 : 국제관계, 국가정체성, 국가프로젝트」『사
　　　회와 역사』 제84집.
______, 2010 「전두환・노태우 정권과 한미관계 : 광주항쟁에서 6월항쟁을 거쳐
　　　6공화국 등장까지」『역사비평』 90호.
조갑제, 1998 『내 무덤에 침을 뱉어라－혁명 전야』 3, 조선일보사.
진덕규, 1980 「4・19 혁명의 갈등구조」『신동아』 4월호.
편집부 편, 1983 『4・19혁명론』, 일월서각.
학민사 편집실 편, 1984 『4・19의 민중사』, 학민사.
한국역사연구회 현대사연구반 편, 1991 『한국현대사』 2, 풀빛.
한완상 외, 1983 『4・19혁명론』 1, 일월서각.
함석헌, 1965 「싸움은 이제부터」『사상계』 10월호.
허　　정, 1979 『내일을 위한 증언』, 샘터.
현역일선기자동인(現役一線記者同人) 편, 1960 『사월혁명 : 학도의 피와 승리의
　　　기록』.
홍석률, 1994 「한국전쟁 직후 미국의 이승만 제거계획」『역사비평』 가을호.
______, 2002 「5・16쿠데타의 발발 배경과 원인」『박정희시대 연구』(한국정신문
　　　화연구원 편), 백산서당.
______, 2005 「1960년대 한미관계와 박정희 군사정권」『역사와 현실』 56호.
______, 2010 「4월혁명과 이승만 정권의 붕괴과정 : 민주항쟁과 민주당, 미국, 한
　　　국군의 대응을 중심으로」『4월혁명 50주년 기념학술대회 : 4・18 고대행
　　　동과 4월혁명을 통해 조망하는 21세기』.
홍이섭, 1961 「4월혁명의 재평가」『사상계』 4월호.
3・15의거기념사업회 편, 2004 『3・15의거사』, 휘문출판사.
6・3동지회 편, 2001 『6・3학생운동사』, 역사비평사.
「좌담 : 4월혁명의 현재적 의의」『한국사회변혁운동과 4월혁명』 1(사월혁명연구
　　　소 편), 1990, 한길사.

Cumings, Bruce(김동노 외 역), 2001 『브루스 커밍스의 한국현대사』, 창비.

Henderson, Gregory(박행웅 · 이종삼 역), 2000 『소용돌이의 한국정치』, 한울.

Macdonald, Donald Stone(한국역사연구회 역), 2001 『한미관계 20년사 : 해방에서 자립까지』, 한울.

Oliver, Robert(박일영 역), 1998 『건국의 내막』, 계명사.

Silva, Peer de(이기홍 역), 1983 『서부로자 : 미국 CIA 비밀공작부』, 인문당.

Barnett, Muchael and Duvall, Raymond, "Power in International Politics," *International Organization* 59, Winter 2005, pp. 39~75.

Barnett, Muchael and Duvall, Raymond eds., 2005, *Power in Global Governance*, Cambridge : Cambridge University Press.

Berenskoetter, Felix and Williams, M. J. eds., 2007, *Power in World Politics*, London : Routledge.

Department of state, 1994, *Foreign Relations of the United States, 1958-1960*, vol. ⅩⅧ, Japan. Washington, DC : the United States Government Printing Office.

Gaddis, John Lewis, 2005, *Strategies of Containment : A Critical Appraisal of Postwar American National Security Policy during the Cold War* (Revised and Expanded Edition), Oxford University Press.

Hong, Yong-Pyo, 2000, *State Security and Regime Security : President Syngman Rhee and the Insecurity Dilemma in South Korea, 1953-1960*, Macmillan Press.

Kim, Stephen Jin-Woo, *Master of Manipulation : Syngman Rhee and the Seoul-Washington Alliance, 1953-1960*, Yonsei University Press, 2001.

Kim, Quee-Young, 1983, *The Fall of Syngman Rhee*, University of California at Berkeley.

제3부

4월혁명과 정치·사회변화

제1장 4월혁명 직후 군대와 경찰

노영기

1. 머리말

1960년 3월 15일 치러진 제4대 정·부통령 선거는 부정으로 얼룩진 선거였다. 선거 유세 기간이던 1960년 2월 15일 유력한 야당 대통령 후보 조병옥이 신병을 치료받던 도중 미국에서 사망하였다. 시일이 촉박해 민주당은 대통령 후보를 낼 수 없었다. 그러나 이승만 정권은 이기붕을 부통령으로 당선시키려는 목표 아래 각종 부정한 방법을 이용해 선거를 치렀다. 자유당 뿐 아니라 정치적 중립을 지켜야 할 경찰과 군대를 비롯한 국가기구가 전면적이며 조직적으로 선거 부정에 개입하였다.

선거가 치러지기 전부터 국민들은 거리로 뛰쳐나와 부정선거에 항의하고 이승만 정권에 저항하였다. 이승만 정권은 경찰과 군대를 동원해 국민들의 항의를 억눌렀다. 시위 진압에 동원된 경찰은 서울을 비롯한 전국 각지에서 국민들에게 직접 발포하였다. 이승만 정권의 물리적 탄압과 그에 따른 수많은 희생자가 발생했으나 국민들의 시위는 4월 19일 이후에도 계속되었고, 마침내 4월 26일 이승만 대통령의 하야를 이끌어냈다. 이로써 1948년 8월 15일 정부 수립 후부터 12년간이나 지속되었던 이승만 정권의 독재는 막을 내렸다.

이승만 정권을 무너뜨린 4월혁명[1] 직후 한국 사회는 새로운 변화를 맞이하였다. 이 시기는 이승만 정권 시절에 저질러졌던 잘못들에 대한 비판과 그 대안을 마련하던 때였다. 4월혁명의 주역들과 피해자 및 유족들을 비롯한 대다수 국민들은 3·15부정선거와 발포사건의 진상규명과 책임자 처벌을 요구하였다. 더 나아가 이승만 정권 아래에서 저질러진 각종 잘못들을 시정하려는 노력을 전개하였다.

특히, 이승만 독재의 장기집권을 뒷받침하는 물리기구로 작동했던 경찰과 군대를 개혁하도록 요구하는 목소리가 높았다. 경찰은 부정선거와 발포사건의 직접적인 가해자였으므로, 관련 경찰들을 숙청하고 기구를 재편하는 것은 4월혁명 직후 국민적 요구였다. 군대 또한 특무대와 헌병사령부로 대표되는 군 사찰기구가 부정선거에 직접 개입하였다. 또 이승만 정권기에 저질러졌던 각종 부정부패 및 인권 유린 사건에도 군대가 직간접으로 관계되었다. 이런 까닭에 4월혁명 직후 경찰과 군대의 고위 간부들 중 일부는 파면되거나 사퇴하였고, 더 나아가 이들 중 일부는 구속되어 사법적 처벌의 대상이 되었다. 경찰과 군대의 과거사 청산 요구는 4월혁명 후 한국사회가 새롭게 변모하는 전제 조건이자 국민들의 요구였다. 하지만, 비상내각인 허정 과도정부와 7·29총선거의 결과로 집권한 장면 정권은 군경을 향한 국민적 비판과 요구를 제대로 수렴하지 못하였다.

경찰관들 중에서 부정선거와 발포에 관련한 일부만 숙청되었다. 그나마 발포 책임자와 부정선거에 관련된 핵심 당사자들은 경미하게 처벌되었다. 이 때문에 부상자와 유족 등 4월혁명의 주체들이 법원과

---

[1] 4·19의 명칭은 의거, 항쟁, 혁명 등 다양하게 불려진다. 이 글에서는 4·19 전후한 시기 한국사회의 혁명적 변화를 고려하며 민주화운동기념사업회의 『한국민주화운동사』의 용례에 따라, 부분적으로 4월혁명의 용어가 적절하지 않을 때를 제외하고는 4월혁명으로 통일하겠다. 4월혁명의 성격에 대해서는 민주화운동기념사업회 연구소 편, 2008, 148~157쪽을 참고할 것.

국회에서 농성하는 일이 발생하였다. 국회는 부정선거 및 발포사건 관련자들을 처벌할 수 있는 조항을 삽입해 헌법을 개정하고, 뒤이어 '부정선거 관련자 처벌법안'을 제정하였다. 하지만, 장면 정권 아래에서 경찰에 대한 숙청과 처벌 그리고 기구 개편은 제대로 이루어지지 않았다. 조사 과정에서부터 처벌을 최소한으로 제한하려는 반발 때문에 경찰 숙청은 제대로 이루지 못하였고, 이마저도 5·16쿠데타가 발생해 성과 없이 끝나고 말았다.

4월혁명 직후 군 내부에서는 소장 장교들을 중심으로 3·15부정선거와 이승만 정권에 빌붙었던 상층부 장성급 지휘관들에 대한 숙청 요구가 거세게 일어났다. 그 중에서도 영관급 장교들이 주축이 된 정군(整軍)운동은 한국 군부의 최고 지휘부를 겨냥한 것이었다. 그럼에도 이들의 요구는 제대로 수렴되지 않은 채 흐지부지되었고, 하급 장교들의 불만은 5·16쿠데타의 한 요인으로 작용하였다.

4월혁명 직후 군대와 경찰의 상황을 검토한 연구는 상당히 다르게 진행되었다. 군대가 5·16쿠데타를 일으켰고 이후 한국사회의 주류집단이 되었기 때문에 군대에 대한 연구는 많이 축적되어 있지만, 정작 3·15부정선거와 발포를 자행한 경찰에 관한 연구는 드문 실정이다. 단순히 통계 이상의 연구는 진척되지 못한 채, 장면 정권의 정책을 설명하거나 4월혁명 직후 한국사회의 변화를 설명하는 가운데 부분적으로 언급되는 수준이다. 그런 까닭에 경찰이 이승만 정권의 물리력으로 기능하며 부정선거와 발포에 관련된 배경을 충분히 설명하지 못하였다. 또 4월혁명 직후 형성된 반혁명 세력의 척결문제를 장면 정권이 어떻게 대처했는가를 구체적으로 살펴본 연구도 드문 형편이다.

반면, 군대와 관련해서는 4월혁명 직후 전개된 정군운동 세력, 정군운동이 좌절된 이유 등을 규명한 연구가 있다. 4월혁명 직후 육사 8기생을 중심으로 전개된 정군운동을 통해 5·16쿠데타의 주체세력들이 형성되었으며, 미국의 입장에 따라 정군운동이 제한적으로 전개될 수밖에 없었다. 한편, 군이 정치에 참여한 배경에 대한 해명도 있었다. 이러한 연구를 통해 정군운동을 전개한 세력들이 5·16쿠데타의 주체세력으로 기능하게 된 점이 일정하게 규명되었다.

이 글의 목적은 4월혁명 직후 국가의 물리기구인 경찰과 군대가 이승만 정권기에 어떻게 존재하였고, 3·15부정선거에 어떻게 관여하는가를 살펴보는 것이 일차적인 목적이다. 아울러서 4월혁명 이후 경찰과 군대가 재편되는 과정과, 이 같은 과제를 해결하지 못한 것이 5·16쿠데타에 어떻게 작용하는가를 해명하는 것이 또 다른 목적이다.

이를 위해 먼저 이승만 정권기에 경찰이 어떻게 존재했으며, 어떤 기능을 수행했는가를 살펴볼 것이다. 즉 이승만 정권기의 경찰의 형성과정 및 4월혁명 이전까지의 경찰의 존재양태에 대해 살펴보고, 4월혁명 이후 경찰 개혁 문제를 검토해보겠다. 특히, 허정 과도정부와 장면 정권을 거치며, 4월혁명을 촉발시키고 과거사 청산의 우선 순위였던 경찰 개혁 문제가 왜 제대로 해결되지 못했는지 구체적으로 검토해 보겠다. 다음으로 4월혁명 직후 군 내부의 정군운동이 어떻게 전개됐는가를 살펴보겠다. 즉 정군운동의 주체와 전개과정 및 그 논리와 영향을 살펴보겠다. 특히 정군운동을 주도했던 육사 8기생들이 이 운동을 전개한 이유가 무엇인가를 살펴봄으로써 그 성격을 검토하겠다. 그리고 정군운동에 대한 군 상층부와 미국의 반응은 무엇이었지 살펴보겠다. 군부 내의 정군운동의 이해는 5·16쿠데타의 배경을 이해할 수 있은 실마리가 될 수 있기 때문이다.

2. 이승만 정권기 군경의 정치화와 3·15부정선거

1) 이승만 정권기의 경찰

1953년 7월 27일 휴전협정이 체결된 이후 국가 물리력인 경찰과 군대는 전쟁 전에 비해 비약적으로 성장하였다. 한국군은 전쟁이 발발하기 전 10만여 명에 불과했던 병력 수가 전쟁을 거친 뒤 70여만 명에 달할 정도로 성장하였다.[2] 한국전쟁이 끝나는 1953년 경찰은 총 63,000명이었다. 1955년경부터 경찰이 전투 임무에서 벗어남에 따라 점차 인원이 감축하여 1959년 33,000여 명으로 줄었으나 경찰력이 약화된 것은 아니었다. 한편 1954년 친일파라도 일만 잘하면 등용하겠다는 이승만의 성명 발표 이후 친일파로 지탄받던 인물들이 공무원으로 등용되었다. 정부 수립 직후 반민특위가 만들어지고 친일파 청산의 분위기가 드높았던 때에 비해 한국전쟁을 겪은 뒤 더 이상 친일은 문제되지 않았다. 친일파 청산이 해결되지 않고 과거 친일 분자들이 공직에 진출하는 것이 자연스러워졌다. 이 같은 상황은 경찰에도 예외는 아니었다. 오히려 경찰은 1949년 6월 6일 반민특위를 습격하는 등 친일파 청산을 방해하였다. 그 결과 이승만 정권기에 일본 경찰 관리 출신들이 경찰을 지속적으로 지배하였다. 1960년까지 경찰의 고위 간부의 70%, 검찰관의 40%, 그리고 사복 형사의 20%와 정복 경찰의 10%가 일본 경찰에 복무한 경력을 갖고 있었다.(민주화운동기념사업회 연구소 편, 2008, 34~35쪽)

이승만 정권은 내무부를 통해 경찰을 직접 통제하였다. '내무부장관―치안국장―경찰국장'으로 이어지는 지휘계통 아래 이승만 정권은 경찰을 정권 유지의 위한 물리기구로 전락시켰다. 1959년 4월 내무부

---

[2] 이후 군에 관한 서술은 노영기, 2001을 축약했음.

장관에 취임한 최인규가 제일 먼저 했던 일은 경찰 간부급 인사였다. 최인규는 자유당의 반발마저 묵살한 채 전국적인 총경(총 104명)급—갑지 경찰서장, 도경국장, 치안국 계장—의 인사이동을 단행하였다. 그 뒤 순차적으로 을지 경찰서장의 인사이동을 단행해 내무부에서 경찰을 통제하는 구조를 만들었다.(강인화, 1984, 254~255쪽)

이승만 정권기 내내 경찰은 '민중의 지팡이'이기를 포기하고 독재정권을 떠받치는 물리적 기구로 기능하였다. 선거철마다 경찰의 개입은 심각한 지경이었다. 1960년 3월 15일 치러진 제4대 정·부통령선거 때도 경찰의 선거개입은 심각한 지경이었지만 이미 그전부터 경찰이 선거에 직접 개입하는 일들이 빈번하게 발생하였다. 1954년 치러진 제3대 민의원 선거에 경찰은 노골적으로 개입하여 많은 야당 인사들의 선거 출마를 봉쇄하였다. 심지어 경찰의 몽둥이가 당락을 결정했다고 해서 '몽둥이 선거'라고 불릴 만큼 심각하였다. 당시 이승만은 자신의 종신 집권을 위한 개헌을 추진하려고 경찰력을 총동원하여 부정선거를 감행하였다. 이 선거에서 4·19 이후 과도정부 수반이 된 허정조차 경찰의 노골적인 선거운동 반대로 입후보를 포기할 정도였다.(민주화운동기념사업회 연구소 편, 2008, 46쪽)

1956년 치러진 제3대 정·부통령 선거에서도 경찰은 노골적으로 선거에 개입하였고, 이 시기 이미 경찰은 국민들을 향해 발포를 자행하였다. 5월 5일 민주당의 대통령 후보 신익희가 호남선 열차에서 급서하고 그의 운구가 서울역에서 효자동 자택에 이르자, 군중들은 "사인을 규명하라"고 외치면서 시위하였다. 시민들은 그의 시신을 이끌고 경무대로 향하였고, 경찰은 시민들을 향해 발포하여 10명의 사상자가 발생하고 700여 명이 연행되었다. 이승만은 시민들의 시위를 '반역적 행동'으로 비난하였다.(민주화운동기념사업회 연구소 편, 2008, 58~59쪽) 4월혁명이 있기 전부터 경찰은 국민들을 향해 발포함으로써 국민의 생명을 위협하는 기구로 전락하였다.

이렇듯 이승만 정권기 내내 경찰은 정치, 그중에서도 선거에 직접 개입하였다. 경찰이 이승만 정권을 위한 물리력으로 기능하자, 야당은 계속해서 경찰의 '정치적 중립'을 요구하였다. 1956년 4월 6일 민주당은 "공무원 특히 경찰관에게 고한다"는 제목의 성명을 발표해 제4대 정·부통령 선거에서 공무원과 경찰의 엄정 중립을 요구하였다.(『조선일보』 1956년 4월 7일자) 또 1959년 일시 진행된 개헌 협상에서도 민주당은 개헌의 전제 조건으로 경찰의 '정치적 중립'을 요구하였다. 그러나 이승만 정권은 야당의 요구를 묵살하였다. 1959년 10월 29일 내무부에 대한 국정감사에서 경찰의 '정치적 중립'을 묻는 민주당 의원의 질의에 대해 최인규 내무부장관은 경찰의 (정치적—인용자)중립이 선진국에서나 가능한 일이지 우리에게는 시기상조라고 답하며 야당의 반대를 물리쳤다.(『조선일보』 1959년 10월 30일자) 제4대 정·부통령선거를 앞둔 상황에서 튀어나온 내무부장관의 이 같은 발언은 경찰의 선거 개입 및 부정선거 전개와 이후 경찰의 발포를 예고하는 신호탄이었다.

3·15선거에서도 경찰은 각종 부정을 획책하는 방안을 마련해 실행하는 등 정치적 중립의 의무를 무너뜨렸다. 또 이승만 정권기의 경찰은 선거 개입 외에도 민주주의를 왜곡하는 각종 사건에 개입하였다. 그 대표적인 예로 장면 부통령 암살미수사건을 들 수 있다. 이 사건은 1956년 제4대 정부통령선거에서 부통령에 당선된 민주당 장면 부통령 암살을 시도한 사건이다. 여기에는 당시 내무부장관 이익흥과 치안국장 김종원 등 경찰 최고위급이 간부들이 조직적으로 개입한 사건이었다. 이렇듯 이승만 정권기의 경찰은 압도적 물리력을 소유하고 정권의 비호가 있었던 까닭에 그 권한이 검찰과 행정기구를 압도할 정도였다. 4월혁명 직후 한 신문은 이승만 정권기의 대한민국을 '경찰국가'

라면서, 경찰이 검찰을 압도하고 검찰이 법원을 위압하는 정도였으며, 지방의 경찰국장의 실권이 지방 장관의 실권을 능가했다고 할 정도로 경찰의 영향력은 막대했다고 비판하였다.(『동아일보』 1960년 5월 3일자)

2) 이승만 정권기의 군대

한국전쟁 이후 양적, 질적으로 팽창한 한국군은 경찰과는 달리 이승만 정권기에 직접적으로 정치에 개입하지 않았다. 이것은 한국군의 지휘권과 관련되었기 때문이다. 한국군의 작전지휘권이 한미연합사령부의 통제 아래에 있었으므로, 이승만은 헌법에 보장된 군통수권을 제대로 행사할 수 없었다. 1950년 7월 14일 대한민국 대통령 이승만은 유엔군사령관 맥아더에게 서한을 보내 한국군의 작전지휘권을 유엔군사령관에게 넘겨주었다. 미국은 '유엔군사령부—한국군'의 지휘계통을 통하여 한국군 훈련과 무장 등의 모든 면을 장악하였고, 주한미군사고문단을 보병사단의 대대까지 배치해 사단의 작전, 군단 창설과 사단 재편성, 교육훈련 등을 장악하였다.(국방부, 1987, 320~321쪽) 1952년 5월 25일 정부가 부산·경남 일대와 전남부에 계엄령을 선포한 가운데 임시수도 부산에서는 야당 의원들을 헌병사령부로 연행한 사건이 발생하였다. 이른바 부산정치파동이 시작된 것이다. 부산정치파동이 발생했을 때 이승만 대통령은 대구에 있던 육군본부에 명령을 내려 부산에서 계엄 업무를 수행할 군대 파견을 명령하였다. 하지만 당시 육군참모총장 이종찬 중장은 대통령의 명령을 거부하고 반이승만의 입장을 고수한 채 '군의 정치적 중립'을 명령한 훈령을 공포하였다. 부산정치파동기에 일어난 육군참모총장 이종찬의 명령 불복종을 경험한 뒤 이승만 대통령은 '유엔군사령부—한국군'의 정식 지휘계통 아래에서는 군부를 적절하게 통제할 수 없다는 한계를 깨달았다. 그렇기에 이승만은 정식 지휘계통의 통제를 받지 않고 자신이 장악할 수 있는 사찰기구인 헌병총사령부와 특무대를 만들고 대통령 직속으로 운영하였다. 이승만은 군 사찰기구들을 적절히 이용하여 군부를 감시 통제하며 정적들을 탄압하였다.

헌병총사령부와 특무대는 군대의 지휘계통에서 이탈해 만들어진 기구였다. 이미 육해공군에는 각각 헌병사령부가 있었으나, 이승만은 군부에 대한 자신의 통제력을 확대하고자 1953년 3월 24일 이와 별도의 조직으로 헌병사령부를 만들었다. 국방부장관 손원일은 옥상옥(屋上屋)이 될 헌병총사령부 창설에 찬성하지 않았다.(백선엽, 1989, 275쪽) 2개 중대로 창설된 헌병총사령부는 법제상으로 국방부장관이 통제하는 조직이었으나, 사실상 대통령의 직접 명령에 따라 움직이는 정권의 친위부대였다. 이 기구는 대통령의 의도와 지시에 따라 주로 정치적인 활동을 전개하였다. 1954년 12월 18일 김준연, 김상돈, 신익희, 곽상훈 등 야당의 대표적인 인사들의 집에 '북한 인민위원회' 명의의 괴문서가 날아든 이른바 '벽서사건'이 발생하였다. 이 사건은 야당을 탄압하는 빌미를 만들기 위해 헌병총사령부에서 저지른 것이었다. 이 사건은 곧 정치문제로 비화되었고 국회에서 진상조사가 이루어졌다. 원용덕은 군의 정치 관여를 여부를 묻는 야당 의원들의 추궁에 "우리 기관이 정치에 관여할 수 있느냐는 물음에─임무를 받은─군인은 정치에 관여할 수 있다"고 말하며 군(헌병)의 정치 관여를 당연하다고 주장하였다.

특무대도 헌병총사령부와 마찬가지로 한국군의 공식 지휘계통에서 벗어나 활동하였다. 원래 특무대는 육군본부 정보국 방첩과를 확대시켜 만든 육군본부의 직할부대였다. 육군본부 정보국 방첩과는 인천상륙작전으로 서울을 탈환한 뒤, "잔류한 5열을 색출한다"며 경인지구 군검경합동수사본부(본부장 김창룡)를 설치하였다. 그 뒤 육군본부

정보국 2과(방첩과)는 정보국으로부터 분리되어 대공전담기구인 특무부대가 되었고, 1950년 11월 21일 육군본부 직할부대인 특무대가 출범하였다. 특무대는 군대 내에서 방첩업무만을 전담하는 육군본부의 직할부대로 출발했으나, 특무부대장인 김창룡이 이승만의 신임을 얻은 뒤로는 육군본부의 통제를 벗어난 무소불위의 권력기구가 되었다.

특무대는 1954년 '정국은 사건'을 터뜨려 양우정을 비롯한 족청계 제거와 진보당사건 조작 등 이승만의 정적들을 제거하는 데 이바지했다. 특무대는 또한 '동해안 반란사건'처럼 군부의 동향을 감시, 통제하였다. '동해안 반란사건'은 군부의 정치 참여를 반대했던 육군본부 정보국장(김종평)을 제거하려는 목적에서 김창룡이 조작한 사건이었다. 특무대는 이승만이 동해안을 시찰할 때 제1군단장 이형근이 반란을 일으켜 대통령을 암살하고, 육군본부 김종평 준장이 경무대를 급습하고자 했다는 '동해안 반란사건'을 조작하였다. 김창룡은 자신의 상관(육군본부 정보국장 – 인용자)이던 김종평의 제지로 부산정치파동 당시 부산으로 내려갈 수 없게 되자 이에 앙심을 품고 그를 모략하려고 사건을 조작하였다. 이형근도 그의 요구에 굴하지 않고 사단 특무장교를 파견하지 않았기에 김창룡의 모략 대상이 되었다. 이형근은 이승만에게 찾아가 전역을 고집하며 무죄를 증명했으나, 김종평은 구속되어 실형을 살다가 4월혁명 직후에 석방되었다. 이 사건 때문에 이형근은 1954년 2월 14일 정일권과 함께 육군대장으로 승진했으나 김창룡이 암살당하는 1956년이 되어서야 육군참모총장에 오를 수 있었다.

이승만은 군의 사찰기구를 통해 유엔군사령부의 지휘 아래에 있는 한국군을 적절하게 감시하고 통제하였다. 동시에 두 기관이 경쟁하도록 조장하여 사찰기구가 한 사람에게 독점되는 것을 방지하였다. 이 때문에 1956년 1월 '김창룡 암살사건'이 발생했을 때 수사에 착수한 특무대원들이 연행한 유력한 용의자들은 헌병총사령부 소속 군인들이었다. 두 기구는 이승만에 기대어 정권의 호위기관으로 기능하며 군 내부를 감시하였고, 때로는 정치에 직접 관여하였다. 이 때문에 과거 김창룡의 부하이자 김창룡 암살사건의 주범인 허태영은 김창룡이 자기 자신의 영달을 위해 군대기관(특무대─인용자)을 이용했기 때문에 암살했다고 범행동기를 밝혔다.

군 사찰기구를 통해 군부를 감시하면서도 이승만은 한국군 창설기부터 형성된 군 내부의 파벌을 이용해 군부를 적절하게 통제하였다. 그 중 한국군의 핵심 전력이었던 육군에 대한 통제는 육군참모총장과 연합참모회의 의장의 직위를 중심으로 이루어졌다. 이승만은 이형근과 정일권 그리고 백선엽을 육군대장까지 승진시켰고, 이들을 교대로 육군참모총장과 연합참모희의 의장에 임명하였다. 이형근은 충남 대전 출신으로 일본 육사를 졸업한 군부 내의 이남 인맥을 대표하였고, 정일권은 함북 경원 출신으로 만주 신경군관학교와 일본 육사를 졸업한 군부 내 함북 인맥을 대표한 지휘관이었다. 백선엽은 평남 평양 출신으로 만주 봉천군관학교를 졸업한 군부내 서북 인맥의 대표주자였다. 이 세 사람은 한국군 창설기부터 미국과 이승만의 주목을 받았다. 이후 한국전쟁을 거치며 이들은 미국과 이승만으로부터 지휘능력을 인정받았고, 결국 대장과 연합참모회의 의장 및 육군참모총장의 직위에까지 오를 수 있었다.

한국전쟁을 거치며 한국군은 양적으로 팽창하고 질적으로도 비약적인 발전을 이루었다. 이 과정에서 미국은 한국군의 발전 과정에 절대적인 영향을 미쳤다. 한미상호방위조약에 따라 미국으로부터 군사원조를 받음으로써 한국군은 휴전 후에도 지속적으로 군비를 증강할 수 있었다. 게다가 미국은 한국군 장교들을 미국에 군사유학 시킴으로써 한국군의 '미국화'를 달성할 수 있었다.

군대의 병력 수가 늘어나고 장비가 개선됨에 따라 정부 예산 중에서 국방비가 증가하였다. 다음의 표에서 보는 것처럼 휴전 직후부터 정부 예산의 절반 이상이 국방비로 지출되었다. 당시 국방비의 대부분을ㄹ 미국의 원조를 통해 조달했으므로 미군의 대한원조가 줄어드는 1958년부터는 국방비가 감소하는 것은 필연적이었다. 과도한 국방비 지출은 한국경제의 발전을 가로막는 요인이었다. 이 같은 구조적인 문제 때문에 미국은 한국 정부와의 협상을 통해 점차 군대를 감축하고 국방비를 삭감하는 방안을 강구하였고, 1957년부터 한국군의 감축 문제가 한미 간의 회의의 주요 의제가 되었다. 미국은 과도한 국방비가 한국의 안정에 불안요소로 작용하는 것으로 판단하였고, 그에 따라 한국군의 현대화와 함께 국방비를 줄일 수 있는 가장 큰 요소인 감군을 추진하였다. 감군정책은 이후 장면 정권의 공식적인 정책 중의 하나가 되었다.

<표 1> 연도별 정부 예산 중 국방비의 비율

회계연도	1953	1954	1955	1957	1958	1959	1960	평균
정부예산	527	1,087	2,032	2,135	2,780	3,094	3,516	
국방비	326	599	1,064	1,125	1,273	1,392	1,471	
비율	61.9	55.1	52.4	52.7	45.8	45.0	41.8	50.7

미국은 1957년 6월 21일 군사정전회담 UN군 수석 대표가 휴전협정 13조 D항 폐기를 선언하는 것과 동시에 주한 미군의 신무기 장비를 한국군에게 양도하였다. 아울러서 한국 공군의 3개 전투비행단 창설과 육군의 장비 제공 등을 골자로 하는 조치를 취하였다. 미국은 한국 경제에 부담이 되고 있는 지상군 병력을 삭감하여 한국 경제의 정상적인 성장과 안정을 기하는 것으로 정책 방향을 정하였다. 이 같은 결정은 1957년 8월 23일자로 아이젠하워가 이승만에게 보낸 서한에 나타났다. 그에 따라 한국군의 감군에 대한 절충을 위한 한미 간의 회의

가 1957년 8월 5일부터 시작되었다. 그러나 감군은 이승만의 반대로 인해 쉽게 결론을 내리지 못하였다. 이승만은 한국군 현대화는 받아들였지만 군사력 감축에는 반대하였다. 결국 1958년 12월에 육군 2개 사단을 해체하는 것으로 협상은 끝이 났다.(육군본부 편, 1970, 330~356쪽)

한국전쟁 이후 한국군의 예산이 증가하고 군과 정치권력이 밀착한 까닭에 군수품을 비롯한 군수자금이 정치권으로 흘러들어갔으며, 자연 군대 내에 부정부패가 만연해졌다. 사병들은 소속 부대에 매달 납부할 돈을 마련하기 위해 일자리를 찾아 전국 각지를 떠돌아다니며 후생사업을 전개하였는데, 이로 인해 '몸뚱이 후생사업'이라는 말이 생겨나기까지 했다.(『동아일보』 1960년 1월 15일자) 한 예로 26사단 공병대대 소속 윤순식 상병은 부대에 납부할 돈을 마련하려고 전북 무주의 한 제재소에 취업해 일하던 도중 사고로 사망하였고, 소속 부대는 휴가병으로 처리해 사건을 무마하려고 시도한 일이 발생하였다.(『동아일보』 1959년 1월 17일자) 또 군대 내에서 군수물자를 몰래 팔거나 군량미를 횡령하고 휘발유를 매각하는 등의 부정부패 문제가 빈번하게 발생하였다. 이 때문에 부정축재와 부정사고를 이유로 현역 장성(제1관구사령관 임선하 소장, 제2관구사령관 이형석 소장, 국방연구원생 이춘경 준장)이 징계위원회에 회부되고(『동아일보』 1959년 3월 4일자), 1960년 2월 20일자로 육군본부는 휼병감실을 해체하고 그 임무를 인사국 근무과로 이관할 정도로 후생사업의 비리는 심각하였다.

3) 3·15부정선거와 군경

한편, 군내 파벌과 군 사찰기관의 감시를 통한 이승만의 군부 통제는 군 내부에 많은 문제를 낳았다. 과거경력이나 개인적 친소관계에 따라 진급이 좌우되고, 군의 인사문제에 정치권이 개입하는 폐단을 만들었다. 군부 또한 이에 추종하여 정치권과 밀착하였다. 자연 군이 정치에 개입하는 현상이 발생하였고, 급기야 3월 15일 제4대 정 · 부통령선거가 치러질 때 군이 직접 부정투표를 실행하였다. 군 지휘 계통을 통한 투표 지령, 모의 투표, 장교부인구락부 등 단체 날조, 사찰기관의 선거감시, 대리 투표, 이중 투표, 무더기 투표, 사전 투표 등의 조직적인 부정이 저질러졌다.

당시 『동아일보』는 한 통의 『군인통신』을 소개함으로써 군의 부정을 폭로하였다. 이 편지에는 "어머님 다름 아니고 이번 선거에 대해서 대통령은 이승만 박사님을 모셔야 하며, 부통령에는 이기붕 선생님을 찍어 보내야 하겠습니다. 대통령 기호는 2번 부통령 기호는 1번으로 되어 있으니 꼭 찍어야 합니다"라고 기술되어 있었다.(『동아일보』 1960년 3월 3일자) 이렇듯 군에서는 병사들에게 『군인통신』을 가족들에게 보내 자유당 후보들을 지지하도록 유도하게끔 강요하였고, 휴가자는 본인도 모른 채 편지를 보내어 부정선거를 획책하였다.

3월 15일 군대 내에서 부정투표가 발생하자 이를 폭로하는 군인들의 양심선언이 잇따랐다. 광주 상무대 내의 육군 화학학교 정형수 상병은 민주당 광주시당을 방문해 "죽음을 각오하고 영내의 집단대리투표상황을 폭로하겠다"며 상무대 내에서의 대리투표 상황을 알렸다. 그의 진술에 따르면, 당시 상무대 내 각 학교의 간부와 특무대 중사 등이 조직적으로 개입하였다.(『동아일보』 1960년 3월 16일자) 선거가 치러진 뒤에도 군에서의 선거부정이 폭로되었다. 육군항공학교 고제동 일등병은 대리투표가 있었음을 적은 자신의 일기장을 기자들에게 제공해 군에서의 대리투표 사실을 폭로하였다.(『동아일보』 1960년 3월 20일자)

그러나 제4대 정 · 부통령 선거가 치러질 당시에는 군보다 경찰이 더욱 심각하게 선거에 개입하였다. 민주당은 선거에 임하기 전부터 경찰의 '정치적 중립'을 요구하였다. 하지만 이승만 정권은 민주당의 요구를 묵살하였다. 선거를 앞두고 경찰은 다양한 방식으로 불법과 탈법을 일삼았다. 경찰은 유권자들의 성분 조사를 진행하여 「성분보고서」를 작성하였는데, 이를 민주당 선전부에서 입수해 폭로하였다.(『동아일보』 1960년 2월 3일자) 선거를 앞두고 경찰의 주도 아래 비밀리에 경찰 간부회의와 '방상회'가 개최되었고, 이 자리에는 각 경찰서장과 사찰주임이 참석하였다.(『동아일보』 1960년 2월 4·8일자) 경찰은 야당의 집회를 물리적으로 금지시켰고, 국민들이 야당 성향의 신문을 구독하는 것을 방해하기도 했다. 강원도 철원경찰서 신서지서는 2월 16일자로 방장들에게 『동아일보』와 『조선일보』 구독자 명단을 작성하도록 지시하였고, 이 사실이 보도를 통해 알려지자 치안국에서 진상조사에 착수하였다.(『동아일보』 1960년 2월 24일자) 또 선거운동을 취재하던 기자가 구타당하는 상황을 방치하거나, 경찰 간부들이 집단적으로 지방에 파견되어 부정선거를 획책하였다. 경찰은 야당 당원들을 협박해 탈당을 강요하였다. 이 문제에 대해 야당과 언론이 계속 비판하자 내무부장관은 경찰이 야당 당원들에 대한 탈당을 강요하지 말라고 지시하겠다고 약속하였다.(『제4대 민의원 속기록』 제33회 제32차 본회의, 1960. 1. 16) 하지만 내무부장관의 말과는 달리 경찰의 민주당 탈당 강요는 계속되었다. 마산에서는 허윤수 의원이 탈당한 것을 계기로 민주당 당원들의 탈당이 이어졌다. 이에 대해 민주당 마산시당 위원장 김선규가 마산경찰서장을 찾아가 항의하자 서장은 자신은 모르는 일이라고 발뺌하였다.(『동아일보』 1960년 2월 10일자) 제주도경찰국은 평당원을 탈당시키면 3만원, 간부급을 탈당시키면 5만원, 핵심 간부급을 탈당시키면 10만원과 1계급 특진이라는 특전을 약속하기도 했다.(『조선일보』 1960년 2월 3일자) 내무부 치안국은 총경급 이상 간부들로 구성된 '치안확보독려반'을 구성하였다. 이 조직은 경찰의 이전에는 선거 간섭이라는 오해를 피하려고 구성되지 않았으나 제4대 정·부통령 선거를 맞이하여 비밀리에 구성된 것이다.(『동아일보』 1960년 2월 27일자)

당시 경찰의 부정사례는 2월 24일 치안국장이 "경찰관이 모 당의 가입원서를 가지고 집을 찾아 돌아다니는 일을 일체 엄금한다"고 언명할 정도로 심각하였다.(『조선일보』 1960년 2월 25일자) 전북 전주에서는 사복경관이 카메라를 들고서 야당 집회에 가는 시민들을 감시하였다.(『조선일보』 1960년 3월 20일자) 전남 광주에서는 경찰관이 민주당 벽보를 찢었고, 민주당에서는 선거법 위반으로 경찰을 고발하겠다는 입장을 밝혔다.(『조선일보』 1960년 3월 4일자) 충남도경은 2월 2일부터 1주일간 관내 경찰관들에게 최루탄 사용법 훈련을 실시하였고, 선거용이라는 야당의 비판에 대해 경찰은 선거를 앞두고 북한 간첩 침투에 따른 폭동 발발에 대비하려는 목적의 훈련이라고 강변하였다.(『동아일보』 1960년 2월 14일자)

3월 15일 선거를 앞두고 경찰의 탈법과 불법행위가 계속되자 민주당은 경찰의 '정치적 중립'을 중요한 문제로 취급하였다. 1960년 2월 10일 민주당은 공약 7장과 실천요강을 발표하였다. 공약 7장의 두 번째 항목에 "경찰 중립화와 공명선거"를 제시하고, 실천요강의 첫 번째 항목으로 "경찰을 정치로부터 중립시켜 국민을 불안과 공포에서 해방한다"고 발표하였다.(『동아일보』 1960년 2월 11일자) 선거가 가까워오자 경찰의 불법행위는 그 도를 넘어섰다. 경주에서는 경찰관이 이장을 통해 주민들에게 집단 기권을 강요하였다.(『조선일보』 1960년 3월 10일자) 대구에서는 야당 유세를 앞두고 경찰관이 야당의 포스터를 탈취해 도주하였고, 경북 상주에서는 기자가 조병옥 추도식 광경을 찍는 기자의 사진기를 탈취하였다.(『동아일보』 1960년 2월 28일자)

자유당과 경찰의 부정이 계속되자 민주당은 2월 하순경부터 경찰의 선거 개입을 폭로하겠다고 경고하였다. 2월 28일 민주당 고위 간부는 "정부통령 선거방법에 대한 경찰 고위층의 지령 내용에 관해 신빙성 있는 정보를 입수했다"며 그 전모는 3월 초순에 밝히겠다고 예고하였다.(『동아일보』 1960년 2월 29일자) 민주당은 3월 3일 경찰과 자유당의 '부정선거공작지령'을 공개하였다.[3] 민주당의 발표에 대해 경찰과 자유당은 근거 없는 자작극이라며 부인하였다. 선거가 다가오며 이승만 정권과 자유당의 부정선거 획책에 대한 비판여론이 높아졌고, 국민들은 전국 각지에서 이에 대한 항의시위를 계속하였다.

이 과정에서 부정선거에 항의하는 국민들과 경찰의 충돌이 발생하였다. 3월 15일 선거를 앞둔 상황에서 4월혁명의 전조가 발생한 것이다. 2월 28일 대구에서는 야당의 선거 유세에 학생들이 참여하는 것을 막으려고 일요일이었음에도 학생들을 등교시켰다. 여기에 항의해 학생들이 시위를 전개하고 경찰이 학생들의 시위를 진압하면서 부상자가 발생하였다. 민주당은 이 사건에 대해 만행 경찰관을 처벌할 것을 요구했으나, 자유당은 "배후에 정치적 선동이 있었다"며 반대하였다.(『동아일보』 1960년 3월 1일자)

3월 5일 종로 일대에서 대학생을 중심으로 한 시위대와 경찰대가 충돌하였고, 3월 8일 대전에서 고등학생들과 경찰이 충돌하고 부상자가 발생하였으며, 경찰은 61명을 연행하였다. 3월 10일 대전과 수원에서 시위대와 경찰이 충돌한 투석전이 발생하였다. 3월 11일 청주에서 학생들의 시위가 발생하였고, 3월 12일 부산 해동고등학교 학생들이 부산 광복동 일대에서 시위를 벌이다 경찰과 충돌해 4명의 부상자가 발생하였다.(『동아일보』 1960년 3월 13일자) 또 사찰계 형사들이 야당 의원 사무실에 난입해 야당 선거운동원을 무차별적으로 구타하는 일이 발생하였다. 3월 5일 전북 김제에서 조한백 의원 비서인 유인극을

---

[3] 민주당이 폭로한 '경찰의 선거대책'은 이정식, 1975, 32~35쪽을 참고.

김제경찰서 사찰계 형사주임 외 4명의 형사들이 구타하였다.(『동아일보』1960년 3월 10일자) 3월 9일 경남 밀양군 삼랑진역 광장에서 열린 민주당 선거강연이 끝난 뒤 만세 삼창이 있을 때 만세를 따라 부르던 삼랑진 중학교 2학년 김광수는 괴한 3명에게 만세를 따라 불렀다는 이유로 구타당하였다. 현장에 있던 삼랑진지서 순경은 괴한들을 잡지 않은 채 오히려 김광수를 연행한 뒤 "왜 만세를 불렀느냐"고 책망한 뒤 석방하였다.(『동아일보』 1960년 3월 13일자)

그리고 야당 참관인들의 접수 신청을 행정기관에서 기피하는 일이 발생하였다. 민주당은 이를 경찰의 지령에 의한 것으로 파악하고, 경북 봉화군을 그 대표적인 사례로 발표하였다. 민주당의 발표에 따르면, 경북 봉화군 민주당 선거참관인이 접수를 하러 봉화군 면사무소에 갔으나 면장 이하 면 직원들이 미리 자리를 피하는 바람에 접수 마감 시한인 3월 11일 하오 5시까지 접수하지 못하였고, 민주당원들이 이에 항의하여 면사무소에서 농성하였다. 이 과정에서 오후 3시경 면사무소에 걸려온 전화를 면사무소에서 농성 중이던 민주당 사무장 강여지가 받았는데, 전화에서 들려온 내용은 "나는 경찰서 사찰주임인데 지금 강 씨(강여지 – 인용자)가 참관인 신청시를 가지고 갔으니 전 직원은 피하라"는 것이었고, 강여지는 재차 상대방의 신분을 확인해 경찰서 사찰주임임을 알았다. 민주당은 봉화군의 사례를 들어 전국적으로 경찰의 지령 아래 선거 참관인 접수 신청이 회피되고 있다고 비난하였다.(『동아일보』 1960년 3월 13일자)

선거를 하루 앞둔 3월 14일 서울 시내는 교통경찰이 무장헌병으로 대체되는 기이한 일이 벌어졌다. 동시에 경남 부산에서도 헌병으로 대체되며 기마경찰과 사복경찰이 경남도청 인근에 배치되었다.(『조선일보』, 1960년 3월 14일자) 이승만 정권은 선거를 앞두고 흡사 계엄령과 같은 분위기를 연출하였다.

3·15 부정선거 전부터 계속되어오던 경찰의 불법 탈법행위는 국민들의 시위 진압에서 절정에 달하였다. 3월 14일 밤부터 서울에서는 고등학생 1,000여 명이 '공명선거'를 요구하는 시위를 벌였고, 경찰은 이를 강경하게 진압하고 180명을 연행하였다. 서울 외에도 부산, 인천, 문경, 포항 등 전국 각지에서 시위가 발생하였다. 경찰은 전국 각지에서 벌어진 시위를 무력을 동원해 강경하게 진압하였고, 시위대와 경찰이 충돌한 탓에 많은 부상자가 발생하였다. 서울을 비롯해 부산, 인천, 광주, 대전, 대구 등 대다수의 대도시에서 시위가 발생하였다. 특히 마산 시민들은 경찰의 저지를 뿌리치고 관공서와 자유당 관련 주요 시설물을 공격하였고, 경찰은 시민들을 향해 발포해 많은 사상자가 발생하였다.(『동아일보』 1960년 3월 15일자)

시민들을 향한 경찰의 발포와 강경 진압으로 많은 사상자가 발생하고 연행된 시민이 219명이 되는 등 파문이 확산되자, 이강학 치안국장은 3월 17일 기자회견에서 마산의 시위 방식이 마치 공산당의 전법과 같다며 색깔론을 통한 의도적인 은폐와 왜곡을 시도하였다. 같은 날 경찰은 마산시위 과정에서 방화한 혐의로 박세규(경찰은 과거 부역자로 발표)를 비롯하여 총 6명의 시민들을 구속하였고, 치안국은 사망자가 4명이라고 발표하였다.(『조선일보』 1960년 3월 17일자) 이날 기자회견에서 '대구사건'(1946년 10월 1일 발생한 '10월항쟁' – 인용자) 당시 공산당 수법이 쓰던 수법과 비슷하다며 (연행자들이 공산당과 관련 있는지 – 인용자) 수사하고 있다고 밝혔다.(『동아일보』 1960년 3월 18일자) 그러나 같은 날 최인규 내무부장관은 "경찰도 책임이 있다"는 입장을 밝히면서, 자신의 거취와 관련해 정부통령 당선자 공고가 있은 뒤 사퇴할 것이라고 발표했다.(『조선일보』 1960년 3월 17일자)

마산 이외의 지역에서는 경찰이 발포하지는 않았으나, 경찰은 무력을 사용해 시위를 강제 진압하고 시민과 학생들을 연행하였다. 마산시위 진압과정에서 발생한 경찰 발포가 국민적 저항으로 이어지자, 3월 17일 서울시경 국장은 "불법적인 시위를 하는 비무장 군중들에 대해서 일체의 총기 사용을 엄금하라"는 요지의 특별지시를 내렸다.(『조선일보』1960년 3월 18일자) 그러나 이러한 지시와는 상관없이 그 뒤 서울을 비롯한 전국 각지에서 경찰은 집단 발포하여 많은 사상자가 발생하였다. 또 경찰은 시민들을 향해 발포하고 연행할 뿐 아니라 경찰서 유지창에서 연행자들을 고문하였다. 전주와 광주에서는 학생들의 시위를 방지하려고 일선 중고등학교에 사복경찰이 배치되기도 했다.(『동아일보』1960년 3월 19일자) 경찰이 시위 진압에 동원되는 바람에 대구에서는 일반 민원사무를 전혀 처리하지 못하는 폐단이 발생하였다.(『동아일보』1960년 3월 20일자)

전체적으로 경찰은 3·15부정선거를 전후하여 선거에 직접 영향을 미치는 불법행위를 자행하였다. 선거 당일인 3월 15일과 4월 11일 마산에서 발포하였고, 뒤이어 4월 19일 전국 각지에서 발포하였다. 이승만 정권을 유지하려는 경찰의 불법적이며 비인간적인 행위는 전 국민적 저항을 불러일으켰고, 결과적으로 이승만 정권을 연장시키려는 의도와는 정반대로 이승만 정권의 몰락을 부채질하는 직접적인 계기가 되었다.

3. 4월혁명 직후 군경의 과거사 청산 요구와 결과

1) 4월혁명과 경찰 개혁

4월 26일 이승만이 대통령 직에서 물러나고 4월혁명을 이룬 한국사회는 새로운 변화를 모색하였다. 직접적으로는 3·15부정선거와 발포 사건에 대한 진상규명 및 책임자 처벌을 요구하였고, 보다 근본적으로는 이승만 정권 아래에서 저질러진 잘못들에 대한 비판과 청산을 요구하였다.

4월 26일 이승만 대통령이 하야했으나 부정선거와 발포를 직접 자행한 경찰에 대한 국민들의 분노는 쉽게 가라앉지 않았다. 오히려 이날 전국 각지에서 국민들은 경찰의 책임을 묻거나 경찰서를 파괴하는 등 경찰에 대한 분노를 표출하였다. 4월 26일 시위 군중은 동대문경찰서를 불태우고 유치장에 갇혀있던 30여 명을 구출해냈다. 또 이날 시민들은 3·15부정선거와 발포 책임자 중 한 명인 전 내무부장관 최인규의 집을 파괴하였다.(『조선일보』 1960년 4월 26일자) 4월 26일 부산에서 시위하던 군중들은 부산진경찰서, 영도경찰서 및 관내 지서와 파출서 등을 완전 파괴하였고, 동부산경찰서 관내 대연동파출소를 비롯한 4개의 파출소를 파괴하였다.(『조선일보』 1960년 4월 27일자) 대전에서도 시민들이 도지사와 경찰국장을 비롯한 관공리들의 즉각 사퇴를 요구하는 한편 자유당 대전시당 부위원장의 집과 대전 시내 파출소 4개를 파괴하였다. 이어 4월 27일 대전경찰서와 서대전경찰서를 비롯해 대전 시내 8개의 파출소가 시위 군중에 의해 파괴되었다. 전남 순천에서는 순천경찰서장이 시위 학생들의 요구로 과거의 잘못을 직접 사과하였다.(『조선일보』 1960년 4월 28일자) 그런데 같은 날 또다시 경찰의 발포로 사상자가 생기는 사건이 발생했다. 이날 인천 시민들이 파출소를 습격하는 등 격렬한 시위를 전개하자, 밤 10시 10분경 경찰이 시위대를 향해 발포해 희생자가 발생한 것이다. (『동아일보』 1960년 4월 27일자)

3·15부정선거에 개입하고 이후 선거 부정 및 발포와 관련된 경찰들을 처벌하는 것과 함께 4월 26일 이후 새로운 과제가 더해졌다. 이승만 정권 아래에서 계속되었던 경찰의 정치개입을 금지하는 경찰의 '정치적 중립'이 정국의 최대 현안들 가운데 한 가지로 제기되었다. 4월

26일 과도정부 수반이 된 허정은 다음날 기자회견에서 경찰 중립화는 자신의 지론이며 지금 당장이라도 경찰과 공무원의 정치적 중립을 실행한다는 것이 (시정)방침이라고 했다.(『동아일보』 1960년 4월 28일자) 또 신임 이호 내무부장관도 국회를 도와 경찰 중립화를 보장할 수 있는 법률 제정을 추진하겠다는 입장을 밝혔다.(『조선일보』 1960년 4월 30일자)

경찰의 '정치적 중립' 요구는 경찰 내부에서, 그중에서도 다른 부서보다 경찰의 '정치적 중립'을 훼손했던 사찰경찰들로부터 터져 나왔다. 4월 23일 성북경찰서와 용산경찰서의 사찰형사들이 경찰 중립화를 주장하며 사표를 제출하였다. 이들은 지금까지의 사찰이 정치사찰임을 인정하며 경찰이 정치사찰에서 손을 떼야 한다며 사표를 제출하였다.(『조선일보』 1960년 4월 24일자) 4월 24일 치안국 중견 간부급들은 서울시내에서 모여 경찰 중립화를 주장하며, 이를 실현하기 위해 사직할 각오로 매진하겠다는 결의를 밝혔다.(『조선일보』 1960년 4월 24일자)

지방의 경찰들도 여기에 호응하는 분위기가 조성되었고, 내무부차관도 경찰 본연의 자세로 돌아가는 것에 찬동한다는 입장을 밝혔다.(『조선일보』 1960년 4월 24일자) 4월 25일 오전 9시경 경남경찰국 경감급 47명은 도경 상황실에서 회의를 열고 경찰의 정치적 중립화를 조속히 실현시켜 줄 것을 요구하는 건의안을 채택하였다. 이들은 이 건의안을 대통령과 국회의장에게 보낼 것이고, 이 건의안은 경남도경 5천 명의 경찰을 대표하는 결의이며, 이것이 관철되지 않을 때는 현직에서 물러날 것을 결의하였다.(『조선일보』 1960년 4월 25일자) 심지어 조인구 치안국장이 "명령 계통 이외의 사람의 압력을 받거나, 계급을 무시한 정치적 배경으로 명령 또는 지시를 하는 것은 확실히 기형적 현상"이라고 말할 정도였다. 그의 발언은 경무대경찰서장 곽영주 경무관을 염두에 둔 것이었다.(『동아일보』 1960년 4월 26일자) 그의 이 발언은 이승만 정권의 몰락이 확실시 되는 시점에서 나온 책임 회피용이었다. 당시 경찰 내부에서는 크게 두 가지 조류가 형성되었다. 광주에서는 교사를 앞세워 4월 19일 시위에 참가한 학생들을 조사하는 경찰이 있는가 하면, 자유당을 욕하며 '경찰 중립화' 시위를 계획하던 부류도 있었다.(『동아일보』 1960년 4월 26일자)

이와 동시에 부정선거 및 발포사건에 관련된 경찰관들에 대한 처벌과 조사가 시작되었다. 4월 23일 서울지검은 데모에 가담한 학생들을 연행하여 고문한 동대문경찰서 사찰계 김용만 형사를 '상해 및 독직' 혐의로 구속하였다. 서울지검은 이외에도 연행자들을 고문한 청량리 및 성북경찰서 사찰계 근무 경찰관 4명을 추가로 구속할 기세였다.(『조선일보』 1960년 4월 23일자) 4월 25일 전남도경찰국장은 민주당 전남도당을 습격한 광주경찰서 김재순, 이송학 순경을 파면하였다.(『조선일보』 1960년 4월 24일자) 4월 25일 부산지구계엄사무소 군경합동수사본부는 시위 군중에 대한 발포와 연행자 고문 혐의로 부산진경찰서장을 조사하기 시작하였다.(『조선일보』 1960년 4월 25일자) 같은 날 대구지검도 시위 학생들을 고문한 대구경찰서 이준기 경사를 구속하였다.(『조선일보』 1960년 4월 25일) 4월 26일 광주지검 순천지청은 여수경찰서 형사주임 정상석 경위를 3·15선거 당시 민주당원 김용호를 살해한 깡패들을 배후조종한 혐의로 구속하였다. 이후로도 부정선거 및 발포사건, 그리고 부정축재 등과 관련된 경찰에 대한 수사와 검거가 계속되었다.

국회에서도 부정선거와 발포사건의 진상규명 및 책임자 처벌을 요구하였다. 국회 시국수습대책위원회에서는 '시위대원 등에 대한 조치, 불법 경찰관리 등에 대한 조치' 등을 요구하는 건의안을 채택하였다. 이중 시위대원에 대해 부당하게 발포(발포명령지휘자 포함), 폭행, 고문을 감행한 경찰 관리와, 이에 협조한 불량배는 철저히 조사하여 엄벌 처단할 것을 결의하였다.(『조선일보』 1960년 4월 26일자)

부정선거 및 발포사건에 대한 진상규명 및 관련자 처벌에 대한 사회적 공감대가 형성된 가운데, 4월 26일 이승만이 대통령에서 하야하자 과거 경찰의 책임을 묻는 조치들이 취해졌다. 그중 부정선거와 발포에 관련된 고위급 관료들에게 대한 검거령이 내려졌다. 검찰은 한희석(자유당 의장), 최인규(내무부장관), 이강학(치안국장) 등에 대한 체포령을 내렸다. 그리고 경찰에 맡기지 않고 검찰이 직접 검거에 나섰다.(『조선일보』 1960년 4월 28일자) 그리하여 검찰은 최인규 검거를 시작으로 6월 14일 공소시효 만료 때까지 78명을 검거하였다. 이들 중에는 내무부 간부 4명, 발포 책임자 등이 포함되었다.(이정식, 1975, 118~124쪽) 부정선거 및 발포사건 관련자들을 조사하는 과정에서 전 치안국장 이강학 직속의 비밀경찰이 폭로되었다. 이 조직은 치안국 김문석 총경의 지휘 아래 경감 4명, 경위 9명, 경사 10명, 순경 71명(여순경 6명 포함)으로 구성되어 서울 시내 5개소에 회사간판을 내걸고 부정선거 및 정치사찰을 수행하였다.(『조선일보』 1960년 5월 22일자)

이렇듯 4월혁명 직후 한국사회는 부정선거와 발포사건에 관련된 경찰들의 처벌과 경찰 개혁에 대한 사회적 공감대가 형성되었고, 이를 구체적으로 실현하려고 시도한 시기였다. 그러나 사회적 분위기와는 달리 경찰 개혁과 관련한 허정 과도정부의 입장은 유보적이었다. 혁명적 시기에 '비혁명적인 방법'으로 처리할 것을 공언한 허정 과도정부는 경찰에 대한 인적 청산을 하려는 의지가 부족하였다. 국립 경찰의 '정치적 중립화'와 '민주화'의 영역에서도 허정 과도정부는 경찰의 현존 기본 골격은 그대로 유지한 채로 꼭 필요하고 가능한 변화만을 추구하는 기본 정책을 적용하였다.(한승주, 1983, 65~66쪽)

4월혁명 이후 허정 과도정부는 경찰 내부에서도 가장 문제가 되었던 사찰과를 대공과로 개칭하고, 대학 졸업생 500명을 '학사경관'으로 뽑아 경찰로 양성할 것을 구상하였다.(『조선일보』 1960년 4월 29일자) 그러나 허정 과도정부는 제도적 개혁만을 제시했을 뿐 가장 중요한 인적 청산의 문제에 대해서는 유보적인 태도를 취하였다. 내무부장관 이호는 4월 29일 취임 후 첫 번째 기자간담회에서 국회를 도와 경찰 중립화 입법을 추진하며, 발포한 경찰관들을 조사하여 처벌하겠다고 했다. 또 여론이 경찰의 행위를 비판하며 부정선거 및 발포사건에 관련된 경찰관들을 처벌할 것을 요구하자, 4월 30일 조인구 치안국장 및 유충렬 서울시경국장, 장수복 경찰전문학교 교장 등 이사관급 고위 관료를 비롯하여 치안국 6개과장, 9개도 경찰국장, 그리고 이승만의 경호책임자였던 경무대경찰서장 곽영주, 전경남경찰국장 최남규, 경찰전문학교 교감 최병용 등 경무관급 경찰 관리 등 경찰 수뇌부 인사들이 모두 사표를 제출하였다.(『조선일보』 1960년 4월 30일자)

경찰 개혁, 그중에서도 인적 청산 문제에 대한 허정 과도정부의 입장을 극명하게 보여준 것은 1960년 5월 3일 서울시경국장을 비롯한 치안국 각 과장과 지방 경찰국장에 대한 인사이동이었다. 이날 내무부는 경찰 수뇌부급에 대해 인사이동을 단행했는데, 이 인사이동은 경찰 수뇌부 숙청을 기대하는 여론의 바램과는 정반대의 방향으로 진행되었다. 내무부는 조인구 치안국장을 비롯해 일선 경찰서장으로 근무하며 시위진압과 발포를 지휘한 인물들을 경찰 수뇌부에 재등용하였다. 내무부의 인사안이 발표되자 곧바로 여론의 비판을 받았다. 민주당 원내총무 김의택 의원을 비롯한 민주당 소속 의원들은 내무부로 달려가 무원칙한 인사를 철회하도록 요구하며, 철회되지 않을 때는 내무부장관을 불신임하겠다고 비판하였다.(『조선일보』 1960년 5월 4일자) 결국 내무부는 이날의 인사이동을 채 하루도 지나지 않아 철회하였고, 며칠 뒤 다시 경찰 수뇌부에 대한 인사를 단행하였다.

국회와 여론의 비판 때문에 내무부는 5월 5일 "1. 일제시대에 경찰관을 하지 않은 자, 2. 3·15선거 이후 4·19 사태까지 사이에 일선 경찰서장과 경찰국 경무 경비 사찰 등 각 과장을 역임하지 않은 자, 3. 고등고시에 합격한 자, 4. '전문학교' 이상 졸업의 학력소유자, 5. 최인규 전 내무부장관에 의하여 한직으로 물러난 자, 즉 공무원 훈련소로 전출된 대기자와 경찰전문학교 근무가 된자, 6. 일반 민중에게 원한을 사는 일을 하지 않은 자"를 임용하겠다는 인사원칙을 발표하였다. 이어 5월 6일 철회된 경찰국장급 인사가 다시 이루어졌다. 이날의 인사는 총경급 17명을 경찰국장 및 치안국 과장급으로 임명하였다. 서울시경국장에는 정태섭 변호사를 임명하였고, 해방 이후 경찰에 들어온 자, 고시합격자 6명을 포함해 전문대학 졸업자 등으로 3·15부정선거와 4·19 시기에 시도 사찰과장과 일선 서장 그리고 발포지구의 경비과장을 지내지 않았으며 총경 근무 2년 이상인 자들을 대상으로 하였다.(『조선일보』 1960년 5월 7일자) 5월 11일 치안국은 "1. 일선 경찰은 후방으로, 후방은 일선 경찰로 교체됨이 원칙이다. 사찰계장은 그의 소속을 다른 시도로 전출된다. 3. 기타의 경감 등은 그의 소속 경찰서를 바꾸게 된다. 4. 경위는 지금까지 맡았던 전문부서에서 다른 전문부서로 바꾸어진다.……"는 내용의 재배치요강을 발표하여(『조선일보』 1960년 5월 11일자) 4·19 이후 마비상태에 빠진 경찰의 재건방향을 제시했다.

이 같은 배치요강이 발표될 즈음 각 시도 경찰에 대한 인사이동이 이어졌다. 전남도경찰국은 경사 57명을 이동시켰고, 경북도경찰국은 경감 66명을 이동시키고 사찰계 경감 7명은 대기 발령시켰다. 5월 10일 경북 선산경찰서 46명의 순경들이 상사인 최주석 경감 성토대회를 열었는데, 다음날 경북도경은 최주석 경감을 고발키로 하고, 사찰, 수사, 경무, 보안 등 4개 부서의 주임들을 대기발령시키는 한편, 성토대회

주동자 4명도 대기 발령시켰다. 5월 13일 서울시경은 경감(일선 경찰서 계장급) 77명을 이동 발령시켰다. 한편 5월 13일 치안국장은 각 시도 사찰과장과 발포 지구 서장들의 자진 사퇴를 종용하였다. 그리고 사표를 제출하지 않을 때는 선거법 위반 및 살인죄로 입건하겠다는 방침을 밝혔다.(『조선일보』1960년 5월 13일자) 치안국은 대기발령 중이던 총경 35명에게 사표를 받고, 그 빈자리를 경감들을 승진시켜 채울 예정이었다.(『조선일보』1960년 5월 23일자)

그러나 이 같은 경찰 재배치와 이동은 여론을 제대로 반영하지 않았던 까닭에 곧바로 경찰 내외부의 비판에 직면하였다. 서울시경의 이동에 대한 문제제기가 있었고, 일반 여론의 비판도 계속되었다. 이에 정태섭 서울시경국장도 "잠정적인 인사조치이며 내 자신도 불만스럽게 생각하고 있다"며, 잘못이 있다면 시정할 것이라고 했다.(『조선일보』1960년 5월 14일자) 또 충북도경이 단행한 인사이동에 대해 평판이 나쁜 자들이 모두 영전했다는 평가가 있는데(『조선일보』1960년 5월 17일자), 이 평가처럼 이 시기 경찰의 이동은 원래의 의도와는 상관없이 잘못이 있는 경찰관들에게 면죄부를 주는 결과를 낳는 경우도 있었다. 또 5월 30일 총경 승진 인사에서 23명이 승진했는데, 이들 중 한명은 부정선거에 직접 관련이 있는 독찰반[4] 출신이었다.(『동아일보』1960년 5월 31일자) 이후 7월 12일 총경급 17명을 새로 배치함으로써 4·19이후 불었던 경찰의 인사이동은 일단락되었다.(『조선일보』1960년 7월 13일자) 이렇듯 과도정부의 경찰 개혁, 그중에서도 인적 청산은 임시적인 조치에 불과하였고, 결과적으로 이 문제는 장면 정권이 처리해야 할 새로운 문제로 남게 되었다. 이 때문에 장면 정권은 1960년

---

[4] 원래 경찰 독찰반은 1959년 4월 3일 범죄의 발호를 막기 위해 내무부와 서울시경이 일선 경찰서의 불량배 단속을 감독할 목적으로 편성하였다.(『동아일보』1959년 4월 3일자) 그러나 3·15부정선거가 자행되는 과정에서 독찰반은 부정선거를 독려하는 기능을 하는 기관으로 변질되었다.

9월 1일부터 11월 30일까지 4,500명의 경찰을 숙청하였다.(한승주, 1983, 152~159쪽) 계속된 숙청에도 3·15부정선거의 독찰반 중 한 명이었던 김덕호가 서울시경 부국장에 임명되는 등 경찰 재배치와 이동은 여전히 많은 문제를 안고 있었다.(『조선일보』 1961년 3월 5일자)

부정선거 및 발포사건 관련자들에 대한 재판은 처벌을 요구하는 국민들의 바램과는 정반대의 방향으로 진행되었다. 10월 8일 서울지법은 홍진기(전 내무부장관), 조인구(전 치안국장), 곽영주(전 이승만 대통령 경호실장), 신도환(전 반공청년단장) 등에게 무죄평결을 내렸다. 발포사건의 배후로 지목된 인물들에 대한 법원의 평결은 발포사건 관련 하급 경찰관들이 실행을 받았던 판결과 비교하면 파격적이었다. 이보다 한 달 가량 앞선 9월 13일 내려진 판결에서 '김천발포사건'의 피고 4명은 살인죄를 적용해 징역 15년형(구형은 사형)이 선고되었다.(『동아일보』 1960년 9월 14일자) 또 병보석으로 풀려난 전 내무부차관 장경근은 일본으로 도피하였다. 특히 장경근의 일본 도피에는 경찰이 개입되었고, 결국 이 사건 때문에 내무부장관과 치안국장이 책임을 지고 사퇴하였다. 법원의 판결과 장경근의 일본 도피 때문에 여론의 비판이 터져 나왔다. 이후 국회는 곧바로 부정선거 및 발포사건 관련자들을 처벌하기 위해 헌법을 개정하고 특별법을 제정하였다. 새로 만들어진 4월혁명 관련 법규에 따라 부정선거 및 발포사건 관련자들에 대한 재조사와 공민권 제한이 이루어졌다.[5] '반민주행위자 공민권 제한법 시행령' 부칙에는 사찰주임 및 형사주임 해당자표가 정리되어 있다.(六一會 編, 1992, 313~314쪽)

그러나 특별법에 의해 설치된 특별검찰부의 활동에 대한 반발은 경찰 내부로부터 터져 나왔다. 특별검찰부의 수사가 부정선거 독찰반에

---

[5] 4월혁명 관계 법규와 공민권 제한자 명단은 六一會 編, 1992, 297~478쪽을 참고할 것.

미치자 경찰이 수사에 협조하지 않는 분위기가 생겨났다. 1961년 2월 현재 부정선거 독찰반 간부급 63명 중 8명만이 경찰을 떠난 상태였고, 나머지는 현직에 있었다. 특히 부정선거와 관련해 영장이 청구된 경찰 간부들 중 심재순(제주도경찰국장), 이선하(서울시경 부국장), 박양호(경찰전문학교 교수) 등 경무관 3명은 모두 도피하였다.(『동아일보』1961년 2월 10일자) 그리고 특별 검찰부가 각 수사기관에 수배자들을 구속할 것 등을 요구하는 수사지휘를 내렸으나, 서울시경은 행정상 통고를 받지 않았다며 수사에 착수하지도 않았다. 1961년 1월 12일 활동을 개시한 특별검찰부는 2월 28일까지 44일 동안의 수사를 통해 24명을 구속기소하고, 181명을 기소중지 조치하였다.(『조선일보』1961년 3월 5일자) 결과적으로 특별검찰부의 활동은 일반의 기대에 미치지 못했다. 이 때문에 당시 언론은 특별검찰부의 활동에 대해 "송사리급 30여 명만을 구속기소"하고 "정치적 압력에 굴복하여 거물급에 대하여는 손을 대지 못하였다"고 비판하였다. 특히 경무대 앞 발포사건의 명령자로 지목된 홍진기(내무부장관), 조인구(치안국장), 곽영주(경무대 경찰서장) 등에 대해서는 수사조차 제대로 하지 못하였다.(이정식, 1975, 272~276쪽)

한편, 4월혁명 직후 제기된 경찰 간부들에 대한 숙청 요구도 제대로 수렴되지 않았다. 앞에서 살펴본 바와 같이 경찰에 대한 숙청과 인사 이동이 이루어졌으나, 얼마 지나지 않아 이를 뒤집는 일들이 발생하였다. 장면 정권 아래에서 치러진 경찰 간부 전형시험을 통해 부정선거에 협력했던 경찰 간부들이 재임용되는 일이 발생하였다.(『동아일보』1960년 9월 20일자) 이에 민의원에 경찰 간부 인사를 시정할 것을 요구하는 내용의 건의안이 제출되었다. 이 건의안을 발의한 정남규 의원에 따르면, 3·15부정선거 및 발포사건에 관련된 인물들이 대거 경찰 간부 전형시험에 응시해 합격하였다. 그러나 이 제안은 행정부의 소관사항이며 월권이라는 반대의견에 부딪혔고, 정남규 의원은 건의안을 제출하는 것이 국회의원의 권한 밖이라면 국민여론에 따라 국회에서 건의안을 채택할 것을 주장하였다. 하지만 이 건의안은 국회에서 통과되지 못한 채 부결되었다.(『제5때 민의원 속기록』 제37회 제17차 본회의, 1960. 9. 21 ;『조선일보』 1960년 9월 21일자) 경찰 인사와 관련해 국민여론과는 상관없이 반대의 명분에 가로막혀 국회를 통과하지 못한 것이었다.

이 시기 경찰 개혁을 제도적으로 완수하기 위해 진행해야 할 일은 경찰 중립화를 보장할 수 있는 법률을 개정하는 것이었다. 경찰 중립화는 4월혁명이 발생하기 전인 이승만 정권기 내내 야당이 제기한 문제였다. 그러나 당시 야당의 요구는 이승만 정권의 거부로 실현되지 못하였다. 4월혁명 이후 경찰 중립화는 시대적 요구이자 국민들의 바램이었다. 즉 경찰의 정치개입에 따른 부정선거와 이어진 경찰의 발포로 인해 많은 국민들이 희생되었으므로, 또다시 경찰이 국민들을 향해 발포하는 것을 예방하기 위해서라도 시급하세 실현되어야 할 시대적 과제였다. 제4대 국회의 경찰중립화법안기초특별위원회 위원장 김선태 의원은 경찰법 제정의 의의를 "경찰이라고 하는 것은 집권당의 사병이 되지 아니하도록, 정치의 도구가 되지 아니하도록 이것(경찰중립화법 – 인용자)을 마련하는 것이 조급한 과업이다"라며 경찰중립화 법률안 제정이 시급한 과제임을 밝혔다.(『제4대 민의원 속기록』 제35회 제32차 본회의, 1960. 6. 9)

허정 과도정부도 사안의 심각함과 시급성 때문에 경찰 개혁을 중요한 문제로 취급하였다. 4월 28일 과도정부 수반 허정은 주한미대사 매카나기와 만난 자리에서 미국의 지원이 필요하다고 믿는 세 가지 점을 제기하였다. 내각 개조, 한일관계 개선과 함께 경찰 개혁의 문제를 언급하였다. 허정은 완전히 다른 토대 위에서 경찰을 개혁할 것이며,

육군 특무부대(ROKA/CIC)를 재조직할 것이라고 하였다. 이 같은 허정의 입장에 대해 미 대사는 이 문제를 토의하려고 미국인 고문 모이어(Moyer)와 맥그루더가 회합할 것이며 그 외 다른 문제들도 토의할 것이라고 답하였다.(United States, 1994, 648~649쪽) 이후 미국인 자문관 엥글과 씨로는 '경찰 중립화'를 실현할 방안을 마련하는 연구에 착수해 "파당적 정치활동으로부터 국립 경찰을 중립화 시키는 일(NEUTRALIZATION OF THE NATIONAL POLICE FROM PARTISAN POLITICAL ACTIVITY)"이라는 경찰개혁안을 만들어 7월 7일 내무부장관 이호에게 제출하였다. 이 개혁안은 다음과 같은 요지의 내용을 담고 있다. 경찰과 일반 시민들이 이구동성으로 "경찰이 파당적 정치활동에서 앞으로는 전적으로 독립해야 한다는 의견을 표명"했다는 점을 전제로 하고, 경찰 수뇌부의 빈번한 인사이동과 다른 운용에 대한 각기 다른 원칙이 제약적 영향을 미친다고 분석하였다. 그리고 대통령 직속으로 정치적으로 독립적이며 교열적 임기제(1년)의 위원 6인(투표권을 갖지 않는 위원장을 포함)으로 구성된 국가공안위원회를 설치할 것과, 국가공안위원회는 정책 수립과 경찰관 임면 등의 임무를 갖는 대신 경찰 운영에는 참여하지 않도록 하고, 경찰 경험이 풍부한 최고 행정관을 별도로 둘 것을 제안하였다. 이 개혁안은 행정 및 사법부가 중앙집권화된 상황에서 경찰을 지방분권화 하는 것에 반대하였다. 중앙과 마찬가지로 도 단위에 공안자문위원회를 설치할 것을 제안하였다. 또 경찰의 급료를 인상해줄 것을 제안하였다. 즉 경찰이 그 기능을 제대로 발휘하기 위해서는 외부로부터 얻는 수입에 의존하지 않아도 될 만큼 급료가 인상되어야 한다는 것이다. 이와 함께 퇴직수당을 보장하여 젊고 용감한 경찰력을 확보하고자 하였다. 경찰의 임무 중 한 가지로 공산주의자들의 파괴로부터 치안을 유지할 조치를 취하도록 권고하였다. 즉 사전에 공산주의자들의 파괴를 탐지하고 조사하며 무력화 할 수 있는 조사능력을 보유할 필요가 있다는 것이다. 동시에 경찰의 폭동진압훈련을 제안하였다. 이는 경찰이 대규모 폭동을 제압하고 민중 소요를 억제할 능력을 가지는 것을 의미하였다. 경찰 인원으로 33,000명은 많지 않은 것으로 인식하고 훨씬 많은 인원이 필요하다고 제안하였다. 전체적으로 미국인 고문관의 제안은 경찰 중립화를 실현할 국가공안위원회 설치, 경찰의 임금 인상, 공산주의자들의 파괴활동을 분쇄할 조사능력 및 시위에 대처할 폭동진압훈련 실시, 경찰 인원 증원 등을 제안하였다. 그런데, 4월혁명 후 미국은 경찰 중립화를 중요한 문제로 인식하면서도 경찰의 사기 저하로 인해 대규모 대중 시위에 효과적으로 대처할 수 없다는 것을 우려하였다. 그런 까닭에 미국은 경찰을 대신해 육군이 질서유지에 가장 중요한 세력이 될 것으로 인식하였다.(국가기록원 편, 2006, 28~29쪽)

국회에서도 4월 28일 6개항—전국 학도에게 감사문을 낼 것, 국가보인법 환원, 지방자치법 환원, 부정선거를 방지할 수 있는 제 선거법 개정, 경찰중립화법 제정, 군정법령 58호 및 88호 폐지—을 결의하였다.(『조선일보』 1960년 4월 28일자) 이렇듯 경찰 중립화는 4월혁명 이후 시급하면서도 중대한 과제이자, 국민과 정부 그리고 국회가 합의한 과제였다. 그리고 이것을 실현시키는 제도적 장치를 마련하려는 시도는 행정부와 국회 그리고 미국이 동시에 진행하였다.

국회는 5월 14일 경찰중립화 법안 요강을 발표하였다.(『동아일보』 1960년 5월 15일자) 이 요강의 요지는 '국가 경찰 일원화, 경찰 직무의 한계를 국민의 생명·신체·재산 보호, 범죄의 예방수사, 범인 체포 및 공안 유지로 제한, 경찰 시험제도만 실시(전형 제도 폐지), 도경찰 책임자의 임용자격은 변호사 자격자에 한정, 공안위원회제 신설(서울과 각도에 설치), 중앙 공안위원회는 국무총리 관할하에 경찰관 임면 및 경찰 사무의 일반적 지휘, 도 특별시의 공안위원은 5명으로 하고 법관·대학교수·변호사·도지사와 의회의 승인을 얻어 임명, 경찰대학원과 경찰학교 설치, 경찰관의 정년제 실시, 검찰총장이 경찰 간부의 무능 부정부패 및 정치적 중립성을 유린하는 처사를 견제' 등이었다. 이 요강에 대해 5월 21일 '경찰중립화법안' 공청회가 열렸는데, 경찰을 국가경찰로 일원화 할 것인가와 국가경찰과 지방경찰로 이원화 할 것인가를 놓고 의견이 대립하였다.(『동아일보』 1960년 5월 22일자) 국회경찰중립화법안기초특별위원회는 국가경찰로 일원화 하는 데 원칙적으로 합의하였다.

그러나 경찰중립화 법안은 제4대 국회가 종료됨에 따라 회기 내에 통과하지 못한 채 장면 정권의 과제로 넘겨졌다. 허정 과도정부는 총 30개 조항과 부칙으로 구성된 '경찰중립화법안'을 입안해 국회에 제출하였다. 민의원은 '경찰중립화법안'에 대한 공청회를 개최하였지만, '경찰중립화법안'은 민의원에서 한 차례 독회만 거친 채 제4대 국회를 통과하지 못하고 장면 정권으로 넘어갔다.

장면 정권은 총리 직할의 공안위원회로 하여금 새로운 경찰법안을 기초케 했다.(『동아일보』 1960년 8월 28일자) 하지만 법안을 기초하는 과정은 순탄치 못하였다. 제4대 국회에서 이미 성안한 경찰 법률안은 장면 정권이 들어선 직후 새롭게 논의가 시작되었다. 그러나 경찰중립화법안을 둘러싼 이견은 장면 정권 내부에서부터 터져나왔다. 내무부는 경찰지휘권을 경찰에게 맡기자는 입장인 반면, 법무부는 현행대로 검찰에게 지휘권을 주자는 안이었으며, 지방경찰 지휘를 도지사에게 맡기자는 입장과 경찰로 일원화하자는 입장이 팽팽하게 맞섰다.(『동아일보』 1960년 12월 23일자)

장면 정권의 입장과는 별도로 제5대 민의원은 경찰중립화법 기초특별위원회를 구성해 제4대 국회에 제출되었던 경찰중립화법을 30여 차례 검토하였다. 그리고 1961년 4월 16일 전체회의에서 합의하였다. 그런데 경찰중립화법 기초특별위원회 전체 회의에서 합의가 이루어졌을 무렵 장면 정권은 새로운 제안을 내놓았다. 장면 정권의 제안은 공안위원회 구성을 둘러싼 문제 제기였다. 장면 정권은 공안위원회의 위원을 6명으로 하고, 국회 교섭단체 중 제1당과 제2당이 한 사람씩 추천하고, 나머지 3명은 국무총리가 임명하며, 위원장은 정부 각부 장관이 아닌 국무위원으로 보직하도록 한다는 것이었다.

정부의 제안은 곧바로 민의원 내무위원회 소속 야당 의원들로부터 비판을 받았다. 김창수 의원은 "한번 정권을 잡고 보니까 경찰 중립화가 필요하지 않다고 생각하는 게 아닌가 생각됩니다. 그래서 될 수 있으면 무엇인가 구실을 보태서 경찰중립화안이 통과가 되지 않도록 하기 위해서 무슨 수단을⋯⋯" 쓴다며, "그동안 가만있다가 내무위원회 7인위원회가 안을 만들어 놓으니까 그제야 뚱딴지같은 안을 만들어가지고 나"왔다고 비판하였다. 나아가 "(정부가-인용자) 이 안대로 통과시킬 의도가 아니라 자꾸 쓸데없는 지연을 시키고, 그래서 그대로 4년 동안 이 제도대로 유지해나갈 마음이 아니신가"라며 강력 반발하였다. 제4대 민의원 시절부터 경찰 중립화 법안을 심의했던 김의택 의원은 정부안에 대해 "질문할 흥미조차 없다"며, "이것(정부 제안-인용자)은 틀림없이 통과 안 시키기 위한 정부의 책동"으로 규정하였다. 그는 또 이것을 통과시키고 싶다면 24파동과 같은 것이라도 일으켜 해보고, 그렇지 않다면 국민들을 납득할 수 있는 법안을 제안하라고 비판하였다.(『제5대 민의원 속기록』 제38회 제37차 본회의, 1961. 4. 25) 정부의 제안은 민의원 본회의에서도 경찰을 중립화시키는 것이 아니라 집권당의 사병화 시킬 우려가 있다는 비판을 받았다.(『제5대 민의원 속기록』 제38회 제59차 본회의, 1961. 4. 27) 당시 야당 의원들의 비판처럼 장면 정권의 제안은 경찰이 정권의 사병화 되는 것을 방지한다는 경찰 중립화의 취지를 무색케 하는 것이었다.

한편 국회에서 경찰 중립화 법안을 토의하는 사이, 경찰 내부에서 법안의 취지를 무색케 하는 반응이 터져 나왔다. 치안국장은 기자들과 만난 자리에서 경찰은 중립화 되었으므로 '공안위원회'가 필요 없다며 경찰중립화 법안의 근본취지를 부정하였다.(『동아일보』 1961년 2월 20일자) 그 뒤 장면 정권은 1961년 4월 20일 경찰중립화법안을 대신해 '공안법'을 기초하였고, 신민당은 이에 대해 "말로만 경찰 중립화"라고 비난하였다. 결국 경찰 중립화를 위한 법안 제정은 4월혁명 이후 중요한 과제였음에도 불구하고 경찰 중립화에 대한 정확한 합의도 도출하지 못한 채 5·16쿠데타가 터졌다. 5·16쿠데타 직후 쿠데타 세력은 경찰 책임자와 핵심 보직에 현역 군인들을 임명하였다. 내무부 치안국장에는 조흥만과 이소동 등 현역 군인들이 임명되었다. 국가재건최고회의는 6월 16일 각 도 경찰국장에 중령 이상급 현역 군인들을 임명하였으며,[6] 7월 25일에는 각 도 경찰국 정보과장에 현역 소령을 배치해 경찰의 치안권과 정보망을 장악하였다. 이로써 4월혁명 직후부터 계속되었던 경찰의 정치적 중립화는 아무런 소득 없이 끝이 났다.

2) 4월혁명 직후 정군운동의 전개와 성격

4월혁명 직후 한국군 역시 새로운 변화에 직면하였다. 경찰과 달리 군대는 3·15부정선거에 조직적으로 개입하지 않았으며, 4월 19일 이후에도 국민들을 향해 발포하지 않았다. 오히려 경찰이 발포하는 동안 군은 질서를 유지하는 역할을 수행하였다. 그런 까닭에 4월 19일 계엄령이 선포되고 군대가 치안을 유지하는 권한을 행사했음에도 불

---

[6] 각 도 경찰국장에 임명된 군인들은 강원도 경찰국장 정오경 육군 중령, 충북 경찰국장 박도민 육군 중령, 충남 경찰국장 육군 중령 김일수, 경북 경찰국장 이강래 육군 중령, 전남 경찰국장 육군 대령 이강대, 제주도 경찰국장 해병 중령 고윤석, 경남 경찰국장 육군 중령 이용기 등이다.

구하고 국민들의 비판을 받지 않았다. 오히려 계엄군은 국민들로부터 경찰을 대신해 치안과 질서를 유지할 수 있는 거의 유일한 공권력으로 인정받았다. 이 때문에 군은 4월 19일 이후 경찰을 대신하여 치안을 유지하고 학생들과 함께 경찰서를 경계하였다.

이 같은 분위기에도 불구하고 군대 역시 몇 가지 점에서 4·19 이후 새로운 변화를 맞이하고 있었다. 무엇보다 먼저 경찰과 비슷한 문제가 제기되었다. 군대 또한 3·15부정선거와 관련된 책임자 처벌 및 이승만 정권기에 벌어진 과거사 청산의 문제가 제기되었다. 군에서는 3·15부정선거의 책임을 물어 육군 특무대장 하갑청 소장과 제6관구사령관 엄홍섭 소장의 사표를 수리하였고, '김성주 살해사건'의 주범인 헌병총사령관 원용덕을 현직에서 파면한 뒤 군법회의에 회부하였다. 그러나 몇몇 책임자 처벌만으로 이승만 정권기에 쌓였던 군대의 문제를 해결할 수는 없었다. 5·16쿠데타 직후 백선엽이 지적했던 것처럼 1960년 부정선거에서 이기붕을 지지하려는 상급 장교들의 친 정부적 행동은 상급 장교와 하급 장교들의 불신을 초래하였다.(대사관 전문 739, May 24, 1961, 4 p.m.., From Tapei To Secretary of State, 795B.00−2−661) 하급 장교들은 상급 장교들의 친이승만적 성향과 부하들에게 길을 열어주지 않는 태도에 불만을 갖게 되었고, 이것은 하급 장교들이 상급 장교들의 퇴임을 요구하는 것으로 귀결되었다.

군부의 불안한 분위기를 감지했던 허정 과도정부는 고위급 장성들을 퇴임시켜 문제를 해결하려고 시도하였다. 과도정부 수반 허정은 주한 미대사 매카나기와의 대화에서 '고령의' 장성들을 퇴임시켜 젊은 장교들에게 길을 열어주고, 고위급 장성들을 순회 대사직에 임명하려는 의도를 가지고 있다고 했다. 이에 대해 매카나기는 상급 장성들의 퇴임이 군 수뇌부에까지 적용되지 않기를 바란다는 점을 강조하였다.(「대화비망록 : 대한민국 군대와 미국의 태도에 대한 허정의 언급

(1960. 5. 3)」795B.5−560) 그럼에도 불구하고 육군 대장 백선엽과 유재흥 중장이 사퇴하였고, 백선엽과 유재흥은 각기 주대만 대사와 주태국 대사로 발령났다.

4월혁명을 전후한 시기에 군부의 정치참여 문제가 본격 제기되었다. 4·19 때 공포된 계엄령을 이용하여 군정을 수립하자는 방안이 군 내부에서 제기되었다. 계엄사령관인 육군참모총장 송요찬에게 군부 내의 다양한 세력들이 군정 수립을 제안하였다. 최홍희는 미국 유학을 마치고 4월 28일 귀국하여 송요찬에게 '군정' 수립을 권유하였고(최홍희, 2000, 425~426쪽), 당시 국방대학원생이던 백남권도 송요찬에게 군정을 실시하자고 주장하였다.(한국정신문화연구원 한민족문화연구소 편, 2001, 214~215쪽) 4·19 직후 서울지역 계엄사단장(제15사단장)이었던 조재미 준장은 한 신문기자와의 비공식 회견에서 "4·19 직후 군부에서 쿠데타를 일으키려는 음모가 있었으며 모 장성급 인물이 정권을 장악하려 했다"고 폭로하였다.(『민족일보』 1961년 5월 4일자)

이 같은 불안정한 군부의 상황은 장면 정권 아래에서도 변하지 않았고, 군부에는 박정희와 족청계의 쿠데타설이 널리 퍼져있었다. 군부 내의 족청계는 군부 내에서 무시 못할 세력을 형성했기 때문에 일찍부터 관심의 대상이었다. 강영훈, 김웅수, 박병권, 박임항, 안춘생, 최영희, 최석, 최주종, 이준식, 안동준, 이형석, 박영준, 유해준, 정강 등이 족청계로 분류되었다. 이들 중 몇 명이 5·16 쿠데타 당시 서울 인근 부대 사단장들이었다. 동두천의 제9사단장 박영준, 양평의 제8사단장 정강, 제6군단장 김웅수 등이 그들이다. 쿠데타를 일으켰을 때 이들이 조직적으로 반발하여 진압작전에 나서면 그 성공을 장담할 수 없는 상황이었다. 김웅수와 정강은 실제로 쿠데타가 발생했을 때를 대비해 진압작전을 계획하기도 했다. 그렇기에 족청계는 박정희 계열과 함께 군 수사기관의 주목대상이었으며, 족청계를 견제하기 위해

쿠데타 세력은 족청계의 쿠데타설을 계획적으로 유포하였다. 유원식은 제9사단장인 박영준을 찾아가 "최소한 적대행위만은 않겠다"는 약속을 받아냈다. 육군대학에 있던 정문순은 족청계의 쿠데타설을 유포하였고, 장태화도 1961년 3월 초순경 장면 총리의 자문 역할을 하던 김철규 신부와 민주당 부여을구 위원장 유상근을 통해 족청계의 쿠데타설을 유포하였다.(유원식, 1986, 274쪽) 1961년 3월 506방첩대장 이희영은 박정희가 족청계의 박병권 소장을 만났다는 정보를 입수하였다. 방첩대는 계속 족청계와 박정희에 대한 조사를 계속 진행하였고, 마침내 박정희의 쿠데타 계획의 전모를 파악할 수 있었다. 하지만 육군 참모총장 장도영의 묵인 아래 덮어 두었다.(이영신, 1984, 141~143쪽) 족청계에서 박임항과 최주종이 5·16쿠데타에 참여하였지만, 나머지 인물들은 쿠데타에 적극 반대하거나 중립을 지켰다. 5·16쿠데타 발발 당시 육군참모총장이던 장도영은 족청 쿠데타설의 진위를 묻는 장면 총리의 물음에 조사 중이라고 답변했으며, 장태화의 역정보로 5·16쿠데타의 발생을 몰랐던 것으로 회고하였다.(장도영, 2001, 284~285쪽)

4월혁명을 전후해 군부 일각에서 정치에 참여하려는 동향이 있었으므로, 과도정부 국방부장관 이종찬은 제헌절을 맞이하여 중앙청에서 3군 참모총장과 해병대사령관 등 각 군 주요 지휘관을 모아 군의 정치적 중립을 강조하는 '헌법준수식'을 치렀다.

이러한 상황에서 쿠데타 주도세력의 활동이 본격화되기 시작하였다. 박정희와 육군본부의 장교들은 이미 4·19가 발생하기 전부터 쿠데타를 계획하였다. 이들은 파키스탄, 미얀마, 터키 등 다른 나라의 군부쿠데타의 사례를 연구하며 조심스럽게 쿠데타의 가능성을 타진하였다.(대사관 전문 1581, May 24, 1961, 6 p.m.., From SEOUL To Secretary of State, 795B.24−561 ; 이낙선, 『5·16군사혁명실기』 1, 24쪽)

5·16쿠데타 주역들은 당시 육군참모총장인 송요찬 중장을 찾아가 '육군사관학교 생도의 시위' 등 구체적인 계획을 이야기하며, 그에게 정권을 잡을 것을 권유하였다. 그러나 송요찬이 거절하자 소장 장교들은 송요찬 퇴진운동인 정군운동을 벌였다.(홍석률, 2000, 58쪽에서 재인용)

5월 2일 박정희가 송요찬에게 보낸 편지로부터 촉발된 정군운동은 육군본부에 근무하는 육사 8기 출신의 주도 아래 이루어졌다. 이들은 5월 8일 '연판장 사건'을 일으키며 송요찬 육군참모총장의 사퇴를 촉구하였고, 그로 인해 송요찬 육군참모총장은 사퇴하고 그 후임으로 최영희 중장이 임명되었다.(『조선일보』1960년 5월 24일자) 장면 정권이 출범한 뒤 8월 29일 최영희 육군참모총장을 연합참모총장에 임명하고, 후임 육군참모총장에 최경록 중장을 임명하였다.(『조선일보』1960년 8월 29일자) 정군운동을 주도한 세력들은 이후로도 계속적인 정군을 주장하였다. 이들은 최영희 연합참모본부총장이 초청한 미 국방부 군수국장 팔머의 성명의 경위 해명과 최영희의 사퇴를 요구하였고, 결국 이들의 요구에 따라 최영희 연합참모본부총장이 사퇴하였다. 하급 장교들의 정군운동은 정군 문제를 둘러싼 한미 간의 대립을 불러일으켰다.(국가재건최고회의 한국혁명사편찬위원회 편, 1963, 195~196쪽) 맥그루더 유엔군 사령관을 비롯하여 방한한 팔머나 화이터 등의 미 고위급 장성들은 하급 장교들의 정군운동이 한국군에서 경험 있는 장교들을 잃게 하고 한국군 통솔에 지장을 준다는 입장에서 반대하였다. 맥그루더는 송요찬이 사임한 직후 성명을 발표해 정군운동에 대한 자신의 입장을 밝혔다. 이 성명에서 맥그루더는 송요찬의 사임을 "매우 섭섭하게 생각하며", 최영희 중장이 육군참모총장에 임명된 것을 "환영한다"고 했다.(『동아일보』1960년 5월 22일자) 이후 그는 노골적으로 정군운동에 반대하였다. 미 국방부 군수국장 팔머는 1960년 9월

21일 한국을 떠나며 "한국의 유능하고 훌륭한 고급 장성들이 하급 장성들의 선동에 억지로 퇴역을 당하고, 현직에 있는 장성도 이러한 상태가 계속되지 않을까 초조와 불안에서 싸여있는 것을 발견했다"며 정군운동에 반대하는 입장을 밝히며, 장면 정권의 감군정책에도 비판적인 입장을 내비쳤다.(『조선일보』 1960년 9월 21일자)

팔머의 성명에 대해 육군참모총장 최경록은 '내정간섭'이라며 강하게 반발한 뒤, 정군은 한국군의 "(발전에－인용자)당연한 과정"이며 지속적으로 정군을 추진해야 한다고 주장하였다.(『동아일보』 1960년 9월 22일자) 이에 대해 유엔군사령관 맥그루더는 자신은 팔머와 같은 생각이며, "건설적인 충고를 하는 행위를 대한민국의 주권을 침해하는 것"으로 생각하지 않고 오히려 의무로 생각한다고 발언하였다.(『동아일보』 1960년 9월 23일자) 유엔군사령관의 경고에도 불구하고 최경록 육군참모총장은 자신의 자리를 걸고서라도 "주권 수호에 힘을 다하여 부정 장성 및 장교를 축출하겠다"는 입장을 밝혔다.(『동아일보』 1960년 9월 24일자)

9월 26일 최경록 육군참모총장은 현역 육군 중장을 소집해 중견 장교들의 동향을 논의한 뒤 장면 총리를 방문하였다. 다음날 국방부는 10월 1일부터 철저한 정군을 단행하겠다는 방침을 육군에 시달하였다. 9월 30일 군 당국은 연내로 부정선거와 부정축재 관련 장성들을 모두 예편시키겠다고 발표하였다. 그러나 미국측의 요구로 최영희 연합참모본부장의 퇴진으로 정군운동은 일단락되고, 오히려 상급 장교의 퇴진을 요구한 16명의 장교들이 징계위원회에 회부되어 징계를 받았다. 주모자인 김종필 중령과 석정선 중령은 군법회의에 회부되지 않는 조건으로 예편하였다.(한국정신문화연구원 편, 1998, 106~108쪽)

이후 최경록 육군참모총장은 정군운동이 미국의 반대로 무산되자 12월 2일 사의를 표명하였다.(『동아일보』 1960년 12월 4일자) 결국 계속적인 정군과 군인들의 하극상과 정치 참여를 경고했던 최경록 육군 참모총장은 1961년 2월 17일자로 경질되어 제2군사령관에 전보되었다.(『동아일보』 1961년 2월 17일자) 후임 육군참모총장 장도영 중장은 군대 내에서 '이기붕의 양자'로까지 알려졌으며 직접적인 정군 대상자로 지목되었으나, 미국측의 강력한 반대로 예편되기 전에 구제되어 육군참모총장으로 승진하였다. 육군참모총장 경질은 국회에서도 문제가 되었다. 민의원 국방위원회에서 육군참모총장 경질이 잘못되었다는 비판이 제기되었다. 특히 장도영이 2군사령관 시절 부정선거를 획책하는 등 오히려 부정선거 관련 특별법의 처벌 대상인 점이 제기되었으며, '정실인사'라는 비판도 나왔다. 야당 의원들은 장도영의 임명을 '혁명정신 모독'이라고 비난하였다.(『동아일보』 1961년 2월 24·25일자)

이렇듯 4월혁명 직후 군부에서 일어난 정군운동은 군부 내의 부정부패와 과거사 청산문제를 제기하였지만, 실제로는 군부의 정치 참여와 깊은 관련이 있었다. 정군운동을 전개했던 세력들은 진급 적체에 따른 하급 장교들을 비롯한 군부 전체의 불만을 해소하기 위해 4월혁명 직후 이승만 정권과 관련된 중장급 이상 장성의 퇴진을 요구하는 정군을 주장하였다. 하지만 이전부터 구상했던 군부의 정치 참여를 실현하기 위해 이에 반대했던 송요찬을 비롯한 중장 이상의 장성급을 퇴진시키기 위한 것이었다. 그 중심에는 '박정희-김종필'로 이어지는 계열, 주로 육군본부에 근무하던 육사 8기 출신들이 있었다.

정군운동은 군부 내외부에 커다란 파장을 일으켰으나, 정작 이를 주도했던 육사 8기 출신들은 이미 정군운동이 아닌 장면 정권을 뒤엎는 쿠데타를 모의하였다. 1960년 9월 10일 낮에 육군본부에 근무하던 육사 8기생 9명은 국방부장관을 찾아가 정부의 구체적인 정군계획 방침을 듣고 정군에 관한 건의사항을 전달하려고 했으나, 국방부장관을 만나지 못하였다. 이날 밤 일식집 '충무장'에 다시 모인 이들은 평화적인 방법으로 정군문제를 추진하는 방법을 포기하고 무력으로 민주당 정권을 무너뜨리자는 이른바 '충무장 결의'를 하였다.[7] 그리고 이른바 '혁명'의 지도자로 김종필의 처삼촌이며 이전부터 쿠데타를 모의했던 군수기지사령관 박정희 소장을 추대하였다.

'박정희─김종필계'가 쿠데타를 사전에 모의하고 있을 때, 육군참모총장 장도영은 이미 군 · 검찰 · 미군 등 다양한 경로를 통해 박정희의 쿠데타 계획을 사전에 알았다. 그러나 그는 박정희 쿠데타 설을 덮어두기에 급급하였다. 왜 장도영은 박정희의 쿠데타 계획을 사전에 충분히 인지했으면서도 의도적으로 이를 무시했을까?

두 가지 이유 때문일 것으로 추측된다. 먼저 장도영과 박정희의 개인적 친분관계이다. 그는 육군사관학교 교관 때부터 육군 정보국장 · 9사단장 · 6사단장 · 제2군사령관 등의 직위에 있을 때마다 비록 짧은 기간이지만 총 다섯 번에 걸쳐 직속 부하로 박정희를 데리고 있었다. 즉 군인 박정희는 장도영이 믿을 만한 핵심 참모 중의 한 사람이었다. 그 때문에 장도영과 박정희는 육군에서 친밀한 관계로 알려져 있었다. 그러나 두 사람의 친밀한 관계는 표면적인 이유일 뿐이었다.

장도영이 박정희의 쿠데타를 무시할 수밖에 없었던 실제 이유는 '정치 군인' 장도영이 가진 약점 때문이었다. 장도영은 전임자 최경록과 달리 이승만 정권에 밀착하여 군대 내에서 '이기붕의 양자'로 알려진 정군 대상자였다. 이 때문에 전임자 최경록과는 달리 강력하게 정군을 추진할 수 없었다. 최경록은 미국과 대립을 감수하면서까지 강력한 정군 방침을 표방하고, 또 군의 '정치적 중립'을 강조하였다. 하지만 정군 대상자였던 장도영은 자신의 약점 때문에 정군운동을 전개

---

7) 일반적으로 이 모임에는 육사 8기 출신 9명만이 참석한 것으로 알려졌다. 그러나 김종필은 한 잡지의 기고문에서 박정희도 참석했다고 적고 있다. 이 글 외의 다른 글에서는 박정희가 참석하지 않았다고 기록하였다.(김종필, 1962, 45쪽)

하여 송요찬과 최영희를 퇴진시킨 박정희와 육사 8기 출신들이 주도하는 쿠데타설에 대해 침묵할 수밖에 없었고, 결과적으로 이것은 쿠데타의 성공 요인으로 작용하였다.

4. 맺음말

이승만 정권기 국가물리력인 군대와 경찰은 국민의 생명과 재산을 보호하며 영토를 방어하는 역할을 제대로 수행하지 못하였다. 오히려 이승만 정권을 수호하는 물리기구로서의 역할을 수행하였다.

이승만 정권기 경찰은 다른 어느 기구보다 강력한 권한을 행사하며 정권 수호의 첨병으로 기능하였다. 경찰은 각종 정치적인 행위에 참가함으로써 정치적 중립의 의무를 무너뜨렸다. 특히 각종 선거에서 경찰의 개입은 심각한 지경이었다. 야당은 경찰의 '정치적 중립'을 요구하였으나 이승만 정권은 이를 묵살하였다. 경찰의 선거 개입이 정점에 이른 것은 3·15부정선거였다. 선거가 치러지기 전부터 경찰은 각종 탈법 불법행위를 자행하였다. 야당은 경찰의 선거개입 계획을 폭로하였으나 이승만 정권과 자유당은 이를 무시하였다. 결국 국민들이 부정선거에 대해 대규모 항의시위로 저항하자 경찰은 국민들을 향해 발포하였다. 경찰의 발포로 국민들의 분노와 저항은 폭발하였고, 결과적으로 이승만은 대통령 직에서 하야를 선언함으로써 이승만 독재의 종말을 고하였다. 4월혁명이 성공한 직후 국민들은 부정선거와 발포사건에 직접 관련된 경찰 숙청과 경찰 중립화를 요구하였다. 그리하여 부정선거와 발포사건과 관련자들에 대한 숙청과 인사이동이 이루어졌고, 경찰 중립화를 보장할 입법화가 시도되었다. 하지만 허정 과도정부와 장면 정권이 추진한 경찰 개혁은 당시 국민들의 요구에는 못 미치는 것이었다. 경찰 숙청과 경찰 중립화는 완결되지 못한 채 또 다른 미완의 과제로 남겨졌다.

이승만 대통령은 군대의 사찰기구와 파벌관계를 이용해 유엔군사령부의 지휘권 아래에 있던 군대를 적절하게 통제하였다. 이 때문에 이승만 정권기의 군대는 정치권력과 밀착하였다. 특히 정부 예산의 절반 이상이 국방비로 들어감으로써 많은 부정부패가 발생하였다. 이러한 성격과는 상관없이 한미상호방위조약에 따라 '한국군의 미국화'가 추진되었다. 이 때문에 1950년대의 군은 다른 사회집단보다 더 선진문물을 습득하였으며 또한 상대적으로 정치화된 속성이 강하였다. 1960년 3 · 15부정선거가 치러질 때도 군대에서는 많은 부정이 저질러졌다. 특히 지휘계통을 통한 부정선거의 결과로 4월혁명 직후 군대 내에서 과거사 청산요구는 필연적으로 제기될 수밖에 없었다. 군대 내에서 일어난 정군운동은 이러한 과거사 청산 요구의 또 다른 형태였다. 정군운동의 결과 송요찬 육군 참모총장을 비롯한 일부 최고위급 지휘관들이 사퇴하였으나, 지휘권 혼란을 우려한 미국의 반대로 제대로 완결되지 못하였다. 한편 일찍부터 정치화 되었던 정군운동 주도세력들은 장면 정권을 뒤엎는 계획을 수립하였고, 그 계획은 5 · 16쿠데타로 완결되었다. 4월혁명 직후 경찰과 군대 재편은 혁명 완수를 위해 꼭 필요한 과제였다. 하지만 허정 과도정부와 장면 정권은 이 같은 과제를 제대로 해결하지 못한 채 5 · 16쿠데타를 맞이하였다.

▣ 참고문헌

민의원 사무처 편, 1960 『제4대 민의원 속기록』.
_____________, 1960~1961 『제5대 민의원 속기록』.

강인화, 1984 『최인규 자서전』 중아일보사.

국가기록원 편, 2006 『1960년대 초반 한미관계 : 1961~1963』 상.

국가재건최고회의 한국혁명사편찬위원회 편, 1963 『한국군사혁명사 제1집』 上,
　　　동아서적주식회사.

김종필, 1962 「5 · 16혁명이 일어나기까지」『신사조』 5월호.

노영기, 2001 「5 · 16쿠데타 주체세력 분석」『역사비평』 가을호.

문정인 · 김세중 편, 2004 『1950년대 한국사의 재조명』, 선인.

민주화운동기념사업회 연구소 편, 2008 『한국민주화운동사』 1, 돌베개.

유원식, 1986 『5 · 16 비록 : 혁명은 어디로 갔나』, 인물연구소.

육군본부 편, 1970 『육군발전사』 2.

육일회 편, 1992 『4월혁명사』, 제3세대.

이영신, 1984 「비화 : 장도영 실각, 육사 5기와 8기의 갈등」『신동아』 5월호.

이정식, 1976 『해방30년사』 3, 성문각.

이낙선, 『5 · 16군사혁명실기』 1.

장도영, 2001 『망향』, 숲속의 꿈.

최홍희, 2000 『태권도와 나』, 길모금.

한국정신문화연구원 현대사연구소 편, 1998 『한국현대사의 재인식－1960년대의
　　　전환적 상황과 장면정권』 5, 오름.

한국정신문화연구원 한민족문화연구소 편, 2001 『내가 겪은 해방과 분단』, 선인
　　　문화사.

한승주, 1983 『제2공화국과 한국의 민주주의』, 종로서적.

홍석률, 2000 「5 · 16쿠데타의 원인과 한미관계」『역사학보』 168호.

United States, Department of State 1994 *Foreign Relations of the United States
　　　1958~1960*, United States Government Printing Office.

『동아일보』, 『조선일보』.

제2장 4월혁명과 부정축재 처리문제

박진희

1. 머리말

한국에서는 해방 이후 몇 차례 과거 청산 시도가 있었다. 해방 직후 일제 잔재에 대한 청산 시도를 시작으로 반민족행위특별조사위원회의 조직과 활동, 4월혁명 이후 과거 청산 시도 등이 대표적인 사례이다.

4월혁명 후 제기된 부정축재처리 문제는 이승만 정권하에서 부정선거가 가능하도록 국가권력과 밀착해 정치자금을 제공하고, 그 대가로 경제적 특혜를 누린 기업가들에 대한 처벌 요구로 나타났다. 부정축재자는 이승만 정권하에서 정치권력과 결탁해 부당이득을 취하고, 그 대가로 선거자금을 제공해 부정선거를 가능하게 했다는 비판을 받고 있었다. 따라서 이들에 대한 처리는 경제적 측면에서 혁명 완수의 방도라는 인식이 공유되고 있었다. 이들에 대한 처벌은 4월혁명의 정신을 구현하는 상징적이고 실질적 의미를 갖고 있었다. 그러나 부정축재자에 대한 처리는 국민여론과 달리 정치권의 이해관계와 경제계의 저항에 부딪혀 제대로 처리되지 못했다.

4월혁명 이후 과거 청산에 관한 연구는 많지는 않지만 일찍부터 주목받아왔다. 임대식은 한국현대사 속의 과거사 청산문제를 다루면서 해방 후 반민법과 4월혁명 후 3·15부정선거 관련자 처리, 5·16 후 혁명재판을 통한 부정선거 관련자와 혁신세력에 대한 처리 등을 비교 분석했다. 이에 따르면, 장면 정권은 혁명의 주체세력이 아니었기 때문에 민주적 절차를 준수하는 것처럼 보였지만 실제로는 무능했다. 군사쿠데타 세력이 보여준 초기의 과거청산 시도도 결국 쿠데타의 정당성을 확보하기 위한 것이었다.(임대식, 1996) 정병준은 4월혁명 이후 제기된 과거사 청산 시도와 이것이 군사쿠데타로 폐기되는 과정을 분석하였다. 이승만 정권의 오랜 독재와 반공이데올로기의 피해로 민주주의 주체세력이 미약한 상태에서 과거사 청산작업은 만족할 만한 성과를 거두지 못했다. 그러나 4월혁명의 경험은 이후 한국 민주주의의 자양분이 되었다고 평가하였다.(Jung Byung-joon, Autumn 2002) 부정축재 처리 문제에 관한 연구로는 배광복, 공제욱의 연구가 있을 뿐이다.(공제욱, 1999 ; 배광복, 1987) 이 연구들은 당시 독점자본의 요구로 부정축재자 처리과정이 왜곡되는 과정과 소수를 제외하고 부정축재자들이 처벌받지 않고 대자본가로 자리매김 되는 과정을 분석했다. 이상의 선행 연구에 따르면, 부정선거와 부정축재 처리라는 혁명과제는 국민적 요구에도 불구하고 그 처리과정은 상당히 정치적이었고, 결과 또한 실망스러웠다.

이 글에서는 1960년 4월혁명으로 시작된 한국의 정치·경제 구조에 대한 개혁 요구 중 하나가 부정축재자에 대한 처벌 요구로 나타나게 된 배경과 처리과정, 결말에 대해 살펴보고자 한다. 이것은 4월혁명과 5·16군사쿠데타로 이어지는 혁명의 연속과 단절이라는 측면에서 과도정부, 장면 정권, 군사정권 사이에 부정축재 처리방침만은 연속성이 유지된 이유를 찾는 과정이다. 공통적으로 세 정권은 부정축재문제 처리에 대해 부정적이거나 소극적인 인식과 태도를 보였다. 따라서 처리 결과도 국민여론과 달리 부정축재 기업가와 기업에 대해 면죄부를 주는 방식으로 귀결되었다. 그리고 이 과정에서 정부와 대결도 마다하지 않을 정도로 격렬하게 저항한 경제계가 당시 부정축재문제에 대해 갖고 있던 인식과 해법은 무엇이었는지를 살펴볼 것이다.

2. 부정축재문제 처리 방침과 과정

1) 과도정부 : '비혁명적 방법으로 혁명 수행'

4월혁명 이후 부정축재자 처리가 국민의 주목을 받은 것은 그들이 3·15부정선거가 가능하도록 정치자금을 제공했기 때문이다. 국민들은 부정축재자들이 정경유착을 통해 국가 재정 지출과 원조자금을 독점해 국가경제 발전을 저해하였다고 생각했다. 특히 한국의 기간산업 대부분을 부정축재자가 경영하고 있는 것도 문제라고 생각했다. 이 같은 인식은 과도정부가 설치한 경제심의회의 보고서에도 잘 나타나 있다.

4월혁명은 3·15부정선거를 계기로 하여 발발된 것이거니와, 거기에는 여러 가지 원인이 있음을 부정할 수 없는바, 그 중 최대의 것은 과거 12년에 걸치는(亘하는) 독재정권 하에서 부정수법에 의하여 이루어진 부의 편재, 따라서 국민경제의 불건전한 구조, 극소수를 제외한 다대수 국민생활의 빈곤이라 할 수 있다. 창졸 기간에 굴지의 재벌을 형성한 정상배, 불과 수년의 재직으로 거부를 이룩한 관료, 정치가 등 거개가 혹은 탈세 혹은 부당한 특혜 혹은 수뢰 등에 의하여 일을 보게 된 것을 명백히 아는 국민이 어찌 언제까지나 이러한 부패상을 좌시할 것인가? 여기에서 당연 궐기하여 피를 흘린 국민은 과거의 적폐 중 무엇보다도 부정수법에 의한 축재자의 재산환원조처를 강력히 요구하고 있다. 이 환원의 성패는 곧 4월혁명의 성패를 의미한다 하여도 과언이 아닌바, 민심의 안정, 경제 질서의 회복과 신장을 위하여 취하여져야 할 제1차적 과업이라 하지 않을 수 없다.(부완혁, 1960 『사상계』 86호, 107쪽에서 재인용)

이에 따르면, 부정축재 처리문제야말로 정치혁명을 뒷받침할 경제혁명을 완수하는 첫걸음으로 인식되고 있다. 또한 왜곡된 산업경제구조를 바로잡고 국민의 빈곤상을 구제하기 위해서라도, 부정축재자의 재산 환수 조치가 강력히 요구되고 있다. 이것이 부정축재문제 처리에 내포된 첫 번째 인식이었다. 두 번째 인식은 부정축재자 처리를 포함한 과거 청산을 위해서는 특별법을 제정해야 한다는 것이었다. 그러나 정부와 정치권, 경제계는 특별법 제정과 시행에 소극적이거나 적극적으로 제동을 걸고 나섰다.

허정은 과도정부의 임무는 새로운 정부가 수립될 때까지 상황이 더 악화되지 않도록 현상을 유지하는 것이라고 생각했다. 이것은 '혁명적 정치개혁을 비혁명적 방법으로 단행'할 것이라는 의미로 받아들여졌다. 과도정부는 1960년 5월 3일 다음과 같은 정책 기조를 발표했다. 우선 반공주의를 한층 견실하게 추진할 것을 천명했다. 다음으로 부정선거사범 처리는 강요한 사람과 강요당한 사람을 엄격히 구별해 고위 책임자만 처벌할 것이라고 밝혔다. 또한 한미관계 및 미국의 대한 원조를 집권자 및 집권당에만 유리하게 악용하는 일이 없도록 성실한 협조의 토대 위에 올려놓을 것이며, 미국의 내정간섭 운운에 대해서는 이적행위로 간주할 것이며, 한일관계 정상화를 위해 노력할 것 등을 천명했다.(한국혁명재판사편찬위원회 편, 1961, 24쪽 ;『동아일보』1960년 5월 4일자)

과도정부는 부정선거사범은 최소한으로 처벌할 것이라고 밝혔다. 과도정부의 이 같은 방침은 허정의 발언을 통해서도 확인된다. 허정은 자유당의 3·15부정선거가 행정조직을 이용해 조직적으로 철저히 자행되어 관련자들이 말단 행정조직까지 이르기 때문에 국민의 요구대로 철저히 가려내 처벌하면 행정기능의 마비가 우려되고, 흥분된 국민 열기에 휩싸여 정치보복으로 흘러갈 가능성이 크다고 주장했다.(허정, 1979, 245쪽) 허정의 주장은 부정선거 관련자들에 대해 철저한 조사와 엄격한 처벌을 바라는 국민여론을 수용하기 어렵다는 의미이자, 과도정부의 역할과 임무의 경계를 분명히 설정한 것이었다. '현상유지' 선에서 질서유지에 노력한다는 것이다. 이것은 부정축재자에 대한 처벌방침에서도 확인된다.

과도정부는 특별입법을 통해서라도 부정축재자에 대한 엄격한 처벌을 요구하는 여론과 달리, 현행법의 테두리 내에서 처리한다는 방침을 천명했다. 과도정부는 부정축재 처리는 특별법을 제정하지 않고도 현행법으로 처벌 가능하며, 처벌범위를 최소화 하되, 처벌 집행은 신정부가 하는 것이 적절하다고 인식했다. 부정축재자 범위를 광범위하게 설정해 철저히 엄단하면, 산업의 위축을 초래해 미약한 한국경제가 붕괴될 위험성이 크기 때문이라는 것이 이유였다. 따라서 과도정부는 조세포탈을 적발해 탈세액을 국고로 환수하는 것을 기본방안으로 채택했다. 그리고 조속한 시일 내에 소수 탈세기업의 자진신고와 부정축재 재산의 일부 환원을 통해 부정축재 조사를 완료한다는 방침이었다. 그러나 4월혁명 직후 상황에서 탈세 기업이 자진신고를 한다는 것은 현실적으로 어려웠기 때문에 과도정부의 이 같은 방침은 결국 소수의 부정축재자를 처벌하는 것으로 상황을 모면하겠다는 발상에 다름아니었다.

과도정부는 자진신고 기간을 설정해 부정축재자의 탈세 신고를 유도했다. 1960년 6월 1일부터 20일까지로 자수기간을 설정했지만 8개 업체만 신고하자, 6월 30일까지로 연장하였다. 자진신고 기간에 신고해온 기업체는 16개 기업으로 자수금액은 48억 환 가량이었다. 여기에는 이병철의 삼성계열, 정재호의 삼호계열 등 당시 한국을 대표하는 기업가와 기업들이 포함되었다.

〈표 1〉 과도정부 당시 부정축재 자진신고 기업 명단

번호	기업체명	대표자	자수금액(환)	적요
1	삼성물산주식회사	이병철	26,933,130	수입금액
2	제일제당공업주식회사	〃	1,622,005,349	
3	제일모직공업주식회사	〃	839,638,830	
4	근영물산주식회사	〃	30,114,870	
5	효성물산주식회사	〃	10,221,900	
6	삼호무역주식회사	정재호	29,182,493	
7	삼호방직주식회사	〃	386,226,140	
8	대전방직주식회사	〃	239,357,300	
9	조선방직공업주식회사	〃	14,431,045	세액
10	대동제당주식회사	설경동	203,860,000	수입금액
11	대한양회공업주식회사	이정림	24,636,000	지불이자
12	태창방직주식회사	백남일	123,494,019	세액
13	락희화학공업사	구인회	620,400,000	수입금액
14	중앙산업주식회사	조성철	62,000,000	
15	재단법인 전주방직사	송영수	298,016,265	세액
16	주식회사 삼양사	감상홍	272,138,268	수입금액
합계	16개 기업	9명	4,802,655,609	

출전 : 한국혁명재판사편찬위원회 편, 1961, 279쪽.

　재무부는 자진신고 기간이 종료되자 7월 15일 조세사범 대상자 선정기준을 결정했는데, 25명의 기업인과 관할기업으로 인정되는 71개 기업체를 조사대상으로 선정했다.(한국혁명재판사편찬위원회 편, 1961, 280쪽) 그리고 검찰은 재무부가 25명 71개 기업체에 대한 수사를 의뢰하자, 이 중 가장 지탄받는 12명 28개 기업체를 선정해 수사에 착수했다. 그러나 검찰은 수사 인원과 시간 부족으로 어려움을 겪었다. 또한 현행 법규의 제한성으로 재산 축적의 불법성을 수사하기도 어려웠다. 따라서 검찰은 탈세에 의한 자본 은닉, 도피, 사장에 한정해 탈세소득

적발에 집중했다.(한국혁명재판사편찬위원회 편, 1961, 282~283쪽) 과
도정부는 검찰 수사가 마무리되어가자, 관련부처 합동으로 검찰 수사
결과를 토대로 벌과금 액수에 관한 실무협의를 시작했다. 이때 쟁점
이 된 것은 벌과금 부과 기준이었다.

〈표 2〉 과도정부가 선정한 조세사범 조사 대상

번호	대상자	대상 기업					
		재무부*	검찰**	장면정권***	재무부	검찰	장면정권
1	이병철 계	제일제당공업주식회사	○	○	제일모직공업주식회사	○	○
		삼성물산주식회사	○	○	한국다이야제조주식회사		
		안국화재해상보험주식회사		○	근영물산주식회사	○	○
		효성물산주식회사	○	○	한국기료주식회사		
		풍국주정공업주식회사			조선양조주식회사		
		동양제당공업주식회사		○	천일증권주식회사		
		주식회사 한일은행			주식회사 조흥은행		
2	정재호 계	삼호무역주식회사	○	○	삼호방직주식회사	○	○
		조선방직공업주식회사	○		대전방직주식회사	○	○
		삼양흥업주식회사			주식회사 제일은행		
		제일화재해상보험주식회사		○	경북메리야스염색가공주식회사		
3	이정림 계	대한양회공업주식회사	○	○	호양산업주식회사	○	○
		주식회사 개풍상사	○	○	대한탄광주식회사	○	○
		삼화제철주식회사		○	주식회사 서울은행		
		동방생명보험주식회사					
4	설경동 계	대한산업주식회사	○	○	대한전선주식회사	○	○
		대한방직주식회사	○	○	대동제당주식회사	○	○
		원동흥업주식회사			대동증권주식회사		
5	구인회 계	락희화학공업사		○	반도상사주식회사		○
		주식회사 금성사			락희유지공업주식회사		
6	조성철	중앙산업주식회사	○	○			
7	정주영	현대건설주식회사		○			
8	조승구	삼부토건주식회사		○			

번호	대상자	대상 기업					
		재무부[*]	검찰[**]	장면 정권[***]	재무부	검찰	장면 정권
9	김용산	극동건설주식회사		○			
10	이용범	대동공업주식회사	○	○	극동연료공업 주식회사		○
11	함창희	동립산업진흥회사	○	○			
12	백남일	태창방직주식회사	○	○	태창직물주식회사	○	○
13	이양구	동양세멘트공업주식회사	○	○	동양제과공업 주식회사		○
14	남궁련 계	극동해운주식회사	○	○	극동통상주식회사		
		한국정유주식회사			한국흄관공업 주식회사		○
15	최태섭 계	충남제사공업주식회사			한국화재해상보험 주식회사		
		동화산업주식회사	○	○	한국유리공업 주식회사	○	○
		한국유리판매주식회사		○			
16	김원전	고려제지공업주식회사		○			
17	이경용	달성제사공업주식회사		○			
18	최재형	무학주정공업주식회사		○			
19	김성곤	금성방직주식회사	○	○			
20	은사천	해성산업주식회사		○	한국견사주식회사		
21	현수덕	동신화학공업주식회사			은성산업주식회사		
22	이석구	대림산업주식회사		○			
23	양춘선	합자회사 흥화공작소		○			
24	송영수	재단법인 전주방직사		○			
25	김상홍	주식회사 삼양사		○			
합계		25명 71개	12명 28개	24명 47개			

비고 : (*) 재무부가 조세사범 선정기준에 따라 선정한 명단
   (**) 검찰이 재무부의 수사 의뢰를 받아 조사대상으로 선정한 명단
   (***) 장면 정권이 1961년 8월 31일 최종 통고한 추징자 명단
출전 : 한국혁명재판사편찬위원회 편, 1961, 280~281쪽.

재무부는 벌과금의 기준을 직접국세는 포탈세액의 2배, 간접국세는 3배로 부과할 것을 주장했다. 그러나 검찰은 벌과금이 너무 적다며 이의를 제기했다. 이에 따라 8월 3일 재무부장관과 법무부장관은 합

동회의를 통해 벌과금은 죄질에 따라 2배 내지 5배까지의 범위 내에서 가중 처벌하는 예외규정을 설정하기로 합의하였다. 단, 이 예외규정도 직접국세는 포탈세액의 2배, 간접국세는 3배를 부과한다는 원칙에서 이탈되지 않도록 가중처벌 대상자 수를 최소한으로 한정하기로 합의했다.(한국혁명재판사편찬위원회 편, 1961, 283~284쪽) 재무부와 검찰의 대립점은 두 가지였다. 벌과금 부과 비율과 탈세 소급기간 문제였다. 검찰은 수사대상 12명 28개 기업체는 악질이므로 일률적으로 직접세 4배, 간접세 5배의 최고율을 적용해야 한다고 주장했다. 또한 검찰은 재무부가 주장하는 직접세 2배, 간접세 3배는 1957년 재무부훈령 제44호로 시행되어온 기준을 답습하는 것으로 4월혁명 정신과 불일치하는 것이라고 비판했다. 특히 간접세 포탈은 횡령죄에 해당하므로 직접세 포탈보다 죄질이 나쁘기 때문에 불구속처리 원칙에 비추어 벌과금이라도 인상 채택하는 것이 국민 정서에 부합하는 것이라고 강조했다. 또한 재무부는 과거 2년간 분의 자신신고액이 실지 탈세액의 80% 이상에 해당할 경우 자수자 혜택을 부여하자고 주장한 반면, 검찰은 5년간 분으로 적용 실시할 것을 주장했다.(한국혁명재판사편찬위원회 편, 1961, 287쪽) 검찰의 주장대로 5년간의 탈세액에 대해 직접세 4배, 간접세 5배율을 적용한다면 12명 28개 기업으로부터 환수될 벌과금은 236억 환 가량이었다. 이러한 검찰의 주장에 대해 재무부는 법적 근거와 기준 등을 제시할 것을 요구하며 반발했다. 그러나 과도정부는 실질적인 벌과금 환수 절차를 신정부로 넘김으로써 정부 내 갈등도 미결인 채로 이관되었다.

　허정 내각은 '과도정부'라는 명분을 내세워 부정선거와 부정축재에 대한 조사와 처벌 범위조차 제대로 마련하지 않았다. 그리고 장면 정권은 과도정부의 조사 결과를 토대로 8월 31일 기업대표 24명과 그들의 관할 기업 47개 업체를 부정축재 대상으로 확정하고 5년간의 탈세액 109억 환과 최근 2년간의 탈세액에 대한 벌과금 87억 환 등 총 196억 환을 국가에 환원하도록 통고했다.(민주화운동기념사업회 연구소 편, 2008, 167쪽)

2) 장면 정권 : '혁명적 의욕을 최소한도로 충족'

4월혁명의 결과 집권에 성공한 민주당 정권의 장면 총리는 시정방침 연설을 통해 부정선거 원흉과 발포 책임자들에 대해서는 사법부에서 법과 혁명정신에 의해 엄정한 판결이 이루어질 것이며, 발포자 색출과 처단에 노력할 것이라고 언명했다. 또한 부정, 불법 축재자들을 처단할 것이며, 그 재산을 국고에 회수하고 국민의 혁명 욕구를 충족시킬 것이라고 천명했으나, 산업과 경제를 마비시키는 않는 적절한 한도는 있어야 할 것으로 생각한다고 밝혔다.(『동아일보』 1960년 8월 28일자) 즉 장면 정권은 '생산을 위축시키지 않는 범위 내'에서 부정축재문제를 처리할 방침임을 강조한 것이다. 김영선 재무부장관도 취임 직후 부정축재문제는 '혁명적인 의욕을 최소한도로 충족'시켜주는 선에서 처리하겠다고 언명했다. 또한 그는 산업경제의 위축을 지양하는 방향에서 생산을 계속 중인 기업주가 아닌 음성적으로 축재하였거나 산업 활동을 하지 않는 자를 처벌대상으로 삼을 것이라고 강조했쪽.(『동아일보』 1960년 8월 24~25일자) 이와 같은 발언들은 부정축재자에 대한 처리기준이 상당히 완화될 것임을 예고한 것이었다.

장면 정권이 부정축재 처리 문제에 대해 소극적인 인식과 방침을 표방한 것은 그들의 정치적 보수성과 경제계와의 관계 때문이었다. 그리고 경제 안정과 개발이 시급하다는 판단 때문이기도 했다. '경제제일주의'를 표방한 장면 정권으로서는 조속한 경제개발계획에 착수하는 것이 신정부의 안정을 도모할 중요한 방책이라고 인식하고 있었다.(박진희, 1999 참조) 따라서 부정축재문제는 국민여론에 부응하되

경제개발계획을 추진할 기업에 대한 과도한 처벌은 피하는 방향으로 처리해야 한다고 생각했다.

그러나 장면 정권의 부정축재 처리기준 완화방침에 대해 즉각적으로 비판이 제기되었다. 생산 위축을 방지하는 것은 적절하나 이것이 처리 '완화'를 의미해서는 안 되며, 현행법이 아닌 특별법으로 처리해야 한다는 주장이 제기되었다.(『동아일보』 1960년 8월 2일자) 또한 국민들이 부정축재자 엄단을 요구하는 것은 이들이 생산활동을 통한 가치 창조로 성장한 것이 아니라 원조물자를 둘러싼 가치 이전, 즉 원조물자의 특권적 배분과 은행의 특혜융자에 의해 성장했기 때문이라는 점이 강조되었다.(김성두, 1968, 110쪽) 이 같은 비판에도 장면 정권은 부정축재자를 처벌하기 위한 특별법 제정을 고려하지 않았다.

정부가 부정축재 처리에 관한 방침을 천명한 후, 1960년 8월 29~30일 국무회의에서 부정축재의 경우 직접국세는 포탈세액의 4배, 간접세는 5배, 자수자에게는 자수 세액에 대한 벌과금의 반액을 감해줄 것을 의결했다.(한국혁명재판사편찬위원회 편, 1961, 289쪽) 그리고 8월 31일 47개 기업에 탈세액 약 109억 환, 벌과금 약 87억 환을 합해 총 196억 환 납부를 통고했다. 그리고 9월 2일 국무회의에서 '조세범 처벌절차에 관한 임시운영방안의 실시요령'을 의결해 추징액에 대해 12월 말일까지 월별로 분할납부할 수 있도록 조치했다. 그러나 이 같은 조치는 현행법의 테두리 내에서 이루어진 것이었기 때문에 엄격한 처벌을 요구해온 여론의 반발을 불러왔다. 그리고 1960년 10월 8일 6대 사건에 대한 판결 결과는 부정선거와 부정축재 처리 등에 관한 특별 입법을 더 이상 늦추지 못하게 만들었다.

1960년 10월 8일 부정선거와 발포명령사건 등 소위 6대 사건에 대한 판결 결과가 나오자 여론이 들끓었다. 검찰은 피고 대부분에게 증거불충분 등의 이유로 공소사실을 파기하거나 예상외로 적은 형량을 구형한 상황이었다. 그런데 10월 8일 법원은 검찰의 구형량에도 미치지 못하는 선고를 함으로써 국민여론은 급속히 악화되었다.

이에 대해 장면 총리는 법 조문에 의한 공정한 판결이었다 하더라도 일반 국민 감정에 크게 못 미치는 결과였기 때문에 국민의 실망과 분격은 당연한 것이었고, 자신도 이 같은 판결에 분격했다고 회고했다.(장면, 1967, 74쪽) 10월 9일 장면 총리는 현행법으로도 충분히 처벌할 수 있지만 혁명입법을 위한 개헌을 하겠다고 언명했다. 다음날 윤보선 대통령도 국회에 특별법 제정을 요청하는 내용의 담화를 발표했다. 10월 11일 민의원은 헌법 개정과 민주반역자 처벌 및 부정축재처리 특별법안을 제출한다는 내용의 결의안을 채택했다. 민의원은 11월 중순까지 혁명입법을 완수하겠다고 다짐했다. 이에 따라 10월 17일 민의원은 4월혁명에 관련된 부정선거 및 반민주 행위자의 공민권 제한, 부정축재자 처리에 관한 소급입법권 부여, 특별재판부 및 특별검찰부 설치 등을 골자로 하는 개헌안을 발의했고, 11월 23일 통과시켰다. 이 개정안은 11월 28일 참의원에서 무수정 통과되었다.(민주화운동기념사업회 연구소 편, 2008, 189~190쪽) 이에 따라 '특별재판소 및 특별검찰부 조직법'(12. 30), '부정선거 관련자 처벌법'(12. 31), '반민주 행위자 공민권 제한법'(12. 31), '부정축재특별처리법'(1961. 4. 15) 등의 특별법이 제정되었다. 이 중 부정축재특별처리법안만이 해를 넘겨 제정된 것은 정치권 내 이견, 경제계의 반발과 적극적인 막후교섭으로 우여곡절을 겪어야 했기 때문이다. 특별법을 제정한 것은 여론에 떠밀린 결과였고, 여전히 장면 총리를 비롯한 정부와 민주당은 특별법 제정에 부정적인 생각을 갖고 있었다. 이처럼 4월혁명으로 제기된 긴급 과제 중 하나였던 혁명입법에 대한 국민들과 정치권의 인식 차이는 컸다.

'부정축재특별처리법' 제정과정에서 쟁점이 된 것은 처벌범위를 규정하는 부정축재 한도액과 소급 기간 문제였다. 민의원 법사위원회는 1960년 11월 3일 부정축재 처리에 관한 특별법을 통과시켰다. 이 법 시행 이전의 부정축재자에 대한 통고처분은 무효로 하고, 1948년 8월 15일 정부수립일로부터 1960년 4월 26일까지 소급 처벌한다는 규정이 포함되었다. 또한 부정축재 한도액은 일반인 1억 환, 공무원 5천만 환 이상으로 정해졌다. 그러자 장면 정권은 공공연히 반대를 표명했다. 처벌범위가 너무 넓다는 이유였다. 김영선 재무부장관은 4월혁명에 이르기까지 12년 동안 1억 환 이상의 탈세자를 모두 처벌하면 "웬만한 사업가는 한 사람도 남아날 수가 없다"며 공식적으로 반대를 표명했다.(『동아일보』 1960년 11월 5일자) 그리고 정부와 여당인 민주당은 법사위 안을 수정하는 안을 작성했다. 부정축재한도액을 명시하지 않고 '정치권력과 결탁한 현저한 거액의 부정축재'로 범위를 설정하고, 소급기간은 탈세와 부정융자는 5년, 외화 부정융자와 국유재산 부정 처리 등은 8년 전으로 정했다.(『동아일보』 1960년 11월 16일자) 그러나 정부안은 처벌대상자 축소를 목표로 한 것이었지만, 부정축재한도액을 명시하지 않음으로써 오히려 자의적으로 처벌대상이 확대될 수 있다는 비판을 받았다.(『동아일보』 1960년 11월 16일자) 정부가 법사위 안에 반대하는 가운데 법사위는 한도액을 3억 환으로 대폭 상향하고, 소급기간은 축소한 수정안을 제출했다. 한편 민주당에서 분당한, 민주당 구파가 조직한 신민당은 정부, 여당과 다른 수정안을 작성했다. 11월 24일 신민당의 7인소위원회는 한도액을 5억 환으로 높이고, 소급기간도 확대하는 안을 결의했다.[1] 신민당의 주장은 '일벌백계' 형

---

[1] 『조선일보』 1960년 11월 24일자.(이하 『조선일보』 기사는 조선일보아카이브 (http://srchdb1.chosun.com/pdf/i_archive/)에서 인용함) 이후 신민당은 7인소위원 회 안이 당의 공식입장이 아니라고 부인했다. 이에 따라 민의원 재경위는 부정축 재처리법에 관한 신민당의 공식입장을 요청했다.(『조선일보』 1960년 12월 23일자) 그러나 신민당은 당내 이견으로 단일안을 제출하지 못한 채 1960년을 넘겼다.

태로 부정축재자를 처리하자는 것으로 한도액을 높여 대상자를 축소시키려는 목적이었다.

이렇듯 법사위 안은 우여곡절을 겪으며 처벌범위가 대폭 축소되어 재경위원회로 이관되었으나, 심의가 지연되다 1960년 12월 20일에야 본격적인 심의에 착수했다. 심의가 지연된 것은 부정축재 처리 기준과 범위에 대한 이견 때문이었다. 조세포탈 처벌액을 놓고 민주당과 신민당은 대립했다. 신민당은 처벌 기준액을 3억 환으로 높여 처벌범위를 완화할 것을 주장한 반면, 민주당은 5천만 환을 주장했다. 이에 신민당은 타협안으로 1억 환을 제시했으나 표결 결과 민주당의 주장이 가결되자 퇴장해버렸다.(『조선일보』 1960년 12월 31일자) 결국 민의원은 회기연도 내에 부정축재특별처리법안을 처리하지 못하고 폐회했다. 이리하여 4대 특별법 중에서 유일하게 부정축재특별처리법안만이 제정되지 못한 채 해를 넘기게 된 것이다.

1961년 2월 9일 우여곡절 끝에 '부정축재특별처리법'은 민의원을 통과해 참의원에 회부되었다. 통과된 법안은 논란이 되었던 국세 포탈에 대한 처리 한도액을 민주당의 주장대로 5천만 환으로 하고, 소급 기간은 1960년 4월 26일부터 5년 전까지로 규정했다. 참의원으로 법안이 송부되자 한국경제협의회는 부정축재자의 정의와 처벌범위 수정을 위해 반공 성명을 일간지에 게재하는 등 적극적으로 반대하기 시작했다. 참의원도 학계, 경제계, 언론계, 정치계 대표들과 공청회를 개최해 법안 폐기는 국민여론상 힘들다고 판단해 법안 수정에 힘을 실었다. 그 결과 참의원은 부정축재특별처리법안 중 제2조의 부정축재의 정의에 3천만 환 이상의 '자진' 제공자와 현저하게 관여한 공무원과 정당인으로 처벌 범위를 대폭 축소해 통과시켰다. 이 같은 수정안은 만약 부정축재자가 '자진'이 아니었다고 할 경우 처벌할 방법이 없고, 공무원과 정당인의 3·15부정선거와의 관련도 무시해 그 범위가

막연하다는 문제를 갖고 있었다.(『동아일보』 1961년 4월 5일자) 부정
축재자의 정의를 3천만 환 이상으로 하향 조정함으로써 조사대상자의
범위가 확대된 듯하나, '자진 제공'이라는 문구 삽입으로 현실적으로
처벌 대상자를 선정할 수 있을지가 의문이었다.

<표 3> '부정축재특별처리법' 제정 과정상의 쟁점

주체	쟁점		비고
	부정축재 한도액	소급기간	
민의원 법사위원회 안 (60. 11. 3)	1억 환 (공무원 5천만 환)	1948. 8. 15~1960. 4. 26 (12년)	내각에 부정축재처리위원회 설치
정부·민주당 안 (60. 11. 15)	'정치권력과 결탁한 현저한 거액의 부정축재'	1955. 1. 1~1960. 4. 26 (5년)	부정축재조사위원회, 부정축재관리위원회 구성(국회의원)
민의원 본회의 제출 법사위 안 (60. 11. 24)	3억 환 (공무원 5천만 환)	1955. 1. 1~1960. 4. 26 (5년)	부정축재처리위원회 독립, 위원장은 민의원에서 선출
신민당 7인소위 안 (60. 11. 24)	조세관계 5억 환 (공무원 5천만 환)	1950. 8. 15~1960. 4. 26 (10년)	신민당의 공식 안이 아니라고 부인됨. 1961년 1월 9인 소위원회안을 채택, 정치자금헌금은 5천만 환 이상만을 대상으로 함.
'부정축재특별처리법' (61. 2. 9 민의원 통과)	국세포탈 5천만 환	1955~1960. 4. 26 (5년)	지위 또는 권력을 이용하여 부정한 방법으로 각호(12항) 재산상의 이득을 취한 행위
'부정축재특별처리법' 공포 (61. 4. 15)	정치자금 3천만 환 국세포탈 5천만 환	1955~1960. 4. 26 (5년)	'1960년 3월 15일 실시된 대통령 부통령선거를 위해 집권당에 자진 3천만 환 이상을 제공, 조달한 자'

출전 : 한국혁명재판사편찬위원회 편, 1961, 651-652쪽 ; 배광복, 1987, 48쪽 ;『동아일보』 1960년 11월 16일자 ;『조선일보』 1960년 11월 25일자

참의원에서 통과된 '부정축재특별처리법'은 4월 10일 민의원에서 무
수정 통과되어 4월 15일 공포되었다. 그러나 '부정축재특별처리법'은
제대로 시행되지 못하였다. 자진신고기간 마감일인 5월 17일을 앞두

고 자진신고자는 단 한명도 없었는데, 그것은 조사대상자 선정에 관한 기준조차 마련되지 않았기 때문이다. 또한 조사대상자를 선정할 자료가 충분하지 못한 것도 문제였다. 자료는 과도정부 당시 통고처분 내용, 특검이 조사한 정치자금 조달자의 성명, 반민주행위자공민권제한조사위원회에서 조사한 공무원과 정당인의 부정축재행위 조사 내용뿐이었다. 특히 장면 정권은 부정축재처리위원회의 활동에 필요한 사무실, 전화시설 등 사무적인 협력마저 하지 않고 있던 상황이었다.(『동아일보』 1961년 5월 13일자) 장면 정권이 부정축재 처리에 대해 갖고 있던 인식과 태도를 극명하게 보여주는 대목이다. 결국 장면 정권은 단 한 명의 부정축재자도 처리하지 못했다. 부정축재자에 대한 지지부진한 처리 시도마저 1961년 5 · 16군사쿠데타로 중단되었기 때문이다.

3) 국가재건최고회의 : '처벌 불확대주의와 산업투자명령'

1961년 5월 16일 군사쿠데타가 발생하고 곧이어 국가재건최고회의가 모든 권력을 장악하였다. 군사정권은 혁명재판부와 혁명검찰부를 설치하고, 이전의 모든 특별재판을 중단시켰다. 그리고 5월 27일자로 장면 정권 때 제정된 '부정축재특별처리법'의 효력을 정지시키고, 5월 28일 국가재건최고회의령 제20호로 '부정축재 처리 기본요강'을 공포했다. 이에 따라 경제인, 관료, 군인 등 29명에 대한 구속을 결정하고, 26명을 전격 구속했다. 이병철, 이정림, 정재호, 설경동 등 거물급 기업인과, 김태선 전 서울시장, 백두진 전 국무총리, 김영선 전 재무부장관 등 고위 관료, 양국진 육군 중장, 백인엽 육군 중장 등 전직 군인 등이 대상이었다. 전 주일대사 유태하, 태창방직 대표 백남일, 전 전매청장 안정근 등 3명에게는 지명수배를 내렸다.(『동아일보』 1961년 5월

28일자) 그리고 같은 날 부정축재처리위원회가 구성되었다. 부정축재처리위원회는 이주일 위원장을 포함해 7명의 위원과 22명의 조사위원으로 구성되었다.(한국혁명재판사편찬위원회 편, 1961, 982쪽) 부정축재처리위원회는 최호진 중앙대 경상대학장, 신태환 서울대 법대 교수, 성창환 고려대 상대학장의 자문을 얻어 부정공무원과 해외 재산도피자에 대한 조사는 3개월, 부정이득자는 1달 이내에 조사처리를 완료한다는 계획을 수립했다. 이에 따라 기업인과 일반인을 조사할 제1조사단, 부정공무원을 조사할 제2조사단이 각각 구성되었다.(『동아일보』 1961년 5월 29일·6월 3일자) 그리고 6월 14일 부정축재처리법이 제정되었다. 부정축재처리법은 1953년 7월 1일 수복 이래 1961년 5월 15일까지 공무원, 정당인 등으로 5천만 환 이상을 부정 취득하거나, 2억 환 이상의 국세를 포탈한 자 등을 처벌대상으로 규정했다.

〈표 4〉 장면 정권과 국가재건최고회의의 부정축재의 정의와 범위

부정축재특별처리법 (1961. 4. 15 공포)	부정축재처리기본요강 (1961. 5. 28)	부정축재처리법 (1961. 6. 14 공포)
1960년 3월 15일 실시된 대통령 부통령선거를 위해 집권당에 자진 3천만 환 이상을 제공, 조달한 자 또는 공무원 및 정당인으로서 부정선거에 관여한 사실이 현저한 자로 각호 1에 해당하는 재산상의 이득을 취한 행위 ① 국공유재산이나 귀속재산의 판매계약 취득, 점유로 인해 3천만 환 이상의 이득을 취한 자 ② 정부와 은행이 보유한 외환 20만 달러 이상을 대부받은 행위 ③ 금융기관으로부터 1억	1. 부정공무원 1953. 7. 1(수복)이래 1961. 5. 15에 이르는 기간 동안 국가공무원, 정당인, 국가요직에 있은 자로서 그 지위와 권력을 이용해 국가재산을 횡취하여 5천만 환 이상의 재산을 축적한자 2. 부정이득자 1953. 7. 1(수복)이래 1961. 5. 15에 이르는 기간 동안 기업인, 상인, 혹은 국민 중에서 하기 각항의 1에 해당하는 재산상의 이득을 얻은 자 ① 국공유재산, 귀속재산의 매매계약 취득, 임대차계약	1. 부정공무원이라 함은 1953년 7월 1일 이후 1961년 5. 15까지 다음 각호의 1에 해당하는 공무원, 정당인, 국가요직에 있던 자로 그 지위나 권력을 이용해 국가재산 횡취, 기타 부정한 방법으로 총액 5천만 환 상당 이상의 재산을 취득 축재한 자 2. 부정이득자라 함은 1953년 7월 1일 이후 1961년 5. 15까지 다음 각호의 1에 해당하는 자 ① 좌동 ② 30만 달러→10만 달러 ③ 1억 환→5천만 환

부정축재특별처리법 (1961. 4. 15 공포)	부정축재처리기본요강 (1961. 5. 28)	부정축재처리법 (1961. 6. 14 공포)
환 이상의 융자를 받은 행위 ④ 국가, 공공단체의 공사청부, 물품매매 입찰시 담합, 수의계약, 관헌사업의 인허가를 얻어 5천만 환 이상의 이득을 취한 행위 ⑤ 정부와 은행이 보유한 외환 20만 달러 이상을 수의계약에 의해 매수한 행위 ⑥ 외자구매외환, 구매외자의 배정을 독점해 1억 환 이상의 이득을 취한 행위 ⑦ 조세에 관한 법률을 위반해 5천만 환 이상의 국세를 포탈, 탈세하고자 한 행위와 국세 징수의무를 이행하지 아니한 행위 ⑧ 공무원 또는 정당인으로서 1,500만 환 이상의 축재를 한 행위 ⑨ 재산을 해외 도피시킨 자 ⑩ 국공유재산, 귀속재산을 부당한 이익을 취득할 목적으로 임대차계약을 한 행위 ⑪ 정부불 및 ICA불로서 정부 구매시 국제시가보다 현저하게 고가로 구매한 행위 ⑫ 전 각호에 해당하지 않는 행위로 3천만 환 이상의 부정축재를 한 행위	으로 1억 환 이상의 이득을 취한 행위 ② 부정한 방법으로 정부와 은행이 보유한 외환을 30만 달러 이상 대부, 매수를 받은 행위 ③ 금융기관으로부터 융자를 받아 1억 환 이상의 정치자금을 제공한 행위 ④ 국가, 공공단체의 공사청부, 물품매매의 입찰시 담합, 수의계약, 관허사업의 인허가를 부정하게 얻어 2억 환(누계) 이상의 이득을 취한 행위 ⑤ 외자구매외환, 구매외자의 배정을 독점해 2억 환(누계) 이상의 이득을 취한 행위 ⑥ 조세에 관한 법률을 위반해 2억 환(누계) 이상의 국세를 포탈한 행위 3. 재산해외도피자 2만 달러 이상의 재산을 해외로 도피시킨 자	④ 좌동 ⑤ 좌동 ⑥ 좌동 ⑦ 2만 달러→액수 삭제 3. 학원부정축재자라 함은 1953년 7월 1일 이후 1961년 5월 15일까지 학원 운영 또는 학원 설립을 빙자해 5천만 환 상당 이상의 재산을 부정하게 취득축재한 자 (신설)

출전 : 한국혁명재판사편찬위원회 편, 1961, 651~652·980~981·983~984쪽.

　이처럼 군사정권은 쿠데타 직후 부정축재처리방침을 천명하며, 대표적인 기업인과 정치인을 전격 구속하고 부정축재처리위원회를 구성하는 등 발 빠르게 움직였다. 한 언론은 "장면 정권이 9개월이나 끼고돌던 문제를 혁명 정부가 들어선지 불과 2주일에 조사 처리에 돌입한 것은 전격적이고, 기업에만 국한시키던 타성을 타파하고 관리, 군인까지 범위를 넓힌 것은 여론을 수렴한 것"이라며 높이 평가했다.(『동아일보』 1961년 5월 30일자) 분명 군사정권의 행보는 부정축재 처리문제에 열의를 보이지 않던 장면 정권과는 대비되는 것이었다.

그러나 군사정권의 부정축재 처리방침은 곧 변화되었다. 최고회의가 경제성장을 위해 부정축재자들에게 기간산업 등에 강제투자 명령과 환수액을 현금, 현물, 주식으로 받아 재정투융자에 활용하는 문제 등을 다각도로 검토하고 있다는 소식이 흘러나오기 시작했다.(『동아일보』 1961년 6월 2일자) 이미 한 언론에서는 환수문제에 대해 징벌적 효과를 가지면서도 경제발전에 기여할 수 있는 방안으로 이스라엘이 나치 협력 기업인들에게 산업투자명령을 한 사례를 상기시킨 바 있었다.(『동아일보』 1961년 5월 30일자) 이러한 정책 변화 조짐은 부정축재처리위원회 이주일 위원장이 기업인 구속에 신중을 기할 것이라는 내용의 담화를 발표함으로써 사실로 드러났다. 그는 일부 기업인들이 부정축재 조사가 필요 이상으로 확대될까 염려해 기업 활동을 주저하게 되면, 국민경제가 본의 아니게 침체 내지 후퇴하지 않을까 우려된다고 언명했다. 이를 방지하지 위해 앞으로는 특별한 사유가 없는 한 기업인의 인신 구속은 극히 신중을 기할 것이라고 밝혔다.(『동아일보』 1961년 6월 4일자) 이런 가운데 부정축재 대상 기업가들이 앞 다투어 재산 자진헌납 의사를 밝히기 시작했다.

1961년 6월 19일 삼성 이병철이 전 재산을 최고회의에 희사하고, 자기의 권한 행사를 삼성 전 중역회의에 위임한다는 내용의 각서를 이주일 위원장에게 전달했다. 그리고 이병철은 6월 29일 기자회견을 자청해 전 재산 국가 헌납의사를 재천명했다. 삼성의 전 재산이 150억 환이고 부정축재처리법에 따라 환수될 금액은 75억 환으로 그중 약 37%가 자신이 몫이 된다고 언명했다.(『동아일보』 1961년 6월 19 · 29일 자) 이병철에 이어 부정축재 기업인으로 지목된 함창희(동립산업), 정재호(삼호방직), 이정림(대한양회), 최태섭(한국유리공업), 설경동(대한산업), 조성철(중앙산업), 남궁련(극동해운) 등 7명도 공동 결의 형식으로 국가재건최고회의에 재산 자진헌납 의사를 통고했다. 최고회의 공보실에 따르면 이들은 자진헌납만이 "사회의 비난의 적이 된 죄책의 일부를 속죄하는 것으로 확신한다"고 결의했다고 한다. 이어 태창방직의 백남일도 재산 일체를 국가에 환원하겠다고 부정축재처리위원회에 통고했다.(『동아일보』 1961년 6월 25일자) 그리고 부정축재처리위원회는 전 재산 헌납 각서 제출자에 대해 즉시 구속을 해제했다. 최태섭, 이정림, 이양구, 설경동, 조성철, 남궁련, 홍재선, 함창희, 김지태 등 9명이 석방되었다. 이들의 구속 해제 사유는 이들에 대한 조사가 완료되었고, 산업 위축을 완화하고 경제 불안요소를 제거하기 위해서라고 발표되었다. 또한 석방자 운영 기업체가 유리, 시멘트, 방직, 해운 등 주요 기간산업이라는 점도 고려되었다. 국가 헌납 재산은 본인에게 위탁하는 동시에 감독관을 파견해 관리할 방침이었다. 뒤이어 박흥식, 이한원, 정재호, 조홍제 등 4명도 추가로 석방되었다. 그리고 7월 1일 이주일 위원장은 기업인에 대해서는 당초부터 신속하게 처리하되, '불확대주의' 방침을 갖고 있다는 내용의 담화를 발표했다. 그는 앞으로 기업인들에 대한 추가 조사 방침은 없을 것임을 재차 강조했다.(『동아일보』 1961년 7월 1 · 14~15일자) 마치 톱니바퀴가 맞물리듯 쿠데타 직후 기업인들에 대한 전격 구속부터 재산 헌납, 석방까지가 일사천리로 진행되었다.

이렇게 국가재건최고회의는 부정축재 조사 대상자를 축소하는 쪽으로 정책방향을 바꾸었다. 기업인에 대한 부정축재조사로 경제계에 불필요한 불안감이 조성되고, 이것이 산업의 위축을 가져온다는 것이 이유였다.(한국혁명재판사편찬위원회 편, 1961, 988쪽) 그리고 국가재건최고회의는 이를 뒷받침하기 위해 1961년 10월 부정축재처리법 중 개정법률을 공포했다. 이것은 초기 강경방침에서 후퇴해 부정축재자에 대한 처벌범위와 방법을 대폭 완화한 것이었다. 부정축재자들에게 경제건설에 필요한 공장을 건설해 그 주식을 정부에 납부하면, 부정축재 통고액을 대신하게 한다는 것이 요지였다. 공장건설 기한도 3년간인 1964년 12월 31일까지로 설정해주었다.(한국혁명재판사편찬위원회 편, 1961, 991쪽) 그리고 환수액을 4개월 내 납부하면 2할을 공제해주는 부정축재환수절차법도 공포되었다. 환수 업무는 국가재건최고회의에서 경제기획원으로 이관되었다. 경제기획원은 부정축재환수관리위원회를 구성해 환수 업무를 담당하게 하였다. 이처럼 부정축재에 대한 벌과금을 공장을 건설해 주식으로 대납하게 한다는 것은 부정축재자에 해당하는 자본가의 승리를 의미하는 것이었다. 결국 공장 건설과정을 거치는 동안 인플레 등으로 실질 납부액은 줄고 공장의 가치는 더욱 커졌다. 이 같은 부정축재 처리과정을 통해 일부를 제외하고 재벌들은 경제개발전략에 힘입어 한국경제의 중추가 되었다.(공제욱, 1999, 109~110쪽)

이와 같은 법률 개정과 환수절차법 공포에 따라 부정축재처리위원회는 8월 14일 27명의 기업가에 대한 통고액을 공표했다. 그 후 재심을 거쳐 12월 20일자로 최종액이 결정되었다. 그리고 이와 별도로 9월 16일 공무원과 정치인 부정축재자 33명에 대해 약 72억 환의 벌과금 납부를 공표했다. 이기붕 전 민의원 의장이 약 23억 환으로 가장 많았고, 한광석과 김진만 전 민의원 의원이 그 뒤를 따랐다. 그 후 개정 법률에 따라 재심을 거쳐 12월 20일 최종액이 결정되었는데, 역시 이기붕, 김진만, 한광석 등이 수위를 차지했다.(한국혁명재판사편찬위원회 편, 1961, 990, 993쪽) 다음 표는 장면 정권과 국가재건최고회의의 기업인에 대한 환수 통고액을 비교한 것으로, 국가재건최고회의의 최종 통고액 과다 순으로 배열한 것이다.

〈표 5〉 부정축재 기업에 대한 환수 통고액

순번	성명	기업체	통고액 (민주당, 1960. 8)	통고액 (최고회의, 1961. 8)	최종 통고액 (1961. 12. 20)	비고 *
1	백남일	태창방직주식회사 외 1개사	951,792,245	3,519,267,729 $6,913,531.60	12,547,715,133	증
2	이병철	삼성물산주식회사 외 6개사	6,154,181,013	10,304,860,694	8,000,215,564	감
3	설경동	대한산업주식회사 외 3개사	2,059,780,693	1,484,856,783	4,814,243,176	증
4	이정림	대한양회공업주식 회사 외 4개사	743,010,397	2,678,173,657	3,866,700,944	증
5	정재호	삼호무역주식회사 외 3개사	2,115,625,416	4,902,204,617	3,614,082,182	감
6	이양구	동양시멘트공업 외 1개사	399,537,053	834,219,999	3,165,610,336	증
7	함창희	동립산업진흥회사	1,539,069,244	1,569,902,387 $586,526	2,715,212,120	증
8	이한원	대한제분주식회사 외 4개사		2,120,573,379	2,110,947,672	감
9	홍재선	금성방직주식회사 외 4개사		1,905,558,224	1,430,676,328	감
10	이용범	대동공업주식회사 외 1개사	1,357,252,317	1,417,348,776	1,417,348,776	증
11	남궁련	극동해운주식회사 외 1개사	38,973,744	400,000,000	1,283,120,000	증
12	구인회	락희화학공업사 외 1개사	745,518,058	959,441,091	959,441,091	
13	조성철	중앙산업주식회사	891,953,513	831,765,776	890,554,572	증
14	최태섭	동화산업주식회사 외 2개사	134,723,507	219,620,540	627,445,858	증
15	김지태	조선견직주식회사 외 8개사		920,270,160	545,708,543	감
16	김영주	중앙학원		863,665,506	484,854,855	감
17	김상홍	주식회사 삼양사	350,481,716	368,977,572	355,270,086	감
18	서정익	동양방직주식회사 외 2개사		674,999,865	257,463,973	감

순번	성명	기업체	통고액 (민주당, 1960. 8)	통고액 (최고회의, 1961. 8)	최종 통고액 (1961. 12. 20)	비고
19	홍석우	한국교과서주식회사		50,000,000	150,000,000	증
20	전형남	전주방직주식회사		139,817,000	137,817,000	감
21	김성룡	한국제분공업협회			100,000,000	신
22	박흥식	화신산업주식회사 외 3개사		589,724,748	99,880,200	증
23	이석구	대림산업주식회사			96,620,000	신
24	김용완	경성방직주식회사		88,238,000	88,238,000	
25	임화수**	한일극장 외 2개사		292,993,519	82,340,000	감
26	김연규	대한중기공업주식 회사		60,000,000	60,000,000	
27	김재철	기아산업주식회사		50,000,000	50,000,000	
28	이광우	한국강업주식회사		50,000,000	50,000,000	
29	이건웅	주식회사유한양행			50,000,000	신
30	배동환	한국다이야제조주 식회사			50,000,000	신
31	김성곤	금성방직주식회사	632,084,569			
32	김용산	극동건설주식회사	68,254,403			
33	김원전	고려제지공업주식 회사	23,979,222			
34	송영수	사단법인 전주방직사	871,560,530			
35	양춘선	합자회사 흥화공작소	79,561,454			
36	은사천	해성산업주식회사	80,235,314			
37	이경용	달성제사공업주식 회사	465,369,989			
38	이석구	대림산업주식회사	38,732,566			
39	정주영	현대건설주식회사	16,659,841			
40	조승구	삼부토건주식회사	46,529,536			
41	최재형	무학주정공업주식 회사	57,120,098			
합 계			24명 47개 기업 19,861,986,165	37,808,870,525 $7,500,056.00 미화 환산 (1300 : 1) 47,558,944,105	49,435,767,235	증

비고 : * 비고란의 증감 표시는 1961년 8월 국가재건최고회의의 환수 통고액을 기준으로 12월의 최종 통고액과 비교한 결과임.

   ** 임화수는 사형이 집행되었기 때문에 축재액을 환수하지 않기로 결정함

출전 : 한국혁명재판사편찬위원회 편, 1961, 290~291·989·992쪽 ; 『동아일보』 1962년 1월 8일자

위 표를 보면 장면 정권 당시 가장 많은 환수액을 통고받은 것은 삼성의 이병철이었다. 환수금액만을 놓고 보면 2위와 약 3배가량 차이 나는 금액이었다. 그런데 1961년 12월 국가재건최고회의의 최종 통고액을 보면 태창방직의 백남일이 가장 많은 환수액을 통고받았고, 이병철은 두 번째를 차지했다. 그리고 백남일의 경우 1961년 8월 1차 통고 당시보다 통고금액이 증가한 반면, 이병철은 감소되었다. 또한 백남일은 1962년 5월 15일로 마감된 1차 환수액 미납자 중 한 명이 되었다. 이 같은 국가재건최고회의의 최종 통고액의 증감은 이후 한국 기업의 재편과 밀접한 관련이 있었을 가능성이 크다. 이 기업들은 당시 한국을 대표하는 기업으로 부정축재 조사대상에 올랐으며, 자의반 타의반으로 경제개발계획에 참여함으로써 정치권과의 관계를 새롭게 형성하기 시작했기 때문이다.

3. 부정축재문제 처리를 둘러싼 인식과 갈등

1) 정치권의 인식과 갈등

4월혁명 이후 과거청산 시도의 특징과 결말을 가장 상징적으로 보여준 사례가 부정축재 처리문제이다. 장면 정권은 6대 사건 판결에 대한 비판에 직면해 특별법 제정에 나섰지만, 법 제정에는 여전히 부정적이었다. 특히 장면 총리는 소급법 제정은 부끄러운 일로 정치도의상으로 허용할 수 없는 일이었으나, 당시의 격렬한 국민 감정과 지배적인 공기로 보아서는 이를 안 할 도리가 없을 만큼 험악하였다고 회고했다. 자신은 민주당 의원들이 소급법에 대해 토의할 때 강력히 반대했고, 만일 끝내 보복을 위한 소급법을 고집한다면 당을 떠나겠다고 발언했다고 회고했다.(장면, 1967, 75~76쪽) 장면 총리와 정부가 부정축재처리에 관한 특별법 제정에 나선 이유가 강력한 국민여론 때문임이었을 알 수 있다.

장면 정권과 민주당은 부정축재자를 현행법으로도 처벌할 수 있다고 주장한 반면, 민주당 구파 출신으로 결성된 신민당은 '본보기'로 대표적인 부정축재자 몇 명만을 특별법으로 처리하자는 입장이었다. 7·29총선을 통해 4월혁명의 수혜자가 되어 집권에 성공한 민주당이었지만, 신구파는 사안마다 대립의 각을 세웠다. 구파는 장면 정권의 부정축재자 처리 완화 방침에 대해 4월혁명 정신을 배반한 정치적 복선이 있다고 비판하며, 특별법 제정을 추진함과 동시에 부정축재자들에 대한 공정한 처벌을 촉구했다.(『동아일보』 1960년 8월 31일자) 그러나 이들이 말하는 공정한 처벌은 부정축재자 처벌대상을 최소범위로 한정해야 한다는 의미에 불과했다. 구파의 의도는 처벌 기준액을 높여 대자본가 몇 명을 본보기로 처벌해 부정축재처벌에 대한 국민여론에 부응하기 위함이었다. 또한 구파는 대자본에 대한 처벌 요구를 통해 중소자본의 지지를 획득하고자 했다. 이를 통해 신파의 물적 기반을 파괴하고 문제를 복잡하게 만들어 부정축재자 처리를 지연, 폐기를 기도하는 독점자본의 요구도 충족시켜 주고자 하였다.(배광복, 1987, 26쪽) 결국 자본가의 이익을 대변한다는 점에서 구파는 장면 정권 및 민주당 신파와 다르지 않았다. 이처럼 부정축재 처리를 위한 특별법 제정을 둘러싸고 이견을 보였지만, 민주당과 신민당 모두 엄격한 기준을 적용해 조사대상이 확대되는 것을 방지해야 한다는 데는 의견이 일치했다. 이것이 장면 정권과 민주당, 그리고 갈래였던 신민당이 4월혁명의 계승이라는 여망을 외면해 국민의 지지를 잃게 되는 요인이 되었다. 그리고 5·16쿠데타세력에게 무능한 정권과 구태의연한 정치세력을 일소한다는 명분을 내걸 수 있게 하였다.

　이렇게 부정축재 처리문제를 둘러싸고 정치권 내 이견과 대립이 계속되던 때, 장면 정권이 부정축재자들로부터 정치자금을 수수했다는 소문에 휘말렸다. 자유법조단의 신태악은 부정축재자들이 선거자금으로 민주당에 18억 환을 제공했다고 폭로했다.(한국혁명재판사편찬위원회 편, 1961, 202쪽) 이에 민주당은 18억 환 수수는 사실이 아니며, 부정축재자가 아닌 기업가들로부터 약 2억 환을 제공받았다고 주장했다. 이 같은 정치자금 수수 사건은 부정축재자들이 민주당의 발목을 잡아 처벌을 지연시키고 있다는 의혹을 불러일으켰다.(공제욱, 1999, 97쪽) 민주당의 정치자금 수수설은 5·16쿠데타 이후에도 폭로되었다. 1961년 8월 11일 국가재건최고회의 공보실은 민주당 정권에 거액의 정치자금을 제공한 단체와 기업가의 명단을 발표했다. 민주당정권이 총 45억 5천만 환을 방직협회, 석유협회, 이병철, 정재호, 설경동, 박흥식 등으로부터 수수했다는 것이다. 조사 발표에 따르면, 민주당의 정치자금 루트는 3갈래에서 이루어졌다. 무임소장관 오위영은 주요 국영기업체와 재일교포 재벌, 재무부장관 김영선은 삼성과 삼호재벌을 위시한 은행의 대주주들, 상공부장관 주요한은 관서 관북 출신 재벌들과 제휴해 각각 정치자금을 갹출했다.(한국혁명재판사편찬위원회 편, 1961, 203쪽) 하지만 장면 총리는 이 같은 정치자금 수수설을 강력히 부인했다.

　'장 정권의 부패상'이라고 도하(都下) 각 신문이 앞을 다투어 대서특필로 보도하였지만 그 내용은 무엇이었나?
　두드러진 예를 들어, 방직 협회에서 받았다는 23억 원 정치 자금 수탁설은 사실과 거리가 너무나 먼 얘기다. 7·29총선거를 전후하여 다시 창궐하던 혁신 세력의 진출을 막아야겠다는 이유로 주로 선거 자금으로 민주당을 위해 자진해서 2억 원 내외를 제공한 일은 있다. 여러 차례에 걸쳐 중앙정보부에서 민주당 정권의 부정 부패상을 들춰내었지만, 결국 그들 자신의 노력에 의해 민주당 정권이 '깨끗한 정부'였음을 증명해 주는 결과밖에 초래한 것이 없다.(장면, 1967, 90쪽)

장면 총리는 기업들이 혁신 세력의 정치세력화를 방지하기 위해 제공한 2억 환 가량의 정치자금을 수수했을 뿐 나머지 정치자금에 대해서는 부인했다. 경제계도 1960년 7·29총선 당시 1억 5천만 환을 민주당 신구파에 제공했다고 주장했다.(김용완·홍재선, 1981, 162쪽) 결국 금액의 차이는 있지만 민주당이 기업으로부터 정치자금을 제공받은 것은 사실이었다.

이 같은 장면 정권과 민주당의 정치자금 수수는 정치자금으로 결탁한 정재계의 유착 고리를 끊어야 한다는 문제의식에서 제기된 부정축재 처리문제가 어떻게 귀결될지를 가늠케 해주는 사건이었다. 또한 부정축재 처리과정에서 보여준 정부의 인식과 방침에 대해 제기되었던 의혹을 일정 부분 사실로 증명해주는 것이었다. 이에 대해 미국이 원조자금을 정치자금화하지 못하도록 감독과 검사를 강화하자, 장면 정권이 부정축재 처리문제와 결부해 독점자본에 대한 위협의 형태로, 또한 경제건설을 통한 국가재원 조달이라는 미명하에 강력한 지지의 형태로 정치자금 문제를 해결하려고 시도했다는 평가도 있다.(배광복, 1987, 22~23쪽) 정치자금을 둘러싼 공방은 제도적 장치가 마련되지 않은 상태에서 기존의 관행대로 정치자금이 제공되었기 때문에 발생한 것이었다.

한편 애초부터 부정축재 치리문제에 소극적이었던 장면 정권에 비해 군사정권은 초기 강력한 인식과 태도를 보였다. 그러나 곧 부정축재자들에 대한 처벌 완화 방침이 발표되고, 투자명령을 통해 경제개발전략에 참여시킴으로써 이들에게 면죄부를 주었다. 쿠데타 초기 부정축재자에 대한 강력한 처벌방침과 대상자들에 대한 전격 구속조치는 쿠데타의 정당성을 확보하기 위한 조치였다. 4월혁명의 정신을 계승한다는 명분에도 들어맞는 조치였다. 그러나 국가재건최고회의의 최우선의 정책목표는 경제건설이었기 때문에 부정축재자이지만 한국을 대표하는 기업가들에 대해 엄격한 처벌 대신 권력에 순응하도록 종용하는 조치가 취해졌다.

국가재건최고회의는 1961년 5월 28일 '부정축재 처리요강'을 공포하고, 부정축재자 26명을 구속했다. 구속된 기업인들은 전 재산을 헌납한다는 내용의 각서를 제출하고 "산업 위축을 완화시킨다"는 명목으로 석방되었다. 헌납된 재산에 대해서는 위탁 형식으로 본인에게 주는 대신 감독관을 파견해 관리하게 했다. 그리고 1961년 8월 13일 기업에 대한 환수액 477억 환 등 총 566억 환을 환수할 것이라고 발표했다. 과도정부가 조사하고 장면 정권이 47개 기업체 24명에게 통고한 196억 환에 비해 약 2.5배 늘어난 액수였다. 그러나 국가재건최고회의는 곧이어 부정축재처리 완화방침을 발표했다. 1961년 10월 26일 부정축재처리법 중 일부를 개정해 통고액을 공장을 건설해 주식으로 대납할 수 있도록 조치했다. 납부일은 통고일로부터 180일 이내였던 것이 공장 건설의 경우 1964년 12월 31일로 연장해 납부기한을 최대 3년 가까이 연장해주는 특혜가 주어졌다.

이 같은 부정축재처리 완화방침에 따라 구체적인 공장건설 계획이 진행되었다. 경제기획원은 외자도입 대상 건설사업계획 중 비료공장 및 종합제철공장 건설 부문의 적격자를 선정하지 못해, 부정축재자 8명으로 투자공동체를 구성시켰다고 발표했다. 발표 내용에 따르면 이병철(제일모직), 정재호(삼호방직), 백남일(전 태창방직), 이용범(전 대동공업)은 비료공장, 이정림(대한양회), 이양구(동양시멘트), 남궁련(극동해운), 설경동(대한산업)은 종합제철공장 건설계획을 제출하기로 결정되었다.(『동아일보』 1962년 1월 30일자) 그리고 부정축재환수

관리위원회 김유택 위원장은 10명의 부정축재자에게 통고액 미환수금을 시멘트, 인견사, 주조공장 등 12개 공장 건설로 대납하도록 승인했다고 발표했다.(『동아일보』 1962년 2월 13일자) 이 같은 공장 건설 계획을 원활하게 추진하기 위해 부정축재 환수를 위한 회사설립법이 통과되었다. 이 법은 상법보다 우위의 특례법으로 제정되었다. 이에 따르면 5월 15일까지 회사를 설립해야 하고, 환수금의 1/3을 불입해야 했다. 만약 법정기일 안으로 1/3의 환수금을 불입치 않을 경우 체형 등 엄중한 처벌을 부과하고, 고의로 불입치 않을 시 사형 또는 무기징역도 가능하도록 규정했다. 회사설립법 발표에 이어 박정희 의장도 정부는 회사설립 실행을 수시로 감독하고, 부정축재자들이 의무를 잘 이행하도록 독려하라는 내용의 담화를 발표했다.(『동아일보』 1962년 4월 12일자) 특히 박정희는 공장 건설은 절대로 양보할 수 없는 사안이라고 못 박았다. 부정축재 환수자금으로 이루어질 공장 건설은 1차 경제개발5개년사업의 주축을 이루게 될 것이기 때문이었다.

이렇듯 정부의 공장건설에 대한 강력한 의지와 강제력 때문에 부정축재 대상 기업들은 5월 15일 1차 환수액 불입금 납부를 앞두고 분주해졌다. 일부는 시중 고리채에 의존할 것으로 예상되었고, 일부는 소유주 공매를 통해 불입금을 마련할 것으로 예상되었다. 그러나 일부는 환수금 납부가 어려울 것으로 전망되었다.(『동아일보』 1962년 4월 24일 · 5월 7일자) 그리고 1962년 5월 15일 1차 납부 마감 결과 대상자 19명 중 4명의 미납자가 생겨났다. 19명 중 김철호는 현금납부자로 변경되었다. 미납자 4명 중 백남일은 해외여행 중이었고, 이용범은 구속 중이었기 때문에 김진만, 김영주만이 긴급 구속되었다.(『동아일보』 1962년 5월 16일자) 결국 이들은 회사설립 취소에 따른 강제징수 대상자 명단에 올랐고, 대상기업은 공매 처분 대상에 올랐다. 비료공장을 설립하기로 한 백남일(태창방직, 태창직물, 협동섬유)과 이용범(대왕

산업, 극동연료), 주물공장을 설립하기로 한 김영주(전주장직)는 공매처분을 받았고, 염화비니루공장을 설립하기로 했던 김진만(북삼화학)에 대한 환수방법은 결정되지 않았다.(『동아일보』 1962년 5월 29일자 ; 『조선일보』 1962년 5월 29일자)

〈표 6〉 부정축재 대상자의 회사 설립 내역

(단위 : 백만원)

설립 대상	담당 기업(가)	납입액	설립 예정 회사	1962. 5. 15 1차 납입	1962. 12. 20 2차 납입
비료공장	이병철	2,227	울산비료	3,289	
	정재호	894			
	김지태	170			
종합제철	이정림	100	한국종합제철	3,924	투자공동체와 정부 간 협약으로 해산, 4명은 벌과금을 개별적으로 납부
	남궁련	363			
	이양구	1,000			
	설경동	1,555			
전기기기	이한원	523			
쌍룡시멘트 (설립 완료)	홍재선	750	쌍용양회	750	
전선공장	구인회	320	한국케이블공업	327	
합동제철 (설립 완료)	이광우	62	신한제철	16	
냉동냉장	김상홍	120	삼양수산	119	
방직기계	김연규	20	韓國精機공업	20	
	조성철		중앙시멘트	300	
염화비니루	김진만	461	북삼수지공업		
합계	15명	9,728	9개사		

출전 :『동아일보』1962년 4월 17일 · 5월 16일 · 12월 21일자

이렇게 부정축재로 처벌대상이 된 기업들은 회사 설립과 현금 납부 등의 방식으로 환수액을 납부했다. 그 결과 부정축재환수관리위원회는 1962년 9월 3일 현재 대상 기업체 30개 중 10개 기업체가 환수액을 완납했으며, 14개 기업체가 5월 15일 회사 설립을 완료했고, 6개 기업체는 강제징수 예정이라고 발표했다. 환수액을 완납한 10개 기업은 경성방직, 전남방직, 동양방직, 화신산업, 국정교과서, 한국유리, 대림산업,

유한양행, 기아산업, 한국타이어였다.(『동아일보』 1962년 9월 3일자)

이렇게 국가재건최고회의 시절 부정축재 처리문제는 정부의 강력한 투자명령에 따른 회사 설립으로 귀결되어 갔지만, 한편으로 기업의 강력한 경제건설 참여 의지도 작용했다. 부정축재에 대한 면죄부를 주고받는 대가로 정부와 경제계의 이해관계가 경제개발이라는 대목에서 맞아떨어진 것이다. 이 과정에서 4월혁명으로 제기된 부정축재 처리문제에 담긴 혁명과업의 완수는 사라졌고, 오히려 과도정부 이래 부정축재자에 대한 최소한의 처벌방침과 이들이 한국 경제의 중추라는 인식은 더욱 강화되었다.

2) 경제계의 인식과 반발

4월혁명 이후 숨죽이고 있던 자본가들은 부정축재 처리문제가 가시화되자 목소리를 내기 시작했다. 1960년 9월 5일 대한상공회의소는 부정, 불법축재 처리에 대한 원칙과 한계를 요구하며 정부와 협상을 위한 20인위원회를 구성했다. 송대순 회장은 이승만 정권하에서 막대한 금품을 수뢰한 고위 공무원과, 이들과 결탁한 간상배로 음성적 축재를 한 정상배, 국유재산을 염가로 불하받은 자, 일정한 기업체도 없이 악랄한 방법으로 축재한 자, 특권을 이용해 특혜와 독점으로 부당이득을 취한 자를 부정축재자로 규정해야 한다고 주장했다. 또한 정부가 처리방침을 시정하지 않으면, 철시나 시위 등의 적극적인 실력 행사로 투쟁하겠다고 선언했다.(『동아일보』 1960년 9월 5일자) 그리고 10월 8일 판결 이후 소급법 제정이 본격화되자, 상공회의소는 처벌대상의 범위를 축소해야 한다고 주장하기 시작했다. 상공회의소는 부정축재자의 정의를 명확히 해서 지위와 권력을 이용한 정치적 악질행위만을 처벌해야 하며, 조세법 위반이나 국세 포탈, 감면 행위자는 대상

에서 제외시킬 것을 강력히 요구했다.(『동아일보』1960년 11월 1일자)
이들의 주장은 정치권과 경제계의 밀착은 어느 정도 불가피하다는 점
을 들어 처벌대상의 범위를 확대시켜서는 안 된다는 것이었다. 그리
고 이들의 주장에 힘을 실어준 것은 민주당에서 분당한 신민당이었
다. 신민당은 처벌 기준금액을 상향 조정해 몇몇 대기업만을 처벌하
자고 주장했기 때문에 처벌대상의 범위를 축소해야 한다는 상공회의
소와 동일한 인식을 보였다. 그리고 특별법 제정이 급물살을 타게 되
자 경제계의 대응도 빨라졌다.

경제계는 한국경제협의회를 창립해 부정축재 문제에 강력히 대응
하기 시작했다. 한국경제협의회는 1960년 10월부터 수차례의 회의를
통해 12월 창립준비위원회를 구성하고 1961년 1월 창립되었다. 6대 사
건 판결 파동 이후 특별법 제정이 급물살을 타던 시점에 경제계의 새
로운 조직체가 태동하기 시작한 것이다. 이 조직은 4월혁명 이후 정
치자금원이었던 기업에 대한 부정적 여론이 확산되자, 이 같은 여론
에 대처하고 정치자금 제공 요구에 공동 대응할 필요가 있다는 인식
에서 출발했다. 금성방직의 홍재선은 "이 같은 무질서 속에서 언제까
지 얻어맞기만 해서 일할 수 없다. 경제인이 단결해서 밖으로부터의
압력에 대처, 발언할 기회를 만들자"는 움직임으로 한국경제협의회의
창립을 설명했다.(김용완·홍재선, 1981, 281쪽) 이렇게 한국경제협의
회는 경제가 항상 정치에 예속되면 안 되고, 본의 아니게 정치자금을
주고 부정축재자로 몰리는 '누명'을 벗기 위해서라도 경제계가 합심해
야 한다는 데서 출발한 것이었다.(김용완·홍재선, 1981, 160쪽)

한국경제협의회는 기존의 상공회의소와 상충되지 않도록 구성 회
원을 일정 규모 이상의 대기업체로 하고, 지방조직 없이 전국적 성격
을 띠며, 양성적인 정치자금을 제공할 것 등을 선언했다.(전국경제인
연합회 편, 1991, 58~59쪽) 이병철이 초대 회장으로 선임되었고, 창립

회원은 총 12명이었다.(이병철, 1985, 119쪽) 이 단체가 당면한 가장 시급한 문제는 입법 추진 중이던 '부정축재특별처리법'에 대한 대응이었다. 또한 정치자금 제공을 둘러싼 정치계와 경제계의 관계 설정에 대한 문제의식도 갖고 있었다. 민주당이 집권한 이후에도 정치자금 수요는 여전했기 때문에 경제계는 개별적인 제공보다는 공개적이고 공동 대응할 기구가 필요하다고 인식했다. 그러나 무엇보다 부정축재 처리문제에 경제계가 적극적으로 대응해야 한다는 인식이 이들을 결속시켰다. 따라서 한국경제협의회의 첫 번째 활동은 '부정축재특별처리법' 수정 또는 폐기 활동이었다.

1961년 2월 '부정축재특별처리법'이 민의원을 통과하자 경제계는 강력히 반발했다. 금성방직의 홍재선은 이 법이 통과하자 혼란한 정국을 악화시키고, 국민재산권에 대한 소급 입법으로 세계인권선언에 위배되며, 보복적 소급 입법의 악례를 남기게 되고, 자본주의 체제하에서 부정축재자에게 사회주의적 개념이 적용되어서는 안 되며, 모처럼 형성되던 민족자본이 파괴되어 자본주의적 경제발전을 후퇴시킬 것이라며 반발했다.(김용완·홍재선, 1981, 282쪽) 홍재선의 이 같은 인식은 한국경제협의회가 3월 1일자로 발표한 성명과 동일한 것이다. 한국경제협의회는 1961년 3월 장면 총리 이하 전 각료를 반도호텔로 초청해 경제정책에 관한 건의문을 만들어 교부했다. 건의문의 내용은 자유기업 창달, 경제계에 대한 간섭 배제, 경제인의 자주권 인정 등이 있는데, 이것을 장면 총리가 수락했다고 한다. 또한 부정축재처리법안의 처리대상자를 '부정선거의 정을 알면서 2억 환 이상의 정치자금을 제공한 자'로 수정해줄 것을 요구했는데, 이렇게 하면 경제인 대부분이 처벌대상이 되지 않을 것으로 예상되었기 때문이다. 만약 처벌기준액이 상향 조정되지 못하면 많은 기업인이 피의자가 될 것이며, 결국 한국경제는 파탄날 것이라며 위협했다. 이 같은 건의도 장면 총리가 수락했다고 한다. 이때는 4월위기설이 유포되던 때로 이 자리에서 장면 총리는 3억 환의 정치자금을 요청했고, 한국경제협의회는 돈을 갹출해 4월위기 극복자금으로 제공했다고 한다. 3억 환 중 1억 5천 5백만 환은 장면 내각에 직접 주지 않고, 거기서 지정한 마산청년단, 광주 모모 단체 등에 영수증을 받고 전달했다고 한다.(김용완 · 홍재선, 1981, 160~162쪽) 이상의 내용은 한국경제협의회가 '부정축재특별처리법' 수정을 위해 정부를 상대로 적극적인 막후교섭을 했다는 사실을 알려주고 있다.

한국경제협의회는 장면 내각을 상대로 적극적인 막후교섭을 함과 동시에, 1961년 3월 1일자로 각 일간지에 "북한 괴뢰에 이익을 주는 부정축재 처리가 되지 않도록"이라는 내용의 성명서를 발표했다. 반공과 자본의 논리를 결합시킨 충격적인 내용의 성명으로, 한국경제협의회, 대한상공회의소, 한국무역협회, 대한건설협회, 대한방직협회 등 5개 경제단체 공동 명의로 발표되었다.

> 북한 괴뢰가 가장 싫어하는 것이 남한의 경제 번영이라면, 그리고 북한 괴뢰가 가장 원하고 있는 것이 남한의 경제파탄이라면, 이번에 민의원에서 통과된 부정축재처리법안이야말로 북한 괴뢰에게는 일석양조적 성공을 약속한 것이라고 볼 수 있다. 그 법안대로 된다고 하면 남한에서 지금 기업이라고 하는 사람들은 모두 죄수가 안 될 수 없을 것이니, 김일성이 가장 싫어하는 남한의 경제 번영은 이룩될 수 없을 뿐만 아니라, 그 가혹한 죄과 때문에 그들의 재산은 몰수나 다름없는 결과에 도달하게 되어 자유경제의 바탕이 흔들리게 될 것이기 때문이다.(『동아일보』 1961년 3월 4일자)

이 성명의 요지는 '부정축재특별처리법'이 시행되면 남한의 혼란과 파국을 기대하는 북한에게 호재가 될 것이라는 내용이었다. 정경유착과 부정축재에 대한 반성, 이를 방지할 제도적 장치에 대한 모색은 일

언반구도 없었다. 한국경제협의회의 성명 발표 직후 김영선 재무부장관은 경제계의 산업위축 우려는 일리가 있고, 탈세한도액을 5천만 환 이상으로 규정하면 사세국의 능력을 벗어나 조사가 불가능하다며 경제계의 주장에 동조했다.(『동아일보』 1961년 3월 4일자) 이처럼 '부정축재특별처리법'은 한국경제협의회의 강력한 반대와 재무부장관의 집행 불가능 언명 등이 잇따르면서 대폭 수정 가능성이 점쳐지기 시작했다.

한국경제협의회의 반공 성명은 그들의 말처럼 부정축재 처리에 대한 '정면 도전'이었고, '마치 민의원을 적색분자처럼 취급하는 광고'였기 때문에 큰 파란을 몰고 왔다.(김용완·홍재선, 1981, 160쪽) 민의원은 즉각 조사위원회를 구성해 진상조사에 착수했다. 그러나 한국경제협의회는 실업자 구제가 가장 큰 관건인 현 경제상황에서 다수의 기업인 피의자 발생은 정권마저 위태롭게 할 것이라며, '일벌백계주의'로 처벌하는 선에서 넘어갈 것을 주장했다.(김용완·홍재선, 1981, 161쪽) 조사위원회는 문제가 된 공산당에게 이익을 준다, 사회주의혁명이라 해도 변명할 여지가 없다, 공산화의 길을 닦아 준다는 등의 표현을 집중 추궁했고, 경제협의회 대표들은 표현이 지나쳤다는 점은 시인했지만 물러서지 않았다. 이한원 부회장은 "우리에게 비판의 자유가 있으며 그것 때문에 처벌을 당해야 한다면 달게 받겠다"고 응수하며 물러서지 않았다.(『동아일보』 1961년 3월 17일자) 표현은 지나쳤을지라도 성명 내용 자체는 정당하다며 법안 폐기까지 주장한 한국경제협의회의 이 같은 태도는 이후 국가재건최고회의 시절과 비교해보면 흥미롭다. 국가재건최고회의 시절 그들은 전 재산 자진헌납 의사를 밝혀 경제가 정치에 예속되는 길을 자청했다. 결국 조사위원회는 본회의에 조사결과를 보고했지만, 민의원이 별다른 조치가 취하지 않아 반공성명 파동은 유야무야 처리되는 듯 했다.

그런데 한국경제협의회 성명 발표 경위를 둘러싸고 경제계 내에서 반발이 생겨났다. 3월 8일 서울상공회의소 의장에 취임한 전용순은 기자회견 석상에서 한국경제협의회가 3월 1일자 경제계 공동 성명에 대한상공회의소 명의를 사전 협의 없이 사용했고, 내용에 대해서도 전면적으로 찬성할 수 없다고 항의했다. 전용순은 처리범위를 축소하고 현행세법으로 처리하는 것은 타당하나, '부정축재특별처리법' 시행이 결국 북한이 원하는 결과를 초래할 것이라는 성명 내용은 너무 과격하다고 비판했다. 또한 '부정축재특별처리법' 폐기 주장에도 찬성할 수 없다고 반박했다.(『동아일보』 1961년 3월 9일자)

이처럼 한국경제협의회가 주도한 경제 5단체 성명에 대한 파문이 확산되자 5개 단체는 재차 성명을 발표했다. 우선 3월 4일 일간지에 게재된 성명은 '우심충충(憂心忡忡)한 진의'를 엮어서 법안 시정을 호소할 목적이었으나, 지면관계로 의사 내용을 구체적으로 밝히지 못하면서 용어와 표현방식이 과격하고 비유가 적당치 못해 본의 아닌 오해를 받게 되었다며 사과를 표시했다. 그러나 이들은 재차 다음과 같이 주장했다. 첫째, 3·15부정선거가 계기가 된 4월혁명 정신이 부정축재처리법안의 정의에 구체적으로 밝혀져 있지 않고, 일반법에 대비해 혁명법의 특색이 없으며, 처벌기준은 자유경제원리에 어긋나는 등의 문제를 갖고 있기 때문에 부정축재범의 정의를 엄격히 규정할 것을 요구했다. 둘째, 법안에 의거 추산해보면 처벌 대상자는 수만에 달하고, 이들을 8개월간에 걸쳐 조사처벌하면 현재보다 더 혹심한 불경기와 생산 위축, 실업자 증대로 사회혼란이 초래될 것이라고 경고했다. 셋째, 경제적 보복 입법의 결과를 가져온다면 헌정의 악례로 남을 것이라고 주장했다.(『동아일보』 1961년 3월 31일자) 이처럼 경제계는 '부정축재특별처리법'이 민의원을 통과해 참의원으로 회부되자 적극적인 반대활동에 나섰다. 비록 법안 수정과 폐기, 부정축재문제를 남북관계와 반공이데올로기에 이용하는 문제 등을 놓고 이견은 있었지만, 부정축재자의 처벌범위를 대폭 축소해 산업 위축을 막아야 한다는 데는 의견이 일치했다.

한편 참의원은 경제계의 건의를 받아들여 1961년 3월 4일 학계, 언론계, 상공회의소, 무역협회, 한국경제협의회 대표 등을 초청해 부정축재처리법안에 대한 공청회 겸 간담회를 개최했다. 이 자리에서는 민의원 송부안은 모든 규정이 막연하고, 특히 부정축재의 정의, 조사범위, 처벌범위 등이 광범하고 막연해 전국의 기업체를 모두 대상으로 할 정도라는 지적이 있었다. 또한 처벌 기준액이 너무 낮아 유수한 기업체와 중소기업까지 처벌받을 가능성이 크고, 결과적으로 경제구조를 거꾸로 뒤집는 결과를 초래할 것이라는 비판이 제기되었다. 경제협의회의 이한원 부회장은 법안의 근본 목적은 일반법으로도 처리 가능하다며 법안 폐기를 주장하기도 했다. 상공회의소 대표도 조세범은 종래의 세법으로도 처벌이 가능하다며 특별법 규정은 필요 없다며 동조했다. 언론계 대표는 민의원 안은 "김일성에게 나라를 넘겨주자는 안과 같다"며 혹평했다. 참의원은 공청회 결과를 국민 감정상 법안 폐기는 불가능하나 여러 지적은 타당한 것으로 수용했다.(『동아일보』 1961년 3월 4일자 석간)

그리고 3월 14일 한국경제협의회는 참의원에 '부정축재특별처리법'에 관한 건의안을 제출했다. 부정축재자는 3·15부정선거에 1억 환 이상의 선거자금을 제공, 조달한 자로 정치권력을 이용해 축재한 자로 할 것을 주장했다. 또한 처벌 소급기간은 1960년 4월 26일부터 소급해 5년간으로 하여 경제관계 법령을 위반한 자를 대상으로 국세포탈은 벌과금을 부과하고 기타는 부당이득액 환수를 원칙으로 하되, 처리 결정액의 배액 이상의 강제투자(국토건설사업)로 이를 대신하는 길을 열어두고, 처리기간은 6개월 이내로 하자는 내용이었다.(『동아일보』 1961년 3월 15일자) 이것은 이승만 정권에 1억 환 이상의 정치자금을 제공한 자로 처벌대상을 대폭 축소시키는 대신 이마저도 강제투자의 방법으로 벌과금 납부를 대신할 수 있게 하자는 것이었다.

참의원에서는 경제계의 반발과 수정 요구 등을 토대로 민의원에서 회부된 '부정축재특별처리법'을 수정 통과시켰다. 부정선거자금 처벌 기준액은 신민당이 5천만 환, 민주당이 1천만 환을 주장해 결국 3천만 환으로 타협되었다. 그러나 여기에 '자진'하여 제공한 경우라는 단서조항이 붙어서 기준액은 아무런 실효를 갖지 못하게 되었다. 이 기준에 따른다면 3천만 환 이상의 선거자금을 댄 기업체는 26개였지만, '자진' 제공한 대상 기업이 있을지는 의문이었다.

경제계는 '부정축재특별처리법'이 참의원에서 수정되고, 이것이 민의원을 통과하자 만족을 표했다. '부정축재특별처리법'의 비합리성과 국민경제에 미칠 악영향을 집중 거론해 적용범위를 축소·수정한다는 목표를 설정했고, 이것이 성과를 거두었다고 평가했기 때문이다. 특히 소수 대기업인의 희생으로 '뿔을 바로잡으려다 소를 죽이는(矯角殺牛)' 것과 같은 잘못을 모면한 것을 자체적으로 높이 평가했다. (전국경제인연합회 편, 1991, 60쪽) 이 같은 평가는 역으로 '부정축재특별처리법'이 입법 취지를 살리지 못했다는 의미로 해석할 수 있다. 또한 4월혁명 이후 부정축재 처리문제가 정치계와 경제계의 이해관계에 따라 어떻게 무산되었는지를 잘 보여주는 평가라 할 수 있다.

경제계의 정치권에 대한 막후교섭은 장면 정권에만 국한된 것은 아니었다. 국가재건최고회의 당시에도 경제계의 막후교섭은 이어졌고, 그것은 부정축재 처리문제를 둘러싸고 조사단과 조사대상 기업 간의 뇌물수수라는 대형 비리사건으로 이어졌다. 1961년 9월 25일 부정축재처리위원회 제1조사단 전원이 구속되었다. 제1조사단은 기업인과 일반인을 조사대상으로 삼고 있었다. 사건 조사 결과 조사단원 일부가 5천만 환의 뇌물을 수수하고 부정이득액 5억 환의 처벌을 면제해

주는 등 부당한 방법으로 36억 환의 국고 손실을 가져온 것으로 드러났다. 여기에 등장한 기업과 학원은 동양시멘트, 대한산업, 삼호방직, 대동석유, 한양대학교 등이었다. 관련자들은 1962년 1월 16일 혁명재판소에서 사형에서 징역 10년까지를 선고받았다. 상소심에서도 양인현 육군 대령에게는 사형이, 그 밖의 피고들에게도 중형이 선고되었다.(『동아일보』 1961년 10월 8 · 27일 · 11월 10일 · 1962년 1월 17일 · 3월 5일자) 이 사건은 민간인 조사관을 제외한 제1조사단 전원이 구속된 사건이었다. 그만큼 조사대상 기업의 막후교섭이 광범했고, 부정축재자에 대한 조사과정이 투명하지 않았다는 사실을 보여주고 있다. 한편 이 사건은 최고회의 내 함경도와 영남 출신간의 세력다툼이 자본가들의 이해다툼으로 번진 결과였다는 평가도 있다. 부정축재처리위원회 위원장인 이주일 장군이 함경도 출신으로 조사단원을 동향 출신으로 채우고 동향 출신인 대한산업 설경동, 동양시멘트 이양구 등의 편의를 봐주었다는 것이다. 결국 재벌 간의 지역적 형평성을 고려한 결과가 제1조사단 부정사건으로 표면화되었다는 것이다.(김진현, 1964, 171쪽) 실제로 이 사건에 연루된 설경동과 이양구의 경우에는 1961년 8월 통고액에 비해 12월 최종 통고된 환수액이 증가했다.

한편 부정축재 처리에 관한 기업가들의 인식도 한국경제협의회 등 경제단체의 인식과 동일했다. 부정축재 대상 1순위로 거론되었던 이병철은 삼성 산하 15개 기업이 탈세 혐의로 조사받게 된 것은 불합리한 세제에 기인한 것이었다고 항변했다. 1950년 세제는 전시재정을 위해 세수의 증대반을 목표로 한 것으로 세율이 수익의 120%에 이르는 모순을 갖고 있었고, 불합리한 세제 덕분에 탈세는 불가피했다는 것이다. 그는 부정축재자에 대한 처벌은 경제활동의 위축을 초래할 것이기 때문에 민주당의 유력 정치인들을 붙들고 정치가로서의 책임을 묻고 강력한 정책을 수행하도록 건의했으나, 민주당 장관 중에는

"부정축재자와는 대면하지 못하겠다"는 사람도 있었다고 회고했다. 5 · 16쿠데타 발발 당시 일본에 체류 중이던 이병철은 국가재건최고회의의 귀국 종용을 계속 거부했다. 쿠데타 직후인 5월 29일 기업인 11명이 부정축재 혐의로 구속되었다는 신문 보도가 나는 등 부정축재 혐의자들에 대한 안팎의 시선이 곱지 않던 때였다. 결국 이병철은 부정축재처리위원회 위원장이던 이주일 장군에게 서신을 전달했다. 부정축재자를 처벌한다는 혁명정부의 방침 그 자체에는 이의가 없으나, 백해무익한 악덕 기업인들과 변칙적이고 불합리한 세제하에서도 국가경제재건에 기여하면서 국민에게 일자리를 주어 생활을 안정시키고 세금을 납부해 국가운영을 뒷받침해온 기업인들은 엄격히 구별할 것을 주장했다. 또한 현재의 혼란은 국민의 빈곤에서 기인하므로 경제안정만이 빈곤을 추방할 수 있으며, 경제인 처벌은 경제활동의 위축을 가져와 빈곤 추방 목적에 역행한다고 강조했다. 그리고 그는 국민의 빈곤을 해결할 수 있다면 국가에 전 재산을 헌납할 용의가 있다고 밝혔다.(이병철, 1985, 104~106쪽) 이 같은 사실은 신문에 공표되었고, 그는 곧 귀국길에 올랐다. 이병철은 장면 정권의 부정축재자 조사에 대해서는 탈세의 불가피성을 들어 적극 반발했지만, 쿠데타세력의 부정축재자 처벌 방침에는 이의가 없다며 태도를 바꾸었다. 그의 재산 자진헌납의사 표명 이후 부정축재자로 몰린 기업인들의 헌납의사 표명이 줄을 이었다. 이것은 개인의 자유로운 의사표명이 아닌 국가재건최고회의와의 사전교감에 따른 것이었다.

이병철은 귀국 후 박정희와 면담했다. 이 자리에서 이병철은 부정축재는 불합리한 세법이 원인이라고 주장하고, "어떤 선을 그어 죄의 유무를 가려서"는 안 되며, "기업을 잘 운영하여 그것을 키워온 사람은 부정축재자로 처벌대상이 되고, 원조불이나 은행융자를 배정받아서 그것을 낭비한 사람에게는 죄가 없다고 한다면, 기업의 자유경쟁이라는 자유경제원칙에도 어긋난다"고 주장했다. 따라서 기업인들을 처벌하면 경제가 위축되고 세수 감소로 국가운영에도 타격이 미치기 때문에 경제인들에게 경제건설의 일익을 담당하게 하는 것이 국가에 이익이 될 것이라고 주장했다.(이병철, 1985, 113~114쪽) 이병철은 자신이 박정희와 두 번째로 만난 자리에서 벌과금 대신 공장을 지어 주식을 정부에 납부케 하는 방식을 제의했다고 주장했다.(이병철, 1985, 116쪽) 당시 한국을 대표하던 기업가 이병철이 부정축재문제에 대해 갖고 있던 인식은 이와 같았다. 이병철은 탈세는 불합리한 법 때문에 생겨난 불가피한 일이라고 항변했지만, 탈세행위 자체를 부정하지는 못했다. 또한 기업가에 대한 무분별한 처벌이 결국은 국민경제를 위험에 빠뜨릴 것이라고 주장했다. 이 같은 인식과 주장은 비단 이병철에게만 국한된 것은 아니었다.

경성방직의 김용완은 4월혁명 후 자유당 정권에 정치자금을 댄 기업들은 부정축재 혐의를 받았지만, 정치자금은 기업이 원해서 내기보다는 사업상 융자를 할 때 강제로 징수한 것으로 '본의 아니게' 낸 돈이었다고 주장했다.(김용완·홍재선, 1981, 160쪽) 부정축재문제를 정치권력으로부터 자유롭지 못했던 시대상황 탓으로 돌렸다. 부정축재 처리문제에는 4월혁명이 추구한 정치, 경제 개혁에 대한 강력한 의지가 담겨있었지만, 경제계는 자신들의 이익을 보전하기 위한 변명과 주장만을 되풀이하고 있었다. 부정축재에 대한 진지한 성찰과 반성, 개선을 위한 제도적 장치 모색 등에 대한 주장은 찾아볼 수 없었다.

5·16 직후 부정축재자로 구속된 기업인들은 모두 자신들의 혐의에 대해 억울하다고 호소했다. 그들은 전 재산 자진헌납 의사를 밝히고, 권력이 요구하는 대로 기간산업에 대한 강제투자 조치를 수용하는 것으로 부정축재에 대한 처벌을 모면하고자 했다. 1961년 7월 경제계는 정부의 경제개발정책에 호응하여 그 일익을 담당하려는 목적으로 벌과

금이 가장 많은 13인이 모여 경제재건촉진회를 발족시켰다. 회장에는 대한양회의 이정림이 선임되었다. 경제재건촉진회는 '기간산업 건설 실천기구'였다. 이 조직은 각 회원사가 특정 분야의 공장 건설을 담당하기 위해 만들어진 것이었다.(『한국경제신문』 1998년 10월 26일·11월 9일자) 그리고 1961년 8월 전국경제인연합회가 발족됨에 따라 흡수·통합되었다. 이 같은 경제계의 행보는 국가재건최고회의 강경 방침 앞에서 한발 후퇴함과 동시에 경제시책에 적극 호응해 활로를 모색하기 위함이었다. 장면 정권 시절 부정축재문제에 대해 강력히 저항하던 때와는 사뭇 다른 인식이자 행보였다. 결국 부정축재 처리문제를 계기로 경제가 더 이상 정치에 예속되지 않도록 하겠다는 경제계의 다짐은 무위로 돌아가고, 오히려 국가재건최고회의하에서 정치와 경제의 예속관계는 더욱 심화되기 시작했다.

한편 국가재건최고회의가 부정축재 대기업을 중심으로 국가 주요 산업 구조를 재편하려고 시도하자 중소기업계가 반발했다. 중소기업계는 국가재건최고회의가 부정축재자에게 벌과금 환수 대신 경제재건에 참여시키고, 대기업들이 이에 호응해 경제재건촉진회를 발족시키자 반발하기 시작했다. 중소기업계는 대기업이 외자 도입, 기간산업건설계획, 울산공업센터 설립 등에 참여하고, 시멘트, 제철, 비료, 인견사, 합성수지, 전기기기 등 건설안을 최고회의에 제출하자 한국경제가 대기업 중심으로 재편될 것을 우려해 반발한 것이다.(김용완·홍재선, 1981, 163쪽) 중소업계의 반발논리는 상당히 구체적이었다. 우선 부정축재자들이 공장 건설과 운영에 우수한 능력을 갖고 있지 않다고 주장했다. 부정축재자들이 소유한 대부분의 공장은 원조자금으로 건설했거나, 국영이 된 공장과 귀속재산 등을 부정한 방법으로 취득한 것이고, 자가 건설한 경우라도 실세보다 훨씬 저렴한 가격으로 외화를 특혜로 불하, 대부받아 거액의 외자를 해외에 도피시키고 외국의 동종 공장보다 몇 배나 비싼 공장을 건설했다고 주장했다. 그리고 정부의 투자명령은 징벌 효과를 거두기 어려우며, 자칫하면 또 하나의 특혜가 될 우려가 있다고 지적했다. 국가 기간산업은 투자에 앞서 종합적인 계획, 설계, 시공에 오랜 기간이 필요하기 때문에 국고 환수를 일단 보류하고 기간산업 개발계획과 공장설계 완성을 수년이나 기다린다는 것은 당초의 목표를 달성하기 어렵게 만든다는 것이다. 또한 부정축재자들은 기업경영에 필요한 우수한 능력과 경험을 갖지 못했다고 지적했다. 이들은 집권층의 부당한 비호정책의 그늘에서 시장과 금융을 독점해 폭리하고, 탈세 등 부정한 수법으로 단시일 내 거부가 되었기 때문에 우수한 경영기술을 습득하였을 것이라고 보기 어렵다는 것이 이유였다. 마지막으로 선량한 기업가의 기업 활동이 더욱 활발해질지언정 부정축재 처리로 결코 산업이 위축되지는 않을 것이라고 주장했다. 오히려 독점되었던 시장과 금융, 외원이 개방되고, 탈세가 봉쇄되면 국가의 세원이 증가하고, 유능한 기업가나 기술자는 경영합리화에 힘쓰게 될 것이기 때문이었다. 중소업계는 부정축재에 따른 환수액을 재활용하면, 현존 중소기업공장은 더 활발히 가동될 것이라고 주장했다. 4월혁명 이후 일시적인 산업위축현상은 부정축재문제를 빨리 처리하지 못하고, 축재자의 막대한 독점자본이 불안상태에서 은닉되었기 때문이므로 은닉재산을 색출해 국고 환수가 빠를수록 산업 위축을 모면할 수 있다는 것이다.(『동아일보』 1961년 6월 2일자) 부정축재문제 처리에 대해 대기업과 중소기업이 갖고 있던 인식과 구상은 이렇게 달랐지만, 국가재건최고회의는 대기업을 중심으로 산업구조를 재편함으로써 중소기업계의 요구를 들어주지 않았다.

4. 맺음말

1960년 4월혁명 직후부터 이승만 정권이 남긴 정치, 경제, 사회적 유산을 청산하려는 다양한 시도가 전개되었다. 4월혁명의 계기가 된 부정선거뿐 아니라 이것을 가능하게 한 부정축재문제, 거창양민학살사건과 김구암살사건 등에 대한 진상규명과 처벌 요구가 잇달았다. 그중에서도 4월혁명의 직접 계기된 3·15부정선거 관련자 처벌문제는 혁명의 성격과 과업 완수라는 측면에서 전 국민의 초미의 관심사로 떠올랐다. 덧붙여 부정선거를 가능하도록 선거자금을 제공한 기업인들에 대한 처벌 여론도 무시할 수 없는 상황이었다. 결국 국민여론에 밀려 과도정부와 장면 정권은 부정선거사범뿐 아니라 부정축재자에 대한 조사·처벌에 나섰지만, 정치권의 지지부진한 대처와 경제계의 적극적인 저지로 성과를 거두지 못한 채 5·16 군사쿠데타를 맞이했다. 군사정권은 장면 정권의 무능과 부패를 비판하며 출범했고, 장면 정권이 제대로 처리하지 못한 과거 청산에 적극적으로 나서는듯했다. 그러나 군사정권은 부정축재자에게 경제개발이라는 명분하에 면죄부를 주었고, 부정축재자들은 경제개발전략의 중추로 성장하게 되었다.

이처럼 4월혁명 후 제기된 부정축재자에 대한 처벌 요구는 정치적 이해관계로 지연되거나 축소되었고, 결정적으로 군사쿠데타로 좌절되었다. 4월혁명이 3·15부정선거에 대한 책임 규명과 처벌 요구로부터 시작되었기 때문에 부정선거자금을 제공한 부정축재자들에 대한 처벌은 긴급하고 정당한 요구였다. 따라서 부정축재자에 대한 처리문제는 차기 정권이 가장 먼저 해결해야 할 과제였고, 정권의 정통성의 출발점이 되는 문제였다. 당시 국민들이 기대한 처벌 수위는 관련자들에게 합당한 사법적 처벌을 내리는 것이었다. 그러나 일반재판, 특별재판, 혁명재판으로 진행된 부정축재 처벌 시도는 과도정부의 '과도적' 성격, 장면 정권의 계파 간 갈등과 통치위기, 군사정권의 자본과의 타협으로 용두사미로 끝났다. 부정축재자 처리를 좌절시킨 가장 큰 명분은 한국 경제의 위축을 방지하기 위해서는 부정축재자를 엄격히 처벌해서는 안 된다는 것이었다. 그리고 부정축재자로 지목된 기업가들은 경제개발의 주역으로 변신해 대자본으로 성장할 수 있게 되었다. 부정축재 처리문제에 있어서만큼 장면 정권과 군사정권의 방침은 다르지 않았던 것이다. 따라서 4월혁명 이후 군사쿠데타로 이어지는 시기 혁명의 연속과 단절이라는 측면에서 부정축재 문제만 놓고 보자면 연속성은 지속되었다고 할 수 있다.

▣ 참고문헌

공제욱, 1999 「4 · 19 및 5 · 16 이후 부정축재자 처리과정에 대한 연구」『상지대학교 논문집』Vol. 21.

김성두, 1968 「한국의 독점재벌형성의 특이성」『사상계』 9월호(86호).

김연규 · 이양구 · 임문식, 1981 『재계회고 – 원로기업인 편 4』, 한국일보사.

김용완 · 홍재선, 1981 『재계회고 – 원로기업인 편 3』, 한국일보사.

김용주 · 박흥식 · 이정림, 1981 『재계회고 – 원로기업인 편 2』, 한국일보사.

김진현, 1964 「부정축재처리전말서」『신동아』 12월호.

민주화운동기념사업회 연구소 엮음, 2008 『한국민주화운동사』 1.

박진희, 1999 「민주당 정권의 '경제제일주의'와 경제개발5개년계획」『국사관논총』 84집, 국사편찬위원회.

배광복, 1987 「독점자본과 의회민주주의 – 부정축재처리과정(1960~61)의 분석」, 고려대학교 석사학위논문.

부완혁, 1960 「부정축재 환원과 그 효과적 사용」『사상계』 86호.

이병철, 1985 『호암자전』, 중앙일보사.

이원만 · 조홍제, 1981 『재계회고 5 – 원로기업인 편』 5, 한국일보사.

임대식, 1996 「반민법과 4 · 19, 5 · 16 이후 특별법 왜 좌절되었나」『역사비평』 통권 32호.

장 면, 1967『한 알의 밀이 죽지 않고서는』, 가톨릭출판사.

전국경제인연합회 편, 1991『전경련 30년사』.

한국혁명재판사편찬위원회 편, 1961『한국혁명재판사』제1집.

허 정, 1979『내일을 위한 증언』, 샘터.

Jung Byung-joon, Autumn 2002 Attempts to Settle the Past during the April Popular Struggle, *Korea Journal* Vol. 42, No. 3, Korean National Commission for UNESCO.

『동아일보』(국사편찬위원회 한국사데이터베이스 http://www.history.go.kr).

『조선일보』(조선일보아카이브 http://srchdb1.chosun.com/pdf/i_archive/).

『한국경제신문』.

대한민국 국회, 제5대(1960. 7. 29~1961. 5. 15) 국회 본회의 회의록(http://likms.assembly.go.kr/ record/index.html)

제3장 4·19혁명 시기 민주당에 대한 분석

박태균

1. 기존 연구

4·19혁명 시기[1]는 한국 현대사에서 민주주의적 시스템을 처음으로 실험한 시기였다. 1년이라는 짧은 시기였지만, 1948년 대한민국 정부 수립 이후 1987년 민주화된 헌법이 제정될 때까지 민주주의적 시스템을 갖고 있지 못했던 한국 사회에서 유일하게 열린 공간이 있었던 시기이다.

이 시기는 다른 한편으로 한국현대사에서 민주주의 실험의 실패, 그리고 4·19혁명이 실패한 시기로 기억되고 있다. 민주주의적 시스템이 처음으로 도입되고 열린 공간이 제공되었지만, 그 기간이 1년 남짓한 기간에 지나지 않았고, 결국에는 5·16쿠데타로 다시 권위주의 시대로 되돌아갔기 때문이다.[2]

4·19혁명 시기에 대한 이러한 이중적 인식으로 인해 4·19혁명은

---

[1] 이 글에서 '4·19혁명 시기'는 1960년 4월 26일 이승만이 대통령직에서 하야한 날로부터 1961년 5월 16일 5·16 쿠데타가 발생한 1년 간의 기간을 지칭하는 용어로 사용했다.

[2] 1950년대와 1960년대 이후를 '권위주의'라는 동일한 용어로 사용하는 것은 적절하지 못하다고 판단된다. 그러나 본고에서의 분석 대상이 4·19혁명 시기로 한정되기 때문에 본고에서는 편의상 4·19혁명을 전후한 시기를 '권위주의' 시기로 통칭하였다.

민주주의 열망에 대한 기념비적 모델로 기억되기도 하지만, 다른 한 편으로 '실패한 혁명'으로 기억되고 있다. 따라서 지금까지의 많은 연구들은 이 시기 혁명이 일어나게 된 요인보다는 혁명이 실패한 요인을 밝히는 데 초점을 맞추었다.

혁명 실패의 원인에 대한 분석에서 일반적으로 두 가지 문제에 초점이 맞추어졌다. 하나는 4·19혁명 시기 열린 공간에서 일어났던 수많은 사회운동이다. 분단과 전쟁, 그리고 1950년대 권위주의 시대를 경험하면서 억눌렸던 사회적인 요구들이 4·19혁명 시기에 분출되었고, 이러한 현상이 사회 혼란으로 연결되었다는 것이다. 물론 이 시기 사회운동들은 이후 민주화운동의 기원으로 연구의 대상이 되는 것이었지만, 사회운동의 분출로 인한 사회 혼란으로 인해 4·19혁명이 실패로 귀결되었다는 것은 기본적으로 군부 세력들이 내세웠던 5·16쿠데타의 명분과 동일한 내용이라고 할 수 있다.

둘째로 민주당 정부의 무능력이다. 민주당이 7·29총선을 통해 국민 대다수의 절대적 지지를 받았지만, 이들이 민주주의 체제를 이끌고 나갈만한 능력을 갖추고 있지 못했다는 것이다.[3] 이를 위해서 민주당 정부의 경제성장 정책에 대한 연구(박진희, 1999), 부정축재자 처리를 비롯한 소위 '혁명과제' 정책에 대한 연구(민주화운동기념사업회 연구소 편, 2008, 185~198쪽), 사회운동에 대한 민주당 정부의 대응에 대한 연구(한국역사연구회 4월민중항쟁연구반 편, 2001 ; 민주화운동기념사업회 연구소 편, 2008, 199~202쪽) 등이 이루어졌다.

그러나 정작 이 시기를 이끌었던 민주당과 민주당 정부에 대한 구체적인 분석은 거의 이루어지지 않았다. 민주당과 민주당 정부의 정

---

[3] 이러한 주장은 다른 한편으로 한국 사회에 서구식 민주주의나 내각책임제가 적합하지 않다는 주장으로 이어지기도 했다. 그러나 이러한 주장은 객관적인 증거를 통해 검증될 수 없는 주장이라고 할 수 있다.

치노선에 대한 연구(서중석, 1994)와 4·19혁명 시기를 포함하여 1950년 대부터 계속되어 온 민주당 내부의 파벌 간 갈등에 대한 서술(이영석, 1987 ; 김현우, 2000 ; 김현우, 2001 ; 양재인, 2000)이 있을 뿐, 이 시기 민주당 및 민주당 정부의 분열 양상에 대한 실증적 분석은 없다. 단지 민주당의 분열과 민주당 정부의 무능에 대해 이슈별 접근만이 이루어 지고 있다.[4]

　본고에서는 4·19혁명 시기 민주당과 민주당 정부에 대해 선험적으 로 평가하기에 앞서 당시 신문에 대한 분석을 통해 실제로 민주당과 민 주당 정부에서 무슨 일이 일어났는가에 초점을 맞추어 살펴보고자 한 다. 당시 상황에 대한 구체적 분석이 없기 때문에 기본적인 사실에서 조차 오류가 나타나기도 한다.[5] 또한 당시 민주당의 분당과 각료 임 명에서 나타난 '추태'에 대한 사회적 비판을 전혀 모를 수 없는 상황에 서도 그러한 '추태'가 계속되었던 이유가 어디에 있었는가에 대한 분 석 역시 결여되어 있다. 분당과 관련된 논의가 계속된 것과 관련해서 는 당시 민주당 관련 인사들의 논리를 분석하는 것이 필요하다고 본 다. 본고는 1960년 7·29총선을 전후한 시기부터 1961년 5·16쿠데타 사이 시기에 있었던 민주당과 민주당 정부 각료 구성을 둘러싼 논란 과 관련된 사실들을 신문 자료에 근거하여 복원하고자 한다.

---

[4] 4·19혁명 시기 민주당과 민주당 정부를 다루고 있는 대부분의 연구성과와 회고 록, 그리고 시사 형태의 책에서는 이들의 분열상과 무능에 초점을 맞추고 있다. 최근 발간된 『한국민주화운동사』 1에서는 민주당 정부에 대해 부정적인 평가만 을 해서는 안 된다는 점을 지적하고 있는데, 주로 이 시기에 나타났던 일부 개혁 적 정책에 초점을 맞추고 있다.(민주화운동기념사업회 연구소 편, 2008, 213쪽) 그러나 그러한 개혁 정책들이 실제로 어떠한 결과를 가져왔는가에 대한 구체적 분석은 없다.

[5] 당시의 상황에 대한 구체적인 분석이 결여되어 있기 때문에 무소속 의원들이 조 직한 민정구락부를 구파 조직으로 언급하기도 한다.

2. 7·29총선과 민주당 정부의 탄생

4·19혁명으로 이승만 정부가 무너진 직후 과도정부가 수립되었다. 허정을 수반으로 하는 과도정부는 선거에 의해 새로운 의회가 구성될 때까지 과도기의 기간을 담당하기 위해 수립되었다. 그런데 이해할 수 없는 점은 부통령이었던 민주당의 장면이 4·19혁명 기간에 사퇴하였다는 점이다. 장면은 사퇴하면서 "본인의 사퇴로써 폭정을 계속하는 이승만 정부에게 경종을 울리고, 나아가서 자유민주의 정신을 이 땅에 소생시켜 국가의 위기를 극복하는 데 일조가 되기를 바란다"는 내용의 성명을 발표하였다.[6]

장면 부통령의 사퇴는 호외를 발간할 정도로 중요한 문제였다. 왜냐하면 당시 헌법에 의하면 대통령 부재 시 부통령이 대통령직을 승계하도록 되어 있었기 때문이다. 당시 이승만 정권에 반대하는 시위가 광범위하게 확산되고 있는 상황에서 이승만 정권의 부패와 부정선거의 책임으로부터 자유로워지기 위해 사퇴를 할 수도 있었지만, 장면의 사퇴는 실상 혁명 이후 책임 있는 정치지도자의 부재라는 상황을 만들었다. 어쩌면 이때부터 이미 민주당의 통치능력 및 리더십의 한계가 드러났는지도 모른다.

이승만의 사임과 부통령의 사퇴로 당시 헌법하에서 더 이상 정부를 운영하기 힘들어지자, 과도정부는 내각책임제로 개헌을 한 다음 총선거를 실시하였다. 1960년 7월 29일 총선거가 실시된 결과 민주당이 압도적으로 참의원과 민의원을 장악하게 되었다.[7] 민주당은 민의원 전체

---

6) 장 부통령 사임 성명, 『동아일보』 1960년 4월 23일자 호외. 이 호외에는 이기붕이 부통령 당선 사퇴를 고려한다는 내용이 함께 실렸다.

7) 국회 양원제는 이미 1952년의 소위 '발췌개헌'을 통해 입법화되었다. 양원제를 헌법에 넣은 것은 내각책임제를 주장했던 국회의원들의 요구를 수용한 것이었다. 그러나 실질적으로 대통령 중심제가 계속되면서 1958년의 총선거까지 참의원 선

의석의 75.1%(233석 중 175석), 참의원에서 53.4%(57석 중 31석)의 승리를 거두었다. 민의원에서 나머지 의석은 무소속 49석, 사회대중당 4석, 자유당 2석, 한국사회당 1석, 통일당 1석 등이 전부였다.

이러한 결과가 나온 것은 실질적으로 7 · 29총선에 조직적으로 참여할 수 있는 정당이 민주당밖에 없었기 때문이었다. 소위 혁신세력들은 대중적 인지도가 낮은 상태에서 사회대중당, 한국사회당, 통일당 등으로 분열되어 한 개 선거구에서 혁신계 후보가 동시에 출마하는 경우도 있었기 때문에 거의 당선자를 내지 못했다. 자유당은 혁명의 대상이었기 때문에 자유당 소속으로 당선되는 것은 거의 불가능했다. 따라서 7 · 29총선은 민주당에 의한, 민주당을 위한 선거였다고 해도 과언이 아니었다. 당시로서는 국민들이 선택할 수 있는 유일한 정당이었던 것이다.

7 · 29총선 결과 당선된 사람들의 성향은 8월 6일의 당선자 대회를 통해 윤곽이 드러났다. 종로 3가 대명관에서 열린 신파 측 당선자 대회에는 85명이 참가하였고, 반도호텔 옆 아서원에서 열린 구파 측 당선자 대회에는 95명이 참여하였다. 이후 민주당 내 신구파가 이합집산을 거듭했지만, 전체 의석 224석의 2/3을 넘어서는 180석을 확보한 것이다. 민주당 외에 무소속이나 혁신 정당에서 당선된 사람들은 아래와 같이 분립(分立)되었다.

> 55명의 무소속 의원들이 서민호, 윤재근, 박병배, 정준 의원 중심의 민구잔류파(民俱殘留派)와, 이재형, 김봉재, 김갑수 의원 중심의 순수무소속파, 그리고 윤길중, 김성숙, 서상일 중심의 혁신계 등 3개 분야로 분립되어 각기 따로 교섭단체등록을 추진하고 있다.("원내 세력의 난립을 예상" 『경향신문』 1960년 8월 30일자)

거는 실시되지 않은 채 민의원만 구성하였고, 1960년의 7 · 29총선을 통해 처음으로 참의원을 선출하게 되었다.

그런데 7·29총선이 순조롭게 진행된 것은 아니었다. 1948년 대한민국 정부 수립 이후 처음으로 자유로운 분위기 속에서 선거가 이루어졌지만, 몇몇 지역에서 잡음이 발생했다. 특히 창녕에서의 사건은 7·29총선에서 최대의 이슈가 되었다. 재판을 통해 밝혀진 이 사건의 전말은 아래와 같다.

7·29선거에서 가장 큰 오점을 찍었던 창녕난동 사건은 다시 많은 사람들의 조목을 끌게 되었다. 창년난동 사건의 주모자 혐의로 검찰의 수사를 받아온 박기정 의원(신파)에 대해 부산지검이 24일 불기소 처분을 하였다. 민주당 구파, 민정구 의원들이 격분하였다.

주모자는 아직 밝혀지지 않고 있다. 공산당이나 자유당이 일으킨 난동이라고 믿는 사람은 드물다. 반혁명세력인 신영주씨의 입후보를 규탄한 데서 발단이 되었다. 수천 명의 군중은 33개 투표함 중 14개 투표함을 불살라 버렸다.

30일 낮에 입후보했던 신영주 씨가 행방불명이 되고, 군청과 경찰서가 점거되었으며, 경찰서장은 도주하고, 서장 부인은 창녕읍내 만국정에서 옷이 벗겨진 채 돌 위에서 재판을 받고 있었다. 암흑천지 창녕은 이틀이나 한국의 영토 안에서 법의 힘이 미치지 못하는 지역이 되고 말았다. 재선거에서 박기정씨가 신영주 씨보다 1,492표가 앞서 당선되었다.

이에 따라 창녕의 애향동지회에서 8,477명의 서명이 있는 탄원서를 제출하였다. 박기정 씨가 민주당의 이름을 팔아 난동으로 당선되었고, 매당행위로 당선이 무효가 되어야 한다는 것이다.("창녕사건 진상 드러날가"『경향신문』1960년 10월 27일자)

창녕 사건에서 나타나는 바와 같이 당시 상황에서 많은 정치 지망생들이 민주당의 이름 아래 출마하였다. 그러나 당시 한국의 정계는 성숙한 정치인들의 무대가 아니었다. 민주당은 1945년 한국민주당이 결성된 이래 민주국민당, 호헌동지회, 민주당으로 확대 개편되었지만, 여기에 참여한 정치인들은 정책보다는 지연, 학연, 인연에 의해 참여한 인사들이었다. 1950년대 중반 주한 미국대사관에서 민주당에 대해 평가한 아래의 글을 보면 이 점이 잘 드러난다.

한국 대중들의 민주당에 대한 태도를 정확하게 평가하는 것은 어렵다. 대한민국 전체에서 민주당의 모임에 많은 수의 사람들이 열정적으로 참여하고 있다. 이러한 열정은 현재의 여당보다 무엇이라도 더 나을 것이라는 전제에 근거한 것일 가능성이 크다. 그러나 젊은 세대들은 민주당의 전임자들이 경찰과 정부와 기업, 국회, 그리고 일부 정부 부처에서 권력을 장악하고 있을 때 많은 범죄를 저질렀으며, 만약 민주당이 정권을 잡는다면, 현재의 정부와 동일한 부정과 비효율성이 나타날 것으로 두려워하고 있다. (중략)

한국은 정치적으로 다음과 같은 전형적인 태도들에 기초해 있다. (1) 파벌주의 : "내파가 아니면 다른 파", (2) 실용주의 : "나와 내 가족을 위한 것인가", (3) 허무주의 : "모든 정부와 관련된 것은 나쁘다", (4) 개인주의 : "너는 나에게 이것을 해 줄 수 없다", (5) 정책보다는 개인적인 지도자들에 대한 사적인 충성심, (6) "거물"이 되고자 하는 희망, (7) 한국의 통일에 대한 열망, (8) 민족주의, 또는 더 정확하게 온정주의, (9) 전통적 유교 사상 잔재의 영향, (10) 서양의 정치 이론의 영향. 여기에 1950년부터 건강한 공산주의에 대한 혐오와 불신만이 추가되어 있을 뿐이다.

이러한 태도들로 인해서 (1) 한국인들은 새로운 그룹에 표를 던지지 않으며, 빨리 불신하게 되는 것, (2) 단기적인 안전 또는 만족을 추구하기 위해 이상을 내던져 버리는 현상, 그리고 (3) 즉각적이며, 눈에 보이는 보상을 제공하지 않는 그룹들을 지지하지 않는 경향 등이 나타나고 있다. (중략)

프랑스의 외교관은 이에 대해서 "한국인들은 너무 멋지게 보이려고 한다"고 요약했다. 아마 이러한 미성숙성은 최근 독립한 국가에서는 불가피한 현상일 것이다. 물론 약간의 진보가 나타나기는 하고 있다. 민주당이 얻고 있는 응집력은 5년 전만 해도 불가능한 것이었다. 그러나 한국의 정치는 아직 미국의 정치로부터 멀리 떨어져 있다. 한국의 민주당은 미국의 민주당과는 비교할 수 없는 존재이다.("Organization and Development of the Democratic Party", 795B.00-2-1356, Decimal File 1955~1959, RG 59, NARA.)

민주당에 대한 이러한 평가는 미국의 관점에서 판단한 것이기 때문에 객관적인 평가라고는 할 수 없다. 그러나 일제강점기부터 활동했던 정치인들 중 많은 수가 한국전쟁 시기 납북되거나 월북한 상황에서 제헌국회 이래로 활동한 정치인들은 오랜 연륜을 가진 정치인들이라고 할 수 없었다. 미대사관의 평가에서 나타나는 민주당 정치인들의 가장 큰 특징은 정책보다는 파벌과 개인주의가 중요한 요소가 되고 있다는 것이다.

위의 인용문에서 나타난 파벌주의는 신구파 사이에 오랜 내분을 지칭하는 것이다. 일각에서는 1950년대 자유당과 민주당 사이의 여야 대립보다 민주당 내부의 신구파 사이 대립이 더 심각했다고 평가할 정도로 이승만 정권하에서도 신구파 갈등은 정계의 주요한 이슈가 되었다. 이미 1955년 민주당이 결성되는 시점에서부터 신구파 간의 계파 대립이 시작되었다. 이전 한국민주당과 민주국민당 출신의 구파들과, 1954년 사사오입 개헌 이후 호헌동지회에서 합류한 신파 의원들은 출신에서뿐 아니라 이념적으로도 서로 다른 내용을 갖고 있었다.

구파 계열에는 과거 신간회 활동을 했던 인사(조병옥)와 임시정부 계열 인사(신익희)까지도 포함되어 있었기 때문에 좀 더 국가주의적 성향에 가까웠다면, 일제강점기 조선일보사에서 활동했던 인사들(주요한, 김영선)의 주도 하에 있던 신파 계열은 시장주의적이고 자유주의적인 사상을 갖고 있었다.(박태균, 2007)[8]

조봉암을 비롯한 혁신계 인사들이 호헌동지회에 합류하고자 했을 때, 구파에서는 이에 대해 적극적인 입장이었지만, 신파는 그렇지 않

---

[8] 민주당의 초기 기반은 구민주국민당 조직과 구원내자유당계 및 무소속 인사들로 이루어졌다. 해방 전 토착지주와 토착재벌 그리고 이들을 에워싼 층들이 기반이 되어 만들어졌던 소위 한민당을 기초로 하여 전신한 민주국민당은 민주당에 집단으로 참가하기까지 10년이란 긴 전통과 당조직을 유지해 왔던 것이나, 비민국계의 인사들을 손쉽게 리드할 수는 없었다.

았다. 또한 1956년의 대통령 선거에서도 신익희 후보가 급서하면서 대통령 후보가 자동적으로 단일화되었을 때, 구파는 뚜렷한 입장을 보이지 않았지만, 신파의 일부 인사들은 조봉암을 지지하느니 이승만 대통령을 지지하는 편이 낫다는 입장이었고, 신파인 장면 후보의 부통령 당선에 모든 힘을 기울였다.

1960년의 대통령 선거를 앞두고 자유당의 일부 온건파 인사들이 내각책임제에 기초한 개헌을 추진할 때에도 구파는 자유당과의 협상을 추진하였지만, 신파는 이를 거부하고 강경한 입장을 보였다. 이는 신파의 입장을 어느 정도 대변하고 있었던 『경향신문』의 폐간, 그리고 장면이 부통령직에 있었던 상황을 고려한 것이기도 했다. 구파는 김성수와 신익희 이후 대중적으로 인기 있는 지도자의 부재로 인해 자유당과의 타협을 시도했으나, 신파는 구파에 비해 이승만 정권에 대해 훨씬 더 비판적이었다. 이러한 신구파 간의 대립은 4·19혁명이 진행되던 시기에는 겉으로 표출되지 않았지만, 이승만 정권이 무너지고 총선거를 앞둔 시점부터는 신구파 사이의 대립이 노골화되었다.

> 신구 결별의 촉진제가 된 것은 구파 측의 유진산이 6월 12일 "자유당의 부정자금이 신파 측에 유입되었다"는 풍설을 퍼뜨린 사실이었다. 특히 고잠룡 의원은 "신파의 김훈 의원이 금년 초 자유당 입당 착수금조로 천만 환을 받은 영수증을 갖고 있다"고 발설한 사건은 마침내 6월 13일 국회 본회의에서 말썽이 되어 김훈 의원은 해명에 선뜻 나서지 못하는 고의원의 뺨을 수차 갈기게 되었던 것이다.
>
> 선거를 앞두고 공천으로 인해 이 과정에서 분당론이 나오기 시작하였다. 구파 측의 소선규가 먼저 말을 꺼내 놓았다. (중략)
>
> 그런데 신민당은 다시 갈등이 있다. 구한민당계의 수구파와, 고루한 보수주의를 깨뜨리고 참신한 정책을 내걸어 서민 대중과 호흡을 같이 하려는 비한민당계의 신진파로 양분되어 이념형식 과정에서부터 의견을 달리하고 있다는 사실 때문이다.(『경향신문』 1960년 12월 26일자)

위의 『경향신문』 기사는 신구파 간의 갈등이 본격화된 계기가 '정치자금' 문제였다고 회고하고 있다. 그런데 위의 신문 기사에서 더 주목되는 것은 구파 내 구한민당계를 '수구파'라고 지칭하고 있다는 점이다. 『경향신문』은 가톨릭 계열의 신문으로 신파 계열을 주도하고 있었으며, 갈등과 분당의 원인이 구파에게 있다고 주장하였다.

계기와 관계없이 4·19혁명 이후 신구파 사이의 갈등은 이미 1950년대 중반부터 노정된 것이었고, 이제 총선에서의 승리를 통해 혁명의 수혜를 고스란히 받은 민주당 내에서 권력을 둘러싼 갈등이 본격화되기 시작했던 것이다.

3. 구파의 이탈과 신민당 창당

신구파는 민주당이 총선에서 승리한 뒤 총리와 대통령 선거 시 각기 다른 후보를 내놓았다. 먼저 구파에서 김도연을 총리 후보로 선출하였다. 그러나 김도연은 민의원에서 실시된 총리 투표에서 과반수에 미치지 못해 총리에 선출되지 못했고, 신파의 장면이 총리로 선출되었다. 총리를 신파에 내준 구파는 윤보선의 대통령직에 만족해야 했다. 그러나 내각책임제하에서 통치의 실권은 대통령이 아닌 총리가 장악하였다.

총리가 된 신파의 장면은 첫 번째 내각을 구성하면서 구파와 무소속에게도 내각의 자리를 배려하겠다고 약속을 했다. 그러나 막상 내각 명단을 발표했을 때 정헌주 교통부장관을 제외하고는 모든 내각 인사가 신파 출신 인사들로 채워졌다. 정헌주는 구파로부터 배신자로 낙인이 찍혔고, 구파 인사들이 정헌주의 집으로 몰려가 항의를 하는 사태가 벌어지기도 했다. 이로 인해 장면 정권은 첫 내각을 구성하면서부터 정치적 비난을 받았고, 국회 내에서 지지를 획득하지 못하였다.[9] 구파는 물론 무소속 의원들 역시 내각 명단에 만족하지 못했던 것이다. 구파 측에서는 참, 민의원 90여 명이 참여한 가운데, 시내 동원예식장에서 회합을 열고 장면 내각에 입각하지 않겠다는 내용의 결의안을 8월 21일에 발표했다.(『동아일보』 1960년 8월 21일자)[10]

〈표 1〉 초대 내각 명단

```
외무부장관 정일형(신파)
내무부장관 홍익표(신파)
재무부장관 김영선(신파)
법무부장관 조재천(신파)
국방부장관 현석호(신파)
문교부장관 오천석(무소속, 원외)
부흥부장관 주요한(신파)
농림부장관 박제환(무소속)
보건사회부장관 신현돈(신파)
교통부장관 정헌주(구파)
체신부장관 이상철(신파)
국무원 사무처장 오위영(신파)
무임소 국무위원 김선태(신파)
```

자료 : 『경향신문』 1960년 8월 23일자.

구파는 민주당으로부터 분당을 추진하기 시작하였다. 총선 이후 한 달 정도 지난 시점에서 구파는 민주당구파동지회로 원내 교섭단체를 등록하기로 결정하였다.(『동아일보』 1960년 8월 24일자) 당시 구파 내에서는 장면 내각이 구파의 지지를 받지 못할 경우 과반수 의석을 유지하지 못할 것이기 때문에 오래가지 않을 것이라는 전망이 우세했

---

9) 여기에 더하여 장면 총리 하의 행정부는 초기부터 공직 기강 문제가 제기되었다. 임창영 유엔대사의 국적 문제, 엄요선 일본공사의 자격 문제, 농업은행 총재로 내정된 배의환의 공금횡령 문제 등이 주요한 내용이었다.("공직기강의 문란" 『경향신문』 1960년 9월 17일자)

10) 이 결의안은 전체 내각 구성이 완료된 8월 23일 이전에 나온 것이었다.

다. 신파가 민의원의 과반수를 차지하지 못하고 있었고, 내각이 신파 중심으로 구성되었다는 것이 중요한 이유였다.[11] 구파는 서범석, 윤제술, 이충환, 박형근, 최완호, 정순응, 박해정 등으로 구성된 7인위원회를 구성하여, 구파동지회로의 결속을 추진하였다. 민정구락부에 소속된 무소속 중 일부—백낙준과 이인—도 구파동지회에 가담할 것으로 알려졌지만(『동아일보』 1960년 8월 25일자), 실제로 이들은 적극적으로 가담하지는 않았다.

8월 31일 구파는 민주당구파동지회를 별도 교섭단체로 등록하고, 9월 3일 원내총무에 유진산, 부총무에 이민우와 김영삼을 선임했다.(『경향신문』 1960년 9월 4일자) 그리고 지도위원으로 백남훈, 김도연, 이영준, 나용균 등을 선출하였다.(『경향신문』 1960년 9월 3일자) 이제 구파가 세 과시를 통해 신파 중심의 장면 정권을 압박하였으며, 신파는 민의원과 참의원의 과반수에도 미치지 못하는 의석으로 더 이상 정부를 운영하기 힘든 불안한 상황을 맞이하였다.

이에 장면 총리는 구파 인사를 입각시키겠다는 타협안을 제출했고, 9월 7일 혼란의 와중에서 내무부장관 홍익표, 국방부장관 현석호, 상공부장관 이태용 등이 사표를 냈다. 이로 인해 정권 출범 20일만에 개각이 단행되었다.

---

11) 정치인보다는 관료 출신이 많다는 것도 또 다른 비판의 내용이었다. 김영선(경성제대 법과, 고문행정과, 전남 지도군수), 조재천(일본 주오대학, 고등문관시험 사법과, 지방법원 부장판사), 현석호(경성제대 법과, 고등문관시험 행정과), 박제환(도지샤대학 경제과, 경기도 식양과장, 한강 수리조합장), 신현돈(경성경찰전문학교, 전북·경북도지사), 김선태(일본대학 법과, 고문 사법과) 등 전체의 반 이상이 일제강점기 및 해방 정국에서 관료를 지낸 경험을 갖고 있었다.

〈표 2〉 장면 정부의 제1차 개각 명단

외무 : 정일형 (신, 유임)
내무 : 이상철 (신, 전임)
재무 : 김영선 (신, 유임)
법무 : 조재천 (신, 유임)
국방 : 권중돈 (구, 신임)
문교 : 오천석 (원외 무, 유임)
부흥 : 김우충 (구, 신임)
농림 : 박제환 (무, 유임)
상공 : 주요한 (신, 전임)
보사 : 라용균 (구, 신임)
교통 : 박해정 (구, 신임)
체신 : 신각휴 (구, 신임, 미정)
국무원사무처 : 정헌주 (구, 전임)
무소속 : 김선태 (신, 유임), 신현돈 (무, 전임)

자료 :『경향신문』1960년 9월 12일자.

첫 번째 개각은 구파 계열 인사 일부를 포함시켜 구파의 반발을 무마시키는 것을 목적으로 했다. 이를 통해 장면 정권의 안정적 운영을 꾀한 것이었다. 〈표 2〉를 보면 국방부, 부흥부, 보사부, 교통부, 체신부, 국무원 사무처 등을 구파에게 할애하였다. 구파에서는 체신부장관에 임명 예정인 신각휴를 제외하고 나머지 4인은 입각을 수락하였다.

하지만 구파는 이러한 개각에 대해 만족하지 않았다. 당시 구파의 원내총무였던 유진산은 "수에 있어서는 연립내각이나, 비중이나 정신에 있어서는 역시 신파 내각이다. 이번 개각을 통해서 장 총리가 신구파 간에 참다운 융화를 할 수 있는 길을 마련할 것을 기대하였으나, 그렇게 되지 못한 것이 유감이다"라고 함으로써, 구파 일부 인사가 입각하게 되었지만, 이들이 주요한 부처가 아닌 곳에 임명되었다는 것에 대한 불만을 토로하였다.(『동아일보』1960년 9월 13일자)

그런데 구파의 불만은 단지 부서만의 문제는 아니었던 것 같다. 신파로 구성된 장면 정권은 한편으로 구파가 포함된 개각을 통해 민주당 내 구파의 지지를 획득하는 방법을 추진했지만, 이와 동시에 구파에 대한 붕괴공작을 동시에 진행하였다. 신파 소장파의 이철승이 중심이 되어 구파 계열의 일부 의원들과 개별적으로 접촉을 시도한 것이다.(『경향신문』 1960년 9월 8일자) 그 결과인지는 정확히 알 수 없지만, 구파의 최경식 의원(강원도 삼척)이 분당에 반대하면서 구파를 탈퇴하였고(『경향신문』 1960년 9월 5일자), 구파는 내부 결속을 위해 양일동, 김광준, 강승구, 이병하, 박형근, 최원호, 홍춘식, 고잠룡, 이상돈, 민장식, 김옥형, 이상신, 장형모 등으로 15인 위원회를 선임하였다.(『경향신문』 1960년 9월 6일자)

이러한 상황에서 구파를 이끌고 있던 김도연은 9월 21일 "보수 양당제의 확립"을 위해 "건전한 야당으로 발족한 시기가 왔다"라고 주장하면서 신당 발족을 선언하였다.(『경향신문』 1960년 9월 22일자) 개각 이후 신구파 사이에 회담이 개최되고, 유진산이 장면 내각에 협조하겠다는 발표가 있었지만, 결국 구파 내 강경파들이 신파와의 결별을 선언한 것이다. 그리고 9월 28일 참의원에서 구파동지회가 18명(전용순(총무) 김동명, 소선규, 이원만, 정순응, 양회영, 백남억, 강재량, 김진구, 송필만, 박찬희, 이남규, 최상채, 하상훈, 엄병학, 윤치형, 김용성)으로 별도의 교섭단체를 등록하였다. 이는 신파 소속의 13명(김용주(총무), 한통숙, 고희동, 정약필, 박기운, 심종석, 이범승, 강택수, 엄민영, 최희송, 오위영, 설창수, 김병로)보다 수적으로 우세한 것이었다.

10월 13일에는 본격적으로 신당 발족을 선언하였다. 이들은 "내각책임제 정치는 양당제도의 확립을 선결요건으로 한다"는 내용의 선언문을 발표하고, 구파 내 의원들의 서명을 받기 시작했다. 이들의 선언문 요지는 아래와 같다.(『경향신문』 1960년 10월 14일자)

4월혁명으로 독재정권이 물러났거니와, 겸하여 내각책임제 개헌이 통과되었음은 더 한층 기쁜 일이다. 원래 내각책임제 정치는 양당제도의 확립을 선결요건으로 하는바, 한국만이 그 예외일 수는 없을 것이다.

7 · 29총선의 결과 3/4의 절대다수 의석을 차지하여 너무도 비대하여진 민주당을 견제 감시할만한 야당의 출현이 이 메마른 정계에서는 불가능한지라, 민주당 자체가 짐짓 협의적 분당이라도 하는 것이 오늘 민주당의 역사적 사명이기도 하다.

더구나 사회주의 성장의 소지가 짙은 이 나라 정치풍토에서 또 하나의 건전한 보수정당이 없으면, 차기 정권은 어디로 갈 것인지 걱정되어 마지 않는다.

오늘의 이 불투명한 정국이 이상 더 연장될 수 없다. 현 정국 안정을 위한 그 안정 세력 구축에 협조하거나, 양당제도 확립을 위한 신정당으로 출발하거나, 이제 우리는 결연한 태도를 표명할 순간에 봉착하였다.

이에 우리는 정치이념을 같이 하는 만대하 우국지사들과 더불어 이 나라 실정에 알맞고 시대 진전에 수용되는 정강정책을 수립하고, 인화단결로 이룩되는 희망의 새 정당을 발족하기로 한다.

하지만 구파의 신당 창당은 원활하게 진행되지 않았다. 오히려 성급한 신당 창당 선언은 내부에서 또 다른 분열을 가져왔다. 구파 내 소장파를 이끌고 있던 유진산은 처음부터 분당에 대해 애매한 입장을 갖고 있었으며, 신파와의 협조 아래 국회 내에서 안정적 세력을 구축해야 한다는 구파 인사들(나용균, 민관식, 박준규, 박해운, 이병하 등)이 나타나기 시작했다. 여기에 대해 김영삼, 양일동, 소선규 등 김도연계는 신당을 만들어야 한다는 강경한 입장을 피력하고 있었다.(『경향신문』 1960년 10월 12일자) 이에 구파는 소위 신당파, 현상유지파, 잔류파 등 3파로 나뉘어지게 되었다.(『경향신문』 1960년 10월 13일자) 이러한 구파의 분열이 신파의 구파 붕괴 공작에 의한 것인지, 아니면 신당 창당으로 야당이 되는 것보다는 여당 내에서 좀 더 권력에 가까이 하기 위한 것인지는 분명하지 않다.[12)]

10월 중순부터 구파동지회에서 민주당 신파 쪽으로 이동하는 의원들이 나타나기 시작했다. 최경식(삼척)과 문명호(군위)는 10월 17일 구파동지회에서 탈퇴하여 민주당 신파 쪽에 합류하였다.(『경향신문』 1960년 10월 18일자) 이로 인해 민의원 내 의석 분포는 민주당 98명, 민주당 구파동지회 84명, 민정구락부 40명, 무소속 11명 등으로 신파가 우세하게 되었다. 전체의 과반이 되지는 못했지만, 민정구락부·무소속과 손을 잡을 경우 과반수를 넘길 수 있게 된 것이다.

여기에 더하여 10월 28일에는 구파 계열의 '합작파'가 대거 민주당 참여를 선언했다. 합작파에는 민관식, 이병하, 곽태진, 김판술, 최태능, 김동호, 김명윤, 고기봉, 문명호, 이병헌, 장영모, 김석주, 박희수, 한종건, 김채용, 박해충, 박기종, 신정호, 심길섭 등 19명이 참여하였다.(『경향신문』 1960년 10월 29일자) 그리고 이들 중 일부는 3·1구락부라는 친목단체를 새로 만들기도 했다.(『경향신문』 1960년 12월 3일자)

이러한 우여곡절 끝에 1961년 2월 20일 신민당 결성대회가 개최되었다. 신민당 창당에는 민의원 65명, 참의원 17명이 참여했다. 이는 7·29총선 후 구파 측 당선자 대회에 참석했던 95명에 못 미치는 것이었다. 신파는 11월 8일 3·1당(진명여고 강당)에서 민주당이란 명칭으로 원내교섭단체 등록을 하였다. 구파 민의원 21명이 민주당에 잔류함으로써 장면 내각은 무소속의 참여 없이도 과반수를 넘긴 124석~126석을 확보하게 되었다.

하지만 7·29총선으로 참의원과 민의원을 장악했던 민주당은 구파 계열이 탈당하여 신민당을 결성함으로써 안정적으로 정국을 운영할 수 없게 되었다. 물론 민주당 내에서 반대하던 세력들이 탈당하여 새

---

12) 후에 구파 계열에서 입각한 국무위원의 일부가 신민당 창당에 참여하지 않고 민주당에 잔류하기로 한 것을 보면, 당시 민주당 내 정치인들이 신구파를 막론하고 권력지향적이었다는 점을 알 수 있다.(『경향신문』 1961년 1월 23일자)

로운 정당을 구성하였기 때문에 정부와 여당 사이의 협력이 좀 더 순조로울 수도 있었다. 그러나 후술하겠지만, 민주당 내에서 소장파의 반발로 인해 장면 정권은 또 다른 고민에 빠져야만 했다.

4. 분당의 논리

구파가 민주당에서 탈당하여 신민당을 창당하기까지 많은 어려움이 뒤따랐다. 전술한 바와 같이 구파 계열의 인사들이 모두 일사분란하게 움직인 것이 아니었고, 이들 중 일부는 합작파라는 이름 하에 민주당에 잔류하였다. 이 점은 신파와 구파가 특정한 정책이나 노선으로 인해 구별되는 것이 아니라, 권력 지향이라는 측면에서 파벌주의로서 나뉘어져 있었음을 보여주는 것이기도 했다.

그러나 분당은 아무런 명분 없이 이루어질 수는 없었다. 분당을 위해서는 명분이 필요했는데, 구파 측이 내세운 첫 번째 명분은 장면 내각의 부정축재자 문제에 대한 애매한 태도를 비판하는 것이었다.

부정축재자를 처벌하는 데 많은 신축성을 두기로 한 20일의 각의 결정에 대해 '민주당의 공약 위반'으로 단정하고, 이를 대대적으로 공박하기로 결정했다. 국무회의에서 결정한 조세범 처벌 절차에 관한 임시운영 방안을 면밀히 분석 검토하였는데, 장면 내각이 부정축재자를 처벌하는 원칙을 경우에 따라 징수 유예한다고 결정한 것은 국민의 여방을 무시하는 지극히 무성의한 정책이라고 단정하였다. (중략) 부정축재자 처벌을 엄중히 하기 위해 불원 특별법을 국회에 내놓겠다고 말했다.(『경향신문』 1960년 9월 3일자)

구파뿐 아니라 사회적 여론으로 인해 부정축재자 처리를 미룰 수 없게 되면서, 장면 정권은 부정축재자를 분류하기 위한 작업에 들어갔다. 장면 정권이 내 놓은 것은 '인적으로 악질적이고, 부정이 현저한 자'를 부정축재자로 규정한다는 매우 애매한 조항이었으며, 대법관, 국회의원, 기타 '재야의 덕망 있는 법조인'으로 특별재판소를 설치한다는 방안이었다.(『경향신문』 1960년 10월 29일자) 이에 반해 구파동지회에서는 군수와 읍장, 자유당원은 도당 수준까지 부정축재자로 해야 한다고 주장하였다. 좀 더 명확하게 선을 그어야 한다는 것이었다.

그러나 부정축재자 처리와 관련된 구파의 명분은 곧 수그러들었다. 구파동지회는 처벌의 한계를 건국 직후까지 소급하지 않고, "국민을 용서할 줄 알아야 된다"라는 애매한 표현을 사용하면서(『경향신문』 1960년 10월 29일자), 공민권 제한에 대한 자동 케이스를 대폭 축소하기로 방침을 바꾸었다. 부정축재의 범위 역시 탈세 등을 제외한 권력을 이용한 부정축재자에 한하는 것으로 방침을 세웠다.(『경향신문』 1960년 11월 10일자) 구파는 한국민주당 시절부터 자신들의 지지기반이 되었던 사람들을 '혁명'의 이름 아래 내칠 수는 없었던 것으로 보인다.

결국 구파동지회는 부정축재자 처리와 같은 '혁명 과제' 문제를 중심으로 분당의 명분을 삼기 어려웠다. 오히려 구파동지회가 신민당을 창당하는 과정에서 더욱 크게 주장한 것은 내각책임제하에서 보수 양당제의 구도가 필요하다는 것이었다. 내각책임제하에서 양당제의 구도가 필요하다는 것은 이미 7 · 29총선 직후부터 제기되었다. 7 · 29총선 결과 민주당이 거대 여당이 됨으로 인해 더 이상 국회 내에서 민주당을 견제할 세력이 부재하다는 이유 때문이었다.

7 · 29총선 직후 구파는 '분당에 의한 보수양당 실현'을 주장하면서 "안정 세력 확보를 환영"하는 신파와 획을 그었다. 구파의 김도연은 민주당의 분당은 "신구 쟁파만을 이유로 해서가 아니라 내각책임제의 올바른 운영을 위하여 차제에 갈려서 보수양당제를 실현"하기 위한

것이라고 주장했다.(『동아일보』 1960년 7월 31일자) 실상 주목되는 것은 많은 당선자들이 신파보다는 구파의 당선자 대회에 참석하였다는 점이다. 따라서 신민당의 창당은 야당의 창당이 되었지만, 분당이 필요하다는 주장이 처음 나왔을 때에는 구파가 분당을 하면 오히려 다수당이 될 수 있고, 이를 통해 내각을 해산하고 새로이 구파 출신의 총리를 선출할 수 있었다고 판단했던 것으로 보인다. 또한 만약 다수당이 아니라고 하더라도 새로운 내각을 구성할 경우 새로운 정당으로 독자적 내각을 만들 수도 있는 상황이었다.

분당을 통한 양당제 실현의 필요성은 지식인 사회로부터도 제기되었다.

우리는 내각책임제의 운영에 있어 가장 중요한 권력구조와 연관되는 정당문제에 언급하고 싶다. 보수정당이나 보수 대 혁신이 논위된다는 것은 민주정치의 앞날을 생각하여 중대사가 아닐 수 없는 것이다. (중략) 내각책임제에 있어서는 정부가 물러난 후에 여기에 대치할 야당이 존재하여야 함은 물론이며, 또 야당이 있어야만 정부를 감시하며, 이것을 비판할 여론을 계발하는 것이다.

금반 선거에서 민주당은 예상외에도 비대화하여 이것을 견제할 야당이 거의 존재치 않는다. 여기에서 생각할 수 있는 길은 첫째로 민주당을 분당하여 여야의 보수양당제를 수립하는 것과, 둘째로는 민주당이 4월혁명의 정신에 비추어 시시비비의 태도에서 동일정당 내에서 정권 담당자를 교체하는 것과, 셋째로는 각료의 다수를 당외에서 임명하여 그들을 감독하는 방법이 즉 이것이다. 우리는 여기에서 어떤 방법이 취해질지 예측을 불허하나, 다만 민주당이 분당되지 않더라도 이후 어떠한 중대 정책을 계기로 분당될 가능성은 충분하다고 볼 수 있는 것이다. 만일 이러한 단계에서 정치를 쇄신하며 또는 혁신정당들이 주장하는 정강이 취택된다면 보수 대 혁신의 요구를 완화할 수도 있을 것이다. (중략) 혁신을 공산주의와 혼동하며 또는 이것을 규정함으로써 현재까지 야당을 박해해 온 제 사실을 반성할 때, 이것이 인권을 옹호하는 민주주의 발달에 얼마나 절실한

문제인지를 알게 될 것이며, 동시에 공산주의를 막는 데는 하나의 방법이
아니라 여러 가지 방법이 있음을 국민이 인식함으로써 민주주의의 발전
을 기할 수 있는 것이다.(민병태, 1960)

이러한 주장은 내각책임제의 기본 조건으로서 양당제가 필요하며,
보수양당제보다는 혁신정당을 양성하여 보수, 혁신 사이의 양당제를
만들어야 한다는 것이었다. 1950년대부터 사상계의 논객으로 활동해
왔던 부완혁의 경우에는 신구파가 중심이 되어 양당제를 만들어야 한
다는 입장이었지만, 이들 사이에 정책적 차별성이 필요하다고 주장하
기도 했다.(부완혁, 1960)

그러나 기본적으로 구파 계열이 분당을 주장했던 이유는 크게 두
가지라고 할 수 있을 것이다. 하나는 더 이상 신파를 믿지 못하겠다는
것이고, 다른 하나는 혁신정당의 성장에 의한 보수/혁신의 양당제보
다는 보수양당제가 필요하다는 것이었다.

특히 여기에서 주목되는 것은 후자의 문제이다. 1960년 10월 13일에
발표된 구파의 선언문을 보면 이 점이 잘 드러난다. 여기에서 구파동
지회는 한국에서 사회주의가 성장할 가능성이 매우 크다는 점을 전제
하면서 두 개의 보수정당이 있어야만 안정적으로 정국을 운영할 수
있다고 주장하였다. 즉 자신들의 분당은 보수양당제도 확립을 위한
것이라는 점을 분명히 한 것이다.(『경향신문』 1960년 10월 14일자)

이는 당시 한국 정치인들의 인식을 잘 보여주는 것이다. 혁신계 세
력들이 4월혁명 이후에도 아직 대중적 인기가 없고 분열되어 있지만,
만약 민주당 정부의 정책이 국민들로부터 지지를 못 받을 경우 정치
적 대안으로 떠오를 가능성이 있다는 것이다. 혁신정당은 7·29총선
을 통해 국민의 지지를 받지 못하고 당선자를 10명도 내지 못했지만,
이미 1956년 선거를 통해 그 힘을 보여주었다. 창당도 되지 않았던 진

보당이 조봉암을 대통령 후보로 내서 200만 표가 넘는 득표를 하였으며, 1957년 진보당은 전국의 모든 지역에서 도당위원회를 결성할 정도로 힘을 과시하였다. 진보당의 이러한 약진은 결국 1958년의 총선을 앞두고 조봉암을 비롯한 진보당 관계자 구속, 그리고 1959년 조봉암 처형과 진보당 해체로 이어졌다.

하지만 보수적인 민주당의 정국 운영에 대한 사회적 비판이 광범위하게 일어날 경우 혁신세력이 정치적 대안으로 떠오를 가능성도 있었다.[13] 즉 민주당이 분당되어 두 개의 보수 정당이 결성될 경우 장면 정권의 여당인 민주당이 비판을 받으면 분당으로 창당된 신민당이 그 대안이 될 수 있지만, 민주당이 분당되지 않고 거대 여당으로 홀로 존재한다면, 민주당의 대안은 혁신세력이 될 수도 있는 것이다. 내각책임제하에서는 중간 선거의 결과에 따라 언제든지 국회 해산이 가능하며, 소신과 정책 능력이 부재했던 당시 정치인들이 시류에 따라 이합집산할 경우 신당이 집권할 수 있는 가능성 역시 적지 않았다.

이러한 보수양당제의 논리는 '반혁명 전략'의 측면에서도 접근할 수 있다. 혁명에 가까운 급진적 개혁을 추진하는 혁신계 세력들이 정권을 잡지 못하게 하도록 하기 위해서라도 민주당의 분리를 통해 보수양당제가 필요하다는 것을 주장한 것이다.

물론 이러한 분당의 명분이 당시 한국 사회에 얼마나 설득력 있게 다가왔는가는 알 수 없다. 오히려 이렇게 복잡한 방정식보다는 분당이 결국 민주당 내 신구파 간의 파벌싸움의 결과로 인식되었을 가능성이 크고, 실제 분당 역시 파벌의 갈등과 정치인들의 이합집산 과정에서 나타난 결과물이었다. 그럼에도 불구하고 당시 분당 과정에서 나타났던 논리는 당시 민주당 정치인들이 4·19혁명 시기 고민하고

---

[13] 실제로 7·29총선 당시 분열되어 있던 혁신세력들은 1961년에 들어서면서 하나의 정당으로 통합하기 위한 움직임을 가시화하기 시작하였다.

있었던 정치적 구도를 잘 보여주는 것이라 할 수 있다.

5. 소장과 노장의 대결

민주당의 분열은 신구파의 대립만으로 끝이 아니었다. 민주당 신파 내의 젊은 의원들이 중심이 되어 소장파가 신파의 주류 의원들에 대해 반기를 든 것이다. 장면이 총리에 선출되면서 신파가 정국의 주도권을 장악했지만, 신파 내 일부가 정국을 주도하면서 여기에서 밀린 신파 내 비주류 정치인들이 반발하고 나선 것이다. 이들은 신파 내에서 상대적으로 젊은 인사들이었으며, 소장파로 자리매김하였다.

1960년 8월 25일 신파 내에서 24명의 의원들이 소장동지회를 조직하였다. 소장파 의원들로 구성된 소장동지회는 18명이 참여하여 "소장 의원들을 단합하여 혁명과업 완수의 모체를 형성함으로써 제2공화국의 정치적 혁신을 기함"을 선언하고, 전문 8조의 규약을 채택하였다.(『경향신문』 1960년 8월 26일자) 소장파는 "민주당 내의 신구 분파작용을 중화하여 과감한 혁명과업 완수를 위한 원내 안정세력 도모에 노력"한다는 것을 명분으로 내세우고, 대표로 김재순, 홍영기, 조연하 등 3의원을 선출하였다.

1960년 10월 말까지 소장파는 명분으로 내세운 신구파 사이에서의 갈등을 조정하는 역할을 수행하는 듯했다. 물론 그 역할이 갈등을 조정하는 것이라기보다는 구파동지회 인사들이 구파로부터 이탈하도록 하는 '공작'을 주도하고 있다는 평가를 받았지만, 독자적인 세력화를 추진하지는 않았다.

그러나 소장파는 11월부터 독자 세력화를 적극적으로 추진하기 시작했다. 그 도화선이 된 것은 11월 6일에 소집된 당 중앙상임위원회였다. 당 중앙상임위원회가 개최된 뒤 이철승을 중심으로 하는 소장파는 노장파가 주요 당직을 독점한 데 대한 불만을 쏟아냈다. 신파 소장의원들은 따로 '민정회'라는 내부 조직을 꾸리기 시작했다.

이들은 7·29총선 직후부터 추진했던 '신풍회'라는 이름의 계파를 본격적으로 조직하기 시작했다.(『동아일보』 1960년 8월 26일자) 소장의원들은 7·29총선 후 한 달 남짓 지났을 때 이철승, 김재순, 조연하 의원 등이 모여 '신풍회', '사월동지회', 또는 '민주당혁신구락부'라는 이름으로 새로운 계파를 구성해야 한다는 의견이 제시되었다. 이들은 구파 내 소장파와의 제휴방안도 논의하였지만, 이들의 모임은 1960년 말에 가서야 구체화되었다.

1961년 1월 26일 조직된 신풍회는 김재순을 대변인으로 선임했다. 김재순에 의하면 신풍회는 ① 정책 조사연구, ② 국정상담소 설치, ③ 해외 파견 등의 사업을 진행할 목적으로 조직되었다. 신풍회가 이러한 세 가지 사업을 중심으로 추진한 것은 "독자적인 정책을 세우게 되면, 우선 당에 반영시킨 후 당에서 수락하지 않을 경우에는 원내에서 당과 이탈하더라도 독자적인 원내투쟁을 하고, 국정상담소의 설치는 창의와 혁신을 목적으로 하며, 해외 파견은 견문을 넓히기 위한 것"이라고 밝혔다.(『동아일보』 1961년 1월 25일자) 이러한 목적하에서 신풍회가 처음 의제로 내세운 것은 장면 정권이 사전 협의 없이 일본 경제사절단을 초청한 문제였다.(『경향신문』 1961년 1월 25일자) 1월 25일 장면 총리는 신풍회가 당내 파벌을 조성할 경우 단호히 해체하겠다고 말했다. 그러나 신풍회가 당내파벌을 일으킬 것으로 생각하지는 않는다는 입장을 밝혔다.

신풍회는 26일 오후 서울 종로예식장에서 정식으로 결성대회를 거행하고, 이철승을 총무, 김준태, 김동욱을 부총무로 선정했다.(『동아일보』 1961년 1월 27일자) 신풍회에는 32명의 의원들이 참여하였는데,

당내에서 새로운 바람을 일으킴으로써 신파 중심의 민주당이 쇄신할
수 있는 계기를 만들겠다고 주장했다.

신풍회가 하나의 계파로서 본격적으로 목소리를 내기 시작한 것은
1961년 1월 30일 단행된 두 번째 개각 이후였다. 신풍회는 이철승 등
소장파의 일부를 내각에 참여시켜 줄 것을 장면 정권에 요구하였다.
이철승의 경우 국방부장관이나 내무부장관으로 입각할 가능성이 큰
것으로 알려지기까지 했다.[14] 그러나 개각이 단행되자 두 명의 소장
파 소속 의원이 차관에 임명되는 데 그쳤다.

<표 3> 제2차 개각

국방 : 현석호
보사 : 김판술
부흥 : 태완선
체신 : 한통숙
무임소장관 : 오위영

자료 : 『동아일보』 1961년 1월 31일자.

이에 신풍회는 민주당 지도부에 대해 본격적인 비판을 시작했다.
신풍회가 특히 초점을 맞춘 것은 중석불 사건이었다. 중석불 사건은
1961년 1월에 시작되었다. 1961년 대한중석주식회사는 미국과의 계약
이 종료됨에 따라 새로운 외국 기업과 계약 체결을 모색하게 되었다.
이 때 일본의 동경식품과의 계약을 추진하였는데, 이 회사가 친북한
계 회사로 알려지면서 비난 여론이 일기 시작했다.(『경향신문』 1961년
2월 27일자)[15] 이에 더하여 신풍회 소속 함종찬 의원, 민주당 구파의

---

[14] 개각 직전 장면 총리는 이철승과 만나 보사부장관으로의 입각을 제안하였다. 그
러나 이철승은 "나는 국회에서도 할 일이 많다는 이유로 그것을 고사했다"고 밝
혔다. 이철승은 국방부나 내무부 장관을 원하고 있었던 것으로 보인다.(『동아일
보』 1961년 1월 28일자)

실세이자 무임소장관인 오위영 등이 일본 회사로부터 무려 100만 달러의 커미션을 받았다고 폭로하였다. 이에 국회는 폭로 사태의 장이 되었다.(『경향신문』 1961년 2월 27일자) 오위영의 경우 허위 폭로로 알려졌지만, 대한중석과 장면 총리의 유착관계에 대한 폭로가 이어지면서 민주당 정부는 더욱 궁지에 몰리게 되었다.

신풍회 총무인 이철승은 당무 참여를 거부하였다. 그는 2월 25일 당헌개정위원회 참석을 거부하였다. 오히려 그는 조기 총선을 요구하였고, 이규영 대변인을 통해 중석수출사건에 대한 국회조사단 및 당 조사단을 각각 구성하여 동 사건에 따른 흑백을 국민 앞에 밝혀야 한다고 주장하였다.(『경향신문』 1961년 3월 1일자)

무차별한 폭로전이 전개되면서 궁지에 몰린 장면은 신풍회 달래기에 나섰다. 장면 총리는 신풍회의 조연하, 홍영기, 황한수, 윤정구 의원 등을 만나서 소장파의 협조를 부탁했다. 구체적으로 어떠한 '당근'이 있었는지는 불분명하지만, 신풍회는 노장을 견제하면서도 총리 노선에 적극 협조하겠다고 밝혀, 며칠 사이에 입장을 바꾸었다.(『경향신문』 1961년 3월 4일자)

그러나 5월 초에 있었던 3차 개각에서 또 다시 문제가 발생했다. 3차 개각 결과 신풍회의 소장파 의원들은 차관급에만 3명 지명되는 데 그쳤다. 민주당 간부들은 차관급 3명을 기용하는 등 신풍회를 많이 고려했다고 주장했지만, 김준봉 부흥부차관과 총리의 지명을 받은 신풍회의 박주운 기획위원이 사표를 제출하고, 당과 정부에 대한 협조를 재검토하겠다고 하면서 다시 갈등이 재현되었다.(『경향신문』 1961년 5월 4일자)

---

15) 일본인이 몰래 상동광산을 답사하고 갔다는 국회에서의 폭로도 있었다.(『경향신문』 1961년 3월 20일자)

<표 3> 3차 개각 주요 명단

내무부장관 조재천(법무에서 내무로)
법무부장관 이병하(신임)
문교부장관 윤택중
부흥부장관 주요한(상공에서 부흥으로)
상공부장관 태완선(부흥에서 상공으로)
교통부장관 박찬현

자료 :『경향신문』1961년 5월 4일자.

3차 개각에 대해서는 신풍회뿐 아니라 사회적으로도 비판이 제기되었다. 법무부장관을 교체한 것을 제외하고는 정무장관직에 있던 인사들에 대한 소위 '회전문' 인사라는 것이 당시의 세평이었다. 이는 민주당 내부에서 간부들의 감투를 재분배하는 것에 불과하다고 비판한 것이다.(『경향신문』1961년 5월 5일자)

급기야 5·16쿠데타를 6일 앞둔 5월 10일 신풍회는 아래와 같이 민주당에 대한 강경한 방침을 결정하였다.

이철승 총무와 이규영 대변인의 동경회담. 32명의 신풍회 소속 의원들의 금후 진로가 면밀히 검토되었다. 1. 앞으로 내각과 당을 막론하고 일체 감투와는 연을 끊는다. 2. 변모하는 국제정세에 비추어 국내의 한 정당 안에서 세력 다툼이나 권력경쟁을 할 필요가 없다. 3. 다만 10월 전당대회까지는 정책투쟁을 전개하여 정부와 노장의 횡포를 견제하면서 정관한다. 4. 정계 재개편의 기운이 성숙되면 그 때에 가서 신풍회의 결정적인 태도를 전체 총회를 열어 결정한다는 몇 가지 기본 태도에 합의하였다.(『경향신문』1961년 5월 11일자)

아울러 신풍회는 덮어져 있었던 중석불 사건 문제를 다시 한번 정치 문제로 제기하였다. 구파의 돈을 쥐고 있던 조병옥이 사망한 이후 유진산이 이를 담당하였는데, 중석불 문제는 구파의 정치자금 문제로부터 시작되었다. 즉 신민당에 대한 공세였다.(『경향신문』 1961년 2월 26일자) 하지만 신풍회가 장면 총리와 회합을 하면서 중석불 사건에 대한 공세는 누그러졌고, 민의원에서 조사위원단을 구성하는 데 합의하는 것으로 마무리되는 것처럼 보였다.(『경향신문』 1961년 4월 7일자)

그러나 3차 개각 이후 신풍회는 공개되지 않았던 민주당의 중석 사건 관련 사실을 폭로하겠다는 방침을 언론에 흘렸다.(『경향신문』 1961년 5월 5일자) 그리고 신풍회는 자신들의 의견이 당에서 반영되지 않을 경우 당을 이탈하여 '정계의 정화'를 명분으로 하여 자신들의 주장을 관철해 나가겠다고 주장했다.(『경향신문』 1916년 5월 15일자) 이에 대해 5월 15일 민주당 지도부는 신풍회의 반발과 관계없이 당 운영을 관철해 나가겠다는 방침을 밝혔다.(『경향신문』 1961년 5월 16일자) 그리고 이틀 후 5·16쿠데타가 발발하여 민주당 정부는 무너졌다.

6. 결론

민주당 정부를 통한 4월혁명 시기의 민주주의 실험은 1년도 채 되지 않아 실패로 끝났다. 왜 실패했는가에 대해서는 다양한 진단이 있었지만, 본고에서 살펴본 것과 같이 7·29총선을 통해 다수당이 되고 정권을 창출했던 민주당의 파벌 싸움과 분열, 그리고 무능력이 가장 중요한 요인으로 꼽혔다.[16]

---

[16] 민주당 정부를 망하게 한 것은 3신이라는 주장이 있었다. 3신은 신민당, 신풍회, 그리고 신문이었다.(천정환 외, 2005 『혁명과 웃음』, 엘피, 358~359쪽) 본고에서 신문을 중심으로 분석하면서 4월혁명 시기 동안 나온 신문들에서 하루도 빼놓지 않고 민주당의 분열과 파벌 싸움에 대한 보도가 1면에 보도되는 것을 볼 수 있었다. 민주당의 파벌 간 분쟁도 문제였지만, 이를 신문의 1면에 연일 보도함으로써 정국의 분위기를 부정적으로 몰고 간 신문들의 무책임한 보도 역시 파벌 간 분쟁을 격화시킨 또 다른 요인이었을 가능성도 있다.

본고에서 언급한 신민당과 신풍회 외에도 많은 서클들이 나타났다. 신풍회가 발족되자 소장동지회 소속이지만 신풍회에는 참여하지 않은 20여 명의 의원이 제4의 당 서클을 만들겠다고 주장했다. 이들은 당의 공약을 실천하기 위해 공정무사한 위치에서 정부를 돕겠다고 선언했는데, 이들이 신풍회에 대항하기 위한 조직인지, 당의 쇄신을 위한 조직이었는지는 명확하지 않다.(『경향신문』 1961년 2월 5일자) 5월에는 양병일을 중심으로 중도파 파벌도 등장했다.(『경향신문』 1961년 5월 11일자) 청조회, 신풍회, 정안회, 민정구 등 다양한 이름이 끊이지 않고 등장했다.

그러나 이들의 분열 양상을 돌아보면 그 안에는 나름의 명분을 갖고 있었음을 알 수 있다. 신민당의 경우 부정축재자 처리 문제에 대한 반대와 보수양당제의 명분을 갖고 있었고, 민주당 내 소장파의 경우 신구파 사이에서의 연결고리 역할과 새로운 정책 창출 등을 명분으로 제기하였다.

이 중에서 특히 신민당의 분당 논리는 나름대로 중요한 의미를 갖는다. 특히 보수양당제의 명분은 한국 사회에서 혁신세력의 진출을 막기 위한 하나의 방안으로서 의미를 갖는다. 표면적으로는 서구에서의 보수양당제의 논리를 갖고 있었지만, 다른 한편으로는 당시 한국 사회에서 수준이 낮은 보수 정치인들을 대체할 수 있는 세력으로 혁신세력들이 등장하는 것을 '반공'의 논리로 막고자 하는 의도도 있었던 것으로 보인다.

그리고 나름대로 선진적인 정치 체제를 도입하고자 한다는 것을 명분으로 내세웠다. 거대 여당이 하나로 존재하면서 일본처럼 한 정당이 지속적으로 내각을 이끄는 것보다는 여당과 야당이 서로를 견제할 수 있는 시스템을 갖춘다는 것이다.

하지만 이러한 논의는 대중적으로 설득력을 가질 수 없었다. '3신'

중 하나인 신문이 이들의 분당 논리보다는 분당의 파벌적 양상을 더 집중적으로 보도했던 것도 하나의 요인이었지만, 이보다 더 큰 요인은 이들의 분열이 심해지는 국면이 조각 및 개각과 관련이 있었다는 사실이다. 본고에서 살펴본 바와 같이 신구파 사이에서, 그리고 민주당 내의 노장과 소장파 사이에서의 갈등은 조각이나 개각 전에는 미봉될 수 있는 것처럼 보이다가도 각료 명단이 발표된 이후에 갈등은 더욱 심해졌다. 그리고 이러한 갈등의 핵심에는 파벌에서 몇 명의 관료가 나왔으며, 그 관료들의 직위가 어느 정도 중요한 자리인가였다. 물론 이러한 파벌의 논의 역시 신문에서 무책임하게 보도했을 가능성도 없지 않다. 그러나 분명한 것은 4월혁명 시기 김승옥의 만화나 김수영의 시를 통해 민주당 정부의 무능과 부패, 그리고 파벌에 따른 분열에 대한 사회적 공감대가 형성되어 있었다는 점이다.(천정환 외, 2005 참조)

민주당과 민주당 정부의 이러한 갈등과 무능은 미국으로 하여금 새로운 정치세력의 필요성을 느끼게 하였고, 군부로 하여금 5 · 16쿠데타를 일으킬 수 있는 명분을 제공했다. 이들 모두 공산당의 위협을 느끼면서 동시에 장면 정권의 지도력을 신뢰하지 못하고 있었다.[17] 그리고 모종의 조치를 취해야 할 필요성을 느끼게 했던 것이다. 한국에 있었던 미대사관 요원 중 하나인 팔리의 보고서는 이를 잘 보여준다.[18]

---

[17] Special National Intelligence Estimate, SNIE 42~61, Washington, March 21, 1961. Document no. 206. *FRUS 1960~1963.* 가장 중요한 점의 하나는 장면 정권뿐 아니라 '장면'이라는 개인을 신뢰하지 못했다는 사실이 미 국무부의 평가 속에서 분명하게 드러나고 있다는 점이다.

[18] 민주당 정권에 대한 부정적인 인식이 나타나는 보고서는 헤아릴 수 없을 정도로 많다. 『장면은 왜 수녀원에 숨어 있었나』에서는 민주당 정권과 미국이 매우 긴밀한 관계를 유지한 것으로 파악하고 있지만, 미국은 장면의 유약한 지도력을 부담스러워했다. 미국의 대한경제원조기구의 부책임자였던 팔리의 보고서는 당시 한국 상황과 민주당 정부 및 총리에 대한 부정적인 인식이 잘 나타나 있다. 그러나 팔리의 보고서는 사실을 너무 과장했다고 평가되었고, 그의 권고는 받아들여지

　　물론 더 큰 문제는 민주당 내부의 불신이었다. 1955년 민주당 창당 이래로 신구파 간의 대립은 양파 사이에 깊은 불신을 만들어냈고, 이 것이 결국 4월혁명 시기로 이어졌던 것이다. 그리고 이러한 불신은 결국 5·16쿠데타라고 하는 새로운 상황에서 신민당의 윤보선 대통령이 장면 정권의 몰락을 방관하는 결과를 가져왔다.[19] 윤보선 대통령은 5·16쿠데타가 있었던 날 아침 매그루더 유엔군사령관을 만난 자리에서 장면 정권 대신에 '거국 내각'을 구성할 것을 주장했고, 군사정권이 수립된 이후에도 6개월 이상 대통령 직에서 물러나지 않았다. 윤보선이 주장한 '거국 내각'은 위기에 처한 정부를 구하고자 하는 것도 있었겠지만, 4월혁명 시기 조각과 개각이 얼마나 문제가 되었었는가를 역으로 잘 보여주는 사례라고 할 수 있을 것이다.

▣ 참고문헌

김현우, 2000 『한국정당통합운동사』, 을유문화사.
＿＿＿, 2001 『한국국회사』, 을유문화사
민병태, 1960 「내각책임제의 기본조건」『사상계』 9월호.
민주화운동기념사업회 연구소 편, 2008 『한국민주화운동사』 1, 돌베개.
박진희, 1999 「민주당 정권의 경제제일주의와 경제개발 5개년계획」『국사관논총』 84집.
박태균, 2006 『우방과 제국』, 창비.
＿＿＿, 2007 『원형과 변용』, 서울대학교출판부.
부완혁, 1960 「이로부터의 정치적 쟁점」『사상계』 10월호.
서중석, 1994 「민주당·민주당 정부의 정치이념」『한국정치의 지배이데올로기와 대항이데올로기』(역사문제연구소 편), 역사비평사.

―――――――――――――――

　　지 않았다.
[19] 윤보선 대통령과 5·16쿠데타 세력 사이의 관계에 대해서는 지금도 많은 논란이 있다. 이러한 논란에 대해서는 박태균(2006)을 참조할 것.

양재인, 2000 「민주당 신구파의 정치적 갈등에 관한 연구」『한국정치외교사논총』
　　　21집 2호.

이영석, 1987 『야당 40년사』, 인간사.

천정환 외, 2005 『혁명과 웃음』, 엘피.

한국역사연구회 4월민중항쟁연구반 편, 2001 『4·19와 남북관계』, 민연.

Special National Intelligence Estimate, SNIE 42~61, Washington, March 21, 1961.
　　　Document no. 206. FRUS 1960~1963.

"Organization and Development of the Democratic Party," 795B.00-2-1356, Decimal
　　　File 1955~1959, RG 59, NARA.

『동아일보』, 『경향신문』.

제4장 4월혁명과 언론의 변화

박용규

1. 연구의 목적과 내용

"4·19혁명이 학생과 신문에 의하여 이루어졌다"고 주장되기도 한다.(신순재, 1966, 141쪽) 민주당 정부에서 국무원 사무처장을 지낸 정헌주도 신문이 "이승만 독재정권을 무너뜨리는 데 있어 주도적 역할을 했던 만큼 그 전과로 언론자유를 누리는 것은 지극히 당연한 일이었다"고 평가하기도 했다.(정헌주, 1985, 265쪽) 또한 4월혁명[1] 직후를 "대학－언론의 연계체에 의한 통치의 시기"라고까지 평가하는 입장도 있을 정도였다.(이한빈, 1968, 169~170쪽) 4월혁명 과정에서 언론의 역할이 컸고, 그 대가로 언론은 4·19 직후 한동안 자유를 누리게 되었다는 것이다.

4월혁명의 원인을 어떤 관점에서 바라보든 언론의 역할이 컸다는데는 큰 이견이 없다. 신문과 같은 "당시 공공영역은 국가와 시민사회

---

[1] 1960년 4월 19일을 전후해서 전개된 일련의 반독재민주화투쟁은 4월혁명, 4·19혁명, 4·19의거, 4월항쟁 등 다양한 이름으로 불려 왔다. 오늘 날에는 4월혁명이나 4·19혁명이라는 용어가 주로 쓰인다. "혁명이라고 부르는 일반적 이유는 한국에서 있었던 대규모 시위나 항쟁 중 이것만이 정권을 무너뜨렸기 때문"이다.(민주화운동기념사업회 연구소 편, 2008, 148~151쪽) 본 논문에서 4·19혁명 대신 4월혁명이라는 용어를 사용하는 이유는 4월에 벌어진 일련의 항쟁을 포괄하는 개념으로서 4월혁명이 더 적절하다고 판단했기 때문이다.

를 매개하는 정치적 담론의 장으로서의 역할을 충실히 수행했던 것으로 보인다"는 평가를 듣기도 한다.(김호기, 2000, 692쪽) 또한 "당시의 신문 및 다른 언론기관의 용감한 보도와 시국에 대한 해설 및 안내는 편만한 좌절을 행동대로서의 학생과 청년들로 하여금 느끼게 하고, 혁명의 에너지로 바꿔가도록 하는 결정적 역할을 했다"는 주장도 있다.(이화수, 1985, 135쪽)

물론 학생들이 4월혁명의 주체였지만, 언론도 비판적 보도와 논평으로 학생들에게 적지 않은 영향을 주었다는 것이 이런 평가의 주된 근거일 것이다. 이처럼 한국 현대사에서 언론이 사회 변동에 큰 영향을 주었다고 평가 받는 경우는 전무후무하다. 하지만 정작 이런 평가에도 불구하고 4월혁명 과정에서 언론이 일정한 역할을 할 수 있었던 배경이나 그 역할의 내용에 대해서는 연구된 바가 전혀 없다. 언론이 어떤 방식으로 활동하며, 어느 정도의 역할을 했는지에 대해 밝힌 연구가 전혀 없다는 것이다.

본 연구는 4·19 전후의 언론을 비교해 보고자 한다. 먼저 본 연구는 4월혁명 직전 언론의 특성과 4월혁명 과정에서의 언론의 역할에 대해 살펴보려고 한다. 이를 위해 가장 먼저 4월혁명 이전의 신문들이 어떤 특성을 지니고 있었고, 어떤 대립 구도 속에 놓여 있었는가를 밝힐 것이다. 특히 이른바 야당지나 중립·비판지들의 특성에 대해 살펴볼 것이다. 다음으로는 이승만 정권이 이런 언론들을 규제하기 위해 어떤 정책을 펼쳤고, 실제 어떤 탄압을 가했는지를 살펴볼 것이다. 이런 과정에서 야당지나 중립·비판지들이 어떻게 대응했는가도 함께 살펴볼 것이다. 마지막으로는 4월혁명 과정에서 언론들이 실제로 어떤 논조를 보였고, 이런 논조에 대해 어떤 평가를 받았는가를 살펴볼 것이다. 이를 통해 4월혁명 과정에서 언론이 어떤 역할을 했는가도 밝혀볼 것이다.

다음으로 본 논문은 4·19 직후 언론자유가 확대되었다가, 5·16으로 다시 언론 통제가 강화되어 버리기까지의 과정을 다루고자 한다. 4·19부터 5·16이 일어나기까지의 1년 남짓한 기간은 한국 현대사에서 매우 큰 의미를 지닌다. 이 시기에 독재와 부패에 대한 사회 저항적 성격의 '4월혁명'을 경험했고, 또한 사회개혁의 요구와 기대가 좌절되면서 사회적 혼란 속에 군부의 정치 개입에 의한 민간정부의 붕괴를 경험했기 때문이다.(유병용, 1998, 69쪽) 즉 이 기간은 "혁명적 사태에 힘입어 권위주의로부터 민주주의로의 이행이 가능했고, 다시 쿠데타로 인하여 민주주의로부터 권위주의로 퇴행하는 실로 큰 격변을 경험"했던 시기였다.(최장집, 1998, 32쪽) 이러한 2공화국 기간을 '본격적인 민주주의 실험'이 이루어졌었던 시기로 본다면, 언론을 중심으로 그 실험의 성공과 실패를 되짚어보는 것은 커다란 역사적 의의를 지닐 것이다.

2공화국 시기는 한국 언론사에서도 매우 중요한 의미를 지닌다. 언론의 자유가 대폭 신장되었고, 언론의 영향력도 크게 발휘되던 시기였다. 신문은 이승만 정권이 퇴진하는 데 큰 역할을 했던 만큼, 그 대가로 이전과는 비교도 할 수 없을 정도의 자유를 누릴 수 있었다. 그러나 4·19 직후 언론자유가 급격히 확대되었지만, 갑작스럽게 주어진 자유가 남용되면서 온갖 사회적 문제들이 나타나기도 했다. 사이비 언론으로 인한 병폐가 나타났고, 신문들이 막강한 영향력을 행사하면서 정치적 선정주의의 폐단도 나타났다. 물론 이 시기에는 자유 남용이 가져온 문제를 언론인 스스로 해결하고자 하는 노력들도 있었다. 하지만 언론 자정 노력이 결실을 맺기도 전에 5·16쿠데타로 다시 강력한 언론 통제 하에 놓이게 되었던 것이다. 이런 과정에 대한 연구는 한국 언론을 이해하는 데 매우 큰 의미를 지닌다.

먼저 4·19부터 5·16까지의 1년 기간 동안의 언론 환경의 변화를 살펴볼 것이다. 언론자유가 확대되고 언론사의 수적 증가가 이루어진 과정을 살펴볼 것이다. 다음으로는 4월혁명 직후의 언론의 현황과 문제점을 살펴볼 것이다. 특히 사이비 언론의 폐단과 정치적 선정주의에 근거한 무책임한 보도를 살펴보고자 한다. 마지막으로 언론정책의 변화와 언론계의 자정 노력 등을 살펴볼 것이다. 즉 언론계에는 무슨 문제점들이 나타났고, 이를 해결하기 위해 어떤 노력들이 기울여졌는지를 살펴볼 것이다.

4월혁명 과정과 4월혁명 직후의 언론을 비교분석함에 있어 본 연구는 주로 신문의 역할을 중심으로 살펴보고자 한다. 당시에는 신문의 영향력이 상대적으로 훨씬 더 컸다고 보기 때문이다.[2] 본 논문에서는 당시의 잡지, 신문, 연감 자료는 물론 당시 활동한 바 있던 언론인들의 회고담도 참조할 것이다.

2. 4월혁명과 언론의 역할

1) 1950년대 신문의 정론지적 특성과 여 · 야당지의 대립

(1) 신문의 정론지(政論紙)적 특성

1950년대의 신문을 특징짓는 가장 대표적인 속성은 바로 영세성이라고 할 수 있다. 일차적으로는 시장 규모에 비해 신문사의 수가 많았다는 점이 작용했다. 이승만 대통령이 직접 신문 정비에 대한 담화를

---

[2] 본 논문에서는 『사상계』 같은 잡지나 기독교방송과 부산문화방송 등 방송의 역할에 대해서는 살펴보지 않는다. 『사상계』가 이승만 정권에 대한 비판 의식의 형성에 영향을 주었다면, 두 민영방송은 4월혁명 과정에서 신속한 보도로 일정 정도 기여를 했다. 그럼에도 불구하고 이런 잡지나 방송에 비해 신문의 영향력이 더 컸다는 점만은 분명하다.

발표했고, 이에 대해 최준이 "이 대통령의 신문 정비에 대한 담화가 발표되었을 때 쾌재를 부르짖은 것은 다만 필자 하나만이 아니었을 것"이라는 반응을 보였을 정도로 신문사의 수가 많았던 것이다.(최준, 1955, 122쪽) 서울에서만 발행된 종합일간지가 10개를 넘었는데, 당시 서울 인구가 200만 명을 약간 넘었다는 것을 감안하면 이것은 대단히 많은 수자였다고 할 수 있다.

1950년대에는 광고를 할 만한 기업이 별로 없어 신문사들은 주로 판매수입에 의존할 수밖에 없었다. 비교적 재정 상태가 좋았던 『동아일보』의 경우에도 광고 수입이 차지하는 비율은 20% 내외 정도에 머물렀다.(동아일보사 편, 1978, 332쪽) 그런데 신문사의 수가 많다 보니 판매 시장에서의 경쟁도 쉽지 않은 형편이었다. 곽복산은 "우리나라 실정은 광고 수입이 3할 내지 3할 5분 정도요 판매 수입에 생명이 달려 있는바, 이미 지적된 바와 같이 판매 확충은 이미 포화상태에 있는 것이다"라고 주장했다.(곽복산, 1959, 108쪽)

〈표 1〉 서울 종합일간지의 발행부수

신문명	조선일보	동아일보	경향신문	한국일보	평화신문	자유신문
조간	80,000			65,000	68,000	
석간		176,000	100,000			30,000
신문명	연합신문	중앙일보	매일신문	국도신문	대동신문	
조간	32,800		20,000	20,000	15,000	
석간		40,000				

자료 : 대한신문연감편찬위원회 편, 1955, 479쪽.

1950년대 중반에 가장 많은 부수를 발행하던 신문이 약 8만부에 불과했고(최준, 1955, 122쪽), 1950년대 말에 이르러 가장 많은 부수를 발행하던 신문은 20만부 내지 30만부 정도에 이르렀던 것으로 알려졌다.(곽복산, 1959, 107쪽) 하지만 당시의 신문 발행부수를 정확히 알 수 있는 방법이 없었기 때문에 자료마다 발행부수에 큰 차이가 나타나고 있다.3) 1950년대 중반의 종합일간지들의 발행부수는 〈표 1〉과 같다.

광고를 할 만한 기업은 별로 없고, 주로 판매 수입에만 의존해야 하는 상황에서 위와 같이 발행부수가 적었다는 것은 많은 신문사들이 정상적인 경영을 하기 어려운 상황에 처해 있었다는 것을 의미한다. 이와 같은 상황에서 신문이 선택할 수 있는 길은 판매 수입을 늘리기 위해 독자 확대에 주력하거나, 아니면 기업이나 정당으로부터 재정적 원조를 받아 운영해나가는 방법밖에 없었다. 어떤 선택을 하든지 특정 세력의 입장을 대변하는 역할을 하기 쉬웠다는 점에서 정론지적 특성을 지닌다는 지적을 받았다.

이런 현상에 대해 "현 단계에 있어서 많은 신문들이 정론(政論)을 일삼는 것은 사적(史的) 과정의 현상으로 보아야 할 것이다.……아직 국토의 통일을 이룩하지 못하고 정당정치의 확립과 그 발전을 꾀하는 현 단계의 정치적 여건 밑에서는 흥미 중심의 대중지란 국민이 요구하지 않는다고 보아야 할 것"이라는 주장도 나왔다.(곽복산, 1959, 109쪽) 또한 "우리는 가끔 어느 신문은 여당지며 어느 신문은 야당지라는 평을 들곤 하는데, 이는 신문이 독립해 있지 못하다는 단적인 평이다. 우리 사회의 일간지는 정당지의 입장을 아직 벗어나지 못하고 있기 때문에 마치 일정한 정론(政論)을 내세우기 위한 신문을 만들어 파는 감이 있고, 인테리 층에서는 이것을 조금도 기묘하게 생각지 않는 정도로 습성화하여 버린 이들이 적지 않은 것 같다"는 지적도 있었다. (신상초, 1955, 117~118쪽) 아직 대중지가 발달할 수 있는 기반이 마련되어 있지 않아 정론지의 단계에 머무르고 있다는 주장이었다.

---

3) 최영석은 각종 자료에 나타난 신문 발행부수 자료들을 정리해놓고 있다.(최영석, 1989, 41쪽) 그러나 각 자료들이 제시하는 발행부수의 근거는 명확하지 않다.

(2) 여 · 야당지의 대립

위와 같은 현실 속에서 "지금 우리의 신문 현실에 두 개의 병폐가 있으니, 그 하나는 정당이나 정치인을 배경으로 하는 정략적 신문이요, 또 하나는 기업체나 실업가를 배경으로 하는 상업방패적인 신문인 것이다"라는 지적도 나왔다.(최홍조, 1956, 54쪽) '정략적 신문'이란 야당이든 여당이든 정치적 배경을 가지고 있는 신문을 지칭하는 것이고, '상업방패적 신문'이란 기업을 배경으로 해서 발행되는 신문을 가리키는 것이었다. 조풍연은 이를 더욱 세분화해 다음과 같이 신문을 세 가지로 분류하기도 했다.(조풍연, 1959, 242~243쪽)

한국의 저널리즘의 방향이 세 갈래로 나 있다. 그 하나는 지배계급이 원하는 여론을 꾸며내고 있다. 일방적인 여론을 꾸미기 위하여 공평한 듯한 '위장'을 하고서, '객관적'인 뉴스를 덮어두고 그럴듯한 해설을 첨부하여 독자를 자기들이 원하는 방향으로 유도한다. 그 둘은 부패한 지배계급을 시정하기 위해서는 언론밖에 없다는 신념을 가지고 있다. 비록 탄압이 내려도 굳세게 싸워나가는 길만이 쩌널리즘의 본래 사명이라고 여기고 있다. 이들은 항상 시민의 울분을 대표하고 있는 줄로 자신한다. 그 셋은 쩌널리즘을 상업의 수단으로 알고 있다. 대중이 원하는 것을 찾아내어서 제공함으로써 이윤을 탐내는 그것이다. 수단과 방법을 가리지 않는 때도 있지만, 대중은 항상 불안에 싸여 있다고 생각하고, 그 불안에서 일시 도피할 길을 쩌널리즘이 마련해줄 수 있다고 생각하여 늘 그런 데 부심하고 있다.

위와 같은 분류에 따르면, 첫째는 '여당지', 둘째는 '야당지', 셋째는 '중립지'를 가리키는 것이라고 할 수 있을 것이다. 이와 같은 구분이 나타나기 시작한 것은 1952년의 정치파동을 겪으면서부터였다.(송건호, 1990, 91쪽) 오소백은 1954년 초에 쓴 글에서 "주로 53년도 정치 파동기를 통해 본 논조에 따른 것"이라고 하며, "『조선일보』(중립지), 『동아일보』(야당지), 『서울신문』(여당지), 『경향신문』(반(半)야당지)"라고 평가했다.(오소백, 1959, 358~359쪽) 이런 현실에 대해 오소백은 1953년에 열린 좌담회에서는 "6·25 전보다 금일의 신문은 여당지, 야당지란 말이 많이 생기고 정당을 배경으로 하는 경향이 있어서, 6·25 전보다 정치소아병적인 것이 많은 것" 같다고 주장하기도 했다.(오소백, 1959, 269~270쪽)

여당지의 선두는 정부 기관지인 『서울신문』이었다. 서울신문사의 사장자리는 대부분 이승만의 측근이 차지했다. 『국도신문』은 자유당 선전부 차장을 지낸 김장성이 발행한 신문으로 "자진 자유당의 기관지를 호칭"하고 나선 신문이었다.(최준, 1982, 416쪽) 또한 『세계일보』는 농림부장관을 지낸 공진항이 발행한 신문으로서 이기붕계 신문이었다.(최영석, 1989, 98쪽) 이에 대해 "관·공영 신문과 정부 슬하 각 기관지는 확실히 그 자가 선전만에 전 목적이 있는 것은 두 말할 나위가 없다. 어떠한 정책이나 시책에 순응해서 관이 의도하는 오직 한 가지 선(線)으로만 추종하는 것으로 그 사명의 전부를 삼는 것이다"라는 비판이 나오기도 했다.(우승규, 1956a, 181~182쪽)

〈표 2〉 언론사들의 산업은행 융자 실태(1958. 6 현재)

언론사명	평화신문	자유신문	연합신문 동양통신	동화통신
사주명	홍찬	백남일	김성곤	정재호
관련기업명	수도영화	태창방직	금성방직	삼호방직
융자금	7억	37억	25억	7억

자료 : 오소백, 1958, 108~109쪽.

위와 같이 직접 이승만, 이기붕, 자유당과 관계를 맺고 있지는 않았지만, 이승만 정권으로부터 금융상의 특혜 등을 받으며 기업을 운영했던 인물들이 발행한 신문들을 친여지라고 불렀다. 이들 신문들은

"그들은 신문을 진열장이나 악세사리로 생각하지, 결코 본업으로 생각하지 않는다. 상업제일주의 방패적인 일을 해주지 않으면 안 될 이들의 신문은 언제까지나 고식(姑息) 상태에 빠져 있을 것"이라는 평가를 들었다.(오소백, 1958, 109쪽) 이들 신문기업의 자본이 지니고 있었던 국가 의존적 성격은 신문의 논조에도 그래도 반영될 수밖에 없었다.

이 시기의 야당지로는 『동아일보』와 『경향신문』을 들 수 있다. 『동아일보』는 이미 1950년대 초반부터 한국민주당의 후신인 민주국민당(1949년 2월 10일 창당)의 기관지라는 말을 들었다.(최준, 1955, 123쪽) 또한 『경향신문』은 가톨릭의 적극적 지지를 받던 장면이 1952년 국무총리직을 사임하면서 점차 야당지로 돌아서기 시작했다. 1955년에 민주당이 창당되면서, 『동아일보』와 『경향신문』은 각각 민주당 구파와 신파를 대변하는 기관지로서 그 기능을 다하였다.(이관구 외, 1960, 103쪽)

특정 정당이나 기업의 배경이 없었던 『조선일보』와 『한국일보』는 중립지라는 평을 듣거나 때로는 중립·비판지라는 호칭을 듣기도 했다. 앞의 두 야당지 같이 직접적인 동기는 없었지만, 신문 판매를 위해 때로는 두 신문을 능가할 정도의 비판적 논조를 보이기도 했기 때문이다. 박동운은 "어떤 중립지는 간혹 독자들로 하여금 어금니에 무엇이 끼인 듯한 감상을 줄 수도 있다. 모 일간지는 융자 교섭을 순조롭게 추진시키기 위하여 편집진용을 교체시켰다가, 융자가 제대로 안 되는 것을 보고 다시 날카로운 논조로 돌아감으로써, 독자들을 당혹시키는 경우도 있다"고 주장했다.(박동운, 1960, 56쪽)

이렇듯 1950년대 후반의 신문들은 흔히 여당지, 친여지, 중립·비판지, 야당지로 나뉘어졌다. 우승규도 당시의 신문을 여당지, 준여당지, 중립지, 야당지로 나누었다.(우승규, 1978, 465쪽) 이와 같은 분류에 따라 당시의 신문을 나누면 아래와 같다.

〈표 3〉 1950년대 신문의 정치적 성향

정치적 성향	신문명
여당지	『서울신문』, 『국도신문』, 『세계일보』
친여지	『연합신문』, 『자유신문』, 『평화신문』
중립·비판지	『조선일보』, 『한국일보』
야당지	『경향신문』, 『동아일보』

자료 : 최영석, 1989, 96쪽.

　야당과 직접적인 관계를 맺고 있던 야당지는 물론, 정당이나 기업과 특별한 관계를 맺고 있지 않던 중립·비판지도 당연히 판매수입 의존도가 클 수밖에 없었다. 정당과의 관계뿐 아니라 판매 전략을 위해서도 이승만 정권에 대한 비판은 중요한 수단이 되었다.

　한경수는 "야당지의 거성적 존재인 동아(일보)의 편집방향은 묻지 않아도 알 일이다. 정치에서부터 경제, 사회, 문화 기타 모든 분야의 취재 각도가 도전적이며 탐색적이며 항쟁적인 경향이 농후하다. 여하튼 독자는 증가 일로라니 다행한 일이다. 아마도 흥분과 불만의 교차에서 신문의 그러한 방향을 즐기는 것이 대중의 심리인 모양이다"라고 했고(한경수, 1956, 62~63쪽), 김영상은 "독재에 대해서 비판하면 독자들은 환호성을 올"렸으며, "무조건 이 정권에 대해서 욕만 하면 팔렸"다고 주장했다.(이관구 외, 1960, 103쪽) 실제로 야당지나 중립·비판지의 발행부수가 많았던 것이 이를 잘 나타내주고 있었다.

2) 이승만 정권의 언론정책과 언론탄압

(1) 언론관계 법률 제정

　이승만 정권은 정부 수립 직후부터 언론을 통제하기 위한 정책을 실시했다. 이런 언론정책의 기본 방향은 1948년 9월에 발표한 '언론정책 7개항'에 잘 나타나 있다.(송건호, 1990, 78~79쪽) 이런 7개항에는

"대한민국의 국시·국책을 위반하는 기사, 정부를 모략하는 기사, 공산당과 이북 괴뢰정권을 인정 내지 비호"하는 기사 등에 대해서는 강력히 통제하겠다는 의사가 담겨 있었다. 그러나 실제로 이승만 정권이 동원할 수 있었던 언론통제 법령은 대한제국 시기에 제정되었던 광무신문지법과 미군정기에 제정되었던 군정법령 88호밖에 없었다. 그나마 광무신문지법이 1952년 4월에 폐지되면서 군정법령 88호 외에는 별 다른 언론통제의 법적 근거를 갖지 못했다.

이승만 정권은 언론통제의 법적 근거를 만들기 위해 광무신문지법이 폐지되기 전인 1952년 4월에 '신문 등 정기간행물 법안'을 국회에 제출했는데, 언론계에서 이를 반대했고, 국회에서도 이를 부결시켰다.(송건호, 1990, 91쪽) 이렇듯 이승만 정권의 "본격적인 언론통제의 시발점은 1951년 말에서부터 익년 7월에까지 이르는 부산 개헌 정치 파동기였다고 볼 수" 있었다.(이강수, 1963, 14~15쪽)

이승만 정권이 다시 언론탄압법 제정을 시도했던 것은 1954년 말이었다. 이승만 정권은 1954년 말에 '출판물에 관한 임시조치법안'을 마련하여, 국무회의를 통과시키고 1955년 초에 국회에 상정했다. 이 법안은 "인심 혹란, 왜곡 사항 등의 추상적인 인정사항으로써 허가 취소, 발행 정지의 최후수단을 마음대로 쓸 수 있게" 한 악법이었다.(이관구, 1958, 221~222쪽) 이 법안의 국회 상정을 앞두고 『서울신문』 1955년 1월 11일자에는 "정부 비판의 한계성"이라는 제목의 사설이 게재되었는데, 그 사설은 "최근 개헌을 계기로 하여 야당 및 야당계에 속하는 언론기관은 정부에 대한 비판에 그 역량을 경주하고 있는 것 같다.……국가와 민족의 존립을 유지하게 하는 원동력에 대한 비판도 스스로 일정한 한계가 설정되지 않을 수 없다"고 주장했다.(최준, 1982, 409~410쪽) 『서울신문』의 이러한 주장에 대해 『경향신문』, 『동아일보』 같은 야당지는 물론 『조선일보』나 『한국일보』 같은 중립지들도 비판하고 나섰다.(송건호, 1990, 95~96쪽) "일본 사람들이 우리 한국 사람의 자유와 독립 정신을 말살해 버리려고 하던 악독한 법조문을 본따 가지고 만들려던 것이었다"는 비판까지 나왔다.(이관구, 1958, 223~224쪽) 결국 1956년의 선거를 앞두고 시도되었던 언론 악법 제정은 언론계의 강력한 반대로 무산되고 말았다.

이승만 정권은 1956년 이후 다시 언론통제법안 입법을 시도했다. "특히 1956년 5월 15일에 실시된 정부통령 선거 직후부터 이 박사의 대언론정책은 강경하여 본격적으로 새로운 법률 제정에 의하여 언론 통제가 시도"되었다는 평가가 나올 정도였다.(이강수, 1963, 14~15쪽) 1956년 가을에는 다시 언론탄압법으로서 '국정보호 임시조치법안' 제정이 시도됐다. 이 법안에는 "간행물에 허위사실을 게재하여 개인, 법인, 기타 단체의 성실성 또는 명예를 훼손할 때는 집필자, 편집자를 벌"하며, 또 "이러한 것을 누차 게재하였을 때는 대통령령으로 그 발행을 중지한다"는 규제 내용이 들어가 있었다.(최준, 1982, 422쪽) 이 법안 제정의 배경에는 "명백히 이승만 정권에 대한 언론 비판을 봉쇄하자는 저의가 깔려 있었다"고 할 수 있다.(송건호, 1990, 102쪽) 이에 대해 당시에 "소위 신출판물 법안이란 신문 자유를 규제하는 기괴한 법안이 툭 퉁겨져 나오기에 이르렀다"는 비판이 나오기도 했다.(최준, 1956b, 51쪽) 이 법안은 국회에 상정되기도 전에 폐지되고 말았으며, 이로써 이승만 정권의 언론탄압법 제정 시도는 다시 실패하고 말았다.

이승만 정권은 이후 다시 언론탄압적 요소가 있는 법안 제정이나 개정을 추진했다. 1958년 1월 1월에는 언론사의 활동을 제약하는 요소를 담은 민의원·참의원 의원선거법안이 국회를 통과했다. 민의원 의원선거법안 72조에는 "누구든지 후보자를 당선 또는 낙선시킬 목적으로 신문·통신·잡지 기타 정기간행물의 경영자 또는 편집자에게 금품 또는 향응 기타 이익을 제공하거나 제공할 약속 또는 신입(申込)

을 하고 선거에 관한 보도 기타 평론을 게재할 수 없다"고 나와 있었
다.[4] 언론탄압적 요소가 있음에도 불구하고 야당이 동의했던 것에 대
해 "야당 측에서 선거위원회의 한 자리를 차지함으로써 무더기표나
환표를 방지할 수 있다는 이득에 눈이 어두워진 것이었지만, 언론이
봉쇄되고 선거운동이 극도로 제한되는 조건 아래 표를 얻을 수 없게
된다면, 무더기고 바꿈질이고 간에 막아 볼 대상이 없어지고 말 것"이
라는 비판도 나왔다.(이관구, 1958, 225쪽)『서울신문』정도를 제외한
대부분의 신문이 반대하고, 한국신문편집인협회는 전국언론인대회까
지 열어 반대했지만, 결국 여·야간의 협상을 통해 통과되고 말았던
것이다.(최준, 1982, 427~429쪽) "입법부의 이런 조치는 신문을 싫어하
고 여론을 두려워하는 당시의 대부분 정치인의 심리를 반영한 것"이
었고, 또한 민주당이 동조한 것은 "현저한 진출을 보인 혁신세력을 저
지키" 위한 의도가 개입됐기 때문이었다.(송건호, 1990, 113쪽)

<표 4> 언론관계법 입법 시도 및 제정 현황

시 기	법안명	경과
1952. 4	신문 등 정기간행물법안	국회에서 부결, 입법화 실패
1954. 12	출판물에 관한 임시조치법안	국무회의에서 통과, 입법화 실패
1956. 11	국정보호 임시조치법안	입법화 실패
1958. 1	민의원·참의원 의원선거법안	1958년 1월 1일 국회 통과, 동년 1월 25일 공포, 1960년 6월 23일 폐지
1958. 12	국가보안법 개정안	1958년 12월 24일 국회 통과, 동년 12월 26일 공포, 1960년 6월 10일 전문 개정

자료 : 최영석, 1989, 65쪽 보완.

1958년 2월 24일 농성 중인 의원 80여 명을 국회 본회의장에서 끌어
내게 한 후 자유당 의원들만으로 통과시킨 국가보안법 개정안은 언론
사의 활동을 크게 위축시킬 수 있는 조항을 담고 있었다. 국가보안법

---

4) 민의원 의원선거법과 참의원 의원선거법에 있는 언론규제 조항의 전문은『한국
신문연감』(한국신문협회 편, 1968, 388쪽)을 참조할 것.

개정안은 무엇보다도 "적을 이롭게 할 목적으로" 이루어지는 정보 수집 활동에 대한 규제를 내걸었지만, 사실상은 언론을 겨냥한 것으로서 "미디어에 관련되는 법률 중에서 가장 가공할 법률"이라는 평가를 들었다.(오소백, 1968a, 271쪽) 국가보안법 개정안에 대해 야당, 언론계, 법조계가 모두 반대하고 나섰음에도 불구하고, 이승만 정권은 여당 의원들만으로 통과시켰던 것이다.(최준, 1982, 431쪽) 이승만 정권이 강제적으로 국가보안법 개정안을 통과시킨 것은 "60년대 초반의 정·부통령 선거를 반드시 승리로 이끌어나가기 위해 몇 개 신문, 특히 민주당 지지 신문들의 자유로운 언론활동을 저지"할 의도에서였다.(송건호, 1990, 117쪽)

이와 같이 이승만 정권은 정치적으로 필요가 있을 때마다 언론탄압법이나 언론탄압적 요소가 있는 법을 제정하거나 개정하고자 했다. 다만 언론탄압법 제정이 세 번이나 실패했던 것을 보면 치밀한 계획 하에 효율적인 언론탄압을 시행했다고 보기는 어려운 측면이 있었던 것도 사실이었다. 천관우의 지적대로 "어쨌든지 내세우기는 민주주의를 내세워 놓았으니까 민주주의라는 근본 원칙을 부인하고 덤벼들기 전에는 표면상으로는 어느 정도의 자유라는 것을 보장하는 정책을 취하지 않을 수 없었"기 때문일 것이다.(이관구 외, 1960, 101쪽) 정권 말기로 가면 선거에서 승리하기 위해 언론탄압적 요소가 있는 법을 제정하거나 개정하는 것을 강력하게 시도했는데, 이런 시도들은 별 성과를 거두지 못하고 오히려 언론계나 시민들의 불만을 초래하기도 했다.

(2) 언론인과 언론사에 대한 탄압

이승만 정권의 언론인에 대한 탄압은 1950년대 초반부터 이미 이루어졌다.(정진석, 1977, 111쪽) 『동아일보』 1951년 9월 25일자 기사가 문제가 되어 주필 고재욱과 기자 최흥조가 광무신문지법 제11조와 제

25조 및 형법 제105조 3항 위반 혐의로 불구속기소되었다. 이 사건이 『동아일보』에 보도되면서, 광무신문지법 적용의 문제가 논란이 되기 시작하여 결국 광무신문지법을 폐지하고 형법 제105조를 없애려는 형법 개정안이 국회에 제출되었다.[5] 1952년 6월에는 『동아일보』 주필 겸 편집국장 고재욱이 김준연을 중심으로 한 '정부전복 음모사건'으로 구속됐다가 3일만에 석방됐고, 같은 해 8월에는 『조선일보』 주필 홍종인이 4부 장관 사임 기사의 취재원을 밝히지 않고 묵비권을 행사해 구속되기도 했다.

1950년대 중반 이후에 언론인에 대한 구속, 연행, 소환, 폭행 등의 탄압이 더욱 늘어났다.[6] 특히 〈표 5〉에 나타난 대로 이승만 정권의 언론사나 언론인에 대한 탄압은 주로 『동아일보』나 『경향신문』 같은 야당지에 집중되어 있었다. 1955년 『동아일보』의 '오식 사건'은 전형적인 야당지 탄압이었다고 할 수 있다. "오식을 발견한 즉시 관계 당국에 자진해서 알려 진사(陳謝)했으며, 사외로 나간 극히 일부 부수의 신문을 노력 끝에 상당히 회수하는 성의를 보였음에도 불구하고 자유당 정권은 『동아일보』에 무기 정간" 처분을 내렸다.(동아일보사 편, 1975, 309쪽) 『동아일보』 무기정간 처분의 법적 근거는 미군정기에 만들어진 군정법령 88호였다. 이승만 정권의 『동아일보』에 대한 무기정간 조치는 "평소 야당정신이 짙었던 동보(同報)에 대한 정치적 탄압 내지 보복이란 인상이 짙어 자연 물의가 많았다"고 할 수 있다.(오소백, 1968a, 245~246쪽)

---

[5] 이 사건이 광무신문지법 폐기의 계기가 된 과정에 대한 최홍조의 자세한 증언은 『언론비화 50편』(한국신문연구소 편, 1978, 268~273쪽)에 잘 나와 있다.

[6] 언론인에 대한 제재 조치의 자세한 내용은 「1950년대 한국 신문의 구조적 성격에 관한 연구」(최영석, 1989, 107~108쪽)에 잘 정리되어 있다.

<표 5> 1950년 후반의 주요 언론탄압 사례

신문명	일 시	주요 내용	결정 사항
『동아일보』	1955. 3. 15	1면 "고위층 재가 대기 중"이라는 제목에 다른 제목을 위해 채자 해놓은 '괴뢰'가 실수로 첨가됨	발행인 국태일, 주필 겸 편집국장 고재욱, 정리부장 권오철, 문선공 원동찬, 현종길 구속 송치. 3월 17일 정간 처분, 4월 16일 이승만 대통령의 조치로 정간 해제, 18일 복간
『대구매일신문』	1955. 9. 13	"학도를 도구로 이용하지 말라"는 제목의 사설을 게재	관변단체에 의한 신문사 습격. 집필한 주필 최석채, 국가보안법 위반 혐의로 기소. 1956년 5월 8일 대법원에서 무죄 판결
『동아일보』	1956. 10. 8	정읍과 함평에서 선거부정이 있었다는 사실 보도	주필 고재욱, 사회부장 최호, 편집국장 우승규를 경찰에서 심문
『경향신문』	1956. 10. 8	정읍과 함평에서 선거부정이 있었다는 사실 보도	편집국장 정인준, 사회부장 박성환을 경찰에서 심문
『동아일보』	1958. 1. 23	연재만화 "고바우영감"에서 '가짜 이강석 사건'을 풍자	1월 27일 만화가 김성환을 즉결심판 회부, 과태료 450만 원 처분
『코리아타임즈』	1958. 7. 30	이라크의 정변을 소재로 한 "도박자의 정의"를 반정부 폭동을 선동한다고 해석	8월 1일 집필자 장수영이 구속됐다가 8월 16일에 석방됨
『사상계』	1958. 8	사상계 8월호에 "생각하는 백성이라야 산다-6·25 싸움이 주는 교훈"을 게재	8월 7일 연행되어 다음날 구속됐다가 8월 25일에 석방됨
『동아일보』	1958. 8. 10	육군 2개 사단이 해체 준비를 하고 있다고 보도하고 사단 사진을 표지에 게재	8월 11일 집필자 최원각이 구속됐다가 8월 14일에 석방됨
『경향신문』	1959. 2. 4	「다수의 폭정」이라는 논문을 인용한 칼럼 "여적" 게재	사장 한창우 심문. 필자 주요한 구속영장 신청했으나 각하, 기소
『경향신문』	1959. 2. 16	홍천지국 발신의 사단장의 휘발유 부정처분 기사 게재	지국장 장원준, 기자 전기식, 오선형 구속, 고법에서 8개월 언도
『경향신문』	1959. 4. 3	"간첩 하모를 체포"란 제목의 일단 기사 게재	기자 어임영, 정달선 구속. 주필 이관구, 사회부장 오소백 심문
『경향신문』	1959. 4. 15	이승만 대통령이 기자회견에서 국가보안법 개정에 반대했다고 보도	기자 윤금자를 경찰에서 심문

『경향신문』	1959. 4. 30	위의 4가지 사안과 1월 1일자의 사설 "정부와 여당의 지리멸렬상" 등 5가지를 명분으로 삼음	4월 30일 정부는 폐간 명령. 6월 26일 고법은 행정처분 취소 및 가처분 신청을 받아들임. 정부는 즉각 무기발행정지 처분. 6월 28일 경향신문은 고법에 행정소송 냈으나 패소하고 대법원에 항소

자료 : 동아일보사 편, 1975, 287~366쪽, 오소백, 1968a, 263~328쪽 ; 정진석, 1977, 104~115쪽.

1955년에 벌어진 또 하나의 언론탄압 사례인 『대구매일신문』 테러 사건도 이승만 정권의 언론탄압이 자신들에 대한 비판을 봉쇄하기 위한 것이었다는 것을 잘 보여주었다. 특히 신문사에 대한 테러까지 벌였다는 것은 이승만 정권의 언론탄압이 폭력적이었다는 것을 잘 보여주었다. 최석채는 사건 직후 쓴 글에서 "대구매일신문사에 대한 '테러' 사건은 우발적인 것이 아니요, 치밀하게 꾸며진 언론기관에의 도전의 전초전이었으며, 그 '테러'의 구실로 나의 집필이 정면의 공격 목표가 되었다고 나는 믿고 있다"고 주장했다.(최석채, 2003, 384쪽)

1956년 이후 이승만 정권의 언론에 대한 정책은 더욱 강경해졌다. 언론탄압법 제정을 시도하는 것은 물론 언론인에 대한 제재도 강화해 나갔다. 이런 배경에는 비판적 언론에 대한 이승만의 불만이 존재했다. 이승만은 "경향이나 동아에 대해서는 다 내 복안이 있어. 나중에 원망하지 말어.……그래 언제 인심이 정부에서 이산되었단 말이야. 증거를 대. 구체적으로.……있는 얘기 없는 얘기 써대니 그것은 공산당 방식이야"라고 비판하기도 했다.(『경향신문』 1956년 9월 18일자 ; 이병국, 1987, 44쪽 재인용)

〈표 5〉에 나와 있는 대로 1959년에 들어서서 『경향신문』에는 이승만 정권에게 탄압의 빌미를 줄 만한 일들이 많이 벌어졌다. 하지만 근본적으로 『경향신문』 폐간 조치는 야당인 민주당, 그 중에서도 장면을 지도자로 하는 신파를 견제하려는 목적에서 비롯된 것이었다.(송

건호, 1990, 119쪽) 야당지인『동아일보』와『경향신문』중에서 일차적으로 여러 가지 빌미를 준『경향신문』이 우선 대상이 되었던 것이라고 할 수 있다. 이관구의 지적대로 "경향신문 폐·정간 사건은 자유당 행정부가 명춘 시행될 정부통령 선거에서 재집권을 확실케 하기 위하여 정치적으로 취해진 사건"이었다고 할 수 있다.(이관구, 1960, 139쪽) 또한 대통령 계승권을 지닌 장면 부통령의 존재를 '눈엣가시'처럼 바라보던 이승만 정권이 강경책으로써 폐간까지 시도하여 "불안의 씨를 장 부통령에게 뒤집어씌우려는" 의도도 작용했다.(한배호, 1981, 144쪽)

언론인이나 언론사에 대한 탄압 외에도 이승만 정권은 신문 배포나 구독을 방해하는 행위도 서슴지 않았다.(최영석, 1989, 86~88쪽) 특히 이승만 정권에 비판적인 신문들을 독자들이 읽지 못하도록 하기 위해 선거를 앞두고는 야당지나 중립·비판지에 대한 구독 방해 행위를 일삼았다.『동아일보』는 "계절병적인 신문구독조사"라는 제목의 사설을 통해 "정부통령 선거가 앞으로 겨우 이순(二旬)도 못남아 국민이 극도로 긴장하고 있는 이때에, 그와 같이 '비여계(非與系)' 신문 구독을 억제 혹은 억압하려는 또 하나의 괴상한 거조(擧措)가 사실이라 한다면, 그것이 선거 면에서 여당에 '실'이 하나라도 더할망정 '득'은 별로 없을 것임을 알아야 한다. 그리고 유권자, 즉 국민의 이목을 가리면서 부정선거를 하려는 전제가 아닌가 하는 의욕을 더욱 불러일으키는 역효과 밖엔 아무런 좋은 영향을 가져올 것은 없지 않는가 한다"고 비판했다.(『동아일보』1960년 2월 25일자)

3) 4월혁명과 언론

(1) 이승만 정권에 대한 비판적 보도

이승만 정권에 대한 언론의 비판적 보도 태도는 1952년 1월부터

1953년 3월까지의 기사와 논평을 대상으로『서울신문』조사부가 실시했던 분석 결과를 통해서 잘 알 수 있다.(조용만, 1953, 41쪽) 〈표 6〉에 의하면, 야당지인『동아일보』와『경향신문』은 물론 중립·비판지로 분류되던『조선일보』까지 이승만 정권에 대해 대단히 비판적인 논조를 보이고 있다. 특히『동아일보』는 거의 대부분의 기사나 논평들이 이승만 정권에 비판적이었다는 것을 알 수 있다.

〈표 6〉 정부의 시책에 대한 신문들의 보도 태도(기사, 논평)

논조 \ 신문명	경향신문		동아일보		서울신문		조선일보	
	건수	비율	건수	비율	건수	비율	건수	비율
불만, 반대, 불리	152	67.6	191	94.1	134	27.9	173	63.4
찬성, 협조, 지지	73	32.4	12	5.9	346	72.1	100	36.6

자료 : 조용만, 1953, 41쪽.

1959년 1년 동안의 사설을 대상으로 한 분석에서도 역시 야당지인『동아일보』나『경향신문』은 물론 중립·비판지인『조선일보』나『한국일보』도 이승만 정권에 비판적이었음을 알 수 있다. 다만 위의 분석과 달리 긍정, 부정, 중립 등 세 가지 항목으로 나누어 분석한 〈표 7〉에 의하면, 의외로『한국일보』에 부정적 내용의 사설이 가장 많은 것으로 나타나고 있다. 이 분석의 내용만 놓고 본다면, 당시 신문들의 이승만 정권에 대한 비판의식이 전반적으로 높았다고 할 수 있다. 이런 논조를 보면 자유당이 제3대 부통령 선거에서 신문 때문에 "고배를 마셨다고 솔직히 고백"했다는 것이 결코 과장만은 아니었다고 할 수 있다.(오소백, 1968b, 331쪽)

<표 7> 자유당 정부의 시책에 대한 신문들의 보도 태도(사설)

논조＼신문명	『경향신문』		『동아일보』		『서울신문』		『조선일보』		『한국일보』	
	건수	비율	건수	비율	건수	비율	건수	비율	건수	비율
(긍정)찬성, 격려, 긍정, 지지, 동조, 제안	1	1.1	25	12.8	487	77.0	74	22.9	55	9.8
(부정)반대, 비난, 부정, 고, 의문, 반성 촉구	62	68.1	116	58.8	6	0.9	113	34.9	413	73.9
(중립)요망, 충고, 희망, 기대, 회피	28	30.8	56	28.4	137	22.1	136	42.2	91	16.3

자료 : 왕종선 외, 1965, 107쪽.

『경향신문』은 1959년 2월 28일자 "본보는 기소됐다"는 제목의 사설을 통해 "우리는 부족하나마 이 나라의 민주주의를 수호하기 위하여 지금까지 노력해왔다. 우리는 앞으로도 노력을 계속하고자 하는 바이요, 이 나라의 민주주의가 사멸하지 않는 한 우리는 최후의 승리를 확신하고 있다"고 주장했다. 『경향신문』의 이런 주장은 1960년의 선거를 앞두고 자행되던 이승만 정권의 탄압에 맞서 싸우겠다는 의지를 밝힌 것이었다. 실제로 국회의원이자 『경향신문』 논설위원이었던 주요한은 자신과 주필 이관구는 "매일 사설 제목을 두 개씩 쓰기로 하고, 그 중 하나는 반드시 선거 계몽을 싣기로 했"다고 밝히기도 했다. (한국신문연구소 편, 1978, 119쪽) 비록 『경향신문』은 폐간되었지만, 다른 신문들이 나서서 이런 역할을 하게 됐다.

(2) 4월혁명에 대한 언론 보도

『경향신문』 폐간 이후 잠시 주춤한 듯 보였던 언론들은 1960년 정부통령 선거를 앞두고 "일제히 포문을" 열었다.(오소백, 1968b, 331쪽) 4월혁명의 시작을 알린 '2·28 대구민주화운동' 과정에서 대구매일신문사는 물론 대구일보사에서는 편집국 진용과 상임 논설위원들의 의견일치로 2월 29일자 석간 2, 3면에 2·28시위와 관련한 화보 및 기사를 대대적 특집으로 실었을 뿐 아니라, 숱한 화보 자료를 동아일보사와 한국일보사 양 일간 신문사에 제공했다.(김태일, 2003, 251쪽) 민주당 유세가 있던 일요일에 등교시킨 것에서 비롯된 2·28시위는 실제로 서울의 일간지들도 모두 크게 다루었다. "정치에 짓밟힌 학원"(『조선일보』1960년 2월 29일자), "선거바람에 휩쓸린 대구의 일요일"(『한국일보』1960년 2월 29일자), "학원에 자유를 달라"(『동아일보』1960년 3월 1일자) 등의 제목으로 크게 다루었다. 또한 세 신문은 2·28시위를 사설로도 다루었는데,『한국일보』는 3월 1일자 사설 "무엇이 대구 학생 사건을 일으켰나"에서 다음과 같이 주장하고 있다.

> 대구에서 일어난 학생 데모 사건은 때마침 선거전이라는 정치상의 사건으로만이 아니라, 그것이 학생들의 움직임이었다는 것, 더구나 전란 이후 학생들이 거의 사회적인 관심을 표명한 일이 없다가, 이번에 비록 직접적인 동기가 그것은 아니었다 하더라도, 행동에 있어서 학교권 외의 사회에 호소하는 대규모의 움직임을 보였다는 점에서 크게 주목하지 않을 수 없는 사건이었다 하겠다.……이 나라의 젊은이들이 자신에 대한 부당한 비민주적인 압력에 대하여 감연(敢然)히 항의하였고 항쟁할 수 있다는 것을 보여준 것은 우리 주변에 자주 나타나는 비민주적인 경향에 대하여 커다란 반성의 기회를 준 것이라고 할 것이다.

『동아일보』는 1960년 2월 29일자에 "경찰 고위층서 지령설 ─ 선거방법과 연관"이라는 제목 하에 민주당이 부정선거에 대한 정보를 입수했다는 보도를 했다. 이 사건을 취재했던『동아일보』기자 김준하는, 민주당 대변인 조재천이 "부정선거 지령문"을 입수했다는 정보를 듣고 만나서, "조 의원 이번에 협조를 안해 주시면『동아일보』도 당신에게 절대로 협조하지 않겠습니다"라고 협박조로 말하여 부정선거 지령문을 넘겨받아서 옮겨 적었고, 이를『동아일보』에 보도한 것이라고 밝혔다.(대한언론인회 편, 2001, 86~88쪽) 박동운은 부정선거 지령설을 보도한 "『한국일보』와 『동아일보』는 선거방법 지령설 보도에 있어서 그것을 인쇄할 때 혹시 일조의 '테러'가 습래할까 두려워 앞뒷문에 수위를 세우고 내지는 문을 잠가 두었다"고 하고는, "그것은 우리나라 신문인의 역경과 더불어 용기를 실증한다"는 평가를 하기도 했다.(박동운, 1960, 57쪽)

3월 이후 신문들은 이승만 정권의 야당에 대한 탄압이나 학생들의 시위 상황을 지속적으로 보도했다.[7] 마침내 3 · 15 선거가 실시되자 『동아일보』는 사설 "비밀투표 · 공개투표의 원칙을 사수하자"를 통해서 "최후의 용기를 가다듬어 자유선거 말살의 역사적 죄인이 되주지 않아야 하겠다. 공개투표를 강요하는 자는 대한민국에 반역하는 자요, 그 강요에 저항하여 자기의 권리를 사수하는 자는 진실한 애국자인 것이다"라고 주장했다.(『동아일보』 1960년 3월 15일자) 『조선일보』도 사설 "야당 참관인이 입회 못한 투표는 무효로 하라"를 통해 3 · 15선거가 "마치 부정선거 기술의 집대성처럼 치욕스러운 선거가 되었다는 것을 슬퍼"한다고 했다.(『조선일보』 1960년 3월 15일자) 실제 보도에서도 『동아일보』는 "3인조 공개투표 끝내 감행"이라고 보도했고(『동아일보』 1960년 3월 15일자), 『조선일보』도 "전국 도처에서 각종 부정사태(沙汰)"라고 보도했다.(『조선일보』 1960년 3월 15일자) 3월 16일에는 부정선거 실태를 자세히 보도했을 뿐 아니라, 이로 촉발된 마산에서의 시위에 관해서도 자세히 보도했다. 『한국일보』는 "정부의 각성과 민중의 자중을 바란다"는 제목의 사설에서 "국민의 애달픈 기원에도 불구하고 끝내 국민이 기대하던 공명선거가 정부의 장담과는 딴판

---

[7] 야당에 대한 탄압의 내용은 1960년 2월 1일부터 3월 15일까지 『동아일보』에 나타난 내용을 정리한 이화수(1985, 107~108쪽)의 글에 잘 정리되어 있다. 학생들의 시위에 나타난 주장의 내용들은 1960년 2월 28일부터 4월 19일까지 『동아일보』, 『한국일보』, 『조선일보』, 『서울신문』, 『연합신문』에 나타난 내용을 정리한 김성태(1983, 107~108쪽)의 논문에 잘 나타나 있다.

으로 헌정사상 초유의 살벌한 선거로 시종함으로써 국민의 분개와 충격은 컸다"고 주장했다.(『한국일보』 1960년 3월 16일자)

이후 산발적으로 벌어지던 시위에 대해 보도하거나 부정선거의 문제점을 계속 지적하던 신문들은 4월 11일 마산에서 대규모 시위가 일어나자 이에 대해 대대적으로 보도했다. 3일간 벌어진 시위에 대해 신문들은 1면과 3면 전면을 거의 할애해 보도하며 사진으로 생생하게 현장의 모습을 알렸다. 이승만 정권이 담화문을 통해 마산시위에 "적색 마수가 개재된 혐의"가 있다고 주장하고 나오자(『동아일보』 1960년 4월 13일자), 『동아일보』는 1960년 4월 14일자 사설 "마산시민을 공산당으로 몰지 마라"에서 다음과 같이 주장했다.

> 마산사건의 근본적인 원인이 3·15 부정불법 선거에 있고, 군중의 시위가 이번 협잡선거에 대한 항거요 민권 투쟁의 성격을 띠고 있는 것이 엄연한 사실이라 한다면, '데모' 군중이 흥분의 도를 지나쳐 다소 난폭한 행동을 취했다 해도 이를 불문에 붙이는 것이 원칙이라 할 것이니, 우리는 이점 '데모' 대원을 일체 구속치 말라는 민주당의 주장을 강력히 주장하는 바이다. 반공의 구실하 국민의 기본적인 자유와 권리를 부당하게 침해 박탈하여 일당 독재의 체제적인 완성에 박차를 가하고 있는 자유당 정부는 제 권리를 찾으려는 민중을 '빨갱이'로 모는 악작풍을 가지고 있는데, 빼앗긴 자유와 권리를 찾으려는 선량한 시민에게 공산당의 누명을 뒤집어씌우려는 정부의 정책이야말로 오늘날 자유당 정권이 민중의 신뢰를 거의 완전히 상실하게 된 가장 큰 원인을 이루고 있는 것이다.

1960년 4월 18일 고려대생들의 시위에 대한 보도는 4·19를 이끌어내는 도화선이 됐다. 『한국일보』는 신속하게 당일 석간에서 4·18시위를 다루며, 이 기사에 1면 전체를 할애했다. 사진과 함께 "3천여 고대생 데모 감행—도처서 경찰의 제지 물리치고—안암동서 출발 국회 앞서 농성(하오 2시45분 현재)"라는 제목 아래 대대적으로 보도했다.

(『한국일보』 1960년 4월 18일자) 『한국일보』는 4월 19일자 사설 "국민에게 일조(一條)의 광명을 주라"를 통해 "정부는 3·15선거 후에도 민주공화국을 욕되게 하는 비민주적인 정치궤도를 버리려고 하지 않았다.……사태를 건설적으로 시정할 수 있는 길은 오직 이 의장이 이 의장다운 사심 없는 정치적 결심을 발휘하는 것 이외에는 다른 길이 없다고 믿는다"고 하며, 사실상 이기붕의 사퇴를 요구하는 논조를 보였다.

1960년 4월 19일자 『동아일보』와 『조선일보』는 조·석간 모두 1면에서부터 3면에 이르기까지 고려대생들의 4·18시위를 포함해 전국적인 시위 양상을 상세히 보도했다. 『동아일보』는 "강경일로(一路)책은 사태를 악화"라는 제목의 사설에서 "현하 민권운동의 기본원인이 3·15부정선거에 있음이 엄연한 사실이라면, 사태 호전과 시국 수습의 가장 좋은 방법이 정부와 집권당이 자진하여 3·15 선거의 불법·무효를 선언하고 경찰 간섭 없는 재선거를 실시하는 데 있다"고 주장했다.(『동아일보』 1960년 4월 19일자) 『조선일보』도 사설 "난국을 수습하기 위한 정부의 비상한 결단을 촉구하다"에서 "학생들의 분기가 3·15부정선거에서 유래하고, 자유당 정부 12년의 누적된 비정(秕政)에서 유래된 것임을 안다면, 3·15선거를 무효로 돌려 재선거를 실시할 만한 과단성 있는 조치를 취해야만 한다"고 주장했다.(『조선일보』 1960년 4월 19일자) 4월 19일자 신문은 시위에 대한 상세한 보도, 격정적인 제호, 생생한 사진,8) 과감한 사설 내용 등으로 4월혁명의 성공에 큰 영향을 주었다. 이영희는 "4월 19일 조간신문을 펼쳐든 시민과 학생들은 경악과 분노로 치를 떨었다. 밤 사이에 일어난 소름 끼치는 사건으로 그들은 '최후의 순간'이 온 것을 알았다"고 주장했다.(이영희,

---

8) 4·19 당시 신문 보도사진의 의미와 역할에 대해서는 김승현의 논문에 자세하게 나와 있다. 김승현은 당시의 보도사진이 "4·19 민주혁명은 학생과 언론에 의한 혁명이라는 평가에 부합되는 보도사진"이었다고 평가했다.(김승현, 2000, 46쪽)

1988, 315쪽)

(3) 언론보도에 대한 인식

4월혁명의 주체였던 학생들의 활동에 대한 언론의 보도는 학생들의 시위가 확산되는 데 큰 역할을 했다. 이화수는 "학생들은 매스미디어의 지원을 크게 받았는데, 특히 몇 신문은 구 정권의 온갖 부정과 부패를 파헤쳐 보도했으며, 국회의 안과 밖에서 일어나는 여·야간의 갈등과 투쟁을 보도했고, 혁명 기간에는 혁명 학생들의 활동을 낱낱이 보도함으로써 국민들에게 알릴 뿐 아니라, 학생들의 활동을 서로 연결시켜주는 놀라운 역할을 하였던 것이다"라고 주장했다.(이화수, 1985, 129쪽)

실제로 시위에 참여했던 학생들을 대상으로 한 설문조사에서 "여당계 신문방송의 어처구니없는 왜곡보도에 분격하여 데모에 나섰다"거나, "부정과 불법을 폭로한 신문 보도를 보고 참을 수 없어서 데모에 나섰다"는 항목이 비교적 높게 나타난 것을 보아도 신문의 영향력이 적지 않았다는 것을 알 수 있다.(김성태, 1983, 115쪽) 당시 대학생들의 인식을 조사한 〈표 8〉의 결과를 보아도 언론 보도가 4월혁명에 매우 큰 영향을 주었음을 알 수 있다. 4월혁명이 성공할 수 있었던 이유로 "학생들이 보여준 용기"와 "교육의 영향" 다음으로 "신문의 영향"이 선정된 것을 보면, 4월혁명 과정에서 신문의 역할이 컸다는 인식이 당시에 널리 퍼져 있었다는 것을 잘 알 수 있다.

<표 8> 4월혁명 성공의 이유(비중의 평균)

항 목	총계	참가자	비참가자
학생들이 보여준 용기	5.1	5.1	5.1
교육의 영향	3.8	4.2	3.5
군의 중립	3.7	3.4	3.8
신문의 영향	3.7	3.5	3.7
교수들의 데모	3.3	3.3	3.4
야당의 지도력	2.1	1.9	2.2

* 이 조사는 1961년 4월 건국대학교 정치학과 학생 231명을 대상으로 실시한 것임.
자료 : 이화수, 1985, 134쪽에서 재인용.

학생들의 이러한 인식은 이승만 정권에 대한 비판적 인식이 야당지에 대한 선호로 나타났던 것과 깊은 관련이 있다. 특히 도시화가 진전되고 교육기회가 확대되면서 정부 비판적인 언론활동에 공명하는 독자층이 크게 늘어났는데, 이들 중 다수는 교육을 통해 자유민주주의 제도를 배웠고, 그것이 지켜지지 않는 현실에 대해 비판적인 의식을 갖게 되었던 젊은 층들이었다. 이들이 야당지나 중립·비판지를 선호했고, 이런 신문들의 영향을 어느 정도 받으며 4월혁명 과정에 참여했던 것이다.

4월혁명 과정에서 신문의 역할이 컸다는 인식이 비단 학생들에게만 국한되었던 것은 아니었다. 4월혁명 과정에서 데모 군중들은 "신문이 큰 일을 했다. 신문 아니면 이기지 못했을 거야"라고 말하기도 했다고 한다.(최준, 1982, 441쪽) 1959년 말의 조사에서 정치 기사를 제일 먼저 읽는다는 비율이 무려 42%나 나타났을 정도로 정치의식이 높았던(『동아일보』 1960년 1월 5일자) 당시 독자들에게 야당지나 중립·비판지의 논조는 큰 영향을 주었을 것이다. 4월혁명 과정에서 시민들은 "기자들이며 신문사 깃발을 단 지프차만 보아도 박수갈채를 보내"주기도 했다고 한다.(오소백, 1968b, 333쪽)

언론인들의 인식에서는 신문의 영향력이 컸다는 것이 더욱 확실하게 나타나고 있다. 4·19 후『동아일보』편집국장이 된 김영상은 "언론인들이 역시 최후를 각오하고 그런 정의에 불타는 사실에 대해서 과감하게 같이 호응해서 보도를 하고, 그것이 매스콤의 일익으로서 받아서 우리 언론계와 대학생의 정의감에 불타는 그 동기가 이러한 역사적인 서광을 가져오지 않았나 생각"한다고 주장했다.(이관구 외, 1960, 101쪽) 송건호도 "3·15에서 4·19로 다시 4·25로 발전한 혁명적 분위기에 가장 결정적인 영향을 준 것은 말할 것도 없이 신문의 힘이었다"고 했다.(송건호, 1990, 123쪽)

3. 민주당 정부하의 언론

1) 언론자유의 신장과 언론사의 양적 증가

(1) 언론자유의 신장

4월혁명으로 등장한 허정 과도정부는 출범 직후부터 언론자유를 대폭 확대하는 정책을 실시하였다. 이승만 정권 하의 언론 탄압이 국민들의 큰 비판을 받았고, 그만큼 국민들의 언론자유에 대한 요구가 컸기 때문에 서둘러 언론자유를 허용하는 정책을 실시했던 것이다.(송건호, 1990, 125쪽 ; 정진석, 1985, 275쪽) 또한 4월혁명 과정에서 신문들이 수행했던 역할이 컸다는 점도 언론자유를 대폭 확대하는 데 영향을 주었다.(오소백, 1968b, 334쪽)

『경향신문』복간은 언론자유의 신장을 상징했다. 대법원은 4·19가 일어나고 얼마 지나지 않은 1960년 4월 26일에『경향신문』에 대하여 "발행허가 정지의 행정처분을 정지한다"는 결정을 내렸다. 이 결정으로『경향신문』은 정간된 지 361일만에 다시 4월 27일자 조간부터 복

간될 수 있었다.(최준, 1982, 441쪽)

과도정부는 우선 발행의 자유를 허용하기 위해 1960년 5월 1일에 허가제를 규정한 군정법령 88호를 폐지하고 대체입법을 하겠다는 입장을 밝혔다.(『경향신문』 1960년 5월 1일자) 1960년 5월 14일에는 일부 의원들에 의해 '신문 등 및 정당 등의 등록에 관한 법률안'이 제안되었는데, 이 법률안은 국회에 이미 제안되어 있던 내각책임제 개헌안의 내용과 일치시키고, 군정법령 88호 및 55호의 무효를 전제로 하여 동 법령에 대체시키기 위한 입법조치였다.(『동아일보』 1960년 5월 15일자)

『동아일보』는 사설을 통해 위 법률안 내용 중 공보실에 등록하고 납본까지 하도록 규정한 부분은 여전히 언론탄압의 소지가 있는 것이라고 비판하였다.(『동아일보』 1960년 5월 15일자) 이런 비판은 과거 이승만 정권하에서 공보실이 언론자유를 "침범·말살하는 데 선구적 역할"을 했다는 인식에서 비롯되었다. 하지만 내각책임제로의 개헌에 따른 정부조직법 개편과정에서 공보실이 없어지고 그 기능이 국무원 사무처에 흡수되면서 이런 비판은 더 이상 나오지 않았다. 결국 동 법률안이 1960년 6월 24일에 제정되어 7월 1일에 공포됨으로써 미군정 법령 88호는 사실상 폐지되었고, 이제부터는 정기간행물의 등록제가 실시되게 되었다.[9]

또한 1960년 6월 15일에 내각책임제 개헌안이 통과되면서 새 헌법 13조는 "법률에 의하지 아니하고는"이라는 종래의 유보조항을 삭제하고, "모든 국민은 언론·출판의 자유와 집회·결사의 자유를 제한받지 아니한다"고 규정함으로써 조건 없는 언론의 자유가 보장되는 길을 열었다. 다만 28조 2항에서 일반 유보조항을 두어 언론의 자유까지 제

---

[9] 그러나 군정법령 88호가 정식으로 폐기된 것은 5·16 이후인 1961년 12월 30일이었다.(정진석, 1985, 353쪽)

한할 수 있는 법률 제정의 가능성을 열어놓기는 했지만, 단서 규정에 서 "허가나 검열을 규정할 수 없다"고 하여 언론에 대한 사전억제 금 지를 명문화하였다. 1960년 5월 30일에는 국가보안법이 개정되면서 언론제한 조항이 삭제되었고, 6월 23일에는 선거법에 들어 있던 언론 단속 조항도 역시 삭제되었다.

민주당 정부가 들어선 이후에도 이런 언론정책의 기조는 그대로 유 지되었다. 다만 민주당 정부는 부분적으로는 언론통제를 시도했다는 비판을 받기도 했다. 민주당 정부는 1960년 9월에 이미 폐기된 것으로 알려졌던 군정법령 88호 5조의 규정은 대체법이 없기 때문에 아직 유 효하다는 입장을 밝혔다가(『경향신문』 1960년 9월 16일자), 비판 여론 이 일고 국회에서 폐기를 요청하자(『경향신문』 1960년 10월 28일자), 그 때서야 미군정법령 88호 5조를 폐지하고 그 대체법으로서 '외국 정 기간행물 배포안'을 제정하겠다고 하였다.(『경향신문』 1960년 11월 14일 자) 또한 1961년 2월에 혁신계 세력을 대변하던 『민족일보』가 창간되 자, 이 신문의 인쇄 대행을 하던 『서울신문』에 압력을 가해 인쇄를 중 단시키는 등의 조치를 취해 비난을 듣기도 했다.(정진석, 1990) 이에 대해 "한국 유일의 혁신계 신문에 대한 이번 인쇄 중지는 장 정권의 졸렬한 언론정책에서 나온 한 개의 케이스가 아니겠는가"라는 비판도 나왔다.(『민국일보』 1961년 3월 3일자)

이렇듯 외국 간행물 국내 배포에 대한 규제를 시도하고, 혁신계 신 문에 대한 통제를 통해 보수적 입장을 드러내기는 했지만, 적어도 민 주당 정부하에서 언론들이 과거와는 비교조차 할 수 없을 만큼의 자 유를 누리게 되었던 것만은 분명한 사실이었다. 정헌주의 회고대로 "민주당 정부는 제도상으로뿐 아니라 실제 운용에 있어서도 언론에 대해 매우 관대했다"고 볼 수 있다.(정헌주, 1985, 265쪽) 실제 자유당 정부 때와는 달리 민주당 정부가 직접 언론을 장악하거나 통제하기 위해 실시한 조치는 거의 없었다고 할 수 있다.

여당계의 신문에도 커다란 변화가 나타났다.(최준, 1982, 441쪽)『세계일보』는 새로운 편집국장 천관우를 맞이하여 7월 9일자부터 제호를 『민국일보』로 고쳤고,『연합신문』은 이관구를 사장 겸 주필로 맞아 7월 2일자부터『서울일일신문』으로 고쳐 종래의 보도 및 논평의 태도를 전환시켰다.『서울신문』도 허정 과도정부가 위촉한 오종식을 사장으로 하여 7월 27일자부터 복간하였다. 민주당 정부는 과거의 여당계 신문들에 대해서도 전혀 개입하지 않는 등 언론자유를 허용하는 조치를 시행했다.

이에 따라 천관우는 당시의 언론계 상황에 대해 "언론의 자유는 '절후'(絕後)는 몰라도 분명히 "공전(空前)의 것이었다. 도리어 자유가 방종으로 흘러서는 안 되겠다고 스태프들이 선의의 자제를 하곤 하는 정도"였다고 주장했다.(『기자협회보』 1970년 7월 31일자) 김규환도 "장면 정권 하의 1년은 한국의 언론자유를 위한 이른바 '황금시대'였다"고 평가했다.(김규환, 1961, 77쪽) 또한 김진홍도 한국의 언론사에서 이 시기가 거의 '유일한 자유'기에 해당하며 '백화제방과 같은 양상'을 보이기도 했다고 주장했다.(김진홍, 1983, 46쪽)

(2) 언론사의 양적 증가

정기간행물 발행이 허가제에서 등록제로 바뀌면서, '사태'(沙汰)가 났다고 표현될 정도로 정기간행물의 수가 급격히 늘어났다.(『편집인협회보』1961년 4월 5일자) 〈표 9〉에 나타난 대로, 신문의 경우 8개월 만에 그 수가 4·19 이전에 비해 3배나 늘어났다. "등록신청자의 거의 전부가 정기간행물 발행에 필요한 일정한 시설이나 인원의 확보 및 재정적인 뒷받침이 전혀 없다는 사실을 당국이 충분히 인지하고 있음에도 불구하고 등록을 거절할 아무런 근거가 없다"는 이유 때문에 계

속 등록을 받았고, 이로 인해 정간물 수가 급증했던 것이다.(『동아일보』 1960년 7월 5일자)

〈표 9〉 언론사수의 증가

	4·19 이전	1960. 11. 1	1960. 12. 31	1961. 2. 28	1961. 3. 31	1961. 4. 30
일간신문	41	103	112	112	112	115
통　　신	14	177	237	261	274	308
주간신문	136	353	429	469	476	487
월　　간	400	403	433	261	470	464
기　　타	118	146	167	175	177	193
합　　계	709	1,182	1,378	1,475	1,509	1,567

자료 : 『경향신문』 1961년 4월 6일자 ; 『편집인협회보』 6호(1961. 4. 5)

　신문사수가 3배 정도 늘어났지만 발행부수는 별로 늘어나지 많았다. 4·19 이전에 130만 부 내외였던 것이 1961년 3월 말 현재 140만 부 내외로 늘어나는 데 그쳤다.(『한국일보』 1961년 4월 9일자) 이것을 보면 4·19 이후 생긴 신문들이 충분한 재정적 기반을 갖고 있지 못했고, 발행부수도 보잘 것 없었다는 것을 알 수 있다. 정간물의 수적 증가는 분명히 언론자유의 산물이었지만, 재정적 기반도 없이 신문 발행을 하나의 이권으로 보고 뛰어든 사람들에 의해 발행된 신문들은 과거와는 또 다른 문제를 야기하게 되었다. 최준은 "우후죽순처럼 약 2배로 각종의 정기간행물이 불어나게 된 원인은 첫째, 오래간만에 언론의 자유를 되찾았다는 것, 둘째, 등록제로 누구나 손쉽게 간행물을 발행할 수가 있었다는 것, 셋째, 종전과 같은 정기간행물의 제한이 또 다시 있을지도 모른다는 예측 아래 하나의 이권으로 인식하였다는 것 따위를 들 수가 있겠다"고 주장했다.(최준, 1982, 444쪽)

　허가제에서 등록제로 바뀌면서 손쉽게 발행할 수 있게 되고, 언제 또 다시 허가제로 돌아갈지 모른다는 인식이 갑작스런 언론사의 수적 증가로 나타났다는 것이다. 이런 수적 증가는 많은 문제를 야기했다. (『편집인협회보』 1961년 4월 5일자)

일간신문보다 주간신문, 주간신문보다 일간통신이 이처럼 많은 신규 등록을 하게 된 이면에는 미처 언론인으로서의 자세나 양식이 없이 또는 기업적 체제나 인적 구성조차 제대로 갖추지 못하면서, 명예욕이나 악질적인 기업 의도에서 신문 통신을 발행코자 한 동기가 숨어 있었다고 간파하지 않을 수 없다. 이들 악질 기업인은 재정지반이 빈약하여 정기간행물을 부정기적으로 간행할뿐더러, 그들이 스스로 채용한 사원들에게 적당한 보수를 지급하지 않는 경향이 많으므로, 결과적으로 언론의 본래 사명에 배치되는 사이비 언론인, 공갈 기자를 낳게 하여 일종 사회 문제가 되도록 하고 있는 실정이다.

제한된 판매 시장과 광고 시장을 감안할 때 경제적 기반도 부족한 채 출발한 언론사가 어떤 행태를 보였을 지는 자명했다. 이른바 사이비 언론의 문제점이 나타날 수밖에 없었던 것이다. 언론자유가 허용되면서 양적인 증대는 이루어졌으나 오히려 질적으로는 더 저하된 결과가 나타났던 것이라고 할 수 있다.

2) 사이비 언론과 무책임한 보도

(1) 사이비 언론의 병폐

4·19 이후 재정적 기반도 없는 신문들이 쏟아져 나오면서 이제 사이비 언론으로 인한 문제들이 불거지고, 이에 대한 비판들이 나오기 시작했다. 4·19 직후 "모 신문기자가 어느 장관에 대해 금품을 요구하였는데, 그 장관은 혁신시대에 그런 말을 하지 말라고 거절하자 그 기자는 불쾌한 언사로 위협하였다"고 한다.(『조선일보』 1960년 5월 11일

자) 일부 사이비 기자들의 발호는 행정 업무에 지장을 준다는 지적까지 나왔다. "최근 모 장관이 국회 증언에서 기자 등살에 지방 행정의 조직과 기능이 거의 마비된 상태이며, 그것을 단속하려면 공무원의 뒷구멍으로 파고들기 때문에 도저히 불가능하다"는 발언이 나오기도 했다.(『경향신문』 1961년 4월 7일자) 또한 국회 민의원 내무위원회에서는 경기도 양주군에만 200명이 넘는 기자들이 있는데, 이들의 행패로 인해 행정업무가 마비될 지경이라는 논의까지 있었다.(『조선일보』 1961년 4월 6일자)

이런 현실 속에서 "4 · 19 후 쏟아져 나오는 신문기자들이 하루에도 수십 명씩 찾아와서 기사를 몇 줄 써 들고는 손을 내미는 바람에, 기자라면 말만 들어도 입에서 신물이 돈다"는 사람까지 나왔다.(『동아일보』 1961년 1월 11일자) 이러한 사이비 언론의 문제점은 1960년 7월 1일부터 10월 말까지의 4달 동안에만 공갈, 협박 등으로 인해 경찰에 입건된 사이비 기자수가 34건에 61명이나 되었다는 것을 통해서도 잘 알 수 있다.(『조선일보』 1960년 11월 7일자) 이런 현실은 일부 언론인의 잘못된 의식이 가져온 결과였다. "신문기자 하면 무슨 특권의식을 불러일으키기가 일쑤고, 이는 곧 공짜와 통한다고 착각하는 새로운 '프로 저널리스트'가 많아진 것은 부인할 수 없는 것이 작금의 실정"이라는 비판은 상당히 설득력이 있는 것이었다.(『경향신문』 1961년 4월 6일자)

심지어 1961년 2월 21일에 충남 논산 연무대에서는 훈련소 납품업자들과 노조로 구성된 데모대들이 언론규탄 시위를 벌이는 일이 벌어졌다.(『경향신문』 1960년 2월 22일자) 드디어 언론이 규탄의 대상이 되기에 이르렀던 것이다. 시위에 참여했던 주민들의 주장은 다음과 같다.(『한국일보』 1961년 2월 26일자)

   ① 언론자유를 빙자하여 선량한 주민을 괴롭히는 악덕 기자는 사직에 고발한다.
   ② 미풍양속을 해치는 일부 기자의 명단을 발표하여 규탄한다.
   ③ 음양으로 민원의 대상이 되어 있는 기자 '서클'을 해체하라.
   ④ 본사는 지국 기자 임명에 신중을 기하라.

위와 같은 비판까지 나왔던 데는 4 · 19 직후 쏟아져 나온 신문, 통신 기자들의 질이 대단히 낮았다는 점이 일차적으로 작용했다. 조세형은 "각 지방마다 수천, 수백 명씩 된다는 이 '신문기자'들 중 일부 불량배들은 심지어 남의 집 회갑 잔치에까지 뛰어 들어 금품을 강요한다거나, 역구내서 석탄을 줍는 부녀자에게서 '세금'을 얽어 올리는 정도가 되었다니까, 이것은 분명히 무슨 폭발적인 사회의 보복을 유발시키고야 말 징조인 것 같다"고까지 표현했다.(조세형, 1961, 14쪽) 바로 사이비 기자들의 '불량배' 같은 행태들이 위와 같이 '언론 규탄 시위'를 낳는 원인이 되었다는 것이다.

최석채는 '사이비 언론인의 범람' 문제를 '언론계가 책임을 질 수 없는 사이비 언론인'과 '언론계가 책임져야 할 사이비 언론인' 두 가지로 나누어 보아야 한다고 주장했다. 그는 "전자는 도저히 신문이라고는 할 수 없는 엉터리 간판을 내걸고 공갈 협박을 일삼는 부류, 후자는 정당한 신문들이 그 경영상의 모순으로 신분증을 남발한 무급기자의 경우" 두 가지로 나눌 수 있다고 하여, 기존 신문사도 사이비 언론인을 양산하고 있다고 지적했다.(최석채, 1961, 93쪽) 새롭게 등장했던 신문사뿐 아니라 기존 신문사의 경우에도 불합리한 경영으로 운영난에 허덕이면서 출혈경쟁을 했기 때문에 사이비 언론인을 양산할 수밖에 없었던 것이다.

(2) 무책임한 보도와 정치적 선정주의

위와 같은 문제가 주로 지역 주재 기자들이나 신생 신문사 기자들의 문제였다면, 기존의 주요 신문사들은 정치적 선정주의라는 또 다른 문제를 드러냈다. 즉 "한국의 저널리즘은 정치적 불안과 민중의 불만, 그리고 저항정신에 최대한으로 편승, 영합하는 정치적 쎈쎄이셔널리즘이 상업주의를 위한 유력한 방법으로 살아왔다"는 평가까지 나왔다.(김규환, 1961, 81쪽) 이승만 정권 때부터의 언론계 보도관행이 언론자유가 확대된 현실에서 더욱 극성을 부렸던 것이다. 이승만 정권하에서 광고보다는 판매 수입에 의존할 수밖에 없었고, 당시 독자들의 정치적 욕구를 충족시켜주는 것이 판매 확대에 도움이 되었기에 선정적인 정치기사에 중점을 두는 보도관행이 생겨났던 것이다. 4·19 이후에는 이런 관행이 더욱 일반화 되어, 이제 거의 모든 신문들이 이런 경향을 보였다.

정헌주는 "4·19 이전에는 정부에 비판을 서슴지 않았던 이른바 야당지와, 정부의 입장을 무조건 옹호하는 여당지와 확연히 구분되어 있었다. 그러나 4·19 이후에는 모두 야당지가 되었다. 독재정권에 대해서 무조건 두둔만 하던 정부 기관지들조차 민주당 정부에 대해서는 한 술 더 뜬 비판적 자세가 되었다. 이런 민주당 정부에 대한 무차별적 공격이 이승만 정권하의 야당지처럼 권위를 인정받는 것으로 착각했다"고 회고했다.(정헌주, 1985, 265쪽) 최준은 신문의 논조에 대해 "한낱 비판에 그치고, 그 결함을 시정할 수 있는 대안 내지 건설적인 논설이 드물었다"고 지적하고, 이것은 "자유당 시대의 독재정권과 싸우던 논법을 그대로 답습하고 있는 데 기인하는 것"이라고 주장했다. 즉 저항을 앞세우는 '야당 정신'만 있지, '계몽과 지도성'에 근거한 대안 제시가 없다는 것이다.(『조선일보』 1961년 4월 2일자)

<표 10> 민주당 정부의 시책에 대한 신문들의 보도 태도(사설)

논조＼신문명	『경향신문』		『동아일보』		『서울신문』		『조선일보』		『한국일보』	
	건수	비율	건수	비율	건수	비율	건수	비율	건수	비율
(긍정)찬성, 격려, 긍정, 지지, 동조, 제안	8	3.9	49	22.0	48	14.0	80	23.1	94	20.0
(부정)반대, 비난, 부정, 경고, 의문, 반성촉구	100	49.0	110	48.0	70	21.0	154	44.6	281	59.8
(중립)요망, 충고, 희망, 기대, 회피	94	46.1	66	30.0	209	65.0	111	32.3	95	20.2

자료 : 왕종선 외, 1965, 107쪽.

〈표 10〉을 보면 자유당 정부 때에 비해 완화되기는 했지만, 여전히 정부에 비판적인 논조가 강했다는 것을 잘 알 수 있다. 장면을 지지했던『경향신문』조차 비판적 논조가 강했다는 것에서 당시 언론들의 민주당 정부에 대한 태도를 알 수 있다. 정치적 선정주의에 기반하는 신문들의 활동은 정부의 활동에 대한 무조건적인 비판으로 구체화되었다. 이런 현실에 대해 최석채는 "4·19 이후의 무정부 상태 혹은 무력 정부하에서 진정한 의미로서의 야당이란 있을 수도 없고, 실제로 존재하지도 않았거늘, 무턱대고 데모 군중에 영합하고 정부를 후려갈기는 선동기사라야만 옳은 신문인 줄 착각한 나머지, 사회의 혼란에 부채질을 하는 경향도 없지 않았다"고 지적했다.(최석채, 1961, 94쪽) 오죽하면 이런 상황에 대해 "지나치게 강해졌던 신문들은 정부의 힘마저 누르다시피 되었던 것이라"다는 주장까지 나왔다.(김태웅, 1962, 22쪽) 정헌주(1985)는 민주당을 괴롭힌 '삼신(三新)'이 있었다면서, 이는 "신민당(민주당 구파), 신풍회(민주당 소장 그룹), 그리고 신문을 지칭하는 것"이라고 했다. 언론의 무책임한 비판과 유행처럼 번진 각종 시위가 민주당 정부가 제 역할을 하기 힘들게 만든 중요한 요인 중의 하나였다.

이렇게 자유를 누리게 된 언론들은 이제 집단적 압력이라는 새로운 현실에 직면하게 되었다. 즉 4월혁명 이후 기사에 불만을 품은 사람들이 신문사에 집단항의를 하거나, 심지어는 난입하는 일까지 빈번하게 벌어졌다. 1960년 5월 21일에 『한국일보』가 연재소설 내용에 불만을 품은 연세대 학생들의 집단항의를 받아 연재를 중단하는 일이 벌어졌다. 6월에 들어서서는 1일에 『부산일보』가 기사에 불만을 품은 동아대 학생들이 난입하여 20일 동안 신문을 발행하지 못했으며, 같은 날 밤에는 『대전일보』가 청주대 학생들의 집단항의에 시달리는 일이 벌어졌다. 3일에는 부산의 『민주신보』가 난민 부녀자들에게 점거당하는 일이 벌어졌다.(합동통신사, 1961) 11월에는 폭력 사실을 보도한 기사에 불만을 품은 사람들이 『마산일보』에 난입하는 일이 벌어졌다.(『경향신문』 1960년 11월 8일자) 또 12월에는 박태선 장로교 신도 수천 명이 자신들에 대한 보도에 불만을 품고, 『동아일보』에 난입해 기물을 파괴하는 일도 벌어졌다.

이러한 현상이 나타났던 데는 언론의 무책임한 보도 탓도 없지는 않았다. 하지만 대중들이 자신들의 욕구를, 폭력을 동원해서라도 해결하려고 했던 당시 사회 분위기의 영향도 컸다고 볼 수 있다. 이런 사태에 대해 『경향신문』은 "언론을 주먹으로 꺽지 말자"는 내용의 기사를 실었고, 나아가 이런 행동을 "4월혁명에 흘린 피를 더럽히는 망동"이라고 지탄하기도 했다.(『경향신문』 1960년 6월 2일자) 특히 『동아일보』는 "직접 폭력수단으로 당치도 않은 요구조건을 관철시키려는 풍조"가 이런 사태를 가져왔다고 질책하기도 했다.(『동아일보』 1960년 12월 11일자) 정권의 통제가 사라지면서 갑자기 자유를 누리게 된 언론이 이제는 각종 사회 세력들의 압력을 의식하며 활동하지 않으면 안 되는 상황에 처하게 된 것이다.

3) 언론에 대한 비판과 언론계의 자정 노력

(1) 언론에 대한 비판적 인식

언론자유 남용에 대한 비판적인 인식은 정책 당국자들에서도 나타났다. 장면 총리는 관훈클럽 4주년 기념식에서 행한 연설에서 "우리는 자유를 수호하기 위하여 모든 압제에 한사코 반대해야 하는 것과 같이, 자유가 자유 그 자체를 파괴하도록 방임하여서도 아니 되겠다는 것을 명심해야" 한다고 주장했다.(『경향신문』 1961년 2월 4일자) 윤보선 대통령도 신문의 날을 맞이해 발표한 담화에서 "신문의 무한한 힘에는 부정에 의하여 잘못 이용되는 일이 있었고, 인간사회를 위한 위력이 도리어 폭력이 되어 그 해를 입는 예가 없지도 않았다"는 입장을 보였다.(『동아일보』 1961년 4월 6일자) 두 사람이 민주당 신파와 구파의 대표로 갈등을 겪고는 있었지만, 언론자유 남용에 대해서는 공통된 인식을 갖고 있었다. 언론자유 남용으로 인한 폐단이 더 이상 그대로 둘 수 없는 지경에 이르렀다는 인식을 보여준 것이었다. 조용중은 "4·19로 세상이 바뀌면서 언론은 그제서야 정치권력에도 몰락이 있을 수 있다는 것을 눈으로 보았고, 허약한 장면 내각을 출범 초부터 죄인 다루듯 몰아치지 시작했다"고 주장했다.(조용중, 1999, 146쪽)

장면은 1961년 4월 7일 신문의 날을 맞아 행한 연설에서 다시 다음과 같이 주장했다.(『경향신문』 1961년 4월 7일자)

국민들로부터 그토록 두터운 신뢰를 받는 언론인이 된 것은 오랫동안의 여러분의 빛나는 투쟁의 결과요 그 투쟁에 대한 당연한 보수입니다마는, 국민들의 지나칠 만한 신뢰는 또한 여러분에게 타국에서는 거의 그 유례를 찾아볼 수 없을 만큼 고도의 책임을 요구하는 신뢰이기도 합니다. 여러분은 과연 4·19 이후 그러한 국민의 신뢰를 배반하지 않았을까요?

……먼저 나는 제2공화국의 현 정부가 신문으로부터 과거의 독재정권에 대한 것과 비슷한 불신 내지 의혹의 언론의 대상이 되는 것을 이해할 수가 없습니다.……이렇게 4·19 이후의 국내 정치체제가 완전히 바뀌었는데도 불구하고, 그 변화가 눈에 보이지 않는지 혹은 볼 수 있는 시력이 없는지 구태의연히 덮어놓고 정부공격만을 능사로 하는 신문이 간혹 있음을 우리는 그런 신문 자신을 위해서 슬퍼하지 않을 수 없습니다.

언론자유 남용에 대한 불만이 언론에 대한 비판적 인식으로 나타났던 것이다. 여기에다가 사이비 언론들의 행태까지 더해지면서 독자들의 언론에 대한 비판적 인식도 나타났다. 1960년 12월에 실시한 조사에서 독자들 중 58.5%가 "기자의 질이 얕다"고 답변했고, 57.6%가 "기자들이 이권운동을 한다"고도 답변했다. 또한 같은 조사에서 독자들 중에서 46.1%가 언론의 보도가 '편파적'이라고 답변했고, 43.8%가 '과장적'이라고 답변했다.(장용, 1982, 78~80쪽) 잘 모른다고 답변한 비율이 상당히 높았다는 점을 감안하면, 위와 같은 비율은 대단히 높은 것이었다고 할 수 있다. 대체로 독자들의 인식은 사이비 언론인과 무책임한 보도에 대해 비판적이었다고 볼 수 있을 것이다.

언론자유 남용으로 언론에 대한 비판의 목소리가 높아지면서, 언론의 자유와 책임의 조화가 필요하다는 주장들이 나오기 시작했다. 이해창은 "언론의 자유에 책임이 동반하듯이 취재의 자유에 있어서도 책임 있는 태도가 강조되어지는 것이다. 무책임한 취재를 하게 되니까 세계에서 그 유례를 찾아볼 수 없는 '공갈기자 물러가라'는 시위를 받게 되는 것이다"라고 주장했다.(『동아일보』 1961년 4월 6일자) 안병욱은 "신문의 자유는 동시에 신문의 무책임과 타락을 초래한 것도 가릴 수 없는 사실이다. 신문의 자유도 좋지만, 국민은 보다 더 신문의 책임을 요구하고 책임 있는 신문을 바란다"고 주장했다.(『경향신문』 1961년 4월 7일자) 박승서도 "우리는 이 땅에 민주주의를 내건 지 십

수 년 만에 진정한 표현의 자유를 찾아 이미 돌이 가까워 왔다. 그러고 보니 이제는 신문 자신이 신문보도의 자유의 부작용적 산물인 신문의 책임 문제를 진지하게 따져야 할 시기가 왔다"고 주장했다.(『경향신문』 1961년 4월 5일자) 언론자유 남용으로 인한 문제점에 대한 비판적 인식이 언론의 책임 문제를 새롭게 인식하도록 만든 계기가 되었던 것이다.

(2) 언론계의 자정 노력과 그 좌절

언론에 대한 외부에서의 질책은 언론계 내부의 뼈아픈 자성으로 이어졌다. 당시 민국일보사 정치부장이었던 조세형(1961)은 "4월혁명 전까지 우리는 목청이 터지도록 언론의 자유를 부르짖어 왔다. 그 혁명이 있은 지 꼭 일년, 우리는 스스로 언론의 책임을 말하지 않으면 안 되는 곳에까지 다다른 것 같다"고 하며, 다음과 같이 주장했다.

> 왜 여기서 신문 자체에 대한 책임까지 논해야 하게 되었느냐의 이유를 혁명 후 홍수처럼 쏟아져 나온 신문의 범람과 그 탈선과 행패와 사회악에 첫 번째 원인이 있겠으나, 좀 더 냉혹하게 따지자면 이것은 모든 기성 신문들의 책임이 아닐 수 없다.……그 규모와 성격에는 큰 차이가 있을 지라도 그것이 모두 사회악을 빚고 있다는 점에서는 다 같은 신문의 행패인 것이다. 이런 폐단은 모름지기 언론기관이 부당하게 특권화되어 있는 데에 원인이 있다. 따라서 이것을 시정할 첫 단계는 우선 기성 신문사서부터 솔선하여 필요불가결한 혜택 조건을 제외하고는 모든 특권을 포기해 버려야 한다.

조세형은 이어서 "현하 우리 사회의 여론형성 과정과 신문의 활동 상황을 보건대, 그 자유의 폭이 넓어진 대신으로 책임이 그만큼 부수하고 있으며, 언론기관과 도처의 언론인이 지켜야 할 품위가 잘 유지되고 있는가에 관해서는 의문이 큰 바인데, 사월혁명 후 각계·각층의 활동을 사실대로 보도하고 공정히 비판해야 할 언론계만이 유독 구태의연하게 남아 있다면, 이는 큰 사회문제라 규정짓지 않을 수 없으니, 우리는 언론계의 혁신정화를 요망하는 대중의 소리에 따라 이(李) 정부 하 언론계에 누적되었던 부패가 무엇이었으며, 또 이를 어떻게 시정해 나가야할 것인가에 대해 언론계나 기타 여론형성 과정에 지도적으로 참여하는 여러 사회인사와 더불어 이 점을 열심히 반성해 볼 필요를 느끼는 바이다"라고 주장했다.

『조선일보』도 사설을 통해 "우후죽순 격으로 난립한 각종 신문통신 등의 사태(沙汰)는 오히려 뜻있는 국민의 빈축을 사기도 한 것이다. 또한 기자라는 이름을 빌린 관폐·민폐가 빈발해져서 그 원성이 적지 않다는 현상은 모처럼 발전하는 언론의 가치를 무색하게 하는 것으로 크게 경계하지 않을 수 없는 것이다. 따라서 언론의 자유가 확대됐다고 해서 그것에 만족할 것이 아니라, 보다 더 책임이 무거워졌다는 것을 생각하고, 진정한 언론발전을 가져오도록 특히 언론관계 종사자들은 노력해야 할 것이다"라고 하며, 언론계의 자성을 촉구했다.(『조선일보』 1960년 12월 12일자)

우승규는 "4·19 뒤에도 그리했지만 허가제가 없어진 뒤 신문사태가 나자, 민폐와 관폐가 이르는 곳마다 무척 심해졌다고 여기저기서 신문 자체를 성토하는 소리가 두드러지게 들려온다"고 하며, 서둘러 자율 규제를 해야만 한다고 주장했다.(『동아일보』 1960년 7월 29일자) 김동성도 "우리 언론인이 늘 투쟁해 오던 자유는 획득하였으나, 그 자유를 남용하는 시국에 당면하고 있다. 그렇다고 해서 그 자유를 반환할 수는 없다. 언론인 스스로 해결할 문제다"라고 주장했다.(『동아일보』 1961년 4월 4일자) 즉 책임을 다하기 위한 노력이 있어야만 자유도 지켜질 수 있다는 주장도 나오게 되었다. 『동아일보』는 "4·19 이후 밀림화한 언론계를 생각할 때 신문의 책임을 위한 길이 곧 신문의 자유를 위하여 싸우는 길이라는 다짐은 아무리 강조해도 지나친 강조는 아니다”라고까지 주장했다.(『동아일보』 1961년 4월 6일자) 언론자유 남용에 대한 사회적 비난 여론이 비등해지면서, 언론계가 자율규제의 필요성을 절감하고 서두르게 되었던 것이다.

이미 1960년 6월 8일에 신문편집인협회는 ‘언론정화특별위원회’를 구성하기로 결정한 바 있었다. 동 위원회는 “언론인 중에서 곡필로써 3·15부정선거를 적극 옹호한 자, 부정선거자금에 관련된 자 및 4월혁명 후의 의의를 망각하고 금품을 강요하는 등 언론인의 본분을 위반한 자의 유무를 철저히 조사하여 언론계의 자가 숙정을 도모할 것”을 목적으로 하였다.(『동아일보』 1960년 6월 9일자) 언론정화특별위원회 위원 5명은 1960년 7월 22일에 검찰총장을 방문해 “부정에 관련된 언론인들을 철저히 수사할 것”을 요청하기도 하였다.(『경향신문』 1960년 7월 22일자) 4·19 전뿐 아니라 4·19 후의 언론인 비리에 대해서도 수사할 것을 요구했다는 것은, 그만큼 당시 언론계에 사이비 언론의 병폐가 심각했다는 것을 드러내는 것이었다.

1960년 6월 17일에 연합신문사 사원 300여 명이 모여 노동조합을 결성하였다.(『경향신문』 1960년 6월 18일자) 1960년 6월 21일에는 전남 도내에서 발행되는 5개 일간지와 3개 주간지 기자들로 구성된 전남기자노조연합회가 결성되었다. 이들은 행동강령에서 “자기의 의사에 반하여 기업주와 경영자의 정치적 작용에 강제되지 않을 것과, 사 운영의 경제적 책임을 기자에게 강요할 수 없다”는 등의 내용을 규정하였다.(『조선일보』 1960년 6월 23일자) 행동강령에서 드러나듯이 편파보도나 사이비 행태를 방지하고자 했던 것도 노조 결성의 중요한 이유가 되었던 것이다.

사이비 언론의 행태로 인한 비판이 높아지면서, 신문편집인협회의 언론정화특별위원회와 보도자유위원회는 연석회의를 통해 내용을 결정하고, 1960년 10월 31일에 "언론계정화성명서"를 발표하였다. 동위원회는 "그 동안의 수 십차의 회합을 통하여 민족의 정의와 민주의 자유는 바로 국민의 눈과 귀와 입인 신문의 엄정한 윤리 없이는 수호할 수 없다는 것을 확인"했다고 하면서, '아세곡필 기자 문제', '비행 기자단체 문제', '언론기관의 특전 반환 문제' 등에 관한 성명서를 발표했다.(『경향신문』 1960년 11월 1일자) 이 성명서에는 사이비 언론으로 인해 피해를 입은 사람들에게 협회에 연락해 줄 것을 요구하는 등 사이비 언론의 문제를 적극적으로 해결하겠다는 의지를 담고 있었다. 실제로 신문편집인협회 보도자유위원회는 충남 논산에서 벌어진 언론규탄 시위의 진상을 파악하기 위해 동아일보사 고재언 기자와 한국일보사 이목우 기자를 파견하는 활동을 하기도 하였다.(『경향신문』 1961년 3월 1일자) 동 위원회는 진상 파악과 함께 자율 규제를 위한 구체적인 방안까지 마련하고자 노력하였다.

신문편집인협회는 제5회 신문의 날을 맞아 "언론의 자유가 그 책임을 떠나서 있을 수 없다는 것을 명심"하겠다는 내용의 "신문의 책임에 관한 선언문"을 발표하였다.(『경향신문』 1961년 4월 6일자) 그리고 신문윤리위원회를 설치하고, 언론명예재판소를 발족시키며, 신문연구소를 출범시킬 것을 결의하였다. 언론의 자율규제를 대폭 강화하고, 언론의 바람직한 발전 방안을 모색하기 위한 것이었다. "사월혁명의 공이 크면 클수록, 신문은 그 사월혁명을 성공적으로 완수시킬 의무도 또한 클 것"이라는 인식의 산물이었다.(『경향신문』 1961년 4월 7일자) 신문들이 사회적 책임을 자각하고, 민주주의적 개혁을 위한 자신의 역할을 다하겠다는 의지의 표현이기도 했다. 이런 노력의 결과 실제로 사이비 언론의 폐단이나 정치적 선정주의의 문제점은 상당 부분 해결되어 가고 있었다. 그러나 자율 규제의 노력이 본격적인 성과를 거두기도 전에 5 · 16쿠데타로 언론은 자유를 잃어버리고, 4 · 19 이전 보다 더욱 강력한 통제 아래 놓이게 되고 말았다.

4. 요약 및 결론

1950년대의 신문들이 이른바 여당지와 야당지로 대립하며 정론(政論)성을 드러냈던 것은, 영세했던 당시 신문들이 특정 정치세력과의 관계 속에서 발행되었기 때문이고, 또한 판매 수입에 의존할 수밖에 없었던 당시 신문들에게는 정론성이 곧 독자들에게 영합할 수 있는 수단이기도 했기 때문이다. 따라서 당시 신문들의 정론지(政論紙)적 성격은 특정 정치세력의 입장을 대변하는 것이면서, 동시에 신문판매를 위한 전략이기도 했던 것이다. 실제로 당시 독자들이 이승만 정권에 비판적인 야당지나 중립 · 비판지를 선호했던 것은 이들 신문들의 발행부수가 많았다는 것을 통해서도 잘 드러난다.

이승만 정권은 선거를 치를 때마다 이러한 신문의 위력을 절감했기 때문에 언론을 통제하기 위한 입법을 시도하거나 언론사 및 언론인에 대한 탄압을 실시했다. 하지만 이승만 정권의 언론탄압은 체계적이지 않았고 또한 효율적이지도 못했다. 단순하고 폭력적인 방법까지 동원하기도 했지만, 정작 언론통제를 제도화 하는 데에 이르지는 못했다. 오히려『경향신문』폐간과 같은 극단적 조치는 언론이나 시민들의 반발만 불러일으키기까지 했다.

이승만 정권의 실정에 대해 폭로와 비판을 보여 왔던 신문들은 4월혁명 과정에서는 부정선거에 대한 폭로와 시위에 대한 보도로 시위가 확산되고 연결되는 데 크게 기여했다. 신문의 보도를 통해 학생들은 이승만 정권에 대한 비판적 의식을 심화시켰고, 시위에 적극적으로 참여하게 됐다. 당시 학생들은 야당지나 중립·비판지 같은 신문들의 역할에 대해 높게 평가하는 경향을 보여주었다. 또한 언론인들도 스스로 4월혁명 과정에서 신문이 큰 역할을 했다고 자부했다.

4월혁명 과정에서 신문의 역할이 어느 정도였는지를 정확히 평가하기는 대단히 어렵다. 다만 비판 의식의 심화와 시위의 확산에 기여했다는 점만은 분명하다. 한국 현대사에서 신문이 사회변동에 긍정적인 요인으로 작용했던 거의 유일한 예라는 점에서 높이 평가할 만한 일이었다. 다만 신문들의 비판적 활동에 정치세력과의 관계나 판매 전략이 작용했다는 점에서 한계가 전혀 없는 것은 아니었다.

4·19로 이승만 정권이 무너지면서 언론은 갑자기 자유를 만끽할 수 있게 되었다. 무엇보다도 먼저 허가제가 사라지고 등록제가 실시되는 변화가 나타났다. 각종 법률에 포함되어 있던 독소조항들도 삭제되었다. 그리고 과거 비판적 논조를 보이는 신문에 대해 가해지던 각종 탄압 조치 같은 것들이 모두 사라졌다. 다만 진보적인 신문에 대해서는 눈에 보이지 않는 통제 조치가 뒤따르기도 했다. 그 결과로 가장 눈에 띠게 나타난 변화는 바로 언론사의 급격한 수적 증가였다. 4·19 이후 8개월 만에 일간지의 수가 세 배 가량 늘어났을 정도였다.

언론의 자유가 급격히 확대되고, 언론사의 수가 급증하면서 부작용이 나타나기 시작했다. 바로 사이비 언론으로 인한 폐단과 정치적 선정주의로 인한 병폐들이 나타나기 시작했던 것이다. 신생 신문사 기자들이나 기존 신문사 지국 기자들의 적지 않은 수가 금품 갈취 등으로 구속되었을 정도로 사이비 언론인으로 인한 많은 문제들이 발생했다. 한편 기존 신문들의 대부분은 4·19 직후의 사회 분위기에 편승하여 정부에 대해 무조건적 비판만을 일삼는 보도 행태를 보였다. 또한 이 시기에는 언론의 보도에 대한 불만을 품은 집단에 의해 언론사가 공격을 받는 일이 빈발했다. 언론의 무책임한 보도 탓도 있었겠고, 폭력을 행사해서라도 자신들에게 불리한 것은 막으려는 사회풍토의 영향도 있었다.

이렇듯 언론자유 남용으로 인해 사회적 문제들이 불거지면서 언론계 안팎에서 비판들이 나왔다. 언론자유 남용으로 인해 자칫하면 언론의 자유가 사라질 지도 모른다는 불안감이 작용했던 것이다. 그 결과 이제는 언론의 자유 못지않게 언론의 책임이 중요하고, 자유와 책임이 조화를 이루어야 한다는 자성의 목소리가 나오기 시작했다. "언론의 자유를 남용하였거나 무책임한 선동적 과장보도를 일삼았다"는 반성도 뒤따랐다.(고명식, 1962, 2쪽)

이런 자각과 함께 언론인들의 자율규제를 위한 다양한 시도들이 이루어졌다. 사이비 언론에 대한 수사를 촉구하고, 직접 사이비 언론으로 인한 문제들을 조사하기도 했다. 나아가 신문윤리위원회 설치 및 언론명예재판소 발족을 추진하려고도 했다. 이런 노력으로 언론계가 조금씩 변화되려고 할 즈음 5·16쿠데가 발발해 언론은 다시 강력한 통제 하에 놓이게 되었다. 5·16 직후 여러 언론인들이 때늦은 후회를 했을 정도로, 언론의 자유를 소중하게 사용하지 못하고 남용함으로써 결국 자유를 상실하는 결과를 가져왔던 것이다.

4·19 이후 "시민사회를 활성화하기 위한 새로운 입법조치가 이루어지자, 선량한 국민의 자유와 권리를 보장한다는 당초의 취지는 예상하지 않았던 결과를 가져오기 시작"했다.(오명호, 1998, 65쪽) 자유 남용으로 인한 사회적 혼란이 심각해졌던 것이다. 언론의 경우 이런 문제점들이 가장 극명하게 드러났던 것이라고 할 수 있다. 사이비 언론이 언론에 대한 불신을 조장했다면, 정치적 선정주의를 드러낸 기존 신문들의 보도는 민주주의를 붕괴시키는 데 일조하였다. 자유 남용으로 자유를 잃고 마는 결과를 낳았던 것이다.

그러나 "4·19와 민주당 정부 아래에서의 시민사회의 활성화는 의

심의 여지없이 한국 민주주의 발전에 기여한 바 컸다"고도 할 수 있다.(최장집, 1996, 69쪽) 언론의 국가권력에 대한 비판의 전통과 함께, 그 비판의 자유를 누리기 위해서는 사회적 책임도 다해야 한다는 깨달음도 얻었던 것이다. 쿠데타로 인해 이런 노력이 성과를 거두지는 못했지만, 자율 규제를 통해 언론의 자유와 책임을 조화시키려고 했던 시도는 매우 값진 것이었다. 이런 시도가 여전히 필요한 오늘 날의 언론 현실에서 4·19 직후의 언론을 되돌아보는 것은 그 의미가 크다고 할 수 있다.

▣ 참고문헌

고명식, 1962 「신문의 반성」『신문연구』 제3권 제1호.
곽복산, 1959 「한국신문의 구조와 과제」『사상계』 2월호.
김규환, 1961 「한국 저널리즘의 석금」『사상계』 11월호.
김성태, 1983 「4·19학생봉기의 동인」『4·19혁명론』 I (한완상 외), 일월서각.
김승현, 2000 「신문사진에 나타난 인본주의적 가치 ― 4·19 혁명 보도사진을 중심
        으로」『커뮤니케이션과학』 19집.
김진홍, 1983 『언론통제의 정치학』, 홍성사.
김태웅, 1962 「민정 복귀와 언론자유」『신문연구』 제3권 제2호.
김태일, 2003 「4월혁명의 출발 : 2·28 대구민주운동의 정치사적 의의」『한국정치
        외교사논총』 제24집 제2호.
대한언론인회 편, 2001 『녹취 한국언론사』, 대한언론인회.
대한신문연감편찬위원회 편, 1955 『대한신문연감』 1956년판, 대한신문연감사.
동아일보사 편, 1975 『비화 제1공화국』 제5부, 동아일보사.
＿＿＿＿＿＿, 1978 『동아일보사사』 2, 동아일보사.
민주화운동기념사업회 연구소 편, 2008 『한국 민주화운동사』 1, 돌베개.
박권상, 1961 「신문의 자유의 새로운 개념」『신문연구』 제2권 제1호.
박동운, 1960 「신문의 생태」『신문연구』 4월호.

송건호, 1990 『한국현대언론사』, 삼민사.

신근재, 1966 「정치구조와 신문의 성장」『정경연구』 10월호.

신상초, 1955 「한국신문의 후진성」『새벽』 1월호.

여현덕, 1994 「한국에서의 시민사회형 정치의 단초와 국가주도형 정치의 실험, 그리고 현재적 의미」『국제정치논총』 34집 2호.

오명호, 1998 「제2공화국과 민주적 실험」『한양대 사회과학논총』 제17집.

오소백, 1958 「신문계의 반역아」『신태양』 8월호.

______, 1959(3판) 『신문기자가 되려면』, 세문사.

______, 1963 「경향신문 폐간사건」『민족과 자유와 언론』(심강 고재욱 선생 화갑기념논총 편찬위원회 편), 일조각.

______, 1968a 「자유당 치하의 언론」『한국의 언론』 1집, 문화공보부.

______, 1968b 「4·19와 언론」『한국의 언론』 1집, 문화공보부.

왕종선 외, 1965 「신문사설 조사 분석」『신문연구소학보』 제2집.

우승규, 1956a 『신문독본』, 한국일보사.

______, 1956b 「신문은 민주주의의 정도를 걷고 있는가?」『신태양』 3월호.

______, 1978 『나절로 만필』, 탐구당.

유병용, 1998 「장면 정권의 성립과 붕괴」『한국현대사의 재인식 : 1960년대의 전환적 상황과 장면 정권』 5(한국정신문화연구원 현대사연구소 편), 오름.

윤종일, 1993 「4·19 혁명에 대한 국내외 언론의 반응」『경희사학』 18집.

이강수, 1963 「한국신문의 제도적 고찰」『신문연구』 겨울호.

이관구, 1958 「언론제한 반대투쟁의 경위」『사상계』 1958년 2월호.

______, 1960 「노 기자는 살아 있다」『새벽』 1월호.

이관구 외, 1960 「좌담회 : 이것이 한국의 신문이다」『사상계』 10월호.

이영희, 1988 『역정』, 창작과비평사.

이병국, 1987 『대통령과 언론』, 나남.

이화수, 1985 『4월혁명 : 정치행태학적 연구』, 평민당.

이정식, 1976 『한국현대정치사 : 제2공화국』 3, 성문각.

장동표, 2000 「1960년 3, 4월 마산항쟁의 역사적 재조명」『지역과 역사』 제7호.

장 용, 1962 「신문의 책임과 신문인의 질」『신문연구』 3권 1호.

정진석, 1977 「4·19와 언론의 역할」『월간 대화』 7월호.

______, 1983 『한국언론사 연구』, 일조각.

______, 1985 『한국 현대 언론사론』, 전예원.

______, 1990「민족일보와 혁신계 필화사건」『신문연구』제31권 제1호.

정헌주, 1985「민주당 정부는 과연 무능했는가」『신동아』5월호.

조 광 외, 2003『장면 총리와 제2공화국』, 경인문화사.

조세형, 1961「신문의 책임」『신문연구』제2권 제1호.

조용만, 1953「한국에 잇어서의 언론자유」『신천지』6월호.

조용중, 1999『저널리즘과 권력』, 나남.

조풍연, 1958「나의 쩌널리즘론」『사조』9월호.

최석채, 1961「언론의 책임이란 무엇이냐?」『사상계』11월호.

______, 2003『반골 언론인 최석채』, 성균관대학교 출판부.

최영석, 1989「1950년대 한국 신문의 구조적 성격에 관한 연구」, 연세대학교 석사
학위논문.

최장집, 1996「제2공화국하에서의 민주주의의 등장과 실패」『제2공화국과 한국민
주주의』(백영철 편), 나남.

최 준, 1955「신문정비의 방법론」『새벽』1월호.

______, 1982(증판)『한국신문사』,일조각.

______, 1956「신문은 독자에게 친절한가?」『신태양』3월호.

한국신문연구소 편, 1978『언론비화 50편』, 한국신문연구소.

한국신문협회 편, 1968『한국신문연감』1968년판, 한국신문협회.

한국연감편찬회 편, 1961『한국연감』1961년판.

한배호, 1981「경향신문 폐간 결정에 대한 연구」『1950년대의 인식』(진덕규 외),
한길사.

한승주, 1983『제2공화국과 한국의 민주주의』, 종로서적.

합동통신사, 1961『합동연감』1961년판.

제5장 한국문학에 나타난 4월혁명

임헌영

1. 앞말

"유구한 역사와 전통에 빛나는 우리 대한국민은 3·1운동으로 건립된 대한민국임시정부의 법통과 불의에 항거한 4·19민주이념을 계승"한다고 헌법 전문(前文)이 명시한 것처럼, 4월혁명은 대한민국 국가정체성 그 자체로 국경일이 되어야 할 역사적인 의의를 지니고 있다. 3·1운동이 반제 민족 주체성에 입각한 자주 독립 정신의 표상이라면, 4월혁명은 반독재 민주주의 실현을 위한 투쟁의 당위성을 담보하고 있다. 앞의 것이 대외적인 범민족적 독립투쟁이라면, 뒤의 것은 대내적인 범국민적인 저항권으로 국민국가 형성의 기본요소를 이룩하고 있다. 이 두 이념을 훼손하는 행위야말로 국가정체성을 위배한 반국가적·반국민적·반역사적·반인륜적인 폭거에 다름 아닐 것이다.

4월혁명의 성격을 어떻게 규정하는가는 엄밀하게 말하면 1960년 2월 28일부터 1961년 5월 16일 박정희 쿠데타까지의 430일을 어떻게 평가하느냐는 문제일 터이다. 이 민족사적 사건은 기록을 위한 과거분사형 서술행위가 아니라 오늘을 어떻게 살아야 하느냐는 실천의 입장을 밝히는 쟁점일 수밖에 없다.

보수주의 세력들은 전 기간에 걸쳐 이 민중적 혁명의 시기를 극도의 '혼란'으로 기록, 평가하고자 시도하고 있으나, 4월혁명은 한국 헌법정신의 근간으로 대한민국의 정체성을 이루고 있다. 4월혁명은 단순한 반독재혁명이 아니라 세계사에 나타난 혁명의 보편적인 원리처럼 모든 분야에 걸친 민족·민주·문화혁명이었다.

혁명과 문학의 상관성은 대략 다음 몇 가지 현상을 수반한다. 그 첫째는 혁명 후 어느 나라에서나 발생하는 언론 매체의 상승효과와 독자의 증가현상을 들 수 있다. 한국의 경우에는 3·1운동과 8·15, 그리고 4월혁명 이후에 잠깐 언론출판업이 번영을 구가할 수 있었지만, 특히 4월혁명 직후의 자유 향수 기간은 5·16쿠데타로 너무나 짧았다. 출판사(出版史)에서는 다른 사회사와는 달리 장면 정권에 대하여 비판적인 시각으로 보면서 혁명과 출판의 연관성을 고려하지 않고 있기 때문에 구체적인 수치를 적시할 수는 없지만 "거의 무제한적으로 허용됐던 언론, 출판, 집회, 결사의 자유"가 이내 사라졌다는 점은 명시하고 있다.[1]

프랑스의 경우 혁명 이전 디드로백과사전의 예약자가 궁정과 그 주변, 사교계의 교양 있는 인사들로 겨우 4천여 명이었는데, 혁명 이후 농민, 노동자와 시민계층까지 소설 독자로 부상하여 잡지 독자가 4만여 명이나 되었다고 한다.(小場瀬卓三, 1969, 223~224쪽)[2] 중국 5·4운동 때도 1919년 한 해 동안 구어체 신문이 4백여 종이나 발간되었다는 통계이고 보면, 혁명은 세계 어느 나라나 언론매체의 상승효과를 가

---

[1] 백운관·부길만, 1997, 185쪽. 이 책은 5·16으로 출판사 등록이 취소되는 등 위축현상을 지적하면서 한국 사회가 "미국 문화의 압도적인 영향"을 받은 시기로 평가한다. 이임자는 4월혁명과 출판 문제를 별도 항목으로 설정하지 않은 채 5·16 이후의 출판 통제를 거론하였다.(이임자, 1998, 105~108쪽)

[2] 프랑스의 경우에는 살롱문학 시대의 종말을 가장 중요한 변화로 꼽는다. 이어 부르주아 독자층에서 대중 독서층의 증가, 이에 따른 대중 취향의 소재와 주제 확산 등을 거론하고 있다. G. 랑송은 살롱 등 사교계의 와해, 새로운 독자층, 새로운 신문 등장, 문학적 소재의 확대, 웅변의 성행 등을 지적하였다.(G. 랑송·P. 튀프르, 1983.

져온다는 보편성을 수긍할 수 있을 것이다.

둘째, 사조와 유파의 새로운 형성과 문단적 세대교체 그리고 현실인식에 대한 민중문학적 확산 등을 들 수 있다. 세계문학사조상으로 볼 때 이런 사실은 흔히 민중문학과 민족문학 그리고 사실주의라는 미학적 양식으로 나타남을 볼 수 있다. 이런 현상 역시 프랑스혁명 이후나 중국의 경우는 물론 우리나라도 4·19 이후에 볼 수 있었던 보편적 예술방법론사의 한 모습이다.

셋째, 비평문학의 성행을 들 수 있다. 어떤 혁명이든 이론적 근거와 이의 발전, 강화를 위한 논리성을 찾게 되며, 이에 따라 문학 역시 변혁의 문학적 정당성과 새 사조나 유파에 대한 공감을 확산시키기 위하여 비평문학의 기능이 요청된다.

넷째는 4·19로 인하여 우리 문학은 비록 짧은 기간이긴 했어도 표현의 자유를 누릴 수 있었다는 점을 들 수 있다.

1950년대의 사회적 혼란과 미학적 미망 속에서 우리에게는 4·19의 촉진제로서의 혁명문학은 없었으나, 기성 순수문학에 대한 강력한 비판과 현실적 저항의 문학론이 대두하여 참여문학의 이론적 근거를 만들어준 사실은 간과할 수 없다. 1950년대 후반기에 고개를 든 참여문학론은 4월혁명 이후 한일협정 반대투쟁(6·3운동)으로 승계되어 1970년대에는 민족문학이라는 원론적인 단계를 벗어나 당시 사회적 쟁점으로 부각되었던 농민, 노동자 문학에 대해 관심을 표명한 리얼리즘이론으로 나타났다. 이어 1974년 긴급조치와 이로 인한 제반 사회경제적 갈등을 전후해서는 노동자, 농민문학의 최성기를 이룸과 동시에, 우리 시대의 가장 비극적인 모순의 핵인 분단문제에 대한 접근과 그 극복을 위한 민중문학론이 제창되기에 이르렀다.

따라서 4·19 이후 한국문학이 그 정신의 계승 및 발전과 연관시켜 전개해온 자취를 다소 도식적이긴 하나 이해를 돕기 위하여 간략히 요약해보면 아래와 같이 나타난다.

> 제1단계 : 4 · 19를 전후한 시기(1960)의 문학으로 사회적 상황이 정치적 민주화에 그 초점이 맞춰져 있었으며, 이에 따라 문학 역시 참여문학론의 범주에 머물러 있었다.
>
> 제2단계 : 한일협정 반대투쟁을 전후한 시기(1964년 이후)로, 사회사경제사적으로 반외세의 기운이 높았으며, 이에 알맞게 문학 역시 민족문학적 양상을 띠게 되었다.
>
> 제3단계 : 3선개헌 반대투쟁 전후의 시기(1969)로 사회사적으로는 각종 생존권 문제가 강력히 대두했으며, 문학 역시 이를 반영하여 농민, 노동자문학으로 변모하여 민족문학을 계승했다.
>
> 제4단계 : 긴급조치 시기(1974~1979)라고 부를 수 있는 이른바 분단의 갈등과 모순이 낳은 위기의식의 절정기로, 우리 시대의 모든 비극적 문제의 근원은 분단에 있으며 이를 극복하기 위해서는 통일론이 급선무라는 의식이 대두되기 시작했다. 따라서 문학 역시 분단소재의 문학작품이 성행하게 되었고, 비평계에서는 이런 흐름을 민중문학론으로 수용 발전시켰다.
>
> 제5단계 : 1980년대 이후 오늘에 이르는 제반 상황과 문학적 수용으로 지금까지 별개로 존립해 온 듯한 인상을 주었던 정치적 자유, 반외세, 생존권, 통일론 등등의 모든 쟁점들이 하나로 귀일된 채, 갈등이 그 어느 시기보다 예리하게 나타난 시기이다. 따라서 문학은 이제까지 밟아온 참여, 민족, 농민, 노동자 등등의 모든 미학적 양식을 수용하여 그 소재와 주제들을 별개가 아닌 하나의 문제로 다루려는 민중문학론으로 본격화되었다.

이 글에서는 편의상 한국문학에 나타난 4월혁명, 즉 위의 제1단계에만 초점을 맞추고자 한다.

2. 독재체제 비판 의식의 대두 : 1953년 7월 27일 이후 문학에 나타난 반독재 의식

4월혁명의 본질을 이해하기 위해서는 카리스마적 존재로 등장했던 이승만(1875~1965)에 대한 문학적 평가가 전제되어야 할 것이다. 그에 대하여 가장 호의적이며 이념적인 밀착도를 지녔던 작가 이병주조차도 『산하』에서 이승만을 "들먹여볼까요? 보도연맹 학살사건, 거창 양민 학살사건, 방위군 사건, 중석불 사건, 부산에서의 개헌파동, 그리고 (중략) 통일할 능력도 없거니와 민주주의를 제대로 할 성의도 없고 국민을 사랑할 줄도, 위할 줄도 모르는 사람"으로 낙인찍었다.

박헌영이 "수백 년 묵은 여우"(이병주 소설, 『남로당』)라는 별명을 붙인 이승만은 왕이 될 태몽 이야기를 어렸을 때부터 하도 들어서 대통령에 대한 집착이 강했던 것으로 묘사되었다. 뿐 아니라 미군정 안에서도 "파시즘보다도 한 2세기 쯤 먼저 태어났어야 할 인물"이란 평가와 함께, 왕조를 지향하는 성향 때문에 '부르봉'이란 별명에다, "독립운동보다 한평생 대통령운동을 해온 사람"이란 비아냥도 있었다. (강준식 소설, 『적과 동지』)

현대 정치소설들이 시도한 이승만 평가에서 맨 처음 제기된 문제는 일제 식민치하에서의 행적인데, 이승만 노선을 현실적으로 수긍한 이병주조차도 이 시기에 대해서는 거의 언급 자체를 회피하고 있다. 강준식은 임정 임시의정원이 정부관제를 이원제로 하여 손병희를 대통령에, "내각에 해당하는 집정관총재에 이승만을 앉히자는 결정"을 내렸는데, "이 소식을 들은 워싱턴의 이승만이 손병희의 이름을 아예 삭제하고 자신을 프레지던트(대통령)라 번역하여 각국 공사관에 공문을 띄우면서 일대 혼란이 야기되었다"고 썼다. 이 사실이 문제가 되자 안창호가 국가의 위신을 생각해서 도리어 라이벌이었던 이승만 편을 들어 묵인해 주자고 해서 무마된 것으로 본 소설 『적과 동지』(1956)는 이승만이 "당시 미국의 월슨 대통령에게 조선을 위임통치국으로 해달라고 청원하여 내외의 물의를 빚었고, 신채호가 주동이 된 이승만 반대운동이 임정 안팎에서 격렬히 진행되고 있었다"고 덧붙였다(이 점에 대해서는 조정래의 『태백산맥』에서도 상당 부분 언급되고 있다). "교활한 이승만 / 융통성 없는 김구 / 포용력 없는 박헌영"이라는 형용구처럼 이승만의 정치적 술수에 대해서는 어떤 작가나 다 수긍을 하면서도 그 진실성에 대해서는 부정적으로 그리고 있다.

이승만의 단정수립 주장에 대하여 『적과 동지』는 "남한 단정안은 어디까지나 이승만의 구상"이라는 버치 중위의 말을 원용한다. 단정 곧 분단고착화는 친일파의 시각으로 보면 "2차대전 이후 소련 블록으로 들어간 나라는 조만간 공산국가로 될 것이고, 미국 블록으로 들어간 나라는 자본제 국가가 되고 말 것"이라는 현실정치론(이병주, 『지리산』)이 될 것이다. 이런 맥락에서 이병주는 8·15 직후의 많은 암살 사건도 "이승만 씨가 직접 조종한 것은 아닌" 다만 "과잉 충성하는 놈들이 이승만의 의중을 대강 짐작하고 저지른 노릇"으로 관대하게 풀이한다.(이병주, 『산하』)

"미국은 세계에서 제일 강한 나라다. 세계에서 가장 끈덕진 나라다. 미국은 지길 싫어하는 나라다. 미국은 언제든 전쟁을 필요로 하는 나라다"(이병주, 『지리산』)는 논리의 연장선에서 남한에서의 민족운동 전체를 비관적으로 봄과 동시에 거기에 등을 댄 이승만의 현실성을 수긍한 이병주는 집권의 이유를 무엇보다 마키아벨리즘적인 원숙성에서 찾고 있다. 이병주가 『남로당』에서 인용한 "정세를 이용하는 영리함"이 아닌 "정세를 만들어 나가는 용기"라는 말이 바로 그렇다.

이승만 치정의 많은 부정적인 요소와는 달리 한 가지 돋보인 점은 농지개혁이었는데, 이 점을 이병주의 소설 『산하』는 선명하게 부각시킨다. 농지개혁을 농림부장관이었던 "조봉암이 빨갱이의 본색을 드러낼 요량"으로 보면서 강력히 반대의사를 개진하던 조병옥에게 이승만은 "농지개혁은 어떤 일이 있어도 서둘러야겠다"는 결심을 밝혔는데, 이유인 즉 "공산당에게 농민을 선동하는 미끼를 주지 않기 위해서이기도 하고, 한민당의 세력기반을 없애버리는 좋은 방책"이라고 여겼기 때문이기도 하였다. 물론 이 늙은 여우는 농지개혁으로 인기를 얻을 "조봉암 농림부장관을 치워버려야겠다는 결심도 동시"에 하였다. 농지개혁의 성과에 대해서는 『태백산맥』조차도 긍정적으로 보는데, 조정래는 만약 농지개혁이 없이 6·25를 맞았더라면 엄청난 비극을 증폭시켰을 것이라는 평가를 내린다.

단정 수립 후 이승만의 카리스마는 점점 그 빛깔을 바랜다. 그 결과를 『태백산맥』에서는 제2대 총선 결과를 인용하는 것으로 대신하는데, "대통령이 되고 나서 한민당에 등을 돌려버린 이승만을 옹립하여 결성된, 의석 칠십 석을 차지하고 있었던 여당"인 대한민국당이 "겨우 스물두 명의 당선자를 냈을 뿐"이고, 친일지주의 정당이라는 별명이 붙었던 한민당은 민주국민당으로 변신했으나 스물세 명의 당선자를 냈다. 이에 비하여 무소속은 백스물여섯 명이나 당선되었다. 이러한 사실을 인용하면서, 조정래는 "선거 결과는 대통령 이승만에 대한 불신과 친일지주 중심인 한민당 계열의 배척을 분명하고도 선명하게 드러내 보이고 있다"고 평가한다. 그 이후의 사실들은 아마 사족이 될 것이다. 4·19에 이르기까지의 실정은 우리 문학이 두고두고 담아온 민족사적인 비극이기 때문이다.

이승만 독재 아래서 횡행했던 각종 부정부패 사건들은 그 목록이 너무나 풍성한데, 그 중 문학에 직접적인 영향을 끼친 첫 사건은 단연 1954년도의 『자유부인』(정비석) 논쟁일 것이다.

정비석의 『자유부인』 논쟁은 간통쌍벌죄 적용(1953)부터 70여 명의 여성을 농락한 박인수 사건(1955)에 이르는 윤리의식의 붕괴를 그린 점만을 부각시키고 있으나, 더 중요한 문제는 늙은 독재자가 완고하게 주장했던 '한글 간소화 명령'이다.

이선근(李瑄根) 문교부장관은 취임(1954. 4. 21) 2개월여 만에 가진 기자 간담회에서 느닷없이 '한글 간소화 성안'을 발의(6. 19)했다. 그 취지는 복잡한 받침을 열 개만 남기고 없애며 어간(語幹)을 무시한다는 것인데, 전자의 예로는 '믿다'를 '밋다'로, '갚다'를 '갑다'로 한다는 것과, 후자의 예로는 '길이'를 '기리'로, '높이'를 '노피'로 한다는 것이었다. 한글이 너무 어렵다는 배경에서 발의된 이 간소화의 기본골격은 '리승만' 대통령이 소시 적에 읽었던 『신구약 성서』의 맞춤법으로 돌아가자는 데 있었다. 서울시가지를 다녀온 이승만이 비서진에게 "심조불"이 무슨 뜻이냐고 물었다는 일화는 유명하다. '불조심'을 옛 표기법대로 오른쪽에서 읽고서는 그 뜻을 몰랐다는 이 맞춤법 불가득의 대통령이 지닌 문화의식을 엿볼 수 있는 대목이다. 아무리 당대의 문사나 언론들이 부패했대도 그런 수모를 당하고서 비판의식이 솟아나지 않을 수는 없을 터였다. 마침 모든 언론매체들은 '정부안'을 비판하기에 바빴다. 박수와 찬성에 익숙했던 문화풍토에서는 낯선 광경이 전개되기 시작했다.

7월 11일 국회에서 무소속 동지회 주최로 방청회가 열렸는데, 주인공(『자유부인』)인 장 교수도 초청자 명단에 끼었을 정도가 아니라 갈채를 받은 학자로 부각되어 있다. 이때 장 교수의 아내 오선영은 외박 미수사건으로 가출한지 20여 일이 지났는데, 신문보도로 국회 청문회에서 남편이 한 활약을 몰래 방청한 뒤 새삼 남편의 훌륭함을 깨닫고는 함께 귀가하는 것으로 『자유부인』은 끝난다. 그러니까 한글파동이 이들 부부를 합치게 만든 격인데, 이것은 춤바람을 서구식 경박성으로 본 것(대학생 신춘호도 영문과다)과 대조적으로 한글을 전통적 민족의식으로 상정한 예라 하겠다. 한글 간소화 주창을 '리승만' 정권의 본질로 삼았다면, 그 반대측은 민주화세력으로 설정하고 있음을 간과해선 안 된다.

작가가 이 소설의 마무리 단계에 들어서 국회 청문회 사실을 신문 연재에서 다뤘을 때는 7월 하순 이후였다. 그런데 정치적으로는 그 비등하는 반대여론에도 불구하고 문교부장관은 반대 발언 금지령을 비밀리에 내렸다. 정부·자유당 연석회의에서의 반대결의(7. 12)에도 개의치 않고 '리승만'은 거듭 개혁을 주장하여(7. 15) 자유당도 대통령 견해 지지로 선회하는(7. 16) 등 일촉즉발의 위기였다. 리승만은 이에 힘입어 당장 고치기 어려우면 정부와 정부 상대 단체부터 쓰기 시작하고, 민중은 그 뒤에 익혀서 쓰도록 하자는 해괴한 한 나라 두 맞춤법안을 내놓기도 했다(7. 24). 이런 몰지각한 대통령이라면 다른 분야의 통치술은 어땠을 것이며, 그걸 지지하는 세력들은 어땠을까를 유추하기는 그리 어렵지 않을 것이다. 이에 대하여 시인 김동명은 "이 나라 근세사에 있어서 한글운동은 민족적 자각의 표상이요, 3·1운동의 문화적 계승이자, 또 민족 투쟁의 빛나는 성과"로 평가 하면서,『적과 동지』에서 아래와 같이 신랄하게 비판한다.

우리 근세 문화 사상에 일대 공적인 '한글'—맞춤법—을 버리고 반 세기 전 '언문'시대로 퇴거하라 한다. 기막힌 명령이다. 이것이 결과로 보아저 엄숙한 역사적 민족적 정신—3·1운동 이래—의 말살을 강요함이나 다름없는 진실로 놀랄만한 사실임을 알고서 하는 일일까? 36년간에 걸친 일제의 총검으로도 굽혀내지 못한 민족적 기백이요 과학적 정열이 아니었던가? 이것이야말로 또 한민족은 죽지 않았다는 오직 하나의 뚜렷한 눈물겨운 표적이 아니었던가?

거듭 말하거니와 이 일은 단지 문화적 정신에의 거역이라거나 민주 정신에의 위반으로 해서 문제이기 보다도 실은 '피어린 역사'에 엉킨 민족혼의 흐느끼는 호소 때문에 우리는 더욱 발광할 지경이다. 어찌 감히 저 피의 역사 위에 쌓아올린 민족문화의 금자탑을 무너버리랴.

이런 시대상황 속에서 한국문단에는 (가) 실존주의 문학이 유입되고, (나) 모더니즘과 주지주의적 난해성 작품이 성행했지만, 그 속에서도 작가의 역사의식을 드러낸 작품들이 끊임없이 이어졌다. 1950년대의 질곡을 증언하는 문학은 곧 4·19의 분노를 잉태시킨 미망과 우울에 대한 소설적 반영이다. 상징적 의미이긴 하나 손창섭의 『잉여인간』(1958)이나 이범선의 『오발탄』(1959)은 이런 세태를 밀도 있게 다루고 있다. 인간존재 자체가 잉여적 존재이거나 오발탄에 불과하다는 자조 섞인 실존적 인식론은 독재체제 아래서 다분히 상징성을 갖는다. 이런 상징으로서의 현실과는 달리 최인훈은 『회색인』에서 보다 구체적이고 선명한 1950년대 세태의 좌절 속을 방황하는 젊음을 증언한다.

> 만일 상해임시정부가 해방 후 초대 내각이 되었더라면 사태는 훨씬 좋아졌을 것이다.……그들은 우선 친일파를 철저히 단죄했을 것이다. 그렇게 해서 반민특위는 이단 심문소가 될 수 있었겠고, 대차대조표는 엄중히 작성되고 청산되었을 것이다. 고등계 형사와 고문파 법관과 군수나으리, 그리고 식민지 관청의 아전들은 쩍소리 못하고 들어앉았을 것이다. 이것은 정치적 카타르시스라는 점으로 국민의 정신위생에 기여하는 바 컸을 것이다.……행정은 서툴지만 고지식해서 거짓말이 없으며 주석이 지방순시 때 허물이 있는 면장을 대통으로 때렸다는 보도가 신문에 나면 국민들은 가가대소했을 것이다.……그럴 즈음 외국에 유학 갔던 친구들이 하나둘 돌아와서 영감들 시대는 이 정도로……하는 의견을 슬금슬금 비치면서 근대화니, 국민경제니, 실존주의니 하며 영감들이 자신 없는 시비를 걸어온다.(최인훈, 『회색인』)

정부수립 출발부터 뭔가 정신사적 주춧돌이 잘못 놓여버렸다고 희화적으로 스친 이 글은 임시정부 정통론을 역설한 작품이자 이승만 정권의 탄생 자체에 대한 비판의식을 엿볼 수 있는 작품이다. 이어 주인공들은 혁명론, 역사관, 통일론과 민족주의론, 김구와 이승만 비교, 서구와 한국의 세계관 차이, 일본론 등 다분히 현실적인 문제들을 곰곰 따진다.

그러나 이런 절망의 극점에서도 작가는 혁명불가론을 강력히 주장한다. "혁명시대의 프랑스 국민이나 러시아인들에게는 혁명이라는 길밖에는 살아날 도리가 없었"기 때문에 혁명이 가능했으나, 우리에겐 "미국이라는 숨 쉴 구멍이 있"기에 혁명은 불가능하다면서, "제정 러시아의 인텔리들이", "파리에서 돌아올 때 과격한 개혁주의자들이 되어 돌아왔지만, 한국 사람들이 미국에서 돌아올 때는 얌전한 공리주의자가 되어", "국민의 영혼에 불을 지를 역할을 해야 할 민족의 알맹이들이 정신적인 고자가 돼" 버렸다고 작가는 판단한다.

이런 시대적인 상황인지라 '국가관' 역시 흔들리는 시계추처럼 흔들거린다.

나라라구, 그래 그놈의 나라가 뭣 하는 나라랬다던? 벼슬하는 놈들만 버티고 앉아서 백성들 것을 모주리 훑어 가기질이나 하구, 안내면 잡아다 볼기나 치구 그런 놈들의 나라가 뭣이 아쉬워서 도루 찾느니 뭐이니 야단이냐 말이다. 나라를 판 놈들도 바로 그 놈들인걸.(선우휘, 『불꽃』)

현의 아버지는 독립운동을 하다가 순국했는데(소설에서는 그냥 죽은 것으로 표현), 현은 그런 아버지가 훌륭하다고 느꼈다. 그러한 사실을 할아버지께 이야기했다가 위와 같은 꾸지람을 들었다. 이런 그릇된 국가관은 식민지시대에 더욱 굳어져 버렸고, 그 오류가 8·15 이후에도 완전히 교정되지 못한 채 이어져왔다. 한 농부는 8·15 직후의 이승만 정권을 일러 이렇게 평한다.

> 일 없네. 난 오늘부터 도로 나라 없는 백성이네. 제에길 삼십육년두 나
> 라 없이 살아왔을려드냐, 아아니 글쎄 나라가 있으면 백성한테 무얼 좀
> 고마운 노릇을 해주어야 백성두 나라를 믿구 나라에다 마음을 붙이구 살
> 지…….(채만식, 『논 이야기』)

국가관에 대한 이와 같은 냉소주의적 자세는 8·15를 거쳐 6·25의 혼란 속에서도 여전했으며, 저 어두웠던 1950년대는 물론, 5·16쿠데타 이후에도 여전했다. 이문구는 소설 『그때는 옛날』에서 "백성 일허구 아무 상관 없는 게 나랏 일"이라고 못 박고는 "관청에서 하는 일치고 제때에 제대로 돌아가며 제 구실하게 시행한 건 선거운동 한 가지"라고 피력한다. 결국 국가와 국민이란 '선거운동을 위한 기구'라는 가설이 성립된다.

프랑스의 계몽주의자들은 '조국(patrie)'이란 어의 하나를 정립시키기 위하여 근 2백여 년에 걸쳐 면밀히 천착했다. 라틴어의 '아버지의 나라'에서 발원한 이 단어는 몽테뉴의 『수상록』(1580~1588)에는 "태어난 나라"로 규정되어 있고, 보쉬에는 『성서의 말을 인용한 정치학』(1678)에서 "젖과 꿀이 흐르는 나라의 인민을 증오하는 자들은 반역자, 그들 조국의 적으로서 죽음으로 벌해야 한다"고 정의하므로써 은연중 '젖과 꿀이 흐르는, 인민이 행복하게 살아가는 땅'임을 시사하였다. 이를 더 정교화 시킨 건 라 브뤼예르이다. 그는 『인간의 이모저모』(1688)에서 "전제정치 아래서 조국은 없다. 다른 것들이 이것을 대신한다. 즉 이해, 영예, 제왕에의 충성"이라고 했다. 이를 더 진척시킨 몽테스키외는 『법의 정신』(1748)에서 공화제, 군주제, 독재체제의 세 유형의 정치제도는 각각 덕성과 명예와 공포를 통치방법으로 삼는다고 하면서, 이 중 덕성을 기초로 한 공화제라야 '조국'이라 부를 수 있다고 주장한다. 볼테르에 의하여 이런 주장에 평등정신과 박애주의와 공동의 목표가 더해졌고, 디드로와 그의 친구 조쿠르의 『백과전서』

(1751~1772)에 이르러서는 "전제정치의 질곡 아래서는 조국은 없다"는 정의에 이르렀다. '조국'이란 만민평등과 평화제 아래서만 존재하기 때문에 '조국애'나 '애국'은 후일 왕정이 아닌 공화정을 위하여 싸운 프랑스 혁명파에게 국한시키는 단어로 규정했다. 그래서 당시의 왕과 귀족에게는 '애국자'란 말은 적용시키지 않았다.(小場瀨卓三, 1969)

국가관에 대한 한국문학 속의 시니시즘과 프랑스 계몽파의 해석이 지닌 차이점은 4·19의 불가피성을 암시하고 있다. 차범석은 『껍질이 째지는 아픔 없이는』(1961)에서 한 대학생을 통하여 "한국의 정치가에게서 진실이나 성실성을 찾으려거든 차라리 턱에 수염이 난 여자를 찾지!"라고 말하였다. 근대사에서 국가관 붕괴는 정치 불신을 낳았고, 여기서 권력으로부터 당해온 양심의 억압이 많으면 많을수록 저항의 잉태가 늘어나게 되어 1950년대는 우울한 4·19의 전야제를 준비하게 되었으며, 이를 아무도 저지시킬 수가 없게 되어버렸다.

힘이다. 너희들이 가진 것도 힘이요, 내게 없는 것도 힘이다. 옳고 그른 것이 문제가 아니라 세고 약한 것이 문제다. 힘은 진리를 창조하고 변경하고 이것을 자기 집 문지기 개로 이용한다. 힘이여 저주를 받아라.(김성한, 『바비도』)

바비도는 1419년 헨리 4세 때 이단으로 화형을 받은 재봉직공이다. 그의 죄란 가난해서 라틴어를 못 배웠기에 영어로 된 성서를 읽었다는 것이었다. 자기 나라 말로 된 성서를 읽는 게 금기시 되었던 시대의 아픔을 김성한은 『바비도』에서 작가가 1950년대의 한국으로 환치시켰다.

권력에 대한 불신은 1950년대에 대통령 직선제를 골자로 한 발췌개헌안 파동(1952. 7. 4), 이승만의 종신집권을 위한 세계 헌정사상 유례가 없는 사사오입 개헌(1954. 11. 29) 파동, 그리고 국가보안법 파동

(1958)으로 극에 이르게 된다. 이 분노와 억압의 시대에 문학인은 무엇을 했을까.

휴전 이듬해인 1954년 어느 날, 장준 기자는 편집국장에게 온갖 욕설을 들으며 신문사에서 쫓겨난다. 초대 대통령에 한해 중임 제한을 철폐하는 것을 주 내용으로 하는 개헌안 통과 기사를 4사5입과 관련시켜 야유조로 썼던 것이 화근이었다. 생활 방편으로 그의 아내는 현일우란 S대 철학과 학생을 하숙시키게 되었는데, 얼마 후 그는 부산엘 다녀오겠다며 나간 뒤 소식이 없다. 준은 그 뒤 ‘국제 공산주의자’라는 현일우의 행방을 추적한다는 경찰에 연행되어 심한 고문을 받는다. 심문 도중 준은 현일우란 학생 때문이 아니라 자기가 썼던 권력 야유 기사가 화근임을 느낀다. 각혈을 함으로써 준은 보석으로 풀려난다.

박연희의 『증인』(1955. 11. 20 집필)이란 작품의 줄거리다. 이 소설은 이승만 정권 치하의 언론 탄압상과 보안법의 위력을 동시에 부각시키고 있다. 그런데 여기서 ‘증인’을 제목으로 한 것은 정권의 마음에 들지 않는 대상은 누구라도 ‘허위의 증인’을 동원(또는 조작)하여 혐의를 뒤집어씌울 수 있다는 의미에서이다.

이 4사5입개헌을 고비로 하여 문학은 제대군인과 실직자와 가난이라는 주제를 벗어나 현실을 응시하기 시작했다. 감상적인 전후파적 좌절과 성윤리의 몰락에 시선을 보내던 작가들이 권력의 그늘을 추적하는 작업을 시작한 것이다.

> 독재정권의 목아비의 하나인 인물을 구구찬양하기에 많은 문인들이 붓을 들었음에 대하여 얼마나 말할 수 없는 경멸과 조소를 젊은이들 입으로 문학인 전체가 듣고 있는가? 권력이 비(非)인 때에 무력해서 그것을 힐책치 못했거든 그 비굴을 속죄하는 값으로서도 그 권력의 시(是)인 경우에도 함구(緘口)하여야 한다. 그것이 지성의 체모요, 염치가 아니겠는가.(유치환, 『지성과 정신의 청혈』)

　시인 조지훈은 1960년 2월에 〈변절자를 위하여〉란 부제를 단 〈지조론〉을 써서 집권층과 야당세력을 동시에 차갑고 따갑게 비판했다. "이 나라 정치인에게서 지조를 바란다는 것은, 창녀에게서 정조를 바라는 거나 마찬가지로 어리석은 이야기"(김동명, 『정치인의 지조』)라는 통매는 자유당 독재 정치의 진면목에 다름 아니다.

　선거 일자(1960. 3. 15)가 정해지고 거리마다 입후보자 포스터가 나붙자, 자유당 치하에서 가장 신랄한 정치평론가로 활약한 시인 김동명은 보안법과 개헌파동을 비판했던 날카로운 붓을 들었고, 우울한 겨울밤은 봄을 기다리며 포근히 깊어가게 되었다. 이렇게 해서 실존주의니, 뉴 크리티시즘이니, 모더니즘이니 운운하던 해외문학 사조가 범람하여 난해시를 유행시켰던 전후 한국문단은 다른 한편으로 현실 비판 의식의 문학을 창출시키게 되었다.

3. 4월혁명의 반영

　4월혁명 관련 주요 연보는 1960년 조병옥 신병 치료차 도미(1. 29) 조병옥 사망(2. 15), 대구 고교생 시위(2. 28), 정부통령 선거(3. 15), 마산 시위(3. 15, 4. 13), 고대생 데모(4. 18), 4·19시위, 장면 부통령 사임(4. 23), 서울대 교수단 데모(4. 25), 이승만 하야(4. 26), 이승만 망명(5. 29), 내각제 개헌(6. 15), 민·참의원 총선(7. 29), 민주당 구파 분당 선언(9. 22), 신민당 교섭단체 등록(11. 26), 반민주행위자공민권제한법 제정(13. 31) 등이다. 1961년도에는 민주당 구파 중심의 신민당 결당대회(2. 20, 위원장 김도연), 제1차 공권(公權) 박탈자 609명 공고(2. 25), 군사쿠데타(5. 16), 미, 군사정권 인정(5. 18), '국가재건최고회의법'·'중앙정보부법'·'농어촌고리채정리법' 공포(6. 10), '반공법' 공포(7. 4),

경제개발 5개년 계획 발표(7. 22), 민족일보 3명 사형 선고(8. 28) 등으로 이어졌다.

4월혁명이 외형적으로 처음 등장한 것은 1960년 대구 2·28고교생 시위이다. 김춘복은 장편『꽃바람 꽃샘바람』(동광출판사, 1989)에서 대구의 2·28사건을 다소 건조하나 사실적으로 그려주고 있다. "28일은 일요일이지만, 12시까지 전원 등교해야 한다"고 조례시간에 담임이 말하자, "몸집이 왜소하면서도 다부지게 생긴 학생이 손을 번쩍 들고 일어"나 말하였다. "오는 일요일 오후 1시에 수성천변에서 야당의 정견발표회가 열린다는 사실은 삼척동자도 다 알구"있다고. 학생회 간부의 끈질긴 등교 이유 추궁에 교감은 이렇게 답한다.

> 이건 어찌할 수 없는 상부의 명령이란 걸 알아야 해! 우리 학교뿐만이 아냐. 대구 시내에 있는 학교란 학교는 모조리 똑같은 입장이야. D고교는 토끼사냥, 상고는 졸업생 송별회, 사대부고는 임시수업에, 에에……또, K여고는 무용발표회, 공고와 D여고는 뭐라더라...? 그렇지! 구체적으로 밝히진 않았지만, 자체행사를 갖는다는 명분을 걸고 이미 등교명령을 내려 놓고 있네. 고등학교만이 아냐! 중학교, 초등학교도 마찬가지야. 심지어는 방직공장, 제사공장, 전매청까지도 정상근무를 한다는 사실을 알아야 해. (김춘복,『꽃바람 꽃샘바람』)

학생회 간부들의 항의로 일요일 등교는 하되 시험은 치르지 않겠다고 약속했으나, 이 약속이 수포로 돌아가 다시 시험을 치르기로 번복되었다. 이에 학내는 술렁이기 시작하였고, 결국 시험 대신 영화 관람으로 낙착된다. 문제의 일요일, 대의원들은 문예반실에 모여 긴급운영위원회를 열고 시내 다른 학교 학생들과의 연대로 반월당 네거리에 모두 집결하기로 한 사실을 확인한다.

극장으로 가기 위해 운동장에 집합하는 순간, 이미 자연발생적인 흥분은 교직원들의 만류 한계를 넘어서고 있었고, 무방비상태의 정문은 학생 행렬에 쉬 정복당하였다. "대열의 후미가 마악 교문을 빠져나왔을 무렵, 구보가 중단되면서 선두 쪽에서 만세소리가 터지기 시작했다. 공교롭게도 유세차 내려온 장면 박사의 지프를 만났던 것이다."

차범석은 『껍질이 째지는 아픔 없이는』(1961)이란 희곡에서 2·28사건을 성실하게 증언한다. 강기수 의원은 사위에게 정적 암살을 지령할 만큼 권력 지상주의자로 당시 민의의 동향에 따라 당선 가능성이 있다고 보이는 보수당(민주당) 대통령 후보(조병옥)를 밀고 있다. 그런데 온갖 압력과 경제적인 고난이 겹치자 아내 윤정아는 남편이 야당을 탈당하여 둘째 딸의 애인 아버지가 소속해 있는 여당으로 변절할 것을 종용한다.

"신문에서 천 백번 떠들어댄다고 공명선거가 되겠소? 그렇게 신문이 세다면 내일부터 신문만 읽으면서 살겠어요!"라는 것이 정아의 말로, 그녀는 이번 선거가 아예 여당의 승리로 끝날 것을 확신하고 있다. 마침 야당 대통령 후보가 죽게 되자(1960. 2. 15), 강기수는 둘째딸 애인의 아버지를 통하여 여당 입당 수속을 밟고 보수 야당 탈당을 선언한다. 아내 정아는 이에 만족하나 아들 대영과 딸들은 아버지의 변절을 못마땅해 하며 4월의 대열에 깊숙이 참여하게 된다. 변절로 욕은 먹으나 경제적으로 형편이 좋아진 이 집안에 어느 날 둘째 딸 유미가 "학생들의 가정을 방문하여 여당 입후보를 밀라고 하고, 보수당 입후보의 정견 발표회는 듣지도 못하게 했다나요"라고 항의조로 말한다. 바로 대구 경북고 학생들이 주축이 된 일요일 등교 거부의 2·28 시위를 알리는 말이었다. 강기수는 고향 집이 주민들의 습격으로 난장판이 되어버렸다는 소식이 전해지자 이렇게 말한다.

기수 : 아니 그렇게 되도록 지서에서는 무얼 하고 있었단 말이냐?

청년A : 왜요! 주임 이하 순경들이 총출동을 했지만 데모 대원에게 몰매
　　　　　를 맞고 도망을 쳤는데요.
기수 : 병신같은 것들! 총도 안 가지고 있었단 말이냐! 그런 때에 쏘라는
　　　　총이지!
청년B : (겁에 질려) 그렇지만...
기수 : (호통을 치며) 뭐가 그렇지만이냐? 이건 틀림없이 빨갱이들의 수작
　　　　일 게다!
정아 : 빨갱이가요?
기수 : (신문을 가리키며) 경찰국장의 담화에도 그렇게 나타나 있어!
청년A : 학생들이 대다수였는데요?
기수 : 학생이라고 빨갱이가 아니라는 법이 있나? 더구나 그 지방은 해방
　　　　후에는 제2의 모스크바라는 별칭이 있었잖아? (하략)

2·28시위는 부산, 대전, 서울 등지의 고교생들이 산발적으로 항의
하는 기폭제가 되었으나 일방적인 희생만 강요당하였다. 3월 15일 마
산에서의 1차 시위도 서울 성남고(3. 17)나 부산(3. 24) 등 산발적인 시
위로 이어졌다. 하지만 서울이 들끓게 된 것인 4월이 되어서야 가능
했다.

이런 저간의 사태추이를 가장 정확히 포착한 작품이『꽃바람 꽃샘
바람』이다. 김춘복은 4월혁명의 뿌리를 자신의 또 다른 장편『계절풍』
(한길사, 1978)에서 찾는데, 일제 식민지 시대부터 8·15 후를 다룬 이
소설에 나오는 소년 관섭을 그대로 등장시키고 있다. 4월혁명이란 김
춘복에게는 일제시대부터 축적되어왔던 민중적 한의 응어리가 폭발
한 역사적인 농축현상으로 풀이된다. 친일반민족행위―분단고착화―
외래 자본과의 결탁―국내 소수 독재권력 강화―부정부패와 탄압 병
행으로 본『꽃바람 꽃샘바람』은 "왜놈들도 36년간 다스렸는데, 우리
자유당이 우리 민족을 20년도 못 다스린대서야 어디 말이나 되겠습니
까?"라고 언급하고 있는데, 이 언급이 모든 걸 상징한다. 자유당과 그

특권층에는 학교 이사장이자 국회의원, 그의 초등교 동창이자 이와 밀착한 교장, 교장의 처삼촌인 훈육주임, 경찰서장과 지역만, 최 형사 등등이 두루 잘 배합되어 있다.

한 통장은 "공명선거를 실시한다 카면 자유당 표는 아마 10퍼센또도 안 나올 깁니더"라고 말하고 있는데, 그런데도 집권이 가능한 이유를 한성욱, 송치호 두 교사의 대화를 통해 잘 해명하고 있다.

민주당 당원들만 찾아다니며 탈퇴 공작을 벌이는데 말야. 삼년 묵은 꿈 얘기도 분수가 있지. 이건 그야말로 일이 년 전에 방귀 뀐 것까지 캐내어 갖구선 생트집을 잡는 거야. 아무 날, 아무 데서, 아무개 아무개랑 화투를 쳤지? 언제, 어디에서 누구누구랑 사이나로 민물고기를 잡았지? 모 술집에 있는 모 작부와 정을 통하고 있지? 아휴! 말두 마……(중략)
그런데 말야, 희한한 것은 그렇게 협박을 하면 모조리 꼼짝을 못하는 거야.(김춘복『꽃바람 꽃샘바람』)

관섭은 고교생 때부터 사회문제에 민감해져 "민족이 위냐, 사상이 위냐? 사상이 다르면 부모형제도 고발한다는 저쪽 사회와, 천륜을 끊어버리는 이쪽 사회와는 어떻게 다른 것일까?"란 낙서를 했다가 입건당해 곤욕을 치른 후, 제자를 고발하는 학교에서 배울 게 없다고 여기곤 일본으로 밀항을 시도했으나 실패했다. 이후 문학수업에 전념하다가, 3·15 부정선거에 항의하는 마산시위에 앞장섰다. 이로 인해 경찰에 연행 당해 좌경용공 조작에 휘말렸다. 경찰은 마산 시위 총지휘자를 남로당 출신 요시찰인사로 가공해서 내세우고는, 북마산파출소 방화범으로 박세현을 내세워 6·25 때 부역한 좌경사범이라고 날조했다. 혹독한 고문에 얼이 빠진 박세현은 경찰이 시키는 대로 관섭이 자신과 함께 파출소에 방화했다고 진술했다. 경찰은 6·25 때 부역했다고 조작한 박세현의 당시 나이가 고작 12세에 불과해서 신빙성이 약하자 마산 시위 때 22세인 그를 10세나 올려서 32세로 올려버렸다. 이 허위 조작 사건은 부산지검 한옥신 검사가 그 진상을 밝혀서 관섭은 풀려난다. 이 조작 사건 과정에서 작가는 자유당 치하의 온갖 고문을 여과 없이 폭로해준다.

이런 혼란 속에서 3월 17일 선거관리위원회는 정·부통령 당선자를 발표했고, 그 이튿날 국회는 그 당선자를 공포했다.

그러던 중 4월 11일, 김주열 열사의 시신이 해변에서 발견되면서 제2차 마산시위는 불을 당긴다. 소설은 김주열의 행방불명 때부터 다루는데, 열사의 어머니 권찬주 여사로 하여금 관섭의 어머니 가야댁과 대면토록 만들어 정치의식을 고양시켜 나간다.

이런 판국에 학교의 이사장과 교장 등은 "야당놈들, 그게 어디 인간들입니꺼? 하다하다 안 되이꺼내, 인자는 김주열이라 카는 어린 학생을 매수해 갖고선 어디에다가 몰래 숨카 놓고, 그 애미로 하여금……" 찾는 척 생떼를 쓴다고 우긴다.

4월 13일 늙은 대통령은 특별담화를 통하여 마산사건의 배후에는 공산당이 개입한 혐의가 짙다고 언명하고, 법에 의한 처리를 강조했다. 그러나 후일 밝혀진 진상은 전혀 다르다.

3·15마산사건에 있어서 경찰은 무차별 총격으로 살해된 시체를 유기하는 데 그치지 않고, "이승만 죽여라" 하는 불온 삐라를 만들어 시체와 심지어는 부상자의 호주머니에 집어넣어 관제 빨갱이를 만들려 했다는 사실이 당시 동사건의 수사를 담당했던 부산지검 특별수사반에 의하여 백일하에 폭로되고 있다.(중략)

전기 불온 삐라가 얼마나 다급했던지 만년필로 쓰여진 것이었으며, 경찰은 이 삐라를 마산 도립병원장으로 하여금 시체 호주머니 속에 집어넣게 하였으나 의사로서의 양심상 차마 그런 일은 할 수 없다고 거절당하자, 그들이 직접 집어넣었던 것이라고 말하였다.(『한국일보』 1960년 5월 4일자)

4월 18일의 고려대생 테러사건은 결정적 전환점을 만드는데, 이에 대해 오상원은 『무명기』(1961)에서 언론인의 시각을 통하여 예리하게 부각시켜준다. 일제 때 친일 행적을 한 사장, 주필, 편집국장 체제하의 모 신문사를 무대로 한 『무명기』엔 4·18, 4·19가 음각되어 있다.

모종의 정보를 입수, 을지로 4가에서 종로 4가에 이르는 길에 잠복 취재 중이던 기자 최준과 미스터 박은 역사적인 4·18 현장의 생생한 기사와 사진을 얻을 수 있었다. 하지만 미스터 박은 심한 부상으로 당장 입원해야 했고, 거기에다가 그 사진은 신문에 실리지 않았다. 이로 인해 언론자유 문제를 놓고 시비가 벌어진다.

> "도대체 우리는 무엇 때문에 있는 건가?" (중략)
> "기업주 하나를 위해선가?" (중략)
> 이때 정치부장이 슬며시 옆으로 다가왔다.
> "뭐 너무 그리 흥분하지 말게." (중략)
> "물론 자네들이야 심심하면 세도 있는 국회의원이나 전화통에 불러내어 몇 마디 지껄이곤 제멋대로 기사를 써갈겨대니까 그러겠지."
> "그건 또 무슨 말인가."
> 정치부장은 안 되겠다고 생각했음인지 이렇게 넌지시 말을 돌리고 슬며시 자기 자리로 사라졌다.
> "제기랄 자유당 돈 먹은 값을 내게까지 할 셈인가, 똥강아지 같은 자식이……"
> 사진부장은 볼멘소리로 고 사회부장을 보고 말하면서 어처구니없는 듯 쓰게 웃었다.(오상원, 『무명기』)

휴지통으로 내려깔리는 기사마다 최선을 다하기 위하여 최준은 4·18의 후유증과 이튿날의 역사적인 4·19현장을 취재한다. 분노의 노도 속을 헤치며 나가던 신문사 차는 데모 군중에 의하여 어용신문이라는 비난과 함께 무자비한 습격을 받게 되고, 편집국은 삽시간에 우울한 분위기가 감도는 것을 끝으로 이 작품은 미완인 채 중단된다.

정조의 희곡『마지막 기수』(1965)는 대학생을 동생으로 둔 경찰 공무원 가족의 고뇌를 통하여 4·19를 부각시킨다. 대학 졸업반인 동구는 친구들과 학생운동을 주동하는데, 줄곧 미행당하면서도 그 뜻을 굽히지 않는다. 그의 여동생 영주는 큰 오빠 동철이가 경찰이라는 이유로 친구들로부터 외면당한 채 고민한다. 그러나 이들은 다 "빌려 입는 이브닝 드레스, 세낸 데모크라시의 야회복으로 불의와 간음한 조국을" 고발하려는 의욕에 불탄다. 그러면서도 영주는 작은 오빠와 그 친구들이 계획하는 일이 "아마추어보다도 못한 조직력을 가진 군중의 정열이란 일껏 했자 난동"이라면서 그 결말이 퇴학이 아닐까 충고한다. 이러면서도 그들은 경찰에 몸담고 있는 동철에게 사직서를 쓸 것을 강요하나, 그는 끝까지 거절하며 이렇게 말한다.

폭정을 몰아내구 부정선거 다시 한다구 해서 곧장 정의나 진리가 들어앉을 것 같애? 어림두 없는 소리! 정치가 뭔지 아나? 그건 문명한 사회만이 흥정할 수 있는 상호협잡인 거다.

결국 자신이 정치권력의 하수인 조직에 몸담고 있으면서도, 그 권력 자체를 협잡으로 보는 것을 동철은 조금도 주저하지 않는다. 그러면서 자기 직업도 일종의 타성이라고 말한다. 이런 팽팽한 가족 간의 대결 속에서 마산사건이 전해지고, 그 배후에 엄청난 조직이 있다고 발표된다. 동구는 이렇게 말한다. "……무언가를 바라구 데모에 나선 순결한 동현이(중학생인 자기 동생)같은 어린 학생들 호주머니에 공산당의 위조 비라나 쑤셔 넣군 빨갱이라고 채가는" 것이 좋으냐고 따진다.

『마지막 기수』의 제8경은 4월 18일 저녁을 다루고 있다. 고려대생들이 깡패들에게 얻어맞아 쓰러지던 광경을 이웃들과 이야기한 직후 동구네 집을 찾아 온 동장과 형사는 이렇게 말한다.

동장 : (되바라진 훈시쪼로) 지금 우리가 국가 초비상 시국에 직면해 있어
　　　서요. 에ー 노인두 김 경감(동철)한테 들어 잘 아실겝니다만 마산
　　　에서 공산도배들이 파출소에 불을 지르구 시청, 경찰서 할 것 없이
　　　무자비한 파괴행위를 감행했다는 걸 주지하실 줄 압니다.
어머니 : ……
임 형사 : 모친은 자제나 나라를 위해서 제 질문에 솔직히 말씀해주셔야
　　　겠습니다. 왜냐면요, 오늘 고대생들이 데모한 거 알구 계시죠?
어머니 : 금방 얘길 들었어요.
임 형사 : 소문 아닌 사실입니다. 그런데 유감 천만에두 그 데모가 마산에
　　　서와 똑같은 방법으로 똑같은 순서루 자행되었단 말씀예요. 분
　　　명히 이 속에는 곡절이 있습니다. 공산당이 조종허구 있어요,
　　　네ー(중략)
청년단장 : 에, 그렇습니다. 지금 자당께선 불안해서 제대로 말씀도 못하
　　　시는진 모르지만요. 네, 이건 어디까지나 무모하고 철없는 학
　　　생 데모를 미리 방지해서 우리가 말씀이죠, 네, 동족잔행의 유
　　　혈을 막구 우리 충성된 가족들끼리, 네 힘써 이 박사를 모시구
　　　요, 질서를 회복하자는 거지 뭐 별것 아닙니다.

　이런 판국이건만 부통령직에 있던 장면까지도 4월 14일 수습 방안이라는 명목으로 대통령에게 보낸 글에서 발포 책임자 처벌과 피해자 구호 및 군대동원 금지 등을 내걸었다. 이미 김창숙을 비롯한 각계에서는 대통령 하야만이 유일한 해결책이라고 했고, 언론기관들도 선거를 다시 하는 길만이 정국수습의 방법이라고 했는데도 전혀 먹혀들지 않았다. 그러나 사실 이 시점까지의 많은 여야 정치인들은 그 정도로 사태가 수습되기를 은근히 바랐을지도 모른다. 그만큼 당시의 야당은 정치권력의 차원에서 보면 여당과 다를 바 없었다는 것을 문학작품들

은 반영하고 있다.

야당에서 여당으로 변절한 『껍질이 째지는 아픔 없이는』의 강기수는 이렇게 말한다. "미친 자식들! 한 번 결단이 난 선거를 어떻게 다시 한담!", "지방에서 몇 군데 일어난 것도 모두 배후 조종자가 있음이 틀림없어!" 이러자 그의 비서는 "보나마나 보수당(야당)에서 속살거린 장난이겠죠!" 하고 부추긴다.

이런 아버지와는 대조적으로 아들 대영은 '민중의 지팡이'가 아닌 '민중의 방망이'에 얻어맞은 채 귀가하고, 현실에 냉담하던 그의 여동생도 아버지의 변절로 마치 자신이 정략결혼 당하는 기분이 들어서 파혼을 선언한다. 대영은 아버지에게 데모대를 구경해보라면서, "정치를 하시려면 국민 대중들이 무엇을 바라는지 보셔야지 않겠느냐"고 따진다. 이에 강기수는 대꾸한다.

> 잔소리 마라! 네가 말하는 정도의 정치이념은 나도 알고 있다! 네놈 따위가 무얼 안다고! 그래 대학생들이 데모를 했다고 선거를 다시 할 것 같으냐? 그렇게 대한민국이 무법천지는 아니다!

그러나 대영은 아버지가 주장하는 바로 이런 정치철학이 싫어서 강권하는 미국유학을 포기하면서 이렇게 항변한다. "껍질이 벗어지는 조국의 모습을 보고 싶으니까" 그 현장을 떠날 수 없다고. "껍질이 째지는데 왜 아픔이 없겠어요?", "먼 훗날 우리의 아들딸들이 이 데모를 이야기할 때 대답할 자료는 가져야죠!" 이러면서 현실도피적인 학생의 전형이던 대영은 4·19의 행렬 속으로 뛰어든다.

한편 『마지막 기수』의 어머니는 데모가 철없는 학생들 뿐 아니라 모든 이웃들이 손뼉치고 좋아하는 가운데 진행되는 데 대하여 불안을 느낀다. 경찰인 맏아들과 학생인 둘째아들이 거리에서 서로 싸울 것만 같은 불안감이다. 마침 집안으로 피신해온 고교생들을 잡아가는 경찰들은 "짜식, 너들 빨갱이를 사람 취급할 줄 아니?"라면서 호되게 다룬다. 이때 큰아들 동철은 경찰 지휘소에서 학생 데모 진압을 위한 무기 점검에 태연히 임하고 있다. 그러나 몇 시간 뒤 동철의 누이 영주가 상처투성이로 실신된 채 집안으로 운반된다. 그녀는 자신도 모르게 데모대에 가담했다가 다쳤으며, 자기를 때리는 큰 오빠와 같은 경찰에 대하여 "시계나 장서를 잡혀가며 누이 생일을 마련해주는 눈물겨운 허구 많은 오빠들"이라고 생각한다. 경찰도 학생과 같은 권력의 피해자임을 그녀는 데모 도중 깨닫게 된 것이다.

다시 『마지막 기수』의 학생들은 데모 도중 발포를 막기 위하여 경찰에게 평화적인 시위를 보장해줄 것을 요구하나 묵살된다. 시누이의 부상을 본 동철의 아내가 데모 대열에 뛰어든 것은 마침 경무대 입구에서 발포가 시작되었을 때여서 억울하게 희생되고 만다.

> 아 슬퍼요 / 아침 하늘이 밝아오며는 / 달음박질 소리가 들려옵니다 / 저녁 노을이 사라질 때면 / 탕탕탕탕 총소리가 들려옵니다 / 아침 하늘과 저녁 노을은 / 오빠와 언니들의 / 피로 물들었어요 / 오빠 언니들은 책가방을 안고서 / 왜 총에 맞았나요 / 도둑질을 했나요 / 강도질을 했나요 / 무슨 나쁜 짓을 했기에 / 점심도 안 먹고 / 저녁도 안 먹고 / 말없이 쓰러졌나요 / 자꾸만 자꾸만 눈물이 납니다.(4·19 당시 성명 미상의 아동시)

신상웅의 단편 『불타는 도시』(1970)는 경찰의 추격을 피해 정릉 산골짜기까지 밀려간 학생들이 역사적인 4·19의 밤을 새우며, 이튿날 아침을 맞기까지의 불안과 희망과 동지애를 정면으로 그려주고 있다. 등록을 못한 채 교수와 학우들의 묵인으로 강의를 도강해오던 진수가 결국 대열의 앞장에 섰다가 희생되어 버렸음이 이튿날 아침 알려진다.

방관자에 의한 관찰의 4·19가 아닌 참여자 혹은 주최자로서의

4·19상은 이 계열의 작품 중 가장 예술적으로 승화되고 민중적 공감력이 강한 한무숙의 『대열 속에서』(1961)란 작품이 그려내고 있다. 신 씨는 박 장관의 "성실하고 충실한 고용인" 기사였다. 6·25가 터지자 신 씨는 박 장관의 가족만 태운 채 "다시 뒤를 돌아보지 않"고, "정원 한구석 차고 옆에 있는 운전수 집 앞에 그의 가족들이 나와"있는 것을 지나쳤다. 어린 아들 창수가 "아버지……" 하고 울음을 터뜨리는 소리를 잊으려고, 그는 "필요 이상으로 마구 클락션을 누"르며 피난을 떠나고 말았다. 창수와 같은 또래인 박 장관의 아들 명서는 아버지의 무릎에 앉아 창수가 울부짖는 모습을 보지만, "자기들의 행동 외에는 가치를 보지 않고, 자기들이 곧 질서라고 생각하는 족속들"이기에 그냥 지나치고 만다.

가장을 잃은 창수 일가는 점령지 서울에서 어머니는 "근로봉사로 동원되었다가 폭격을 받아 직사"하고, 큰딸 창남이는 "동원되어 인민병원에서 일하다가 북으로" 가고 만다. 게다가 작은딸 창순이는 "여맹에 나가게 되어, 제법 연설 같은 것도 배워 했던" 죄로 수복 후 수감되어 있다. 박 장관 부인은 "가장이 남하했다 하여 시달리던 끝에, 발을 들여놓은 길이라는 것은 끝내 알려 하지도 않"고, "에그머니, 모두들 빨갱이가 되었었군요. 무서워라. 온 속들을 알 수가 있어야지……"라며 "진저리를 떨었다."

이후 신 씨는 "더욱 충실한 고용인이 된" 채, 명서와 창수는 서로 함께 어울리지 않은 채 지냈다. 명서의 기억 저편엔 항상 "울고 있던 그때 그 얼굴"의 창수가 도사린 채 죄책감을 느끼게 하며, 창수는 "울음으로 가라앉힐 때까지의 분노, 저주에 굽이쳤던 마음의 경로"를 혼자 간직한 채 서로 자라났다. 명서는 일류 학교 수석을 거쳐 물론 일류 학교에 진학했고, 이와 아무 상관없이 창수 역시 조용히 어느 학교에 진학, 가정교사로 나가 있다는 소문만 들을 뿐 둘은 서로 대면 없이 지냈다.

현명한 독자라면 이들 두 젊은이가 그 이듬해 4월에 어떻게 회동했을까를 유추할 수 있을 것이다. 그 예상대로 창수는 가장 선두에 선다. 명서는 많은 내적 갈등을 겪는다. 그러나 그 역시 그날의 현장에 있었고, 창수가 쓰러지자 그를 걸머멘 채 나오다 총에 맞는다.

두 젊은이의 몸에서 흘러나온 피는 마치 한 사람의 몸에서 흘러나온 것이나 처럼 한 데 엉켜 흐르고 있었다.

이 작품의 끝맺음이다. 그 죽음은 갈등에 대한 조화요, 적대감에 대한 살풀이와 화해이며, 원한에 대한 신명풀이다. 분단이 남긴 비극의 일환으로서 4월의 의미와 그 과제는 물론『대열 속에서』한 편만으로 끝나지는 않는다. 어쩌면 여기서 새로운 4월의 의미는 다시 시작돼야만 할 것이다.

너희 그 착하디착한 마음을 짓밟는 그 불의(不義)한 권력에 저항하라. / 사슴을 가리켜 말이라 하는 세상에 / 그것을 그런 양 하려는 / 너희 그 더러운 마음을 고발하라. // 보리를 콩이라고 짐짓 눈 감으려는 / 너희 그 거짓 초연한 마음을 침 뱉으라. // 모난 돌이 정을 맞는다고? / 둥근 돌은 굴러서 떨어지느니— // 병든 세월에 포용(包容)되지 말고 / 너희 양심을 끝까지 / 소인(小人)의 칼날 앞에 겨누라. // 먼저 너 자신의 더러운 마음에 저항하라. / 사특한 마음을 고발하라. / 그리고 통곡하라.(조지훈, 〈잠언〉)

이어 4월 25일의 교수단 데모행진을 증언한 박태순의『무너진 극장』(1972)은 가벼운 상처를 입은 '나'가 친구 평길을 잃은 슬픔과 문제의 핵심을 파악하지 못하는 혼란 속에서 시가지를 헤매는 이야기를 담고 있다.

4월 26일—서투른 한국어 발음의 이승만 하야 성명을 김춘복은『꽃

바람 꽃샘바람』에서 이렇게 풍자한다. "쿠욱민이 워헌한타며는 대해
토홍령직을 사임하켔습네다." 이 한마디는 어제까지 흘린 피의 대가
를 다 지불받은 것처럼 축제 분위기를 몰고 왔다. 어제까지 침묵하던
문인들이 앞장서서 참여문학을 외치며 4 · 19를 기념했고, 지식인, 예
술인들이 자유와 민족을 구가했다. 그러나 진실한 문학인의 감수성은
4월의 정신이 4 · 26으로 끝나지 않았다는 것을 다시 증언하고 있다.

박연희는 『개미가 쌓은 성』(1962)에서 '독재'가 싫어 38선을 넘어온
모 신문사 청소부 장 서방을 등장시킨다. 그에겐 축구부 주장인 아들
효석이 있다. 데모가 일자 효석은 앞장섰다가 부상당하였다. 입원하
여 수술을 받았으나 죽고 만다. 대통령 하야 후 서민적인 K 기자와 장
서방의 대화는 이렇게 이어진다.

> "인제 없는 사람도 잘 살게 될 것 같소?" (중략)
> "그놈이 그놈일지도 모르죠."
> "아, 그럼 또 그런 세상이 된단 말이오?"
> "그렇진 않을 테지만....근본적으로 생각이 같고... 후에 그 자리에 앉는
> 것뿐이 다르지요." (중략, 이하는 장 서방의 독백임–인용자)
> "그놈이 그놈이구..." (중략)
> "또 이 꼴로 산다는 거지... 그럴 수도 있지! 나랏일을 빙자해서 놈들은
> 호사하고...에에 데럽다 데러바..."

역시 혁명의 미완을 예견하는 대목이다. 계엄이 내려진 시가지에서
엿들을 수 있는 대화엔 다음과 같은 것이 있다.

> "쏘면 사태는 더 큰일이지."
> "아니에요. 이놈들이 24파동(보안법 파동) 때 일을 보시우. 안 쏠 것 같
> 아요?"
> "미국이 있는 한 못해요."

"여보시오, 당신은 미국 사람만 믿고 살 작정이오? 삼일정신은 다 어디 두고…"

"허이, 이런 양반…국제정셀 모르는 소릴 하고 있군."

"아, 미국이 독재하라고 원졸 해주고, 자기네도 피 흘렸소?"

"이 양반이 공연히 혼자 아는 척하고 핏대를 올려…여보시오, 미국이란 나라는 자기네가 원조해주는 나라에서 내란이 일어나는 건 좋아하지 않는단 말이오. 알겠소?"

"예, 노형은 퍽도 유식하우… 저런 사람이 있으니 나라꼴이 이 모양이야…"

4·19 소재 문학은 다분히 도식성을 갖는다. 즉 우선 사건 전개방법에서 중·하류층의 출신 학생이 데모의 앞장을 서게 되고, 그 학생 하나를 키우기 위하여 아버지를 비롯한 모든 식구가 고통을 감내해야만 하며, 그런 정성들인 아들은 데모에서 부상 내지 죽음에까지 이르게 된다. 그러나 의연히 객관적인 관찰자들의 눈엔 세상이 바뀔 낌새는 보이지 않고, 역시 집권층의 교대라는 안이한 반혁명으로 치닫고 있는 모습이 비친다. 관찰자의 주변엔 예외 없이 그 정의를 증언하거나 기록하려는 활동을 방해하는 권력지향세력이 위협적으로 존재하며, 그들의 배후에는 거대한 권력의 조직이 도사리고 있다. 이들 세력과의 마찰이 혁명 소설에서 유일한 갈등을 이루고 있다는 점 역시 이 계열의 작품이 지닌 하나의 도식이라 하겠다.

4. 혁명의 좌절과 5·16에 대한 평가

"아시아적 전제의 의자를 타고 앉아서 민중에겐 서구적 자유의 풍문만 들려줄 뿐"(최인훈의 『광장』 앞머리에서)이었던 1950년대의 사회경제사적인 갈등과 모순은 4·19를 승리로 이끄는 역사적 원동력이 되었다. 김성한은 1957년부터 줄어든 미국의 대한 원조 삭감과 이로 인한 경제적 파탄 및 도시 빈민층의 증가 현상 등을 4월혁명의 중대 요인으로 꼽으면서, 이런 기층민중적 욕구를 전면 수렴하지 못한 채 근대적인 민주주의 의식을 가졌던 학생과 지식인층이 앞장선 것으로 4·19를 평가했다.(김성한, 1984) 진덕규도 4월의 제1차 대결세력으로 학생, 지식인 및 도시 청소년을 들며, 이에 맞서는 자유당 집권층과 정권밀착적인 재벌을 대비시키는 등 비슷한 논지를 펴고 있다. 즉 제2차 대결세력인 민중은 오히려 뒷전이고, 어디까지나 현상적으로는 학생과 지식인이 앞장선 혁명이었음은 부인할 수 없다는 뜻이겠다.

　하지만 현상적인 관찰에 못지않게 4월혁명 정신에서 이를 역사적으로 수렴해야 될 부분은 역시 민중계급에 의한 긴 역사적 '한'의 응어리라 하겠다. 멀리로는 봉건사회 체제로부터, 조금 내려오면 일제 식민지 시대, 이어 8·15가 준 기대에 대한 환멸, 6·25의 수난과 또 다른 한의 집적은 민중들이 너무 오랫동안 자신의 이상과 기대에 부푼 삶을 영위해 보지 못한 모습으로만 남아 있게 만들었다. 그래서 신동엽은 〈금강〉(1967)에서 4월정신을 멀리로는 동학정신으로부터 가까이로는 3·1운동까지 잡고, 이들 정신의 계승으로서의 4월혁명을 이야기한다. 물론 이것은 지금 와선 상식처럼 되어 있으나 당시만 하더라도 문학사에서 4월혁명을 이처럼 민중들의 전통적인 혁명정신과 결부시켜 형상화시킨 예는 없었다.

　"잠깐 빛났던 / 당신의 얼굴은 / 영원의 하늘, / 끝나지 않는 / 우리들의 깊은 / 가슴이었다"(〈금강〉)라고 노래하는 이 시인은 4월혁명을 긴 역사의 학대를 견디어 온 민중들의 한이 살풀이되었어야 할 역사적 굿으로 보았다. 그러나 정작 문학이 그 얄팍한 표면적 승리에 도취해 있을 때 4월은 사라지고 이내 한 어둠의 장막이 내린다.

　연대기적으로 추려보면 1961년 5 · 16쿠데타 다음해인 1962년에 구 정치인 연금 해제(1. 6), ‘정치정화법’ 해당자 4,374명 발표(4. 15), 정치 활동 적격자 1,336명 공고(5. 30) 등이 단행되었다. 이로써 쿠데타세력 은 친군부 정치인 편제에 박차를 가했다. 이를 기반으로 1963에는 민 주공화당 창당(2. 26), 박정희 예편(8. 30), 대통령으로 당선(10. 15) 등 이 이어졌다. 4월혁명 정신은 농단 당했다.

　이호철은 『부시장 부임지로 안 가다』(1965)란 작품에서 1961년 5월 16일을 전후한 세태를 풍자적으로 제시해준다. 백마고지 전투에 참여 한 바 있는 퇴역 육군 중위인 주인공은 5 · 16 직후 자기 집으로 군인 셋이 찾아왔더란 말에 기겁하곤 음식점, 다방, 여관을 돌며 집에 들어 가지 않는다. 술집 작부와 외도를 하면서도 그는 불안 때문에 계속 설 사를 해댄다. 다방에 들어갔을 때 “반공을 국시의 제일로 삼고”라는 찢어질 듯한 음성의 ‘혁명공약’이 그의 귀를 울리자 다시 놀라 뛰쳐나 온다. 결국 군인들이 그를 찾게 된 이유가 그가 마산 부시장으로 내정 되었기 때문이었음이 밝혀져 희화화되고 말지만, 정치권력에 대한 일 반 시민들의 반응과 공포심이 어떠했는가를 이 작품은 재치 있게 그 려준다.

　이를 전후해서 우리 문학에는 4월혁명의 좌절상이 부각되기 시작한 다. 김승옥은 『서울, 1964년 겨울』(1965)에서 낙담해버린 청년 지식인 상을 술집이나 배회하며 재치 있는 만담이나 즐기는 인간으로 상징화 하는데, 그들은 만원 버스에서 여자의 아랫배가 꿈틀거리는 현상을 이야기하다가는 불현듯 데모를 연상할 만큼 민감한 반응을 나타낸다.

　　아, 혁명은 보람 없는 것 / 죽은 줄 알았던 죄인이 다시 걸어 나오고 //
　사람들은 그 유령들에게 / 일표(一票)의 공능(功能)을 희사하려 한다.(조
　지훈, 〈우음(偶吟)〉)

조지훈 시인의 분노는 여기서 그치지 않는다.

나라를 망치고 우리에게 총을 쏘고 그 자들과 더불어 갖은 악행을 다 저지른 자들이 다시 국회에 나와 활갯짓을 하는 꼴을 그냥 보고 앉아 혁명 희생 학도 동지에 대한 면목이 없다는 점이다. 가위 우리들이 내세우다시피 한 제2공화국의 국회와 새 정부가 과연 우리의 기대에 부응하는 입법과 혁명정책을 수행해줄지는 미덥지 않다는 점이다.

혁명정신은 어디로 갔는가? 배신당한 슬픔에 자포자기하는 학생들아! 우리는 깊은 반성을 통하여 자신의 내부에서 혁명정신을 다시 찾지 않으면 안된다. 무엇을 허물할 것인가? 당초부터 우리에게 혁명 성취의 역량이 갖추어지지 않았던 것이 아닌가? 누구를 원망할 것인가? 암매한 민도를 하루아침에 어쩌란 말인가?

일이 이에 이르렀으매 우리는 그 혁명 과업을 좀더 원대한 여유와 치밀한 구상으로 수행하지 않을 수 없게 되었다. 반혁명 세력의 축출과 불의한 반동 세력의 재대두를 봉쇄하는 모욕적 파쇄적인 여론의 압력을 최대한으로 가중하여, 그러한 자들이 얼굴을 들고 다니지 못하도록 풍조를 바꾸지 않으면 안 된다는 말이다…….(중략)

혁명정신은 어디로 갔는가? 혁명정신은 민주주의의 빛이 되어 어두운 시골로 시골로 퍼져 가야 한다. 우리들은 이 거창한 일에 보람을 두자. 이것만이 못 이룬 혁명 정신을 4 · 26 그날의 희망과 환희에로 다시 돌리는 길이 될 것이다.(조지훈, 〈혁명정신은 어디로 갔는가?〉)

4 · 19정신의 변모를 송원희의 단편 『혈흔』(1968)은 이렇게 그려주고 있다. 신록 모임에 홍일점으로 가담했던 수정은 이해 4월에 역시 역사적인 행렬을 외면하지 않았다. 신록 모임의 주최자격인 선우종이 데모 때 죽어버린 뒤에도, 그의 뜻을 이어보려는 회원들의 모임은 계속되어 왔다. 그러다가 어느 날 수정은 낯선 두 사람의 방문객을 따라 가서 B서에서 두 밤을 잔 뒤, 신록 모임을 중단할 것을 서약하고 나온다.

그 뒤 신록 모임의 한 구성원이며 수정과 가장 가까이 지냈던 권상

익은 모 정당에 입당하여 세계일주를 하곤 기행문집을 내어 출판기념
회를 열었다. 그는 정계 거물 모씨의 총애로 그의 딸과 약혼까지 할
단계라고 한다. 이런 권상익에게 주위에서는 4 · 19정신의 계승자라고
축사를 하면서 어제의 모든 것을 잊는다. 그런데 참가자 중 하나가 이
런 말을 한다.

> 지난 4 · 19날 말야. 아침 일찍 수유리 묘지에 갔었지. 나 혼잔가 했더니
> 나보다 먼저 와있던 여인이 있었어. 주위가 너무 고요해서 나는 그 여인
> 앞으로 가까이 가서 물었어. 아들이라는 거야. 그녀의 말론 4 · 19날엔 언
> 제나 새벽에 온다는 거야. 그날 이 묘지에 위정자들이 분향을 하려 모여
> 드는 것이 보기 싫다는 거야. 그녀는 그날엔 신문도 안 본다는 얘기였어.
> (송원희, 『혈흔』)

수정은 옛 벗들을 미워하면서 결혼까지 포기한 채, 혼자 자신의 싸
늘한 삶을 찾아 이 시대를 방황하고 있다. 대체 지식인이 혁명운동 과
정에서 지닐 수 있는 역사적 역할과 그 이후의 과오를 대차대조표로
작성한다면 어떻게 될까? 4 · 19 이후 지식인은 분명 일정한 역할을 수
행했다. 그러나 결정적인 순간에 이르러 지식인은 역사의 진정한 방
향설정에서 직무유기를 하거나 이기주의적 선택을 서슴치 않았던 것
도 부인할 수 없다.

모든 희망이 유보된 상태에서의 소시민적 따분함을 이호철은 『닳
아지는 살들』(1962)에서 밀도 짙게 그려주며, 청년층과 학생들의 좌절
감과 소외감에 대해서는 김승옥의 『서울, 1964년 겨울』이나 이청준
의 『황홀한 실종』(1976)이 증언해주고 있다. 학생들에 못지않게 기성
세대나 교수들이 느끼는 현실적 좌절감도 상당한데, 현실적 좌절감은
선우휘의 『십자가 없는 골고다』(1965)가 잘 그리고 있다.

좌절 속에서 "조선은 젊은이에게 술을 먹인다"고 떠들면서, "이 땅

을 말일세, 국제입찰에 붙이"자는 제안을 하는 선우휘의『십자가 없는 골고다』같은 작품도 이 시대의 절망적인 한 단면을 역설적으로 말해 준다. 이 소설은 국제입찰로 이 땅을 팔겠다고 세계 유명지에다 광고를 내고, 한 세대 당 5만 달러가 돌아가는 금액을 받고 팔아 치운 뒤, 세계 각처로 떠돌아다니며 고생하면서 살 길을 찾아 나서지만, 오랜 세월이 지나 이국땅에서 받은 수모로 민족의식을 각성하고, 다시 이 땅으로 돌아올 운동을 전개한다는 낭만적인 환상을 동반한 각본이었다. 한번 이래봐야 지난날의 민족적 과오에 대한 깊은 반성을 할 수 있을 것이란 역설은 당시의 반민족적, 반민중적 집단에 대한 민족적 허무주의에 입각한 경고로 읽을 수 있다.

4월혁명의 좌절이 준 아픔이 다시 곪아 터지는 계기가 된 것은 한일협정과 국군 파월이라는 쟁점이 사회적으로 부각되면서였다. 이 무렵을 전후하여 우리 문학은 신항일문학의 고조기를 맞았다. 김정한, 하근찬 등은 주로 일제식민지시기에 있었던 민족차별과 수난상을 회상조로 썼으며, 박두진, 박봉우 등은 한일회담 반대의사를 노래로 불렀다. 물론 월남파병에 대한 문학적 대응도 상당했다.

> 화창한 반도의 가을하늘 / 월남으로 떠나는 북소리 / 아랫도리서 목구멍까지 열어 놓고 / 섬나라에서 굽신거리는 은행 소리 // 조국아 그것은 우리가 아니었다. / 우리는 여기 천연히 밭갈고 있지 아니한가.(신동엽, 〈서울〉)

두 가지 쟁점이 동시에 겹친 1960년대 중반기를 지나면, 이제 장기 집권을 획책하기 위한 개헌파동이 밀어닥친다. 이병주는『쥘부채』(1969)에서 박정희의 3선개헌을 "혼란이 겁이 나서 민주주의하지 말자는 얘기로군"이라고 질타한다. 이어 "개헌을 해야 할 사람에게도 백 가지 이유가 있다고 치자. 해선 안 된다고 하는 사람에게도 백 가지 이유가 있다고 치자. 그럴 것 아냐? 그럴 때면 현재의 원칙대로 하는 거다"라는 말이 오간다. 이어 "개헌을 하게 되면 또 데모 소동이 일겠지?"에 찬반 양론이 일어난다. 그 당시로선 가장 첨예한 부분을 다룬 이런 학생 풍조는 물론 오늘의 수준으로 보면 대수롭지 않다. 하지만 당시 개헌문제가 예각화 되었음에도 이를 작품으로 형상화하는 데는 미치지 못하였다. 『쥘부채』가 그 벽을 넘어섰다. 그렇다고 이 작품을 1960년대적 민중의식을 반영한 것으로 평가할 수는 없는데, 이유인즉 작가가 분명 방관자적 입장에서 현실과 역사를 적당한 간격을 두고 관찰하는 기록자적 신분을 고수했기 때문이다.

이렇게 소설과 시문학이 1960년대적 현실인식에 열중하고 있을 때 비평문학은 엄청난 변모와 성장의 모습을 나타낸다. 즉 4·19를 전후해서 등장하기 시작한 참여문학론은 한일협정을 맞아 민족주체성을 위한 민족문학으로 승화했으며, 이어 1960년대 후반기로 접어들면는 리얼리즘 이론이 대두하기 시작한 것이다.

1960년대 중반기 이후부터 본격화된 사회경제적인 갈등의 극대화는 부익부 빈익빈이라는 계급의식의 각성을 부채질했다. 이를 바탕삼아 민족문학의 논리는 리얼리즘론으로 전환했고, 여기서 1970년대의 경제적 부조리가 다시 농민, 노동자 문학으로 치닫게 했다.

혁명은 정신의 백열 상태에서 터진다. 그러므로 역사는 혁명 후에 그렇게도 크게 걸었던 기대에 대한 반동으로 공허감이 밀려오기로 마련이다. 혁명은 정오— 그것이 끝나면 낙일의 애수가 오는 것을 우리는 많이 보아왔다. 그러나 아직도 혁명은 진행되고 있다. 우리는 이러한 공허감에 사로잡혀서는 안 되는 때이다.(조지훈, 〈혁명에 부치는 글〉)

이렇게 볼 때 1960년대의 한국문학은 1950년대적 냉전의 미학론을 탈피하는 계기가 됨과 동시에 1970년대의 민중문학을 낳는 과도기적 기능을 다한 셈이다. 따라서 1980년대 이후 4월혁명의 이념은 1950년대적 민주주의 열망과 1960년대적 민족주의 열기, 그리고 1970년대의 민중적 의지가 하나로 귀일된 형태로 등장한다. 이미 1980년대에 이르면 이 세 가지의 현대사적 과제가 어떤 정교한 절단술로도 나눌 수 없는 하나의 역사적 몸통임을 알게 된다.

그래서 1980년대의 문학은 4·19를 절단하여 떼어낼 수가 없게 된다. 한상윤이 〈떨켜〉에서 지적했듯이 이미 오늘의 혼란은 어제, 그저께까지로 거슬러 올라가는 것으로 4월의 그림자는 바로 우리와 함께한다. 정 노인은 6·25 때 아내를 잃었고 4·19 때에는 아들의 비극을 겪었는데, 이제 1980년대에 와서는 손자가 국가보안법으로 수감되는 3대에 걸친 수난의 소용돌이에 살고 있다. 이런 현상은 4월혁명의 의미를 보다 선명하게 부각시켜 주는데, 그것은 역사성을 지녔기 때문이다.

이제 4월혁명의 이념은 문학에서 근대 민족사적 과제의 총체로 그 모습을 드러내야 할 시점에 이르렀으며, 이는 조정래의 『태백산맥』과 『한강』으로 그 작업이 성취되었음을 의미한다. 문학은 현실적으로 성공했든 미완이었든 실패했든 가릴 것 없이 일단 제기된 진정한 혁명의 이념을 가장 끈질기고 아름답게 창조하는 작업이기에 4월혁명도 두고두고 우리 문학을 빛낼 것이다.

그렇다면 현대사에서 4·19는 무엇이며, 문학사에서의 그것은 또 어떤 계기가 되었는가. 이승만 독재정권을 타도했다는 점에서 본다면 4월혁명은 일단 성공이었다. 그러나 1848년 프랑스의 2월혁명은 엄연히 루이 필립을 타도했으나 그 10개월 뒤의 자유선거로 루이 나폴레옹이 대통령으로 당선되었으며, 그 3년 후 쿠데타로 독재를 강화하곤 이듬해 국민투표에서 나폴레옹 3세라는 황제체제로 복귀하지 않았던가. 또 1848년 3월의 도이치 혁명도 처음에는 오스트리아와 프로이센 제국을 통일시킴과 동시에 민주화한다는 두 가지 과업을 이룩할 듯이 보였다. 민주화와 도이치 통일이라는 2대 과업을 함께 성취하려던 이 혁명의 결과, 인구 5만 명 대 1명의 대표로 구성되는 국민의회 의원까지 선출하였고, 50인의 교수가 포함되어 '대학교수 회의'라는 별명까지 붙을 만큼 전망이 밝았다. 그러나 빠리로부터의 반혁명 소식에 힘입은 프로이센 왕은 흠정(欽定)헌법을 공포하여 국민의회를 해산시켰다. 이에 실망한 부르주아지들은 그래도 민주주의 의식이 강했던 당시의 국회에 기대를 걸었다. 하지만 이것마저 무력화 시켜 절대권력화 해버렸다.

이런 시대적 상황 속에서 문학은 어떤 작품을 남겼을까. 장님 작가가 아닌 이상 이런 시대의 문학은 그 절망적인 상황을 증언하게 되는데, 그것은 쇼펜하우어의 염세철학이 유행하는 배경이 되었다. 4·19를 직접적인 소재로 하는 문학은 마치 4월의 열기가 짧았던 것처럼 쉽게 꼬리를 감추고, 이에 대한 좌절의 미학과 4월의 알맹이를 전진적으로 해석한 학생 소재 소설이 뒤를 이었다.

이제 여기서 반드시 집고 넘어가야 할 인물이 있다. 문학이 박정희와 5·16쿠데타를 어떻게 평가하느냐는 문제이다. 많은 작품 중 여기서는 이병주의 『그해 5월』(한길사, 2006) 한 편만을 소개한다. 논란의 여지가 많은 작가인 이병주는 현대사 연작 5부 『관부연락선』, 『지리산』, 『산하』, 『남로당』에 이어 에필로그로서 5·16쿠데타와 박정희의 '장군의 시대'를 이 소설에서 다룬다. 정확히 1961년 5월 16일부터 1979년 10월 26일까지 박정희 통치 18년이 그 시대적인 배경인 이 작품의 집필 동기는 "그래, 자네 제3공화국의 역사를 쓸 작정이군"이라는 성유정의 질문에 대한 주인공 이사마의 "역사를 쓰다니, 역사를 쓰기엔 시간적인 거리가 아직 일러. 다만 나는 (박정희의)허상(虛像)이 정립되지 않도록 후세의 사가를 위해 구체적인 기록을 정리해 볼 작정이야”란 대답에 잘 드러나 있다.

소설은 첫 장면에서 10·26을 부각한 뒤 1961년으로 거슬러 올라가, 기록자 이사마(사마천의 이름을 연상케 하는 별칭)가 『사기』처럼 ‘기전체(紀傳體)’로 박정희 장기집권 18년 동안을 각종 사료와 논평을 곁들여 엮는 형식을 취한다. 이병주의 현대사 실록소설은 예외 없이 실존인물에다 작가의 분신과 몇몇 주변 인물들, 여기에다 양념으로 여인들이 끼어드는 서사구조로 엮어진다. 작가는 예외 없이 고도의 지성적 조건을 갖춘 비슷한 가치관을 지닌 2명 이상의 남성상에다 반드시 언론인(1급 기자나 논설위원급)을 끼워 넣으며, 여인상들은 반드시 미녀들이거나 특이하게 예외적인 여인으로 탁월한 능력을 지닌 경우가 등장한다.

왜 작가는 피살당한 독재자에게 지레 가혹한 비판의 관점으로 접근하는가? 이사마와 성유정의 대화를 통해 작가는 마지막 장면에서 이렇게 말한다.

> “불쌍하다뇨. 두고 보시오. 그를 추종하는 패거리는 그를 위대한 인물이라고 추켜올릴 것이오. 그렇게 해야만 공범자의 처지를 협동자의 지위로 끌어올릴 수 있을 테니까요.”
>
> “그까짓 추종자들의 말이야 오뉴월에 살얼음 녹듯 할 것이고……, 5백 년 후의 역사책에 그는 어떻게 기록될까. 고려사(高麗史)에 정중부(鄭仲夫)가 차지한 정도의 스페이스를 차지할까?”

“조국이 없다. 산하가 있을 뿐이다”는 글로 투옥되었다가(1961. 5. 21~ 1963. 12. 16), 출옥 후 박 정권을 관찰, 기록하는 이사마(곧 작가)는 “스칸디나비아의 사회민주주의를 배우는” 것을 정치의 이상으로 삼고 있는 자유주의적 지식인의 한 전형이다. 그는 “우리 국민은 너무나 건망증이 심해. 잊지 말아야 할 것을 쉽게 잊어버려”란 성유정의 말을 상기하면서, "내가 발포명령을 내렸다"며 반성하는 정치인이 한 사람도 없는 역사를 질타하는데, 이 속에는 여야를 가리지 않고 18년 장기집권을 가능하게 했던 공범자로 보려는 의도가 스며있다.

이병주의 현대사 연작소설 전체를 관통하고 있는 민족적 허무주의의 자세에는 집권자나 야당을 싸잡아 비꼬는 투의 어법이 횡행한다. "프랑스도, 독일도, 영국도, 러시아도 모두 동족상잔의 내란을 겪었다. 미국의 남북전쟁도 동족상잔이고, 스페인의 내란도 그렇고, 중국도 예외가 아니다. 일본도 명치유신 직전까지 내란상태에 있었다. 그러니 동족상잔을 했다고 해서 창피할 건 없어. 안타까운 것은 그 쓰라린 체험에서 교훈을 얻는 것 같지 않다는 점이다.……보람 없이 피를 흘리기만 했다"는 영국인 기자 조스의 말은 작가의 민족성 비판과 그대로 일치함을 느낀다.

주인공은 "박정희 씰 그렇게 죽게 해선 안 되는 일인데……"라는 엄벌주의자로 부각된다. 후세 사가들은 "백 년 후의 고등학교 역사 교과서에 한 페이지쯤", "2백 후엔 반 페이지?", "3백 년 후면 서너 줄?", "천 년 후면 흔적도 없어질까?" 하다가, "아냐, 어젯밤(10. 26)의 사건 때문에 길이 기록엔 남을 거야"란 문학적 결론에 이르고 만다.

그러나 정작 조스는 시종 쿠데타와 박정희에 대하여 가장 신랄한 비판자로 "쿠데타를 혁명이라고 강조하는 것도 우습지만, 쿠데타가 없었더라면 과연 코리아는 망했을까? 지금의 정치에서는 도의를 어디 가서 찾지? 정치에 있어서의 도의란 좋으나 궂으나 헌정(憲政)을 지키는 행위에 있는 것이 아닌가. 헌정을 비합법적 수단으로 짓밟아 놓은 사람이 도의 운운하는 것은 우스울 뿐더러 마치 만화 같지 않은가. 스페인의 프랑코는 천주님의 뜻을 자주 들먹였지만 도의란 말은 잘 쓰지 않았다"고 근본적으로 부인하는 쪽이다. "최고로 웃기는 대목이 있다. '정당과 국회와 정치 자체를 국민으로 하여금 불신하게 하였다'고

민주당을 비난하고 있는데, 정당을 불신케 한 것은 누구인가. 국회를 불신케 한 정도가 아니라 유린한 게 누군가. 정치 불신의 풍조를 만들어낸 장본인이 누군가……"라고 한 것도 조스이다.

조스의 말을 점검코자 이사마는 『국가와 혁명과 나』를 읽다가 독일의 부흥이 훌륭한 지도자 덕분이라는 대목에서 아데나워는 결코 친나치가 아니었음을 들어 비판의 예봉을 세운다. 비판은 여기서 멈추지 않는다. 민정 이양 때, 3선 개헌 전후, 유신통치 시기에 저지른 온갖 거짓과 국민 기만 사실을 적시하면서, 이사마는 아예 5·16쿠데타 자체를 부정한다.

쿠데타에 관해서는 이사마와 조스가 일관되게 전면 비판하는 쪽이고, 성유정은 부분 비판, 전반부의 화자인 '나'(이 교수)는 어정쩡한 입장이다. 세계사의 거의 모든 쿠데타를 섭렵하면서 박 장군의 쿠데타를 비판하는 조스와 합작으로 전개되는 이사마의 탁월한 논조는 가히 정치학 논문 수준으로, 이병주 소설에서도 드물게 만나는 장면의 하나다. 그의 논조는 한 마디로 "애국심과 양심에 의해 일으킨 쿠데타는 거의 없었다"는 것, "애국심이니, 정의니 하는 본래 아름다웠던 말들이 형편없이 오염되게 된 것은 쿠데타를 일으킨 군인들이 마구 그런 말을 써먹었기 때문"이라는 것, 5·16은 결코 '제도 변혁'이 아니기에 혁명이 아니라 쿠데타라는 것, 그래서 "역사상에 나타난 쿠데타는 전부 실패한 쿠데타"라는 것이다.

작가는 실패한 쿠데타를 한마디로 "만홥니다. 만화"라고 규정한다. 이어 작가는 독재자의 유형을 논하면서, "독재자는 권모와 술수, 감시와 이간, 그리고 혹독한 처벌수단으로 지탱되는 것이기도 하지만, 범인이 추종할 수 없는 어떤 장점의 소유자라는 것도 불가결한 조건이다"고 첨언한다. 예를 들면 히틀러는 광인 취급을 해야 할 '놈'이지만, 돈에 관해선 깨끗한 정도를 넘어 전연 금전감각이 없었을 뿐 아니라,

봉급 전액을 노동사고로 신음하는 사람들을 돕는 기금으로 기부해 버렸다며, 5·16 세력을 겨냥했다. 그리고 쿠데타로 정권을 잡은 자는 "그 사람이 죽든지, 또 다른 쿠데타가 발생해서 성공하든지 하는 일이 없는 한 영구집권"할 것이라고 충고하면서, "국민을 배신한 범죄행위가 권력"을 잡고 나서는 비상수단을 "합리화하기 위해서, 또는 그 무리를 호도하기 위해서 영속적인 쿠데타, 크고 작은 쿠데타, 음성적·양성적인 쿠데타를 계속해야" 하는 비극이 연속될 것이라고 소설은 밝힌다.

그러나 이보다 훨씬 중요한 참담함은 "교육을 불가능하게 하는 상황을 만들기 때문"이란 점을 조스는 든다.

교육이 감당해야 할 것은 갖가지 지식을 공급한다는 것 외에 제1의적으로, 아무리 목적이 좋아도 그 목적을 달성하기 위해 쓰이는 수단이 정당해야 한다는 것을 가르치는 데 있오. 무슨 방법을 쓰건 성공만 하면 그만이란 풍조가 세계를 휩쓸고 있지. 이걸 강도적 원리가 지배하는 사회라고 하는 거죠. 그러나 이러한 풍조를 없애기 위한 노력도 대단하오. 그 결과 유럽의 정치사회에선 어느 정도 페어플레이가 이루어지게 되었죠. 그런데 쿠데타로써 정권이 선 나라는 문자 그대로 강도적 원리가 지배하고 있는데, 그런 나라에서 페어플레이를 하라는 교육을 어떻게 합니까.

소설은 5·16쿠데타의 반민주·반역사·반민족적 요소를 두루 열거하면서, 945일(1961. 5. 16~1963. 12. 17)간의 죄악을 조목조목 따진다. 군사 정권은 8백 31개의 법률을 만들어 제꼈다는 것, '정치정화법'을 발동하여 3천 27명의 공민권을 제한했다는 것, 지방자치를 짓밟았다는 것, 경제 정책은 부익부 빈익빈의 현상을 빚도록 유도했다는 것, 쿠데타 주체자들의 부패와 타락을 가져왔다는 것 등을 지적하고, 증권파동, 워커힐 사건, 새나라자동차 사건, 빠찡꼬 사건 등 4대 의혹 사건을 자세히 분석하였는데, 다 과거사 청산에 다 포함시킬만한 과제들이다.

쿠데타가 저지른 부정 중 가장 큰 역사적인 후유증으로 부정선거를 들었다. "마을마다에 막걸리가 홍수처럼 범람했다. 부녀자들이 백주에 술을 마시고 비틀거렸다. 전국 방방곡곡에 행락기분이 넘쳤다." 그래서 "이건 선거가 아니고 전 국민을 미치광이로 만들 수작"이 되어버렸다. "술로써 육체를 마비시키고, 돈으로 양심을 마비시켜 표만 빼내자는 것"이 곧 선거였다는 것이다.

박정희 옹호론에서 단골로 등장하는 경제개발에 대해서도 작가의 시선은 따갑기만 하다. "숱한 억울한 사람을 만들어 놓고 경제 5개년계획의 강력한 추진이란 뭣일까"라는 건 한 맺힌 사람들의 넋두리라치더라도, 경제개발 5개년계획에 대한 송요찬의 말은 시선을 끈다. 즉 자신이 내각 수반으로 있을 때 "창안은 내가 하고 구체적인 내용도 내가 지휘한 부하들이 만들었다. 최고회의는 그것을 승인한 것뿐"이라는 것이다. 뿐 아니라 5개년계획의 수치부터 집행과 그로 인한 부작용, 특히 농촌경제의 파탄, 외자유치 문제 등등을 낱낱이 고발하듯이 파헤치면서 경제에서의 박정희 신화를 근본적으로 부인하고 있다.

이병주는 5·16세력에 대해 여러 가지로 비판하면서, 특히 친일행각 문제를 강조하면서 박정희를 겨냥하였다. 성유정은 "윤보선 씨가 시답잖은 사상논쟁을 일으키는 대신, 일본이 물러간 지 채 17년 될까말까한 이 마당에 아무리 이 나라에 사람이 없기로서니 일제의 하급장교 다까끼 주우이(高木中尉)를 대통령으로 모실 수 있겠는가 하고 나왔더라면 어떻게 되었을까"라고 반문한다. 그리고 "독립운동한 지사들이 그 분으로부터 독립유공의 훈장을 받고 좋아하고 계시니, 그런 얘기는 한 장 넘어가버린 얘기가 아닌가"라면서, "하기야 윤보선 씨가 다까끼 중위를 들먹이지 못할 사정이 있기도 해요"라는 말을 덧

붙인다. 이 꼬리말은 우리 시대의 아픔을 증가시킨다. "이상을 말하면 애국으로 일생을 관철한 어른들이 정권을 잡고 있다가 일제에 때묻지 않은 세대로 넘겨주는 것인데, 세상이 어디 이상적으로만 될 수가 있나"라는 성유정의 결론은 소설 군데군데에서 되풀이된다.

이런 일군 하급 장교 출신이 주도한 한일협정을 작가는 날카롭게 파고들면서, 이를 둘러싼 각종 비리 의혹과 청구권의 부당성(특히 일인 노구치의 지적이 더 한국인의 자존심을 건드린다)을 다른 나라와 비교하여 검증하고 있는데, 아무리 관대해지려 해도 그냥 지나칠 수 없도록 만드는데, 그 무대의 뒷면을 한 장면 살짝 보여준다.

1964년이 저물어가는 12월 막바지에 이사마를 찾아온 한 일인을 통하여 '다카키다이이이 高木大尉 마모루가이'[다카키 대위를 지키는 모임]의 실체를 엿보게 해준 장면이다. 이 모임은 극비조직으로, "다카키 대위의 일본사관학교 동기생 가운데 한 사람이 중심 인물인데, 그 뜻을 알고 지원한 사람들로 구성"된 것으로 밝혀진다. "유가와의 말에 의하면 다카키 씨는 일본 최후의 무인(武人)이란 거야. 패전과 더불어 국내에선 무인이 전멸했는데, 무인다운 무인이 한국에 존재한다는 거지. 그런 만큼 일본인으로 봐선 귀중하기 짝이 없는 존재인데, 어찌 우리가 가만 있을 수 있느냐 하는 것이 그 모임을 발기한 취지라나?"며 그 모임 결성의 전말을 보여준다. 그리고 "일본 육사 나온 사람 가운데 정권을 잡은 사람은 장개석과 박정희, 단 두 사람이 아닌가"라고 반문한다.

이어 "그들(일인－인용자)은 조선반도의 반을 찾은 거나 마찬가지라고 생각"하는데, 그 이유는 "한국의 시장을 석권하겠다는 거지. 요컨대 한국의 경제를 자기들 마음대로 할 수 있다고 생각하고 있는 거라. 경제권만 장악하면 실리(實利)를 차지하는 셈 아닌가"라고 단정하는 일인의 말을 소개하고, 그 일인으로 하여금 계속해서 말하게 한다.

즉 일인은 박정희가 "일본 유행가와 군가를 부하들을 통해 한국에서 적극적으로 권장하고 있는 사실"을 거론하고, "역사에 구애받지 않는 노골적인 친일정책"을 전개한다고 단정적으로 말한다.

작가는 박정희의 친일행각을 밝히는 데 택시기사까지 동원한다. 즉 어느 택시 기사가 "천리교만 들어온 줄 압니까. 일본의 천황교(天皇敎)까지 들어올 겁니다"라고 말하는가 하면, 가뭄 걱정 소리를 듣고 있던 다른 한 기사는 "물이 모자라면 일본에서 가지고 오면 될 게 아닙니까. 한일협정만 되면 뭣이건 모자라는 것은 일본이 갖다 준다고 하던데요 뭐"라는 말까지 한다.

작가는 〈후기〉에서 "최근 나는 일본의 관보(官報)를 통해 작년(1987년) 9월 29일 일본 국회가 대만주민(臺灣住民)의 전몰자 유족 등에 대한 조의금에 관한 법률을 의결 공포했다는 사실"을 추적하였는데, "2차대전 때 일본군에 속해 있던 대만인의 전몰 또는 전상자는 21만인데, 전사, 전상을 불문하고 일본 돈으로 1인당 2백만 엔씩을 지불한다"는 대목을 발견하였으며, 당시 대만의 "전사상자 21만 명의 유가족은 일본 정부로부터 35억 달러의 조의금을 받게 되"었다는 것을 알게 되었다고 밝히고 있다. 이어 일본 관보엔 한국 출신의 일본 군인군속의 전사상자 수는 약 24만 2천 명인데, 이 보상 문제는 1963년에 체결된 '재산 및 청구권에 관한 문제 해결 및 경제협력에 관한 일본국과 대한민국과의 협정'에 의해 해결되었다고 발표되어 있다며 분노한다.

이런 대일관은 대미관에도 그대로 이어지며, 그 연장선에는 파월 국군 문제가 대두된다. 이사마는 국군 파월 논설을 써달라는 사장의 요청을 거절하면서 사직한 뒤, 반 룸펜적인 작가로 생활을 시작하게 된다. 그는 "패배가 예상되는 전쟁에, 미국의 언론마저 승리가 어렵다고 판정하고 있는 전투에 뛰어들어 한국군은 무엇을 하겠다는 말인가"라고 전망하는데, 이것은 언제나 유효하다.

"이 정권은 쿠데타에 의하든가, 본인이 죽거나 하기 전엔 절대로 이양 될 수 없는 정권"이라는 말은 작품 전편을 흐르는 주제이다. 작가는 『뉴욕 타임즈』에 실린 이태리의 여기자 팔라치가 셀라시에 황제와 인터뷰한 기사를 인용하면서 은근히 박정희를 비판한다. 팔라치가 "폐하, 지금 에티오피아를 구제하는 오직 한 가지 방법이 있다면 그건 무엇이겠읍니까"라고 물었으나, 셀라시에는 대답을 못하고 묵묵부답해 버렸다. 그러자 팔라치가 "내가 대신 말해볼까요?"라며, "지금 에티오피아를 구하는 유일한 방법은 폐하가 황제의 자리에서 물러나는 일입니다"라고 결말을 맺는데, 작가는 이 대화로 박 정권의 본질을 폭로한다. 이어 작가는 우간다의 이디 아민이 "박정희의 충실한 제자"로 온갖 불법적인 통치술을 배운 것으로 패러디화 한다.

작가는 이 소설을 통하여 자신의 생애와 사상을 노골적으로 드러낸다. 그것은 어쩌면 긴 군부독재 시기에 작가에게 가해졌던 누명에 대한 해명이기도 하고, 진실을 숨긴 채 살아야 했던 지식인의 초상이기도 하다.

5. 맺는말

얄타 냉전이념을 구현한 분단체제가 6·25로 현상 고정화되자, 한반도는 안팎으로 새로운 질서를 요구하게 되었다. 우선 세계사는 1950년대 후반부터 1960년대 초에 걸쳐 쿠바와 알제리 혁명, 베트남을 비롯한 라오스, 캄보디아 등지에서의 반제 투쟁, 아프리카·라틴 아메리카 등 여러 나라에서의 민족해방운동이 잇달아 일어나게 되었다.

구식민지 시대의 독립운동가적 풍모(그 진실 여부는 고사하고)로 권위주의적 체제를 유지하면서 민족과 민중의 욕구를 억압할 수 있었던 시대에 종지부를 찍게 된 것이 이른바 1950년대 말에서 1960년대 초에 이르는 기간의 세계사라고 한다면, 한반도도 여기서 예외일 수 없는 것이다. 지역과 민족에 따라서 그 강도는 다르나 민족해방운동은 이후 연이어 일어났고, 낡은 식민지 시대의 독립운동가적 카리스마만으로는 이런 변모에 대처할 수 없게 되자 보다 강력한 새로운 탄압기구를 요구하게 되었다. 이른바 제3세계적 후진 지역에서 거의 동시다발적으로 일어난 쿠데타는 이런 민중적 욕구를 제어하기 위한 제국주의의 새로운 처방전으로 이해할 수 있다.

4·19는 이처럼 세계사적 흐름을 반영하는 한편, 국내적으로는 동학－3·1운동－반제 민족해방운동－8·15와 분단극복운동－6·25와 분단극복 운동－반독재 민주주의운동으로 이어지는 국민적 열망을 집결시키는 작용을 담당했다. 따라서 그 역사적 의미를 보다 면밀히 규명하게 위해서는 광범위한 민중 계층의 참여도와 그 이념적 배경을 검토해야 할 것이다.

> 지주도 없었고 / 관리도, 은행주도, / 특권층도 없었었다. // 반도는, / 평등한 노동과 평등한 분배, / 능력에 따라 일하고 / 필요에 따라 일하고, / 그 위에 백성들의 / 축제가 자라났다. // 늙으면 마을 사람들에 둘러싸여 / 웃으며 눈감고 / 양지바른 뒷동산에 누워선, 후손들에게 / 이야기를 남겼다. // 반도는 / 평화한 두레와 평등한 분배의 / 무정부 마을 / 능력에 따라 일하고 / 필요에 따라 분배, / 그 위에 청춘들의 / 축제가 자라났다. / 우리들에게도 생활의 시대는 있었다.(신동엽, 〈금강〉)

문학사에서는 탄압이 강할수록 그 시대가 남긴 자국은 깊고 선명하게 남는다. 비단 문학적 내용에서만 그런 것이 아니라, 작가들의 대사회적 자세도 조금씩 달리 나타난다. 역사적인 대변혁이나 사건이 있을 때 작가들은 작품만이 아닌 행동으로 이에 가담하는 것이 조금도 부자연스런 일이 아니다. 스페인 혁명(1936~1939) 때 우나무노는 프랑코 반란군을 비판하다 연금된 채 죽었으며, 가장 비현실적인 시를 썼던 트리스탄 짜라를 비롯하여, 헤밍웨이, 시몬느 베이유, 앙드레 마를로 등이 직접 공화제를 위하여 싸웠다. 그런데 이때 T. S. 엘리엇은 중립적 입장을 취하여 침묵했고, 이블린 워 같은 작가는 아예 프랑코를 지지하기도 했다. 이처럼 문학인이 역사적인 사건에 관여한다는 것은 꼭 옳은 방향에만 참여한다고 할 수는 없다.

민중사상을 누구보다 깊이 체득한 톨스토이도 1905년의 러시아 혁명에 대한 『런던 타임즈』지의 설문에서 처음엔 이 사건은 러시아의 민주주의를 퇴보시키는 일이라고 비난했으나, 곧 이로 인하여 학대받는 사람들을 위하여 〈나는 더 이상 침묵할 수 없다〉는 글을 비롯해 많은 활동을 하여 자신의 과오를 보상했다.

문학인이 현실적인 사건으로 투신할 때 저지를 수 있는 오류는 그 작품에도 역시 나타난다. 예컨대 다킨즈의 『두 도시 이야기』는 프랑스대혁명을 다루었는데, 어떤 때는 귀족의 횡포를 비판하고, 또 어느 부분에서는 혁명군의 몽매성을 풍자해서 그 관점을 흐리고 있다.

4·19와 한국문학을 논하는데도 이상의 몇 가지 문제는 아직 해결되지 않은 채 있다. 이것을 소재로 썼다고 그 작품이 다 우수한 것도 아니며, 또 4·19의 정신을 그대로 살린 것도 아니고, 나아가서는 그 작가가 4·19정신에 입각한 의식을 가진 문학인이라고 단정할 수도 없다. 혁명문학의 전통이 없었던 한국문학사인지라 여전히 4월혁명 문학은 허기진 상태에 있다. 이 글은 다만 4월혁명을 소재로 한 작품을 나열하는 형식을 취했는데, 민족문학사적인 관점으로 보면, 문단에서 보수와 진보가 미분화 시대의 양상임을 느낄 수 있다. 문학적 양식을 지닌 작가라면 누구나 이승만 독재는 비판할 수밖에 없었는데, 여기서 다룬 일부 작가는 나중에 반민주적인 활동을 한 경우도 없지

않다.

이래서 4 · 19가 이룩한 것보다도 남겨준 과제가 무엇이었나를 한국 문학은 추구하고 있으며, 이것이야말로 중요한 임무의 하나라고 생각한다.

4월 혁명은 독재정권을 넘어뜨림으로써 끝나는 것이 아니고, 새로운 공화국이 또다시 그런 자, 또는 불순한 무리들 손에 넘어가지 못하도록 지주를 세우는 날까지 투쟁이 계속되어야 한다는 것을 반대할 사람은 아무도 없을 것이다.(조지훈, 〈썩지 않은 민족정기를 후세에 바로 전하라〉)

신동엽은 〈금강〉에서 이렇게 노래한다.

그러나 / 이제 오리라. / 갈고 다듬은 우리들의 / 푸담한 슬기와 자비가 / 피 한 방울 흘리지 않고 / 우리 세상 쟁취해서 / 반도 하늘 높이 나부낄 평화, / 낙지발에 빼앗김 없이, // 우리 사랑밭에 / 우리 두렛마을 심을, 아 / 찬란한 혁명의 날은 / 오리라, // 겨울 속에서 / 봄이 싹트듯 / 우리 마음 속에서 / 연정이 잉태되듯 / 조국의 가슴마다에서, / 혁명, 분수 뿜을 날은 오리라.

▣ 참고문헌

김성환, 1984 「4 · 19혁명의 구조와 종합적 평가」 『1960년대』(김성환 외), 거름.
백운관 · 부길만, 1992 『한국출판문화 변천사 — 도서 유통의 성립과 발전』, 타래.
이임자, 1998 『한국출판과 베스트셀러 — 1883~1996』, 경인문화사.
진덕규, 1983 「4월혁명의 정치적 갈등구조」 『4월혁명론』(강만길 외), 한길사.
G. 랑송 · P. 튀푸르(정기수 역), 1983 『불문학사』 하, 을유문화사.
小場瀬卓三, 1969 「フランス革命の 文學への 影響」 『光と綾』, 法政大學 出版局.

강준식, 1993『적과 동지』, 한길사.
김동명, 1956『적과 동지』, 창평사.
김성한, 1956『바비도』.
김춘복,『꽃바람 꽃샘바람』.
선우휘, 1957『불꽃』.
송원희,『혈흔』.
신동엽, 1967〈금강〉.
______,〈서울〉.
오상원,『무명기』.
유치환,『지성과 정신의 청혈』.
이문구, 1971『그때는 옛날』.
이병주, 1987『남로당』, 청계.
______, 2006『그해 5월』, 한길사.
______, 2006『산하』, 한길사.
______, 2006『지리산』, 한길사.
이호철, 1965『부시장 부임지로 안 가다』.
정 조, 1965『마지막 기수』, 수도문화사.
조정래,『태백산맥』.
조지훈,〈썩지 않은 민족정기를 후세에 바로 전하라〉.
______,〈우음(偶吟)〉.
______,〈잠언〉.
______,〈혁명정신은 어디로 갔는가?〉.
채만식, 1948『논 이야기』.
최인훈,『회색인』.

『한국일보』.

제6장 영화와 혁명

반(牛) 경험으로서의 영화

김선아

1. 머리말

십 년을 단위의 기준으로 역사를 분류하고 체계화하는 방법에는 일정한 난점이 생기기 마련이다. 1950년대 혹은 60년대로 분류하는 시기 구분에는 1950년 혹은 1960년이라는 1년의 시기가 사라지거나 제외되기 때문이다. 그래서 역사를 서술할 때 '연대'에 의거한 시기구분은 아무런 양적인 내용도, 제 기능도 없지만, 숫자의 형식적 구성을 시작하게 하고 가능하게 만드는 '0'이라는 숫자를 늘 곤란해 한다. 한국영화사를 기술할 때도 이러한 난점은 오롯이 존재한다. 1950년대 한국영화사나 1960년대 한국영화사 등과 같이 연대기적 서술에 익숙해져 있는 한국영화사 기술에서 0년은 아예 사라진 기표이거나 새로운 1년을 출발시키기 위해 내용은 텅 빈 형식적 마침표로 기능한다. 연대기적 서술의 이러한 난점을 극복하기 위해서는 어떤 '사건'을 기점으로 잡는 방식이 있을 수 있다. 프랑스의 1968년 학생혁명이라든가 한국의 1987년 6월민주항쟁처럼 특정한 사건을 '기점'으로 잡아 이 사건을 그야말로 '사건'화시키는 역사 기술 방식이 있을 수 있겠다. 이 글은 한국영화사에서 사라진 0년인 1960년, 그것도 4월에 일어난 혁명을 기점으로 양 방향으로 뻗어있는 역사적 시간을 비교, 추적해 볼 것이다.

이제 과제는 1960년 4월혁명을 한국 영화의 '기점'으로 보는 이러한 역사적 방법론을 취할 경우 기존의 한국영화사와 얼마나 다른 역사적 관점을 드러내는가에 달려 있다. 특히 혁명과 같은 폭발력을 지닌 정치 경제적인 변화는 영화를 비롯한 여타의 문화와 예술에 생각하는 것보다는 훨씬 더디게 그것도 부분적으로 다뤄지며, 작품 안으로 혁명적 추체험이 즉각적으로 반응되는 경우는 드물다. 그래서 실망스럽게도 극적이지 않은 경우가 많다. 4·19혁명이 일어난 시기의 영화 연구가 대부분 혁명 그 자체에 초점을 맞추기보다는 제2공화국 시기의 한국영화로 제 범위를 넓혀서 1950년대 한국 영화와 1960년대 한국 영화를 비교 연구하는 경우가 대부분인 데에는 혁명과 같은 당대 사건의 직접적인 반영으로서의 영화라는 사고가 지극히 단순하다는 것을 말해주는 대목이라고 할 수 있다. 영화가 작가와 같은 개인의 산물인 문학과는 달리 노동집약적이며 자본집약적인 집단 창작의 산물이라는 매체의 특수성 또한 간과해서는 안 될 것이다. 영화는 다른 어떤 의사소통 매체보다 실시간성을 무시하는 사후의 매체이며, 그렇기 때문에 극단적인 매체이다. 극단의 한 쪽은 과거를 언제나 스크린으로 다시 보는 (근)과거 지향적인 매체로서의 영화가 있다. 그리고 다른 극단에는 현실의 시간을 견디지 못한 채 허구의 상상력의 힘을 믿는 영화가 있다. 이 반대의 극이 미학적 아이러니의 기운을 받아 통합된 순간은 독일 나치 정권시기였다. 영화가 정치경제학을 즉각적으로 반영하고 가장 민감하게 포착할 거라는 반영적 인과론이 증명된 시기가 그 시기였다. 레니 리펜슈탈(Leni Lefenshtal) 감독의 〈의지의 승리 Triumph des Willens〉(1935)만큼 당시 독일 히틀러의 등장으로 인한 독일의 극적인 변화를 가장 즉각적으로 가장 미학적 숭고미를 뽐내면서 보여준 범례가 어디 있겠는가. 정치경제문화의 통일론이나 문화예술의 정치경제에 대한 종속론만큼 선전선동 예술이나 '미학의 정치화'가 이루어진 시기가 없다. 그렇다고 이에 대한 반발로 예술의 자율성을 추구하거나 예술의 현실 반영론을 추구하는 식으로 단순하게 말할만한 근거도 빈약하다. 더군다나 상징 질서가 일시적으로 무너지면서 지배적인 기표가 더욱더 텅 비게 된 4·19혁명 시기는 나치 시대의 영화와는 정확하게 반대에 위치해 있었다. 4·19혁명 당시의 영화는 정권이 통제하는 지배적인 질서를 반영하는 게 아니라, 혼란과 자유를 동시에 경험하고 있는 대중들의 정서를 반영하고 있기 때문이다. 정부와 대중들 간의 정치적 적대는 이승만 정권이 물러나면서 일시적으로 해소되었다. 그러면서 혁명을 주도했던 젊은 세대들을 비롯한 대중들은 과거와 현재와 미래가 갑작스럽게 뒤섞이는 경험을 하게 된다.

영화학자인 이영일이 당시 한국영화계를 '의식 상태의 빽—보온이 서 있지 못한 상태'라고 말했던 건 아마도 당대의 일시적으로 텅 빈 상징 질서를 지적한 것일 것이다. 사실 의식 상태의 빽—보온이 서 있지 못한 상태는 1950년대 전체를 관통하고 있는 탈구조화된 감정이라고 할 수 있다. 일제강점기와 미군정을 거치면서 과거사에 대한 청산이 제대로 되지 못한 채 남한 단독정부는 수립되었다. 이승만 정권은 시간이 지날수록 가속화되는 민심 이반에 속수무책이었고, 대중들은 그런 정권을 향해 언제 던질지 모르는 폭탄을 가슴에 안고 있었다. 4·19혁명을 역사의 일시적인 단절이나 갑작스러운 폭동으로 볼 수 없는 근거가 바로 그것이다. 혁명을 통해서만 드러날 수밖에 없는 억압의 역사가 1950년대 중후반으로 갈수록 더해졌으며 결국 혁명은 당연한 것처럼 도래한 것이다. 따라서 짧았던 혁명 시기 영화는 혁명에 대한 직접적인 반영이기보다는 제1공화국 선언 이후 이승만 정권에 대한 대중들의 반감과 이반의 정서라는 1950년대를 관통한 그 선상에

놓아야 할 것이다. 1950년대 대중들의 밑바닥에 혁명으로까지 연결될 수 있을 정도의 강한 정서적 에너지가 가득 차 있었다는 것은 혁명 이전에 등장한 많은 영화들에서 이미 드러났으며, 이들 영화들 또한 '의식 상태의 빽−보온'을 세우기 위해 혼란스러운 당대 경험을 고스란히 내재하고 있었다. 〈인생차압〉(유현목, 1958)은 〈살아있는 이중생각하〉라는 연극으로 먼저 선을 보였던 작품이다.[1] 일제강점기와 해방을 거치면서 해소되지 않은 친일파의 부정부패를 이중생이라는 자의 삶을 통해 적나라하게 드러낸 이 작품은 초연을 했던 1949년 당시에는 별 주목을 받지 못했다. 이 연극이 다시 주목을 받게 된 건 1957년에 재공연을 통해서였고, 이 공연이 성공하자 이듬해 영화로 각색되어 영화로도 흥행에 성공하게 된다. 식민지 과거사 청산은 여전히 해결되지 않았다는 역사적 사실은 동일한 작품이 공연되었던 1949년과 1957년의 각기 다른 흥행 성적으로 금방 알 수 있다. 한편 미군정 이후의 혼란스러움은 〈자유부인〉(한형모, 1956)과 〈지옥화〉(신상옥, 1958)에서 잘 드러나 있다. 두 작품은 각각 미국 문화와 상품에 열광하는 여성과 미군을 상대하는 한국 매매춘 여성을 주인공으로 한다. 여성은 의식의 빽−보온이 없는 국가의 대표적 알레고리 기능을 하고 있었던 것이다.

4·19혁명은 1950년대를 관통한 이승만 나아가서 제1공화국에 대한 적대감의 분출이라고 봐야할 것이다. 혁명 이후 대중들은 혼란이라는 이름 아래의 자유 혹은 자유라는 이름 아래의 혼란을 겪고 있는 자신들의 선호도와 욕망을 영화에 투사한다. 위와 같은 당대 영화에 대한 틀을 갖고, 4·19혁명과 영화를 더 정확하게는 4·19혁명에 대한 대중

---

[1] 이 작품은 〈4월혁명과 한국의 민주주의〉라는 제목으로 2010년 4월 16일에 열린 4월혁명 50주년 기념 학술토론회에서 이 글의 토론을 맡아주신 오영숙 선생님께서 소개를 해주셨다. 오영숙 선생님께 감사드린다.

들의 욕망과 영화인들의 4·19혁명에 대한 인식을 살펴봐야 할 것이다.

2. 외화에 의한, 외화를 위한 국산영화

박경리의 소설을 각색한 〈표류도〉(권영순 감독, 1961)의 주인공인 강현희(문정숙 분)는 영화 초반부에 마음에 담았던 말을 나지막이 읊는다. "혁명이 1년이 넘었지만 아무런 변화도 없었다"라고. 혁명에 대한 청산은 지나치게 빨랐고, 기대가 큰 만큼 체념과 낙담도 거대했다. 혁명 이후에 맞이한 1961년 새해 어느 신문사에서 주최한 대담의 머리말은 "싸움은 이제 그만……"이었다. 이승만 정권의 부정부패에 눈을 뜬 대중들은 장면 정권이 이승만 정권과 다를 바 없다는 체념으로 다시 눈을 감아야 했다. 의식의 눈을 감자 들어선 건 군사쿠데타였다. 그렇다면 당시의 영화계와 영화는 무엇을 기대했으며 어떤 변화를 바랬는가. 당시 영화계가 새 술을 새 부대에 담으려 했던 실천은 무엇이 있었는가를 살펴보면서, 혁명의 시대에 대한 영화 문화적 접근을 해볼 수 있을 것이다.

당대 한국 영화를 다룬 신문 기사에서 가장 많이 거론된 건 혁명도 변화도 혁신도 아니었다. 그런 건 수 많은 선언문과 반성문에 그친 채 공허한 기록으로만 남아있다. 가장 많은 기사거리와 논란거리는 참으로 세속적이게도 밀려드는 외화로 인해 개봉관을 거의 뺏긴 국산 영화를 살려달라는 밥그릇 투쟁이었다. 기본적으로 영화는 정치경제적인 이해관계가 가장 복잡하고 거대하게 얽혀 있는 매체이다. 그렇기때문에 한 국가의 내셔널 시네마를 정의하기 위해서는 제 국가의 영화제도 및 정책과 같은 특수성이 먼저 요구되는 것이다. 당시 한국 영화의 특수성은 크게 외화 수입과 국산 영화 제작이 맞물려 있었던 경제 부분과 영화 검열이라는 정치적 부분에서 찾을 수 있다.

혁명 시기와 그 이후 한국 영화의 가장 큰 변화라면 바로 1950년대 말 짧은 황금시기를 뒤로 하고 하향세를 보이고 있는 한국영화계가 혁명 당시인 1960년을 위기로 여기고 있다는 점이다. "1960년부터 영화가 기업으로서 확립 안 된 한국영화계는 그 기술적인 후진성과 함께 앞날을 예측키 어려운 위기에 직면하고 있다"는 것이 영화인들의 공통된 견해였으며, 그런 뜻에서 40년을 맞는 한국영화의 1961년은 중요한 해로서 주목되었다.("저항과 형극의 길―한국영화 40년") 왜냐하면 4·19의거란 자유의 계절은 필름에 걸어놓았던 쇠사슬을 풀어놓아 질적으로 우수한 외국영화가 마구 쏟아졌기 때문이다.("작품과 흥행은 달라" ; "여전히 부진에 허덕이는 영화계") 1959년 외화 상영관은 40개에 불과했으나 1960년에 약 20%의 외화 상영관이 증가했으며 서울 시내 개봉극장 8개 중 6개가 외화만 상영하는 외화전문 개봉 극장이 되었다.("60년의 영화계/국산영화/작품/수준은 후퇴/역시 풍년기근/주제의식 상실되고") 혁명은 아이러니하게도 한국 영화 제작에 활기를 불어넣기보다는 외국영화 수입을 자유롭게 한 것으로 드러났다. 당시 한국영화가 외국 영화의 수입으로 인해 느끼는 위기의식은 1960년 9월에 시나리오협회나 영화음악협회 등 7개의 영화단체가 모여 국산영화위기타개투쟁위원회를 결성하고 궐기대회까지 열 정도로 심각했다. 투쟁위원회는 이후 전 영화인들의 대동단결로 더욱 커졌으나, 그 과정에서 장면 정권은 이들의 의견을 제대로 반영하지 못했다. 당사자들의 목소리를 담지 못한 미성숙한 법치와 민주주의의 단면이라 할 수 있다.

결국 혁명이라는 자유의 계절에 한국 영화가 맞이한 위기의 원인은 장면 정권의 실패한 영화정책 때문이었다. 가장 뼈아픈 실책으로 지적된 당시의 영화정책은 크게 두 가지로 요약해볼 수 있다. 하나는 극장의 입장세법 개정이고, 다른 하나는 국산영화특혜조치 폐지였다. 극장의 입장세법은 간단히 말해 국산 영화의 극장세를 이승만 정권 때와는 달리 외화의 극장세와 동등하게 수정 적용하면서 극장이 외화 수입을 통해 이익을 쉽게 올릴 수 있도록 한, 1960년 12월에 단행된 개정법을 말한다. 아직 체계화된 꼴을 갖추고 있지 못한 채 투기성 자본과 주먹구구식의 제작 관행을 떨쳐 버리지 못하고 있던 한국 영화는 당시 극장 영화의 80%를 점하고 있던 할리우드 영화와는 경쟁이 될 수 없었다. 출발선부터 불균등하다고 느낀 이승만 정권은 외화를 개봉할 시 극장 측에 한국 영화를 개봉할 때보다 많은 세율을 적용해서 이를 한국영화보호정책의 일환으로 삼았다. 그러나 2공화국이 들어서자 이러한 차별화된 세율 적용이 국산 영화와 외화 모두에 균등하게 적용되었고, 이는 한국영화의 위기론의 두드러진 배경이 되었다.

또 하나는 보다 근본적인 문제인데 국산 영화의 양적이며 질적인 발전을 외화 수입, 그것도 대부분이 미국 영화 수입에 의존하고 있는 전형적인 신식민지형태의 경제 구조에 있다. 즉 우수한 국산 영화를 제작해서 포상을 받으면 외화를 수입할 수 있는 자격을 주는 국산영화보상특혜조치이자 외화특혜쿼터제를 폐지한 것이다. 물론 이 정책은 이승만 정권 아래에서 행해진 이러한 특혜조치가 이권화되어 부정으로 얼룩져 외화수입권이 암암리에 암거래되고 있는 현실을 근절시키겠다는 의도에서 행해졌다. 기본적으로 국산 영화의 제작단가와 외국 영화의 수입단가가 엄청난 차이가 나는 현실에서 흥행이 보장되지도 않는 국산 영화를 어느 누가 제작을 하겠는가. 한국 영화 제작비용과 외국 영화 수입비용이 동등한 상태라면 시장의 자율성을 논할 수 있을 것이다. 그러나 혁명기 정부는 이에 대한 어떠한 후속조치도 마련해 놓지 않은 상태에서 외화와 경쟁을 하라고 한국 영화를 시장에 풀어놓은 것이다. 그런 상황에서 국산영화제작사가 힘들게 그것도 환수가 보장되지 않은 자본을 한국 영화 제작에 쏟아 붓는 일은 만무했다. 이러한 혼란스러운 정책은 1959년 111편이었던 한국 영화 제작편수가 1960년에는 92편, 1961년에는 86편으로 줄어든 지표로 고스란히 남아있다. 근대화가 서구화로 통용되던 시절에 한 번도 경험하지 못한 아래로부터의 혁명은 과거와의 단절을 진보로 삼았으나, 지속성과 일관성 그리고 대안에 대한 상상력을 갖지 못해 그 진보마저 혼란이라는 이름으로 영화인 당사자들의 외면을 받게 되었다.

3. 영화윤리위원회, 민간심의라는 자유

영화의 경제적인 측면은 영화윤리위원회(약칭 영윤)라는 최초의 민간심의기구를 낳은 정치적 측면과 상보관계를 이룬다. 한편 윤리적인 면에서 4·19혁명을 계기로 단절하면서 자신의 정통성을 확보하려 했던 제2공화국 시기에 영화인들은 이후에도 오랫동안 한국영화계에서 볼 수 없었던 최초의 민간심의기구 탄생이라는 사건을 만들어 낸다. 영화인들이 혁명을 체화하려 한 가장 두드러진 시도는 영윤이라는 존재에 있다고 볼 수 있다. 이승만 정권에 야합하는 세력은 영화계에도 물론 존재하고 있었다. 4월혁명 하면 떠오르는 '임화수'라는 정치깡패는 4월혁명의 도화선이 된 4월 18일 고려대생 피습사건의 주동자였다. 임화수는 한국반공예술인단이라는 단체를 통해 당시 한국 영화계를 폭력적인 방식으로 좌지우지했다. 그는 3·15부정선거를 부추기는 시민 위안의 밤에 김승호, 최은희 등 영화배우 등을 동원했고, 이기붕의 선거 유세에 영화인들에게 폭력을 가해 참여하도록 강요했다. 그는 또한 이승만 정권으로부터 제작비를 불법으로 받아 당대 대표적인 배우들을 강제로 총동원해서 신상옥 감독의 〈독립협회와 청년 이승만〉(1959)이라는 영화를 제작한 바 있다. 영화는 1884년 갑신정변으로 시작해서 1904년 러일전쟁 이후 미국으로 떠나기까지 청년기의 이승만을 3인칭 나레이션을 사용해서 다룬 전기 영화이다. 이 영화에서 이승만(김진규 분)은 절절한 독립운동가이자 절대적 대중선동가이며 시대를 고뇌하는 처절한 지식인으로 미화된다. 이 영화를 이승만의 개인사로 다시 정리하면, 영화는 그의 어린 시절부터 조국의 독립을 깨닫게 되는 청년 시절, 그리고 독립협회를 위해 헌신하다가 고종의 명을 받아 미국으로 떠나기 전까지 그의 일대기를 그렸다. 그는 영화에서 늘 하얀 색의 두루마기를 입은 채로 등장하기 때문에 친미세력이라기보다는 한국의 전통을 고수하는 급진적인 투사의 형상으로 그려지고 있다. 영화의 맨 마지막 장면에서 돛단배가 그를 실고 미국을 향해 떠나는 풍경 또한 한국의 자연 풍경이라는 시각적 내셔널리티가 강조된 장면이다. 이 영화는 당시 이승만을 미국, 러시아, 일본 등에 의해 좌지우지되던 한국을 구원하려는 '한국'의 독립투사로 형상화하면서, 동시에 그런 그가 한국을 구하기 위해 미국행을 택함으로써 이승만 정권의 친미반공 노선에 역사적 필연성을 부여하고 있다. 당시 유행했던 대규모의 스펙터클을 강조한 시대극 영화였던 데다가 긴 스토리 시간을 갖고 있었던 〈독립협회와 청년 이승만〉이 제작비가 많이 들어가는 건 당연했다. 그 제작비를 이승만 정권의 하수인인 임화수가 충당했고, 결국 그는 1961년 5월 16일에 일어난 군사쿠데타 이후 판사가 아닌 '국군 대령'의 판결로 사형을 당한다. 박정희 군사정권이 들어서자마자 사형으로 처단시킨 임화수 사건을 왜 4·19혁명 정권인 장면 정권은 처리하지 못했을까.

　혁명의 '적'에 대한 심판이 계속해서 지연되던 그 시기에 영윤이 창립되었다. 이전에 문교부나 이승만 대통령이 있던 경무대에서 직접 하던 영화 검열을 영화계가 자율적으로 담당하는 최초의 민간심의기구가 바로 영윤이었다. 구체적인 내용을 들여다보면 영윤은 4월 19일 직후인 8월 5일 출범했다. 영윤이 만든 영화윤리규정 전문을 살펴보면, 크게 국가 및 사회, 법률, 풍속, 성, 교육, 일반원칙 등 6개 부문으로 나뉘어져 있다.("검열제도 폐지에 따르는 영화윤리/양심의 현장과 관중 위주 주의로") 대한민국헌법을 수호하고, 모든 종교, 풍속, 관습 및 국민 감정을 존중하며, 공정을 기한다는 국가 및 사회 부분을 비롯해서, 규정 전문에는 법과 정의를 존중하며, 관객의 열정을 자극하는 장면은 취급하지 않는다든지, 매춘을 정당화하지 않고, 모든 소재나 묘사표현은 청소년의 감수성을 고려한다는 등 지극히 도덕적이며, 그 시대에 통용될만한 상식적인 내용을 담고 있다. 다만 특이한 사항은 "극영화에 있어 전기 각 항에 해당되는 표현을 피한다. 단 예술의 본질적 가치에 따라서는 판단의 여유를 둔다"는 조항을 넣음으로써 표현의 자유를 꾀한 노력을 엿볼 수 있다는 점이다. 이 조항은 4·19혁명 이후 다수의 리얼리즘 영화라는 텍스트가 생산되면서 혁명의 영화 제도적 토대가 되는 듯 했다. 짧았던 자유의 계절을 한국 영화는 제대로 향유하고 있는 것만 같았다.

4. 혁명의 스크린, 사회적 리얼리즘 영화

1950년대 말과 1960년대 중반까지를 한국 영화의 황금기라고 할 때, 그 한 복판에 놓여 있었던 건 4·19혁명이었다. 1960년 이후 외화에 의한 본격적인 내수시장 장악이 가속화되었지만, 4·19혁명 이전과 이후의 기운들은 한국 영화에 스며들어 '사회적 리얼리즘 영화'를 낳았다.[2] '사회적 리얼리즘' 영화가 이렇게 집단적으로 출현한 예는 전례가 없는 경험이기에 이는 역사에 각인되어야할 사건이라고 할 수 있다. 민중봉기를 통한 당대의 변화를 수용하려는 영화계의 움직임은 그것이 상업영화의 자장 안에서 집단적으로 출현했기 때문에 이후 1980년대에 등장했던 정치적인 독립영화와는 다른 형국을 띠었다. 4·19혁명은 1980년대 독립영화와 비교해 보면 훨씬 더 장르적이며 대중적이며 통합적인 행보를 띠었다. 할리우드 영화라는 거대한 공룡 앞에 한국 영화는 특정한 장르, 즉 사회적 리얼리즘 영화를 앞세워 다양한 장르에 변화된 현실을 담았다. 따라서 사회적 리얼리즘 영화는 개별 장르에 스며들어가 있는 일종의 정서 affect이자 주제에 따른 분류라고 할 수 있다. 리얼리즘은 사물과 사람의 존재가 의식 혹은 관념이나 미적 환영의 세계보다 우월한 영화를 말한다. 이들 리얼리즘 영화에서 묘파된 의식의 상황은 현실의 존재를 벗어날 수 없다. 4·19혁명이라는 전례 없는 경험이 허구적 현실의 존재의 기반이 되면서 당대 풍경의 미장센과 의식의 서사가 전개되는 것이다. 이러한 사회적 리얼리즘 영화들은 한국 영화에 지배적이었던 감정적 과잉을 특징으로 한 신파극을 4·19혁명의 현실 인식으로 극복하려는 징후를 갖고 있는 일종의 미적 태도라고도 할 수 있다.

당시 영화는 제작에서 개봉까지 보통 2~3개월이 걸릴 정도로 제작 기간이 빨랐다. 4·19혁명 이후 1960년과 1961년 사이에 제작된 사회적 리얼리즘 영화는 〈지상의 비극〉(박종호, 1960), 〈박서방〉(강대진, 1960), 〈백주의 암흑〉(이봉래, 1960), 〈사랑이 피고 지던 날〉(신경균,

---

2) 제2공화국 전반에 걸쳐 주된 영화의 경향을 꼽자면 스펙터클을 강조한 사극영화와 문학 작품을 영화화한 순문학 영화 그리고 멜로드라마로 구분할 수 있다. 이러한 경향에 대한 구분은 함충범·김윤지·김대중·김승경의 『4·19와 영화 : 1960년대 초 한국영화의 풍경』(2009)을 따랐다. 이 경향은 제2공화국 당시 영화의 경향이라는 보다 넓은 범위에서 바라보는 관점이기에 이 글에서는 4·19혁명이라는 특정한 역사에 더욱 주목해서 사회적 리얼리즘 영화를 강조한다. 여기에서 사용하는 '사회적 리얼리즘' 영화는 일련의 영화들의 집단적 출현을 분류하고 가시화하기 위해 선택한 용어이다. 이에 대한 연구는 좀 더 심화될 필요가 있다.

1960),³⁾ 〈오발탄〉(유현목, 1961), 〈삼등과장〉(이봉래, 1961), 〈마부〉(강대진 감독, 1961), 〈돼지꿈〉(한형모 감독, 1961), 〈돌아온 사나이〉(김수용 감독, 1960), 〈표류도〉(권용순 감독, 1962) 등이다. 이들 영화는 4·19혁명이 가져온 짧았던 표현의 자유를 말하지 않고서는 논할 수 없는 영화들이다. 부둣가에서 선원들과 선주들 간의 대립을 그린 〈백주의 암흑〉, 부패한 정권과 정치권을 신랄하게 풍자하는 코미디 영화인 〈삼등과장〉, 하층 계급의 삶을 가족 멜로드라마 장르 안에 구현한 〈박서방〉, 절대적인 가난으로 인한 하층 계급의 피폐한 삶을 비극적으로 그린 〈오발탄〉 등등 이들 영화는 주제가 선명했으며, 이 주제의식은 기존의 모럴을 부정하거나 비트는 것이었고, 그야말로 '의식 상태의 빽−보온'을 세우려는 시도였다. 특히 이들 영화에서는 미국과 연루된 친미적 관계는 부정부패가 연루된 관계였으며(〈돼지꿈〉), 서민의 빈곤이나 전쟁 미망인의 문제는 철저하게 이들 개인이 해결해야 할 문제로 제시되면서 현실과 괴리되어 있는 의회 정치를 비판한다(〈마부〉, 〈표류도〉, 〈삼등과장〉). 당시 영화들에서는 법치국가의 틀이 여전히 불안정하기 때문에 대중들의 신뢰를 받고 있지 못한 법을 비판하기 위해 범죄가 정당화되기도 한다(〈오발탄〉, 〈백주의 암흑〉). 또한 전후 세대는 〈돌아온 사나이〉(김수용, 1961)에서처럼 4·19혁명 이후에는 사라져야 하는 청산해야 하는 세대로 제시된다. 물론 리얼리즘의 한계는 여전히 드러난다. 현실에서의 전망이 어두우면 그것조차도 인물의 형상화를 중심으로 하는 리얼리즘 작품에는 스며들어 가기

---

3) 〈사랑이 피고 지던 날〉은 현재 각본만 남아 있는 상태이다. 줄거리는 다음과 같다. "대학생인 그의 어머니는 고관 집에서 식모살이를 한다. 그는 어머니를 통해 권력의 부패상을 늘 듣는다. 그러던 중 그는 고관의 딸을 열렬히 사랑하게 된다. 4·19혁명으로 젊은이들이 서울 거리에서 시위를 하던 중 그는 불행히도 총탄에 맞아 숨진다. 그의 어머니가 비탄에 빠져있을 때, 그의 애인이 어머니를 찾아 위로하며 한평생 모실 것을 약속한다."(한국영상자료원 한국영화 데이터베이스 참조)

마련이다. 영화는 지나치게 실존주의적 관념성을 벗어나지 못하거나 현실이 견디기 힘들기에 존재는 현실과 지나치게 빠른 타협을 내비춘다. 그러나 기억해야 할 점은, 이들 영화가 계급, 세대, 젠더, 법 등의 상징질서들이 일시적으로 불안정해지고 결핍되면서 이를 채우려는 영화 문화적 헤게모니 투쟁을 시도했다는 것일 것이다.

이들 리얼리즘 영화들의 집단적 출현은 아마도 한국 영화 역사에 있어 영윤의 탄생과 함께 4·19혁명과 가장 근친한 사건으로 기억해야 할 것이다. 또한 이 영화들은 '다방과 양옥집만을 무대로 한' 당시 영화들 틈바구니 속에서 다른 무대를 스크린으로 이행시켰고, 빈민층과 소시민의 현실을 전사했으며, 혁명을 언급하거나 이야기 전개의 동기로 삼는 방식을 취했다. 당대 한국 영화는 앞에서 말했듯이 직접적으로 혁명을 다루거나 혁명에 대한 가치판단을 집단적으로 내놓지 않았다. 그러나 혁명과의 짧았던 로맨스를 통해 영화는 당대의 불안정성과 혼란을 자유라는 이름으로 개작하려 했던 짜릿한 역사적 기억을 갖게 된 점은 분명하다.

5. 다시 국가의 검열 속으로

영윤은 시기적으로 보면 한국반공예술인단이 해체된 후 창립되었다. 그러나 한국반공예술인단이 임화수의 조종 아래 저지른 죄에 대한 법의 심판은 영윤이 창립된 이후에도 이뤄지지 않았다. 이는 영화계의 자정 노력과 정부의 행보가 엇박자로 진행되고 있었던 당시의 상황을 보여준다. 더군다나 영윤이 창립한 지 1년도 안되어 청소년 위해와 미풍양속 저해를 이유로 영윤 사상 최초로 상영 불가 판정을 내린 〈뜨거운 청춘〉(영국, 1960)이라는 영화에 대해 극장과 담합한 문교부가 상영 허가를 내리는 일까지 벌어졌다. 이후 영윤은 내리막길을 걷게 되었다. 또한 1961년에 만들어진 〈4 · 19 혁명〉이라는 기록영화는 극장 측의 갑작스러운 상영불가 통보를 받고 소리 소문 없이 사라졌다.("괄시받는 4월혁명 — 〈4월혁명〉이라는 기록영화가 극장에서 상영을 돌연 거부") 외화 수입에 의존한 국산영화 진흥이라는 기형적인 경제 구조는 영윤을 버티기 힘들게 만들었다. 한편 외국 영화의 범람과 그에 따른 영화의 에로티시즘에 대한 이슈는 당시 혁명기의 한국 영화에 대해 논한 신문기사에 가장 많이 거론된 사회적 문제였다. 섹스와 폭력과 영화의 관계 또한 혁명 이후에 1년 동안 영화 관련 신문란을 도배한 문제였다. 당시의 극장은 분명 서구의 섹슈얼리티에 대한 태도와 사고방식을 비서구인 한국의 대중들에게 전사하는 기능을 가장 중요하게 하고 있었다. 외화에 밀려 작은 극장에서 개봉을 하는 한국 영화와 소위 '하이브로우한' 관객은 한국 영화를 별로 보지 않는다는 지식인층의 영화에 대한 깊은 경멸이 복합적으로 표출되었던 당대에 영화 극장은 확실히 근대의 집단적인 관음증의 장으로 변모하고 있었다.[4] 도색잡지나 핍 쇼처럼 혼자 보는 게 아니라 공개적으로 집단화된 성적인 응시의 눈을 형성하는 시기가 바로 4월혁명기였다고 할 수 있을 것이다. 친미반공의 시대에 서구의 근대성에 대한 모방은 섹슈얼리티에서 시작되었고, 영화 극장은 서구의 근대를 스크린 속의 섹슈얼리티를 통해 체화할 수 있는 장소인 것이다.

혹자는 4월혁명은 한국 영화에 표현의 자유를 준 것이 아니라 외국 영화에 상영의 자유를 주었다고까지 말한 바 있다. 정부가 편을 든 극장배급 권력의 조종 아래 행해졌던 외화의 무분별한 수입은 미풍양속 저해와 청소년 미보호의 누명을 영윤에게 씌우면서 민간 자율의 무능

---

[4] 1960년 올해의 영화를 꼽은 각개의 유명 인사들의 영화 리스트를 점검해 보면 이는 금방 알 수 있다.

함과 한계를 대중들에게 인식시키는 데에 영향을 미치기 때문이다. 4월 혁명 이후 가을 즈음에 외화가 결국 국산 영화의 관객 수를 압도하기 시작했기 때문에 혁명의 결과는 표면적으로 할리우드 영화의 살찌우기로 드러나게 되는 것이다. 할리우드 영화의 지배라는 영화산업 구조와, 그 구조의 현실화를 가속시킨 관객들의 현실도피적 할리우드 영화 관람이 맞물리면서 혁명과의 짧은 로맨스는 지속되지 못한다. 이후 한국 영화계는 사회적 리얼리즘 영화와 같은 비판적 경향을 지속하는 게 아니라 한국 영화의 존폐 여부를 위해 정부와 싸우는 양상을 띤다.

결국 제3공화국이 들어서면서 영화법이 제정되고 다시 국가의 권력 아래 영화가 종속되게 된다. 장면 정권의 신뢰와 협조를 받지 못한 영윤은 결국 1961년 군사쿠데타 이후 완전히 해체되었다. 민간과 자율이라는 민주주의의 이름은 정부와 법과 경제 논리 앞에 무기력해졌고, 영화계는 군사쿠데타 이후 군사법의 통치 아래 놓이게 되었다. '관중 위주 주의'가 함의한 대중들의 시대적 감수성, 즉 상식은 다시 국가가 정해놓은 테두리에서 결정되었다.

한국에서 영화법이 제3공화국이 들어선 이후에 제정되었다는 이 사실은 영화에 관한 국가의 검열이 이미 성문화된 법률에 의존할 필요 없이 관습법처럼 익숙해져 있었다는 걸 말해준다. 즉 법을 굳이 제정하지 않아도 영화는 식민지 시대부터 검열을 받는 등 그 탄생부터 국가의 통제 아래 놓여 있는 게 당연시된 것이다. 따라서 일제식민지기에서 시작된 식민지 조선의 검열의 잔재는 하나의 문화적 전통으로 자리하고 있었기 때문에 오히려 영윤과 같은 '민간자율'은 전통을 해하는 이질적인 것으로 받아들이게 되는 것이다. 그렇다면 일종의 '식민지 근성'으로 버텨 온 것이 바로 국가의 영화 검열이며, 이는 표현의 자유를 충분히 혼란으로 전환시킬 수 있는 아주 강력한 '빽－보온'이 아니었을까.

6. 맺음말 : 반경험으로서의 영화

1961년 군사쿠데타 이전에 가장 많은 대중들과 비평의 관심의 대상이 된 그 해의 영화가 있었다. 〈성춘향〉(신상옥 감독)과 〈오발탄〉(유현목 감독)이 그것이다. 이 두 편의 영화는 각각 흥행과 비평 면에서 당시의 대표작으로 꼽힌 영화였다.5) 당시 신문에서는 4·19혁명 1주년을 즈음에서 혁명의 기운에 의한 쇄신의 기운을 영화에서 발견했다. 〈성춘향〉은 서구가 개발한 '칼라 시네마스콥' 영상과 한국의 전통적 서사를 결합한 당대 최고의 흥행작이었다. 당시 서울의 인구가 250만 명이었는데 서울에서만 60만 명이 이 영화를 봤다면 이 영화가 당시 어느 정도 센세이션을 일으켰는지를 알 수 있을 것이다. 한편 〈오발탄〉은 치통과 같은 통증으로 밖에 남아있지 않은 한국 역사를 알레고리적으로 보여준 영화이다. 또한 '신파극의 아류 같은 멜로드라마가 범람하는 한국영화계'에 '한국의 현실을 그리려고 한 진지한 작가정신'이 드러난 작품으로 상찬 받은 바 있다.("한국 영화에 일대 전기를 마련―〈오발탄〉과 〈성춘향〉이 제기한 것")

신상옥 감독의 경우 〈성춘향〉에서의 기술적인 혁신을 통해 이승만 정권 시절에 만든 국책영화인 〈독립협회와 청년 이승만〉과 같은 전작과 선을 그으면서 자신의 과거를 말소시키려 했다. 유현목 감독이 〈오발탄〉으로 상흔 문학의 영화적 계승자를 자임하면서 혁명으로 구시대와의 단절을 보여줬다면, 〈성춘향〉의 경우 기술적인 혁신을 통해 구시대와 결별한 새로운 시대를 알린 것이다. 〈성춘향〉이 대중들에게 그렇게 많이 소구될 수 있었던 이유는 바로 〈성춘향〉이 '한국적인 것'

---

5) 당시 신문은 이 두 편의 영화를 대표적인 당대 작품으로 꼽은 바 있다.("영화계의 두 가지 성격―가령 〈성춘향〉과 〈오발탄〉" ; "한국영화에 일대 전기를 마련―〈오발탄〉과 〈성춘향〉이 제기한 것")

을 서구의 근대 기술로 성공적으로 지역화해낸 첫 사례였기 때문이다. '한국적인 것'(전통 서사)은 서구 근대의 기술에 대한 모방의 흔적을 지워내기에 충분했다. 대중들은 이에 부응했으며 이러한 기술적으로 훌륭한 영화를 보면서 혁명이 준 변화를 느끼려고 욕망했을 것이다.

그러나 분명한 것은 혁명 시기 영화 관객들은 1950년대와 마찬가지로 서구 특히 미국 할리우드 영화와 스타에 매혹되어 극장을 찾았다는 점이다. 대중들이 느끼는 궁핍하고 비루한 현실과 부패한 정치에 대한 환멸은 그에 대한 도피처로 극장을 만들었다. 외화에 대한 기형적인 의존 구조는 대중들이 서구의 근대를 학습하고 모방하려는 자발적인 동의가 함께 했다는 점이 중요하다.[6] 이에 대해 영화계는 〈성춘향〉과 〈오발탄〉을 내세워 4·19혁명을 하나의 전환기로 삼으려 했다. 그러나 이는 결국 이후 곧바로 들이닥친 쿠데타로 좌절된다. 그러면서 당시를 지배했던 외화의 범람이 잠잠해지고, 영화법이 최초로 수립되었다. 국가의 검열은 더욱 철저하게 시행되었고, 서구적 근대를 문화적으로 모방하려는 이전의 시도는 국가 주도의 민족주의 이데올로기로 복속된다.

혁명 이후의 제2공화국이 채 일 년이 안 되었던 그 단속적인 시기에 영화 대중들(영화인에서 영화 관객까지)이 당시의 혼란을 자유로 전환할 리는 만무하다. 영화 대중들은 자신이 살고 있는 시대 및 자신의 삶이 혼란스러운 건지 자유로운 건지를 판단할 만한 자의식성을 갖추기에는 지나치게 빠른 시간을 그저 살아낸다. 그렇기 때문에 자유와 혼란이 민주주의가 지닌 동전의 양면이라는 인식을, 무릇 자유

---

[6] 이러한 대중들의 정서는 김승옥이 그린 만화에서도 잘 나타나고 있다. 『서울경제신문』 1960년 11월 12일자 만화를 보면 예순이 된 거지가 구걸을 해서 육백환이 되자 달려간 곳이 극장 앞이었다. 영화는 킴 노박 Kim Novak 주연의 〈청춘은 즐거워〉였고, 극장 앞에는 사람들이 줄줄이 늘어서 있었다.(천정환·김건우·이정숙, 2009)

란 것은 혼란과 불확실성을 초극한 것이라는 걸 인식할 수 없는 그 사이 공간에서 대중들의 반(半) 경험이 출현하게 된다. 공적 역사가 대중들의 동의나 합의가 부재한 상태에서 변화하면서 대중들은 자신이 놓여 있는 상황에 대한 인식이나 반성을 결여하게 되는 것이다. 4 · 19 혁명에 대한 영화 대중들의 반경험이란 복합적이며 중층적인 당대의 가장 커다란 공적 사건과 이반된 대중들의 경험 혹은 대중들의 체화의 단계에까지 이르지 못한 역사라 할 수 있을 것이다. 그렇기에 당대 한국영화(계)는 혁명을 반영한 게 아니라 그 혁명을 반경험한 '대중들'의 정서와 감정 구조를 반영하고 있었다고 이야기하는 것이 맞을 것이다. 대중들의 딱 그만큼의 의식과 정서를 말이다.

▣ 참고문헌

김소연 · 백문임 · 안진수 · 이순진 · 이호걸 · 조영정, 2002 『매혹과 혼돈의 시대 : 50년대 한국영화』, 소도.

박지연, 2007 『한국영화산업의 변화과정에서 영화정책의 역할에 관한 연구』, 중앙대학교 박사학위논문.

오영숙, 2007 『1950년대, 한국영화와 문화담론』, 소명출판.

주유신 외, 2001 『한국영화와 근대성』, 소도.

천정환 · 김건우 · 이정숙, 2009(2쇄) 『혁명과 웃음 : 김승옥의 시사만화 〈파고다 영감〉을 통해 본 4 · 19혁명의 가을』, 앨피.

한국영상자료원 편, 2005 『신문기사로 본 한국영화 : 1958~1961년』, 한국영상자료원 · 공간과 사람들.

함충범 · 김윤지 · 김대중 · 김승경 지음, 2009 『4 · 19와 영화 : 1960년대 초 한국영화의 풍경』, 한국영상자료원.

"저항과 형극의 길-한국 영화 40년" 『조선일보』 1961년 2월 19일자.

"작품과 흥행은 달라" 『서울신문』 1960년 12월 30일자

"여전히 부진에 허덕이는 영화계"『조선일보』1961년 5월 12일자.

"60년의 영화계/국산영화/작품 수준은 후퇴/역시 풍년기근/주제의식 상실되고"『동아일보』1960년 12월 21일자.

"검열제도 폐지에 따르는 영화윤리/양심의 현장과 관중 위주 주의로"『서울신문』1960년 8월 11일자 4보.

"괄시받는 4월혁명 - 〈4월혁명〉이라는 기록영화가 극장에서 상영을 돌연 거부"『한국일보』1961년 3월 26일자.

"영화계의 두 가지 성격 - 가령 〈성춘향〉과 〈오발탄〉"『한국일보』1961년 4월 23일자.

"한국영화에 일대 전기를 마련 - 〈오발탄〉과 〈성춘향〉이 제기한 것"『조선일보』1961년 4월 28일자.

제4부

4월혁명의 계승과 제도화

제1장 4월혁명의 순환구조와 6·3항쟁

역사주기론의 시각

조대엽

1. 서론 : 사회운동의 사회학과 역사성의 문제

1948년의 정부 수립은 비록 남한 단독정부라는 점에서 불완전한 형태이기는 하지만 근대 민족국가의 제도적 요소가 구축된 것으로 볼 수 있다. 해방 이후 정부 수립까지의 과정은 수많은 정치세력들의 근대국가 건설에 대한 다양한 입장이 배타적인 단일이념의 틀 속에 봉합되는 과정이었다. 이 같은 이념의 봉쇄는 한국전쟁을 거치면서 더욱 강고해져서 새롭게 출범하는 근대적 국가권력의 민주주의와 민족주의의 내용에 대한 어떠한 평가나 요구도 허용하지 않는 조건을 만들었다. 이러한 조건은 국가권력의 정당성에 대한 국민적 판단정지 상태를 말해주는 것이기도 했다.

4월혁명은 국가권력의 정당성에 대한 이 같은 판단정지 상태를 깨뜨린 거대한 저항의 출발이었다.[1] 어쩌면 4월혁명은 국민국가의 질서

---

[1] 일반적으로 '혁명'은 사회구성의 총체적 전환을 수반하는 정치변혁을 지칭하기 때문에 4월혁명의 혁명으로서의 의의에 대해서는 서로 다른 시각들이 있다. 그러나 4월혁명은 우리 현대사에서 정권을 붕괴시킨 유일한 정치저항이었을 뿐 아니라, 4월혁명 이후 연속적 사회변혁의 과제와 결부시킬 때, '미완의 혁명'(백낙청, 1983)이라는 평가에서도 알 수 있듯이, 혁명적 가치를 갖는 거대한 시민저항이었

와 시민적 권리를 학습하지 못한 채 여전히 온존하는 신민(臣民)의 습성을 탈각하고, 국가권력에 대해 '말'하기 시작하는 저항하는 시민의 탄생을 알리는 대사건이라고도 할 수 있다. 이런 점에서 4월혁명은 한국 현대사에서 가장 주목되는 정치사적 전환의 지점으로 간주되며, 4월혁명 이후 이어지는 6·3항쟁, 유신반대투쟁, 부마항쟁, 광주항쟁, 6월항쟁 등의 과정은 4월혁명의 운동적 재생산과정이라고도 말할 수 있다.

4월혁명은 정치사적 의의가 큰 만큼 학술적 연구관심 또한 클 수밖에 없었다. 거시 역사적으로는 일제하의 항일민족해방운동과 해방 후 분단체제에서의 통일운동을 잇는 통일민족국가건설운동의 연속선에서 해석하는 연구(강만길, 1983)에서부터 4월혁명의 실제적 전개과정이나 참여자의 특성 등을 분석하는 현장 중심의 미시적 분석(김성태, 1983)에 이르기까지 인문학과 사회과학의 여러 분야에서 학술적 성과가 누적되었다.

그러나 최근 사회운동 분석이 활발하게 시도되었던 사회과학 분야의 학술풍토에서 본다면, 4월혁명에 대한 사회운동론적 분석은 크게 제한되어 있는 것이 사실이다. 1990년대 이후 국내에서 활발하게 전개되었던 '사회운동의 사회학'이라는 시각에서 볼 때, 4월혁명에 대한 사회운동론적 분석의 결핍은 다음과 같은 몇 가지 요인에 따른 것으로 보인다.

첫째, 사회운동은 실제에 있어서 혁명과 연속성을 가질 수 있고, 이론적으로도 사회운동이론은 혁명 분석에 적용할 수 있지만, 일반적으로 혁명에 대한 분석은 한 사회 내부의 부분 질서와 관련된 사회운동 분석에 비해 사회구성체의 총체적 구조변동에 관심을 갖기 마련이다. 따라서 혁명과 연관된 정치질서, 경제질서, 사회문화 영역의 질서, 국제관계의 질서 등에 주목하는 경향이 많은 것이다. 4월혁명에 대한

다는 점은 부인하기 어렵다.

연구 역시 사회운동 분석의 시각보다는 실제로 서유럽의 부르주아혁명의 시각에서 설명하는 연구경향들이 한 흐름[2]을 이루기도 했다. 둘째, 1990년대 이후 사회운동에 관한 학술적 관심은 새롭게 전개되는 시민운동의 다양한 흐름에 크게 주목했다. 민주화운동에 대한 관심도 광주항쟁과 6월항쟁 등 1980년대 민주화운동이 주요 연구쟁점화 되면서 4월혁명에 대한 관심은 자연스럽게 위축되었다. 여기에는 사회운동 세대의 현재적 주류가 1980년대의 민주화운동을 선도했던 이른바 386세대로 이전되었던 요인도 연관되어 있다.

셋째, 한국에서 사회운동 연구가 서구에서 누적된 다양한 사회운동이론을 수용함으로써 활발하게 시작된 것은 아무래도 1990년대 이후로 보는 것이 맞을 듯하다. 따라서 4월혁명에 대한 사회운동론적 분석의 결여는 사회운동이론의 적극적 수용시기의 문제와도 무관하지 않다.

서구에서 사회운동이론은 1960년대까지 주로 개인의 불만이나 상대적 박탈감과 같은 심리적 요인으로 운동의 발생을 설명하는 논리가 지배적이었다. 1970년대부터는 미국에서 확산된 자원동원론적 접근과 유럽을 중심으로 활발하게 논의된 신사회운동론적 접근이 지속적으로 이론적 발전을 보였으며, 1980년대 말에 들어서는 사회구성주의적 접근이 기존 이론의 지평을 넓혔다. 각각의 접근방식 내에서도 다양한 발전적 모색이 있었고, 한국에서 1990년대 이후 활발하게 연구되었던 사회운동의 사회학은 무엇보다도 이러한 사회운동 연구의 다양한 접근방식들이 폭넓게 수용되고 적용됨으로써 가능했다.

이와 같은 사회운동 분석의 다양한 시각들은 대부분의 이론이 그러하듯이 기본적으로 어떠한 사회운동에도 적용할 수 있는 일반이론을 추구하고 있다. 물론 거의 대부분의 사회운동이론은 사회현상 가운데

---

[2] 최문환(1960), 차기벽(1975) 등의 연구가 있다.

‘사회운동’ 현상을 분석하는 도구라는 점에서 중범위적 수준에 있는 이론이라고 말할 수 있다. 그러나 추상 수준에 있어서는 가급적 많은 사회운동에 적용될 수 있도록 보편적 설명틀을 추구한다. 따라서 이러한 이론들에는 특정사회의 독특한 역사성이 배제될 수밖에 없기 때문에 이론과 현실의 간극이 드러나게 될 뿐 아니라 현실에 대한 일면적 설명력만을 갖게 되는 경우가 많다.

이 글은 4월혁명과 그 이후의 연속적 저항운동, 특히 6·3항쟁과의 관계를 ‘역사주기론’의 시각에서 분석하는 것이 목적이다. ‘역사주기론’은 기존의 사회운동이론이 갖는 역사성의 한계를 보완하기 위한 이론적 시도라고 할 수 있다. 한국의 사회운동, 특히 민주화운동의 역사적 특수성을 반영하는 이론화를 위해서는 기존 사회운동이론의 확장과 재구성이 요구된다. 일반적으로 혁명은 해당 사회의 독특하고도 총체적인 사회구성적 조건에서 발생하기 때문에 혁명에 대한 분석은 해당 사회의 특수성이 부각되는 역사구조적 설명이나 비교역사적 설명이 많다. 4월혁명에 대한 그간의 연구 또한 이런 점에서 대부분이 역사적 특수성을 드러내는 데 주목하고 있다. 역사주기론의 시각은 역사성 지향의 기존 연구에 사회운동의 일반적 설명논리를 보완하는 한편, 기존 사회운동의 사회학에 개별 사회의 역사성의 요소를 보완함으로써 보다 확장되고 정교한 이론화를 모색하는 것이라고 말할 수 있다.

4월혁명은 제2공화국이 출범하면서 제도화 과정을 거치게 된다. 이러한 과정을 4월혁명의 제도적 재생산이라고 한다면, 4월혁명 이후 지속적으로 전개되는 저항운동들은 4월혁명의 운동적 재생산과정이라고 말할 수 있다. 이 글에서는 역사주기론의 시각에서 4월혁명의 운동적 재생산과정을 6·3항쟁에 조망함으로써 민족민주운동의 순환구조로 설명하고자 한다.

2. 현대 한국의 사회운동과 역사주기론의 시각

2차 세계대전 이후 세계질서 재편과정에서 한반도에는 특수한 역사적 '국면'이 형성되었다. 동서 양 진영의 이념 경쟁과 세계자본주의의 국제 분업질서에 따라 한반도에는 분단체제가 형성되었고, 한국전쟁을 거치면서 분단의 질서는 빠르게 고착되었다. 하나의 역사적 국면은 수백 년에 걸친 장기 지속의 역사 속에서 수십 년 단위로 형성되는 특수한 역사적 시기를 의미한다.[3] 당대의 세계질서와 국내에 응축된 정치경제적 조건의 구조 속에서 정치권력과 경제체제, 계급질서와 계급투쟁, 문화구성과 사회적 욕구, 사회운동 등의 요소들이 결부되어 해당 '역사 국면'에는 독특한 '역사적 프레임'이 형성된다.

'프레임'(frame)은 개인들이 삶의 공간과 세계에서 일어나는 일들을 지각하고, 위치지우며, 구별하고 이름붙이는 것을 가능하게 해주는 해석의 틀(schemata of interpretation)을 의미한다.(Goffman, 1974) 따라서 프레임은 사건이나 현상에 의미를 부여함으로써 개인으로 하여금 자신들의 경험을 조직하게 하고, 개인적 행동이나 집합적 행동을 인도하는 기능을 수행한다. 스노우와 벤포드(D.A. Snow and R. D. Benford) 등의 사회운동 연구자들은 이 같은 프레임 논리를 사회운동에 적용하여 참여와 동원의 과정을 프레임 정렬(frame alignment)의 논리로 설명하고 있다.(Snow et al., 1986) 이제 이러한 프레임의 논리를 확장할 때,

---

[3] 브로델(Fernand Braudel)은 역사는 상이한 층으로 이루어져 있는데, 표층에는 사건사가 단기적 시간 안에 있고, 중간층에는 국면사(histoire conjoncturelle)가 광범한 리듬을 좇아 전개되는데, 특히 물질적 생활의 차원, 경제적 주기의 차원에서 연구되었음을 강조한다. 나아가 국면을 넘어서면 전세기를 문제 삼는 구조사 혹은 장기지속사가 있다고 말한다. 아울러 사건에 관해서는 지칠 줄 모르는 사회학적 상상력이 작동하나 국면은 간과된다고 했다.(페르낭 브로델, 1982, 131~132쪽) 이 글에서 강조하는 역사적 국면은 브로델의 국면사에 정치사회사적 요소를 부과해 재구성하고 있다.

특정의 역사적 국면에서 형성되는 역사적 프레임은 해당 역사국면의 개인, 집단, 조직이 현실의 조건을 해석하고 정치적 지향을 설정하게 하며 사회운동을 조직하게 하는 거시적 규정력을 갖는다.

동일한 프레임을 공유하는 특정의 시기로서의 역사적 국면에는 해당 시기의 역사적 프레임과 결부된 저항운동의 프레임이 형성될 수 있다. 하나의 역사적 프레임은 해당 사회와 해당 시대의 가장 주요한 모순구조를 반영하고 있다. 따라서 이러한 모순구조를 변화시키기 위해 형성되는 '사회운동'의 프레임은 무엇보다도 해당 시기의 역사적 프레임을 구성하는 하나의 축이 되는 것이다. 특정의 역사적 국면에서 공유되는 사회운동의 프레임은 사회운동의 특수한 '주기'를 형성한다.[4] 하나의 역사적 국면에서 공유되는 특수한 프레임으로 이루어지는 이러한 운동주기를 사회운동의 '역사적 주기'라고 부를 수 있다. 나아가 대체로 약 20~30년에 걸쳐 형성되는 사회운동의 역사적 주기 내에서 정치권력의 특성이나 사회경제적 조건, 나아가 국제정세의 변화에 따라 순환적으로 나타나는 소주기가 형성될 수 있다. 이러한 순환적 소주기는 역사적 주기 내에서 등장하는 하위의 프레임들로 구성된다.

일반적으로 '주기'(cycle)는 일정한 시간마다 동일한 현상이 나타나는 것을 말하기 때문에 반복성과 순환성을 반영하는 개념이다. 사회운동에 주기론을 적용하는 경우, 고도의 규칙성을 반영하는 규칙적 주기론의 입장과 특수한 주기론의 입장을 구분해 볼 수 있다. 규칙적 주기론은 동일한 사회운동의 프레임이 시간적 규칙성을 가지고 반복적으로 순환하는 것을 말한다. 예컨대 1800년대 이후 서구 주요 국가

---

4) 스노우와 벤포드는 특정의 운동에 국한된 운동특수적 프레임(movement-specific frames)과 보편프레임(master frames)을 구분하고 후자는 사회운동부문에 속하는 다양한 사회운동들이 공유하는 기본패러다임으로 본다.(Snow, D. A., and R. D. Benford, 1992) 이 글에서는 시간적으로 역사성을 부여하여 역사적 국면이 공유하는 사회운동의 프레임이 하나의 역사적 주기를 구성하는 것으로 본다.

에 여성운동이나 평화운동 등이 약 200년의 시기에 걸쳐 60~70년 간격으로 반복적으로 등장하는 경우와 같이 일정한 규칙성을 가지는 것을 의미한다.(Brand, 1990) 특수한 주기론은 사회운동의 이슈나 프레임이 규칙적이기보다는 특수하고 드물게 나타나지만, 저항행동이 순환적으로 나타난다는 점에서 저항주기 혹은 동원주기를 의미한다. 말하자면 특수주기론은 서로 다른 프레임이 나타나더라도 저항적 집합행위가 역사적으로 되풀이된다는 점에서 광의의 주기론이라고 할 수 있다.

나는 해방 이후 정부 수립의 시기에서부터 1990년대 초까지의 시기를 하나의 역사적 국면으로 보고, 이 시기를 민족분단이 고착화되고 외세의 규정력이 극대화된 '분단적 상황'과, 민간에서 군부로 이어지는 권위주의적 정치권력의 억압적 '국가주의'가 결합됨으로써 반공이데올로기와 국가주의이념이 지배하는 '분단 · 국가주의'의 역사적 국면으로 보고자 한다. 아울러 분단 · 국가주의 국면에서 나타나는 사회운동의 시기 특히 1960년 4월혁명에서 1987년 6월항쟁으로 이어지는 시기를 '민족민주운동의 역사적 주기'로 보고자 한다.

구한말과 일제, 미군정의 시기까지는 강대국의 외압과 직접 침탈로부터 벗어나기 위한 민족해방과 근대 민족국가 건설의 과제가 하나의 거대 프레임을 형성했던 시기라고 한다면, 정부수립 이후는 비록 불완전한 형태이지만 근대적 국민국가의 제도적 틀을 중심으로 사회발전과 정치변동의 쟁점이 제기되는 새로운 역사적 국면이 시작된 것으로 해석할 수 있다. 특히 현대적 현상으로서의 사회운동은 근대국가의 규정력 속에서 작동하는 것이기 때문에 사회운동을 중심으로 본다면 민족국가 건설을 목표로 하는 민족해방투쟁과 국민국가의 질서 내부에서 작동하는 사회운동은 서로 다른 역사적 프레임을 구성하는 것이다. 정부수립 이후를 새로운 역사국면으로 보고자 하는 이유가 여기에 있다.

〈표 1〉 민족민주운동의 역사적 주기와 순환주기

역사국면	분단·국가주의 국면																														
역사주기	민족·민주운동의 주기																														
	4월혁명주기		6·3항쟁주기															부마/광주항쟁주기								6월항쟁주기					
순환주기																															
연도	60	61	62	63	64	65	66	67	68	69	70	71	72	73	74	75	76	77	78	79	80	81	82	83	84	85	86	87	88	89	90

　이 같은 시각에서 볼 때 4월혁명은 근대 민족국가의 질서 내에서 전개되는 민주주의와 민족주의 운동의 출발을 의미한다고 말할 수 있다. 사회운동으로서의 민주주의와 민족주의 프레임은 4월혁명 이후 6·3항쟁, 1970년대의 반유신민주화운동, 1980년대의 반신군부민주화운동과 그 연장에서 진행되었던 통일운동까지를 관통함으로써, 길게는 1990대 초까지의 사회운동 프레임을 형성하고 있다. 말하자면 민족주의와 민주주의의 프레임은 1960년 4월혁명에서 1990년대 초 까지 약 30년 간 민족민주운동이라는 한국 사회운동의 특수한 역사적 주기를 형성하고 있는 것이다. 나아가 민족민주운동의 역사적 주기 내부에서 다양한 저항들이 순환적 소주기를 형성하는데, 4월혁명 이후 6·3항쟁, 1970년대의 반유신운동과 부마항쟁, 1980년대의 광주항쟁과 1987년의 6월항쟁으로 이어지는 저항운동들이 그러한 것이다.(〈표 1〉)

　4월혁명과 6·3항쟁은 민족민주운동의 역사주기 내에서 전개된 운동의 순환적 소주기들에 해당한다. 4월혁명은 이승만 정권의 부패에 저항하는 부정선거 반대 및 반이승만독재의 운동 프레임이 주도하는 주기라고 한다면, 6·3항쟁은 한일협상 반대의 프레임이 주도한 민족민주운동의 순환적 소주기에 해당한다.

4월혁명과 6·3항쟁은 서로 다른 저항의 프레임을 갖지만 민족민주운동의 주기 내에서 다른 운동들보다 시간적으로 근접해 있다. 사회운동은 일반적으로 '저항주기에 있어서 시간적 위치'(Brockett, 1991)의 효과를 가질 수 있다. 저항의 주기가 인접해 있는 사회운동의 경우 첫 번째 운동(initiator movement)은 매우 드물지만 저항의 주기를 알리는 중요성을 가지며, 두 번째로 나타나는 운동은 다양한 수준에서 첫 번째 운동으로부터 자극과 영감을 끌어오는 파생운동(spin-off movement)으로서의 성격을 갖기 쉽다.(McAdam, 1996) 이러한 사실은 사회운동의 동일한 역사적 주기 내에서 선행하는 운동은 인접한 후발 운동의 '정치적 기회구조'로 작동할 수 있다는 점을 말해준다. 사회운동의 정치적 기회구조는 사회운동에 '기회'로 작용하는 다양한 운동 외적 요소들을 의미하는데, 동일한 운동의 주기에 있어서는 기존에 출현한 운동이 후발 운동의 프레임과 동원구조 등에 영향을 주는 중요한 기회구조로 작용할 수 있다는 사실에 주목할 필요가 있다.[5]

---

[5] 정치적 기회구조는 학자마다 다양한 요소를 설정하는데 태로우의 경우 정치적 접근의 개방, 정치적 제휴의 불안정성, 영향력 있는 동맹의 존재, 엘리트집단의 분열 등을 든다.(Tarrow, 1996) 맥애담은 여러 학자들의 정치적 기회구조에 대한 입장을 리뷰한 후 정치적 기회구조의 주요 내용들을 ① 정치체제의 상대적 개방성과 폐쇄성 ② 엘리트 배열 및 제휴관계의 안정성 ③ 엘리트 동맹의 존재 ④ 국가의 진압능력 및 진압성향 등(Brockett, 1991 ; Kriesi et al., 1992 ; Rucht, 1996)으로 분류한 바 있다. 특히 이러한 분류 후에 맥애덤은 정치적 기회구조론의 향후 연구방향에 대해 저항의 주기와 기회구조, 정치적 기회의 국제적 맥락, 종속변수로서의 정치적 기회구조 등을 제시하고 있다.(McAdam, 1996) 이 가운데 저항의 주기와 기회구조에 관한 논의가 이 글에서 강조하는 역사주기론의 시각과 결부되어 있다.

역사주기론의 시각에서 볼 때 4월혁명은 민족민주운동의 역사적 주기를 만드는 원천이었으며, 6·3항쟁이라는 민족민주운동의 새로운 소주기를 출현시키는 정치적 기회구조로 작용했다. 4월혁명의 민주주의 프레임과 함께 4월혁명 직후 확산된 다양한 통일운동들은 민족주의운동의 지평을 열었고 이 같은 민족주의 프레임은 6·3항쟁의 저항 프레임을 출현시켰던 것이다. 다시 말하면 6·3항쟁은 4월혁명이 새로운 형태로 재생산되는 민족민주운동의 순환주기 가운데 가장 가까운 시점에서 출현한 운동이라고 말할 수 있는 것이다.

이제 역사주기론의 시각은 다음과 같은 점에서 사회운동을 설명하는 기존의 이론들이 갖는 한계를 보완할 수 있는 의의를 갖는다. 첫째, 사회운동의 이론구조 내에 한 사회의 역사적 특수성을 개입시킬 수 있는 장점이 있다. 기존의 이론적 도구들을 분석수단으로 삼기 전에 한 사회가 경험하는 특수한 역사적 국면을 하나의 역사적 주기로 설정함으로써 그러한 주기를 관통하는 특수한 역사적 조건과 운동의 프레임을 부각시킬 수 있는 것이다.

둘째, 역사주기론은 사회운동에 관한 주기론적 설명이 갖는 한계를 넘어설 수 있다. 일반적으로 사회운동의 주기론은 운동 자체의 반복적이고 순환적인 부침을 그려내기 때문에 운동에 영향을 미치는 객관적 구조보다는 운동 자체의 연속성에 몰입하는 경향이 뚜렷하다. 그러나 역사주기론은 규칙적 주기론과 특수한 주기론을 종합적으로 반영하고 있기 때문에 단순한 연속성을 넘어 역사적으로 특수한 주기를 형성하는 정치경제적, 국제적 조건에 대한 관심이 공존하고 있다.

셋째, 비교적 장기간에 걸친 사회운동의 궤적을 관찰할 수 있는 이점이 있다. 현대의 사회운동은 국가와의 갈등구조가 일차적으로 부각되며, 이 때 국가와 사회운동의 관계는 일반적으로 특정 정권의 성격과 맞물려 있다. 특히 민주화운동 분석은 대체로 특정 정권을 배경으로 하기 때문에 분석 시기가 해당 정권에 국한된 비교적 짧은 기간의 정치경제적 조건을 분석하는 경향이 있다. 그러나 역사주기론의 시각은 정권의 경계를 넘어서는 역사적 주기를 설정하기 때문에 비교적 장기간에 걸친 운동의 흐름을 분석할 수 있는 장점이 있다. 넷째, 역사주기 내에서 순환하는 사회운동의 소주기들 간에 순환적 연관관계를 분석할 수 있는 장점이 있다. 특히 동일한 역사주기 내에서 선행하는 사회운동이 후발 운동의 정치적 기회구조로 작동함으로써 먼저 발생한 운동이 새로운 파생적 운동을 배태시킬 수 있다는 점을 분석적으로 드러낼 수 있는 것이다. 이 같은 순환적 연관관계를 찾아내는 일은 전술한 바와 같이 사회운동을 정권적 특성에 따라 규정되는 것으로 분석하는 단기성의 한계를 넘어설 수 있을 뿐 아니라 순환적 연관관계 자체에 내재된 사회운동의 역사적 특수성을 부각시키는 동반적 효과를 얻을 수 있다.

3. 민족민주운동의 역사주기와 4월혁명

1) 4월혁명과 민주주의 프레임의 출현

제2차 세계대전 이후 대부분의 신생 독립국가들의 공통된 과제는 독립된 근대 민족국가 건설에 있었다. 사회주의적 경로와 자유주의적 경로가 차이를 보이기는 했지만 '민족주의'와 '민주주의'의 이념은 근대 민족국가가 추구하는 공유된 내용이었다. 한국 또한 예외가 아니라고 할 때 남한 단독정부로 출범한 제1공화국은 이미 심각한 내상을 입은 채 출발하는 뚜렷한 한계를 가진 셈이었다.

무엇보다도 제1공화국은 남한 단독정부로 출발함으로써 민족공동체에 기반을 둔 민족국가의 불완전성을 드러냈기 때문에 국가정당성의 기반이 대단히 취약했다. 이어진 한국전쟁은 민족통일이라고 하는 깊고도 거대한 민족적 과제를 한반도에 각인시켰다.[6] 둘째로 이승만 정권은 강력한 반공이데올로기를 규율화 함으로써(조희연 편, 2003) 분단에 기댄 자유민주주의 체제의 이념적 경직성과 편향성을 폭력적으로 드러냈다. 반공이데올로기는 노선이 다른 정치세력을 배제하거나 국민들을 통제하는 수단으로 활용됨에 따라 민주적 정치과정을 파괴하고 강제와 억압의 정치를 생산하는 원천으로 작동했다. 이 같은 정치질서는 신생 한국의 국민들에게 민주주의의 과제를 학습시키는 과정과도 같았다. 셋째로 1950년대 원조경제체제가 드러내는 국민생활의 실질적 악화 경향은 국민들의 현실적 불만을 가중시켰다. 1950년대 말 미국의 경제적 원조가 뚜렷이 감소함에 따라 경제성장률이 둔화되고 실업이 증가했으며 인플레이션이 가속화됨으로써 국민들의 실질적 삶은 점점 더 피폐해져 갔다.[7] 특히 원조경제의 운용과정에서 부패가 만연하고 상류층의 삶은 대단히 호사스러웠던 반면, 도시지역의 극심한 실업 특히 대학졸업자 등 고급인력의 취업률이 크게 저하되면서 상대적 박탈감이 심화되었다.

이 같은 점에서 이승만 정권은 민족적 과제와 민주주의의 과제가

---

[6] 단독정부 수립에 따른 민족국가의 정당성에 대한 국민적 반감은 1950년 제2대 국회의원 선거 결과에 잘 반영된 것으로 보인다. 이 선거에서 조소앙, 안재홍, 조봉암, 윤기섭, 원세훈 등 중도적인 민족주의계열의 인사들이 당선된 것이나 무소속 당선자가 126명으로 60%에 이른 것은 이승만 정권하에서 민족적 과제에 대한 국민적 열망을 보여주는 대목이다.(민주화운동기념사업회 연구소 편, 2008, 33~34쪽)

[7] 한국전쟁 이후 1960년까지 한국의 경제성장률은 연평균 7.3%로 후진국 일반에 비해 훨씬 더 높았다. 그러나 미국의 원조가 1957년 3.8억 달러를 고비로 59년에는 2.2억 달러로 줄어들었고, 경제성장률 또한 1959년에는 2.1%로 크게 둔화되었다. 이에 따라 실업률이 크게 증가했는데, 1960년의 실업률은 잠재실업률까지 고려할 때 34.2%에 이르고, 특히 비농가의 경우 42.0%의 높은 실업상태를 보였다.(전철환, 1983)

어설프고도 일방적으로 봉합된 불안정한 사회였다. 여기에 원조경제가 드러낸 국민생활의 불안정성은 이러한 과제에 대한 열망을 자극하는 요인으로 작용했다. 이승만 정권이 불안하게 봉합한 이 같은 현실적 모순은 계기만 주어진다면 언제든지 표출될 수밖에 없는 근본적인 문제들이었기 때문에 그러한 기회를 봉쇄하기 위해서는 비정상적이고 비민주적 정치과정이 연속적으로 전개되기 마련이었다.

민족적 과제와 민주적 과제를 위태롭게 내장한 채 봉합된 남한사회에서 첫 번째 봉인이 풀린 것은 민주주의의 과제였다. 두 가지 태생적 모순을 억제하기 위해서는 무엇보다도 현실정치과정을 비정상적이고 왜곡되게 운영할 수밖에 없었는데, 그러한 비정상적 정치과정이야말로 민주주의의 과제를 우선적으로 드러나게 하는 직접적 요인이었다.

주지하듯이 이승만을 제2대 대통령으로 다시 만든 1952년의 부산정치파동과 발췌개헌안의 통과, 현직 대통령에 한해 중임 제한을 폐지하는 것을 골자로 한 1954년의 이른바 4사5입 개헌 등은 파행적 정치과정의 전형을 보여주는 것이었다. 이 같은 정치과정에서 국민들에게 반이승만 정서는 이미 팽배했다. 1956년 대통령 선거에서 야당의 선거구호가 "못 살겠다 갈아보자"라는 데에도 그러한 정서가 반영되어 있지만, 실제 투표 결과에도 반이승만 정서는 뚜렷이 반영되어 있었다. 비록 이승만이 온갖 정략과 폭력, 테러를 통해 504만 표로 이기기는 했지만, 조봉암의 216만 표와 급작스럽게 서거한 신익희의 추모표로 해석되는 185만의 무효표, 특히 서울의 경우 이승만의 20만 5,000표를 넘어선 28만 4,000표의 무효표는 이승만 정권에 대한 국민적 불신을 잘 보여주는 것이었다.(민주화운동기념사업회 연구소 편, 2008, 59쪽)[8]

---

[8] 민주당의 조병옥은 "3대 대통령 선거에 있어서 내 판단에는 만일 자유 분위기의 선거가 행해졌더라면, 이 대통령이 얻은 표는 200만 표 내외에 지나지 못하리라고 나는 판단합니다"라고 말했다.(『대한민국국회속기록』 8, 4쪽 ; 민주화운동기념사업회 연구소 편, 2008, 59쪽에서 재인용)

1956년 선거 후 이승만 정권의 위기의식이 반영된 장면 부통령 저격 사건, 진보당 창당 방해사건 및 조봉암 처형, 연이은 언론탄압과『경향신문』폐간사건 등은 국민들에게 자유민주주의의 저항프레임을 형성시키는 비정상적이고 굴절된 정치과정이었다.

1960년 4월혁명은 3·15정부통령 선거를 직접적인 계기로 분출했다. 4월혁명에서부터 약 30여 년간에 걸친 민족민주운동의 역사적 주기가 시작된다고 볼 때, 이러한 역사주기 내에서 4월혁명의 순환적 주기는 대구에서 고등학생들이 주도한 2·28학생시위, 3월 15일의 제1차 마산시위, 4월 11일의 제2차 마산시위, 4월 19일 서울을 비롯한 전국 규모의 시위, 4월 25일의 대학교수단 시위, 4월 26일 이승만의 하야에 이르는 연속적 과정으로 이루어졌다. 나아가 1960년 말부터 1961년 쿠데타 이전까지 전개된 통일운동 또한 4월혁명의 주기에 포괄할 수 있다. 이러한 과정이야말로 민족민주운동의 프레임이 주도하는 역사적 주기의 첫 번째 소주기를 형성했던 것이다.

일반적으로 사회운동의 과정에서 나타나는 다양한 구호와 주장들은 운동의 보다 보편적 프레임을 구체적으로 표현해내고 있다. 4월혁명의 운동주기 동안에 나타난 구호와 주장 역시 4월혁명이 추구하는 본질적인 프레임을 구체화한 것이라고 말할 수 있다. 2월 28일부터 4월 19일까지의 시기에 등장한 구호와 주장의 내용을 보면, 3월 15일을 전후해서 상당한 차이를 발견할 수 있다. 2·28에서 3·15까지는 주요 구호가 "학원의 자유"와 "민주주의 수호", "부정선거 배격", "부패정치 및 독재의 배격" 등과 같이 제한적이고 추상적인 내용이 지배적이었다. 그러나 3·15 이후에는 이전에 없었던 구호가 등장하는 한편, 요구의 수위가 정권 퇴진에 이를 정도로 높아졌을 뿐 아니라, 정권의 반민주적 행태에 대해 구체적으로 규탄하고 있다. 예컨대 3·15 이전에는 보이지 않던 경찰의 폭력성, 정권사퇴 주장, 구속학생 석방, 폭력배 규탄, 사법부 규탄, 공정보도 요구 등의 내용이 등장함으로써 정권의 반민주성을 뚜렷이 각인시키고 있다. 이 시기에는 학원자유화 주장이나 부패정치와 독재에 대해 추상적으로 규탄하는 내용들은 뚜렷이 줄어들었다.(김성태, 1983, 107~108쪽)

〈표 2〉 4월혁명 주기의 주요이슈

이슈	총계		3 · 15전		3 · 15후	
	빈 도	%	빈 도	%	빈 도	%
학원의 자유	30	22.1	19	39.6	11	12.5
부정선거배격	23	16.9	6	12.5	17	19.3
부패와 독재배격	21	15.4	12	25.0	9	10.2
국민과 학생궐기 호소	15	11.0	7	14.6	8	9.1
경찰의 포학규탄	12	8.8	0	0	12	13.6
시위권리주장	11	8.1	0	0	11	12.5
정권사퇴요구	7	5.1	0	0	7	8.0
구속학생석방요구	4	2.9	1	2.1	3	3.4
폭력배 규탄	4	2.9	0	0	4	4.5
사법부 규탄	3	2.2	0	0	3	3.4
민주당 지지	2	1.5	2	4.2	0	0
공정보도요구	1	0.7	0	0	1	1.1
신문강제구독반대	1	0.7	1	2.1	0	0
기타	2	1.5	0	0	2	2.3
계	136	100	48	100	88	100

*출처 : 김성태, 1983, 107쪽.

3 · 15를 기점으로 4월혁명의 민주주의 프레임을 구분해 본다면, 주로 중고등학생들이 주도한 전기의 '학원자유화 프레임'에서 대학생과 시민들이 주도한 후기의 '정권퇴진 프레임'으로 전환되었다고 말할 수 있다. 〈표 2〉에서 보듯이 전체적인 주장의 유형 가운데는 경찰, 사법부, 폭력배, 어용신문사 등에 대한 규탄과 같이 국가기구의 반민주적 운영에 대한 저항의식과, 학원자유, 공명선거, 시위권리 등과 같이 민주주의가 갖추어야할 핵심적 지표에 대한 요구들이 혼재해 있다. 이러한 내용들은 학원자유화 프레임이든 정권퇴진 프레임이든 적어도

의회민주주의 복원을 넘어서지 않는 수준에 있다. 따라서 4월혁명기에 바야흐로 한국 사회운동의 민주주의 프레임이 출현했으며, 그러한 민주주의 프레임은 자유민주주의 프레임이라고 말할 수 있다.

2) 4월혁명과 통일민족주의 프레임의 출현

한국전쟁이후 한반도 분단은 고착화의 과정에 들어섰다. 그러나 4월혁명 직후에 민간 통일논의와 통일운동이 크게 분출했는데 그것은 분단 고착화 과정에서 가장 주목할 만한 현상이었다. 이제 이승만 정권이 내장한 모순 가운데 민족적 과제라는 두 번째 봉인이 4월혁명을 통해 풀어진 것이다. 민족민주운동의 역사적 주기를 구성하는 민족주의 프레임은 이 시기 통일운동에서부터 출발하는 것으로 볼 수 있다.

4월혁명은 정전협정이 체결된 지 7년의 시점에서 발생한 것이기 때문에 분단에 대한 사회의식이 현재처럼 강고하게 자리 잡은 상태가 아니었다. 따라서 이 시기에는 분단문제가 민족주의나 민족적 명분의 문제로 객체화되어 있지 않고 훨씬 더 구체적이고 생생한 삶의 문제와 결부되어 있었다.(민주화운동기념사업회 연구소 편, 2008, 286쪽) 따라서 이 시기 민족주의운동은 무엇보다도 민족공동체 의식에 기반을 둔 '통일민족주의' 프레임이 주도한 것이라고 말할 수 있다.

이 시기 통일운동은 민족민주운동의 역사적 주기의 첫 번째 순환주기라고 할 수 있는 4월혁명의 주기가 마감하는 시점에 있다. 이 시점에서 통일운동을 출현하게 만든 정치적 기회구조는 몇 가지 국내외적 정세의 변화를 주목할 수 있다. 첫째, 미소간의 냉전체제가 공존의 구조로 자리 잡으면서 극단적 대립이 완화되는 경향을 보였다. 특히 1959년 흐루시초프의 미국 방문은 한국전쟁을 치른 한국민에게는 충격이었다. 둘째, 1950년대 중반부터 세계적으로 대두된 제3세계 민족

주의의 고양도 통일운동에 영향을 미쳤다. 아시아, 아프리카의 신생
국들은 1955년 반둥회의를 거쳐 제3의 세력으로 국제사회에 부각되었
고 유엔 회원국으로 가입함으로써 유엔의 질서가 바뀌었는데, 매년
유엔 총회에서 한국의 통일문제가 논의되는 당시의 상황에서 볼 때 제
3세계 민족주의는 통일운동에 크게 영향을 미쳤다. 셋째, 4월혁명 직
후 북한의 대남통일공세가 적극적으로 전개되었다. 북한 수상 김일성
은 '과도적 연방제안'을 제시하며 남북교류를 제안했고, 이러한 제안
에 대해 남한은 대응하지 않을 수 없었던 것이다.[9](민주화운동기념사
업회 연구소 편, 2008, 286~287쪽)

이 같은 국제사회의 변화는 4월혁명 직후의 통일운동을 출현시키는
국제적 맥락의 기회구조로 작동했다. 그러나 통일운동의 보다 직접적
인 기회구조는 4월혁명을 통해 조성된 정권의 개방구조라고 할 수 있
다. 무엇보다도 4월혁명 후 과도정부에서 국가보안법이 보다 완화된
내용으로 개정되었을 뿐 아니라 언론자유와 정치활동의 자유를 확대
하는 법안들이 국회에서 통과됨으로써 통일문제가 논의될 수 있는 기
회를 맞게 된 것이다. 이 점에서 4월혁명의 민주주의 프레임은 자연
스럽게 통일민족주의 프레임으로 이어졌고 이를 운동주기론의 시각
에서 본다면 4월혁명의 민주주의 프레임 자체가 통일운동의 정치적
기회구조로 작용했다는 점이 강조될 수 있다.

이 시기 통일민족주의 프레임을 구성하는 주요 내용은, 우선 '중립
화통일론'의 흐름을 들 수 있다. 중립화통일론은 스위스나 오스트리아

---

9) 4월혁명의 운동주기에 형성된 이러한 변화로 인해 7·29총선 시기부터 통일문제
  는 보수 정당과 혁신 정당 간의 중요한 정치쟁점이 되었다. 장면 정권은 국내외
  의 활발한 통일논의에 당황해서 '유엔 감시 하 남북한 총선거를 통한 평화적 자
  유민주통일방안'이란 것을 내놓았으나 젊은 세대뿐 아니라 언론으로부터도 지지
  받을 수 없었다.(강만길, 1983) 총선 당시 혁신 정당 역시 유엔 감시하의 총선거
  론을 주장해서 보수 정당과 차이를 보이지 않았으나, 일부에서는 '남북교류론'을
  주장해서 파문이 일기도 했다.(민주화운동기념사업회 연구소 편, 2008, 287쪽)

의 방식으로 주변 강대국이 협정을 맺거나 국제적 보장을 마련하는 방식으로 한국을 영세중립국으로 만들어 통일을 이루자는 입장이었다. 이에 따르면 한반도의 분단은 주로 군사적 이해관계에 원인이 있기 때문에 한반도 주변의 강대국들이 한반도에 대한 불가침조약을 맺고, 한국 또한 군사동맹이나 군사원조를 받지 않는 방식으로 영세중립화하면 통일이 가능한 것으로 보았던 것이다. 이 같은 중립화통일론은 동서 대립의 국제관계적 맥락에서 문제를 해결하고자 하는 입장으로 일종의 점진적이고 타협적인 통일론이라고 할 수 있다. 따라서 주로 개혁적 자유주의진영의 단체와 인사들이 주도한 통일운동 프레임이라고 할 수 있다.

통일운동의 프레임을 구성하는 다른 하나의 주요 흐름은 '남북협상론'이다. 중립화통일론이 비교적 온건한 수준에서 국제관계적 해결을 모색했다면, 남북협상론의 흐름은 반외세의 급진적 관점에서 통일문제의 해결을 추구했다. 이 흐름의 반외세, 민족자주적 지향은 이른바 반제, 반봉건, 반매판의 민족혁명노선에 기반을 둔 것이라고 할 수 있다. 남북협상론은 기본적으로 통일과 민족해방혁명이 중첩된 과제로 이해했지만, 당시 통일운동의 일반적 흐름은 '계급혁명적 민족주의'가 아니라 민족공동체 지향의 '통일' 자체에 초점이 맞추어진 '통일민족주의' 프레임이었다. 따라서 남북협상론 역시 일종의 단계론적 입장에서 민족혁명론보다는 통일론 자체를 강조할 수밖에 없었다. 따라서 중립화통일론이나 남북협상론은 궁극적 지향은 다르다고 할지라도 현실적인 통일운동의 맥락에서는 공히 '통일민족주의' 프레임으로 귀결되었던 것이다.

이 같은 통일민족주의 프레임의 조직기반은 학생 통일운동 조직과 통일운동 시민사회단체, 그리고 혁신계 정당 등을 들 수 있다. 4월혁명 직후의 개방적 공간에서 통일논의가 크게 확산된 조건에서 4월혁명을 주도한 학생들은 통일문제에 대해서도 가장 민감했다. 4월혁명 후 학생운동은 학도호국단이 해체되면서 새롭게 구성된 자치학생회가 국민계몽대활동이나 신생활운동 등을 주도하는 흐름이 있었고, 1950년대 후반부터 서울대, 고려대 등에서 만들어졌던 이념서클들을 기반으로 한 학생 통일운동의 흐름이 있었다.[10] 1960년 9월부터 고려대 정경대 학생회가 주최하는 '전국학생통일문제 토론회'를 출발로 학생 통일논의가 빠르게 확산되었다. 11월에 서울대에서 사회과학 이념 서클을 기반으로 '민족통일연맹'이 통일운동단체로는 처음 발족함으로써 장면 정권에 충격을 주었다.(서중석, 1991) 이후 경북대의 '민족통일촉진학생연구회', 경희대 '민족통일연구회', 성균관대 '민족통일연맹결성준비위원회' 등이 결성되었고, 1961년 들어 외국어대 '민족통일연맹결성준비위원회', 건국대 '민족통일연구회', 그리고 항공대, 국악대, 고려대, 연세대, 단국대 등에서 조직이 건설됨으로써 1961년 5월 군사쿠데타 이전까지 18개 대학과 1개 고등학교에서 학생 통일운동조직이 결성되었다. 학생 통일운동조직들은 통일 관련 강연회와 토론회를 주도하고 각종 선전활동을 전개했는데, 민족통일연맹 내부에는 중립화통일론 뿐 아니라 남북협상론의 입장을 가진 학생들도 있었다. (민주화운동기념사업회연구소, 2008, 289~297쪽)

학생 통일운동조직의 확산과 함께 시민사회에서도 통일운동단체들이 빠르게 조직되었다. 먼저 진보적인 학생운동단체들과 연계된 '민주민족청년동맹'(약칭 민민청)과 '통일민주청년동맹'(약칭 통민청) 등 민족혁명노선을 추구하는 진보적 청년단체들이 통일운동에서 주요역할을 했다. 또 경북지역 항일운동가조직인 '구국동지회'와 경북지역 혁신정당 및 각종 사회단체구성원들이 결성한 '경북 민족통일연맹', 마

---

[10] 이를 개량주의적 운동과 변혁운동적 성격을 지닌 운동으로 구분하기도 한다.(김동춘, 1990, 326쪽)

산지역의 혁신계 정당 활동으로부터 대중운동으로 전환한 '한국영세중립화통일추진위원회', 사회당 계열의 '조국통일민족전선' 등이 시민사회의 통일운동을 주도했다. 이 시기 통일운동단체들은 대체로 진보적 성향의 인사들이 주축이었기 때문에 '한국영세중립화통일추진위원회'를 제외하고 대부분의 단체가 남북협상론의 입장에 있었다.(홍석률, 2001)

1961년 초에 4월혁명 이후 활동했던 사회단체를 거의 망라한 최대의 연합체로 '민족자주통일협의회'(약칭 민자통)가 조직되었다. 민자통은 임시정부 활동가들이 해방 직후 만든 '민족건양회'의 주도로 경북민족통일연맹, 사회당, 민민청, 통민청 등이 합류하면서 당시 진보운동의 방향을 혁신 정당보다는 일종의 연합체를 구축하고 반보수 민족혁명세력을 총결집하는 것으로 설정한 흐름의 큰 성과였다. 1961년 1월 1,000명의 준비위원 명단이 공식발표되면서 통일선언서와 강령이 발표되었고, 2월에 민자통은 정식결성대회를 갖고 이어서 지방협의회를 조직하였다. 이로써 민자통은 통일운동에 관련된 혁신 정당과 사회단체를 거의 망라하는 전국적인 규모의 최대 사회단체로 부각되었다.

민자통은 자주, 평화, 민주를 기본원칙으로 하는 강령을 발표했으며, 주도 단체들을 볼 때 남북협상론을 주장하는 것으로 비쳤지만 실제로 구체적인 통일방안은 결정되지 않았다. 조직 결성 이후 민자통은 '통일방안심의위원회'를 구성하고 여기에서 영세중립화통일론으로 뜻이 모아지는 듯했으나, 내부의 반발로 합의를 얻지 못하다가 5월 군부쿠데타를 맞고 말았다.(민주화운동기념사업회 연구소 편, 2008, 307~316쪽)

4월혁명과 그 직후의 통일운동은 사회운동의 이슈와 프레임이라는 점에서는 민주화와 남북통일의 이슈, 자유민주주의 프레임과 통일민족주의 프레임 등으로 뚜렷이 구분될 수 있다. 그러나 운동의 인적 구성과 조직기반의 요소를 본다면, 4월혁명과 그 직후의 통일운동은 발생 시기의 연속성뿐 아니라 동원의 인적 기반이 중첩되어 있다. 따라서 4월혁명의 자유민주주의 프레임과 통일민족주의 프레임은 민족민주운동의 첫 번째 소주기로서의 '4월혁명의 주기'를 구성하는 두 개의 주요 운동 프레임이라고 할 수 있다. 4월혁명의 주기 내부를 분석적으로 본다면, 선행하는 운동은 후발 운동의 기회구조로 작동한다는 점에서 4월혁명의 자유민주주의 운동 프레임은 통일민족주의 운동을 잉태하고 추동하는 정치적 기회구조로 작용함으로써 동일한 하나의 순환적 소주기를 형성했고, 이것이 이후 약 30년간에 걸친 민족민주운동의 주기 가운데 제1 순환주기에 해당하는 것이었다.

4. 민족민주운동의 역사주기와 6·3항쟁

1) 6·3항쟁의 주기와 자주적 민족주의 프레임

민주주의와 민족주의의 프레임을 출현시켰던 4월혁명의 주기는 1961년 5월 16일의 군사쿠데타로 종료되었다. 이승만 정권과 장면 정권으로 이어지는 4월혁명의 주기에 민주주의 프레임과 민족주의 프레임이 순차적으로 나타남으로써 근대 민족국가의 과제로서의 민족주의와 민주주의가 동시적 과제라는 사실을 알려주었다. 해방 이후 분단·국가주의의 역사적 국면에서 사회운동의 가장 보편적 프레임으로 등장한 민족·민주주의는 4월혁명의 주기에 이어서 박정희 정권에서 6·3항쟁이라는 제2의 순환주기를 출현시켰다.

6·3항쟁의 주기는 1964년에서 65년에 걸쳐 격렬하게 전개된 한일협정반대투쟁의 시기를 지칭한다. 이 시기의 저항운동은 민족주의 프레임과 민주주의 프레임이 동시에 복합적으로 작동함으로써 민족적

과제와 민주주의의 과제는 불완전한 민족국가에서 중첩되어 있다는 사실을 다시 확인하게 했다. 그러나 이러한 과제는 박정희 군사정권의 조건에서 보다 구체적인 운동의 프레임과 이슈를 생산했다. 특히 민족주의 프레임은, 4월혁명 주기에 통일민족주의 프레임이 주도하던 것으로부터 6·3항쟁의 주기에는 대일 자주적 민족주의 프레임으로 구체화되었다. 이 같은 '자주적 민족주의' 프레임은 6·3항쟁의 확장기에 민족혁명론의 자주적 시각이 등장하기도 했으나, 일반적으로는 외교적 수준의 자주적민족주의 프레임이 주도한 것으로 볼 수 있다.

주지하듯이 한일협상의 배경에는 미국이 주도하는 동아시아에서의 지역통합전략이 있다. 2차 세계대전 후 미국은 미국 주도의 자본주의 질서를 공고화하기 위해 유럽과 동아시아에서의 지역통합전략을 시도하는데, 동아시아에서는 일본을 반공과 지역통합의 거점으로 삼았다. 그러나 한국전쟁 후 한국의 전략적 가치가 높아지면서 한국과 일본의 관계정상화가 동아시아에서 한미일의 삼각동맹을 구축하는 데 핵심적 과제가 되었다. 여기에 박정희 정권의 욕구가 겹쳐지면서 1950년대 이래 난항을 겪던 한일회담이 급속히 진행되었던 것이다. 말하자면 한일협정은 미국의 전략적 구상이 관철되는 것을 의미하며, 이를 통해 권력기반을 다지고 경제개발의 자원을 확보하려는 박정희 정권의 급박한 정치경제적 요구가 관철되는 것을 의미했다. 따라서 대일 굴욕외교 반대는 곧 박정희 정권에 대한 항거였으며 외세의 부당한 압력에 대한 항의였다.(6·3동지회 편, 2001, 49쪽)

1964년 3월 초 박정희 정권의 굴욕적 한일회담을 반대하며 야당과 재야세력들이 '대일굴욕외교반대 범국민투쟁위원회'를 결성하여 전국을 순회하며 집회가 개최되는 가운데, 한일회담이 진행 중인 일본으로 김종필을 파견함으로써 정부의 협상타결 의지가 분명히 확인되었다. 이와 함께 3월 24일 서울대, 고려대, 연세대를 중심으로 쿠데타 이후 최초의 대규모 가두시위가 전개되었다. 학생운동의 새로운 방향을 모색하며 제3세계 민족해방주의에 관심을 가졌던 서울대 문리대 학생 서클 '민족주의비교연구회'(약칭 민비연)가 주도한 이 시위에서는 한일회담의 즉각 중지, 평화선 고수, 일본 독점자본 축출, 친일 국내 매판자본가 타살, 미국의 한일회담 관여 거부 등이 요구되었다.(『대학신문』 1964년 3월 26일자) 3 · 24 시위를 주도한 학생들 가운데는 이미 이 때 박정희 정권 타도를 의도하거나 반미적 시각을 가진 경우도 있었으나, 일반학생의 의식과는 거리가 있었기 때문에 정책적 이슈를 부각시켰고, 적어도 반정부나 반미시위가 아니라는 점을 분명히 하기도 했다.

3 · 24시위 이후 일본으로부터의 거액의 정치자금 수수 의혹을 시작으로, 대규모 국공유지 부정불하사건, 야당 의원과 시위주동 학생들을 친북좌익세력으로 몰기 위한 공작으로 알려진 이른바 괴소포배달 사건, 학원 사찰 폭로 등의 사건을 거치면서 박정희 정권의 부정부패와 비민주성에 대한 국민적 분노는 급속히 고조되었다. 한일회담 반대투쟁은 이제 반정부투쟁으로 변화되었다.(민주화운동기념사업회 연구소 편, 2008, 419쪽) 이러한 변화는 5월 20일 이른바 '황소식 민족적 민주주의 장례식'에서 뚜렷이 드러났다. 학생들은 민족적 민주주의 장례식 선언문에서 "4월항쟁의 참다운 가치성은 반외압세력, 반매판, 반봉건에 있으며, 민족민주의 참된 길로 나가기 위한 도정이었다. 5월쿠데타는 이러한 민족민주이념에 대한 정면적인 도전이었으며 노골적인 대중탄압의 시작이었다"고 강조했다.(6 · 3동지회 편, 2001, 466쪽)

박정희 정권의 정체성으로 부각된 '민족적 민주주의'의 장례를 치르는 것은 박정희 정권 자체에 대한 부정에 다름 아니었다. 그러나 이 시점까지만 해도 학생들 사이에 민족적 민주주의에 대한 인식의 차이가 있었으나 박 정권의 폭력적 시위진압과 무장군인을 동원한 사법부 협박, 학생 납치 및 린치 등은 박정희 정권의 비민주성을 명백하게 보여줌으로써 비교적 온건한 입장에서 한일회담 반대를 주장하던 학생들도 박정희 정권을 부정하는 흐름에 합류해 갔다. 민족적 민주주의 장례식을 주도한 학생들이 경찰 수배로 잠적하거나 체포되면서, 이제 각 대학 학생회가 전면에 나서서 이른바 '난국타개 학생대책위원회'를 결성하고 '난국타개궐기대회'를 대학별로 가짐으로써, 공식기구인 학생회가 한일협정반대투쟁의 중심을 이끌게 되었던 것이다.(민주화운동기념사업회 연구소 편, 2008, 422~424쪽) 5월 25일과 26일 대학별 난국타개궐기대회에서는 부정부패 규명과 사죄, 학원난입 경찰 처벌, 법원난입 군인 처벌, 구속학생 석방, 민생고 타개를 위한 독점·매판자본 몰수 등을 요구했다. 학생들은 이러한 요구가 관철될 획기적 전기가 없을 경우 4·19정신으로 실력투쟁을 불사할 것을 천명함으로써 6·3항쟁의 거대한 분출을 예고했다.

학생들은 6월 2일 시위를 재개했고 구호는 박정희 정권 타도에 모아졌다. 6월 3일 서울을 비롯한 전국에서 4월혁명에 비견되는 군사쿠데타 이후 최대의 항쟁이 전개되었던 것이다. 6·3항쟁에서 학생들은 박정권 하야, 악덕재벌 처단, 학원사찰 중지, 여야 정객의 반성 촉구, 민생고 시급 해결, 부정부패 원흉 처단 등의 구호를 외침으로써 굴욕적인 한일회담 반대의 수준에서 시작된 저항이 박정희 정권 자체에 대한 부정으로 확산되었다.

1964년의 6·3항쟁은 계엄령 선포로 좌절되고 말았다. 1964년 12월 말 박 정권은 한일회담을 재개했다. 이듬해 2월 한일회담기본조약에 합의하고, 6월 22일 한일협정이 조인되었으며, 8월 14일 비준안이 국회를 통과했다. 이 과정에서 6·3 이후 최대의 가두시위인 4·13시위를 비롯해서 한일협정 조인 반대, 한일협정 비준 반대 투쟁이 지속적으로 전개되었다. 1965년으로 이어진 한일협정 조인, 비준 반대투쟁은 학생시위를 발본하겠다는 박정희의 대국민담화에 이어 내려진 8월 26

일의 위수령으로 대학과 학생들에 대한 대대적인 검거와 탄압이 시도 됨으로써 크게 위축되었다. 그리고 1964년과 1965년에 걸친 6 · 3항쟁 의 주기는 마감되었다.

4월혁명에 비해 학생 중심의 운동 경향을 보였던 6 · 3항쟁은 학생 운동의 이념적 지향이 곧 운동의 주요 프레임을 구성했다. 적어도 6 · 3항쟁을 주도했던 학생운동 진영 가운데 민비연을 중심으로 하는 핵심 주도세력은 제3세계 민족해방론을 학습함으로써 상당히 급진적 민족혁명론을 수용한 것으로 볼 수 있다. 그러나 '민족적 민주주의 장 례식'에서조차 '민족적 민주주의'에 대한 전면적인 거부를 자제했던 점을 보더라도[11] 대부분의 학생들은 정책적 수준에서 대일굴욕외교 를 반대하는 자주외교 지향의 민족주의 프레임을 공유한 것으로 볼 수 있다. 이 같은 자주적 민족주의 프레임은 4월혁명의 주기에 분출 했던 통일민족주의 운동이 박정희 군사정권이라는 필터를 거치면서 새로운 민족적 이슈로 재구성됨으로써, 민족민주운동의 역사적 주기 를 구성하는 제2의 순환주기를 만들었던 것이다.

2) 4월혁명의 순환구조와 6 · 3항쟁의 민주주의 프레임

4월혁명의 주기는 이승만 정권에 내재된 민주적 과제와 민족적 과 제의 봉인이 순차적으로 풀어지는 과정이었고 그것은 분단 · 국가주 의의 역사적 국면에 공유된 보편적 운동프레임으로서의 민족민주운 동의 주기를 여는 첫 번째 순환주기이기도 했다. 따라서 4월혁명의

---

11) 민비연을 비롯한 민족적 민주주의 장례식을 추진한 학생들은 민족적 민주주의에 대해 일찍부터 비판적이었지만, 대부분의 학생들을 의식하여 반대의 대상을 민 족적 민주주의 자체가 아니라 그것을 제대로 수행하지 않는 박정희 정권으로 한 정하고자 했다. 따라서 공화당을 상징하는 '황소식'이란 수식어를 붙여서 황소식 민족적 민주주의 장례식으로 했던 것이다.[김도현의 증언(민주화운동기념사업회 연구소 편, 2008, 420쪽)]

민족민주 프레임은 민족주의와 민주주의가 민족국가의 형성과정에서 분리된 문제가 아니라는 점을 보여주었다. 분단·국가주의의 역사 국면에서 6·3항쟁은 박정희 정권의 권위주의에 저항하는 민족민주운동의 제2의 순환주기를 형성했다.

6·3항쟁의 주기는 한일협상 반대라는 정책 수준의 자주적 민족주의 프레임이 박정희 정권 퇴진이라는 반정부 민주화 프레임으로 극대화되는 과정을 거쳤다. 계엄령까지 맞게 된 이 시기의 반정부운동은 초기의 민족주의 프레임을 포괄하는 민주화 프레임으로 확대되었다는 점에서 운동 프레임의 확산을 의미한다고 할 수 있다. 이 같은 6·3항쟁의 민주주의 프레임은 민족민주운동의 역사적 주기 내에서 선행했던 첫 번째 순환주기로서의 4월혁명의 민주주의 프레임이 일종의 정치적 기회구조로 작용했다. 4월혁명이 6·3항쟁의 기회구조로 작용한 것은 다른 무엇보다도 4월혁명이 6·3항쟁에 경험적으로 가깝게 위치한 요인이 크다. 6·3항쟁의 주기에 주장된 많은 선언문에는 4월혁명이 6·3항쟁과 분리될 수 없다는 점을 알게 해주는 내용이 다양하게 반영되어 있다.

역사주기론의 시각에서 4월혁명의 민족민주 프레임을 6·3항쟁의 정치적 기회구조로 볼 때 이를 이념, 조직, 행위의 기회구조라는 세 가지 수준으로 구분해 볼 수 있다. 먼저 4월혁명의 민주주의 프레임을 구성하는 민족민주 이념은 6·3항쟁의 민주화 프레임을 형성하는 '이념의 기회구조'로 작용했다. 6·3항쟁의 이념은 민족주의 이념에 있어서는 관념적 수준에 머물기는 했지만, 반봉건, 반외세, 반매판의 민족혁명을 추구하는 입장도 있었다. 그러나 민주주의 이념에 있어서는 가장 높은 수준이 반민주적 박정희 정권 타도에 있었기 때문에 자유민주주의 질서 이외에 여타의 급진 민주주의의 지향은 찾아보기 어렵다. 따라서 6·3항쟁의 과정에서 다양한 선언문에 나타나는 〈표 3〉

과 같은 4월혁명 계승의 정신은 적어도 민주주의에 있어서는 정상적 의회민주주의 복원을 의미하는 민주화 프레임이었던 것이다. 무엇보다도 6·3항쟁에서 4월혁명의 정신은 어디에서나 5·16쿠데타와 박정희 군사정권을 부정하는 이념적 준거로 작용했다. 4월혁명은 해방 이후 처음으로 민주주의의 가치를 엄청난 희생을 치르면서 학습하는 과정이었고, 민주주의 이념에 대한 이 같은 학습의 효과가 바로 6·3항쟁의 민주화 프레임으로 이어졌던 것이다. 따라서 4월혁명 주기의 반이승만 자유민주주의 프레임은 6·3항쟁의 반 5·16, 반박정희 민주주의 프레임을 출현시키는 이념의 기회구조라고 말할 수 있다.

둘째, 4월혁명은 조직의 수준에서도 6·3항쟁의 기회구조로 작동했다. 4월혁명이나 6·3항쟁은 공히 학생조직을 대중적 기반으로 하고 있다. 사회단체들과 관련되어 있기도 하지만 대학사회의 특수성은 학생운동을 선배와 후배의 관계에서 연속적으로 재생산시킨다. 물론 직접적 연관을 갖지 않는 경우도 있지만 이 경우에도 학생 활동가들은 해당 조직의 존재에 대해 학습하거나 인지함으로써 영향을 입고 있다. 당시 대학생 조직은 공개적이고 덜 급진화된 그래서 다소 개량화된 학생회 조직과, 다른 한편으로는 이념써클 혹은 사회과학써클의 흐름이 있었다.

대체로 1950년대 후반부터 결성된 학생써클은 우선 서울대 문리대의 신진회(후진사회연구회로 명칭 변경), 서울대 법대의 신조회(사회법학회로 재발족), 서울대 문리대의 정문회, 사회학과 중심의 농촌사회연구회, 후진사회문제연구회, 서울대 상대의 경우회, 자립경제연구회, 사회경제학회, 고려대 경제학과 중심의 협진회 등이 활동했는데, 이러한 조직들이 우선 4·19 직후의 학생 주도 통일운동단체 활동의 기반이 되었다. 4·19 직후 1960년 11월에 서울대에서 '민족통일연맹'이 발족하고 다른 대학에도 민족통일연맹이 건설됨으로써 학생 통일운동조직이 급속히 확산되었으나, 1961년 군사쿠데타로 인해 새로운 상황을 맞게 되었다.

<표 3> 6·3항쟁의 각종 선언문에 나타난 4월혁명의 계승

내용	일자	출처
4·19의 혈흔이 아직 사라지지 않았고……4·19의 후예들은 말한다. 4·19는 살아있다고!……우리는 민주주의의 최후의 보루임을 알라	1964년 3월 24일	고려대학교 3·24 선언문
4월 항쟁의 참다운 가치성은 반외압세력, 반매판, 반봉건에 있으며 민족민주의 참된 길로 나가기 위한 도정이었다. 5월 쿠데타는 이러한 민족민주이념에 대한 정면적인 도전이었으며 노골적인 대중탄압의 시작이었다.	1964년 5월 20일	서울대학교 5·20 선언문
1. 우리의 행동은 헌법수호와 자유민주주의의 원칙 하에……1. 금주 내에 우리의 의로운 주장이 관철될 획기적 전기가 이룩되지 않을 때는 4·19정신으로 실력투쟁도 불사할 것을 천명한다.	1964년 5월 21일	고려대학교 구국비상결의선언문
4·19의 정기가 조국사에 던진 민족적 희망이 확고한 민주지도체제를 구현치 못했다는 어쩔 수 없는 퇴영의 역사는 비합법적 군사쿠데타에 의한 정권탈취의 합리화를 결과했으며, 또다시 각성과 자체 성장을 망각한 오늘의 난국을 역산하여 우리를 이 광장에 끌어냈다.	1964년 5월 25일	난국타개 학생총궐기대회 선언문
4월의 젊은 사자들이 부정부패에 저항하여 자유와 정의와 역사의 요구를 구현키 위하여 봉기했던 위대한 행진의 서곡에 뒤이어, 우리는 무지·무능·무책임·공포정치에 항거하고 꺽여지려는 4월의 민주주의의 나무에 '피의 거름'을 주기 위해 이 자리에 모였다.	1964년 6월 1일	숭실대학교 6·1선언문
나 아니면 안 된다는 이승만 씨의 정치철학을 당신은 꽃다발을 보내고 받아온 것입니까! 우리는 다시 한 번 자유 민주주의의 진정한 진로를 모색하기 위해 박 정권의 타도를 선언할 것을 전 국민과 아울러 결의하는 바이다.	1964년 6월 2일	고려대학교 구국투쟁위원회의 6·2 선언문
4·19혁명의 정신은 지금 우리들이 산교훈으로서 물려받은 조국수호의 심벌이 되는 것이며 또	1964년 9월	6·3운동 관련구속자석방

다음 우리들 후배들에게 물려주어야 할 정신적 유산인 것이다.		운동결의문
6. 4·19정신에 위배되는 모든 정치적 망동을 삼가라.	1965년 6월	연세대학교 단식투쟁위원회 성명서

6·3항쟁을 주도한 서울대 문리대의 민비연은 1963년 10월 발족했으며, 제3세계 민족해방주의에 관심이 많았다. 이 같은 민비연 조직의 결성은 4월혁명주기의 학생 통일운동조직으로부터 영향을 입은 바 크고, 그러한 조직들이 곧 민비연의 조직적 기회구조로 작용했던 것이다.[12] 다른 한편 학생회 조직은 공개적이고 다소 개량화된 듯했지만, 박정희 정권의 부패와 반민주성이 노골화되고 학원 침탈의 심각성이 더해지면서 학생회도 정권 타도의 대열에 서게 되었다. 6·3항쟁과 관련된 앞의 각종 선언문에서 본대로 4월혁명은 이념적 기회뿐 아니라 대학 내 활동가들을 재생산하는 조직적 기회구조로도 작동했던 것이다.

셋째, 역사주기론의 시각에서 볼 때 저항의 다양한 행위양식들은 선행 운동의 효과를 가진다는 점에서 4월혁명은 6·3항쟁의 행위적 수준의 기회구조를 제공했다. 6·3항쟁의 주기 동안 나타나는 저항행

---

[12] 서구 사회운동론의 흐름에서 볼 때, 정치적 기회구조는 사회운동에 경험적으로 가깝게 위치함으로써 사회운동에 직접적으로 영향을 주는 사회운동의 밖에 존재하는 요인을 의미한다. 그러나 동맹적 요인 등이 사회운동의 정치적 기회구조로 강조되면서 말하자면 운동의 안과 밖을 구분하는 것이 애매한 경우도 없지 않다. 일반적인 서구사회운동론의 입장에서 본다면 운동조직의 기반이 되는 써클, 동호회 등은 운동조직을 만드는 원천집단으로서의 의의를 갖는다. 이 경우 원천조직들은 운동조직의 기초가 됨으로써 운동의 기회구조 보다는 운동 내적 요소로 구분되는 것이다.(McAdam, 1982 ; McAdam, D., J. D. McCarthy and M. N. Zald, 1988) 이 글에서는 4월혁명주기에 활동한 학생운동조직과 6·3항쟁의 학생운동조직이 연관성과 연속성을 갖더라도 서로 다른 순환주기에서 선행과 후발의 시간적 차이를 가지기 때문에 이를 조직적 '기회구조'로 보고자 하는 것이다. 조직의 문제는 운동의 내부와 외부 구분이 모호한 경우가 많다는 점을 고려하더라도 이러한 시각은 가능할 것으로 보인다.

위는 4월혁명 기념일의 의례행위를 통해 증폭되는 경우가 많았다. 4월혁명 1주년이 되는 1961년 4월 19일 서울대 학생들은 "서울대학교 4·19혁명 제2 선언문"을 발표했는데, 이 선언문에는 이 시기 통일운동의 이념 가운데 가장 급진적이라고 할 수 있는 민족혁명론의 입장이 반영되어 있다. 1963년 4월혁명 3주년을 맞아서도 서울대 문리대 학생을 중심으로 "서울대학교 4·19혁명 제4 선언문"이 발표되었고, 제2 선언문에서 언급된 반봉건, 반매판, 반외세론의 입장에서 군사정권을 비판했다. 4월혁명 4주년을 맞은 1964년 4월 19일에는 각 대학에서 기념식과 함께 시위가 전개되었다. 서울대 문리대 학생회는 "4·19혁명 제5 선언문"을 통해 한일회담은 민족자립과 민족주체성을 유지하며 평등한 입장에서 재출발해야 한다는 점을 천명했다. 이 날 시청 앞에서 기념식을 가진 17개 대학 1,000여 명의 학생들이 선언문을 채택하고 가두시위를 벌였다.(민주화운동기념사업회 연구소 편, 2008, 413~414쪽)

이처럼 4월혁명 주기의 반이승만 민주화 프레임은 이념, 조직, 행위의 수준에서 6·3항쟁의 기회구조로 작용함으로써 반박정희 민주화 프레임으로 재생산되었다. 적어도 남한 단독정부 수립 이후 1990년대 초까지 전개되는 분단·국가주의의 역사국면에서 형성된 민족민주운동의 역사적 주기는 4월혁명으로부터 시작되는 제1주기 이래 6·3항쟁의 주기에서 이념과 조직, 행위의 순환구조를 통해 민족민주운동의 제 2주기를 형성했던 것이다.

5. 결론 : 4월 민주주의의 진화론적 전망

한국 현대사의 비교적 장기간에 걸친 역사적 시기를 하나의 거시적 분석 단위로 두고 해당 시기 안에서 사회운동의 순환과정을 보고자 하는 역사주기론의 시각은 사회운동을 분석하는 새로운 분석틀이라고 할 수 있다. 이 시각은 서로 다른 정권에서 발생하는 저항운동들 간의 관계를 드러내주는 한편, 한 정권의 특성을 넘어 시대를 관통하는 역사적 규정력을 고려할 수 있다는 점에 특히 주목할 필요가 있다. 이 글은 해방 이후 정부 수립에서 1990년대 초까지의 시기를 민족분단의 상황과 외세 규정력이 극대화되었던 '분단체제'와 권위주의적 지배의 억압적 '국가주의'가 결합된 분단·국가주의의 역사적 국면으로 설정했다. 분단·국가주의의 역사적 국면에서 사회운동은 이 국면이 내재한 주요 모순으로서의 민족주의의 과제와 민주주의의 과제에 겨냥되었고, 그것은 곧 분단·국가주의의 역사적 국면에 공유된 민족민주운동의 역사적 주기를 형성했다.

민족민주운동은 자신의 역사주기 내에서 시기에 따라 혹은 정권의 특성에 따라 새로운 순환적 주기를 만들었다. 1960년의 4월혁명은 민족민주운동의 첫 번째 순환주기로 제1공화국의 분단·국가주의가 봉합한 민족적 과제와 민주적 과제의 봉인을 뜯어내는 역사적 효과를 가졌다. 4월혁명의 주기가 제기한 민족민주운동의 프레임에는 이승만 정권의 교체에 집중된 민주화 프레임과 통일에 집중된 통일민족주의 프레임이 순차적으로 결합되어 있다.

1961년 5월의 군사쿠데타는 4월혁명이 풀어내고자 했던 민족주의와 민주주의의 과제가 재봉인되는 과정이었다. 그리고 6·3항쟁은 박정희 정권이 재봉인하고자 하는 민족민주의 과제를 다시 분출시켰다. 이 과정에서 민족민주운동의 프레임은 대일 및 대미 자주외교적 지향의 자주적 민족주의 프레임과 박정희 정권의 퇴진을 주장한 민주화 프레임이 결합됨으로써 민족민주운동의 제2의 순환주기를 이루었다.

4월혁명의 주기와 6·3항쟁의 주기는 민족민주운동의 역사적 주기 내에서 가장 근접한 시기에 발생한 운동이기 때문에 4월혁명의 프레임은 6·3항쟁의 프레임을 만드는 대단히 중요한 정치적 기회구조로 작용했다. 4월혁명이 6·3항쟁의 정치적 기회구조로 작용했다는 사실은 다른 무엇보다도 민족민주운동의 제1 주기로서의 4월혁명의 순환구조를 잘 보여주는 대목이다. 4월혁명은 이념 및 가치, 조직, 행위에 있어서 6·3항쟁의 기회구조로 작용했다. 4월혁명의 이념, 즉 4월의 민족주의와 민주주의는 6·3항쟁의 민족민주이념을 생산하는 핵심적 준거가 되었을 뿐 아니라 이러한 이념을 근거로 한 저항의 가치를 1964년 6월로 전달했다. 1950년대 말부터 대학에 만들어지기 시작한 이념써클들은 4월혁명 이후 학생 통일운동조직으로 거듭나고, 이러한 대학 내의 이념써클들은 학생회 조직과 더불어 6·3항쟁의 조직적 기초가 되었다. 학생들이 모이고 시위하는 행위의 측면에서도 4월혁명은 6·3의 기회구조가 되었다. 4월혁명 기념일에 4월혁명의 의례를 통해 집회와 시위가 확대되고, 나아가 선언문이 발표되는 점들은 '4월'이 '6월'의 행위의 기회구조라는 점을 말해준다.

4월의 민주주의는 민족민주운동의 역사적 주기에서 이념, 조직, 행위의 순환구조로 6·3항쟁에 재현되었고, 제3, 제4의 순환주기로 이어졌다. 새로운 순환의 주기에서 4월의 민주주의는 정치변동과 사회변동에 따라 다른 모습으로 재생산되었다. 이처럼 되풀이되는 순환의 주기마다 4월의 민주주의는 진화했다. 4월 민주주의 이념은 순환의 주기마다 정교하고도 구체화된 이념으로 진화했고, 조직은 학생조직을 넘어 재야와 시민사회의 조직으로, 나아가 공개적이고 대중 기반이 확장된 형태로 진화되었으며, 행위양식 또한 사회문화변동에 따른 운동문화의 다양성이 확대되는 방향으로 진화했다.

그러나 1990년대 초까지의 이러한 진화는 분단·국가주의의 역사적 국면에서 전개되는 민족민주운동의 주기 내적 진화였다. 비록 한반도에서 분단상황은 여전히 지속되고 있지만, 1980년대 말 동구사회주의의 붕괴 이후 빠르게 전개된 탈냉전적 지구시장화의 경향과, 국내정치적으로 1990년대 이후의 민주화 경향은 분단·국가주의의 역사적 국면을 새로운 역사적 국면으로 전환시켰다. 동구의 붕괴는 한반도에서 분단의 이념적 조건을 크게 약화시켰으며, 비록 남북통일에 이르지는 못하고 있지만 2000년 남북정상회담과 6·15선언, 2007년 남북정상회담 등으로 남북 간의 교류의 폭을 확장시켰다. 아울러 민주화와 지구화, 시장화와 정보화의 거대 경향은 국가주의의 구조를 빠르게 해체시킴으로써 지구적 수준의 시장주의 프레임이 광범하게 구축되었다. 이런 점에서 최근 한국의 사회변동은 해방 이후 정부 수립에서부터 1990년대 초까지의 약 40년의 기간을 규정했던 '분단·국가주의'의 역사적 국면을 '탈냉전·시장주의'의 새로운 역사적 국면으로 전환시켰다고 말할 수 있다.

분단·국가주의의 역사적 국면에서 전개된 민족민주운동의 역사주기 내에서 4월 민주주의의 진화가 양적 진화라고 할 수 있다면, 이제 새로운 역사적 국면에서 4월 민주주의는 질적 전환의 과제를 안고 있다. 1990년대 이후의 시민운동이나 2000년대의 촛불집회와 같이 한국의 새로운 시민행동들은 이러한 점을 잘 보여준다. 무엇보다도 분단·시장주의의 역사적 국면이 전개되는 현실에서 억압적 국가권력의 민주화를 넘어 시민사회에 산재한 사회권력의 민주화가 추구되어야 하고, 일상적 삶의 영역에서 작동하는 미시 권력의 민주화에 주목해야 하며, 대의민주주의의 거시적 제도뿐 아니라 그러한 제도 내에서 작동되는 민주주의의 미시적 과정에 대한 관심이 요구된다. 4월의 민주주의는 민족민주운동의 역사적 주기를 넘어 이제 사회운동의 새로운 역사주기에서 질적으로 전환된 진화를 이루어야 한다.

▣ 참고문헌

6·3동지회 편, 2001,『6·3 학생운동사』, 역사비평사.
강만길, 1983「4월혁명의 민족사적 맥락」『4월혁명론』(강만길 외), 한길사.
김동춘, 1990「4월혁명에 관한 기존 연구와 그 문제점」『한국사회변혁운동과 4월
　　　혁명』(사월혁명연구소 편), 한길사.
김성태, 1983「4·19학생 봉기의 동인」『4·19혁명론』 1(한완상·이우재·심재택
　　　외), 일월서각.
민주화운동기념사업회 연구소 엮음, 2008『한국민주화운동사 1 - 제1공화국부터
　　　제3공화국까지』 1, 돌베개.
박찬승, 2008「6·3학생운동의 이념」『6·3민주화운동의 역사적 조명』(2008년도 제
　　　1차 한국현대사 관련학술회의 자료집), 한국민족운동사학회·6·3동지회.
백낙청, 1983「4·19의 역사적 의의와 현재성」『4월혁명론』(강만길 외), 한길사.
서중석, 1991「4월혁명운동기의 반미·통일운동과 민족해방론」『역사비평』 14호.
신시대 21, 2007『6·3 학생민주화운동 - 젊음이 솟구쳤던 그 항쟁의 기록』(6·3민
　　　주화운동 43주년 기념 화보집).
전철환, 1983「4월혁명의 사회경제적 배경」『4월혁명론』(강만길 외), 한길사.
조희연 편, 2003『한국의 정치사회적 지배담론과 민주주의동학』, 함께읽는책.
차기벽, 1975「4·19, 과도정부 및 장면정권의 의의」『사회과학』 제13집, 성균관대.
최문환, 1960「4월혁명의 사회사적 성격」『사상계』 7월호.
페르낭 브로델(Fernand Braudel)(김영범 역), 1982「역사학과 사회학」『사회사와
　　　사회학』(신용하 편), 창작과 비평사.
홍석률, 2001『통일문제와 정치·사회적 갈등 : 1953~1961』, 서울대출판부.
Brand, Karl-Werner, 1990, "Cyclical Aspects of New Social Movements : Waves of
　　　Cultural Criticism and Mobilization Cycles of New Middle-class Radicalism,"
　　　in Russell J. Dalton and Manfred Kuechler (eds.), *Challenging the Political
　　　Order : New Social and Political Movement in Western Democracies*,
　　　Cambridge : Polity Press.
Brockett, Chales D., 1991, "The Structure of Political Opportunities and Peasant
　　　Mobilization in Central America," Comparative Politics.
Goffman, Erving, 1974, *Frame Analysis*, Cambridge, MA : Harvard University Press.
Kriesi, Hanspeter, Ruud Koopmans, Jan Willem Duyvendak, and Marco G. Giugni,

1992, "New Social Movements and Political Opportunities in Western Europe," *European Journal of Political Research* 22.

McAdam, D., 1982, *Political Process and the Development of Black Insurgency, 1930~1970.* Chicago ; University of Chicago Press.

McAdam, D., 1996, "Conceptual Origins, Current Problems, Future Direction." in D. McAdam, J. D. McCarthy, and M. N. Zald, (eds.), *Comparative Perspectives on Social Movements*, New York : Cambridge University Press.

McAdam, D., J. D. McCarthy, and M. N. Zald, 1988, "Social Movements." in N. J. Smelser (ed.), *Handbook of Sociology*, Beverly Hills : Sage.

Rucht, Dieter, 1990, "The Strategies and Action Repertoires of New Social Movements," in Russell J. Dalton and Manfred Kuechler (eds.), *Challenging the Political Order : New Social and Political Movement in Western Democracies*, Cambridge : Polity Press.

Rucht, Dieter, 1996, "The Impact of National Contexts on Social Movement Structures : A Cross-Movement and Cross-National Comparison." in D. McAdam, J. D. McCarthy, and M. N. Zald (eds.), *Comparative Perspectives on Social Movements*, New York : Cambridge University Press.

Snow, D.A. and R. D. Benford, 1992, "Master Frames and Cycle of Protest." in A. Morris and C. M. Mueller (eds.), *Frontiers in Social Movement Theory*, New Haven : Yale University Press.

Snow, David A., Burke Rochford, Jr., Steven K. Worden, and Robert D. Benford, 1986, "Frame Alignment Process, Micromobilization, and Movement Participation", *American Sociological Review* 51, pp.464~481.

Tarrow, Sidney, 1996, "States and Opportunities : the Political Structuring of Social Movements," in D. McAdam, J. D. McCarthy, and M. N. Zald (eds.), *Comparative Perspectives on Social Movements*, New York : Cambridge University Press.

6·3운동 관련 구속자석방운동 결의문(1964.9).
고려대학교 3·24선언문(1964. 3. 24).
고려대학교 구국비상결의선언문(1964. 5. 21).
고려대학교 구국투쟁위원회 6·2선언문(1964. 6. 2).

난국타개학생총궐기대회선언문(1964. 5. 25).

서울대학교 5·20선언문(1964. 5. 20).

숭실대학교 6·1선언문(1964. 6. 1).

연세대학교 단식투쟁위원회 성명서(1964. 6).

제2장 4월혁명 기억의 제도화와 사회적 결과*

홍성태

1. 서론

1990년대 이후 사회과학에서는 민주화운동을 과거형으로 서술하기 시작했다. 이 과정에서 사회운동의 담론지형은 민중에서 시민으로, 계급에서 계층으로, 변혁에서 개혁으로, 국가에서 시장으로 새롭게 재편되었다. 그 결과 민주화운동은 더 이상 현재형이 아닌 "······권위주의적 통치에 항거하여······국민의 자유와 권리를 회복·신장시킨 활동"이라는 일정한 시대배경을 내포한 역사적 개념이 되었다.[1] 그리고 오늘날 한국사회는 민주화운동을 과거 권위주의체제에 대항해 민주주

---

* 이 논문은 단행본 출간을 위해 『기억과 전망』 22호에 게재한 글을 수정·보완한 것이다. 이 과정에서 유익한 조언을 해주신 이호룡·정호기 선생님께 깊이 감사드린다.

[1] 공식적으로 정부는 '민주화운동 관련자 명예회복 및 보상 등에 관한 법률'(2007년 3차 개정)에서 민주화운동을 "1964년 3월 24일 이후 자유민주적 기본질서를 문란하게 하고 헌법에 보장된 국민의 기본권을 침해한 권위주의적 통치에 항거하여 헌법이 지향하는 이념 및 가치의 실현과 민주헌정질서의 확립에 기여하고 국민의 자유와 권리를 회복·신장시킨 활동"으로 정의하고 있다. 2000년에 제정된 이 법률은 2007년 3차 개정이 이루어지기 전까지는 민주화운동의 시작점을 '1969년 8월 7일 이후'로 규정해왔다. 한편, '민주화운동기념사업회법'(2010. 3. 12 2차 개정)에서는 민주화운동의 시기를 "2·28대구민주화운동, 3·15의거, 4·19혁명, 부·마항쟁, 6·10항쟁 등 1948년 8월 15일 대한민국 정부수립 이후"로 규정하고 있다.

의의 가치와 질서를 구현하고자 했던 민중들의 역동성으로 기억한다.

그러나 우리는 민주화운동을 과거의 시간틀 속에서만 기억하지 않는다. 과거형의 민주화운동은 기념일의 기념식이나 추모의례 혹은 기념시위에 의한 '주기적 재현'과 기념의 공간 및 조형물과 같은 '일상적 재현'을 통해 현재의 지평 위에서 지속적으로 재구성되어 왔다. 여기서 우리는 과거의 원초적 사건들을 현재의 지평 위로 불러내는 사회적 기억의 제도화된 여러 장치들을 발견할 수 있다. 대표적으로 기념일과 기념식, 추모의례와 기념시위에서부터 기념관, 묘지 및 공원, 조형물, 학술 연구, 출판 및 영상물 등에 이르는 다양한 기념의 형태들은 현재적 관점에서 민주화운동을 둘러싼 사회적 기억과 역사의 긴밀한 상호작용을 일으킨다. 이런 맥락에서 민주화운동의 기억을 제도화한다는 것은 당대의 원초적 기억들을 제도적 장치들을 통해 사회적 기억으로 체계화·조직화한다는 것이며, 이는 곧 민주화운동의 역사적 평가를 반영하는 사회적 과정이자 그 결과라고 이해할 수 있다. 하지만 민주화운동은 특정한 시간의 단일한 사건에 국한되지 않고, 1960년 4월혁명, 1964~1965년 한일협정반대투쟁, 1979년 부·마항쟁, 1980년 5·18민중항쟁, 1987년 6월민주항쟁 등 민주화 이전 시기 민주화를 목적으로 한 여러 사회운동들을 지칭하는 것이기 때문에, 개별 민주화운동의 기억은 다양성과 통일성이 공존하는 방식으로 제도화되었다. 그렇다면 민주화운동의 시초로서 1960년의 4월혁명에 대한 기억은 어떻게 제도화되었는가?

이 글은 1960년의 4월혁명 '이후' 혁명에 대한 기억이 제도화되는 경로와 성격을 정치과정의 차원에서 탐색함으로써, 지배권력과 사회운동을 중심으로 혁명에 대한 기억이 현재의 지평 위에서 재구성되는 작동양식과 그 사회적 결과를 논의하는 것에 목적을 두고 있다. 특히 이 글에서는 '기념사업'에 초점을 맞추어 '4월혁명 기억의 제도화'(이하 4월혁명 제도화)를 논의하는데, 이는 다음과 같은 인식론적·학문적 문제의식에 기대고 있다.

인식론적 측면에서 사회적 기억의 제도화가 원초적 기억의 체계화와 조직화 과정을 통해 견인된다고 이해할 때, 4월혁명 제도화는 혁명 기억을 둘러싼 국가와 시민사회의 정치과정 변화를 설명함으로써 분석할 수 있다. 민주화 이전 4월혁명 제도화가 국가와 시민사회의 구조적 긴장의 틀 안에서 이루어졌다면, 민주화 이후에는—민주화 이전의 종속적·대립적 관계를 벗어나—'구조적 긴장의 틀' 밖에서 제도적인 확장을 통해 변형된 정치과정을 중심으로 전개되었다. 이렇게 해서 4월혁명 제도화는 국가—시민사회의 긴장—탈(脫)긴장의 '정치과정'이 복합적으로 축적된 일련의 제도적 산물들로 구체화되어 나타났다. 이런 맥락에서 4월혁명에 관한 기억의 제도화가 이루어지는 가시적인 형태로서의 기념사업의 역사와 성격 변화는 대단히 중요한 의미를 갖는다. 민주화운동으로서의 4월혁명을 둘러싼 기념사업의 역사는 국가와 시민사회의 정치과정 변화를 반영하기 때문이다.

학문적 측면에서, 4월혁명 제도화는 민주화운동을 둘러싼 연구영역 확장의 필요성을 조심스럽게 제기하게 만든다. 특히 '4월혁명'에 관한 기존의 연구들은 이러한 문제의식을 구체화하는 데 중요한 동기를 제공한다. 주지하다시피, 지난 50여 년간 '4월혁명'을 다룬 연구는 수없이 많다. 기존의 연구들은 4월혁명에 대한 학술적 접근방식에 따라 크게 세 가지 갈래로 구분할 수 있다. 첫째, 4월혁명의 운동사적 접근이다.(김성환, 1984 ; 박형신, 1987 ; 김광식, 1988 ; 김동춘, 1988 ; 1991 ; 박현채, 1988 ; 이철국, 1988 ; 사월혁명연구소, 1990·1993 ; 이종오, 1991 ; 서중석, 1991) 이들 연구는 4월혁명이 발생하게 된 사회구조적 배경과 다양한 운동세력들의 동학에 초점을 두었다. 둘째, 4월혁명에 대한 정치사적 접근이다.(한승주, 1983 ; 고성국, 1991 ; 김일영, 1991 ;

최장집, 1996 ; 이재봉, 1996 ; 김수진, 1996 ; 박명림, 1996 ; 김영명, 1999 ; 문병주, 2005) 4월혁명의 정치사적 성격을 분석한 이들 연구는 4월혁명 직후의 급격한 정치변동에 집중했다. 셋째, 4월혁명의 역사적 의의와 실천적 함의를 재조명하는 논의이다.(백낙청, 1980 ; 강만길 외, 1983 ; 강정구, 1998) 이러한 논의들은 '미완의' 4월혁명으로부터 부여받은 민족사적 과제들을 현재적 맥락에서 어떻게 풀어갈 것인가에 무게를 두어, 4월혁명의 정신을 현재화해 실천적으로 계승해야할 필요성을 강조해왔다.

그렇지만 기존의 연구들은 4월혁명을 제한된 연구지평의 틀 안에 가두는 의도치 않은 결과를 초래했던 것 같다. 그 이유는 기존의 연구들이 대체로 규범적 관점에서 운동사 중심의 서술방식을 지향해왔고, 다른 한편으로는 4월혁명의 정치적 성격을 이념 중심적 변혁이론의 관점에서 재해석할 수밖에 없었던 당대의 혼란했던 정치적 상황과 맞닿아 있었기 때문이다. 하지만 무엇보다도 민주화운동의 사회적 결과를 어떤 내용과 방법으로 논의할 것인가에 관한 학문적인 고민이 채 형성되기도 전에 민주화 이후 사회운동의 급격한 자기변형을 설명해야 했던 당대의 긴급한 과제들에 직면했던 탓이 컸던 것 같다. 이러한 가운데 최근 민주화운동을 '기억의 정치', '기념사업', '의례화'라는 주제어를 통해 새롭게 접근하려는 연구들이 제출되기 시작했다.(정근식, 1999 · 2005 ; 정호기, 2004 · 2005 · 2007) 추모의례와 기념공간을 중심으로 민주화운동을 기억과 기념의 정치라는 맥락에서 분석한 이들 연구는 민주화운동의 기억이 어떻게 제도화되는지에 새로운 관심을 집중시키고 있다.

위와 같은 문제의식을 토대로, 이 글은 4월혁명 이후 50여 년간 축적된 학문적 · 실천적 자원들에 기대어 다음과 같은 문제들을 중점적으로 다룬다. 첫째, 4월혁명에 대한 기억이 제도적으로 안착할 수 있었던 근본적인 요인은 무엇인가? 둘째, 4월혁명의 기념사업 구조에서 나타나는 유형적 특성과 쟁점은 무엇인가? 셋째, 4월혁명에 대한 기억이 제도화되는 정치과정과 동학을 어떻게 설명할 것인가? 넷째, 4월혁명 기억의 제도화가 가져온 사회적 결과를 어떻게 평가할 것인가?

이 글은 4월혁명에 대한 기억이 어떻게 제도화되었는지를 분석적으로 탐색하는 데 논의를 집중하여, 혁명에 대한 기억의 사회적 결과라는 측면에서 다음과 같은 점들을 강조한다. 4월혁명에 대한 기억운동은 제도화의 역설로 특징지어지는 운동주체의 주변화와 기억의 정치적 독점 그리고 기념의 형식주의와 담론의 위기라는 비판적 쟁점을 내재한 가운데 이루어졌다. 이런 맥락에서 사회적 기억의 민주화 없는 제도화는 형식의 과잉과 기억의 정치적 독점을 불러일으키며, 제도화 없는 민주화는 기억의 불안정성과 담론의 혼란을 초래할 뿐이다. 따라서 '미완의 혁명으로서의 4월혁명'은 기억 민주화를 통해 역사적 완결성을 채워가야 한다.

2. 사회적 기억의 제도화

1) 기억의 정치적 동원과 제도화의 경로

과거의 경험을 현재적 맥락에서 재구성하는 작업은 '사회적 기억'에 의존하기 마련이다.[2] 사회적 기억은 본질적으로 과거의 구성물이며,

---

[2] 사회적 기억에 관한 논의는 사회학, 역사학, 정치학, 문화비평, 인류학, 심리학, 예술사 등의 분과학문 영역을 가로질러 담론의 복잡한 연쇄구조를 이루고 있다. 이런 담론구조의 복잡성으로 인해 사회적 기억에 관한 연구는 "패러다임에 구애받지 않으며(nonparadigmatic), 분과학문의 경계를 초월하며(transdisciplinary), 구심점 없는(centerless)" 작업을 통해 축적되어 왔다.(Olick and Robbins, 1998, 105쪽)

우리가 과거를 이해하는 것은 현재의 문제들을 해결하고 전망하는 데 언제나 유용하기 때문이다.[3] 이러한 과거의 현재화 작업을 통해 "과거의 실재성은 더 이상 과거에 존재하지 않게 된다."(Halbwachs, 1971 ; Schwartz, 1982, 376쪽) 과거의 실재성은 누가, 왜, 어떻게 기억하는가에 따라서 의미화 실천(signifying practice)을 통해 현재적 맥락에서 재해석될 뿐이다.(Eyerman, 2004) 결국 사회적 기억은 변화하는 사회적 이해관계와 필요를 충족시키기 위해 만들어지고 재조형됨에 따라 하나의 '사회적 사실'이 된다.(Schwartz, 1996, 909쪽) 따라서 우리는 사회적 기억을 원초적 사건으로서 단순히 실제로 일어났던 일을 반영하는 것으로 이해하기보다, 사회적 기억이 구성되는 방식과 다양한 행위주체들의 정치적 기획에 관해 주목해볼 필요가 있다.(Burke, 1989) 이 대목에서 우리는 사회적 기억에 관한 연구가 제공하는 '기억의 정치'(politics of memory)라는 중요한 통찰에 의존하게 된다.

그렇다면 사회적 기억이 구성되는 방식과 그 정치적 기획을 어떻게 설명할 것인가? 이 문제에 접근하는 데 핵심적인 주제어는 '제도화'(institutionalization)이다. 과거의 사회적 재구성이란 맥락에서 기억을 "문화적 실천행위이자 그 실천에 의한 구성물"(김영범, 1998, 166쪽)이라고 정의할 때, 그것을 가능케 하는 물적 토대는 제도화를 통해 이루어지기 때문이다. 제도화는 공식적 혹은 법률적인 허가에 의해 뒷받침되는 목적과 규칙들의 견고하고 안정된 장치들을 만들어냄으로써,

---

이는 사회적 기억에 관한 연구가 기존의 풍성한 사례연구에 비해 왜 방법론적 기반이 취약한지를 보여주는 대목이다.

[3] 이런 맥락에서 알론소는 "사회적 기억이 사회적 의미를 창출하는 데 필수적이며, 과거의 재현은 사회집단과 사회적 정체성의 상징적 구성에 중심적"이라고 강조했다.(Alonso, 1988, 33쪽) 또한 "기억을 통제하는 것은 정치권력의 전형"이라고 주장했던 허쉬는 과거는 언제나 현재에 인식된 중요성들로부터 구성되고, "과거의 이미지가 현재의 사회질서와 정책을 정당화한다"는(Hirsch, 1995, 23쪽) 의미에서 기억은 일반적으로 정치와 관련된 것으로 이해했다.

제도라는 규범적·법률적 공간 안에서 이루어지는 자율성은 보장하는 한편, 제도의 외적인 행위에 대해서는 강제하는 사회질서의 구조화 메커니즘을 이끌어낸다. 다시 말해 사회적 기억의 제도화는 선택의 논리에 의해 개인과 조직의 기억을 일정한 제도적 틀 안에서 지속적으로 공유하게 함으로써, 공식적으로 공유되지 않은 기억에 대해서는 배제의 논리를 작동시켜 '사회적 망각'을 유도한다. 모든 기억이 개인과 집단 사이에서 동질성을 유지하며 동일한 시공간과 내용을 반영하지 않는 한, 기억이란 다분히 선택적이고 배제적인 논리로 작동할 수밖에 없다. 그러므로 "기억은 자연적인 것이 아니라 인위적인 것이며, 특히 사회적 차원에서의 기억은 사실 그 사회가 선택하고 만드는 것"(안병직, 2005, 29쪽)이라 할 수 있다. 이런 의미에서 사회적 기억이 어떤 특수한 구조적 맥락에서 제도화되는지를 논의할 필요가 있다.

정치사회학적 시각에서 볼 때, 사회적 기억의 제도화는 다음과 같은 특수한 구조적 경로를 기반으로 이루어져 왔다. 첫째, 지배권력의 정치적 필요에 의한 '위로부터의 제도화'이다. 여기에서 기억은 사회통제를 위한 정치적 매개로서 기능하며, 과거나 전통은 지배권력이 헤게모니적 정당성을 창출하고 유지하기 위한 하나의 이데올로기적 고안물이 된다.(Alonso, 1988 ; Hobsbawm, 2004) 하지만 위로부터 제도화된 사회적 기억은 지배권력의 헤게모니가 약화되거나 대항헤게모니에 의해 위기에 직면할 때마다 지속적으로 증보와 개정작업을 통해 제도적 자기변형을 도모해야 한다. 위로부터 제도화된 사회적 기억이 성공적인 헤게모니를 위해 기능하기 위해서는, 하비 케이가 적절히 지적했듯이 "논란 및 논쟁거리를 제공하고 자극하는 열망을 중립화하고 흡수하며 주변화하고 억압함으로써 봉쇄해야" 하기(Kaye, 2004, 112쪽) 때문이다. 뿐 아니라 기억이란 투쟁에 있어서도 실제로 매우 중요한 요인이기 때문에 누군가가 기억을 통제한다면 그들의 역동성 또한 효과적으로 통제할 수 있다.(Foucault, 1977) 이런 측면에서 위로부터 제도화된 사회적 기억은 헤게모니 프로젝트에 의한 선별과 포섭전략을 함축하는 '국가의 기억'이 된다.

둘째, 사회적 기억을 '아래로부터 제도화'하는 구조적 경로가 있다. 여기에는 지배권력의 정치적 기획에 의해 가공되거나 왜곡된 과거의 기억을 아래로부터의 관점에서 복원하려는 기억투쟁의 '대항적 제도화'와, 풀뿌리 수준에서 공유된 역사적 경험을 지속적으로 기억하기 위한 '자율적 제도화'가 있다. 기억의 대항적 제도화가 주로 정치투쟁을 목적으로 하는 사회운동을 중심으로 전개된 반면, 자율적 제도화는 공동의 이해관계나 자조적 성격을 갖는 지역적·집합적 정체성을 중심으로 이루어졌다. 사회적 기억이 공식적·안정적으로 아래로부터 제도화되기 위해서는 일정하게 열려진 기회의 정치공간이 작동하고, 동시에 사회운동 혹은 기억집단의 세력화가 전제되어야 한다. 그러나 헤게모니 프로젝트에 의해 위로부터 관제적 제도화의 압력이 상승하고 아래로부터의 제도화를 추동하는 사회세력들이 기억 재현을 통한 비판적 긴장의 균형을 잃게 될 때 제도화의 내용과 성격은 변화되기 쉽다.[4] 결국 사회적 기억의 제도화가 어떤 구조적 경로를 기반으로 이루어졌는지 그 기원에 주목하는 것만큼, 제도화의 내용과 성격을 변화시키는 요인들을 탐색하는 작업도 중요하다.

셋째, 앞의 두 가지 제도화 경로가 국가와 시민사회라는 행위자·공간적 배경을 중심으로 이루어진 정치기획의 산물이라면, 이러한 정치기획의 상호작용을 촉진하는 구조적 조건으로서 '정치적 민주화'를 강

---

[4] 이런 점에서 '5월 행사'(정근식, 2005)와 '추모의례'(정호기, 2007)의 사례는 중요한 의미를 갖는다. 이는 국가의 헤게모니 프로젝트가 작동하고 국가 차원의 기념사업 범위가 민주화운동에까지 확장되면서 아래로부터 제도화된 '운동에 대한 기억'을 문화적으로 재현하고 의례화하는 내용과 성격이 변화되었다는 사실을 말해주고 있다.

조하지 않을 수 없다. 민주화 이전에 반공·민족·권위주의적 지배담론이 국가 주도의 관제기억을 중심으로 위로부터 사회적 기억의 제도화를 주조해왔다면, 민주화 이후에는 국가의 헤게모니 프로젝트 성격 변화와 함께 시민사회의 담론지형이 확장되면서 사회운동의 기억투쟁을 제도적으로 안착시킬 수 있는 기회의 구조가 마련되기 시작했다. 즉 민주화가 진행될수록 규모와 범위의 측면에서 사회적 기억의 제도화가 심화·확장되었다.[5] 이러한 사회적 기억의 제도화를 가시적인 형태로 가장 잘 보여주는 것이 바로 민주화운동에 대한 기념사업이다.

그런데 기억의 제도화가 기념(commemoration)의 형태로 구체화되는 과정은 궁극적으로 '상징'을 매개로 이루어진다. 일반적으로 상징은 그것을 사용하는 사람들에 의해 부여되는 가치 혹은 의미로 이해된다.(White, 1940, 435쪽 ; Elder and Cobb, 1993, 52~54쪽) 이를 보다 구체적으로 정의하자면, 상징이란 사물이나 현상 혹은 인물과 같은 어떤 특정한 대상에 의미, 가치, 중요성을 부여함으로써 그 대상에 내재된 추상성을 일정한 형태로 구체화시키는 표현방식이라 할 수 있다. 이때 상징화 과정은 기억의 문제와 마찬가지로 누가, 무엇에서, 왜 특정한 의미와 가치를 부여하는지에 따라서 정치적일 수밖에 없다. 정치적인 의미에서 상징이라는 문화적 언어를 통해 내면화된 특정한 의미와 가치는 정치적 도구의 성격을 갖게 되며, 이 같은 정치적 상징은 사회적 기억을 둘러싸고 형성된 기념의 행위와 구조에 반영되어 나타난다.[6] 그리고 특정한 기념의 형태들에 투영된 상징적 의미와

---

5) 이 같은 맥락에서 일반적으로 과거청산 혹은 진상규명이라는 형태로 나타난 기억의 제도화는 민주주의의 발전이 가져온 외연적 확장과 궤를 같이했다고 해석할 수 있다.(정근식, 2002 ; 김영범, 2003)

6) 사회적 기억의 상징화된 형태로서 기념에는 대표적으로 전기, 기념비, 기념일 제정, 집단묘지, 유적지, 조각상, 그림, 출판물, 의례적 의식 등이 포함되는데, 슈워츠와 슈만에 따르면 기념이 과거 실재 역사기록물들의 가치를 상징화할 때 그것은 지적으로 강제적인 성격을 갖게 되며, 역사는 그럴듯하게 기념될 만한 사건으

가치들은 불규칙적으로 편재된 사회적 기억을 정렬시킴으로써 제도적으로 틀지어진 구조 안에서 학습과 교육을 통한 과거의 전승을 가능케 하는 기억장치로 기능한다. 이런 의미에서 기념사업은 일정한 상징체계를 매개로 과거와 현재를 연결함으로써 역사적 경험을 재해석하고 과거를 기억·전승하는 방식을 제시해준다.

2) 기억의 정치과정과 기회구조

앞서 논의했듯이, 사회적 기억의 제도화는 기억의 주체, 대상, 방식에 따라서 그 정치적 맥락과 성격이 다르게 나타날 수 있다. 그래서 사회적 기억의 제도화가 구조적으로 수렴되는 맥락과 그 안에서 이루어지는 여러 정치기획들, 그리고 그에 따른 사회적 결과를 '기억의 정치과정과 기회구조'라는 문제틀을 통해 해석할 필요가 있다. 특히 사회운동 연구의 정치과정론에서 발전해온 '기회구조'(opportunity structure)에 관한 논의들은 사회적 기억이 어떤 구조적 기회를 통해 정치과정을 이루고 어떻게 안정적으로 제도화되는지, 그 구조적 조건과 동학 그리고 사회적 결과를 규명하는 데 유익할 수 있다.

'정치적 기회구조'(political opportunity structure)는 사회운동에 영향을 미치는 외생변수로서 구조적 조건을 설명하는 데 가장 대표적인 모델이다. 물론 정치적 기회구조 모델은 그것의 개념화, 측정방법, 논박 가능성, 결과 등과 관련해 비교적 오랫동안 폭넓은 논쟁이 있었다.(Goodwin and Jasper, 1999 ; Koopmans, 1999 ; Kriesi, 2004 ; Meyer and Minkoff, 2004) 게다가 사회운동의 외생적 요인을 지나치게 강조함으로써 "사실상 운동 환경의 모든 측면들을 흡수하는 스펀지의 위험"(Gamson and Meyer, 1996, 27쪽)에 놓이게 되었다는 경고마저 제기

로 기록될 때 도덕적·정서적으로 강제된다.(Schwartz and Schuman, 2005, 185쪽)

되기도 했다. 정치적 기회구조가 이 같은 논쟁적 이슈들을 만들어내는 것은 그 기본 전제가 담고 있는 구조결정론적 지향성과 사회운동의 지속성 및 결과를 설명하는 데 한계를 갖기 때문이다. 그럼에도 정치적 기회구조 모델은 사회운동의 발생과 동학에 관한 구조적 유인기제를 설명하는 데 유익하며, 이는 기억의 정치과정을 설정하고 분석하는 중요한 이론적 함의를 제공할 수 있다.

정치적 기회구조의 기본 전제는 사회운동을 둘러싼 외생적 요인들이 운동의 동원전략, 주장, 영향력 등을 제고시키기도 하고 때론 억제한다는 데 있다. 정치적 기회구조를 구성하는 핵심 사안을 살펴보면 (McAdam, 1996, 27쪽), ① 제도화된 정치체계의 상대적 개방성 혹은 폐쇄성, ② 엘리트 동맹의 존재 여부, ③ 정체 내부에 존재하는 광범한 엘리트 동맹의 안정성 또는 불안정성, ④ 국가의 역량과 억압의 정도가 있다. 이 같은 정치적 기회구조 모델을 통해 사회적 기억의 제도화가 위로부터 이루어지는 구조적 맥락을 다음과 같이 가설적 형태로 재구성할 수 있다. 첫째, 제도화된 정치체계가 상대적으로 개방적일수록 사회적 기억의 제도화는 심화·확장될 것이다. 하지만 반대의 경우, 즉 제도화된 정치체계가 폐쇄적일수록 사회적 기억은 왜곡된 이데올로기적 성격을 강하게 드러낼 것이다. 둘째, 정체 내부에 민주세력의 동맹이 존재할 경우 위로부터의 사회적 기억의 제도화는 헤게모니 프로젝트의 성격을 갖는다. 셋째, 정체 내부에 존재하는 민주세력의 동맹이 안정적일수록 운동의 기억은 제도의 영역으로 빠르게 전환될 것이다. 넷째, 국가의 억압 정도가 강할수록 원초적 사건에 대한 운동의 기억은 저항과 동원의 전략으로 발전할 것이다.

한편, 정치적 기회구조가 사회적 기억을 제도화하는 외생변수, 즉 구조적 유인 및 통제기제로서 작동한다는 점을 시사한다면, '사회적 기회구조'(social opportunity structure)는 사회적 기억을 둘러싼 아래로부터의 담론 환경과 운동지형을 고찰하는 데 유익할 수 있다.[7] 여기에서 사회적 기회구조란 아래로부터 만들어진 담론 환경과 운동지형의 기회(chance)와 위기(crisis)를 동시에 내포하는 이중적 가능성의 구조화된 틀이라고 정의할 수 있겠다. 시민사회의 성장과 운동중심적 분화가 새로운 담론 환경과 운동지형의 열려진 기회구조를 제공하지만, 이념적 길항에 따른 담론 질서의 폐쇄성과 운동조직들 간의 분화와 경쟁은 위기구조로 이어질 수 있다. 따라서 정치적 기회구조가 개방적으로 확장된다 하더라도 다양한 운동의 기억들이 아래로부터의 담론 환경과 운동지형의 구조적 변화에 전략적으로 대응하지 못한다면, 사회적 기억은 결국 국가의 기억이 주도하는 관제적 제도화의 길로 인도되기 쉽다. 이처럼 제도적으로 확장된 정치과정의 공간에 접근함으로써 발생하는 기회와 위기의 이중적 가능성은 4월혁명 제도화의 사회적 결과를 평가하는 중요한 동인으로 작용할 것이다.

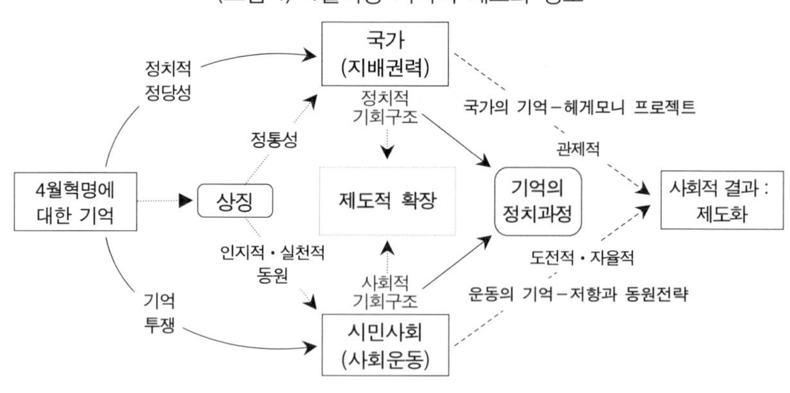

〈그림 1〉 4월혁명 기억의 제도화 경로

---

7) 홍일표(2007)는 사회적 기회구조라는 개념을 새롭게 제시하며, 운동세력들 간의 기본적 관계가 지지와 협력적인 경우, 적대적 · 경쟁적일 경우 등 운동지형의 구조와 변동은 사회운동의 전개과정과 그것의 결과에 중요한 영향을 미치게 된다는 점에 천착해 시민입법운동을 분석하였다.

〈그림 1〉은 앞서 논의한 이론적 자원들을 '기억의 정치과정과 기회구조'라는 맥락에서 재구성해 4월혁명에 대한 기억이 제도화되는 경로와 성격을 탐색하기 위해 고안한 설명 모델이다.

3. 기념사업의 유형적 특성과 쟁점들

과거의 인물이나 역사적 사건들을 잊지 않고 전승하기 위한 수많은 기념사업들이 있다. 기념사업은 대체로 기념의 대상에 상징성을 부여하고 그 의미와 가치를 계승해야할 필요성에 대해 강조하는 방식으로 이루어지지만, 기념의 행위와 구조를 둘러싼 구성적 특성에 따라 다양한 형태로 구분되어 나타난다. 다음의 〈그림 2〉는 기념의 행위주체와 자원의 동원구조 그리고 사회적 기억의 담론 지형과 기념대상의 성격에 따라 기념사업을 유형화한 것이다.[8] 즉 기념사업을(에) 누가 주도(참여)하는가, 자원을 어떻게 동원하는가? 사회적 기억의 담론 지형을 이루는 영역과 기념의 대상이 국가적인가, 시민사회적인가? 이러한 물음들을 중심축으로 기념사업의 공동체와 성격을 유형화하면 다음과 같다.

---

[8] 정호기는 기념사업을 추진하는 주체가 원초적 사건의 주요 배경이 되었던 지역에 기반하여 형성되는 경향을 보이며, 기념사업에 다양한 세력들과 집단들이 개입한다는 점에 중요성을 두어 기념공동체를 크게 '국가주도형', '민관협의형', '민간부문주도형', '지역연합형'으로 나누어 설명하고 있다. (정호기, 2004, 234~241쪽)본 논의에서 이들 유형은 민관협동형의 세부적인 형태로 이해할 수 있다.

〈그림 2〉 기념사업의 구성적 특성에 따른 유형화

첫째, 다양한 기념사업들 중에서 역사가 가장 오래된 보편적인 형태는 정부형 기념사업이다. 정부형 기념사업은 사업의 주체 구성과 자원 동원이 국가 차원에서 이루어지며, 기억의 담론 지형과 기념의 대상에 민족-국가적 정체성을 강조하는 데 주안점을 두고 있다. 예 컨대 독립운동과 한국전쟁 관련 기념사업들은 국가 차원에서 특화된 정부형 기념사업으로서 민족주의와 반공주의를 불러내 사회통합과 정치적 위기 관리를 위한 이데올로기적 장치로 기능한 면이 적지 않았다.

그런데 문민정부의 출범과 동시에 국가 차원의 기념사업 구조가 확장되어 민주화운동, 특히 '4월혁명'과 '5·18민중항쟁'이 국가기념의 대상으로 적극 편입되기 시작한 것은 대단히 주목할 만한 일이라 할 수 있다. 이 시기 국가 차원에서 민주화운동의 기념사업이 추진될 수 있었던 것은 권위주의적 국가에 대한 항거와 희생 및 집합적 죽음이 지닌 상징성, 이를 기억하려는 사람들의 존재와 의례투쟁, 그리고 무엇보다도 문민정부의 등장이라는 '정치적 기회구조' 등이 존재 및 형성되었기 때문이었다.(정호기, 2004) 실제로 문민정부는 자신의 권력기반이 "민주주의에 대한 국민의 불타는 열망과 거룩한 희생"["제14대 대통령 취임사"(김영삼, 1993년 2월 25일)]으로 이루어졌다고 강조하며, 민주화운동의 상징성과 역사계승의 의지를 기존 정권과의 차별적 정통성으로 삼았다. 이런 배경 아래 추진된 대표적인 기념사업이 바로 '4·19묘역 성역화 계획'이다.[9] 문민정부 출범 직후인 1993년에 추진된 이 사업은 국가 차원에서 민주화운동의 기억을 본격적으로 제도화하려는 시도였다고 평가할 수 있다.

둘째, 자율형 기념사업은 과거의 역사적 사건과 인물들을 시민사회 차원에서 자율적으로 기념하는 형태이다. 대표적으로 '몽양여운형기념사업회'(1991년), '동학농민혁명기념사업회'(1992년), '장준하기념사업회'(1999년), '대한민국임시정부기념사업회'(2005년) 등이 자율형 기념사업의 성격을 띠고 있다. 이들 기념사업공동체는 대체로 비영리적 활동이 중심적이며, 기념관 건립, 공원 조성, 학술행사, 문화공연, 그리고 장학재단과 같은 교육사업 등을 운용한다. 담론 지형과 기념의 대상이 국가적 성격을 강하게 띠고 있음에도 불구하고, 이러한 기념사업들이 자율적인 근본적인 이유는 기념사업에 대한 참여의 자율성 그리고 사업기획과 자원 동원의 높은 민간 의존성에 있다.

셋째, 운동형 기념사업은 민주화운동의 기억을 운동 지형에서 지속적으로 복원함으로써 인지적·실천적 동원을 이끌어내는 사회운동의 대표적인 동원전략 장치이다.[10] 주기적으로 되풀이되는 민주화운동 기념일을 분수령으로 해마다 전국적인 대규모 기념시위가 격렬하게

---

9) 정부는 '4·19 묘역 성역화 계획'을 "4·19혁명의 민주이념을 승화시켜 민주발전과 국민화합에 기여토록 하고, 묘역을 민주화 성지로 가꾸어 4·19정신을 길이 계승할 수 있도록 하기 위한 계획"이라고 명시하고 있다.

10) 대표적으로 '전국민주화운동유가족협의회'(1986년), '민족민주열사희생추모(기념)단체 연대회의'(1990년), '민주화운동정신계승국민회의'(2006년) 등이 운동형 기념사업을 전문적으로 견인해가는 기념사업 네트워크라고 볼 수 있다.

일어났는데, 이 대목에서 운동형 기념사업은 특히 '죽음'을 상징화하는 추모의례의 방식으로 민주화운동에 대한 집합적 기억의 형성과 강화에 중요한 역할을 해왔다. 민주화운동에서 죽음의 의미는 국가폭력에 의한 대단히 극단적인 동시에 집단적인 희생의 성격을 내포하고 있었기 때문에, 이를 추모하는 의례는 "가족과 친족 내의 평범한 추모 행사가 아니라, 국가 및 지배권력의 정통성과 합법성을 부정하는 정치적 특성을 띠면서 '의례투쟁'이라는 사회운동으로"(정근식, 1999 ; 정호기, 2004, 232쪽) 발전할 수밖에 없었다.[11]

그러나 운동형 기념사업은 민주화 이후 점차 실천적 동원의 기능이 약화되었다. 민주화 이전에 운동형 기념사업이 '의례투쟁=사회운동'이라는 등가적 의미를 중심으로 형성·발전해왔다면, 민주화 이후 특히 문민정부에 의한 정치적 기회구조의 형성과 시민사회의 담론 환경 및 운동 지형의 성격 변화는 자연스레 '의례 방식을 통한 투쟁'의 규모와 강도를 약화시키는 결과를 초래했기 때문이다. 민주화가 진행될수록 민주화운동의 상징체계가 동원의 지속성을 이끌어내지 못하는 구조적 제약에 직면하게 된 것이다. 심지어 대학가를 중심으로 한 기념 시위의 문화마저도 현저하게 축소되면서, 운동형 기념사업은 '운동에서 제도로' 그 성격이 급속히 전환되었다.

넷째, 민관협동형은 정부형과 운동형 기념사업의 절충적 형태로서 기념사업의 주체 구성과 자원 동원에 있어 정부가 공식적인 영향력을 발휘할 수 있다. 민관협동형은 민주화가 진행되면서 과거에 대한 국가의 기억 범위가 제도적으로 확장되고, 동시에 과거사를 둘러싼 진상규명과 명예회복의 사회적 요구가 증가하면서 출현하기 시작했다. 이 같은 맥락에서 출현한 대표적인 기념공동체들이 바로 '5·18재단'

---

11) 2009년 현재 '전국민주화운동유가족협의회'에 공식적으로 등록된 민주화운동 관련 열사추모(기념)공동체는 60여 개에 이른다.

(광주, 1994년), '부산민주항쟁기념사업회'(부산, 1994년), '3·15의거기념사업회'(마산, 1995년), '2·28민주운동기념사업회'(대구, 2001년), '민주화운동기념사업회'(서울, 2001년) 등이다.

여기서 민관협동형이 기념사업에 참여하는 주체의 구성과 자원 동원의 정도에 따라 일정한 편차를 보인다는 사실을 강조할 필요가 있다. 정호기의 논의에 따르면, '5·18기념사업'은 민관 협의의 구조를 갖고 있음에 반해, '부마항쟁 기념사업'은 민간부문의 주도성이 강력하게 관철되는 경향을 강하게 드러낸다.(2004, 236~237쪽) 이와 대조적으로 '3·15의거기념사업'은 강한 지역적 연대를 기반으로 처음부터 지역 중심의 기념사업에 목적을 둔 기억투쟁의 형태로 결성되었기 때문에 기념공동체로서의 단일성을 확보할 수 있었다.

앞서 시도한 기념사업의 유형화 논의는 4월혁명에 대한 기억이 제도화되는 정치과정의 맥락에서 여러 쟁점들과 만나게 된다. 특히 4월혁명 기념사업의 다양한 형태들에 관한 논의는 기억의 정치과정에서 국가와 시민사회의 변화하는 관계를 읽어내는 데 중요한 함의를 갖는다. 그것은 혁명에 대한 기억의 지역적·조직적 분화와 제도화의 경로에 대한 논의를 통해 구체화된다.

4. 4월혁명 제도화의 정치과정

1) 혁명에 대한 기억의 지역적·조직적 분화

주지하다시피 4월혁명은 전국적 규모의 민주화운동이었다. 동시에 4월혁명은 지역적 수준의 민주화운동들이—운동의 주체뿐 아니라 시공간적인 측면에서—연쇄구조를 이루어낸 결과이기도 했다. 대구의

'2·28민주운동', 마산의 '3·15의거', 당시 풀뿌리 수준에서 지역적으로 발생했던 혁명 전야의 시위들[12], 그리고 동시다발적인 전국적 규모의 4·19혁명으로 이어지는 4월혁명의 연쇄구조는 혁명에 대한 기억이 지역적·조직적 수준으로 분화되는 결과를 가져왔다. 이런 맥락에서 4월혁명 '이후' 4월혁명에 대한 기억이 지역별로 다양한 기념사업의 형태로 제도화된 원인을 4월혁명의 지역적 구성에서 찾을 수 있겠다. 그리고 4월혁명의 기념사업이 지역기반의 형태로 전개되어온 과정에서 다음과 같은 특징적인 내용들을 발견할 수 있다.(〈표 1〉 참조)

무엇보다도 4월혁명 기념사업의 역사에서 가장 특징적으로 나타나는 현상은 '기념탑과 추모비'의 건립이었다. 대구, 마산, 부산, 그리고 광주에서는 각각 '2·28의거 기념탑'(1961년), '3·15의거탑'(1962년) 그리고 '4·19희생자 위령탑'(1961년), '4·19의거 희생영령 추모비'(1962년)를 건립하면서 기념사업의 시초를 이루었다. 하지만 2·28기념탑과 4·19희생자 위령탑[13] 그리고 4·19의거 희생영령 추모비가 시민들의 성금으로 세워진 데 반해, 마산의 3·15의거탑과 서울의 4·19기념탑은 국가 차원에서 건립되었다. 이 시기 박정희에 의해 추진된 4월혁명의 기념사업은 쿠데타를 통한 국가권력 장악을 정당화하는 동시에 채식지 않은 혁명의 열기에 정치적 화상을 입지 않기 위한 일종의 포섭전략으로 해석된다. 박정희는 일시적이나마 3·15의거와 4·19혁명 기념사업을 주도하며, 5·16쿠데타를 4월혁명의 연장으로 그리고 정치적 정당성과 정통성의 명분으로 이어붙일 수 있었다.

---

[12] 대표적으로 고려대 학생 시위(18일), 청주 고교생 시위(15일), 부산 고교생 시위(15일), 진주·창녕·하동 등 각 도시 민주당원 시위(17일), 마산 민주당 간부·고교생, 경남대 학생 시위(11일) 등이 있었다. 지역적 수준에서 발생한 이 시위들은 4월 19일을 발화점으로 전국적 규모의 시위로 확대되었다.

[13] 부산의 '4·19희생자 위령탑'은 혁명 이듬해인 1961년 『국제신문』의 전신인 『국제신보』가 시민모금운동을 벌여 용두산 공원에 조성되었다. 그리고 2007년 2월 15일 민주공원으로 이설되었다.

〈표 1〉 4월혁명 기억의 지역적 분화 : 기념사업을 중심으로[14]

4월혁명의 지역적 구성		주요 기념사업의 현황	시기
2·28 민주운동	대구	2·28의거 기념탑 건립	1961. 4
		2·28기념사업회 발촉	1990. 2
		경북고 내 2·28기념조각 설치	1991. 5
		대구고 내 대고탑 건립	1991. 10
		경북사대부고 내 2·28기념조형물 설치	1992. 2
		『2·28민주운동사』 출판기념회 및 국제학술대회	2000. 2
		2·28기념탑 표지석 설치	2004. 2
		2·28기념중앙공원 개장	2004. 4
		대구광역시 「2·28민주운동기념에 관한 조례」 제정	2005. 12
3·15 의거	마산	3·15의거탑 건립	1962. 7
		3·15기념회관 건립	1962. 9
		3·15의거 마산시 기념일 제정	1993. 7
		3·15의거기념사업회 창립	1993. 10
		3·15의거 성역화 사업계획 추진	1994. 4
		3·15의거탑 석등 건립	1995. 3
		3·15상징테마공원 개장	1999. 12
		국립3·15묘지 준공	2003. 3
		3·15의거 도기념일 제정	2003. 12
		3·15아트센터 개관	2008. 5
		3·15의거 국가기념일 제정	2010. 3
4·19혁명	광주	4·19의거 희생영령 추모비	1962. 4
		4·19탑 건립추진위원회 설립	2000. 5
		광주고 내 광주4·19혁명 발상 기념탑 건립	2002. 4
		광주4·19혁명기념사업위원회 창립	2004. 5
		광주고 내 4·19기념 시비 설치	2006. 4
		4·19기념회관 완공	2008. 2
		4·19민주로 신설	2008. 4
		4·19기념탑 건립(4·19민주로 내 위치)	2009. 4
	부산	4·19희생자 위령탑(2007년 민주공원으로 이설)	1961. 4
		부산민주항쟁기념사업회 창립	1994. 10
		민주공원 개장	1999. 10
		4·19광장 조성 및 혁명 희생자 영령봉안소 건립	2007. 2
	서울	4·19묘지 준공 및 기념탑 제막	1963. 9
		4·19기념사설도서관 개관	1964. 5
		국립4·19민주묘지(4·19묘지의 확장 및 재형성)	1995. 4
		국립4·19민주묘지 내 혁명기념관 개관	1995. 4
		4·19혁명기념도서관 개관	2000. 8

---

14) 여기에서 제시한 자료들은 주로 신문기사와 각 기념사업회의 인터넷 홈페이지에서 추출해 재구성한 것이다.

둘째, 이들 지역기반의 기념사업은 1970~1980년대의 시간적 공백을 깨고, 1990년대로 접어들기 시작하면서 특히 문민정부의 출범과 궤를 같이하여 본격화되기 시작했다. 문민정부는 민주화운동에 대한 역사적 재평가의 필요성을 강조하며, 과거청산과 진상규명의 사회적 요구에 따른 정치적 유연성을 보였다. 4월혁명과 5·18민중항쟁에 대한 국가 차원의 재조명 작업을 계기로 민주화운동 기념사업이 활성화되기 시작했다. 문민정부는 1993년 10월부터 시작되어 1995년 4월에 마무리된—총 공사비용 1백 50억 원의—'4·19묘역 성역화' 사업을 통해 묘역을 확장하고 여러 상징조형물과 기념관을 건립했다.

셋째, 기념사업을 추진하는 기념사업공동체와 지방정부 사이의 긴밀한 연계가 뚜렷하게 나타났다. 예컨대 '2·28민주운동기념사업회'의 경우 2000년부터 시장이 공동의장직을 맡고 있으며, 2004년 국비 115억여 원을 지원받아 2·28기념중앙공원을 조성하였을 뿐 아니라, 2005년 시청으로부터 '2·28민주운동기념에 관한 조례'를 제정했다. 그리고 대구 출신 국회의원들의 지속적인 노력으로 2010년에는 '민주화운동기념사업회법'에 '2·28대구민주화운동'을 명문화하는 성과를 이끌어내 민주화운동으로서의 법적 지위를 인정받아 기념사업에 탄력을 받게 되었다. 또한 '3·15의거기념사업회'는 1993년 창립부터 2008년—국비 100억 원을 지원받아 개관한—3·15아트센터로 이전하기까지 마산시의회 청사에 사무실을 두고 있었으며, 1993년에는 3월 15일을 마산시 기념일, 2003년 도기념일 지정, 그리고 2008년부터 마산 출신 국회의원들을 주축으로 국가기념일 제정을 위한 활동을 추진해온 결과 2010년 3월 국가기념일 제정을 이끌어냈다. 이처럼 지역기반의 기념사업공동체들은 1990년대로 접어들어 확장된 제도적 공간을 통해 민관협동형의 형태로 제도화되면서 4월혁명의 운동성과 지역성을 결합시키는 방식으로 기념사업을 활성화시켰다.

〈표 2〉 4월혁명 기억의 조직적 분화 : 관련단체를 중심으로

4월혁명의 지역적 구성		주요 관련단체 현황
2·28민주운동	대구	2·28민주운동기념사업회, 4·19민주혁명대구경북동지회
3·15 의거	마산	3·15의거기념사업회, 3·15의거희생자유족회, 3·15의거부상자회, 4·19민주혁명마산·경남연합지부, 4·19혁명희생자유족회경남지부, 김주열열사추모사업회
4·19혁명	광주	4·19민주혁명회광주·전라연합지부, 4·19혁명희생자유족회광주·전라연합지부, 광주4·19혁명기념사업위원회
	부산	부산민주항쟁기념사업회, 4·19민주혁명회부산지부, 4·19혁명희생자유족회부산지부
	서울	4·19민주혁명회, 4·19혁명희생자유족회, 4·19혁명공로자회, 4·19육영사업회, 4월회, 사월혁명회, 4월포럼, 4·19선교회

한편 4월혁명의 경험과 원초적 기억은 조직적인 차원에서 분화·제도화되기 시작해 다양한 유관단체들의 결성으로 이어졌다. 4월혁명 직후 서울을 중심으로 '4월혁명유족회', '4월혁명 동지회', '부상동지회', '의혈동지회', '상이학생동지회', '불구학생동지회'가 공식적으로 결성되었으며, 부산과 광주에서도 동지회가 조직되었다. 그리고 현재 4월혁명 관련단체들은 분화와 통합을 거듭해 〈표 2〉와 같이 전국적으로 20여 개의 단체들이 공식적 활동을 하고 있는 것으로 알려져 있다. 이들 중 가장 대표적인 단체로는 '4·19민주혁명회', '4·19혁명희생자유족회' 그리고 '4·19혁명공로자회'가 있다.15) 민관협동형에 속하는 이들 단체는 '국가유공자등단체설립에관한법률'에 의거해 국가 또는 지방자치단체로부터 재정지원을 받고 있으나, 자원 동원에 있어 국가의 영향력이 적지 않은 만큼 사실상 정치활동의 자율성은 보장받지 못하고 있다.16)

---

15) 2008년 현재 '4·19민주혁명회'(1964)는 회원 240명과 4개 지부를, '4·19혁명희생자유족회'(1966)는 회원 142명과 3개 지부를, '4·19혁명공로자회'(1970)는 156명의 회원을 보유하고 있으며, 이들 3개 단체를 통합하려는 논의가 진행 중에 있다.

2) 혁명기억의 제도화 경로

민주화운동으로서의 4월혁명은 사회적 기억으로부터 형성·공유된 고유한 상징체계를 갖고 있다. 4월혁명의 상징체계에는 민족, 민주, 자유의 이념적 가치와 반독재, 반부패, 민주주의라는 정치적 의미가 내면화되어 있다. 4월혁명의 상징체계를 통해 국가권력은 민주주의의 정통성을 강조하는 방식으로 지배권력의 정당성을 획득하려 했으며, 사회운동은 4월혁명의 이념적 가치를 기억투쟁의 방식으로 전승함으로써 오랜 기간 동안 인지적·실천적 동원전략을 이끌어낼 수 있었다.

실제로 4월혁명의 정치적 의미는 박정희 정권하에서 5·16쿠데타에 의한 권력장악을 정당화하기 위한 명분으로, 문민정부에게는 기존 군사정권들과의 차별적인 정통성을 부여하는 방식으로 사용되어왔다. 박정희가 1963년 대통령에 취임하면서 연설한 아래의 내용은 국가권력으로부터 최초로 4월혁명에 대한 기억이 정치적으로 상징화되는 방식을 잘 보여준다.

> 열화 같은 민주적 신념은 4월혁명에서 독재를 물리쳐, 민주주의를 수호하였고, 이어 5월 혁명으로 부패와 부정을 배격함으로써 민족정기를 되찾아……4·19와 5·16의 혁명이념을 계승하고 당위적으로 제기된 민족적인 과제를 수행할 것을 목표로……범국민적 혁명 대열에의 적극적 호응과 열성적인 참여 있기를 호소하는 바입니다.["제5대 대통령 취임사"(박정희, 1963년 12월 17일)]

---

16) 하지만 모든 4월혁명 관련단체들이 민관협동형의 성격을 갖는 것은 아니다. 대표적으로 '사월혁명연구소'(1988년)의 후신인 '사월혁명회'(1998년)를 들 수 있다. '사월혁명회'는 2008년 현재 각계각층에서 활동하는 80여 명의 진보적 인사들이 회원으로 가입되어 있으며, 학술사업을 중심으로 진보적 사회운동단체들과 연계해 다양한 활동들을 전개해오고 있다.

이처럼 박정희는 4월혁명에 대한 기억으로부터 반독재와 민주주의라는 정치적 의미를 형식적으로 상징화함으로써 지배권력의 정치적 정당성을 확보하고 취약한 권력기반의 정통성을 창출하려 했다. 그러나 박정희는 5·16이라는 '자신의 혁명'을 정당화하는 명분으로서 4월혁명을 계속해서 정치적으로 이용할 수 없음을 누구보다도 잘 알고 있었다. 당시 운동세력들이 4월혁명에 대한 기억에서 계승하려 했던 이념적 가치는 민족자주와 사회민주의 혁명정신이었기 때문이며, 궁극적으로는 이 같은 상반된 두 개의 혁명이 나란히 공존할 수 없었기 때문이다. 임대식의 지적처럼, "5·16은 합법적 권력을 무력으로 전복한 점에서 민주주의에 대한 부정을 의미했고, 혁명공약에서의 친미반공과 이후 일련의 반공체제 강화조치에서 드러나듯이 민족주의와 평등주의를 부정"했다.(임대식, 2003, 329쪽) 박정희 정권하에서 4월혁명이 '의거'로 축소되고,[17] 3·15의거 기념사업이 4·19혁명 기념사업보다 앞서 이루어진 배경이 여기에 있다. 이 같은 상황 속에서 박정희에 의해 추진된 4월혁명 기념사업은 혁명의 열기를 잠재우고 박제화해 과거완결형으로 가두어버리기 위한 일시적인 포섭전략이었던 것이다. 1965년 박정희는 당시 한일협정반대투쟁으로 심화된 4월혁명에 대한 기억 투쟁이 자신의 지배권력에 대항하는 것에 불편한 심기를 드러내 보였다.

해마다 4월만 들어서면 학구에만 전념해야 할 학생들의 일부가 꼭 정치에 간여해야만 하겠다는 풍조가 없어지지 않는 한 근대화니 민주화니 하는 것도 결국 빈말이 되고 만다는 것을 나는 지적하지 않을 수 없습니다.

---

[17] 4월혁명은 1962년 개정된 3공화국 헌법 전문에 처음으로 '4·19의거'로 명명되었다. 1973년 3월 법정기념일로 제정, 이후 1980년 10월 5공화국의 헌법 개정과정에서 언급되지 않다가 1987년 개정된 현행 헌법에서 다시 '4·19'로 표현되기 시작했다. 그 후 1994년에 정부가 그 명칭을 혁명으로 격상시킨다는 발표가 있은 후 4·19의거는 '4·19혁명'으로 공식화되었다.

학생의 할 일이 따로 있고, 정치인이 할 일이 따로 있고, 모든 국민은 각
자의 직분에 따라서 할 일이 따로 있습니다.……연례행사라 해도 과언이
아닐상 싶은 일부학생들의 지나친 정치참여가 헌정질서나 경제건설을 파
괴하고……지성이 메말랐다는 오늘의 깊은 성찰이 있어야만 할 것입니다.[18]

다른 한편 사회운동은 4월혁명에 대한 기억 투쟁을 통해 운동의 동
원전략을 지속적으로 가져갈 수 있었다. 4월혁명에 대한 기억 투쟁은
주기적으로 반복되는 기념일에 그리고 기념공간에서 이른바 기념시
위의 형태로 전개되어왔다.[19] 4월혁명을 둘러싼 기념시위는 특히 학
생운동을 주축으로 이루어졌는데, 이는 4월혁명과 학생운동의 긴밀한
역사적 관계에 기인한다. 즉 "학생운동의 원류는 4·19에서 찾을 수
있으며, 4·19학생운동은 이후의 학생운동의 전개에 지대한 영향을
미쳤으며, 이후 학생운동가 역시 자신의 역사적 정당성을 4·19에서
구가해왔기 때문이다."(김동춘, 1988, 33쪽) 4월혁명 1주기부터 줄곧
학생운동 진영이 정부가 주도하는 기념행사에 참가하지 않고 기념시위
를 중심으로 독자적인 행사를 추진해왔던 역사적 배경이 바로 여기에
있다.

이러한 가운데 1990년대로 접어들어 문민정부에 의해 본격화된 민
주화운동에 대한 역사적 재평가는 4월혁명 제도화에 새로운 국면을
가져다주었다. 문민정부는 기존의 정부형 기념사업 구조에 민주화운
동의 사회적 기억을 적극적으로 끌어안는 헤게모니 프로젝트를 통해
서―3당합당에 의한 정권 창출이라는 정치적 취약성을 극복하기 위한

---

18) "4·19의거 제5주년기념일 기념사"(박정희, 1965년 4월 19일)

19) 예컨대 6월항쟁이 일어났던 해인 1987년 4월 19일, 4·19혁명 27주년 기념행사는
전두환 정권의 '4·13조치'에 반대하는 격렬한 시위로 이어졌다. 이날 시위에 전
투경찰 15개 중대 2천 5백여 명의 무장병력이 투입되었으며, 3천여 명의 시위 참
가자들 중에서 총 358명(학생 289명)이 연행되었다. 자세한 내용은 『말』 제11호
(1987. 5)를 참조할 것.

—정치적 정당성을 확보하려 했다. 이로써 문민정부의 출범 이전에 크게 정부 주도와 민간 주도로 이원화되어 추진되었던 4월혁명 기념행사가 제도적 공간의 확장을 계기로 '민관협동형'의 형태를 중심으로 확대·재편되기 시작했다. 이는 민주화운동에 대한 국가 차원의 재평가 및 관련 법규 제정을 통한 자원동원 구조의 확장과 함께 시민사회에서도 비정부적 부문의 조직적 확대와 담론의 활성화가 있었기 때문에 가능했다.

그러나 4월혁명의 제도적 확장은 국가와 사회운동에 확연히 다른 정치적 결과로 이어졌다. 국가는 4월혁명 제도화를 통해 기존 군사정권들과의 차별적인 정통성을 강조하는 동시에 국가권력의 헤게모니적 정당성을 확보할 수 있었음에 반해, 사회운동은 '상징에서 동원으로' 이어지는 통로가 제도적으로 분산·확장되면서 동원전략의 강도가 급속히 약화되는 심각한 타격을 받게 된 것이다. 이는 국가로부터의 정치적 기회구조와 시민사회로부터의 사회적 기회구조가 상호작용하면서 제도적으로 확장된 기억의 정치과정이 내포하고 있는 기회와 위기의 이중성을 반영하고 있다. 즉 4월혁명에 대한 기억의 제도적 확장은 기회라는 측면에서 4월혁명에 대한 기억을 안정적으로 기념사업화할 수 있는 제도적 여건을 마련해준 데 반해, 위기의 측면에서는 사회운동의 기억투쟁을 제도적으로 확장된 정치과정으로 유인함으로써 동원전략의 강도와 효과를 분산시키는 구조적 요인으로 작용했다.

이 대목에서 우리는 4월혁명 제도화가 가져온 사회적 결과에 대해서 좀 더 냉철하게 바라볼 필요가 있다. 4월혁명 제도화의 사회적 결과에 대한 비판적 탐색은 '제도화의 역설'이라는 맥락에서 보다 구체적으로 접근할 수 있다.

5. 제도화의 역설

1) 기억의 정치적 독점과 운동주체의 주변화

4월혁명에 대한 기억을 둘러싼 정치과정의 역사에서 가장 첨예하게 제기되었던 비판적 쟁점은 운동주체의 정치적 제도화이다. 소위 혁명 주역이라고 칭송되었던 운동주체들의 정치적 분화는 4월혁명세대가 안고 있는 핵심적 쟁점을 이룬다. 4월혁명에 참여했던 운동주체, 그 중에서도 특히 대학생이라는 신분을 가졌던 주도세력들의 정치적 분화와 제도화에 따른 '혁명에 대한 기억의 정치적 독점'은 4월혁명을 그들만의 기억으로 간주함으로써 나머지 운동주체들의 주변화를 초래했다.

주지하다시피 4월혁명세대들은 1960~1970년대의 사회변동 과정에서 일부는 변혁운동의 흐름을 이어간 반면, 대다수의 운동주체들은 1960년대 후반부터 체제 적응훈련을 거쳐 유신 선포를 지지하는 집단행동을 통해 대대적으로 지배권력에 편입되기 시작해 1980년대 신군부의 정치권력에서 중추적 기능을 맡아 제도정치의 핵심인사로 도약했다. 또한 보수 야당을 통해 제도정치의 영역으로 진입했던 사람들도 1990년 3당합당 과정에서 지배권력의 내부로 편입되었고, 체제에 편입하지 않은 사람들은 인민혁명당, 통일혁명당, 전국민주청년학생총연맹, 남조선민족해방전선준비위원회 사건 등에 연루되어 희생되거나 옥고를 치렀다.(하일민, 1992, 282~284쪽) 그리고 여전히 여러 부문에서 사회운동에 몸담고 있으면서 4월혁명의 상징적 가치를 계승하고 있는 혁명세대들이 있다. 요컨대 대학생이란 신분으로 4월혁명을 주도했던 핵심 세력들은 한편으론 정계 진출이라는 운동주체의 정치적 제도화를, 또 다른 한편으로는 재야를 중심으로 사회운동의 세력화를 이끄는 등 일련의 정치적 분화를 경험했다. 이런 측면에서 4월혁명에 대한 기억은 당시의 운동주체들에게 실천적 구심력을 부여했다기보다 오히려 제도정치와 재야정치, 그리고 비정치적인 일상의 영역으로 운동주체들을 분산시키는 힘으로 작용했던 것이다. 혁명의 주역들에게 4월혁명에 대한 기억은 자신의 당대 신념과 결합되어 정치적 선택과 결정을 정당화하는 데 매우 유용한 정치적 도구로 기능하였다.

하지만 대학생을 혁명의 주역으로 상징화해온 사회적 기억장치들과 혁명세대의 집합적 정체성에 내재된 동질적 감수성은 나머지 운동주체들의 가치와 의미를 축소시키는 의도치 않은 결과를 초래했다. 물론 대학생들의 주도적 참여가 4월혁명의 역사에서 대단히 중요한 비중을 차지했던 것은 부인할 수 없다. 그러나 대학생을 주축으로 상징화된 혁명세대의 정치적 제도화가 빠르게 진행될수록 혁명에 대한 기억은 정치영역을 중심으로 전유되었다. 특히 4월혁명의 공간에서 죽음으로 희생당한 사람들의 계급적 분포를 살펴보면, 이처럼 대학생으로 특권화된 혁명세대의 정치화된 기억이 더욱 선명하게 드러난다. 실제로 도시에서 시위에 참가한 사람들은 학생뿐 아니라 하위 계급, 특히 많은 실업자들과 노동자계급을 상당부분 포함하고 있었기 때문이다.(Kim, 1996, 1190쪽)[20]

결국 혁명의 주역들이 4월혁명에 대한 기억을 통해 정치주체로서의 제도화라는 성공을 이루었을지 모르지만, 이는 동시대의 나머지 운동

---

[20] 이와 관련해 사망자 186명 가운데, 서울이 과반수를 넘어 56%이고 경상남도가 19.5%이며 나머지는 여러 지역에 분포되어 있는데, 그 가운데 초등학생이 3%, 중학생 10%, 고등학생 16%, 대학생 13%, 그리고 다양한 배경을 가진 어른이 모두 56%였다. 특히 성인 56% 가운데 실직자는 16%, 취업자는 40%로 직장에 다니는 이들의 참여와 희생이 컸음을 보여주고 있다.(Kim, 1983, 7쪽 ; 박영신, 2000, 196쪽에서 재인용)

주체들을 주변화하는 결과를 가져왔다.[21] 정치적으로 제도화된 혁명의 주역들은 나머지 운동주체들로부터 멀어지는 대가로 혁명에 대한 기억을 기념사업의 형태로 제도화하는 데 후원자 역할을 해왔다. 이런 맥락에서 4월혁명 기억의 제도적 확장은 4월혁명세대들의 정치적 분화가 가져온 결과의 일부로서 운동주체의 주변화라는 한계를 내재한 가운데 이루어진 것이라고 평가할 수 있다.

2) 기념의 형식주의와 담론의 위기

4월혁명의 제도적 확장은 기념의 형식주의라는 비판적 쟁점을 야기했다. 기념의 형식주의는 크게 두 가지 차원에서 논의할 수 있을 듯하다. 하나는 4월혁명에 대한 기억이 기념의 행위와 구조로 제도화되는 과정에서 나타나는 '형식의 과잉'이며, 또 다른 하나는 담론 질서의 성격변화에서 두드러진 '담론의 위기'라는 지배적 경향이다. 다시 말해 기념의 형식주의에 대한 비판적 쟁점은 4월혁명을 에워싼 기억운동의 내용과 형식의 불균형, 즉 형식이 내용을 압도하는 혹은 내용이 형식을 따라가지 못하는 현상으로부터 제기된다.

우선 형식의 과잉은 기념사업의 외연이 확장됨에도 불구하고 4월혁명에 대한 대중적 관심이 줄어드는 현상을 반증하고 있다. 예컨대 기념사업의 규모가 비약적으로 증가하기 시작한 1990년대 중반을 전후해 4월혁명 기념일에 4·19민주묘지를 찾는 참배객 수는 현저하게 줄어들기 시작했다. 4월혁명 10주년의 1970년에 3만여 명에서 20주년의

---

21) 하지만 민주화운동의 세대회로를 이어가는 길목에서 1980년 5·18민중항쟁과 1987년 6월항쟁을 경험한 이른바 386세대의 정치권 진입으로 4월혁명세대들은 제도정치의 영역에서도 빠르게 주변화되기 시작했다. 2000년과 2004년 총선에서 386세대의 등장과 민주화운동의 세대분화가 제도정치에 영향을 미쳐 4월혁명세대의 때 이른 정치적 퇴조를 가속화시켰다. 이는 사회운동의 세대분화가 제도정치에서 어떻게 작동하는지를 잘 보여주는 사례였다.

1980년에는 7천여 명으로, 1990년 30주년에는 6천여 명으로, 그리고 40주년인 2000년에는 1천 2백여 명으로 급속히 감소했다. 또한 〈표 1〉에서 확인할 수 있듯이 2000년 이후 정부 및 지방자치단체의 지원을 받아 전국적으로 기념건물, 공원 조성 등 공간을 중심으로 한 대규모 기념사업들이 거대화를 향해 획일적으로 추진되기 시작했다. 그렇지만 어쩌면 기념사업의 과잉 팽창에 따른 형식의 과잉은 잘못된 해석일지도 모른다. 오히려 근본적인 문제는 담론의 위기에 있는 것 같다. 즉 기념사업의 외연적 확장을 따라가지 못하는 담론의 위기가 더 큰 문제일는지 모른다.

4월혁명을 둘러싼 담론의 위기는 여러 측면에서 지적할 수 있다. 무엇보다도 4월혁명에 대한 올바른 역사인식이 사회적 합의를 이루지 못하고 여전히 이념갈등의 소재로 다루어지고 있다는 사실은 4월혁명의 역사와 기억에 대한 객관적 평가가 미흡하다는 인상을 떨칠 수 없게 만든다. 대표적으로 뉴라이트교과서포럼이 『대안교과서 한국 근·현대사』에서 4월혁명을 '4·19학생데모'로 폄하, 5·16쿠데타를 '혁명'으로 미화하고, 보수단체들이 "이승만 동상을 광화문에 건립하자"고 주장하고 나서는 등 4월혁명의 의미와 가치를 왜곡·축소하려는 움직임들은 4월혁명에 대한 역사인식이 올바로 이루어지지 않았다는 현실을 반증하는 것이다. 이처럼 4월혁명의 역사를 변질시키려고 시도하는 사회세력이 여전히 존재한다는 것은 담론의 위기를 잘 보여주는 대목이라 할 수 있다.

둘째로 4월혁명에 대한 기억을 운동문화를 통해 전통적으로 계승해왔던 대학에서까지 담론의 위기를 넘어 담론의 상실이 현실화되고 있다. 4월혁명의 역사를 왜곡시키는 세력들이 기승을 부리는 데에는 대학에서조차도 4월혁명의 역사와 의미에 대해서 더 이상 관심을 두지 않기 때문이다. 오늘날 4월혁명은 몇몇 대학에서 기념일에, 그리고 따분한 교양과목 강의시간에나 들어봄직한 아주 오래된 사건으로 기억되고 있다.

셋째로 기념사업의 측면에서 4월혁명의 '기억을 돕는' 장치들에 자원을 집중하면 자연스럽게 사회적 관심과 담론 재생산이 이루어질 것이라는 기대감이 크게 작용했던 것 같다. 하지만 갈수록 기억을 돕는 장치들 그 자체에 의미가 부여됨으로써 4월혁명이라는 원초적 사건에 대한 그 의미와 가치가 사장되는 아이러니에 빠지게 된 것은 아닌지 의문을 제기하게 된다.

오늘날 4월혁명을 원초적으로 기억하는 사람들은 4월혁명을 경험한 60~70대 이상의 기성세대들이다. 혁명에 대한 기억의 세대 전승은 기념사업의 공간적·형식적 외연 확장을 통해서가 아니라, 혁명에 대한 기억의 주체성을 복원하고 담론의 객관성을 확대하는 가운데 이루어져야할 것이다. 4월혁명의 역사와 기억을 정상화하는 작업은 공간 중심의 정태적 형식에서 벗어나, 역사 왜곡의 사회세력들을 무력화할 수 있는 역동적인 담론의 사회적 장치들을 마련할 필요가 있다. 담론 없는 형식주의는 공허할 뿐이다.

6. 결론 : 기억의 제도화와 민주화 사이에서

민주화운동으로서의 4월혁명은 지난 반세기 동안 다양한 의미 해석의 과정을 거쳐 왔다. 비록 오랜 기간 동안 군사정권이 정치적 망각을 유도하고 때로는 지배권력의 눈으로 역사적 사실을 변조하기도 했지만, 4월혁명이 그 역사적 성격이 어떻게 규정되어 왔던, 최초로 거대한 대중 권력의 폭발력을 확인한 역사적 사건이었음은 그 누구도 부인할 수 없다. 그러나 4월혁명이 열어놓은 정치적 공간은, 지지기반이 취약한 새로운 체제의 불안정성, 파행적 정당정치, 혁명주체의 조직적이고 지속적인 세력화와 정치적 대안의 부재 그리고 무엇보다도 5·16쿠데타에 의해서 1년여 만에 닫히게 되었다.[22] 이러한 조건 속에서 4월혁명이 남긴 유산은—혁명 기억의 정치적 독점을 통해 지배권력에 편입한 혁명 주도세력들을 제외하고는—제도정치의 영역에 흡수되지 못하고, 오랜 기간 기억과 상징적 수준에서만 계승되어 왔다.

이러한 가운데 문민정부에 의해 본격화된 민주화운동의 역사적 재평가와 이를 계기로 이루어진 기념사업의 제도적 확장은 대단히 주목할 만한 일이었다. 우리는 이것을 과연 4월혁명의 원초적 기억을 안정적으로 계승하고자 했던 기억운동의 성공이라고 평가할 수 있을까? 기억운동의 성공과 실패는 사회운동처럼 구조적 변화의 결과로 나타나는 것이 아니라, 어떻게 기억하고 있는가에 달려있다. 이렇게 볼 때, 4월혁명에 대한 기억운동은 제도화의 사회적 결과에서 나타난 운동주체의 주변화와 기억의 정치적 독점 그리고 기념의 형식주의와 담론의 위기로부터 제기되는 비판적 쟁점을 내재한 가운데 이루어졌다.

이 대목에서 우리는 사회적 기억의 제도화와 민주화를 동시에 고민하게 된다. 사회적 기억의 민주화 없는 제도화는 형식의 과잉과 기억의 정치적 독점을 불러일으키며, 제도화 없는 민주화는 안정적·공식적 틀의 바깥에서 기억의 불안정성과 담론의 혼돈만 가져올 뿐이기 때문이다.

기억의 제도화는 과거의 사건에 대한 원초적 기억들을 교육, 법률, 조직, 문화와 같은 일정한 제도적 장치를 통해 하나의 역사적 사실로 공식화함으로써 안정적이고 지속적인 기억의 운동을 틀 짓는다. 넓은

---

[22] 4월혁명에서 제2공화국을 거쳐 5·16쿠데타에 이르는 급격한 정치변동의 동학에 관해서는 한승주(1983), 유재일(1994), 최장집(1996), 박명림(1996), 이국영(1996) 등의 논의를 참고할 것.

의미에서 기억이 규범체계라는 제도 안에서 작동하기 위해서는 일정하게 담론 지형이 구축되고 그 안에서 사회적으로 공유될 수 있는 상징적 의미와 가치가 마련되어야 한다. 이 같은 기억의 제도화는 기념이라는 형태로 사회적 가시성을 갖게 된다.

기억 민주화는 기억 자체가 역사 구성의 능력을 갖고 있음을 인정하는 가운데, 변화하는 사회적 관계 속에서 역사적 진실을 둘러싼 기억과 담론의 정치적 소통이 합리적이고 정당한 방식으로 작동하는 과정을 의미한다. 그래서 기억의 민주화는 기억의 주체, 내용, 방식, 즉 누구의 기억인가, 어떤 역사적 사실을 담고 있는가, 어떻게 기억하는가의 문제를 놓고 폭넓은 사회적 합의를 이룰 때 원활히 작동할 수 있다. 다시 말해 기억 민주화가 이루어지기 위해서는 시민사회 차원에서 담론 지형이 활발하게 전개되고 국가권력의 부당한 정치개입이 차단된 열려진 정치적 소통구조가 전제되어야 한다. 따라서 기억을 둘러싼 민주화는 제도화에 선행되거나 적어도 동시에 이루어져야 하며, 제도화는 기억 민주화가 가져온 구성물들을 안정적이고 지속적으로 관리할 수 있도록 설계되어야 한다.

4월혁명을 흔히 '미완의 혁명'이라고 표현한다. 미완의 혁명은 말 그대로 끝을 다 맺지 못한, 즉 '자기 완결성을 갖지 못한 혁명'을 의미한다. 이 글에서 필자는 4월혁명 이후 혁명에 대한 기억이 제도화되는 역사적 경로와 정치과정의 성격을 탐색하면서, 4월혁명이 현재적 지평 위에서 재구성되는 작동양식과 사회적 결과를 논의하려고 시도하였다. 이 과정에서 '미완의 혁명'은 다른 측면에서 독해할 수 있는 여지를 남겼다. 그것은 4월혁명 이후의 4월혁명이 기억 민주화를 소홀히 하면서 제도화되었다는 평가에서 비롯된다. 필자는 기억 민주화를 통해 미완의 혁명에 역사적 완결성을 채워갈 수 있을 것으로 기대한다. 그러나 그 가능성은 여전히 원초적 사건으로서 4월혁명을 기억하는 사람들의 존재와 4월혁명에 대한 기억과 정신을 계승하려는 기억운동에 달려있다.

▣ 참고문헌

강만길 외, 1983 『4월혁명론』, 한길사.

강정구, 1998 「4월혁명과 현단계 자주·민주·통일의 과제」 『경제와사회』 39권

고성국, 1991 「4월혁명의 역사적 부정으로서의 5·16쿠데타」 『1950년대 한국사회와 4·19혁명』(이종오 외), 태암

김광식, 1988 「4·19시기 혁신세력의 정치활동과 그 한계」 『역사비평』 통권 2호

김동춘, 1988 「민족민주운동으로서의 4·19시기 학생운동」 『역사비평』 통권 3호

______, 1991 「4·19혁명의 역사적 성격과 그 한계」 『1950년대 한국사회와 4·19혁명』(이종오 외), 태암.

김성환, 1984 「4·19혁명의 구조와 종합적 평가」 『1960년대』(김성환 외), 거름.

김수진, 1996 「제2공화국의 정당과 정당정치」 『제2공화국과 한국민주주의』(백영철 편), 나남.

김영명, 1999 「4·19와 장면 내각」 『고쳐쓴 한국 현대 정치사』, 을유문화사.

김영범, 1998 「집합기억의 사회사적 지평과 동학」 『사회사연구의 이론과 실제』(지수종 외), 한국정신문화연구원.

______, 2003 「기억에서 대항기억으로, 혹은 역사적 진실의 회복 : 기억투쟁으로서의 4·3 문화운동 서설」 『민주주의와 인권』 3권 2호.

김일영, 1991 「4·19혁명의 정치사적 의미」 『1950년대 한국사회와 4·19혁명』(이종오 외), 태암.

문병주, 2005 「제2공화국 시기의 '좌절된' 민주주의와 현재적 함의 : 국가-정치사회-시민사회의 관계를 중심으로」 『민주주의와 인권』 5권 2호

민주화운동백서편찬위원회 편, 2005 『민주화운동백서』, 민주화운동관련자명예회복및보상심의위원회.

박명림, 1996 「제2공화국 정치균열의 구조와 변화」 『제2공화국과 한국민주주의』(백영철 편), 나남.

박영신, 2000 「사회 운동 '이후'의 사회 운동 : '4·19'의 구성」 『현상과인식』 통권

82호.

박현채, 1988 「4·19시기 노동운동의 전개와 양상」『역사비평』 통권 2호

박형신, 1987 「한국사회의 구조와 4월혁명, 1945~1960 : 4월혁명에 대한 사회구조
　　　　사적 접근」, 고려대학교 석사학위논문.

백낙청, 1980 「4·19의 역사적 의의와 현재성」『창작과비평』 통권 56호

사월혁명연구소 편, 1990 『한국사회변혁운동과 4월혁명』 1, 한길사.

　　　　　　　　　　, 1993 『한국사회변혁운동과 4월혁명』 2, 한길사.

서중석, 1991 「4월혁명운동기의 반미·통일운동과 민족해방론」『역사비평』 통권
　　　　16호.

안병직, 2005 「과거청산, 어떻게 이해할 것인가?」『세계의 과거사 청산』(안병직
　　　　외), 푸른역사.

유재일, 1994 「제2공화국의 사회갈등과 정치변동」『한국사 : 분단구조의 정착(1)』
　　　　17(강만길 외), 한길사.

이국영, 1996 「제2공화국의 실패요인과 군부권위주의의 등장」『제2공화국과 한국
　　　　민주주의』(백영철 편), 나남.

이재봉, 1996 「4월혁명, 제2공화국, 그리고 한미관계」『제2공화국과 한국민주주의』
　　　　(백영철 편), 나남.

이종오, 1991 「4월혁명의 심화발전과 학생운동의 전개」『1950년대 한국사회와
　　　　4·19혁명』(이종오 외), 태암.

이철국, 1988 「4·19시기의 교원노동조합운동」『역사비평』 통권 2호

임대식, 2003 「1960년대 초반 지식인들의 현실인식」『역사비평』 통권 65호

정근식, 1999 「사회운동과 5월의례, 그리고 5월축제」『축제, 민주주의, 지역 활성
　　　　화』(정근식 편), 새길.

　　　, 2002 「과거 청산의 역사사회학을 위하여 : 한국의 민주화와 관련하여」
　　　　『사회와역사』 61권.

　　　, 2005 「항쟁기억의 의례적 재현 : '5월행사'와 전야제를 중심으로」『민주주
　　　　의와 인권』 5권 1호.

정호기, 2004 「민주화운동 기념사업의 정치·사회적 과정과 자원 동원」『한국사
　　　　회학』 38집 2호.

　　　, 2005 「기념관 건립운동의 변화와 동학 : 민주화운동 기념관들을 중심으로」,
　　　　『경제와사회』 통권 65호.

　　　, 2007 「저항의례의 국가화와 계승 담론의 정치」『경제와사회』 통권 76호.

최장집, 1996 「제2공화국하에서의 민주주의의 등장과 실패」 『제2공화국과 한국민
　　주주의』(백영철 편), 나남.
하일민, 1992 「전쟁세대의 좌절과 4월혁명세대의 두 가지 길」 『역사비평』 통권 20호.
한승주, 1983 『제2공화국과 한국의 민주주의』, 종로서적.
홍일표, 2007 『기로에 선 시민입법 : 한국 시민입법운동의 역사·구조·동학』, 후
　　마니타스.
Alonso, Ana Maria, 1988, "The Effects of Truth : Re-Presentations of the Past and the
　　Imaging of Community," *Journal of Historical Sociology* 1(1).
Burke, Peter, 1989, "History as Social Memory," in Thomas Butler (ed.), *Memory :
　　History, Culture and the Mind*, New York : Basil Blackwell.
Elder, Charles D. and Roger W. Cobb(유영옥 역), 1993 『상징의 정치적 이용』, 홍
　　익재.
Eyerman, Ron, 2004, "The Past in the Present : Culture and the Transmission of
　　Memory," *Acta Sociology* 47(2).
Foucault, Michel, 1977, *Language, Counter-Memory, Practice : Selected Essays and
　　Interviews*, by Donald F. Bouchard (ed.), Ithaca, N.Y. : Cornell University
　　Press.
Gamson, William A. and David S. Meyer, 1996, "Framing Political Opportunity," in
　　Doug McAdam, John D. McCarthy and Mayer N. Zald (eds.), *Comparative
　　Perspectives on Social Movements : Political Opportunities, Mobilizing
　　Structures, and Cultural Framings*, Cambridge : Cambridge University Press.
Goodwin, Jeff and James M. Jasper, 1999, "Caught in a Winding, Snarling Vine : The
　　Structural Bias of Political Process Theory," *Sociological Forum* 14(1).
Halbwachs, Maurice, 1971, *La Topographie Légendaire des Évangiles*, Paris : Presses
　　Universitaires de France.
Hirsch, Herbert, 1995, *Genocide and the Politics of Memory : Studying Death to
　　Preserve Life*, Chapel Hill : University of North Carolina Press.
Hobsbawm, Eric, 2004 「대량 생산되는 전통들 : 유럽, 1870~1914」 『만들어진 전통』
　　(Eric Hobsbawm 외저, 박지향·장문석 역), 휴머니스트.
Kaye, Harvey J.(오인영 역), 2004 『과거의 힘 : 역사의식, 기억과 상상력』, 삼인.
Kim, Quee-Young, 1993, *The Fall of Syngman Rhee*, University of California, Berkeley :
　　Institute of East Asian Studies.

__________, 1996, "From Protest to Change of Regime : The 4-19 Revolt and the Fall of the Rhee Regime in South Korea," *Social Forces* 74(4).

Koopmans, Ruud, 1999, "Political. Opportunity. Structure. Some Splitting to Balance the Lumping," *Sociological Forum* 14(1).

Kriesi, Hanspeter, 2004, "Political Context and Opportunity," in David A. Snow, Sarah A. Soule, and Hanspeter Kriesi (eds.), *The Blackwell Companion to Social Movements*, Malden, MA : Blackwell.

McAdam, Doug, 1996, "Conceptual Origins, Current Problems, Future Directions," in Doug McAdam, John D. McCarthy, and Mayer N. Zald (eds.), *Comparative Perspectives on Social Movements : Political Opportunities, Mobilizing Structures, and Cultural Framings*, Cambridge : Cambridge University Press.

Meyer, David S. and Debra C. Minkoff, 2004, "Conceptualizing Political Opportunity," *Social Forces* 82(4).

Olick, Jeffrey K. and Joyce Robbins, 1998, "Social Memory Studies : From "Collective Memory" to the Historical Sociology of Mnemonic Practices," *Annual Review of Sociology* 24.

Schwartz, Barry and Howard Schuman, 2005, "History, Commemoration, and Belief : Abraham Lincoln in American Memory, 1945~2001," *American Sociological Review* 70(2).

Schwartz, Barry, 1982, "The Social Context of Commemoration : A Study in Collective Memory," *Social Forces* 61(2).

__________, 1996, "Memory as a Cultural System : Abraham Lincoln in World War Ⅱ," *American Sociological Review* 61(5).

White, Leslie A., 1940, "The Symbol : The Origin and Basis of Human Behavior," *Philosophy of Science* 7(4).

「4 · 19 묘역 성역화 계획」; http://www.pa.go.kr/usr/cms/pre_0303_01detail.do.

'국가유공자 등 단체 설립에 관한 법률'(제15차 일부개정 2008.03.28 법률 제9079호).

'대한민국헌법'(제9차 전부개정 1987.10.29 헌법 제10호).

'민주화운동 관련자 명예회복 및 보상 등에 관한 법률'(제3차 일부개정 2007. 01. 26 법률 제8273호).

'민주화운동기념사업회법'(제2차 일부개정 2010.3.12 법률 제10053호).

찾아보기

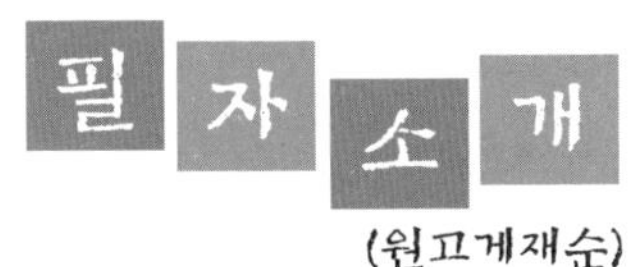

▶ **김태일** · 영남대학교 정치외교학과 교수

『韓政治社會の의 比較分析』(공저, 2006), 『한국정치와 비제도적 운동정치』(공저, 2007), 「한국의 이익정치와 농민: 전국농민회총연맹의 이념 형성 과정을 중심으로」, 「한국정치의 지배구조와 민주주의」

▶ **허 종** · 충남대학교 국사학과 조교수

「1945~1960년 김시현의 통일국가 수립운동과 이승만 대통령 저격사건」(2008), 「반민특위 충청남도 조사부의 조직과 활동」(2007), 『반민특위의 조직과 활동』(2003)

▶ **이은진** · 경남발전연구원 원장

『한국 산업사회학의 연구동향』(1991), 『미래사회와 인간』(2006) 등

▶ **오유석** · 성공회대학교 민주주의연구소 연구교수

『한국민주화와 사회경제적 불평등의 동학』(공저, 2009), 「이승만 정권과 4월 혁명」(2008), 「전후 1950년대 한국 민주주의 출발의 조건과 제약」(2001)

▶ **오제연** · 서울대학교 강사

『한국민주화운동사』 1(공저, 2008), 『보수주의자의 삶과 죽음』(공저, 2010), 「1960년대 초 박정희 정권과 학생들의 민족주의 분화」(2007), 「1950년대 대학생 집단의 정치적 성장」(2008)

► **김영수** · 경상대학교 연구교수

『화해는 용서보다 진실을 요구한다』(2002), 『국가 · 노동조합 · 노동자정치』(2004), 『과거사 청산, 민주화를 넘어 사회화로』(2008), 『민주주의를 혁명하라』(2009)

► **조석곤** · 상지대학교 경제학과 교수

『한국근대토지제도의 형성, 1950~1960년대 한국형 발전모델의 원형과 그 변용과정』(공저), 「1960년대 농업구조 개혁논의와 그 함의, 1970년 전후 제시된 한국경제발전론 비교 검토」

► **정일준** · 고려대학교 사회학과 부교수

『아메리카나이제이션 : 해방이후 한국에서의 미국화』(공저, 2008), 『한국공공사회학의 전망』(공저, 2010), 『갈등하는 동맹 : 한미관계 60년』(공저, 2010)

► **노영기** · 서울대학교 규장각한국학연구원 선임연구원

『전쟁과 재현』(공저, 2008), 「5 · 16쿠데타 주체세력 분석」(2001), 「5 · 18항쟁기 민간인 희생자들을 위한 진혼곡」(2010)

► **박진희** · 국사편찬위원회 편사연구사

『한일회담－제1공화국의 대일정책과 한일회담 전개과정－』(2008), 『한국 근 · 현대 정치와 일본』Ⅱ(공저, 2010), 『해방후 한일간 상호인식과 역사교과서 편찬의 변화』(공저, 2010)

► **박태균** · 서울대학교 국제대학원 부교수

『한국전쟁』(2005), 『우방과 제국』(2006), 『원형과 변용』(2007), 「1956~1964년 한국 경제개발의 성립과정」(박사논문), 등

▶ **박용규** · 상지대학교 언론광고학부 교수

『일제강점기 언론사 연구』(공저, 2008), 『한국의 미디어 사회문화사』(공저, 2007), 『한국 방송 80년, 그 역사적 조명』(공저, 2008)

▶ **임헌영** · 민족문제연구소 소장

『민족의 상황과 문학사상』, 『한국현대문학사상사』, 『변혁운동과 문학』, 『문학과 이데올로기』

▶ **김선아** · 단국대학교 한국문화기술연구소 연구교수

「1970년대 한국영화의 감정구조에 대한 연구」(2010), 「On Three Topographies of National/Transnational Cinema(2010)」, 「청년세대 영화의 정치적 상상력」(2010)

▶ **조대엽** · 고려대학교 사회학과 교수

『한국의 사회운동과 NGO: 새로운 운동주기의 도래』, 『한국 사회 어디로 가나』(공저), 『한국 시민운동의 구조와 동학』(공저)

▶ **홍성태** · 고려대학교 박사과정 수료

「한국 시민사회의 정치사회적 거버넌스와 정부-NGO관계」, 「남북한 지배담론의 정치와 사회적 결과」